BTV
2009 BEIJING TELEVISION
YEARBOOK

《北京电视台年鉴》编辑部 编

中国广播电视出版社
CHINA RADIO & TELEVISION PUBLISHING HOUSE

图书在版编目（CIP）数据

2009北京电视台年鉴／《北京电视台年鉴》编辑部编．—北京：中国广播电视出版社，2009.11
ISBN 978-7-5043-5980-3

Ⅰ.①2… Ⅱ.①北… Ⅲ.①北京电视台—2009—年鉴 Ⅳ.①G229.271-54

中国版本图书馆CIP数据核字（2009）第201384号

2009北京电视台年鉴
《北京电视台年鉴》编辑部 编

责任编辑 阎维峰
封面设计 彭阳工作室

出版发行 中国广播电视出版社
电　　话 010-86093580　010-86093583
社　　址 北京市西城区真武庙二条9号
邮　　编 100045
网　　址 www.crtp.com.cn
电子信箱 crtp8@sina.com

经　　销 全国各地新华书店
印　　刷 北京市翰林印刷厂

开　　本 787毫米×1092毫米　1/16
字　　数 620（千）字
印　　张 29.75
插　　页 42面
版　　次 2009年11月第1版　2009年11月第1次印刷

书　　号 ISBN 978-7-5043-5980-3
定　　价 128.00元

北京奥运会、残奥会报道暨平安奥运
转入赛时体制誓师大会

北京电视台
"防爆反恐、消防灭火、紧急疏散"综合演练

奥运报道专题系列讲座——主讲人吴建民

奥运报道专题系列讲座——主讲人徐济成

讲座现场

奥运报道专题系列讲座——主讲人孙葆丽

奥运报道

市委宣传部副部长肖培在“好运北京”测试赛转播现场

2008国际田径竞走挑战赛

测试赛在比赛现场搭建透明演播室解说赛事

测试赛自行车赛转播现场

测试赛转播车在工作现场

BOB现场指导测试赛工作

在高温下连续工作转播测试赛

测试赛柔道比赛现场

测试赛女垒转播现场

测试赛场地自行车比赛现场

测试赛航拍的直升飞机

奥运报道

奥运火炬传递报道动员大会

记者在奥运火炬国内传递现场进行报道

记者马国颖参加北京奥运火炬传递

追随圣火来到东方之珠

圣火抵达珠峰BTV报道组出征仪式

北京电视台记者在珠峰报道奥运火炬传递

香港:记者采访香港奥委会主席霍震霆先生

澳门:澳门奥委会副主席萧威利先生
在奥运文化衫上签名

长野:记者在冬奥会高山滑雪赛道报道

伦敦: 记者和伦敦年轻火炬手在一起

吉隆坡: 雨中拍摄火炬传递

澳大利亚: 澳大利亚奥委会副主席
讲解火炬传递线路

堪培拉: 拍摄我们的五星红旗

坦桑尼亚:非洲人民祝福北京好运

转播北京2008年奥运会开幕式

记者在奥运会开幕式上采访

七色光艺术团小演员在奥运会开幕式上表演

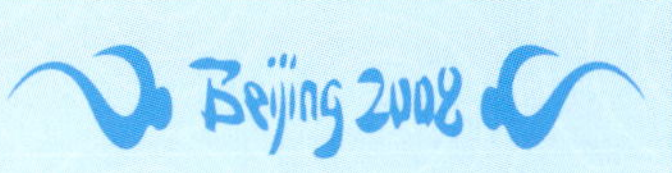

奥运报道新闻发布会现场

记者在奥运会新闻发布厅报道

记者在奥运会比赛现场采访

记者在奥运会比赛现场紧张工作

奥运报道

我台播出第29届奥运会大型直播节目《光荣与梦想》

主持人、嘉宾在直播前紧张工作

奥运冠军李小鹏在《冠军面对面》节目录制现场

《奥林匹克风》直播现场

《奥林匹克早晨》直播现场

《奥林匹克新闻》直播现场

直播奥运会比赛

记者在奥运转播现场

记者在奥运转播现场

Beijing 2008

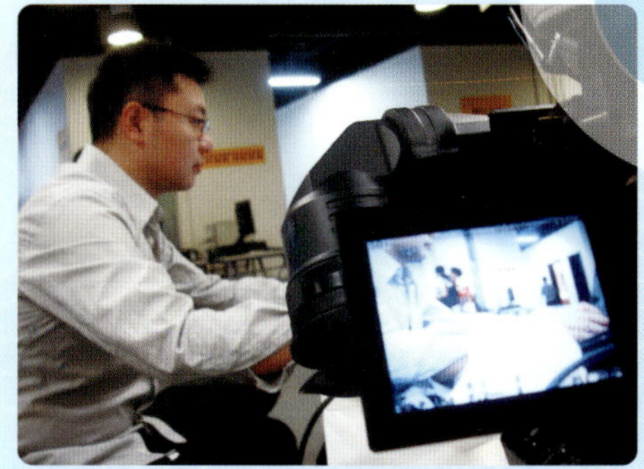

文字记者争分夺秒编写稿件

记者通过手机从国家体育馆发回现场报道

报道残奥会火炬传递

残奥会报道前方演播室

记者在青年营采访

残奥会我台BOB转播团队在IBC转播现场

台领导慰问我台驻IBC演播室记者

记者采访残奥会运动员

记者采访残奥会运动员

记者采访残奥会运动员

转播残奥会比赛

转播残奥会比赛

北京电视台奥运工作受到党中央国务院表彰

肖培副部长及我台领导出席奥运报道经验座谈会

奥运工作总结表彰大会现场

奥运工作总结表彰大会现场

奥运工作总结表彰大会先进代表发言

《2008北京新春大联欢》晚会现场

金婚老人在张国立、蒋雯丽带领下宣誓

成龙演唱《壮志在我胸》

邓亚萍与残疾人运动员张小玲
以残疾人比赛方式表演，濮存昕当裁判

宋祖英演唱《春天的祝福》

关牧村、朱明瑛、郑绪岚、
李光羲、谢莉斯、王洁实、刘秉义怀旧歌曲大联唱
《流金岁月三十年》

重大活动

2008年国庆晚会《我和我的祖国》

徐滔、春妮、桑朝晖、孔洁主持国庆晚会

孔祥东演奏钢琴协奏曲《黄河》

国旗护卫队现场表演

主持人现场采访残奥会首金获得者杜建平、芭蕾舞女孩李月

韦唯演唱《今天是你的生日》

《美丽乡村》颁奖晚会现场童声合唱《美丽乡村》

全国人大常委、全国人大农业和农村委员会主任刘明祖上台开奖

《村官论坛》

舞蹈《立春》

22个单位获得提名奖

颁奖晚会现场

市委宣传部常务副部长陈启刚与苏叔阳、范曾、于洋颁发我最喜欢的2008北京春节庙会灯会大奖

歌舞《奥运福娃》

舞蹈《北京空竹》

舞蹈《火辣辣的爱》

2008卡酷全卡通动漫嘉年华现场

国际大学生动画节

嘉年华现场

嘉年华天津站

嘉年华大连站

音乐诗画儿童剧《红孩子》演出现场

老红军与孩子们合影

老红军王定国为《红孩子》题字

《红孩子》演出现场

《红孩子》演出现场

《龙的传人》颁奖盛典

手机电视开播仪式

中广协交宣委电视分会成立

报道『神七』发射成功

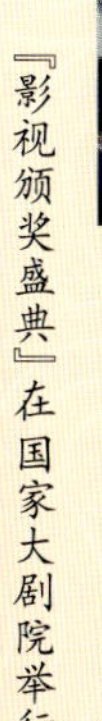

『影视颁奖盛典』在国家大剧院举行

奥运高清频道开播

重大活动 ○○○○○

我台参与主办的《勇敢小伙伴》活动启动仪式现场

小学生代表讲话

同心协力冲向终点

直播2008北京国际汽车展览会

记者在直播现场

记者在直播现场

我台推出大型抗震救灾直播节目《抗震救灾，众志成城》

嘉宾在直播现场展示救援设备

《故事汇》推出抗震救灾特别节目《危难真情》

抗震救灾

我台向灾区小学生赠送文具

在抗震救灾义演晚会上我台捐资500万元

举办“抗震希望教室”募捐音乐会

青少年节目中心举办《托起明天的太阳——首都青少年爱心慈善晚会》

记者在现场采访

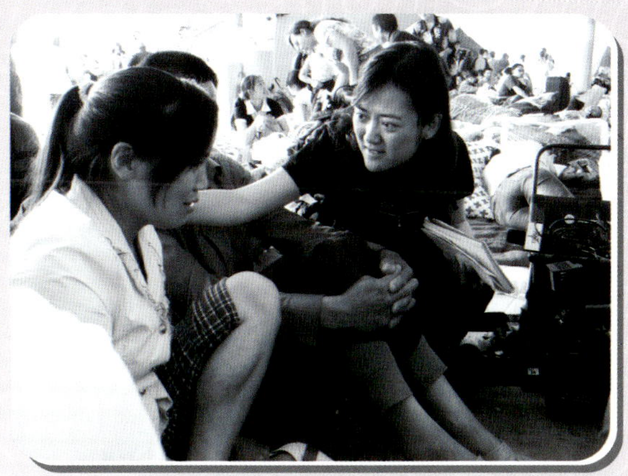

记者采访受灾群众

记者在现场采访

记者在救护车上紧张编片

记者在现场采访

广告部慰问灾区客户

我台主持人录制《爱的方舟》

哀悼日我台职工为汶川地震遇难者默哀

从绵竹向北京紧急传送画面

《食全食美》签书义卖现场

新闻节目中心紧急启动抗震救灾应急报道机制

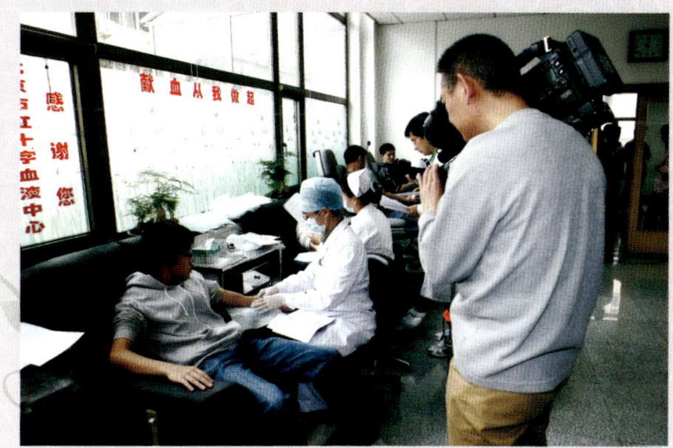

记录北京市民的献血热情

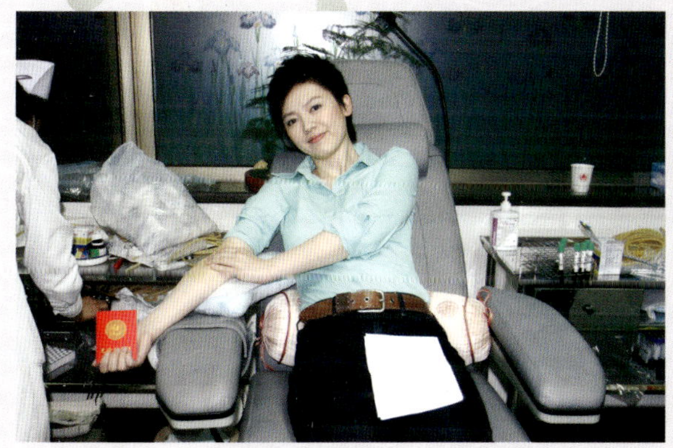

记者在北京市血液中心献血

记者在货运站采访救援物资起运

记者在北京捐款现场采访

记者在北京捐赠现场采访

直播首都人民
援建四川灾区首批过渡安置房入住仪式

演播室直播现场

现场指挥

直播前技术人员在调试卫星传输设备

直播圆满成功

我台援建的四川地震灾区
什邡市BTV双盛小学效果图

在援建现场

援建签字仪式

北京—什邡灾后重建宣传文化工作座谈会

专题片《北京记忆》

专题片《与梦齐飞》

专题片《岁月如歌》

《经典中国·辉煌30年》

《想爱都难》

《落地请开手机》

《女人一辈子》

《幸福还有多远》

《北风那个吹》

《笑着活下去》

《甜蜜蜜》

《马文的战争》

《春草》

《最后的王爷》

2007年度电视剧收视颁奖典礼

北京卫视首播剧推介会

北京卫视首播剧推介会

影视业务研讨会

紫禁城影业公司拍摄的影片

《牟氏庄园》

《铁人》

《缉毒警》

《万家灯火》

《香巴拉信使》

《一个人的奥林匹克》

《鸟巢》

纪念中国共产党成立八十七周年大会

2008年思想政治工作会议暨党支部书记培训班

中层干部学习贯彻党的十七大精神培训班

抗震救灾一线临时党支部党员发展大会

科学管理

台纪委研究部署开展廉政风险防范管理试点工作

中层干部高级传媒管理培训班

市广电局贯彻落实党风廉政建设
责任制检查组来我台检查指导工作

中层干部境外培训

新闻节目中心2008年度工作规划会

团干部培训

组织优秀团员参观学习

青年岗位创新评选活动

主持人爱心团公益演出

科学管理

北京电视台专家顾问团成立大会

产业发展研讨会

专家顾问团信息交流会

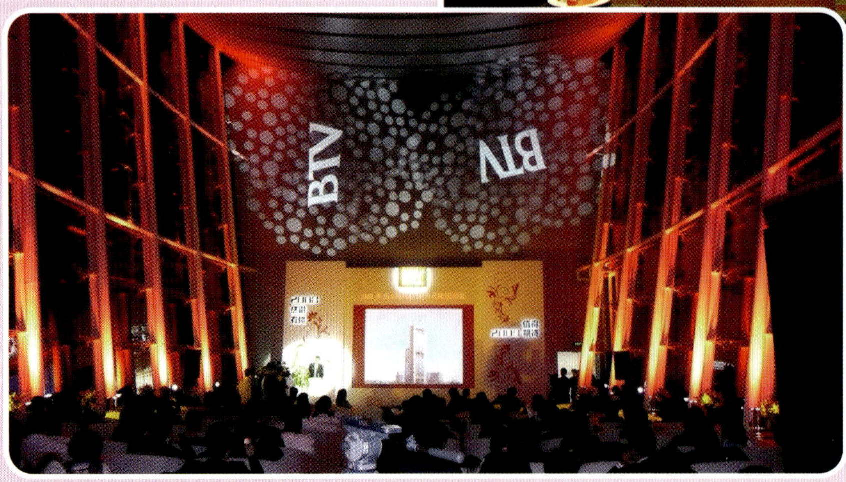

2009年广告政策说明会

BTV 北京

BTV 文艺

BTV 科教

BTV 影视

BTV 财经

BTV 体育

BTV 生活

BTV 公共

BTV 青少

BTV
北京电视台

BTV
Beijing Television

2009年1月1日正式启用的北京电视台台标。新台标的设计秉承时尚、大气、国际化的理念，其色彩主要由“故宫红”和“汉白玉白”构成，反映了北京电视台处于悠久历史和深沉文化的首都所应有的底蕴和文化指向。同时，凸显“BTV”的简洁锐动也反映了一个有文化创意发展目标的充满勃勃生机的电视大台的愿望和国际方向。

BTV 奥运高清

BTV International Channel

新台址综合业务楼

夜色中的北京电视台

新台址媒体广场及多功能演播剧场

新台址演播楼和综合服务楼

播控中心

高清频道播出机房

新闻演播室

600平米演播室

演播室视频切换机房

数字高清演播室

媒资中心机房

网络收录机房

深度网络编辑机房

新闻网络非线编辑机房

播出节目传送机房

播出节目上载机房

全台网络主干系统中心机房

普通网络编辑机房

大型会议室

小型会议室

剧场内景

西餐厅

职工餐厅

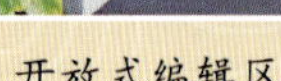

开放式编辑区

96168服务热线

西门子HIPAPH4000系列程控交换机

保卫安防机房

智能消防控制机房

《2009 北京电视台年鉴》编辑委员会

刘纪钢　党委办公室主任
琚木根　纪委副书记
丁　梅　纪委副书记兼监察审计办公室主任
李　珍　工会主席
温江南　办公室主任
毛仕卿　人事部副主任（主持工作）
王兴军　行政部主任
孙成刚　计划财务部主任
黄剑华　保卫部主任
王　澎　广告部主任
孙洪斌　经营管理部主任
王开平　基建办公室主任
戴巧玲　网络信息编辑室主任
齐建新　艺术委员会主任
韩　梅　老干部工作办公室负责人
霍　胜　京视传媒公司总经理
许建海　紫禁城影业公司总经理

《2009 北京电视台年鉴》编辑部

主　　编：刘爱勤（兼）
副 主 编：冯　平（兼）
编　　辑：谷　松　茹一娟　唐晓燕　魏向东
特约编辑：黄新荣　总编室
李　斌　办公室
孙湘源　新闻节目中心
陈　楠　新闻节目中心要闻采访部
贾菁莉　新闻节目中心新闻评论部
石　云　新闻节目中心新闻编辑部
李荣莉　新闻节目中心社会新闻采访部
高国华　卫视节目中心
康　健　海外节目中心
王炳川　文艺节目中心
马晓冬　科教节目中心
马银平　影视剧中心
刘海燕　财经节目中心
秦　爽　体育节目中心
翟　涛　生活节目中心
刘　虎　青少年节目中心
伊国庆　公共频道节目中心
吕　沁　动画节目中心
李先知　总编室
周延苓　研究发展部
王　静　总工程师办公室
王　峥　播出部
余婷婷　制作部
王建业　制作部
叶志云　转播传送部
姜世杰　转播传送部
金　雯　技术设备管理部

许之明　信息网络管理部
孙少英　动力部
陈　庆　党委办公室
刘　青　办公室
张兰岚　人事部
史楠楠　计划财务部
刘海述　监察审计办公室
董英秀　工会
崔国飞　行政部
高志坚　保卫部
张晓耕　广告部
王　蕊　经营管理部
张宇青　基建办公室
周　疆　基建办公室
王　烨　网络信息编辑室
王晓路　艺术委员会
梁　爽　老干部工作办公室
景　林　落地办
王紫建　京视传媒公司
杨　蕾　紫禁城影业公司

编辑说明

一、《北京电视台年鉴》以较翔实的图文资料，客观记述北京电视台在宣传业务、技术设备、队伍建设、事业发展、产业经营等各个方面的基本情况，反映电视事业的发展变化，是一部综合性资料工具书和史料文献的大型年刊。

二、本年鉴于2008年创刊，每年编印一卷。主要记录和反映北京电视台上一年度的宣传情况和各项事业发展成果。

三、本年鉴以马克思列宁主义、毛泽东思想、邓小平理论、“三个代表”重要思想为指导，深入贯彻落实科学发展观，坚持实事求是的编辑方针，坚持“贴近实际，贴近生活，贴近群众”的宣传原则，为广大电视工作者以及社会各界了解和研究北京电视台提供可靠信息。

四、对本年鉴有关栏目的几点说明。

《图片》——主要收录反映2008年北京电视台各方面情况的照片，新台址等照片为2009年上半年拍摄。

《特载》——收录台领导撰写的有关文章和重要讲话。

《概况》——概要记录全台各部门一年中主要的工作情况。

《典型经验》——选录有关业务工作的经验、体会文章。

《专辑》——较详细地介绍有关重大宣传报道活动。

《频道·栏目》——介绍各频道的基本情况、栏目设置、优秀栏目。

《论文摘编》——收录部分本年度在报刊发表的论文（摘要）。

五、《北京电视台年鉴》的编辑工作得到本台各级领导及有关部门的关心和大力支持，在此一并表示感谢。对本书的疏漏之处与不足，恳请各界批评指正。

北京电视台史志办（本刊编辑部）

目 录

Contents

一、特载

二、概况

三、典型经验

四、专辑

五、组织机构

六、频道·栏目

七、观众调查

八、论文摘编

九、获奖、表彰

十、节目播出时间表

十一、广告价目表

十二、大事记

十三、索引

一、特　载

落实科学发展观　构建和谐电视台
推动我台各项事业全面提升

北京电视台台长　刘爱勤

2008年，南方冰雪灾害、奥运火炬传递、汶川特大地震、北京奥运会、残奥会、改革开放30周年等重大事件接踵而来。在这样不平凡的一年里，我台在市委宣传部、市广播电视局的领导下，在科学发展观的指导下，全台干部职工奋勇拼搏、踏实苦干、敢于创新、甘于奉献，奥运宣传报道全面完成，各项工作全面提升。

一、举全台之力，集各方之智，统一指挥、资源共享，出色完成了奥运宣传报道任务

我台在奥运宣传报道中，导向正确，主题鲜明。我们始终坚持宣传奥运三大理念，始终坚持宣传奥运惠及人民，始终坚持宣传“同一个世界　同一个梦想”的奥运口号，提前谋划，组织有力，制订了完整的奥运报道计划，营造了良好的舆论氛围，并在报道中创立了自己的风格，形成了特色。奥运报道创造了我台历史上的多个第一：第一次成立了跨部门的临战指挥机构，举全台之力大兵团作战；第一次成为国际大型综合体育赛事的持权转播商；第一次全程直播了奥运火炬在北京传递的盛况；第一次携带可移动卫星传输设备到达海拔5000米以上的珠峰大本营，报道了奥运圣火登顶珠峰的历史瞬间。

1. “和谐之旅”圆满完成奥运火炬境内外传递直播

2008年3月24日，我台火炬传递直播报道正式展开。为期138天的《“和谐之旅”——奥运圣火传递百日大直播》和《你好奥林匹克》直播报道，累计播出节目时长达6550分钟。在境外传递直播的47天里，我台完成了与24个国家和地区的上百档传送，其中有40%以上国家和地区是首次实现与我台卫星传送。境内的火炬传递报道，我台在三亚、深圳、福州等20余个节点城市进行了视频对播，实现了新闻采制与播出零时差、新闻受众与新闻现场零距离。特别是珠峰报道组携带可移动卫星传输设备到达珠峰大本营，及时发回了动态消息和新闻特写数十篇，成为火炬传递报道中的一个极富特色的亮点。8月6日、7日、8日三天，奥运圣火在北京传递，我台进行了36小时的全程直播。此次直播时间紧，任务重，困难多，传递路线、时间等关键问题一直在不断地变化和调整中。我们全力以赴，根据需要不断调整直播方案，整个直播主题突出，信号清晰，准确无误，最终圆满完成了任务。

2. 有特色高水平奥运报道亮点突出

奥运会期间，我台集中优势兵力，全力打造BTV－1、BTV－6两个主打频道，

这两个频道17天24小时不停播。BTV-1卫视频道主打奥运金牌频道概念，动态化、全景式报道奥运综合战况。体育频道主打奥运赛事频道概念，全面直播赛事，提供专业赛场新闻。另外，还有公共频道和奥运高清两个延播赛事频道、生活频道的一个双语服务时段。我台的文艺、科教、影视、财经、青少、动画频道也充分享用奥运资源，在各栏目推出奥运相关节目。

奥运会期间，我台BOB足球、排球团队出色完成了比赛公用信号的制作任务。

3. 持权转播残奥会，两个奥运同样精彩

残奥会，我台首次成为了国际大型综合体育赛事持权转播商。BOB转播团队圆满完成了轮椅篮球、硬地滚球、轮椅击剑三个大项100多场公共信号及相关赛事集锦制作任务，以连续11天300小时的高质量节目，实现了“两个奥运同样精彩”。

自市委部署平安奥运工作以来，我台提出要“精心准备、周密部署、确保万无一失”。为此，台里专门成立了平安奥运领导小组，明确了职责，制订了工作方案。由于组织机构到位、防范措施到位、责任落实到位、人员落实到位、检查督导到位，全台的平安奥运工作开展有力，扎实有效。

2008年9月29日，我台奥运报道中心被中共中央、国务院授予“北京奥运会残奥会先进集体”。朱江同志被中共中央、国务院授予“北京奥运会残奥会先进个人”荣誉称号。王喆、韦嘉、周波、孙松、崔睿等5位同志被北京市委、市政府、北京奥组委授予“北京奥运会残奥会先进个人”荣誉称号。另外，《用身躯捍卫圣火的尊严》、《太阳之火和谐之光——北京残奥会取火仪式》等30多个节目获得市委宣传部、市广电局、市新闻出版局等单位联合颁发的北京奥运会残奥会新闻宣传优秀作品奖。

二、牢牢把握正确的舆论导向，创新形式、创新内容，圆满完成全国和北京市“两会”、抗震救灾、改革开放30周年等多项重大宣传报道任务

1. 2008年是十一届全国人大、全国政协届首之年。我台高度重视、靠前指挥、精心策划“两会”报道，新闻中心要闻部调派精兵强将，技术部门全力保障。《北京新闻》作为主阵地，《北京您早》、《特别关注》、《直播北京》三档节目齐头并进，做到了程序性报道——全面、及时、准确；非程序性报道——开发报道空间、拓宽报道视野；成就性报道——大视野、低视角、入情入理。

2. 我台在2008年北京市“两会”宣传报道中实现了观念、形式和技术上的多个创新，还首次增加了杜德印同志作人大常委会工作报告的直播。

3. 汶川地震发生后，我台迅速调整节目，及时增加了抗震救灾的新闻宣传。5月13日市委宣传部要求我台从当晚开始，每晚推出抗震救灾特别直播报道。从接到指示到直播开始，我台仅仅用了4个小时，就推出了60分钟大型直播特别节目《抗震救灾　众志成城》，全面报道了全国上下万众一心抢险救灾的进展情况。5月19～21日，汶川地震后一周，我台集中了多个中心和部门的力量，配合“全国哀悼日”的报道要求，成功完成了连续3天的《抗震救灾　众志成城》大型直播节目。5月29日，我台成功直播了《托起明天的太阳——首都青少年爱心慈善晚会》。6月4

日，我台成功完成了北京援建四川灾区首批过渡安置房入住的电视直播，北京电视台和四川电视台实现了并机直播。目前，我台又在四川什邡建立了“北京电视台驻什邡前指工作站”，人员设备全部到位，工作站已经开始运转，发回新闻报道。

4. 2008 年是中国改革开放 30 周年。新闻节目中心推出了大型纪录片《北京记忆》，通过北京市民的集体记忆，回溯时代的巨变和市民生活的变迁，被社会学者誉为“北京城史”和“人民生活史”。

文艺节目中心推出了大型音乐纪事节目《岁月如歌》，全面回顾、解读改革开放30年来的音乐、历史和生活。《岁月如歌》平均收视率为1.77%，最高收视率达到了2.95%，赢得了广大观众的瞩目和赞誉。

财经节目中心策划筹拍了大型口述历史特别节目：《转身——一起走过30年》，精选了在过去30年岁月中亲历重大历史事件、重要历史时刻的风云人物，以当事人口述的方式再现历史原貌。

另外，新闻节目中心还策划了《唤醒记忆》、《经典中国辉煌30年》、《我的经历》等节目，报道了北京和北京人在改革开放30年中的巨大变化。

在2008年度的各项评奖中，我台共获得中国新闻奖、全国法制好新闻、长江韬奋奖、北京新闻奖、金话筒奖等各类奖项107个。作为我台开办时间最长的栏目，《北京新闻》不断突破创新，在奥运倒计时一周年的报道中打破常规、动态编排，获得第十八届中国新闻奖新闻编排一等奖。另外，《法治进行时》获得第十八届中国新闻奖新闻栏目一等奖；消息《好运北京演兵奥运：北京已经准备好了》获得第十八届中国新闻奖三等奖；动画片《福娃奥运漫游记》获得第九届四川电视节金熊猫奖评委会特别大奖；《真情人生》获得第二十四届金鹰奖中短篇电视剧奖；《2008北京新春大联欢》获得第二十四届金鹰奖优秀文艺节目奖；刘文燕获得优秀电视节目主持人奖。

三、“六个一”工程全面完成，品牌影响力稳步提升

一步一个脚印、一年一个台阶，通过扎扎实实的推进落实，逐步打造我台的品牌栏目，提升我台的整体品牌价值，是我台实施品牌战略的重要举措。2007 年底我们提出的“六个一”工程，已经全面完成。

我台自主投资拍摄的国内第一部反映漕运历史的电视剧《漕运码头》，目前正在北京卫视热播。

《龙的传人》大型选拔活动7月27日完美落幕，期间最高收视率达到了5.64%。活动取得了良好的收视效果，极大地促进了我台品牌地位的确立。

专题片《北京记忆》视角独特、样式新颖、内容丰满、寓意深刻，平均收视率为2.87%，最高收视率达到4.43%。

我台《2008北京新春大联欢》以创意、创新取胜，节目内容和形式都体现出时代感与都市化，收视率达到了17.5%。

财经节目中心的《天下收藏》栏目经过一年的磨合，影响力和观众忠诚度都渐入佳境。2008 年平均收视率为2.48%，比2007 年同期提高了34%。

我台文燕、徐滔、徐春妮、聂一菁等主持人个性鲜明，拥有了相对稳定的观众群。另外，还有一批年轻的主持人也日渐

成熟，逐渐形成自己的特色和风格。

2008年，各节目中心高度重视品牌的市场培育，名牌栏目保持特色，其他众多栏目积极跟进。

新闻节目中心继续打造《北京新闻》、《直播北京》、《特别关注》、《北京您早》等主打新闻栏目及主持人的知名度，品牌影响力进一步提升。

海外节目中心的《环球冲浪》、《国际双行线》栏目收视稳定，《纪实天下》栏目在第二届“纪录·中国”评选活动中被评为金牌栏目。系列片《北京印象》在海内外发行反响强烈。

文艺节目中心锐意创新，《光荣绽放》、《喜来坞》、《五星夜话》等栏目初登荧屏就获好评，《星夜故事秀》、《每日文娱播报》等名牌栏目收视稳定。

科教节目中心的《法治进行时》继续保持着午间时段收视率的领先地位，《魅力科学》等科技类节目以清新自然的形象展现在电视观众面前，得到了观众和专家好评。

影视剧中心以“打造卫视影响力”为中心理念，选择了多部精品独播剧和首轮上星剧播出，多次掀起收视高峰。大型电视专题片《电视往事》，播出后最高收视率达到了4.2%。

财经节目中心《天下财经》增加早间版，打造投资“前哨站”；《城市》栏目差异化求生存，实现通档播出；《天天理财》扩版，丰富理财新观念。

体育节目中心的《天天体育》收视率始终稳步提升，成为体育频道的品牌栏目。《足球世界波》、《身边》栏目也保持稳步小幅提升态势，拥有固定收视群。

生活节目中心根据加强栏目特色化、建构节目精品化的工作方针，推出了全新编排样式的《生活+》、《食全食美》周末版等电视栏目，进一步丰富了节目品类，使频道的业务发展稳中有进。

青少年节目中心以《托起明天的太阳——首都青少年爱心慈善晚会》和《红孩子》为代表，以“公益教育”和“创新意识”为特色，实现了以品牌活动提升频道影响力的目标。另外，《SK状元榜》、《悦读会》等栏目收视率也稳中有升。

公共频道节目中心除重点打造《这里是北京》、《红绿灯》、《四海漫游》、《京郊大地》四档品牌栏目外，还新增了《平安生活》、《好戏周周看》两档栏目，取得了不错的反响。

动画节目中心已实现全天24小时、每天首播时间超过10小时的播出规模，为丰富多样的节目内容提供了专业的播出平台和广阔的出口通道，成为一个兼具专业化和产业化特征的动画平台。

另外，“2008卡酷全卡通动漫嘉年华”8天活动期间共吸引近8万人次观展，总现金交易额达1000万元，成为2008年全国规模最大、影响最广的动漫活动之一。“第三届中国（北京）国际大学生动画节”搭建了一个聚合国际、学术、创意、媒体、企业等强势元素的动漫全产业平台。“首届北京电视台2007年度影视盛典”从媒体的权威视角梳理、点评了影响2007年文化领域的人物、事件和作品，颁发了电视、电影、戏剧等领域的近30个年度奖项，平均收视率达到了4.5%。历时一年的《畅行2008》社会公益活动，获得第八届中国最佳公共关系案例金奖。

我台国际频道（即长城平台BTV频道）因节目丰富深受海外观众的欢迎，在长城美国、亚洲、欧洲、加拿大、拉美5个平台播出。在2007年长城（美国）平台评估报告中，BTV频道在17个频道中位列第五。

为了统筹我台卫视节目资源，创新节目内容，经过一年的紧张筹备，我台成立了卫视节目中心。《真情耀中华》、《新闻晚高峰》等节目已经开始播出，以文化品位、大家风范为定位的北京卫视正在以全新的面貌呈现在观众面前。

为了落实市委宣传部指示精神，借力外脑，2008年，我台聘请行业内知名专家学者组建了一支关系紧密、相对稳定、持续服务、具有多专业背景的核心专家顾问团队；定期推出的《北京电视台专家顾问团工作通讯》，及时汇总了专家顾问意见，为台里的相关决策提供了快捷、全面的信息服务。

四、围绕全台重点工作，技术部门密切配合

2008年，重点围绕新址技术系统的建设和奥运会、残奥会的宣传报道两大工作重心，我台技术部门通力合作，全力以赴，完成了全台技术系统项目的招投标十余项，签订合同23个，还完成了技术设备数字化改造、BTV奥运高清频道的频率申请、高清设备的采购和高清频道技术系统的建设工作。我台奥运高清频道于2008年5月开始试播。

在奥运报道期间，总工办、制作部、转传部、播出部、动力部、技术设备管理部、信息网络管理部与节目中心密切配合，形成强大的技术支持，确保奥运节目优质高效的制作、传输。

2008年，我台11个播出频道总播出时间为87850.78小时，停播率为0.19秒/百小时。

五、北京电视台新址全面竣工，搬家工作陆续展开

我台新址——北京电视中心一期工程已全面竣工并交付使用。科教、影视剧、青少年节目中心正在陆续迁往新址，2009年1月15日开始在新址试播。

搬家是一项庞杂、事无巨细的工作。为使搬家工作有序、安全、高效，我们成立了搬家工作领导小组，负责协调指挥搬家工作。

为了确保我台新址的高效运转，行政部经缜密筛选、公开招标后与北京天鸿宝地物业公司签订了《新台址物业管理服务合同》，还引进了专业化餐饮连锁公司。我台的后勤服务保障工作进入了全新的社会化、专业化、正规化管理的新阶段。

六、新媒体业务平稳运行，广告经营保成果、谋发展、创新高

2008年，我台的新媒体发展取得了重大的突破。手机电视已经开通上线、成功融资并正在成立合资子公司；网络电视开始同投资商洽谈；网络版权发行截至2008年底，合同销售收入为767万余元，为北京宽频致力于发展成为一个全国性的网络发行平台打下了坚实的基础。

我台全新打造的互联网视频平台——“BTV在线”2008年3月10日正式上线。半年多来，“BTV在线”日均访问量上升了4倍多，影响力正在稳步上升。

电视购物作为我台实现经济收入多元化的一个增长点，2008年，我们深入市场，开展了专业调研和多方论证。目前，

实施方案正在制订之中。

2008年，我台的广告经营工作可以用保成果、谋发展、创新高来概括。虽然汶川大地震造成了我台的众多节目停播，奥运会也对我台的收视份额形成影响，但是我们迎难而上，积极采取应对措施开拓市场。由于我们进一步完善了营销体系，加强了市场掌控能力，广告收入再次实现了大幅提升。2008年，我台经营总收入27.69亿元，其中广告收入达到25亿，比2007年同比增长15.9%。其他经营收入为2.69亿元。

到2008年底，我台的资产总额为48.65亿元，比2007年增加了7.41亿元，增长18%；比2006年增加了15.49亿元，增长47%，国有资产得到保值增值。

七、加强党建工作，多种形式开展职工培训，努力构建和谐电视台

2008年，我台党委理论学习中心组学习内容丰富、收效显著。台里召开了全台思想政治工作会议暨党支部书记培训班，还组织中层干部和全台职工通过集体学习、撰写体会文章等形式，学习贯彻党的十七大精神、胡锦涛同志在人民日报社考察工作时重要讲话等。从10月起，我台还按照有关部门的要求，扎实推进学习实践科学发展观活动的前期准备工作。

全台的党建工作紧密围绕中心工作扎实展开。各党支部针对工作中的具体问题，着眼于为职工解决切实的困难开展工作，努力建设和谐电视台。

全台的培训教育工作紧紧围绕"奥运"主题展开，开展了高级传媒管理境外培训活动，还举办了奥运报道专题系列讲座、摄像技术人员培训班等，达到了预期的培训效果。

2008年，我台召开了第三届工会会员代表大会，选举产生了第三届工会委员会以及第三届工会经费审查委员会。

史志办编纂出版了北京电视台第一部年鉴——《2008北京电视台年鉴》，收录了文字约50万字，图片225张。

另外，一年里，工会组织了丰富多彩的活动，为职工多办好事、实事。共青团活动充满激情与活力；老干部办公室不断创新，拓宽了老年活动的内容。台办公室把职工体检地点选在了安贞医院和友谊医院，提高了体检的质量；还为21位患癌症等大病的职工报销医疗补助23万多元。96168服务热线不断细化服务流程，使观众和栏目之间的沟通更加顺畅。

年初南方冰雪灾害发生后，我台职工积极捐款28万元；"5·12"汶川大地震发生后，我台干部职工再次奉献爱心，踊跃捐款。全台4150名干部职工共捐款100万元和价值12万元的物资，1031名党员交了特殊党费121万元。

回顾2008年，全台干部职工在奥运精神的感召下，以崇高的境界、昂扬的斗志、不懈的努力，高标准、高质量完成了各项任务。这是全台职工认真学习邓小平理论和"三个代表"重要思想，落实科学发展观，团结一致、努力拼搏的结果。在这里，我要感谢市委宣传部和市广电局的正确领导，向全台职工一年来的辛勤工作表示崇高的敬意和亲切的慰问！

凝聚文化力量　提升媒体价值

北京电视台台长　刘爱勤

2008年是中国电视诞生50年，又是改革开放30年。50年的发展，特别是改革开放30年以来，中国电视传媒发展生机勃勃，生动地体现了时代精神，唱响了主旋律，彰显了媒体的品质和对待社会、百姓的责任。与此同时，中国广电的经济实力也在迅速提升，2006年总收入首次突破千亿元，2007年总收入又达到了1314亿元人民币，比2006年增长19.56%。中国电视业在变革中日益加快了发展的脚步，但同时也面临着诸多挑战与压力。面对提升国家文化软实力的现实要求，电视媒体的未来发展战略，必然要深入考量产业发展与事业繁荣、自身利益与社会责任、近期效益与长远目标、经营创收与品牌建设等多方面的关系，并找到加速发展的现实路径，成为“社会主义文化大发展大繁荣”的主要推动力量。

一、坚守媒体责任，传播品质文化

电视媒体作为文化传播体系的组成部分，极为重要的一点就是要确保其应有的品格、品质、品位，要承担起推动社会进步、文明提升、民族强盛的重大责任。但是，面对激烈的市场竞争，面对市场经济大潮下出现的文化产品过度商业化、娱乐化倾向，国内电视媒体的文化坚守也在经受着巨大的挑战。这就是如何在做大做强电视传媒产业、提高媒体经营能力的同时，清醒地认识到主流媒体必须坚守的文化态度、文化理想，认识到现实以及长远的社会责任。作为具有鲜明意识形态特征的传媒业，其产业发展的根本目的不仅仅在于为国民经济的发展提供强有力的支撑，同时更在于为文化事业、传媒事业的发展开辟广阔的空间，通过建立竞争有序、富有活力的传媒市场体系，最大限度满足人民群众日益增长的精神文化需求，形成传媒生产与社会服务紧密结合的高效运行机制，从而构建起传播先进文化、传播民族精神的思想舆论阵地。产业价值的提升意味着影响力的放大，如果在舆论导向方面出现错误，在价值取向上出现偏差，伴随影响力所产生的负面价值也会随之放大，浸染社会的文化精神。发展电视传媒产业，必须将其放到更广更深的历史、社会和文化背景中去思考。一是要致力于构建具有经济规模、经济效益的传媒产业链条，通过有效的体制机制创新、资源整合、资本运作、产业会聚，构建传输快捷、覆盖广泛的文化传播体系，形成产业能量的最大释放，提升传媒产业对整个国民经济的贡献率；二是致力于构建具有精神价值的传媒产业链条，延续文明的价值，表达文化的尊严，实现民族的凝聚，推动社会和谐进步。电视传媒产业的发展繁荣，不是单一经济指标，不能隐含丧失媒体责任、文化品质，不能危害国家意识形态安全、文化安全，否则受到戕害的不仅是媒体自身，还有整个国家与民族。

责任、良心、品质、格调等构成了媒体的境界，而媒体的境界将会渗透和影响整个社会的进步和走向。在如何最大限度满足广大群众文化需求上，电视媒体必须作出理性的选择。为凸显首都电视媒体应有的文化品质和特色，2007年起北京卫视重点打造了晚间黄金时段的文化通档，推出了深受观众喜爱的《真情互动》、《这里是北京》、《第七日》、《搜城记》、《中华文明大讲堂》、《天下收藏》、《五星夜话》等新节目。这个通档只是北京电视台构筑以文化品位为传播理念、开辟优秀文化传播空间的有益尝试，以此表达北京卫视特有的精神气质。文化品位成为节目的审视前提时，对低俗的抵抗就成为自觉，从而真正贴近时代精神、引领社会潮流，使节目真正获得进入公共话语空间的能力。文化对电视传播来说，标明的是一种精神价值、生活态度和思维方式。在一个快速变化、多元发展的时代，媒体不能只满足于收视率的“摸高”，还要不断尝试文化视野、价值标杆的“摸高”。通过提供一种更高层次的视角，使受众获得经验，提升精神境界和鉴赏力，就像歌德所说，“趣味是靠杰作来培养的”。打造文化通档，表现了媒体和文化、文明保持对话关系的能力，是电视媒体为社会提供深层价值影响的一次主动出击。

北京电视台要提升在全国的影响力，并深化影响力的文化价值，就必须找准切入点和制高点。北京卫视“文化品位、大家风范”的频道定位，恰恰提供了拓展影响的可能空间，提供了轨道前进的明确方向。在未来发展中，要实践理念，顺应方向，就必须找到产业价值与社会价值结合的方式、经济效益与社会效益兼顾的视角。北京卫视近两年来尝试推出了《红楼梦中人》、《龙的传人》等大型活动，既取得了良好的收视率，又兼顾了文化的传承、媒体的责任，为娱乐节目的品质提升、品牌运作找到了实践、努力的方向。

有影响力的文化产业总是具有值得探究的文化特征，能够持续生存和发展的文化产业总是拥有某种文化志向。以鲜明民族文化特征为坚守、以传播主流价值的文化志向为己任，将是伴随电视传媒产业发展的永恒主题。

二、坚持有效创新，增强发展动力

创新是媒介发展的长期动力和不竭源泉，是事业繁荣、产业强大的有力保障，同时创新也是当今广电媒体面临的极具挑战性的课题。

胡锦涛总书记在十七大报告中提出：“在时代高起点上推动文化内容形式、体制机制、传播手段创新，解放和发展文化生产力，是繁荣文化的必由之路。”

面对加速电视传媒产业发展的现实任务，面对事业体制下资源配置所带来的产业成长空间的限制，传统的电视媒体必须找到将存量转化为增量、由单一赢利模式向多元赢利模式开掘、由传统播出平台向新媒体多平台延伸的有效途径和办法。而这首先就要突破体制的束缚，向适应传媒产业规律和市场运作规律的道路上转变，进行体制和机制创新。

从全国范围来看，电视传媒体制改革正处于积极探索、稳步推进的阶段。根据文化体制改革的相关精神和广播影视产业发展相关政策，具有战略发展眼光的电视媒体开始了体制改革的大胆实践。伴随全国电视媒体产业化行进的脚步，北京电视台在公司化管理、企业化运营方面也进行了积极的探索和大胆的尝试。2004 年，北京电视台成立了北京京视传媒责任有限公司，通过建立现代企业制度和科学的管理模式，积极进入市场，开展了节目版权代理、影视剧制作、音乐产业、新媒体运营等一系列业务，积极参与市场竞争，初步形成了首都电视传媒发展的产业格局。2006 年，北京电视台又成立了北京卡酷动画卫视公司，打造涵盖动漫制作、动漫播出、动漫衍生品开发为一体的产业链经营主体。在这个产业平台上，卡酷卫视举办了首届“卡酷全卡通”动漫嘉年华活动，实现总现金交易额达 8000 万元。此外，北京卡酷卫视的国产原创品牌《福娃奥运漫游记》开播后，收视率创下国产动画片的新高，并且获得了“亚洲青年动漫大赛”最佳作品奖、“金熊猫奖”评委会特别大奖、“金手指奖”2007 年度最佳动画片大奖等多个国际国内奖项，并在不同媒体、不同介质广泛传播、发行，开创了国产动画大片营运的新思路。体制创新无疑为电视媒体拓展传播渠道、提升品牌价值、实现多元化经营、创造新的经济增长点提供了广阔的空间。

频道专业化是国内电视媒体适应观众需求实现传播内容对象化、个性化、广告投放精准化的显著标志。如何依据专业化频道的现有布局和特点，结合自身的实际情况，创新管理机制，建立科学、公平、高效的管理运行办法，也是摆在电视传媒机构面前的重大课题。2007 年，北京电视台制订了以管理重心下移为特征的《频道目标责任管理实施方案》，其核心原则就是在实行全台统一管理、统一经营的前提下，实现权力的适度下移，给频道管理者更多的自主空间，激发频道的创新活力，做到宏观管住、微观放活，总控把住、局部激活。同时，通过制订频道的细化责任目标，做到责、权、利的高度结合，压力指标和动力指标的完整配套。改变过去责任不明、动力不足的弊端。这一系列创新举措都是力图通过建立科学、规范、有效的机制来推动事业发展，提升市场竞争力。通过不同层级管理手段的传导充分调动广大职工的积极性、创造性，让频道价值最大化，让系统效能最大化。与此相配套，北京电视台还推出了节目评价考核管理办法和节目退出准入的相关管理办法。一系列新的管理机制、管理办法的出台和有效的奖励分配办法使得全台的节目质量、节目形态得到了极大的改观和提升。

电视产业是内容产业，没有过硬的产品，竞争力就无从谈起，而持续的内容创新、产品创新是电视媒体得以持续发展并保持竞争优势的核心力量所在。

内容创新作为电视媒体进军市场直接获取份额和效益的有效举措，其背后必须有强大的系统支撑。即组织系统支撑、资金系统支撑和运行系统支撑。伴随全国媒体对节目创新力度的加大，节目创新系统的实践与探索也在不断向前推进，原有的随机性、偶发性、被动性的节目创新正在被规范化、持续性、主动性的系统创新所替代，并不断完善和优化。

所谓组织系统就是要有一支密切跟踪国内外最新节目动态、具有创意头脑、创意能力的研发队伍，通过重点项目、主打产品的核心研发带动不同层级、不同类型的节目研发。所谓资金系统就是要保证媒体有直接用于节目创新的专项经费，并通过经费使用与目标完成的有效衔接确保研发的应用性、有效性。除此之外，建立一种既能激发内部所有人员共同参与又能广泛吸引社会力量的创新运行系统也是确保媒体内容创新持续、有效的重要保障。2008年，北京电视台面向全社会启动了“爱上电视”创意活动，首次进行了全新的节目创新运行系统的尝试，为开门办台、多方吸纳优秀创意打开了一条通道。

三、寻求战略突破，构筑竞争优势

当前，国内媒介竞争激烈程度日益加剧，竞争规模范围日益扩大，媒体间的角逐已不是低层次、低成本的成败较量，而是上升到资本、人才、品牌战略层面的争夺，表现出了战略领先者加速成长的趋势。

政治环境进步、经济体制变迁、文化体制改革、新技术的迅猛发展、传媒生态的变化以及媒体全球化的发展趋势成为当今电视媒体寻求战略突破的宏观背景。《北京市“十一五”时期文化创意产业发展规划》提出要通过大力发展文化创意产业，进一步提升北京作为全国文化中心和文化创意产业主导力量的影响，增强文化创意产业创造社会财富的能力，使文化创意产业成为首都经济的重要支柱。这一目标则为北京电视台的发展预设了前提，成为北京电视台确立战略发展目标的中观背景。

认识了宏观历程、中观背景，北京电视台自身发展则提供了微观视角。2009年是北京电视台建台30年，几乎是与改革同行。1979年北京电视台成立、1993年北京有线电视台成立、2001年两台合并，这个过程就是不断发展壮大的过程，频道、创收在增加，机制、体制在变化，节目、品牌在成长。近30年来北京台在电视精品创作上取得了丰硕成果，把握了正确导向，唱响了主旋律，有激情飞扬的时代颂歌，有深沉凝重的纪录大片，有意趣悠长的文艺精品，有明快轻松的娱乐节目，有直击现实的贴近之作。成就之余，挑战也格外严峻，平台品牌、节目品牌不足，机制体制、资源配置不尽合理，经营资源、创收渠道单一等多个层面，都迫切需要战略突破。

战略突破就是要获得主动权、获得优势，就是要把历史、现实，宏观、微观所展现出的“势”，转化为有利于加快发展的大势，媒体要善于利用和营造这个势。北京着力发展文化创意产业是北京台发展最可依赖的“势”。那么如何用这个“势”，使北京电视台成为区域内电视事业产业、创新创意和品牌建设的主导力量？显然需要按照文化体制改革的思路，锐意创新，进一步深化体制机制改革，充分发挥市场主体作用，通过内外资源的有效循环和集成，在资源配置上形成重点突破，实现在传统电视播出平台上拓展新的内容赢利空间，在拥有自主版权的内容上拓展新的传播渠道。做到事业与产业并举，并通过产业的发展壮大，更好地支持事业的发展。

有学者指出，文化产业包含规模经济和范围经济，就是把包括新媒体在内的多种传播平台、介质平台变为可经营资源。特别是在数字化环境下，电视媒体对已进入年轻人文化核心的新媒体必须从战略上予以高度重视，并有效布局。2007年2

月，北京台拿到了广电总局颁发的流媒体手机电视牌照，9 月开始了与国际广播电台关于 BTV 奥运手机频道的合作。“北京宽频”网络电视也于 2007 年 11 月正式改版上线播出。北京电视台也初步提出了新媒体战略目标：做中国最具整合力的跨媒体内容生产商、集成商和运营商。战略目标的提出，将有益于未来市场的开拓。

电视传媒产业是内容产业，在媒体未来的战略竞争中，品牌建设是永远也绕不开的环节，无论是资源的整合和还是渠道的拓展，最终目的都在于构建强有力的自主品牌，以品牌提升影响，以品牌创造价值，以品牌实现走向世界的目标。围绕品牌发展战略，北京台提出了“六个一”目标，即每年抓一部具有自有品牌、自主知识产权的电视剧；每年拍摄一台具有雄厚演员阵容和广泛影响力的春节晚会；每年打造一个体现首都地位、文化品位的大型活动；每年培养一档内容创新、观众参与的成功栏目；每年推出一个或多个个性鲜明、观众喜爱的优秀节目主持人；每年拍一部有文献价值的纪录片。通过具体项目的实施和产业化运作的结合，走一条品牌强台之路。

50 年，电视荧屏绽放着美丽的精神之花，风光绚丽，境界高远，展示了电视传媒的恢弘气度和无限生机。而未来的道路，也一定是“潮平两岸阔，风正一帆悬”。

欲执金牛耳　扬鞭自奋蹄

——2009 年北京电视台荧屏将色彩纷呈

北京电视台总编辑　张　晓

2009 年对于北京电视台来说意义非凡，年初，北京电视台迁入 CBD 新址，新北京电视中心全面投入使用；2009 年 5 月，北京电视台也将迎来建台 30 周年台庆。如此良好的发展契机，北京电视台将如何把握机遇，向具有全国影响力的大台继续前进。下面，就北京电视台的新年节目亮点和未来发展规划作一个全面的介绍。

大型活动开门红
再掀高潮引爆荧屏

不断推出具有社会影响力的大型电视节目是目前北京电视台节目生产的一大特色，电视节目已进入大型节目时代。在过去的两年里，北京电视台成功地举办了《红楼梦中人》、《龙的传人》等具有社会影响力的大型电视活动。目前，两大活动的后续活动都在有条不紊地进行，新版电视剧《红楼梦》正在北京电影制片厂的摄影棚中加紧拍摄，《红楼梦中人》选拔出的十几位优秀选手在剧中担演重要角色；《龙的传人》16强选手正在横店参加大型古装动作电视剧《虎山行》的拍摄，而成龙公司还将和北京台在2009年联合推出为《龙的传人》选手定制的电影《海岛惊魂》，目前电影的剧本已经完成。

2009年1月，北京卫视隆重推出又一重量级大型活动——《真情耀中华》。节目征集全国12名背景不同但信念坚定的参赛选手，分为3个小组。每个小组分配到一个极具挑战性的任务，在规定的时间内去帮助由北京电视台指定的真情人物。每期节目结尾，由文化名人和企业及慈善基金会的专家组成的评委团将以选手的创造力、沟通力、组织力、操作力和团队精神为衡量标准，分析选手们在帮助过程中所使用的方法是否最为有效。节目透过大量的帮助计划向全社会传达一种新的慈善理念，公益活动既需要诚意、爱心，也需要智慧、技巧和实在的公关能力。冯小刚、葛优、成龙、张国立、蒋雯丽、刘烨等一线明星嘉宾和知名企业家是《真情耀中华》节目中最神奇的角色，每当他们出现，都会给节目带来峰回路转的情节突转，他们将帮助选手们实现自己实现不了的愿望。在已经播出的几期节目中，生死不离的地震情侣、创造生命奇迹的辽宁女孩张闯、走出心灵困境的东北孝子、种树还债的诚信一家人，他们的故事浓缩了亲情、奉献、牺牲和责任等令人动容的情感，使我们在感动中共同见证选手们的成长与真情人物戏剧性的命运转变。

2009年春节，北京电视台推出了“春晚”、“动画春晚”、“洋春晚”等一系列大型文艺晚会，节目内容丰富多彩。2009北京电视台春节晚会取得了开门红，在牛年新春第一天给广大观众带来了欢乐的心情，整台晚会历时近4个小时，亮点纷呈、热潮不断，令人记忆深刻又回味无穷。2009北京台春晚汇集了众多当红明星，阵容豪华，带来星光熠熠、盛世欢腾的超人气表演；语言节目丰富多彩，小沈阳的精彩表演引爆全场，成为大家热议的话题；舞美设计恢弘大气，开场舞《火红的春天》时尚豪迈；全家福主题互动全场，带来全民幸福分享、共庆团圆和谐的传统节日氛围；整台晚会气势恢弘，舞美、灯光、服装、造型处处匠心独具，延续了北京台春晚连续3年来的“首都文化品质”与“都市时尚派对”的风格。

“洋春晚”——外国人中华才艺大赛，是北京电视台历年春节的保留项目和品牌节目，在中国电视界拥有强大知名度，在系列春晚节目中独树一帜。大赛不仅吸引了众多外国朋友对中国文化的兴趣，其精彩的节目也受到了电视观众的喜爱。2009年外国人中华才艺大赛，不仅会聚中外明星为春节期间的北京人献上了一台精美的春节文化大餐，还邀请了众多外国友人和有国际背景的中国人欢聚一堂，通过画龙点睛的采访，从他们的故事中感受中国的发展。

北京卫视与卡酷动画卫视在除夕夜推出的《新春狂想曲——北京电视台2009动画春晚》，以“开心”、“时尚”的概念贯穿整台晚会，给观众留下靓丽、时尚、动感、欢乐的深刻印象。《新春狂想曲》依靠动画的丰富想象力和无所不能的表现力，在除夕夜为观众带去了一场全新的视听体验，通过广大观众喜闻乐见的动画形式，让经典曲艺这一我国的传统文化得到了更广泛的传播和肯定。

“影视改变生活，盛典彰显力量”，北京电视台一年一度的影视盛典，已经成为首都创意产业的品牌活动。影视盛典以打造艺术精品、展示影视类最新作品、传播文化创意产业丰硕成果为目的，从媒体的权威视角梳理、点评本年度内有影响的文化领域人物、事件和作品，2009 年第一季度，北京电视台将在国家大剧院歌剧院如期举办盛大的 2009 年影视盛典，全面盘点 2008 年这个给我们带来丰富感受的年份。

《北京记忆》、《岁月如歌》创口碑 精彩剧集热力独播

2008 年末，由北京电视台策划投资、为纪念改革开放 30 周年而特别制作的电视纪录片《北京记忆》和《岁月如歌》以观众喜闻乐见的形式反映了改革开放 30 年的时事变迁，节目立意新颖、角度独特、制作精良，播出后在社会上引起了巨大反响，为北京电视台创造了良好的社会效益。

大型纪录片《北京记忆》全景反映了北京 30 年来改革开放的进程，既有恢弘的时代背景，又不乏生动的个人体验，以 30 年间人民的亲身感受，折射北京 30 年来的发展变化，通过时代的横断面来解析历史与今天的连接，反映出了人们对改革给生活带来变化的真切感受，《北京记忆》以其独特的收看体验和文献价值创造了 3% 以上的高收视率。《岁月如歌》借用经典音乐来串起 30 年的世事变迁，用流行音乐作为载体来反映生活，以歌声的形式歌颂改革开放 30 年，成为众多纪念改革开放 30 周年电视节目中的亮点，这部鸿篇巨制的音乐史诗自从 2008 年 10 月在北京电视台黄金时间与观众见面以来，获得各界观众朋友们的一致好评，许多观众要求重播该节目，希望集中欣赏《岁月如歌》节目中经典的老歌，北京电视台不仅在 2008 年 11 月、12 月安排了多次重播，还特别制作了专题音乐节目《今夜岁月如歌》，在春节期间播出，为节日荧屏增添了一抹别致的色彩。2009 年是建国 60 周年大庆，也是北京电视台的 30 周年台庆，北京电视台将在 2009 年阶段性地推出一批亮点节目，以飨观众。

电视剧方面，2009 年北京电视台将以独投、独播、首播的气势，安排 16 部内地一线明星主演、思想性和艺术性俱佳的国产精品电视剧将作为独播剧和首播剧，在北京卫视播出：刘佩琦主演的都梁又一力作《狼烟北平》，张国立、王刚、张铁林和原版杜小月——袁立主演的《铁齿铜牙纪晓岚 4》。孙红雷和姚晨主演的特情剧《潜伏》，冯远征、陈小艺联手演绎的悬疑剧《婚变》，夏雨、闫妮主演的《北风那个吹》，高希希执导、陈好倾情演绎的张恨水名著《纸醉金迷》，《金婚》导演编剧再度携手打造的《金婚 2》。以及广受关注的《我的团长我的团》、新版电视剧《红楼梦》等年度大戏都将于 2009 年在北京台亮相。由杨立新主演的北京电视台独资独播大戏《漕运码头》在新年伊始的热播，已经拉开了北京电视台电视剧荧屏收视再创新高的序幕。

2009 新锐节目　点亮荧屏新视点

新闻节目一直以来都是北京电视台的强力主打。北京卫视全新的新闻栏目——《新闻晚高峰》，针对晚 6 点北京都市人群的生活特点打造的日播新闻栏目，包括三方面内容，一是回顾当日白天发生的政治、

财经、文化、体育等方面的新闻，满足北京都市人群下班后对信息快速浏览的需求；二是突发事件SNG直播、气象直播和交通路况直播，提供晚高峰时段的出行服务；三是通过“今晚您去哪儿”等板块，提供都市人群8小时之外的生活指南和即时服务。这档具有首都特点的电视新闻杂志，立足首都，直面政府百姓关注的新闻话题，以敏锐的社会责任感和首都气质，与稍后时段播出的《北京新闻》一脉相承。而轻松、简洁、时尚、百姓视角的风格又与《北京新闻》形成差异性互补。

北京卫视每晚10：30的晚间新闻——《直播北京》，也由原来的30分钟改版扩容为50分钟的《晚间新闻报道》，我们看到的是更具大家风范、首都特点，具有全国和全球视野的晚间综合新闻，节目全面梳理、整合首都、国内、国际新闻，追踪分析新闻热点，关注并引导大众话题，加强对新闻事件的立体报道和点评，充分利用SNG直播，第一时间把最新消息带给观众。

全球金融危机的大环境中，财经新闻成为人们关注的焦点。北京电视台财经频道在2009年着力打造专业权威的财经评论员，通过他们对宏观政策的分析，让观众充分了解全球经济发展的现状。财经频道新推出的《财经五连发》节目从每天的财经新闻事件和热点出发，以轻松幽默的语言向观众传播财经新闻的深度和广度，突出财经频道的专业特色和权威性。另一档“另类财经播报”节目——《五道午间茶》，则是在京味十足的北京茶馆里，著名评书演员孙一将用曲艺形式演绎经济新闻，再由潮东用广大观众喜闻乐见的语言来“评新闻”，以轻松平和的心态陪伴大家共同迎接挑战。

除了以上这些新节目，赛事转播也是北京电视台2009年的一大亮点，以1月的澳大利亚网球公开赛为起点，体育频道拉开了2009年大型体育赛事转播的序幕：中超联赛、CBA联赛、欧洲冠军联赛、NBA赛事、世界杯预选赛、亚冠联赛、国际排联打冠军杯赛、第十一届全国运动会等，赛事丰富多彩，总播出量将达到3000小时。

此外，在其他频道，细心的观众也会发现，以凝重沉稳为频道风格的科教频道在新年里华丽转身、更换包装，并推出了一系列的新锐栏目。以“生活频道，有滋有味”为理念的生活频道，在原有强势节目的基础上继续深化、实现生活频道全面向生活服务定位的转型，频道形象更加时尚，节目内容更加好看，更加实用。青少频道在2009年继续锁定青年人，关注青年人的成长健康、社会生存和表现状态。

实力名嘴主持　打造新锐力量

主持人是电视台的宝贵资源，主持人是电视品牌中的关键部分，他们使电视品牌更加地人性化、人格化、符号化。

近年来，北京电视台著名主持人徐滔、徐春妮、聂一菁、桑朝晖、曹涤非等，以他们各自独特的风格、魅力和气质，同他们主持的栏目和活动一起，深受广大观众喜爱，成为北京电视台的品牌亮点。

随着北京电视台一批创新节目的成长，北京电视台独立培养的新生代主持人脱颖而出，这些伴随电视成长起来的80后，以这个时代特有的气质，登上了BTV的大舞台，晨阳的美丽聪慧、刘婧的知性靓丽、罗旭的青春硬朗、栗坤的时尚大气，使他们迅速成长为新生代主持人的中坚力量，新生代主持人年轻的面孔给 BTV 荧屏带来了清新的气息。也许他们还不够成熟，但是，观众的关注是对他们最好的鼓励，让我们一起来关注他们主持的节目，关注他们点滴前进的脚步，关注北京电视台。

新年时尚新妆　惊艳大方亮相

2009 年 1 月 1 日凌晨 6：00，北京电视台各频道统一使用新台标作为播出角标，北京电视台全面启用新台标标识。

北京电视台新台标设计以 BTV 的英文缩写为主要设计元素，图形简约、时尚、大气，含义简洁，更具现代感，更加国际化，一经使用，得到了广大观众以及社会多方的广泛认可。

北京电视台这次新频道形象的设计显示出北京电视台锐意突破进取的决心和魄力。新频道形象的颜色采用故宫的宫墙红色和汉白玉的白色为主基调，保持了北京电视台大家风范的频道气质，配合搬迁新台址，围绕国际化、品牌化概念，全面凸显北京电视台整体形象的改变和提升。

加强支部工作能力建设
培育基层党建创新活力

——在北京市广播电视局 2009 年思想政治工作会议上的发言

北京电视台党委副书记　王　云

2008 年，北京电视台的思想政治工作紧紧围绕服务保障奥运、抗震救灾等重大宣传报道任务进行，在立足本职、明确责任的基础上，坚持服务大局、参与大局、融入大局，开展了一系列工作，取得了一些成绩。在此期间，我台 45 个党支部牢牢把握台党委的中心任务，带领全台 1165 名共产党员结合相关宣传业务、技术保障、管理服务等工作的实际需要，深入扎实地开展党的建设和思想政治工作，创造出了辉煌的工作业绩。

一、积极应对，全面动员，着力形成抗震救灾宣传报道工作的整体合力

“5 · 12”汶川大地震发生后，台党委以引导广大干部职工主动投身抗震救灾为目标，加大应急性、针对性的思想政治工作开展力度。全台各党支部精心组织，周密安排，努力将思想政治工作的各项要求落实到每一名党员群众身上。地震发生后的一周内，全台 8 个部门先后派出 20 余名记者到达灾区一线，近千名职工也相继

进入了抗震救灾的前后方各个工作岗位。各部门党支部也在同一时间将工作重点调整到位：

一是迅速实现了宣传业务工作与思想政治工作的无缝对接，全力发挥党支部在关键时刻的战斗堡垒作用。新闻节目中心党总支在地震发生后，紧急成立了应急报道小组，动员中心109名党员担当起各个岗位的骨干，仅仅4小时后就进入了直播工作状态。从5月12日至31日，新闻节目中心抗震救灾直播报道时间累计达到104小时。台办公室党支部为确保全国哀悼日期间和我台慈善晚会期间96168热线能够完整接收和反映电视观众对抗震救灾的热情，支部耐心细致地做好职工的工作，强化服务意识，实行昼夜连续作战，确保了通信设备的安全畅通。在抗震救灾工作的关键时刻，台党委批准以前方党员记者为主干，成立北京电视台抗震救灾前线临时党支部，把握前方记者的思想动态，认真开展党员的组织发展工作，新闻节目中心王晓龙和转传部杜波两名同志因表现突出被临时党支部火线吸收为中共预备党员，在全台产生了广泛影响。

二是强化对前方和后方一线工作人员的关心和爱护，将组织的温暖在第一时间送到他们身边。生活节目中心党支部主动看望慰问了该中心派往前方两名记者的家属，向他们详细介绍了一线记者的生活和安全保障情况，请家人放心；青少年节目中心党支部书记和组织委员坚持每天与前方记者通电话，事无巨细地了解职工的想法、需求和问题，帮助他们树立起克服困难、完成工作任务的决心，党支部还派出一名支部委员前往一线开展职工思想政治工作；要闻采访部党支部和社会新闻采访部党支部一同邀请了北京心理危机研究与干预中心的专家为一线记者进行专门的心理辅导，化解他们在灾难现场所形成的心理压力；工会党支部则急前方记者所急，在得知灾区一线缺少生活物资和工作设备的情况下，立即组织采购了价值4万元的急需物品运送到一线，并分别开展对家庭受灾职工和直播一线职工的慰问工作。

三是着力发挥共产党员的先锋模范作用。为了保证《抗震救灾　众志成城》大型直播报道节目的顺利播出，制作部党支部要求全体从事节目制作的共产党员放弃轮休，全力应对各种临时需要的画面剪辑、字幕、片头制作等工作，在党员的感召下，其他很多职工也主动加班加点，参加工作；播出部党支部则实行支部委员、共产党员、职工群众“三个一线”工作制，即保证关键播出时段一线工作岗位上这三个群体都有人值守，有效搭配工作力量，将党员的带头作用发挥到每一个工作环节中。新闻评论部党支部四川绵竹籍共产党员赵蕾的家乡在地震中遭到重创，党支部领导让她回家看看受伤的亲人，她却主动要求投入到报道工作中去，每天风餐露宿，多次过家门而不入，仅10天时间就拍回了足足18盘带子。新闻编辑部颜葵同志多年前就提出入党申请，积极向党组织靠拢，地震发生后，她毫不犹豫地将年幼的女儿托付给家人，与同事一起深入重灾区北川，连续工作十几天，发回了一条条感人至深的报道。他们用实际行动让身边的人感受到党员的风采和党组织的凝聚力，也带动起大家一同投入抗震救灾工作中。科教节目中心记者田玉伟在地震重灾区采访过程中，深深地为党组织的关怀和周围党员的精神所感动，回来后立即满怀深情地写下了入党申请书。

四是积极动员广大党员群众的力量，为灾区献上爱心。在各党支部的组织下，全台职工自愿向地震灾区捐赠款物超过100万元，共产党员缴纳特殊党费达到121万元。同时，广大干部职工还通过赴前方慰问、义演义卖等活动，自觉自愿地加入到抗震救灾各项事业中来。这些扎实有效的工作，为我台迅速动员和全面完成抗震救灾宣传报道任务打下了有力的基础，党支部配合党委中心工作的成效得以充分地展现出来。

二、创新手段，深化内涵，全面配合奥运宣传工作呈现特色、发挥水平

2008年是奥运决战之年，从年初开始的火炬境内外传递到奥运会、残奥会举办期间，台党委要求各党支部坚持服从大局要求，坚持大胆突破、大胆创新，坚持管好自己的人。全台几乎所有的党支部都全力参与到了奥运相关工作之中：

一是主动探索业务工作繁重时期思想政治工作的开展方式，做到“隐而不缺、精而不虚、深而不杂”。动力部党支部针对职工长时间工作压力较大的状况，组织共产党员耐心进行思想疏导，党员主动承担更多的工作任务，帮助大家共同克服困难。财经节目中心党支部连续3个月，每天集中进行10分钟的工作提示，面对工作中遇到的问题迅速协调解决，让职工感受到高效、务实的支部工作；要闻采访部党支部继续做好奥运期间党员先锋栏的制作，将一线党员的想法和群众对党员的要求及时反映出来，供大家互相学习；行政部党支部利用空隙时间组织后勤服务人员一同收看奥运赛事，让他们了解一线记者工作的努力和艰辛，树立做好服务工作的自觉性。

二是不断适应形势变化，调整党支部的工作结构，使党支部工作能够更加贴近奥运期间各岗位特别是最前线的职工。围绕长达100多天、跨越五大洋的火炬传递宣传报道任务，体育节目中心党支部和海外节目中心党支部按照不同的年龄、性别、资历结构分别组成了多个工作团队，通过“车轮战”、“交替战”的方式安排开展拍摄报道工作；新闻节目中心党总支则以“党员带群众”的方式组建报道小组，将党员的精神力量更好地融入到各个工作岗位上去。另外，体育节目中心党支部还立足于派到各个工作场所记者的情况，组建了7个临时党小组，在奥林匹克中心区、国际广播中心、台内主演播室等地分别开展党员组织生活、应急突发事件演练、业务学习等活动，开展针对性的党员教育管理和思想政治工作，取得积极成效。

三是各党支部负责人、共产党员、入党积极分子与职工并肩作战，让大家感受到党支部的力量。新闻编辑部党支部副书记潘全心同志连续几十天坚守岗位，却无法顾及家里需要照顾的父亲；体育节目中心党支部组织委员杜研同志坚持每天最先开始工作、最晚离开岗位，往往忙完一天只剩下三四个小时的休息时间；转传部党支部书记王喆同志身患高血压，却始终默默无闻地与部门职工一同布设线路、架设机器，任劳任怨；保卫部党支部书记黄剑华同志将对病重母亲的关切深深埋藏在内心，而在工作上不打一点折扣。在一线，共产党员和入党积极分子的榜样力量表现得更加耀眼。新闻节目中心党员记者马国

颖带领着报道小组在海拔5200米的珠峰大本营进行了为期10余天的奥运火炬珠峰传递报道工作，她克服了高海拔条件下身体上的严重不适，坚持每天与台里卫星连线，最终以顽强的毅力完成报道任务。刚刚撤回平原地区时，发生了突如其来的地震灾难，她又迅速请战，带领报道小组赶赴四川灾区，成为我台第一支到达灾区一线的报道力量。她被大家热情地称呼为“战地女记者”，在她的带动下，很多同志积极向党组织递交了入党申请书。奥运期间，体育节目中心的临时党小组组长孙松担当了每天播出的《冠军面对面》栏目的制片人，他连续18天坚守岗位，一直没有回过家，而此时，他的女儿正在接受一场大手术的考验。他为自己没有在女儿身边陪伴而内疚，却丝毫没有后悔自己在重要任务关头作为共产党员的选择。胡京春同志是我台制作部的一名入党积极分子，奥运工作期间一直在演播室从事导播工作，不分昼夜，平均每天工作十二三个小时，一个镜头一个镜头地细致调度，他的嗓子严重发炎，说出的每一句话都沙哑艰难却又准确无误，他说：“正是周围那些了不起的共产党员，让我树立起了工作的意志和勇气。”

三、稳扎稳打，不断进取，持续提升党支部工作能力

在不平凡的2008年，北京电视台各党支部在认真圆满地做好服务大局工作的同时，也毫不松懈地抓好支部日常工作和自身建设。动画节目中心党支部等积极探索在部门中坚持党的领导的有效途径，利用自身优势，帮助部门行政班子解决问题、化解矛盾、培养人才；科教节目中心党支部和制作部党支部着眼所在业务部门长远发展大计，组织开展专题研讨、前沿讲座等活动，为部门工作引入了很多新的理念和发展模式；基建办公室党支部将构建和谐部门作为自身的重要职责，开展定期心理交流，与党员群众之间架起沟通的桥梁，力求准确把握职工的思想动态，为职工排忧解难，为部门发展创造良好的氛围。尤其是在我台连续多年的支部“特色党日”活动开展过程中，党支部的面貌呈现出了焕然一新的局面。要闻采访部党支部开展的“党员开讲”活动，将部门共产党员的鲜活事迹展现在大家面前，与职工交流互动，引起大家的共鸣；公共频道节目中心党支部围绕绿色奥运主题，举办了多次党员集体观摩考察实践活动，为奥运宣传报道工作做好了充分扎实的准备……这些工作，为各党支部在我台事业发展中更好地发挥中坚作用，提供了扎实的组织基础和思想基础。

在台党委的领导下，通过各党支部的努力工作，2008年，我台有10余个部门先后荣获全国五一劳动奖状、全国总工会工人先锋号、首都劳动奖状、北京市“三八”红旗集体、北京市支援抗震救灾先进集体、北京市宣传系统服务保障奥运先进集体和北京市优秀思想政治工作单位等多项荣誉。在各党支部的积极组织和广泛动员下，我台共有396名党员群众以突出的工作业绩，得到各级各类表彰奖励。

北京电视中心工程建设总结

北京电视台副台长　邵宣堂

北京电视中心从2002年12月奠基开工至今已6年。在各级领导的关心支持下，在台党委的正确领导下，经过电视中心工程建设办公室全体同志和各参建单位的共同努力，工程已于2008年底全面竣工，2009年1月正式开播投入使用。

一、工程概况和工程特点

北京电视中心占地面积约36100平方米，建筑面积19.79万平方米，由综合业务楼、演播楼、生活服务楼、地下室和媒体广场组成。共有23个100~1000平方米演播室和1个能容纳1200人的多功能演播剧场，能够满足每天30余场直播或大型节目录制、转播的需要，工程的规模、功能和科技含量目前居全国省市级已建成电视台的首位，整个建筑具有鲜明的特点：

1. 功能独特，建筑结构复杂。北京电视中心是集采编、制作、播出、办公、生活服务于一体的建筑，在隔声隔振、防静电、防雷接地、消防、安防、编播、制作等方面都有特殊要求，因此在建筑结构上特点和难点突出。综合业务楼是国内首座超高层巨型框架钢结构建筑，高度达236米，总用钢量约3.8万吨，对结构设计的安全性和加工制作的精确性要求严格，施工过程中大桁架整体提升技术难度很大；演播楼是大型节目制作、播出核心功能区，使用功能复杂，建筑平、立面布置不规则，演播室呈“品”字型排列，空间跨越3~5层，而其中的剧场舞台更是贯通达10层（地下3~7层），同时由于建筑声学的要求，演播室楼盖为整体厚度1.2米的大跨度预应力双层空心楼版，在国内尚属首例。

2. 机电系统专业齐全。北京电视中心机电系统除电气、暖通、给排水、弱电等常规专业外，还包括灯光、音响、舞台机械、工艺线缆桥架、综合接地等特殊专业，而智能化系统中除常规的楼控、消防、安防、综合布线等专业外，还包括电子会议、内部通信、时钟、有线电视、电子公告、一卡通、数据卫星、能源监控等功能性系统，从而形成高度集成的智能化系统，集楼宇控制自动化、办公自动化、信息传输自动化于一体。同时，电视台的特殊使用要求使得本工程的机电专业与常规项目相比标准更高，如暖通空调专业采用了四管制系统，保证技术用房常年制冷的要求；消防系统中大量采用了气体灭火设施，以保护电视专用设备安全；电气系统中对特别重要负荷设置了自备应急柴油发电机组、不间断电源（UPS）和蓄电池组作为备用电源，播出工艺设备为双路UPS电源供电。

3. 新技术、新材料大量应用。如多功能演播剧场舞台机械功能集多种舞台功能于一体，由澳大利亚马歇尔大师进行的声学设计达到了国际领先水平。在电气、暖通空调、消防、给排水等系统中均应用了多项新技术、新设备，工程整体科技含量高。

二、建设历程

电视中心工程的建设不是一帆风顺的，从筹建以来历经建筑方案修改、技术系统调整、组织机构改革、项目法人变更等重大变化。同时由于特殊的历史背景，电视中心工程是在未完成施工图设计的情况下招标、开工建设的，因此建设过程始终处于边设计、边施工、边修改的状态。

建筑方案设计过程：北京电视中心工程于1999年11月开始筹备，2001年9月经国家发改委批准立项；2002年上半年完成建筑方案国际招标，共有10家国际、国内著名建筑设计单位投标，经专家评审，日本日建株式会社的设计方案中标，北京建筑设计研究院、中国广电设计研究院分别负责施工图和电视工艺设计。2002年10月底日建株式会社完成初步设计。

基坑施工过程：2002年下半年经招标确定建工集团为基坑降水、桩基、土方工程施工单位，远达监理公司为施工监理单位。2002年12月12日工程奠基开工，2003年9月顺利完成基坑工程施工。基坑工程施工在遭遇“非典”停工的情况下仅历时9个月。

地下结构设计施工过程：2003年3月6日电视中心因土地问题，原设计方案发生重大变更，主楼西移27.9米，2003年6月北京建筑设计院完成地下结构设计。2003年下半年经公开招标确定建工集团和城建集团分别为A、B两个标段施工总承包单位，2003年10月6日A标段地下室和综合业务楼工程在仅有6张白图的情况下开工，2004年4月30日地下结构顺利封顶。地下主体结构施工历时6个月。

综合业务楼设计施工过程：2003年12月2日广电院完成工艺部分施工图设计，2004年3月北京院完成地上施工图设计并通过会签，2004年8月北京院完成综合业务楼钢结构加工施工图，通过调整桁架层的位置、反复进行结构优化计算、进行多次钢结构专家论证会，优化结果节约钢材8000吨。2005年7月18日综合业务楼主体结构封顶。主体结构施工历时仅14个月。2004年2月完成综合楼内幕墙施工图，2004年6月完成综合楼外幕墙施工图。外幕墙于2004年12月开始安装，2006年12月底基本完成安装。内幕墙于2005年3月开始安装，2006年12月底基本完成安装。幕墙工程历时约两年。综合业务楼机电安装从2005年下半年开始施工，2005年12月完成综合业务楼装修设计施工图，机电各专业施工图陆续随装修图进行修改至2006年10月基本出齐，机电管线安装始终处于反复拆改之中；由于装修招标结果迟迟未能得到确定，导致在装修设计完成后的半年内，装修分包单位未能进场施工，2006年6月23日电视中心召开了装修工程动员会，综合业务楼装修工程正式开始实施。综合业务楼建筑安装工程于2007年底基本完成，机电安装和装修施工历时约两年半。2008年开始机电各系统进入边调试边运行阶段，2008年9月26日综合业务楼通过四方竣工验收，2008年底通过消防验收和人防工程验收。

演播楼设计施工过程：2004年3月完成演播楼施工图设计并通过会签，2004年

3月完成演播楼幕墙施工图。2004年5月1日北京电视中心工程B标段开工。2005年5月演播楼主体结构全部封顶，2006年8月二次结构和幕墙工程完成。主体结构施工历时1年。2005年6月演播中心开始机电设备安装，2007年8月完成。2007年9月进入机电设备安装调试阶段，2008年1月单机调试基本完成，机电安装历时两年半。2005年11月完成演播楼装修设计施工图，2007年11月装修工程施工基本完成，并由业主组织了四方初验，装修施工历时两年。2008年进入智能化系统和机电各专业综合调试阶段，2008年6月通过消防验收，2008年7月演播楼通过四方竣工验收。2006年9月清尚完成剧场装修的施工图设计，2008年底剧场声学装修通过四方竣工验收。

生活服务楼设计施工过程：2004年8月18日生活服务中心主体结构封顶，2005年5月二次结构完成。2005年5月生活服务中心开始机电设备安装施工，中途由于功能调整、设计变更等原因，2007年3月设备安装完成。2005年3月北京院完成生活服务楼装修施工图纸，2005年6月生活服务中心开始装饰装修施工，2008年4月全部完成，2008年5月通过北京市消防验收，2008年6月底通过四方竣工验收。

室外工程设计施工过程：2005年10月中旬市规划局提供大市政设计接口条件图，北京院陆续完成室外市政设计施工图；2006年10月完成景观施工图设计；2007年9月13日召开18号楼梯通风竖井景观方案汇报会，确定了雕塑景观的方案。室外市政工程于2006年下半年开始施工，2007年底基本完成，目前除北广场绿化外道路和广场铺装工程，已全部完成并通过验收。

从整个建设历程来看，电视中心工程始终处于设计和施工交替进行的状态，其间由于业主使用功能的调整、招标后深化设计的修改、原设计的不完善等因素伴随着大量的设计变更和洽商，其中设计变更1900余份，涉及的改动1万余项，这在客观上给项目控制造成了很大困难。这一问题在交叉作业界面较少、施工单位相对单一的主体结构施工阶段影响不大，但在机电安装和装修施工开始后明显成为制约工程进展的主要因素。

三、项目管理工作

1. 北京电视中心工程项目管理的特点和难点

一是先天不足的“三边工程”变化多、变化快，项目管理人员疲于应对。几乎每一个设计变更都会造成费用、进度的变化，同时还会形成连锁反应影响到其他专业的修改，因此业主的管理就像股票一样动态变化。

二是工程建设周期长，业主方的组织机构、管理体制发生多次变化，对项目管理的连续性造成影响。北京电视中心工程在建设过程中先后经历了两次更换建设单位、五次更换项目法人代表。建设单位、管理体制和项目法人代表的变更使得电视中心项目管理很多决策程序发生了变化，项目管理的连续性受到了一定程度的影响。

三是业主直接分包单位过多，点多面广，组织、协调的工作量过大。电视中心工程由业主直接组织的招标66项，共签署合同255份，总金额约19.24亿元，北京电视中心的建设内容就是由这些合同内容共同组成的，因此业主不仅要管理执行好这些合同，还要协调处理各合同界面间的衔接，解决彼此之间的矛盾。电视中心的合同架构决定了业主管理工作的面向对象是三个平行的设计院和几十家深化设计单位，两个平行的施工总承包商和几十家工程分包单位以及几十家设备供应商。一个专业工程师和几十家单位打交道，并协调各单位之间和与之相关的专业之间的问题，工作量之大与业主人员配置和能力水平是不相符的。

四是设计、施工、监理单位机电专业力量薄弱，成为制约项目正常进展的“瓶颈”。从变更、洽商的数量和施工周期、调试质量明显反映出机电专业的能力偏弱，设计依靠厂家深化设计、总包依靠分包组织管理、监理依靠甲方协调解决问题，是整个机电各专业的真实写照。两个总包单位在土建和机电的统筹协调、合理安排施工方面能力较差，形成了各专业单兵作战，而没有达到系统化、多专业协同的要求。

五是后期工程建设与电视工艺系统建设脱节，两个平行的管理机构缺乏制度化的协调机制，相互的沟通协调较少，导致后期各自的工程进展都很坎坷。

2. 科学管理，依法管理

（1）坚持走社会化、专业化道路，采取业主+管理公司的项目管理模式。电视中心在国内率先采用了与国际工程管理接轨的业主+工程管理公司的一体化管理模式，以歌华美盛工程咨询公司专业工程师为技术骨干与电视台基建办及集团基建办部分人员组成了一体化工程管理班子，引入了先进的管理流程，制定了《一体化项目管理职责》。新的管理理念和先进的管理模式，使电视中心工程在管理工作上上了一个新台阶。随着工程进展和管理的需要，2006年开始还吸收有良好信誉的法律服务、造价审核机构形成了管理、法律、技术、经济等专业齐全的业主方项目管理团队。

（2）建立健全各项管理制度，形成有电视中心特色的管理程序。完善的制度和科学的程序是项目规范运作的保证。北京电视中心工程从建设之初就制定了《设计管理程序》、《合同管理程序》、《施工管理程序》、《采购合同部工作程序》、《变更与洽商控制程序》、《计划编制与控制程序》、《工程款支付程序》、《项目文档控制程序》等一系列工程管理制度，据此进行严格的设计、合同、施工管理。随着工程建设进展和工程管理的实际需要对管理程序不断完善，如2005年6月实行了新的《变更与洽商控制程序》。这些制度和程序是北京电视中心进度、质量、安全、费用管理的基础。

（3）坚持例会制度，民主集中，集体决策。中心从2004年8月开始建立了一系列的例会制度，如每周一次的中心主任办公会、每周一次的工程变更洽商专题会和监理会、每月一次的参建各方领导联席会等，根据工程建设需要，2008年建立由中心领导参加的项目经理例会制度。这些制度较好地解决了工程实施过程中安全生产、工程质量、工程进度、资金使用等问题，同时也为业主及领导充分发扬民主、广泛听取群众及合作方意见，加强工程建设办公室廉政建设提供了条件。对于重大问题、重要决策报台长、党委决策，重大决策报市委、市政府领导决定。如电视中心工程建设方案就是市委、市政府集体研究决定的；对专业性强、科技含量高、复杂且难度大的事项，我们充分利用“外脑”请国际、国内知名专家、学者做顾问的同时，还根据工程进展和需要以专家研讨会、论证会的形式，帮我们出点子、想办法，为我们决策提供科学依据。据初步统计，目前已组织召开了60余次专家研讨论证会，应邀参加会议的专家200多人次。可以说北京电视中心工程每一个决策都融合了管理者、专家学者、有关主管部门、各级领导的智慧。

（4）依法严格组织招标采购。通过合理划分招标界限、择优选定招标代理机构、依法建立实施适应本工程特点的招标程序，确保招标成功。在各环节工作中尤其注重招标文件的编制质量，结合每个招标项目的实际情况，合理确定招标文件中技术标和商务标权重，对于技术含量不高的设备商务标的分值权重大，反之则技术标权重大。对技术要求高、比较复杂的项目如弱电系统等，聘请专家把好技术标准关。招标公示、资格预审、开标评标工作完全依法按照规定程序进行，自觉接受政府部门和审计部门的监督。通过公开招标选择了一批好的参建单位。日本日建设计株式会社民用建筑设计在2005年全球排名第一；北京建筑设计院和中广电设计院都是国内一流的设计院；北京建工集团和北京城建集团是总承包特级施工企业；远达监理公司是国内最佳钢结构监理单位；江苏沪宁钢结构公司和上海冠达尔集团是国内钢结构加工最知名企业；沈阳远大、深圳三鑫、中山盛兴是国内名列前茅的幕墙施工企业。

（5）建立了全程跟踪审计制度，实施阳光工程。电视中心自工程建设之初就由专职审计人员（2005年前由原集团审计部和台纪检审计部人员组成，2005年后由台纪委派出）全程对工程管理、招投标、合同谈判、财务、重大问题决策等工作进行全方位全程跟踪监督审计。国家广电总局纪检调研组长王德新同志来电视中心进行专题调研时对此给予了很高的评价，总结为“两个比较好、两个创新”：一是管理工作比较好，业主＋管理公司工程管理模式是个创新；二是审计工作比较好，对工程实施全程跟踪审计制度是个创新，并提出在全国广电系统推广。

（6）积极做好外部协调工作，确保项目顺利进展。项目审批手续的办理和政府部门协调是建设过程中业主的一项主要职责，直接关系着项目的顺利进展。多年来办公室的同志们勤跑多磨，善于公关，先后办理了立项、规划、土地等政府审批手续，解决了电力、燃气、热力、自来水等市政各专业的接入，组织完成了人防、消防等验收工作，较好地处理了与政府部门和周边地区的关系，为工程建设顺利进展铺平了道路。

（7）积极做好资金筹备和财务管理工作。电视中心的财务管理工作与工程管理紧密结合，做到了提前规划，保证了建设资金的保障有力，在工程款和日常款项的支付中严格审核，坚持原则，在多次审计检查中都得到了好评。

通过大家卓有成效的工作和各参建单位的共同努力，北京电视中心工程已全部通过验收并逐步投入使用，2008年奥运会和残奥会期间北京地区火炬传递新闻发布会在此成功举办，2008年、2009年BTV春晚在电视中心剧场顺利录播，2009年1月15日BTV科技、BTV影视在新台址开播，标志着新台址已从局部使用逐步进入全面使用的新阶段。

秉承经验，开拓未来，使我台技术系统建设再上新台阶

——新台址技术系统一期建设工作总结

北京电视台总工程师　田　方

一、建立了有效、安全的科学管理模式

一期的工程建设是一个庞大的工程项目，预算总金额达10个亿，涉及制、播、传等各个方面，建立一套有效、安全的项目运行管理模式不仅能够从技术层面上把握方向，又能有效控制资金的使用，对项目的实施起到引导、推进、监督的作用。为此，我们成立了技术贷款办公室，办公室成员包括总工程师、副总工程师、技术部门主任、计财部主任等成员，发挥着审批、决策、监督、管理的功能。我们还成立了技术工程建设项目组，抽调各技术部门和总编室的业务骨干组成，是一个负责项目工程具体实施的机构，直接对技术贷款办公室负责。这两个机构通过“报告—审批—执行—再报告”的工作机制，贯穿了项目实施的整个过程。通过这种有力的“过程控制”，我们不仅使项目的实施严格按照设计要求进行，也将使用资金控制在7个亿内，达到了项目情况明晰、上下级沟通顺畅的管理目标。

我们按照系统分工设立了A、B、C三个项目组。其中A组主要负责采编播生产网络系统，包括演播室视音频系统、非编制作网、转播车、播出传送系统、总编室/广告编播系统等项目。B组主要负责全台的网络信息化建设。C组主要负责大剧院的舞台机械、灯光和演播室灯光项目。各项目组划分成一个一个的项目，并指定了专门的项目责任人，形成了这种分工明确、责任到人的运行模式，不仅把任务落到了实处，还锻炼出了一批责任心强、技术过硬的青年骨干。

二、技术项目组精心勾画设计蓝图，反复论证技术方案

项目组成立以后，立即开始进行各系统整体方案的调研、起草、论证工作。

A组于2005年4月形成了《北京电视台新台址技术系统设计大纲第一篇A组节目生产相关技术系统》，包括总揽、技术系统简介、网络化节目制作体系、节目调度系统及演播室系统、节目播出系统五部分的内容，并联合NEC公司、索贝公司就传统设备、网络系统进行了深化设计。

B组联合神州数码和太极计算机股份

有限公司完成了《北京电视台信息化网络系统集成和应用集成的深化设计》。

C组组织行业专家、联合广电设计院，针对我台多功能电视剧场舞台专业灯光照明系统，通过反复修改、论证于2007年5月完成《技术要求和规范》的撰写，该文档在基建工程已完成的灯光吊挂系统的基础上，制订出具有超前意识的演播室灯光系统设计大纲，突出灯光控制系统的网络化和数字化。

三、充分发挥部门职能，完成大量采购、到货任务

总工办作为项目立项、招标采购、签订合同的运作部门，充分地发挥了其部门职能，截至目前，完成新大楼招标采购项目59大项，250余包，签订合同200余份，合同金额约6亿元，已付款约3.4亿元。

技术设备管理部在临时搭建的专业技术设备库房里，克服了时间紧，数量大、设备型号繁杂、细小零配件多等困难，完成了上百个合同、上万件设备的接受、核对、拆分、发放工作。在接受设备的过程中也遇到了大量的问题，如设备先到合同滞后，设备型号、数量与合同不符，设备以旧充新等，这时，我们的同志没有消极等待，以不影响工期、顾全大局、不违法为基本原则，一面积极联合总工办与厂方协商解决问题，一面及时向领导汇报。通过接收新大楼的设备，我们积累了大量的实际经验，不断改进管理模式，为今后设备的科学管理打下了坚实的基础。

四、技术项目组积极配合土建工作，打下扎实基础

项目组自2007年11月开始进入到现场施工，当时现场还不能保证正常的供电、电梯及生活用水等基本施工及生活条件。在这样艰苦的环境下，为保证项目按计划推进，项目组人员严格按照新大楼设备系统建设进度要求，与设计、土建、装修、设备安装等多家施工单位一起，合理安排交叉施工，在建设中心办公室、工艺部、行政部等部门的大力支持下，积极配合进行土建工艺后期施工工作。

五、技术项目组兢兢业业干工程，取得累累硕果

全台化的制播网络系统，是目前国内唯一真正实现了全台大规模节目制播全面网络化的系统，实现了“前期数字化、编辑制作网络化、播出硬盘化、存储数据化、管理科学化”五大目标。在系统维护过程中总结经验吸取教训，逐步建立了“维护活动规范化、维护记录标准化、数据分析专业化、维护水平科学化”的系统维护模式。

网络制作系统作为全台制播网中一个重要的产生环节，现已全面投入使用，普通编辑网络是新台址生产能力最大的制作网络，有50个精编站点，其中有30个NAS站点（以太单网结构），这种设计对未来简化网络结构、节约资金投入作了有益的尝试。深度编辑网络有8个高清编辑站点，具备一定的高清生产能力，通过施工和运行，使我们了解了国产高清非编的发展情况，为高清网络设计和高清非编制作积累了经验。演播共享网是打通制作和演播的关键环节，也是全台网络化的一个重要组成部分，在国内算是一个创新。经过实际运行，这种设计受到了节目部门的高度认可，方便了演播室录制。普通深度

编辑网设计的共享上下载软件极大地丰富了网络中传统设备的使用效率，为传统信号链路的应用提供了方便。制作网实现了严格的节目生产流程控制，包括素材的管理策略，用户认证的全台统一，节目制作流程的严格控制和实时监控，多级审查制度杜绝了以前在制作审查环节存在的安全隐患。

我台包装网络的建设也是目前世界上比较先进的、同时也是最为复杂的异构网络。包装网采用硬件厂商齐全，软件种类繁多，操作系统多样，是一个典型的异构网。

我台现已实现了基本无带化的播出网络系统，播出网络系统在设计和实施中，重点考虑了安全性、稳定性、灵活性、实用性和扩展性，在系统级、通道级、设备级都具备了较强的可靠性。该系统的建设实施，为北京台在国内省级电视台最先实现全台节目制、播、存、管一体化网络提供了重要的保证，并符合国际标准，达到了业界领先水准。

播出传送系统完成了新台到歌华有线前端10套标清和一套高清频率的编码复用播出系统，完成了新台到地球站上星播出的卫视频道和动画频道的编码复用传送工作，完成了新台到中央电视塔3套模拟高清信号的传送工作，保证了我台12个频道采用有线、无线、卫星三种方式从新台址往下游单位的传输。

我台一期共建设了11个演播室和3个分控中心，以每个分控中心为调度核心，形成3个演播室区域，资源共享，可以完成多种形式的节目制作（例如演播室级联播出、实况转播加延播、多语言同播等）。在设计过程中充分考虑了图像、声音、灯光等多种因素的协调和配合，同时最大限度地发挥设备的各种功能，目前演播室制作的节目，其技术水平已经处于国内领先位置，也得到了央视专家的肯定。

于2008年1月15日交付我台的12+6高清转播车也是我台新台址一期技术工程建设中的一个亮点。该车由车体、视频系统、音频系统、图文系统、辅助车等组成。整车长16米，宽2.5米，高4米；车厢内分为3个分区：导演区、技术区、音响区。其系统设计完全可满足高清、标清大型活动、体育赛事等节目录制的要求，是目前国内技术含量最高的高清转播车之一。它作为BOB租赁使用的高清转播车之一，参与了举世瞩目的2008北京奥运会转播工作，用于奥运足球预赛和决赛的国际信号制作，也充分展现了我台位于国际前列的转播能力。

我台新大楼一期项目中的两间600平方米演播室和一间1000平方米演播室的音频系统已经竣工，从投入使用的这一段时间来看，系统的性价比、安全性、实用性都很高，效果非常好。比如两间600平方米的演播室共用一套流动扩声系统，不但满足了日常访谈类节目的一级调音的需求，也满足了综艺节目二级调音的需求，同时也满足了在直播模式下，进行主备音频系统热切换的功能要求。从整体效率来看，基本完成了前期大演播室之间，大演播室和录音棚之间的网络连接，在同行业其他电视台中处于领先水平。

我台1000平方米、600平方米演播室灯光系统工程是目前国内唯一一家集网络、数字化于一体的高科技演播室，它能用一张数字控制台通过无线网络连接，分别控制吊挂升降、灯具旋转和光的输出，所有输出数据既可预先设定，也可根据实际使用情况进行调整，并能将已调整好的长期固定栏目的灯光场景随时调出。

北京电视中心多功能电视剧场的舞台灯光照明系统设计在技术层面上也有鲜明的特点，就是符合现代演出管理的要求，在使用功能方面包括大型电视综艺节目、歌剧、演唱会、戏剧、舞蹈、音乐演奏会、综合晚会、会议等，同时能够配合及满足高清电视节目直播和录播制作的多用途使用目的。在灯光回路设计中，突出建设的超前意识，充分考虑了舞台灯光的回路数以满足现代艺术对舞台灯光灵活多变的要求；在灯光系统的设计中，充分考虑了灯光技术未来不断发展升级的需求和系统的可扩展能力与兼容性，能够在不增加硬件的前提下，满足用户将来因演出规模增大等原因带来的灯光扩容和技术升级的需要。系统采用网络技术，有远程监控、维护功能，有充分的扩展余地，并能够确保运行安全。

无线话筒项目由于可以使用的频率资源有限、系统直播安全性要求高，因此在技术上对我们来说是个挑战。我们通过充分地与多家主流设备制造商、中央台及地方兄弟台技术人员切磋交流，确定了我台采用频率整体规划先行的方式。本系统也是国内第一个采用整体规划先行的方式进行采购，频率资源利用安全合理；系统配置灵活可靠，设备采用最先进的顶级产品。在行业内居于绝对领先的位置。该方案在投入使用后，系统的安全性得到了充分的验证。

六、各技术部门和技术项目组积极组织培训演练，推动新系统的应用

新台技术系统能够顺利投入使用，做好技术培训是关键。技术部门和项目组承担的培训工作主要包括两方面的内容，一是技术系统内部的培训和熟练过程，另一个是对节目编播人员的培训。从 2008 年 10 月开始分期分批共组织了 6 类内容、10 次课程的培训，针对新台的播出系统、播出网络、总控系统和实际操作等方面内容，分别由各项目组的技术人员讲解及实际操作相结合，进行了全方位的培训。同时，配合培训课程，各项目组还印发了各部分的图纸、重点要求和考试范围，同时对讲课内容还进行了摄制。并先后两次组织安排了参加培训人员的笔试和实际操作的考试，所有参加人员均取得了良好的成绩，达到了培训的效果。为新台的顺利开播和后续的安全播出工作奠定了良好的基础。

制播网络系统建成后，网管部、制作部等部门配合项目组进行台内各个使用部门的培训工作，其中包括对编导等相关人员进行了非编操作培训和备播流程、演播共享流程的培训以及文稿软件的培训等。这些培训工作的开展，有力地促进了我台制播网络的启动和应用推广。另外，制作部和项目组共同组织了 6 个搬家频道近 1500 人的网络应用培训，使这些频道得以顺利进入新台址进行节目生产。

媒体收视率剖析和政府监管措施建议

北京电视台副总编辑　张　强

电视媒体"收视率"的高低决定着该媒体经济收入的多少，也就在一定程度上演变成为了评价电视媒体发展好坏的重要标尺。如何正确看待收视率的积极作用和负面影响，其缺乏规范和监管的现状又当如何认识和解决，本文试图借鉴外国经验，并结合中国国情，谈一点粗浅的看法。

一、"收视率"：电视台的"指挥棒"，控制节目内容的"无形手"

目前，收视率在媒介经营的全过程中起到举足轻重的作用：

第一，收视率已成为评价广告效果和广告商付款的依据。

广告商关注的是广告投放的效果，而载体节目的内容、品质、格调则退而次之。广告商希望有足够的观众规模以保证广告覆盖的范围，并要求观众群有相对的稳定性。这些广告投放效果在实际操作中都是使用收视率数据来进行考量和付款结算的。这就形成了现行的媒体经营逻辑——"收视率越高，广告效果就越好，电视台对应时段的广告价值就越高，获得的经济收入就越高"。

第二，收视率已成为媒介经营者的量化考核的标准。

收视率越高，由广告带来的经济收益越高，因此收视率被媒介经营者所倚重。同时，由于收视率是一个量化数据指标，能够较方便地与员工绩效考核和收入奖惩挂钩，目前已经被大量电视台，特别是有实力的省级电视台作为考核体系中最重要、最直接的指标。于是又形成如下逻辑——"节目收视率越高，相关工作人员就越有成绩，收入越高。"

第三，收视率已成为电视台调整节目内容和编排的依据，低俗化的根源。

从经营角度出发，媒介经营者想要获得更高的经济收益就需要吸引更多的观众注意力，这就必须了解观众的收视习惯和偏好等，并以此为依据调整和优化频道的节目和编排。在实际操作中，收视率成为观众注意力的代名词，因此大到媒介，小到员工，都以追逐更高的收视率为目标，而忽略媒体更应承担的社会责任和社会效益，这就成为目前大量节目低俗化的本源。这一过程的逻辑为："节目内容生产制作一律向收视率看齐，低俗化节目收视率高，就有存在下去的理由；高雅节目收视率低，就要被淘汰。"

收视率已经如一只无形的手深入到电视媒介经营的所有领域，指挥着所有人员，这只手无处不在，无处不管，就像一根指挥棒指挥着电视台的节目生产制作、广告经营、人事考核和绩效奖惩等所有环节。

例如，目前很多省级电视台非常看重所谓的35城市省级卫视收视排名，很多电视台将工作人员的薪酬、领导干部的业绩与这一纸排名牢牢挂钩，排名升，大家一荣俱荣；排名降，大家一损俱损。这样的收视率排名攀比之风如今已愈演愈烈，甚至个别地方广电局和政府都对此风有所助长，不问宣传工作是否做得好、主旋律和社会效益是否抓得好，单求收视率高、收视排名高。本来简简单单的“收视率”数字，让本该属于公共事业范畴的，应由国家广电总局等政府机构监管的电视媒体，似乎多了一个“婆家”。如此下去，势必造成宣传任务和喉舌功能的淡漠，导致相关政府管理机构监管力、执政力的削弱。

二、方法决定结果，掀开收视率数据客观公正的面纱

既然“收视率”这一看似简单的调查数据，已然对电视媒介领域发挥着如此深远和广泛的影响，那么它的客观、公正、信度就显得尤为重要，其调查方法和操作过程的科学性将会对数据本身的真实有效产生至关重要的影响。业内人士经常会有这样的印象，对同一地区同一时段同一节目，不同的调查公司提供的收视率数据并不相同，有时还相差挺大。

1. 对地区电视观众总体范畴的定义——户籍人口还是实际人口？

收视调查作为一种抽样调查，是从全部调查研究对象中，抽选一部分单位进行调查，并据以对全部调查研究对象作出估计和推断的一种调查方法。所谓的全体调查研究对象，即“总体”，就是某一地区4岁以上所有观众个人。那么如何认定这个“总体”呢？目前通行的做法是依据该地方统计年鉴的人口统计学相关数据。这一做法看似有据可依，然而不应忽视的是，中国是一个经济迅速发展的国家，社会日新月异，城市化速度很快，流动人口群体巨大，特别是在北京、上海、深圳等一线大城市，有很多人没有该地户口，但其实已经在该城市扎根，从业于各行各业，融入并也影响着该地区的社会生活，而很多正处于事业高峰期的中青年人甚至已经成为该城市的主流人群。那么在这种情况下，所谓某一地区的电视观众的“总体”，就不应该局限于户籍上登记造册的“常住人口”，而应该参考城市规划、公共设施建设等方面的经验，正视数额巨大的流动人口。

2. 对抽样方法的斟酌——规模、比例是否全面合理？

收视调查采取的是多阶段PPS整群抽样的方法，即根据该地区相关的人口统计学特征辅助信息（如：当地居民的性别比例、年龄分布、职业和收入情况等），从而使每个观众均有按其规模大小成比例的被抽中概率的一种抽样方式。与上一点一样，这一人口统计学特征信息的依据，大多来源于常住人口的统计，已经与实际情况出现一定的偏差。例如北京、上海等很多大城市都有这样一批人，在高科技或新兴外企或私企拿着高薪，但无当地户口，这些人对当地的城市社会生活都存在一定的作用和影响，而这显然没有被列入到抽样所依据的规模比例中去。

另外，在实际过程样本确定过程中，难免会存在符合要求的样本家庭出于一些原因拒绝合作，而不得已退而求其次寻找愿意合作的家庭，这种情况也会造成一定的误差。甚至极端的情况是，一旦有样本

家庭出于经济利益考虑而收受不良媒介的贿赂而“锁定”遥控器，这样的信息就属于完全的造假和无效了。

3. 数据回收手段引起误差——日记卡测量仪混用，数据有效性要打问号

目前主要的收视情况信息回收手段有两种，即日记法和仪器测量法，这两种方法受主观因素和客观因素影响，其获得的数据有效性和精度大为不同。日记法和仪器测量法的结果肯定会有差异，应该说仪器测量法更准确一些，日记法往往是通过事后回忆来填写的，或者该样本个人记不住或者“偷懒”或者干脆作假填写，数据就会出现很大偏差。另外，日记卡间隔是15分钟，而测量仪数据可以精确到1分钟，这样得到的收视率就会低很多。由于测量仪成本较高，目前无法在所有的城市和县区全采取测量仪，除大城市外，还有很多相对落后地区采取日记卡方法。如果在全国范围内将这两种方法混用，所得到的综合结果就会更加尴尬。

综上所述，收视率数据的调查统计方法的全过程，看似有据可依，科学客观，实则有很多容易出现漏洞或者误差之处，如果把所有的误差综合考虑，其结果就会大打折扣，如果用并不准确的数据指导工作，也就毫无意义了，甚至可能会起到反作用，例如收视率样本的“两低一高”，会引导节目为追求收视率而一味迎合这些人的喜好造成节目的低俗化倾向，而同时一些高学历和高收入的群体的收视行为和品位没有得到正确反映。

三、独家垄断外资控股：收视调查失去独立、客观的市场机制保障

除了调查方法，收视调查的实施和发布主体，也会对收视数据的公正性有一定的影响。毕竟，谁调查和发布收视率，谁就对中国电视业的未来发展具有重大发言权。为应对金融危机，从2009年起，中国的数据调研市场将是央视—索福瑞一统天下——广告主、媒体、广告公司等只能从央视—索福瑞一家购买调研数据。这一事实在业界震动不小，其负面影响不容小觑。

第一，垄断会妨碍数据调查的客观和手段方法的进步性。

经济学告诉我们，垄断者在市场上，能够随意调节价格与产量。因为缺乏竞争，会导致垄断者失去对产品改进、提高质量、提高生产效率的动力。因此，面对中国收视数据调查市场被一家公司独家垄断的局面，我们绝对应该抱以忧虑。特别是在监管缺位的垄断市场，一旦垄断者的意志被任意灌输到本应秉承独立客观的收视调查工作中，滥用市场支配地位却没有被发现或者修正，后果难以承受。

第二，外资背景控股，对我国媒介发展的安全有一定威胁。

央视—索福瑞，作为唯一的一家调查公司却是由英属公司——WPP集团控股。WPP的首席执行官明确表示，WPP集团在全球的扩张战略之后，将重心转移到了中国市场。如果该集团通过其擅长的并购策略，垄断中国数据调研市场，并逐步控制传媒市场，进而影响中国文化产业发展。这一点，从WPP在华的扩张规模不断加快可见一斑。WPP集团通过在全球的并购扩散，打造出媒介购买公司“航母”——群邑（GroupM）。群邑是WPP集团内部所有媒介代理公司的母公司，整合了旗下5个以M开头的媒介购买公司Mindshare（传立媒体）、Mediacom（竞立媒体）、Mediaedge：cia（尚扬媒介）、Maxus（迈势媒体）和Motivator（灵立媒体）），2006年其全球营业额高达605.2亿美元，其中，传立媒体、尚扬媒介领先跻身全球前十位，其营业额总和占前十位媒介购买集团的32.4%。博睿（CMX）、群邑（GroupM）成为中国传媒市场的“强势媒介议价者”。

第三，股权之惑：怎能既当裁判员又当运动员。

分析央视—索福瑞的“血统”，可以发现这样一个事实，“婆家”一方就是外资集团WPP，通过收购法国索福瑞成为控股股东后，它旗下具有众多实力雄厚的4A广告公司和媒介公司，控制着大部分的广告商的广告购买计划。也就是说，WPP将根据自己调查的数据，来进行广告价值评估和付款，这会造成电视媒介实际拥有观众注意力价值有被低估的可能。

“娘家”是在中国具有绝对难以撼动地位的中央电视台，也就是说，央视将根据自己调查的数据对中国所有电视台的收视情况进行排名或者发布市场占有率，这也会使得在全国所有的市场上，除央市外其他电视台的收视情况和价值存在被低估的可能。

综上所述，目前央视—索福瑞控制中国媒介收视调查市场的局面，从长远角度来看，将会对中国的电视传媒、文化产业的发展产生深远影响，其负面作用应该得到足够的重视。

四、建议：广电总局应主导收视调查监管，引导媒介健康有序发展

总体来看，可能的“监督”的效用来自三个方面：第一，积极促进市场调查协会等有关行业协会的发展，使行业组织成为参与指导行业发展、制定行业标准、开展行业自律，规范市场秩序、仲裁行业纠纷的重要力量；第二，调查公司应严格按照行业规范进行业务操作，通过自律自强赢得市场信任；第三，由直接用户共同或通过选举产生用户委员会来行使监督职能，调查机构定期或不定期向用户委员会通报相关方法和操作流程及变化，以供用户委员会稽核。

但具体到中国国情而言，我们认为，单纯依靠企业自律或行业协会的规范，约束作用是有限的，而由直接用户共同或通过选举产生用户委员会在实际操作过程中也会困难重重。因此我们建议，更加有效的第三方监管方式应该是由广电总局牵头，来组建权威的第三方监管机构组织，随时指导和核查数据调查公司样本库的科学合理性、客观公正性，并通过发放牌照和年检的方式直接控制收视数据调查公司的发布数据的资格。具体说来，这一由国家政府机构管理的第三方监管机构应该具有如下职能：

第一，研究和制定标准。研究中国电视观众的总体情况。根据宏观经济情况、社会发展和进步的要求，本着与时俱进、实事求是的态度，认定更为科学合理的观众总体范围、抽样时所依据的各种人群的规模和比例等人口统计学辅助信息，并依据这些研究报告对公司的抽样框设计和抽样方法给予指导、建议和要求。对收视调查公司的操作方法、程序、统计计算和发布方式等各方面制定标准，使这些活动能更为严谨，有法可依。

第二，监管数据调查公司的样本库，并随时对其合理性、真实性进行监督，对

可能出现异常的样本进行调查，对出现违规行为的样本要求公司进行更换。目前，样本库属于数据调查公司的商业机密，虽然从保持中立的角度来说无可厚非，但如果长期处于无人监管的状态，很难保证公司的抽样的合理性。

第三，调查和仲裁一些对收视数据的投诉。当收视数据使用者对收视调查数据的客观公正性产生怀疑时，可以向该机构提出调查申请或仲裁，由该机构通过对疑点的调查给出解释或者纠纷仲裁。

第四，年检和牌照发放。该机构将分省对辖区内的数据调查机构进行定期年检，以验收其执业资质、样本分布、仪器状态，并根据上年被投诉等综合情况发放收视数据发布牌照，只有拥有该牌照的公司，才有权利将收视数据从事营利性发布活动。

收视率，就像一只无处不在的无形的手，广泛而深入地影响着电视媒介的各个领域。广电总局，作为广播电视行业的政府管理机构，面对现在收视调查市场垄断和调查过程中的种种不合理局面，积极采取应对措施，加大监管力度，果断承担市场监管和引导者的角色，努力维护电视媒介健康有序地发展。

关于北京体育电视在后奥运阶段发展方向、路径和目标的思考

北京电视台副总编辑　朱　江

一、写在前面的话——关于体育电视的定位

顾拜旦是位音乐家，却致力于奥林匹克运动，他在《体育颂》中写道：“体育是美丽、艺术、正义、勇敢、荣誉、乐趣、活力、进步与和平的化身。”我国的第一位体育学教授马约翰说：“体育是培养健全人格的最好工具。”在北京奥运会、残奥会的总结大会上，胡锦涛总书记也号召要“从体育大国向体育强国迈进”。我们可以这样认为，体育运动、健身活动是社会生活的重要组成部分和重要表现形式，国家的竞技体育水平和全民的身体健康是我国全民实现小康战略中的重要方面。

北京市政府在《关于促进体育产业发展的若干意见》中指出：“坚持以建设国际化体育中心城市为目标，加快体育产业化和国际化，提升北京的国际地位和形象。”在这样的历史责任面前定义体育电视，我们认为，体育电视是体育运动、健身活动的助推器，是体育产业的主力军之一，是北京建立国际化体育中心城市的排头兵，更是继承奥运财富的重要载体和物化表现。

2008年6月20日，胡锦涛总书记视察《人民日报》时提出要建立媒体新格局，2008年下半年，中央又继而提出要建

立国际化大媒体，要提升媒体的传播力、引导力和影响力。只需研究一下 NBA 主要是通过电视转播在中国的发展之路和现实影响，也许我们就可以说，体育电视可以从一个侧面更自然、更快捷地提升媒体的传播力、引导力和影响力，可以从一个侧面有利于实现十七大报告中提出的提高文化软实力的目标。

二、我们的基础——对上一个奥运周期的回顾

在过去的一个奥运周期里，中国体育电视的发展体现在节目内容上，赛事、新闻、专栏、专题等进一步丰富。体现在技术水平和艺术水平上，以北京奥运会为标志，中国体育电视人第一次承担了近 10 项奥运会赛事的现场转播任务，第一次全方位超大规模地组织了奥运会报道，并体现出了较高水平。另外，体育电视的年经营额从 10 亿增加到 20 亿（不计奥运会、世界杯等特殊年份的经营）。体育电视的专业人员也增加到 3000 人左右。

具体到北京体育电视在过去 4 年的发展，可以归结为以下八条：

（一）赛事种类翻番，精彩程度提升。2003 年，北京体育频道播出赛事的种类 10 余种，至 2008 年已翻了一番，达到 20 余种。播出场次从 2003 年的 900 场，之后 5 年平均每年 1200 场，年均增长 33%，赛事首播和重播的时长 5280 小时，占年播出总时长的 60% 左右。

（二）节目水平提高，节目样态丰富。新闻节目由 2003 年的每天 52 分钟增加到如今的 105 分钟，时长翻了一番还多，三档新闻节目的收视也呈上升趋势，每天晚间 50 分钟的《天天体育》已经成为体育频道的一档品牌节目。围绕赛事所制作的《足球 100 分》、《篮球风云路》、《绿茵传真》、《篮坛在线》等受到体育迷的青睐。体育频道还尝试制作了健身类栏目《快乐健身一箩筐》等、游戏类栏目《快乐 08 大赢家》等、娱乐类栏目《各就各位》等、言论类栏目《最体谈》等。2008 年，北京体育频道制作的大型专题片《走向巅峰》、《与梦齐飞》都引起了较大反响，国家体育总局局长刘鹏在审看《与梦齐飞》之后写道：拍得很好。不但系统、全面，还有深度，把握的角度很得当，且有重要史料价值，很有宣传和普及体育的作用。《人民日报》以“从《与梦齐飞》看中国文化中的体育精神”为题发表评论写道：《与梦齐飞》是一部中国体育 30 年改革开放的电视史诗。这部电视片跳出了一些体育媒体人习惯于就体育论体育的传统思路，编导始终用“全体育”、“大体育”的理念，而不是“竞技体育”、“金牌体育”来统辖全片，这在“后奥运时代”显得尤为重要和可贵。

（三）引入互动手段，培养忠实观众。从 2005 年开始，体育频道逐渐通过电话、短信等方法引入互动手段，打破了过去的单向传播模式，培养了一批忠实观众，这一手段的使用也成为《天天体育》等节目不可或缺的、十分突出的节目元素。到目前为止，仅手机短信互动已积累了 93.5 万人次。

（四）转播攀上高峰，程序日益规范。以 2006 年的世界青年田径锦标赛、2007 年的铁人三项世界杯、2008 年奥运会的足球、排球、山地自行车的现场转播为代表，北京台体育频道的体育赛事采集公共信号的水平已经进入国际较高水平的行列，最

近体育频道又签约承接了2010年广州亚运会跆拳道、空手道、男女沙排的采集公共信号任务。

（五）综合报道增多，接受严峻考验。2004年以来，北京体育频道先后组织了雅典奥运会报道，2005年全运会和国际青田赛的报道，2006年足球世界杯的报道和亚运会的报道，2007年开始的40余项奥运测试赛的报道，以至于2008年北京奥运会的报道都圆满地完成了任务，也使这支队伍接受了严峻考验，组织大型赛事综合报道的能力也得到了飞跃性提高。

（六）整合运营平台，促进精细管理。北京体育频道提出了“科学化、系统化、规范化”的业务管理原则，并大力提倡运营概念，在重大决策、调度整合、优化编排、赛事使用、项目推进、财务运行、人员配置、收视分析、总结推广、评比奖惩等近20个方面切实予以推进和实现。

（七）人员数量增加，素质明显提高。2003年北京体育频道的人员总人数为150人，奥运会期间曾发展到400人，目前保有200人。频道领导班子2003年平均年龄50.75岁，目前为43.5岁。制片人队伍2003年均为本科学历，目前有近1/3为研究生或双学位学历。主持人队伍2003年为8人，平均年龄33.4岁，均为本科学历，现有18人，平均年龄29.1岁，其中3人为研究生学历。

（八）广告增收较快，5年增长两倍。北京体育频道2003年的广告收入为5500万元，2008年为1.7亿元，是2003年的3.1倍。另外，由体育频道负责运营的北京新维体育文化发展有限公司5年收入4000万元左右。

三、我们的目标——在困难和机遇中寻找空间

我们希望北京体育电视在新的一个奥运周期里达到双翻番的目标，也就是在2012年伦敦奥运会之年占有率达到3%左右，运营收入达到3.5亿元左右。我们认为，困难和机遇并存，在其中寻找空间，这一目标是可以期待的。

在今后一个相当长的时间内，北京体育频道都面临重大困难和巨大压力，表现在六个方面：

（一）央视独有赛事。在今后的4年里，央视不但将继续独有奥运会、亚运会、足球世界杯等顶级赛事，还将继续独有欧冠、羽毛球世锦赛、汤尤杯、苏迪曼杯、ATP和WTA系列赛、田径世锦赛、黄金大奖赛、游泳世锦赛、斯诺克超级系列赛等一大批顶级赛事。这些独有赛事的范围之广，数量之多，对北京体育频道的压力之大，将有愈演愈烈之势。

（二）赛事费用暴涨。仅以北京台已经购买和可能购买的赛事报道权和传送渠道为例估算，今天的版权费用和技术费用是4年前费用的3.5倍以上，而频道的广告收入和预算增幅远远赶不上这一速度。

（三）省台大量消失。4年前省级台家家有体育频道，甚至副省级台、省会台、地市台都出现了大量体育频道的现象已不复存在，目前尚保有体育频道的省级台不足一半，且其中又有1/3或本身是文娱和体育的拼合频道，或者干脆就名实不副。原因是入不敷出，难以为继，结果是能够承担赛事报道权分销的家数越来越少，资金规模也越来越小，尚且坚持的体育频道的资金压力也越来越大。

（四）播出竞争加剧。4 年来，体育节目播出环境发生了一些重要变化，致使北京体育电视处于被动局面。比如：青海卫视改播体育节目在全国落地、央视的风云体育系列、广东的天盛体育系列等数字电视进入北京家庭、宽带和网络视频等大量播出 NBA 等体育赛事。另外，电视剧、娱乐节目、法制节目、生活节目的迅速扩张，也比体育节目具有更多的吸引力，可以争取更多的收视率。北京体育频道在北京地区的收视排名 2006 年以来平均为第 16 位，在北京电视台只超前于青少年频道、卡酷频道和公共频道，而落后于卫视、影视、文艺、科教、生活、财经等频道。

（五）观众收视疲劳。2008 年奥运会后，观众对体育节目的收视进入低谷和疲劳期，仅以北京体育电视为例，2009 年第一季度与 2008 年同比下滑了将近 10%，央视体育也出现同样情况。

（六）自我能力不强。总体来说，北京体育电视的节目样态还不够丰富，体育电视从业人员各类节目的经验也不够丰富，而且北京体育频道的预算 60% 以上用于购买赛事报道权、支付传送费用、做赛事包装等，用于其他节目的费用很少，单位预算比较低，当然对探索新的节目样态是一种制约。

从基本面分析，双翻番的目标是可以期待的。

1. 中国的经济已经有 20 多年的高速发展，在初步满足了安全和温饱等需求后，按照马斯洛的需求理论，人们的其他需求会逐渐显现，当然也包括体育需求（参与和欣赏）。事实上，代表生活必需品投入比例的恩格尔系数在中国，在最近 5 年下降很明显，它标志着人们在文化等方面，也包括体育方面的投入会逐渐增加。

2. 从欧美的体育产业产值占 GDP 的比重来看，欧洲 4%、美国 2.4%、加拿大 1.1%，而中国只有 0.6% 左右，这一空间还是较大的。另外，中国电视广告的总额为 700 亿元，而电视体育广告只占其中的 3%，这一比例也势必要得到改变。

3. 从发达国家体育电视的情况来看，NBC 仅最近一届奥运会的广告收入就达到 12 亿美元（80 亿元人民币），澳七一年的广告收入为 16 亿澳元（80 亿元人民币），央视体育频道、省级台体育频道离这样的体量还相差甚远。

4. 摩根大通曾预测，中国应有 5 ~ 6 个央视体育频道的容量。在长江商学院学习时，教授曾转述美国一著名经济学者在著述中曾经谈道：不敢预测中国经济在未来 20 年是不是还会持续高速增长，但可以预知的是，中国的体育产业在未来 20 年一定会有一个非常强劲的发展。

5. 北京市提出要坚持以建设国际化体育中心城市为目标，要积极培育大型品牌体育赛事，发展壮大体育产业。从欧美体育产业发展的历史和经验来看，体育赛事的被认同，体育产业的大发展，都离不开电视媒体的推波助澜，这也是北京体育电视可能的空间。

6. 随着广播电视系统改革的进一步深化，整合资源、提高效率必然是目标之一，早在 8 年前就曾经在领导讲话中出现的，允许体育电视跨媒体、跨区域经营的情形也许真能成为较为普遍的现象，在新的一轮改革中，也许北京体育电视是可以有所作为的。

四、我们的路径——近期的抓手和远期的愿景

后奥运时期的北京体育电视，应当围绕着确立价值体系、挖掘赛事资源、构建更多渠道、丰富节目样态、提升执行能力、打造自有品牌六个方面，争取获得跨越式发展。根据这一发展思路和前述目标，北京体育频道确立了和正在确立相关的路径。

（一）通过推出健身类节目、体育言论性节目、体育娱乐类节目等进一步丰富节目内容和节目种类，提升节目品质，扩大潜在观众的种群和数量，提高观众的含金量，扩大潜在广告客户的类型。

1. 2007年夏，频道尝试性地推出了一档健身节目《快乐健身一箩筐》，每周播出5天，每天30分钟。至今，推出了健身专家赵之心，积累了400期的节目素材和节目经验，结集出版了4本图书以扩大影响。奥运会后，频道正在进一步总结经验，整理队伍，筹措资金，整合资源，希望这一健身节目能更上一层楼。

2. 目前频道正在策划一档体育言论性节目，每周1期，每期50分钟。这一节目力图站在大体育的视角而不是竞技体育的视角；力图站在社会的视角，而不单单是体育的视角；力图解读和设置体坛热点话题；力图尽快进入直播状态，以凸显时效性和纵横捭阖的节目气质。

3. 频道曾经有一档体育娱乐节目《各就各位》，2009年经过调整，一季度的平均收视率已比过去几年提高30%左右。另外还在筹备一档体育娱乐节目《健康男女》，希望能借鉴国外的成功经验，通过在体育频道最高的资金投入，来托举出新的亮点和收视，这一节目已进入样片阶段。

（二）通过线上和线下并进，节目和项目并举的方式，扩大影响力提升收视，延长产业链增加营收。

1. 上文曾经谈到，过去的两三年间，体育频道已经积累了近百万条互动短信，为建立体育频道的观众数据库奠定了基础，下一步，频道准备开办网络互动社区、手机互动社区，并进一步考虑推出直投杂志，以多种手段经营频道，扩大影响力。

2. 同健身节目相配合，已着手推出一系列的培训班、器械班、减肥班等，即是以“接地气”的方式提供直接服务，也是扩大影响力、延长产业链的尝试。

3. 频道已同朝阳公园初步达成协议，利用他们奥运会的沙排设施，共同开办暑期以“水和沙”为主题的夏令营，共同打造品牌活动。预计参与人员6万~10万人次，仅门票收入可达500万~600万元。

（三）通过跨地区、跨媒体的资本、资源层面的整合，依托规模化运营平台，以解决目前体育频道发展中的最大“瓶颈”问题，实现跨越式发展。

试想，如果京沪粤等省市的体育频道共同建立一个制作、播出、经营平台该会怎么样？试想，如果推出涵盖北京的体育文字/音频/视频的多媒体发稿中心，甚至是涵盖全国的发稿中心该会怎么样？

我认为应当有以下的益处：因为有较充裕的资金投入，势必会提高内容品质；因为遏制了原来的重复性低水平投资，在提高内容品质的同时一定可以降低成本，节省资金；由于品质提升、覆盖倍增，必将大大提高合作平台在受众中的影响力，以拉动收视和拉动营收；由于合作平台的体量，使它在购买报道权和经营广告等资源性、经营性谈判中，就会逐渐拥有更大

的话语权和定价权；在体量扩张、资本运作方面也会处于有利地位。

如果说前两条路已经是现实可以操作的，这后一条就是更长远一些的期待；如果说前两条路对体育电视是一种改良的话，那么后一条已经可以称得上改革；前两条大概为达到既定目标的贡献率是1/4到1/3，后一条应在60%以上。

2008，我们怎能忘记

北京电视台副总编辑　张　亮

坐在办公室电脑前，打开新闻非线系统，看着那一段特殊日子的串联单，那一篇篇稿件，一幅幅画面，我忍不住热泪盈眶，那是我再熟悉不过的生命的一部分。

如果说，新闻是历史的第一章，那么，从5月12日14时28分之后，每一期报纸、每一期节目，都是带着泪水、汗水和血水的“历史”！那些出生入死的新闻工作者，用责任与爱，组成了另一支抗震救灾的先遣队。他们以前所未有的工作效率，记录了中华民族不幸遭遇的一场罕见灾难。他们记录了历史，他们同样是中华人民共和国历史的一部分。

2008年，我不会忘记——

一次艰难的决定

5月12日下午两点半过后，一阵突如其来的忙乱带来了一个让人心碎的字眼：7.8级。我的心往下一沉，一种难以名状的恐惧感袭来……

凭着新闻人的敏感，我隐隐感觉这是一场不同寻常的灾难。作为首都台，我们怎么办？新闻记者，应该如何在第一时间出现在报道的第一线？

灾区、危险、情况不明、报道纪律；记者、职责、真相、第一现场等字眼交替在我脑海里出现，难以决断。

13日上午，刚刚圆满完成珠峰火炬传递报道任务，正准备取道成都返京的马国颖、王晓龙等五人报道小组从成都双流机场打来电话，主动请缨前往灾区。

心有灵犀，我的眼前豁然一亮。

随后我又冷静下来：那是一片生死不明的死亡之谷，余震不断、情况不明，谁能对他们的安全负责？他们在珠峰脚下已经工作了近一个月了，小马本来在青藏高原上就已经有严重的高原反应，下到四川盆地后又出现了醉氧反应，体力、精力严重透支；晓龙在高原上一直血压偏高，家中的孩子尚在襁褓之中。由于刚从珠峰下来，他们连最基本的换季衣服都没有，更谈不上睡袋、帐篷等安全必需品。

自己越位得黄牌事小，前线记者如果出了意外，怎么向他们的家人交代……

时间一分一秒地流逝，关于地震的最新消息源源不断传来，灾区情况的严重程度越来越超出我们的想象，我的眉头皱得更紧。

灾区等待救援，真相需要告知公众，新闻记者责无旁贷。

想清楚了这一点，我对潘全心主任说："通知马国颖，让他们退掉回京机票，携带所有设备，立刻前往灾区！"

开弓没有回头箭！这是一次艰难的决定！

事实证明：马国颖、王晓龙、杜波、宋捷、吴时东一行五人，不负众望，不辱使命！在前后方新闻工作者的努力工作下，北京电视台在抗震救灾期间，成为全国各电视媒体中为数不多的拥有独家新闻舆论平台的媒体之一，社会影响力显著上升。

以生命的名义

人生，是一次没有地图的旅行。

而我们承担的抗震救灾直播报道，是一场没有计划的遭遇战。

美国战地新闻摄影师罗伯特·卡帕说："如果你拍出的照片不够好，那说明你离炮火还不够近。"

从5月13日起，北京电视台打破了常规的节目编排，在每晚黄金时间开播了大型直播特别节目——《抗震救灾　众志成城》。随着抗震救灾工作的深入，节目由开播时每天1小时增加到每天8小时。我们需要更多的记者靠近炮火，需要更多来自第一线的现场独家报道。

没有动员，没有许诺，一个又一个记者主动站了出来。

四川籍记者赵蕾、罗嘉在地震第三天飞赴家乡，名义上是探亲，实际上担负着特派记者的重任。赵蕾尽管家中有亲人受重伤，故乡有同学亲友罹难，但是采访任务紧迫，她擦干眼泪，过家门而不入，也顾不上看望受伤的亲友，就从绵竹一路采访拍摄到什邡，足足拍了18盘带子。罗嘉在采访途中，将自己的手机借给逃难出来的受灾群众，让他们互报平安，将身上仅存的一瓶水、一点儿干粮留给更需要的父老乡亲。

记者颜葵、李昆随二炮救援官兵进入重灾区北川，他们同战士一起，一天之内跋山涉水走了60里山路，为的是赶到一个小山村救援。身上的衣服被岩石荆棘磨烂了，没有换洗衣服，战士们拿出自己的训练服给他们穿上。女记者颜葵没有携带睡袋，非常时期顾不上男女有别，跟参与救援的解放军战士挤在一个帐篷里同吃同住，几天下来，救援官兵和北京台记者结下了深厚的友谊。

地震发生时，记者黄海宁、翟克正在浙江温州报道奥运火炬接力，他们发来请战书，直接从温州飞到成都，一路辗转到达彭州、绵竹等地。

记者崔睿、王陆华在驾车去往汶川映秀镇采访途上，突然遭遇泥石流。幸亏司机疯狂倒车，无数磨盘大小的石块，在车前不到一米的位置呼啸而过，他们幸运地死里逃生。

记者白云、戴兴华跟随运送伤员的救护车采访，他们握紧素不相识的重伤者的手，给他们以温暖。

记者涂艳本来正在重庆老家休产假，孩子还在哺乳期，地震发生后，重庆成为接治伤员最多的城市之一。在单兵作战的情况下，她自己联系医院，联系摄像，采访拍摄了大量创造生命奇迹的感人故事，并想尽办法将图像传到北京台。

记者苑秋宝随军队直升机进入重灾区绵竹市清平乡，这里的交通、电力、通信网全部中断，直升机离开清平乡后，由于天气突变，无法再进来，苑秋宝困在当地四天四夜，与外界完全失去联系。而敬业的苑秋宝在三餐无着、未来生死难卜的艰苦环境下，还在举着DV，为满目疮痍的清平留下珍贵的影像资料。

在那段山河呜咽、草木含悲的非常时期，踏上这片土地的，还有张丽、王伟、朱晓彤、楚健、陈骏、白艳军、王毅、邵晶、梁岚、王欢、田冰、刘海宁、吴迪、盛京、王乒、刘靖、马晓炜、张鸿斌、徐广安、王毅、冯超、龚飞、朱虎……

冒着唐家山堰塞湖决堤的危险，张晓总编率领我台300多名精兵强将，飞赴绵阳，指挥北京援建四川灾区首批过渡安置房入住的直播。

带着台长的委托和全台的问候，台党委副书记王云千里迢迢赶赴灾区，慰问前线记者。

转传部主任王哲，率7名技术骨干，星夜驾车从北京急驰绵阳。

在余震中，前线临时党支部书记张丽为王晓龙、杜波举行了火线入党仪式。

截至7月4日，新闻节目中心陆续派出17组、共计43名记者赶赴四川灾区采访，加上技术人员，总人数达到61人，足迹遍及汶川、北川、绵阳、绵竹、江油、什邡、安县、都江堰等地。

北京电视台赴四川灾区报道团队的努力工作，唤起了首都人民团结一心、支援灾区的热情。据统计，前线记者平均每天发回报道20多条，全景展现了社会各界支援灾区抗震救灾以及灾区群众自救互救、重建家园的感人画卷。因为他们的报道，受灾群众感受到了祖国大家庭的温暖，树立了战胜灾害、重建家园的信心；因为他们的报道，救援人员的事迹被广大观众所熟知，更多的志愿者加入到救援工作中；因为他们的报道，无数北京市民自发捐款捐物、无偿献血，以实际行动支援灾区。

国难当头，他们舍小家，顾大家，冒着危险、克服困难，为逝者立碑，为生者壮行。

他们以生命的名义，在硝烟中庄严履行了新闻工作者的神圣职责。

职　责

就在前方记者发回一条条催人泪下的报道的同时，后方的编辑、记者、主持人、导播等工作人员也在夜以继日、加班加点地辛勤工作，创造了一个又一个新的播出纪录，留下了一段又一段的感人佳话。

5月13日，新闻中心仅仅4个小时就推出《抗震救灾　众志成城——北京电视台抗震救灾特别节目》，从5月19日全国哀悼日开始，《抗震救灾　众志成城》平均每天直播8个小时，所有参战人员群策群力，连续作战，带动北京卫视收视份额和省级卫视排名两项指标持续上升。10个频道并机联播的《抗震救灾　众志成城——北京电视台抗震救灾特别节目》，最高累计平均收视率达到6.50%，开播第一周的平均收视率达到了2.85%，带动北京卫视晚间时段（19:30~24:00）收视增长84%，在17城市收视份额排名中列省级卫视第二名。

SNG直播小组完成本台抗震救灾大直播以及中央电视台、成都电视台直播连线共计19次。5月13日晚，在直播北京市民自发献血的新闻时，主持人刘海宁带头献血，深深打动了观众。

直播节目开播的第二天，导播科长张俭的妻子因为羊水破裂被送入医院，关键时刻他还一直值守在直播台上，直播结束后才赶往医院。第二天一早，他又出现在直播间。

直播期间，播音科长王业值守在配音机房，一手把他带大的姑姑突然去世，而他没能赶去见最后一面。在配音间，7尺男儿放声大哭。擦干眼泪后，马上继续工作。

记者与编辑在后方每天争分夺秒，大家把自己对中华民族最深厚的爱、对生命最高的尊重融入每一篇报道、每一帧画面。

在新闻中心的机房里，记者编辑们一边抹去眼角的热泪，一边敲打着键盘。大家互相协作，不分彼此，不怕劳累，抢着任务干。哪怕是刚刚见习的年轻人，都是一丝不苟，熬夜通宵。

这样的同事令我自豪！我们BTV新闻人站出来了，投入到旷世罕见的生命大营救，投入到风雨兼程的千里大驰援，投入到感天动地的爱心大奉献。

这次抗震救灾，是对新闻工作者社会职责的一次洗礼。这份职责沉甸甸的，它是凝聚力，聚沙成塔，集孤弱为伟大；它是生命力，自强不息，使绝地发新芽；它是战斗力，中流砥柱，挽狂澜于既倒。

“苟利国家生死以，岂因祸福避趋之。”面对灾难，党和国家领导人冲在抗震救灾第一线，共产党员、人民子弟兵、白衣战士，还有千百万人民群众，挺身而出，共渡时艰。在这当中，也有无数新闻工作者的身影。我想起了鲁迅先生的一句话：“我们从古以来，就有埋头苦干的人，有拼命硬干的人，有为民请命的人，有舍身求法的人——这就是中国的脊梁。”

让我们为灾区人民挺起不屈的脊梁！

让我们为2008年挺起不屈的脊梁！

让我们为未来道路上的一切挑战挺起不屈的脊梁！

二、概 况

卫视节目概况

卫视节目中心

为全面落实、坚决贯彻北京市委对北京电视台提出的北京卫视要“向全国省级卫视第一疾进”的要求，2008 年 9 月，北京电视台决定筹备组建卫视节目中心工作；2008 年 12 月 1 日，北京市机构编制委员会办公室批复同意北京电视台增设卫视节目中心；2008 年 12 月 12 日，台党委会研究决定卫视节目中心下设综合管理部、专题部、大型活动部共 3 个副处级建制，将常态栏目《中华文明大讲堂》、《身边》、《天下收藏》、《真情》、《五星夜话》、《档案》、《志愿者——真情耀中华》和处于筹备阶段的栏目《片场》、《老胶片》划归北京卫视节目中心管理。

北京卫视是一个以突出文化品位、彰显大家风范为定位，以提升北京城市形象、扩大北京电视台影响力为目标，以整合北京电视台核心资源、播出北京电视台精品栏目为方式，立足北京，面向全国及部分亚洲国家地区观众的综合卫星频道。

北京卫视是一个精心打造的集强档新闻、精品影视剧、文化专题栏目和大型公益活动于一体的收视平台。在市场份额和收视份额争先的理念指导下，现阶段卫视频道的节目发展策略如下：

新闻节目：以扩大影响力和全国市场占有率为战略诉求。

影视剧：以抢占黄金时间的收视份额为战略诉求。

专题节目：以主流价值观为定位，吸引主流收视人群为目标，在文化内涵的主导下，形成栏目品质、品位、品牌三位一体的常效提升。

大型活动：以提升频道公益形象、扩大北京电视台影响力、吸引新老广告资源为战略诉求。

按照通过的《北京电视台卫视节目管理办法》，为了提升北京卫视的节目质量，卫视频道的栏目制作施行“轮耕制”，坚持末位淘汰制，确保常态节目播出的同时，保有一批水平不低于常态节目制作的创作队伍，根据设定的任务目标时限，按照编委会通过的新的策划案制作待播栏目。“轮耕制”是北京卫视首创的栏目制作制度，使得在北京卫视播出的所有节目能上能下，以保证中心节目的收视率、市场份额以及社会影响力，更好地完成“北京卫视全国争先”任务。

北京卫视以坚持正确舆论导向为前提，以弘扬高尚文化情趣为主基调，以真实、客观、高雅、风趣、轻松为栏目宗旨，深入展现当代人群的生活状态、文化素养、审美情趣和价值观念，积极引导中国观众人文素养的提高，大力推动中国社会高尚文化的繁荣，以全面落实北京市委对北京电视台提出的北京卫视“向全国省级卫视第一疾进”的工作要求为使命，努力打造北京卫视的品牌形象，不断提升北京卫视的社会影响力和美誉度。

新闻节目概况

新闻节目中心

2008年，新闻节目中心圆满完成抗震救灾、火炬传递、奥运会、残奥会等一系列重大报道任务，实践了“传播时代强音，服务首都百姓”的BTV精神，大大提升了BTV的新闻影响力。

一、完成北京市及全国“两会”报道任务，在及时、严谨、规范的基础上创新求变

在北京市“两会”报道中，人代会首次增加了杜德印同志作人大常委会工作报告的直播。程序报道在严谨规范的基础上实现了时效第一，最新消息在当天最近一档新闻播出。同时还推出了丰富多彩的配合报道：《数说新北京》用图解方式解读政府工作报告；《建言北京》首次对每天的报道设置了不同的主题；特别报道“小曹跑两会”，用个性化的视角反映“两会”上的国计民生。

在全国“两会”报道中，新闻节目中心大量采用“出镜报道 + 记者点评”方式，强调新闻现场，还策划推出系列报道《跨越》，选取北京在全国最为突出的11个方面的成就，在《北京新闻》集中播出，为全国“两会”召开营造了喜庆和谐的舆论氛围。

二、圆满完成奥运火炬传递报道任务，开创北京电视台历史上多个“第一”

2008年3月24日，北京奥运圣火开始传递，新闻节目中心先后派出20多名记者、编辑参与前方报道，克服藏独、东突、法轮功等敌对势力的干扰，冒着生命危险圆满完成希腊取火、境外传递专机组报道、境外传递港澳报道、境内传递地面报道，在全台各档栏目中发稿1000余篇。其中记者马国颖、王晓龙成功报道了奥运火炬珠峰传递的盛况，他们在5000多米高寒缺氧的恶劣环境下，奋战了20多天，发回了大量直播报道，让BTV的话筒出现在世界之巅，第一次实现了北京电视台海拔5000米以上的电视直播。

三、完成抗震救灾特别报道，社会影响力和收视份额显著上升

在汶川地震的第二天，5月13日，新闻节目中心就在北京卫视晚间黄金时段播出《抗震救灾　众志成城——北京电视台抗震救灾特别节目》。从5月19日到5月21日全国哀悼日期间，该特别节目由BTV1－10并机播出，日播出量8小时左

右。大直播以及《北京您早》、《特别关注》、《北京新闻》、《直播北京》共发稿约2000条，在社会上收到良好反响。新闻节目中心共计40多名记者赶赴四川灾区采访，全面展现抗震救灾、重建家园的第一现场。6月4日在北京卫视推出北京援建四川灾区首批过渡安置房入住仪式直播，展现了首都人民对四川灾区重建的热心支援。

四、发挥奥运举办城市台优势，圆满完成奥运会报道任务

奥运会期间，新闻节目中心承担了《光荣与梦想》每天5个半小时的奥运新闻报道任务。累计直播总时长92小时，播出新闻2000多条。

新闻节目中心发挥首都地域优势，坚持特色化报道战略，想方设法接近比赛场馆和奥运村，加大赛事保障、城市运行等特色内容，新闻报道具有鲜明的首都特色。各档新闻栏目用国际化的视野报道国际化题材，做好国际媒体对北京奥运会的评价报道，突出了奥运会的全球性。大量独家报道被国内外媒体采用，宣传了北京和谐友善的城市形象，树立了中国的大国风范。

五、关注人物故事，体现人文关怀，出色完成残奥会报道任务

残奥会期间，各档新闻栏目在进行残奥会赛事报道的同时，还策划推出了适合栏目定位的特色报道和新闻行动，体现了媒体服务社会的公益精神，体现了媒体对残疾人朋友的人文关怀。

《北京新闻》策划推出《残奥1+1》和《超越融合共享》专栏，视角独特，引领舆论。《北京您早》策划推出“送人玫瑰 手有余香”主题报道，架起健全人和残疾人之间的桥梁。《特别关注》推出以帮助盲人观看比赛为主题的爱心行动。《直播北京》策划推出“爱无障碍”新闻行动，开辟专栏《朋友的故事》。

六、制作大型纪录片，开辟专栏，为改革开放30周年献礼

自12月12日始，纪念改革开放30年大型纪录片《北京记忆》在卫视频道热播。该片以中国改革开放30年的伟大历程为背景，以北京市民的集体记忆回溯北京城市生活的巨变和市民社会的变迁，忠实地反映北京这座城市在历史关键阶段的30年中走过的物质变化和精神历程，是北京电视台首部采用最新高清标准摄制并播出的纪录片。节目播出后引发了强烈的社会反响。

9月27日，《北京新闻》推出了以“经典中国辉煌30年”为主题的系列报道，又在9月29日推出了“我的经历”主题系列报道，这两个节目分别以宏观和微观不同的视角作为切入点，回顾、展现了改革开放30年来北京市发生的巨大变化。此外，《直播北京》推出系列报道“起步”，《搜城记》栏目推出“我们的30年”年度特别报道，以《北京新闻》为主的各档新闻栏目联合推出大型新闻行动“见证新北京”，反映改革开放以来的巨大历史变迁。

七、圆满完成大型直播、颁奖典礼等一批特别节目的采制任务，追求形式与内容的创新突破

2008年初，新闻节目中心制作播出了“魅力庙会——北京人最喜爱的春节庙

会”、“紫禁杯”评选活动暨颁奖盛典，创造性地将文艺演出、颁奖仪式、电视短片、现场采访和观众互动等内容融入进来，丰富了节目的表现形态。

在6月4日播出的“抗震救灾重建家园——北京援助花荄首批过渡房安置交付仪式”大型直播中，实现了北京与四川地震灾区的异地直播，并首度与四川电视台联手进行同步直播，将北京政府和百姓无私援助灾区人民的这份真情通过电视第一时间传递给观众，产生了热烈的反响。

7月1日为纪念中国共产党建党87周年，新闻编辑部承担了“先锋”特别节目的制作与播出，将文艺元素与新闻元素有机地结合在一起，将2008年的重大新闻事件与先进党员的感人故事和生动事迹，生动鲜活地展现在观众面前，有力地表现了我们党的光辉形象。

7月8日正值北京奥运会开幕倒计时一个月，新闻节目中心在北京卫视晚间黄金时段推出100分钟特别直播节目《北京准备好了》，呈现了一场由新闻短片、文艺表演、人物访谈组合而成的新型电视直播节目，全面展现了北京奥运已经准备好了的宏大气势，受到中宣部、国家广电总局、市委宣传部的多次表扬。

八、加强重点报道和日常节目策划，精心设置议题，推出系列报道，引领主流舆论

秉承“日常报道抓质量，重大报道抓策划”的原则，新闻节目中心各栏目精心设置议题，策划专题报道和系列报道，发挥主流媒体的影响力，充分体现“三贴近”，唱响主旋律。

1. 积极策划追踪南方雪灾报道。《特别关注》在密切跟踪南方冰雪灾害进程的同时，发起了“春节不回家，留京过大年”活动；《北京新闻》推出了《迎战暴风雪》系列报道；《直播北京》与广东、上海、南京等电视台进行合作，通过SNG直播、现场报道、连线现场等形式，迅速报道南方的雨雪灾害。

2. 全力完成神舟七号载人飞船报道。还在残奥会期间，新闻节目中心就开始策划神舟七号载人飞船报道，经过紧张筹备，推出特别报道《龙行九天——神舟七号载人航天任务报道》，BTV成为除央视外唯一一家进入北京飞行控制中心的电视媒体，并且实现了四档新闻节目全天候直播现场报道。

3. 《北京新闻》播出了一系列成就报道、主题报道。《改善民生惠及人民》、《科学发展　百项实践》两个系列报道从不同角度报道全市围绕科学发展观与和谐社会建设所取得的重大成就；10月6日，全市深入学习实践科学发展观活动动员大会召开，《北京新闻》迅速开设“开展深入学习实践科学发展观活动”专栏，同时加强了已有《科学发展　百项实践》专栏的报道力度。面对目前国际国内和北京市的经济环境，《北京新闻》于11月19日及时推出了系列报道《树立信心　创新发展》，把深入学习实践科学发展观与扩大内需促进发展紧密结合，鼓舞士气，稳定人心。

此外，四档新闻栏目还对许多重大工程建设、重大事件和重大活动进行了生动翔实的策划报道，比如南水北调、京津高速、地铁10号线、奥运支线、北京南站、京津城际快速铁路、首都机场T3航站楼建设、传统节日、排队日、无车日等，确保了全年当中各档新闻亮点不断。

九、创新重大报道组织指挥体系，打破部门界限，实现统一管理，资源共享

2008年，新闻节目中心围绕重大报道大胆创新组织管理体系，打破部门壁垒，重组资源，实现放权到组，责任到人，从而实现重大报道的快速反应、统一指挥、高效运转。

抗震救灾期间，在新闻节目中心紧急成立了应急报道小组，下设导演组、前方报道组、北京报道组、SNG直播报道组、演播室访谈组等，实现了人员的跨部门流动，取得了良好的效果。

奥运会期间，新闻节目中心再次打破原有部门设置，实行人员统一指挥，统一调配，专门成立了4个奥运报道小组：编辑播出组、时政报道组、赛事报道组和外采报道组。

4个跨部门的报道小组的成立，打破了原来各工种各自为战的局限。在中心编务会、主任办公会的统一指挥调度下，各个小组协同作战，资源得到充分利用，也为今后的大型报道组织工作积累了经验。

文艺节目概况

文艺节目中心

2008年，北京电视台文艺节目中心充分发挥主观能动性，积极配合抗冰雪、抗震救灾、奥运会、残奥会等重大事件和重要活动，开办多种形式的文艺节目，营造了良好的文化环境。

一、锐意改革创新，办好文艺栏目

2008年初，文艺节目中心新上了三档节目，分别是以明星现场演绎为主、直观讲述人物命运的综艺访谈类节目《光荣绽放》，以普通百姓为参与主体的大型综艺互动节目《喜来坞》，文艺评论栏目《五星夜话》。对其他保留栏目也进行了不同程度的改版，整个频道的节目更加丰富、多元。

《笑动2008》收视大幅提升。《笑动2008》全面改版，以语言类、曲艺类节目为主要内容，加大了节目的策划力度，加入了外景拍摄的内容，让观众在欣赏包罗万象的曲艺节目的同时，还能看到众多笑星讲述真实、风趣的故事，可视性和艺术性都得到了提升。为纪念改革开放30周年，《笑动2008》还在国庆期间推出了长达30集的特别节目《欢声笑语三十年》。该节目采取“演播室+作品展示+采访”的结构，每期汇集4~5个当年的热点话题，结合与之相关的曲艺作品，采访艺术名家，主持人刘婧和嘉宾主持李伟健则通过情景演绎的方式以当事人、亲历者或见证人的身份进行串联。通过不同时代脍炙人口的相声、小品等曲艺作品，形象地展示改革开放30年来社会的巨大变迁，让观

众在欢声笑语中分享改革开放的辉煌成果。

《光荣绽放》获得好评。《光荣绽放》是一个以明星现场演绎为主、直观讲述人物命运的综艺访谈类节目，独特的节目风格、精良的制作和主持人与众不同的采访，赢得了观众的认可。四川汶川大地震发生之后，栏目组在48小时内赶制出一台感人至深的特别节目——《大爱无疆》。这是一台由众多明星加盟，以诗朗诵为主体，与演播室新闻采访相结合的大型节目。除了邀请到诸多演艺明星，还专程从北川中学请来了学生和教师的代表，主持人田歌与他们对话的场面，令人为之动容。其他采访对象也均系各方极具代表性的人物：第一批到达汶川的武警战士，第一个到达汶川的北京记者，第一批奔赴前线的医疗队的队员代表，等等。节目现场还请来了唐山的孤儿党育苗，他代表唐山人民表达了对汶川人民的深情问候。特别节目分为灾情、救援、感动、力量、祖国5个独立篇章，表现出极大的艺术感染力。国庆期间，《光荣绽放》又连续10天播出了改革开放30年特别节目——“我们最熟悉的10张面孔”。节目特别选择了30年来观众从媒体上熟悉的10张面孔——赵忠祥、姜昆、葛优、毛阿敏、张瑜、斯琴高娃、潘石屹、靳羽西、聂卫平、王馥荔，通过嘉宾们在节目现场口述历史，从一个个鲜活的面容上读解新中国改革开放30年的社会变迁与光辉成就。

二、配合抗灾救灾活动，办好文艺节目

2008年是不平凡的一年。面对雪灾、地震等百年不遇的自然灾害，文艺节目中心在第一时间作出反应，积极组织策划赈灾的相关节目，用文艺的形式鼓舞士气，战胜灾害。奥运会、残奥会期间，充分发挥文艺节目的优势，主动寻求适合这个特殊时期的节目选题，为奥运会和残奥会的胜利召开贡献力量。

用爱心融化冰雪。2008年1月，我国南方19个省区市遭遇了半个世纪以来最严重的冰雪灾害。2月4日19点40分，经过短短两天的筹备，《爱心融化冰雪》——首都大型赈灾慈善义演晚会在首都体育馆进行了现场直播。两个小时的晚会，共计募集赈灾善款达8000余万元，在观众中引起了极大反响，并得到了上级领导的好评。

携手同心，抗震救灾。“5·12”汶川大地震发生后，文艺节目中心在第一时间内组织策划了赈灾的相关节目。《每日文娱播报》栏目迅速集合全组力量，策划、发起了“首都演艺界赈灾公益大行动”系列活动，并在民政部下属的中国社会工作者协会特别设立了“每日文娱播报爱心基金”，号召全社会各界人士奉献爱心，为灾区群众捐款捐物。该栏目先后在世纪东都国际影城、东四街道办事处、中关村美嘉欢乐影城、万达影城、紫竹院社区、星美影城和九龙斋工厂共举办了7场赈灾活动，众多演艺明星积极参加，通过募捐、义卖等形式，7场活动共筹得款项151.5万元。《百姓秀场》先后制作了“北京搜救队在地震灾区”和“预防心灵的余震”两期特别节目，分别讲述了北京市消防局的队员们带领搜救犬在抗震一线的搜救故事和心理专家指导大家如何通过心理干预降低地震对心理产生的冲击。之后，《百姓秀场》又推出了励志系列节目“生命没有残缺”。该节目在创编过程中紧紧抓住“适时适度”、“强化主题”等原则，分别

邀请失去双手的舞蹈演员黄阳光、失去双腿后自学成才的半丁、中国残疾人艺术团最小的舞蹈演员汪伊美和数位盲人歌手，通过鲜活生动的事例展示生命的力量，充分表达“灾难留给我们的不仅仅是伤痛，更教会我们坚强”。通过“真情讲述”与“文艺特性”的恰当结合，取得了较好的社会反响。《星夜故事秀》制作的诗乐会“星夜携手为爱同心”，以配乐诗歌朗诵的形式为主，由北京电视台多位主持人共同为大家讲述发生在灾区的一幕幕感人故事。《我们的心》、《手》、《我爱这土地》、《手牵手肩并肩》、《汶川没有哭泣》、《我的祖国》以及根据真实事件汇编的故事《生命的奇迹》、《大爱如斯》等诗歌作品，在大提琴、小提前的配乐下，时而高亢，时而低沉，如泣如诉，令人感动不已。穿插其中的《好人好梦》、《亲爱的小孩》、《感恩的心》、《让世界充满爱》等经典老歌和原创赈灾歌曲《爱是家乡》，更是一次次将“为灾区人民祈福、为祖国加油”的情绪推向高潮。

此外，《影视风云路》、《精彩乐翻天》、《神州音话》、《喜来坞》等栏目也都依据节目特点，制作了现场访谈、综艺演出、社区义演等特别节目，通过多种形式从物质上和精神上表达对灾区的支援。文艺节目中心还应上级要求，圆满完成了《“众志成城　重建家园”第一届中国交响乐之春四川交响乐团特别音乐会》的录播工作。

三、在奥运会、残奥会期间，营造良好舆论氛围

2008年8月8日，北京迎来了万众瞩目的第29届奥运盛会。文艺节目中心充分发掘相关资源，捕捉热点，精心策划，通过多种形式展现文艺界人士和广大人民群众对于奥运的热切期盼、积极参与和踊跃奉献，营造和谐的舆论氛围，为奥运会和残奥会的电视荧屏增光添彩。

各栏目充分发挥优势，策划推出多种形式的特别节目。奥运伊始，《百姓秀场》率先推出了“致敬中国体坛名将，对话昨日体坛巨星”系列节目，邀请中国女篮第一中锋郑海霞以及“亚洲篮坛巨无霸”穆铁柱，回顾他们当年的辉煌，关注他们离开球场后作为普通人的生活和喜怒哀乐。这两期节目既充分结合了当下的热点，又通过围绕亲情、友情、爱情的讲述勾起了观众，特别是中老年人的怀旧情怀。奥运会开始后，又推出了《奥运开幕式上的小童星》和《谁家儿女是冠军》节目，分别邀请奥运会开幕式上的几位小朋友和石景山体校的小学员及他们的教练做客现场，揭秘观众感兴趣的开幕式花絮和运动员辉煌背后的艰辛。残奥会期间，栏目又邀请了残奥会圣火取火仪式上年仅10岁的聋人女孩汪伊美和中国残疾人艺术团的盲人声器乐队，共同为观众讲述他们是如何用眼睛捕捉声音、在音乐中寻找梦想的感人故事。

《精彩乐翻天》在奥运期间推出系列栏目剧《奥运家家乐》，共分快乐大厨、寻“星”记和选“手”诞生记3集，剧情新颖独特，言语风趣幽默，包袱精彩绝伦，马增慧、李嘉存、尹相杰、侯军等演艺明星客串其中，民间“模仿秀”高手、身怀绝技的普通人才是真正的主角，以栏目剧这种独特的形式加以串联，充分展现“快乐奥运”、“奥运在身边”的主题。

《星夜故事秀》在奥运会召开之前，

制作了两期《动起来》节目，邀请民间运动高手加盟，展示民间运动的独特魅力。全国花毽冠军、奥运会火炬手穆丹，凭借同时晃动280个呼啦圈载入吉尼斯世界纪录的金琳琳，参与奥运宣传工作的空竹高手张文良和“中华跳绳王”胡平生，先后为观众展示了踢花毽、呼啦圈、抖空竹以及高难度跳绳的技巧，在表演的同时还加入了对该项目的介绍、嘉宾学习的有趣经历等，主持人和现场观众一起参与体验。节目内容丰富，可视性强，集趣味性与知识性于一体，倡导了全民健身的生活理念。

此外，《光荣绽放》、《神州音话》等栏目还邀请了李小双、王义夫、杜丽等体育明星做客，日播栏目《每日文娱播报》、《天天影视圈》也及时对奥运会和残奥会的开幕式以及奥运期间演艺圈的相关活动做了重点报道，并策划了“演艺界的体育特长生”、“明星爱运动”等系列节目，颂扬勇于拼搏的体育精神。《音乐风云榜》、《点歌台》等音乐栏目则播出了大量奥运主题的MV，充分营造出“全民奥运”的喜庆氛围。

组织专门力量，制作奥运宣传片和系列节目。在奥运会开幕前夕，文艺节目中心制作播出了《璀璨奥运——北京2008奥运文化访谈》系列节目。节目的主题分别为“北京2008奥运文化访谈之圣火”、“北京2008奥运文化访谈之英雄”和“北京2008奥运文化访谈之主题歌”，将生动的访谈和丰富的资料展示相结合，提前预热荧屏。奥运期间，文艺节目中心还与中国曲艺家协会联合摄制了奥运歌曲《绝不掉链子》的MTV，邀请了姜昆、巩汉林、冯巩、赵炎等曲艺名家共同参与拍摄，明星荟萃、旋律动听、生动有趣，很好地宣传了奥运精神。这首歌曲还获得了中国曲协牡丹奖特别奖。

为了有效提高文艺频道在奥运期间的收视率，文艺节目中心专门组织力量制作了《乐在今宵》系列节目。该节目共7集，每集70分钟，主题分别为“快乐我主持”、“当年他们正年轻”、“快乐大反串”、“东南西北风”、“快乐家家有”、“TV天桥乐”和“快乐风景线”。节目内容涵盖了北京电视台30年来的文艺节目精粹，从主持人、明星大腕的出道到历年原创的优秀节目，很多都是非常珍贵的影像资料，兼具娱乐性和艺术性。

四、精心策划重大节日节目，营造良好的舆论环境

元旦期间，文艺频道连续7天推出“2008星夜新年喜乐会——七天大胜”。与以往的“星夜喜乐会”系列相比，“七天大胜”在内容和形式上都有所突破和创新。内容上更加突出“京味儿文化”，播出了包括相声、大鼓、快板等在内的一系列丰富多彩的曲艺节目，利用得天独厚的地理文化优势，对品牌打造进行了一次大胆的尝试；在形式上不断变化求新，7天的节目有时是由两位主持人前后串联，妙语连珠；有的则由相声演员自己为节目穿针引线，更显出“老天桥”的传统风味。当主持人提出“相声应如何与时俱进”、“艺术家应如何跟上时代，如何推广相声，如何用新的时尚观念来充实和丰富传统相声”等一系列话题时，台上台下各抒己见，展开了热烈的讨论，不仅为节目添彩，而且对相声的发展进步和弘扬民族文化、传统文化起到了促进作用。

春节期间，《2008北京新春大联欢》

紧紧抓住奥运机遇，以创意、创新取胜，节目内容和形式都体现出时代感与都市化，收视率再创新高。语言类节目一直是北京台春节晚会的重头戏，2008年的语言类节目，以明晰的创作定位、崭新的视点和多彩的形态，以及多媒体手段，打造了京派春晚语言节目的新样式。阔别春晚舞台8年之久的小品《陈小二乘以二》在观众的热切期盼中回归；姜昆、冯巩推出最新力作——相声《合家欢》、《酸辣婚礼》；台风火暴的东北二人转，深受北京观众喜爱的人气演员郭德纲，以及著名影视演员、主持人王刚的鼎力加盟，大大增强了晚会的可视性。影视巨星成龙，歌唱家宋祖英、蔡国庆，戏曲名角于魁智、李胜素等人均亮相献艺，令春节晚会的星光更加璀璨夺目。

“影视改变生活，盛典彰显力量”，2008年1月6日，北京电视台2007年度影视盛典在国家大剧院上演，这是北京电视台主办的首届年度颁奖盛典，也是国家大剧院启用以来，举办的第一个颁奖典礼。本次盛典从媒体的权威视角梳理、点评了影响2007年文化领域的人物、事件和作品。颁发出了电视、电影、戏剧等领域的近30个年度奖项。这些奖项由专业人士评审，并通过网络结合观众意见而最终评定，充分体现出了影视盛典的权威性与参与性。

《笑动2008》是北京电视台继2007年获得观众好评又有极高收视率的特别节目——“笑动2007”的延续。2008年的节目在保持2007年风格的基础上，将歌曲、舞蹈等多种艺术形式的特点融入到相声、小品之中。晚会不仅集中了京城重量级的笑星、演艺明星和知名主持人，还有来自全国各地目前风头最劲的当红笑星——巩汉林、潘长江、李金斗、师胜杰、李伟建、武宾、奇志、德江、范军、周炜等齐齐亮相，奉献出最新创作的相声和小品，很多节目都是首次搬上电视荧屏，令观众耳目一新。

《数风流人物——北京电视台2008慰问首都各界人才文艺晚会》，由北京市委组织部、北京市委宣传部、北京市人事局、北京市委农工委、北京市国资委、北京市劳动局、北京市科委、北京市科协八部委主办，以歌颂首都各界人才为主题。来自全市各条战线上的高技能人才、农村实用人才、专业技术人才、宣传文化人才以及获得长城友谊奖的外国朋友代表欢聚一堂，共唱和谐，喜迎新春。晚会完美展现的奥运主题成为了最大的看点。“鸟巢”的副总工程师李新刚、“水立方”的总工程师陈蕾、奥运冠军杨凌、原中国女足队长刘爱玲等作为“新春祝福人”跟观众见面，把晚会推向了高潮。

《美丽乡村》颁奖盛典隆重举行。2007年度“寻找北京最美的乡村”评选活动颁奖盛典由中共北京市委宣传部、北京市委农工委、北京市农委、北京市文化局和北京电视台共同主办。晚会现场，主办方将新农村建设的带头人、致富模范、经营高手、农民英雄和最美乡村的代表一一请到台上，听他们讲述创业历程，请他们展示经营之道和致富经验，与他们共同探讨如何把北京的乡村建设得更加美好。颁奖盛典构思新颖、别具一格。它以农历24个节气为切入点，分别用儿童舞蹈《美丽乡村节气歌》、女子群舞《惊蛰》、男子群舞《芒种》、双人舞《秋分》、杂技舞蹈《冬至》、舞蹈《立春》以及由李伟建、武宾表演的化妆相声《长寿》等节目来进行串联。在每段节目之间穿插幽默诙谐的“视频问答”、形象直观的“实物展示”、妙语连珠的“村官论坛”和充满悬念的“评选揭晓”，使整台晚会自始至终洋溢在欢乐、祥和又不乏紧张、热烈的气氛之中，高潮迭起，一气呵成，为北京市民的新春文化盛宴再添一道精美的文艺大餐。

除了传统的文艺晚会，文艺节目中心还在大年三十和初一的晚间黄金时段特别推出了每集3个小时的“相声小品过大年”系列。除夕夜的主题是相声荟萃，相声界的大腕、新星一起到观众家抖包袱送年货。经典的、传统的、说的、唱的、学的、演的30多段相声让人笑口常开，其中还特别安排了相声小段连放，以达到“欢乐不间断”的效果。大年初一是小品的庙会，明星扎堆儿给观众拜年。家里的乐事，身边的趣事，都是小品里的故事。精彩纷呈，笑料不断，让人回味无穷。

《众志成城党旗红》——纪念建党87周年“七一”戏曲特别节目，以纪念建党87周年为主题，以抗震救灾重建家园为背景，运用戏曲艺术手段歌颂不同时期的优秀共产党员的光辉形象，并邀请从抗震一线回来的官兵、白衣战士等模范人物讲述他们的先进事迹。

为了更好地体现全国戏曲人对灾区人民的关爱，节目采访了梅葆玖、谭元寿、尚长荣、李世济、童祥龄、叶少兰等60余位著名戏曲演员，用简短而深情的话语，表达心系灾区的真挚情感。参加节目演出的戏曲名家刘长瑜、李维康、耿其昌、于魁智、李胜素、张火丁等，同时地方戏河北梆子和评剧演员王洪玲、高闯也加盟到节目中，使节目的剧种更加多样化。值得一提的是，抗震救灾一线的官兵和京剧演员一起表演了诗朗诵，共同感悟人生。

国庆晚会《我和我的祖国》精彩纷呈。晚会集结了强大的演员阵容，汇集了经典曲目、最新单曲、老歌新唱，满足了不同年龄观众的收视需求。第29届奥运会和残奥会的成功举办，为这个国庆增添了一抹亮丽的色彩！与以往国庆晚会不同，分享奥运留给北京乃至全中国的物质财富和精神财富，延续奥运收获的喜悦成为晚会的主基调。表演元素中除了常态的文艺节目，晚会还邀请了多位在奥运会、残奥会期间有着不俗表现的重量级嘉宾。奥运开幕式上伴随姚明一起带领中国代表团入场的抗震小英雄林浩和红衣女孩儿林妙可一起登场，用稚嫩的童声表演了诗朗诵《相信爱》；奥运冠军优秀团体、国家举重队队员陈燮霞、刘春红及残奥会首金获得者杜剑平亲临现场，讲述夺金前后的幕后故事，表达对祖国母亲的热爱和祝福；主持人徐滔对参与奥运安保工作的公安干警代表、中国代表队入场时的引导员林佩以及奥运志愿者和服务人员代表进行了采访，虽然他们的身份不同、年龄不同，但同样质朴的语言和感人的故事赢得了观众的阵阵掌声，充分阐释了“我和我的祖国”这一宏大又不失亲切的主题。

此外，晚会现场还播放了多个精心拍摄、制作的新闻短片，分别以“分享奥运”和“祝福祖国”为主题，将人们的讲述、笑脸和一系列数字相结合，充分反映了“申奥”成功后北京日新月异的变化以及奥运会的成功举办带给北京乃至中国的发展契机，展示了各行各业的人们为奥运会、残奥会的召开所付出的巨大心血以及对祖国母亲“明天更美好”的由衷祝福！

五、举办大型活动，提升频道影响力

《龙的传人》大型电视选拔活动，是由北京电视台、成龙影业集团、中国电影集团、英皇集团、紫禁城影业集团联合推出的年度鸿篇巨制。活动旨在全球华人中甄选一批极具潜质的动作电影演员，为弘扬传统文化、传播中华文明、推动中国电影事业的发展作出贡献。从2007年4月至2008年7月，《龙的传人》经历了全球地面选拔、电视晋级赛、真人秀决赛、总决赛4个阶段。在全球选拔阶段，活动开辟了国内六大赛区、海外九大赛点，并设置了一个网络赛区，首创网络实时在线海选。活动得到了全球华人的热烈响应，有近20万人参与报名；电视晋级赛阶段，从全球报名者中筛选出128人，进入电视地面频道播出。节目摒弃了以往选拔类节目的雷同设计，上演了扣人心弦的精彩角逐，最终产生16强选手。此一阶段历时1个月的高密度播出，取得了良好的收视效果和社会各界好评。

《龙的传人》真人秀决赛，通过北京卫视在全国播出，是国内首创的影视范畴的电视真人秀节目。节目设计完全遵守专业动作电影的拍摄规律，以动作演员的成长为故事基础，制作出9集剧情化节目，每集展现一个动作主题、首映一部接近真实拍摄的动作电影短片。惊险真实的高空坠落、灵活炫酷的障碍穿越、真枪实弹的枪械爆破、精彩实战的火种套招、挑战技巧和耐力的威亚特技、考验速度和勇气的飞车大战等，都是从未在电视制作领域出现过的考验任务，带给受众强烈的视觉震撼。同时，节目中还融入了奥运理念和慈善主题，展现出节目定位的人文关怀。每一集真人秀决赛中都有1到2位选手被淘汰出局。最终，5位过关选手进入《龙的传人》总决赛。决赛阶段的比赛分12期于每周六日晚间时段在北京卫视首播，得到了影视界专业人士的高度评价，极大地促进了北京电视台品牌地位的确立。

北京电视台献给中国改革开放30年大型音乐纪事节目《岁月如歌》，是北京电视台继《红楼梦中人》、《龙的传人》成功举办后又启动的另一大型文化活动，旨在全面回顾、解读改革开放30年来音乐、历史和生活。在拍摄周期历时半年的制作过程中，剧组行程万里，采访两百多位音乐界、娱乐界、文化界专家、明星和30年重大音乐文化事件亲历者，并且重新编曲演唱录制了近百首改革开放30年来的歌坛经典名曲，堪称工程浩大，意义非凡。最终完成的《岁月如歌》一共24集，由12大主题结构而成，分别为《青春》、《生活》、《故乡》、《爱情》、《英雄》、《友情》、《梦想》、《亲情》、《童年》、《奋斗》、《影视》和《祖国》。

《岁月如歌》通过流行音乐的变迁，回望改革开放30年来的世事变迁，这是一部史诗。它并非简单的中国流行音乐史回顾，而是以全新的角度，将音乐作为改革开放30年的时代记录切入点，以30年社会变迁和百姓生活变化为背景，以人和音乐的关系为核心，通过12个代表人生不同历程和不同情感方向的主题，更准确地表现音乐在不同时期对百姓生活的影响，反映出中国人在改革开放30年来所经历的从国家社会到国民内心情感的沧桑巨变。

科教节目概况

科教节目中心

2008年，科教频道开拓进取，勇于创新，加强管理，借奥运之年谋求大发展，从而进一步增强了科教频道的竞争力和影响力。

一、加强栏目建设，努力提升频道影响力

着力打造以《法治进行时》为龙头的午间法治时段。《法治进行时》创办已9年，作为科教频道的名牌栏目，实现了收视率和广告效益的双赢。《大家说法》栏目前三季度平均收视点为7.18，为同类法治节目中的佼佼者，进一步扩大了法治节目影响力。

科技类节目创新观念，取得长足发展。以《魅力科学》为代表的科技类节目改变以往“脱离现状，脱离实际，高深莫测”的传统理念和观念，从生活细节和小事入手，贴近生活，贴近实际，贴近群众，以清新自然的形象展现在电视观众面前，得到了观众和专家的肯定和好评，收视率显著攀升。

继续强化晚间黄金时段《强档故事汇》的创作。《夫妻剧场》与《非常接触》两个栏目收视率不断创新高。

健康类节目“同质化”现象较为普遍。科教频道《祝你健康》另辟新路，明确向观众传输健康新理念，实现健康新生活的栏目定位。进一步创新节目形式，将节目设置为课堂形式，得到专家和观众认可，收视率不断上升。

文化类节目《中华文明大讲堂》请“名家”，请“大家”，传播中华文化精髓，多次受到中宣部、广电总局、市委宣传部领导的表扬和肯定。

二、积极完成市委、市政府和北京电视台有关部门交办的各项任务

南方冰雪灾害、“5·12”汶川特大地震后，科教频道按照台里的统一部署，积极完成期间各项宣传报道任务。其中《法治进行时》5月14日播出350名北京消防员赶赴灾区；15日播出市局110提醒市民防止以赈灾名义诈骗，消防员讲解避险常识；16日播出北京消防赴四川灾区后续报道、华育助学基金爱心奉献灾区学校、众志成城为灾区、特警护卫医疗专列、日本救护队到京、转机飞往灾区等特别节目。《传奇》、《魅力科学》、《祝你健康》、《五洲探秘》等节目制作了关于急救知识、减灾知识的相关节目，共播出相关专题约1800分钟，取得了很好的效果，也得到了领导的表扬。

2008年，一届无以伦比的奥运会在北京成功举办，实现了中国人的百年梦想。

科教频道积极动员，全力出动，制作了大量节目，营造了浓厚的参与奥运、奉献奥运的舆论氛围。5集系列片《奥运精神》，全面解读五大奥运精神凝民智、聚民心、铸民魂的感人故事，于2008年1月11~25日播出。围绕“绿色奥运”理念制作了5集系列片《绿色北京》，于2008年1月27~31日在北京卫视播出。从8月10日开始至8月24日，每天转播一集70分钟的奥运文化活动，共转播15场。根据市领导指示精神，科教频道负责在奥运会闭幕式结束时，对焰火在天安门广场燃放进行直播。科教节目中心全员发动，充分准备，在最短时间内完成与奥组委、宣传部、天安门管委会等部门的对接工作，圆满完成了这次直播任务，受到市委宣传部领导表扬。《法治进行时》栏目从8月6日开始，整合《大家说法》栏目，推出一档40分钟的法治进行时特别节目——《奥秘》。该节目的主旨是体现北京民警如何服务北京奥运，最大亮点是独家性和揭秘性。《强档故事汇》中的四档节目从各自的角度播出配合奥运的节目。《魅力科学》栏目从7月28日起播出了“拍案惊奇”专家讲故事系列《筑造梦想2008》，共计11集。《祝你健康》栏目通过系列专题片的形式传播运动与健康的相关知识，推动跟奥运有关的健康体育活动的普及。5集系列片《科技点亮奥运》，于2008年7月上旬播出。10集大型系列节目《梦想2008》在火炬传递百日大直播中播出。同时，还播出6集奥运成果总结片《北京拥抱世界》。

2008年，科教频道各节目和栏目不断创新，获得了业界各项表彰和奖励。《法治进行时》获第十八届新闻奖一等奖；专题《巧手童心曹则义》获中国科教影视学术奖科普科教类二等奖；专题《老顽童王渝生》、《节水你我他》、《按摩机器人》、《真空爱情》获得中国科教影视学术奖科普科教类三等奖；科普节目《水出石莲》获北京广播影视奖社教类二等奖。

影视剧播出概况

影视剧中心

2008年，北京电视台全年共播出电视剧近17000小时，其中黄金时间播出近1900小时，共首播电视剧136部，3516集，其中，现实题材103部，约占76%，古装题材15部，约占11%，近代题材18部，约占13%。另外，情景剧播出共10部，600集。

红星剧场“展露锋芒”。为强化“打造卫视影响力”的理念，经过前期精心挑选和审查，北京卫视选择了十余部精品独播剧和首轮上星剧，并加以大规模的宣传配合，从10月9日起，在“京华剧场”（2009年起更名为“红星剧场”）连续推出。《马文的战争》、《落地请开手机》、

《国家形象》、《乔省长和他的女儿们》、《漕运码头》等，会聚了国内一线的知名导演、编剧和演员，再加上精心合理的编排规划以及大规模的宣传配合，掀起卫视电视剧收视新高潮。其中，《马文的战争》平均收视率超过了5%，《落地请开手机》最高收视率达到7.9%，《最后的王爷》单集最高超过10%，创下了近年来卫视收视率的最好成绩。2008年10月~2009年1月，红星剧场平均收视率达到4.5%以上，超出往年同期的200%。

黄金剧场“白金价值”。BTV影视频道晚间黄金剧场经过近两年的培养，已经逐渐成为北京本地频道中最具价值的电视剧播放平台，强大的收视份额和影响力使得“黄金剧场”展现出“白金价值”。独具慧眼、严格把关，将优秀剧目一网打尽，让首都百姓“好剧抢鲜看”。2008年北京地区含央视、省级卫视所有频道在内的电视剧年度收视排名中，前30部中有26部来自影视频道“黄金剧场”。“黄金剧场”遴选好剧秉承大众口味、雅俗共赏的原则，有苦情励志类的《笑着活下去》；有反映家庭伦理亲情爱情的《爱无悔》、《甜蜜蜜》；有立足小人物奋斗追求幸福生活的《春草》；还有情节跌宕起伏的《上海王》、《天下兄弟》……题材的丰富多彩，年代的跨越纵横，令首都百姓养成了逐渐锁定“黄金剧场”的收视习惯。

英雄剧场“英雄群会”。涉案剧退出黄金时段，却成就了BTV影视频道英雄剧场的“英雄大会”，每天下午17:00~19:00的非黄金时段，成为了“英雄剧场”的“黄金平台”，市场份额最高时达到15%。公安涉案剧、谍战剧、悬疑剧、警匪剧，紧张跳动的情节、虚无缥缈的线索，既有正义化身英雄形象的讴歌，也有对犯罪、丑陋形象的鞭挞。《一针见血》、《跨国阴谋》等剧都在非黄金档创造了收视奇迹。

北京剧场、星月剧场、休闲剧场、明星影院全线出击，立体编播。2008年，BTV-2北京剧场努力使其呈现出差异化的编排定位。BTV-3星月剧场更多地汇集了港台、日韩、欧美等国的热播引进剧，扩大收视群体，形成晚间收视热点，配合BTV-4休闲剧场和各重播剧场，确立主体化编排，使得首播剧场与重播剧场形成收视合力，为提升北京电视台整体收视份额和影响力提供重要动力。与此同时，电影也逐渐加大了审片力度和购片力度，加大引进香港、欧美等地的热播电影，并对其进行科学合理的编排，特点更加突显，从而在BTV-2和BTV-4形成了互相促进、共同发展的播出态势，不断提升了电影整体收视率和影响力。

配合重要活动和重大事件，适时推出优秀作品。抗震救灾期间，北京电视台各个频道推出了振奋人心、激发斗志的军旅题材剧和彰显亲情、温情和励志的亲情剧，比如《山菊花》、《历史的天空》、《亮剑》、《士兵突击》、《亲兄热弟》、《八兄弟》、《人生百事》、《羊城暗哨》、《大声呼喊你回来》等，以期给灾区人们带去一些鼓励和安慰，使其重新找到生活的方向。

奥运期间，为展现祖国日新月异的和谐面貌，凸显我国改革开放的新成果，北京电视台播出了多部反映家庭温情、和谐社会的剧目，如《亲家》、《爱的礼物》、《家比天大》，以及纪录片《奥林匹克烙上中国印》等。

为呈现我国改革开放30年的恢弘画卷，北京电视台提前筹划，充分准备，从

10月1日开始，推出了多部引人入胜、催人奋进的精品献礼剧，《幸福里九号》、《幸福还有多远》、《女工》、《乔省长和他的女儿们》、《春草》等，从各个侧面展现了“笑对人生，笑对生活”的内涵与真谛，再现了我国改革开放的光辉路程。

2008年北京电视台电视剧收视贡献奖一览表

奖项	片名	平均收视率（%）	档位	频道
特殊收视贡献奖	笑着活下去	9.7	黄金剧场	BTV-4
	爱无悔	8.6	黄金剧场	BTV-4
	宽恕	8	黄金剧场	BTV-4
	最后的王爷	6.3	京华剧场	BTV-1
	落地请开手机	6.1	京华剧场	BTV-1
最佳收视贡献奖	马文的战争	4.2	京华剧场	BTV-1
	甜蜜蜜	7.8	黄金剧场	BTV-4
	春草	7.7	黄金剧场	BTV-4
	想爱都难	7.6	黄金剧场	BTV-4
	上海王	7.5	黄金剧场	BTV-4
	女人一辈子	7.5	黄金剧场	BTV-4
	幸福还有多远	7.4	黄金剧场	BTV-4
优秀收视贡献奖	大过年	6.8	黄金剧场	BTV-4
	天字一号	6.7	黄金剧场	BTV-4
	鹿鼎记	6.7	黄金剧场	BTV-4
	天下兄弟	6.5	黄金剧场	BTV-4
	女工	6.3	黄金剧场	BTV-4
	一生有你	6.3	黄金剧场	BTV-4
	雪狼	6.2	黄金剧场	BTV-4
	胭脂雪	6.2	黄金剧场	BTV-4
	侦探成旭	6	黄金剧场	BTV-4
	少林寺传奇（第一部）	4.8	北京剧场	BTV-2
	一针见血	5.2	英雄剧场	BTV-4
	跨国阴谋	5	英雄剧场	BTV-4

财经节目概况

财经节目中心

2008年，财经节目中心及时调整战略，从节目入手，着力对品牌栏目进行创新改造，深入挖掘栏目资源价值，追求“大思路、高品质”的频道品质，通过清晰的定位和合理的编排，稳步提升频道的品牌识别度和观众忠诚度，力争实现财经领域受众的最大化。

一、及时调整频道整体编排

2008年，财经节目中心根据各个时期的形势变化和收视变化，及时调整了节目编排，以符合不同时期的观众需求。

适时调整《天下财经》节目编排。年初，股市持续2007年的大好形势。为了适应市场需求，把专业资源用好用足，加大了财经专业栏目《天下财经》的播出量，增设了60分钟的早间版。早间版开播后，市场占有率迅速提升，观众对节目的忠诚度和依赖度遥遥领先于同时段其他财经节目。

下半年开始，由于股指不断下跌，投资者信心缺失，《天下财经》收视率受到了严重影响，尤其是早间版收视下滑更为明显。为适应市场变化，中心及时把早间版的时长从60分钟缩减为40分钟，并适时增加晚间版的时长，加重节目的评论分量。经过调整，及时制止住了《天下财经》的下滑趋势。

调整《上班这点事》、《留学生》播出安排。年初，引进了上海第一财经的《上班这点事》节目，该节目在上海地区和江南一些省市都有不错的收视成绩，但在北京地区播出后，收视效果一直不尽如人意，说明海派风格的节目并不适合北京地区观众的喜好。鉴于此，从9月开始，中心将原本一周五播的节目缩减为每周一次播出，并决定2009年撤销该节目。

《留学生》同样是一周五播的节目，2008年上半年收视不尽如人意，为此将节目调整为一周三播。调整编排后，收视率未能出现较为明显的改善，又改为周播节目。美国次贷危机爆发后，中心当机立断撤销该栏目，并派该栏目编导利用海外人脉资源优势前往美国实地探访，制作出了系列节目《次贷惊魂》。

二、紧贴时政热点，积极做好相关配合报道

2008年是不平静的一年，无论是北京奥运会召开、改革开放30周年等盛世大典，还是股市低迷、抗震救灾等社会阵痛，或是百年一遇的全球性经济危机，都为媒体创造了大展身手的机会。2008年以来，财经中心紧跟热点、迅速出击，制作了大量的特别节目。

传递大爱无疆——抗震救灾频道齐动

员。5 月 12 日四川省汶川县发生特大地震后，财经中心及时调整节目内容，推出抗震救灾系列节目。《首都经济报道》、《城市》等栏目先后派出记者奔赴灾区，从震后救援到灾害防范以及寻亲献爱心等多方面给北京观众带来第一手的现场报道。

搭乘奥运快车——积极应战奥运报道。奥运期间，中心统一规划、总体布局、稳步推进，充分享用“奥运契机”，量身定做奥运专题，打破了过去专题、特别节目各自为战的局限，以“频道先行”取代“栏目先行”，从整体上提升了财经中心的品牌实力。《首都经济报道》在奥运前后都做了多方面的系列报道，16 集特别节目《赢》，从营销的角度解读奥运，从奥运的实例中透视经济。《城市》独辟蹊径，推出系列专题《礼仪之邦》。各档周播节目也纷纷借力“奥运”，营造新的收视平台。

顺应经济变化——特别节目追踪危机现状。早在金融危机爆发之初，中心就意识到金融危机对于财经媒体来说，既是百年一见的生存挑战，也是难得一遇的展示机遇。为及时把握机遇，中心从 7 月起就开始了一系列的节目调整：重点策划了《次贷惊魂》特别节目；常态节目《首都经济报道》、《天下财经》设置特别板块“信心之路”和“财经论道”等，紧密追踪金融风暴；栏目广泛邀请业界专家解析经济形势，提高节目专业性和权威性。

重点策划拍摄特别节目《次贷惊魂》，零距离关注次贷危机。在金融危机大规模爆发之前两个月，我们派《留学生》栏目组深入美国，探寻引发这场金融风暴的一手资料，制作出了系列特别节目《次贷惊魂——美国房地产危机纪实》。“次贷”系列节目在 10 月播出后反响强烈。该系列节目的宣传片挂在新浪网后，点击率一直排在新浪视频的前三名，在搜狐一周的点击率就达到了 3 万多次。

常态日播节目将选题转向金融危机，并增设特别板块。9 月美国次贷危机全面爆发后，中心重点日播栏目《首都经济报道》和《天下财经》都及时开辟了金融危机特别板块。《天下财经》增设的“财富论道”板块，以评论为特色，通过主持人和嘉宾激烈的讨论，深层次探讨美国金融危机给中国带来的影响。节目邀请了大量国内外的金融界人士和专家，剖析了美国经济动态和国内市场情况，提出了一系列的政策建议。《首都经济报道》栏目策划播出了系列访谈节目《华尔街金融危机和中国经济》，邀请权威专家解读最新的国内外热点和重大经济政策。随着金融危机对实体经济的影响越来越大，投资者和普通百姓出现了信心下降、悲观情绪弥漫的苗头。在这种情况下，栏日推出“信心之路”系列报道，从小切口进入，选取和居民关系密切又不同程度受到金融危机影响的行业，通过挖掘逆势中积极创新、稳定发展的企业榜样，从多方面入手坚定国民投资信心，向观众展现我国经济发展的良好前景。

紧握时代脉搏——同庆改革开放 30 年。2008 年适逢改革开放 30 周年。中心从年初开始就策划筹拍了 16 集大型口述历史特别节目《转身》。节目精选了在过去 30 年岁月中亲历重大历史事件、重要历史时刻的风云人物，以当事人口述的方式来再现历史原貌，展现他们的心路历程，使人们对改革开放的伟大成就有了更加亲切、细致入微的认识。节目播出后，各方反映良好。

年终总盘点——推出大型直播节目。2008年是世界经济接受洗礼的一年。为了更好地记录这动荡的一年，在岁末之际，中心特别策划了大型财经评论类系列节目——《2008～2009：点击年关键》。节目邀请多位专家学者，从不同的角度回顾2008，展望2009。

《2008～2009：点击年关键》以国际关键词、国内关键词和北京关键词为单元，邀请政府官员、经济学界和企业界知名人士作为嘉宾，与主持人共同解读和讨论2008年内发生的重大经济事件，共同回顾2008年的关键大事、关键会议、关键人物、关键举措等，使观众深刻了解国内外经济形势的现状及走势，提振对中国经济的信心。

三、精心策划假期特别编排，促进假日档收视升级

长假往往是专业化频道收视表现的低谷时期，在充分调研、预测和分析观众假日收视心态和收视需求的基础上，2008年"十一"期间，根据观众早中晚不同的收视特点，确定了将节目、观众和时段的资源优化组合的策略，即以最优势的节目资源组合在最适当的时段满足观众最大需求，实行新的假日编排：取消了部分周播节目，打通晚间黄金通档时段，特别推出了《天下收藏》精编系列——《赏瓶》、《超级访问》精编系列——《超级欢乐夜》，满足了假期观众的娱乐化需求，收视率明显提升。

四、重点强化栏目的差异化生存

《城市》实现通档播出，差异化求生存。2008年，《城市》节目全面转型，在关注人们经济生活发展的基础上，更注重人的物质生活和精神生活层面，选题上寻求差异化，以"养生强志"和"财富传奇"为2008年的主要内容，努力为提高观众的生活状态提供最贴近的报道。如大型专题系列片《从头到脚》、《掌纹的秘密》等都取得了傲人的收视成绩，带动了频道整体收视率的上扬。

《环渤海新视野》走差异化路线，关注区域经济发展。作为中国经济增长的第三极，以京津冀为核心的环渤海区域经济合作日新月异。借此有利时机，中心适时推出一档经济类谈话节目——《环渤海新视野》，打出了第一张"关注区域经济发展"的牌。从地域差异和地域特色出发，在时效性、重大题材的挖掘和贴近性三个方面不断尝试，实现了节目在收视率和影响力方面的双突破，多次进入频道收视排名前列。

体育节目概况

体育节目中心

一、节目播出和收视情况

2008年，BTV-6全年安全播出8760小时，收视达标。其中，首播赛事1300场，2600小时，奥运节目成为收视亮点，日常节目已拥有固定收视群。体育节目中心在奥运之年作为奥运报道的主力军之一，在部门管理、节目、经营方面都有了显著提升，扩大了品牌影响力。

二、圆满完成重大赛事、重大活动报道

圆满完成奥运会、残奥会转播报道是2008年工作的最大亮点。体育频道方面，频道收视率上涨接近50%。演播室直播内容涵盖26个大项，完整直播190余场奥运赛事，并完整记录了中国代表团51枚金牌产生过程。新闻播出64档60小时节目。《冠军面对面》是地方电视台唯一的冠军访谈专题节目，邀请冠军和教练50余人到场，推广至30余家电视台播出。

奥运会期间，北京卫视实现了全天17.5个小时的不间断直播，构建了动态编排、无缝衔接的节目架构。其主打大型直播节目《光荣与梦想——北京卫视第29届奥运会特别报道》，累计播出时长18天、306个小时，实现了北京电视台历史上直播规模最大、直播时间最长、持续时间跨度最大、参与人员最多的数项历史性的突破。该节目邀请到莎拉·布莱曼、刘欢、于丹、王刚、陈其钢等嘉宾参与直播，观众反响强烈。残奥会期间，该节目累计播出12天，受到各方好评。

残奥会报道，北京电视台首次成为国际大型综合性赛事的持权转播商。由体育中心总策划、总协调，在残奥国际广播中心IBC搭建500平方米演播室，全台400多名编播技术人员参与前线报道，圆满完成连续11天300小时的宣传报道工作。其中，新闻直播66档，总计240小时；《共享精彩》专题节目实现11天，每天50分钟与卫视并机播出；全天播出采用手语解说，独家引进了电子手语系统，兑现了“两个奥运同样精彩”的承诺。

以奥运测试赛“好运北京”和奥运会“BOB”项目为代表的赛事转播达到国际先进水平。2007年7月~2008年4月，北京电视台“BOB”工作团队历时9个月圆满完成“好运北京”系列测试赛的转播工作，参与制作了14个赛事的转播，包括：足球、曲棍球、沙排、小轮车、摔跤、铁三、柔道、场地自行车、手球、轮椅篮球、跆拳道、水球、排球、竞走，制作公用信号时长达到200小时。其中，“世界青年摔跤锦标赛”制作公用信号达到25.5小时，参与转播人次超过1500人次；“国际田联竞走挑战赛”是“鸟巢”体育场的首次亮相转播；

轮椅篮球项目的转播在国内尚属首次。

奥运会期间，北京电视台首次承担奥运会足球、排球、山地自行车3个项目公共信号制作任务。其中，足球团队制作了包括男、女组决赛在内的10场公用信号和赛事集锦，排球团队10天制作了20场公用信号和集锦，均受到了BOB的高度评价，为国家争得了荣誉。在残奥会期间，北京电视台BOB团队还圆满完成轮椅篮球、硬地滚球、轮椅击剑3个大项100多场公用信号及相关赛事集锦的制作任务，其中，硬地滚球项目实现残奥历史上首次电视直播。同时，在直播中还安全圆满播出了胡总书记等多位国家领导人到场观赛为残疾运动员加油助威的情景。

虽然2008年是奥运之年，但由于近年赛事报道权费用的成倍增长，造成体育频道赛事资源短缺的局面，单凭“好运北京”和奥运会赛事不足以支撑体育频道每天24小时的播出。经多方努力，体育频道赛事转播仍力争“高规格、多方面”的标准，转播报道了如澳网、温网、NBA、中超、亚冠、全英羽毛球公开赛、欧冠、欧锦赛、智运会等赛事，丰富了BTV-6的荧屏，满足不同受众的需求。其中，欧锦赛转播历时1个月，完成境外对播联线约30次，取得了在1/4决赛和半决赛进入场内拍摄的权利，后方的《欧锦赛前瞻》、《欧锦赛报道》也取得了较高的收视率。

重大活动转播报道。除夕夜23:10～0:15，体育节目中心圆满完成由北京奥组委、北京团市委等在“鸟巢”、“水立方”举办的“志愿者春节贺岁”主题活动的现场直播。年初南方遭遇特大雪灾，《快乐健身一箩筐》栏目举办大型公益义卖现场签售活动，现场售书近4000册。在台领导和奥运领导小组办公室的指挥下，体育节目中心精心策划推出《微笑北京——北京奥运会倒计时100天大型直播特别节目》。在奥运火炬传递过程中，完成境内外24个国家和地区的上百档传送转播报道任务，历时47天。此外，还圆满完成“5·19”全国哀悼日“抗震救灾　众志成城”大型直播节目。

三、获奖情况

被全国中华总工会授予“工人先锋号”称号；被北京市总工会授予“工人先锋号”称号；荣获北京市委、北京奥组委授予的“2008奥运工作先进集体”称号；荣获北京市广播电视局授予的“北京市广播电视系统2008奥运工作先进集体”称号；北京电视台体育节目中心荣获北京市体育记者协会、北京市体育局授予的“2007年度体育宣传突出贡献单位”称号。

业务获奖情况：《2007北京铁人三项世界杯直播》获得由中国广播电视协会颁发的直播类一等奖（第一名）；《祥福冲超这一年》获得专题类一等奖；《快乐健身一箩筐》获得栏目类二等奖；《“异乡人”——郎平的一天》获得专题类三等奖；《握手——老金·祥福“暗战”中甲》荣获2007年北京体育好新闻二等奖；《寒夜里的绿色暖流》荣获2007年北京体育好新闻二等奖；《北京金隅赛前大揭秘》荣获2007年北京体育好新闻二等奖；《喜气洋洋过春节体育活动闹庙会》荣获2007年北京体育好新闻二等奖；《舞回青春》荣获2007年北京体育好新闻二等奖；《儿子的足球》荣获2007年北京体育好新闻一等奖；《美国特奥代表团到什刹海串门儿》荣获2007年北京体育好新闻特等奖。

生活节目概况

生活节目中心

2008 年，生活节目中心强化政治意识、责任意识、大局意识和使命意识，牢牢把握舆论导向，积极开拓，努力创新，各项工作扎实稳步推进。

一、积极配合全台重大宣传报道活动

全力配合“众志成城 抗震救灾”大型直播活动。汶川地震发生之后，生活节目中心遵照市委宣传部有关领导“要体现北京台大台风范”的指示精神和台党委“全力配合直播活动”的工作要求，群策群力，精心组织，先后派出 30 余路、近百名记者奔赴 30 多个报道现场，为直播活动提供节目素材 40 多个小时，采访报道 120 多条。面对灾难，生活频道统一部署，先后组织协调多个栏目组制作并播出了《救心行动》、《飘动的绿丝带》、《我们和你在一起》等特别节目，从不同角度展示了全国人民为救援地震灾区所作的努力。同时，派出前线采访小组深入抗震救灾的前沿阵地，真实记录了救护人员的工作、灾区群众的生活以及灾后卫生防疫情况。

努力做好 2008 年奥运会的宣传报道工作。生活节目中心根据频道自身特点和现实条件，明确了奥运期间频道自身的宣传定位，即坚持节目形态和内容的差异化设计，以独特的百姓生活视角切入奥运、关注奥运、参与奥运。《生活面对面》和《7 日 7 频道》进行时段整合，集合频道多个栏目的制作力量，在奥运期间推出《微笑北京 奥运生活》特别节目，以“人 + 北京 + 奥运”为独特传播理念，通过百姓视角展现全民范围的奥运生活，创造了频道在奥运期间的收视亮点。

奥运期间，生活频道还承担了每天 5 个小时“英文字幕信息服务”的工作任务。内容包括奥运新闻、生活信息、票务信息、天气预报等，在每天午、晚两个时段、全天 5 个小时、每小时 6 个板块循环播出，每天播出 400 条信息，更新率达 40%，有效提升了生活频道对于动态资讯处理的反应能力和传播速率，第一次在全台实现了全天候状态下字幕信息的实时直播，得到台领导的充分肯定。

二、提高节目品质，深化落实收视提升的工作要求

生活频道在精心策划、创意实施“生活愿”、“生活圆”和“生活忆”等系列主题策划活动的同时，注重对常态栏目的维护和创新。在研发部门的大力支持下，生活节目中心完成了“生活频道节目收视份额”的调研活动。根据系统的收视分析和节目研究，频道对节目进行了创新与调整，使频道收视逐渐摆脱了依赖“曝光类”选题拉动收视的局限性，进一步开拓了新的

节目增长点，顺利完成了向生活服务全面转型的战略布局。

存量做强，发挥频道既有优势。作为生活频道龙头栏目，《7日7频道》和《生活面对面》在2008年继续担负着支撑频道较高收视份额的任务。在“纸箱包子事件”之后，两档栏目分别完成了从原有的民生新闻节目向生活服务节目的全面转型，节目通过“以智慧的手段解决百姓生活中遇到的难题，向电视观众提供实用性生活帮助”的崭新定位，重塑栏目的社会功能性和核心价值，为确保频道整体收视平台维持较高收视基础作出了贡献。

增量创新，催生新的节目品牌。2008年1月6日，生活频道推出全新的大型家居生活互动类栏目《生活+》。该栏目以全新的节目名称、120分钟的栏目时长、5个板块整体编排、9个小时滚动播出的新颖形式亮相京城荧屏。一系列的突破创新从栏目推出伊始即在观众当中产生较大反响，引起电视业界的广泛关注，为频道在节目编排创新方面作出了有意义的突破和尝试。

盘活资源，聚合品牌节目资源。“走百姓路线，寻找私家菜”的节目定位，让《食全食美》栏目在2008年继续保持了在观众心目中及全国同类节目中的领头羊地位。2008年平均收视率达到2.32%，成为生活频道在本年度增长势头最为显著的栏目。为扩大品牌栏目的时段优势和板块优势，2008年，推出了《食全食美》周末版节目，以栏目既有的品牌优势，强化了对频道品牌栏目资源的充分应用。

优化结构，拓展节目延伸链条。2008年，生活频道下大力气对《大城小事》、《我爱我车》等原有节目进行改造，增加节目的服务功能和生活色彩。频道唯一一档时尚类节目《时尚装苑》大胆改革创新，节目内容不再拘泥于演播室内的服装搭配，对新的节目形态进行大胆尝试，奥运期间制作的《玩转时尚北京城》系列节目，获得良好的收视效果。

三、加强规范管理，用科学方法建立频道良好工作秩序

加强综合机制，转换频道综合科室的行政管理职能。对综合科在频道的功能进行了重新定位，建立了能够适应电视节目市场竞争的新的管理机制，设立专门的管理部和市场部，将涉及频道整体节目组织研发、大型活动、宣传推广、频道包装以及市场开发和产业增值等多项功能统合一体，形成“管理、企划和市场”三足鼎立的稳定性组织格局。

加强业绩考核，制定制片人绩效工资考核激励机制。2008年，生活节目中心规范评估系统，在频道所有自办栏目中系统推行量化管理，建立了以关键业绩指标为核心内容的制片人绩效工资考核激励机制，利用业绩管理中对关键业绩指标的管理方式建立了相应的考评体系，在保障导向正确的前提下，使频道上下确立了“以收视率为核心”的考核目标。

加强信息报送，实现频道工作上情下情的对称沟通。为加强频道工作的对外宣传，实现上情下情的对称沟通，2008年，生活节目中心加强信息报送，增加宣传工作的主动性。从3月初起，频道综合科加强了对台内部刊物《北京电视》和《电视业务》信息报送的工作力度，建立专门的信息报送小组，配备专门的宣传工作人员，坚持每周在《北京电视》和《电视业务》

两份内刊发表宣传文章。

加强调查研究，打造频道学习型团队的基础性建设。2008年，生活节目中心深入调查研究，广泛开门纳谏，围绕中心2009年节目方案的制订工作，成立专门项目小组，开展相关调研和访谈活动。通过调研活动获得了丰富翔实的资料以及众多建设性意见，不仅为统一中心整体思想，树立频道全局意识创造了条件，也为中心领导的科学决策提供了翔实、可靠的依据。

四、强化品牌意识，频道业务工作不断突破和完善

2008年，生活节目中心完成了一系列重大和日常节目的采编播及经营创收任务，实现全年安全播出7300小时，节目平均收视率1.68%，市场占有率4.21%（剔除抗震和奥运期间数据），经营创收4.8亿元，较2007年的4.5亿元增长6.7%，保持了频道事业的持续发展，在全台各频道综合竞争力排名中居于前列。

2008年，生活节目中心被北京市广播电视局授予“北京市广播电视系统奥运工作先进集体”称号；在北京市广电总局的《综艺》生活时尚类电视节目评选中，频道获得“2008年度强势频道”荣誉称号，《生活面对面》、《时尚装苑》、《大城小事》和《食全食美》等频道所属多档栏目获得由市广电局、中广协等多家单位和机构颁发的不同奖项。

青少节目概况

青少年节目中心

2008年，青少年节目中心不断加强节目管理，狠抓节目质量，推出了一系列有影响力的活动，为频道的品牌建设打下了坚实的基础。

一、以《托起明天的太阳——首都青少年爱心慈善晚会》和2008版音乐诗画剧《红孩子》为代表，以“公益教育”和“创新意识”为特色，实现了通过品牌活动提升频道影响力的目标。

1.《托起明天的太阳——首都青少年爱心慈善晚会》体现了青少频道“以公益为本”的基本理念。由北京市委宣传部、北京市委教育工委、北京市教委、北京市民政局、北京市广电局、北京团市委、北京市妇联、首都慈善公益组织联合会主办，北京电视台承办，青少节目中心具体策划、组织、实施的《托起明天的太阳——首都青少年爱心慈善晚会》，于5月29日19:35在北京卫视和青少频道并机直播。晚会历时160分钟，共募集善款、物资近1亿元。晚会以“命运、坚强、感动、奇迹、希望”为主题，用饱满的热情讴歌灾区师生所展现的生命的感动，以昂扬的斗志激发灾区儿童战胜困难的决心，把首都青少年和北京市民的无限深情传递给灾区的孩子们。一个个援助计划的出台和来自

灾区儿童一声声的感谢让人难以控制感情。晚会最后在振奋人心的《红旗飘飘》歌声和全场挥动的几百面国旗中圆满结束。

2. 2008版音乐诗画剧《红孩子》成功进行了机制创新下的剧场演艺尝试。2007版情境合唱剧《红孩子》播出后受到社会各界的广泛关注。为延续品牌，青少年节目中心大胆进行机制创新，联手北京儿艺共同投资，在原有电视版的基础上，推出了剧场版《红孩子》，进行演艺尝试，并于5月15日在国家大剧院成功举办首演。2008版《红孩子》以一个发生在博物馆的奇幻戏剧故事为主线，有机结合《长城谣》、《毕业歌》等数十首耳熟能详的经典歌曲。历史与现实的交错，奇幻与悲怆的跳跃，像放电影一样，一幕一幕在每个观众心头深深划过；台上与台下的互动，画面与表演的共鸣，融洽的意境中无数观众留下了感动的泪水。

二、以《北京青年·奥运非常道》为代表，坚守媒体理想，主动完成奥运宣传报道任务。

2008年，青少频道主动整合资源，推出了21期特别节目《北京青年·奥运非常道》，于8月4日~8月24日每晚播出，时长50分钟。作为北京电视台奥运期间唯一一档以青年视角关注北京奥运、感受北京奥运的特别节目，青少节目中心动员精兵强将组建百余人规模的制作团队，并邀请40余位明星嘉宾、21位持北京奥运会比赛门票的幸运观众齐聚“新青年体育主题CLUB”，共同零距离感受新北京、新奥运。

三、不断优化整体格局，为青少频道未来发展打下坚实的基础。

2008年，频道塑造了“服务青年、沟通世界”的核心理念，在关注青少年成长、立足教育、弘扬公益的同时，融入大量时尚、娱乐资讯内容，以满足青年观众更高层次、更高品位的收视需求。频道还构架起全方位的传播平台，传统电视播出强势出击，互动力强大的第八区网站（www.tv8zone.com）吸引新锐人群，创立观众互动的全新渠道。

在整体节目品类上，频道已形成四大节目群，一是以《北京青年》、《第八区》、《帮帮忙》为代表的“服务节目群”，二是以《谁在说》、《情感部落格》、《替身》为代表的“沟通节目群”，三是以《探索》、《SK状元榜》、《悦读会》为代表的“文化节目群”，四是以《动感秀场》、《北京男孩》、《八区主打星》为代表的“综艺节目群”。

四、切实推行节目科学管理，收视点、收视份额双达标。

2008年，青少频道在节目管理上的主要举措是推行从节目创意、策划、采访、制作、审查、播出、收视、监测、推广等环节的规范化、标准化和流程化，分别推出了《节目管理规定》、《绩效考核规定》、《薪酬管理规定》、《主持人管理规定》等一系列管理办法，将频道的节目质量控制纳入科学有序的管理规程中。

加强频道节目管理后，成效十分显著。频道2008年1~9月收视点比2007年全年提升9.5%，收视份额比2007年全年提升2.3%，成为两项指标双达标的频道。

公共频道节目概况

公共频道节目中心

2008年对于公共频道节目中心来说是调整创新、锐意进取的关键一年。除了完善频道管理制度、整改频道编排导视系统、改版增容自制栏目以外，还依据时事大局，及时有效地推出特别节目，完成重大宣传报道任务。

一、百年奥运中彰显服务精神

《红绿灯》栏目为配合交管部门实施的奥运期间临时交通管理措施，自2008年7月1日起增设了一个全新板块“奥运路路通”，专门派出记者驻扎在交管局指挥中心，确保第一时间拿到第一手资料，在最短时间内制作播出。为配合“和谐奥运”和“绿色奥运”的主题，《红绿灯》栏目还推出了特色板块“奥运加油站”，以轻松新颖的方式服务百姓在奥运期间的出行和观赛。

《红绿灯——路况直播》在奥运期间特别推出11集系列专题片“带您看奥运”以及小板块“监视路口”，倡导文明观赛，监督守法出行。同时，栏目组还积极配合北京卫视大型直播节目《光荣与梦想》和中央电视台的奥运直播节目，完成每日数次的路况实时转播和现场连线直播任务。奥运期间，栏目组共制作了400多幅绕行和禁限行路线图，18个通告宣传片，累计时长90多分钟，使观众能及时了解交通信息。

《这里是北京》推出了《五大展览同迎奥运》系列节目，详细解读首都博物馆迎奥运特别展览。

《四海漫游》推出了小板块《奥运美食一招先》，专门为奥运期间来北京参观旅游的朋友们介绍一些好吃有特色的餐馆。

《故事汇》推出了《走向巅峰——体育冠军人物》系列节目，以契合奥运会氛围。

《京郊大地》策划完成为期1个月的“观战奥运在京郊”系列节目，推荐奥运期间区县优秀的民俗村、民俗户，为市民短期度假设计特种服务，深受京郊民俗户和广大观众的欢迎，起到了很好的奥运旅游服务作用。

《手机江湖》积极配合中国移动、中国联通等电信部门，不仅及时地报道与奥运相关的新闻、资讯，还适时推出了《手机玩转奥运》、《奥运集结号》等专题节目，为观众全面、详细地介绍了多种针对奥运推出的语音导航等各项通信专题服务。与此同时还邀请热心的手机玩家，制作了如何用手机玩转奥运的手机玩家秀，教大家如何用手机与奥运接轨。

《我的父亲母亲》结合栏目主题，推出了系列“奥运健康”特别节目，为北京观众在奥运期间的工作、观赛与休闲生活提供“奥运五环大餐”和“观赛健康养生宝典”。

《都市阳光》增设了《奥运风景线》板块，对奥运期间北京各城区的活动作了集中报道。

《好戏周周看》积极配合文化部艺术司2008年奥运重大文艺演出活动的宣传，选取录播了部分进京展演的全国优秀戏曲作品，其中包括昆曲、越剧、秦腔、梨园戏、河北梆子、京藏剧等诸多剧种，同时还特别制作了系列宣传片，在不同阶段滚动播出，起到了良好的宣传效果。

二、重大事件中体现人文关怀

5月12日汶川地震发生当天，《红绿灯——路况直播》节目连线成都电视台，及时报道了地震相关信息。

《四海漫游》制作了《四川汶川——祈福之路》系列特别节目，以纪念在地震中逝去的同胞和损毁的文化与自然遗产。

《故事汇》赶制了4集抗震救灾特别节目《危难真情》，内容涉及地震刚刚发生时党和国家紧急应对灾难的救援措施、救援行动中展示军民鱼水情的感人故事、地震中舍己救人的英雄故事、顽强生存于废墟中的生命奇迹以及地震后人们同心协力重建家园的故事。

《手机江湖》制作了发短信献爱心的募捐宣传片，以及相关的特别节目，实时关注灾后的通信恢复情况。

在2008年春节的南方雪灾和“5·12”汶川大地震之后，1月27日刚刚开播的《好戏周周看》栏目立即与梅兰芳大剧院合作组织了“真情家园同此凉热”和“孩子，你并不孤独”两场大型赈灾义演，上百位首都京剧界名家名角积极参演，并当场捐钱捐物。两场演出共募集善款超过100万元人民币，并通过慈善机构捐赠给了灾区。

2008年5月，地震重灾区绵阳博物馆，为支持北京奥运会，千里迢迢运送国宝“青铜摇钱树”到北京，《这里是北京》栏目进行了全程跟踪拍摄，打破了以往单一的专题片表现形式，采用了大量的纪录片制作手法，收到了较好的宣传效果。5月17日，《这里是北京》在地安门书店举办了“心系灾区”签名售书义卖活动，共签售《这里是北京》第三册图书近300册，募得的14000多元书款全部捐赠到北京慈善协会以帮助远在四川的灾区人民。

《京郊大地》联合区县电视台策划制作了两期抗震救灾特别节目“汶川，我们和你在一起”，全面反映首都区县人民支援灾区的举措、活动和感人事例。

《我的父亲母亲》制作了“赈灾公益宣传片”和“关注灾难引发的心理问题”震灾特别节目，为灾区人民送温暖、鼓士气，为首都观众解烦忧。

三、精耕细作中寻求发展进步

《四海漫游》致力于从独特的视角带领观众重新解读旅游景点的特色和历史文化背景，无论是内容还是形式都较2007年有所进步，保持了较高的收视率。2008年春节和“十一”期间，还分别推出了假日特别节目《六天美食大擂台》和《四海怪味逗》，深受观众欢迎。

《这里是北京》栏目作为北京电视台的品牌栏目之一，在2008年始终坚持以绿色收视为前提，专注于介绍北京的文化和历史的同时，还大胆尝试走出北京，制作了如《景德镇高仿古瓷全揭秘》等涉及全国题材的文化专题节目，同样取得了满意的收视率。2008 年，栏目还首开电视栏目与博物馆合作先河，与首都博物馆共同举办“城市的记忆——北京城墙城门展”。

2008 年是《京郊大地》栏目播出的第 13 年，在经历了 2007 年改版后进入到一个稳定期，逐步确立了一整套独特的风格——时鲜的服务、京味的表达以及草根的意识。

《故事汇》作为北京电视台第一个故事类节目，通过建立全国的资源平台，保障了题材的丰富性、广泛性。同时邀请播音艺术家李野墨作为主持人，提升了节目的观众缘与收视率。

《我的父亲母亲》在 2008 年适时推出全新的栏目策划——“孝亲养生宝典”，完成了从讲述类亲情节目到实用类服务节目的艰难转型，转型的成功就体现在收视率的逐步攀升上。

《手机江湖》在 2008 年从推出新板块、配合时事环境搞策划、增加节目服务性和趣味性、打造个性化主持人等几方面全面提升节目质量，栏目收视率取得了大幅提升。

四、特别策划中强化主题宣传

2008 年 3 月 29 日，由《红绿灯》栏目倡议并组织的“春来野三坡·大型义务植树活动”，在多个车友会的支持下，招募了近 300 多辆车，800 多名志愿者参加。此次大型植树活动为配合宣传“绿色奥运”主题作出了有益实践。

2008 年 4 月 26 日，《红绿灯》栏目遵照北京市委宣传部的指示精神，积极配合首都精神文明办正式启动了“过路要看红绿灯，开车礼让斑马线”的大型公益活动，并特别开办了“鲜花送给文明人·交通礼仪公益行动”主题板块，倡导交通参与者的文明行为。

2008 年 4 月 21～25 日，由公共频道节目中心策划，《红绿灯》路况直播组在新落成启用的北京国际展览中心对 2008 年北京国际汽车展进行了每天 1 个小时的“车宴盛典·08 北京国际汽车展大型直播活动”。节目以及时丰富的信息和专业权威的访谈受到观众和汽车业界的好评。

2008 年 9 月 12 日，公共频道节目中心与丰台区委、区政府合作，为弘扬中华民族传统文化，营造浓厚的节日氛围，打造“卢沟晓月”文化品牌，在卢沟桥畔录制了“首届卢沟晓月中秋文化节”开幕式文艺演出。

由公共频道与北京市农委合作，在春节制作播出了“2007 年北京最美丽的乡村颁奖盛典”，并随后开展了 2008 年度“北京最美的乡村”评选活动，制作播出一系列展播片，同时策划了 2009 年春节在卫视播出的“大地的颂歌——纪念北京农村改革开放 30 年大型文艺晚会”。

《这里是北京》于 2008 年 10 月，迎来栏目改版四周年纪念日。与此同时，《这里是北京》系列丛书第四册正式出版。栏目还定制了四周年纪念章，配合新书出版，在首发式当天赠送给观众读者。

《我的父亲母亲》自 2008 年 11 月 15 日起连续播出 5 期“神奇中医系列节目”，每期节目讲述一个富有传奇色彩的病案，用富有说服力的真实的故事引出中医治疗的医理手段，展示传统中医理论“辨证论治”的博大精深，弘扬中国传统文化的精髓。节目用事实说话，表达方式引人入胜，播出后，收视率创栏目新高。

五、多方合作中开拓公益事业

为弘扬戏曲艺术，传承民族文化，2008年1月27日，戏曲专场栏目《好戏周周看》以大型新编历史京剧《梅兰芳》作为首部大戏正式开播。全年共播出47场大戏，受到戏迷朋友的欢迎。

2008年2月21日，与北京市应急办、北京市民防局合办的科普服务性栏目《平安生活》正式开播，旨在发布政府公共安全预警信息，普及公共安全知识，提高百姓公共安全意识。此档节目在全国同行业中尚属首创。

2008年，与北京市税务局合办的《税务周刊》，与北京市环保局合办的《空气质量播报》，与西城、宣武、崇文区委宣传部合办的《都市阳光》，全方位地服务北京，服务首都观众。

六、锐意创新中获取专业殊荣

《这里是北京》的专题片《石景山干尸发现始末》荣获“北京新闻奖”三等奖，“北京广播影视奖”社教类二等奖；《四海漫游》的《今天带你逛西四》获中国广播电视协会颁发的创优栏目一等奖；《显陵传奇》获中国广播电视协会颁发的人文节目二等奖；《寻踪九寨沟》获中国广播电视协会颁发的风光节目二等奖；《京郊大地》的专题片《话说京承路》荣获“北京广播影视奖”电视社教类二等奖、中国广播电视协会授予的创优专题类一等奖；《活力乡村——2007年度京郊状元榜揭晓晚会》荣获“北京广播影视奖”入围优秀作品；《四海漫游》特别节目《信手北京一盘棋》荣获“北京广播影视奖”播音与主持类二等奖；《红绿灯》栏目荣获“北京广播影视奖”播音与主持类三等奖。

动画节目概况

动画节目中心

2008年，动画节目中心紧紧抓住频道公司化运营和上星落地等机遇，积极开拓，勇于进取，在节目管理、收视覆盖、公司化运营、重大项目和品牌推广等方面均取得了新的成绩和进步。

一、节目管理

制作：重视开发，打造精品。动画频道致力于原创动画片和动画栏目的开发和制作，制作完成少儿动画栏目约2229期83116分钟，自制动画片约362集1776分钟，联合制作动画片79集830分钟，自制Flash节目3900分钟。其中包括《十分开心》、《闪天下》、《中国制造》、《漫画天下》等知名度较高的少儿动画栏目，以及《福娃奥运漫游记》、《快乐东西》、《秦时明月之夜尽天明》、《我们小孩有力量》等一系列深受少儿观众及其家人喜爱的原创动画片，获得电视金鹰奖、电视星光奖、美猴奖、金龙奖、华彩杯以及全国少儿节目精品及动画精品大奖等众多奖项。

购片：创新思路，加强合作。为打造强档动画卫视，构建更密切的制作和播映上下游关系，动画频道创新思路，参照台内影视剧的采买模式和国产动画片的市场情况，对购片合同进行了修改和完善，在全国率先实行购片收视率奖励政策，取得了业界的认可和欢迎。在购片方式上除单纯购买播映权外，还进行了购买署名权、发行权、新媒体播映权、联合购片以及共享首轮播映权等相关权利的合作尝试，既丰富了节目来源，为正常播出和改版提供了保障，又树立品牌意识，积极参与市场竞争，为下一步建立更广泛有效的购片合作模式摸索和积累了经验。全年共购买动画片48部，约37000分钟。

播出：注重导向，确保质量。动画频道进一步优化节目编排和内容布局，严格把控节目质量关、内容关、导向关，精选精编国内动画，努力把内容精彩、主题鲜明、人物生动、品质优秀的精品动画呈现在广大观众面前。目前频道已实现全天24小时、每天首播时间超过10小时的播出规模，并重点设置了《KAKU 中国制造》、《KAKU 酷片酷映》等八大动画片剧场，全年共播出国产动画片20万分钟，首播量近7万分钟，为丰富多样的节目内容提供了专业的播出平台和广阔的出口通道，成为一个兼具专业化和产业化特征的动画平台。

二、收视覆盖

积极应对客观影响，频道收视整体持平。2008年频道收视上半年保持良好势头，一、二月份寒假期间，卡酷动画卫视收视骄人，收视率分别高达0.60%和0.67%。第5周（1月28日~2月3日），更以收视率0.91%，占有率3.76%的上佳表现刷新了单周收视纪录，占有份额在北京地区所有频道（包括央视各频道）中位列第六，在北京电视台10个频道中位列第三。下半年由于奥运会和突发事件的影响，收视有所下滑。为积极应对奥运会和一些突发事件对节目编排和收视表现带来的较大影响，频道节目编排因时因势多次调整。除常规的寒暑假、长假等特殊编排交替执行外，在5月份抗震和8月份奥运期间分别推出抗震和奥运两版特殊编排方案，不仅准确配合了宣传，保障正常的播出需求，更以特色主打节目稳定了收视，提升了卡酷动画卫视的品牌价值。在频道编排的积极应对下，整体收视未因外界因素的冲击而受太大影响，前三季度平均收视率0.47%，占有率1.67%，与2007年第四季度（0.49%，1.72%）基本持平。

不断增强竞争实力，综合排名稳中有升。随着频道品牌打造和落地推广的全面展开，卡酷动画卫视17大城市平均占有率在全国所有地方卫视大排名中表现不俗，稳居18~22位；即使在包含央视所有频道的大排名中也是位居30位左右，远高于上海炫动和湖南金鹰，在同类动画和少儿频道中遥遥领先。特别在第35周（8月25~31日），17城市平均占有率高达0.61%，份额为同类频道的2~3倍，排名跃至历史新高第26位，并呈上升态势，显示了一个专业动画卫视的不俗实力和增长后劲。

少儿收视独占鳌头，观众构成多龄覆盖。卡酷动画卫视核心受众4~14岁观众的收视份额持续保持在10%左右，在北京地区独占鳌头。与此同时，35～44岁成人观众群的收视比例相比2007年也有所增加，其中第二季度增幅最为明显，比去年同期高出32%。这说明随着节目的不断整合和完善，频道功能定位更加全面，观众构成更趋合理，频道的收视提升空间和参与竞争实力也明显增强。

频道上星进展顺利，落地范围辐射全国。在市委、市政府的关心支持下，由台落地办牵头，经过一年的上星落地推广，目前北京卡酷动画卫视已在北京、天津、保定、青岛、南京、无锡、扬州、盐城、杭州、宁波、义乌、金华、厦门、泉州、东莞、珠海、佛山、贵阳、拉萨、成都、重庆、武汉、兰州、大同、呼和浩特、包头、鄂尔多斯、海拉尔、哈尔滨、长春、沈阳、大连等全国39个省区和大中城市覆盖落地，范围覆盖长三角地区、珠三角地区、环渤海经济带及华中经济带，覆盖区域人口3.9亿，覆盖到达人口2.3亿，落地范围涵盖沿海，辐射全国，居国内动画专业频道之首，与央视少儿频道持平，成为具有全国竞争力的专业卫星电视媒体。

三、产业化运营

2008年，动画频道努力发挥公司化运营的优势，不断提升在全国落地城市的影响力和赢利能力，取得了可喜业绩。截至2008年末，卡酷动画卫视及子公司预计实现各项收入合计净1.2亿元，当年净利润约2500万元左右，利润增长率25%。目前卡酷动画卫视公司总资产约1.6亿元左右，净资产约1.2亿元左右。

频道价值逐步提升，广告收入稳定增长。2008年，在国家广电总局境外动画片禁播令的政策影响下，卡酷动画卫视通过艰苦谈判，同时运用令人信服的频道编排计划，取得了4200万元的大盘广告合作成果，比2007年上升18.3%。

资源配置不断优化，运营架构更加完善。为优化资源配置，完善产业运营结构，卡酷动画卫视公司对经营业务进行重组，进一步理顺了下属子公司业务架构，突出电视媒体核心业务，将玩具等动漫衍生开发业务和少儿艺术培训业务分别剥离至卡酷全卡通动漫文化公司和卡酷七色光文化公司；同时，由卡酷动画卫视公司的下属子公司卡酷全卡通公司与福建省晋江恒盛玩具有限公司共同出资组建北京卡酷世纪商贸有限公司，在继续发展玩具产品批发渠道的基础上，建设玩具产品零售终端渠道，将动漫产业链延伸至下游玩具销售终端，实现规模化增长，扩大赢利能力。

经过调整，各公司主业突出，分工明确，协调发展，取得了较好的经营业绩。其中，卡酷动画卫视本级营业收入仍将达到5000万元，当年净利润约2000万元左右，预计到2008年底公司总资产将达到1.4亿元，公司净资产约1.15亿元；卡酷全卡通动漫文化公司负责开展品牌授权、玩具销售、动漫展会等业务，预计2008年卡酷全卡通公司营业收入约3500万元，税后净利约400万元；卡酷七色光文化公司主营少儿艺术培训业务，预计2008年营业收入300万元，当年净利润约100万元。

品牌开发全面推进，产业运营多元发展。频道在动漫产业化运营实践中，开始向动漫形象授权、开发、销售、总代理、卖场等方面纵深开拓。一方面，配合产品授权和开发，筹建卡酷旗舰店和卡酷全卡通特许零售加盟店，将频道空中优势转化为衍生品的落地经营。卡酷旗舰店以强势电视媒体作为平台，将动漫引入商场，面向儿童和青少年群体，建设集学习用品、儿童娱乐于一体的大型儿童动漫 Shopping-mall；卡酷全卡通特许零售加盟店将按照国际通行的特许经营模式，在全国统一构成庞大的零售网络。预计 1 年内将在中国各大城市建立 10 家卡酷旗舰店和 200 家特许零售加盟店，形成强大的市场效应，把握中国玩具销售行业的主动脉。同时，延伸品牌互动，强力推出大型儿童动漫全景月刊《卡酷全卡通》；整合节目资源，面向手机电视、移动网络及电视、户外及数字电视、视频分享、IPTV 等新媒体领域全面推广经营，拓展动漫产业链外延，实现产业多元发展，发挥卡酷动画卫视在动漫产业链的中枢作用，成为北京乃至中国动漫创意产业方面的领跑者。

四、重大项目和品牌推广

频道成功实施品牌推广战略，以“卡酷动画”为主品牌，佐以“卡酷全卡通”、“七色光”和以百集动画片《福娃奥运漫游记》为代表的国产动画原创品牌等 3 个子品牌，通过品牌与市场积极互动，实现品牌价值和无形资产持续提升。主品牌“卡酷动画”已成为中国动漫领域最知名品牌，先后被评为最具投资价值的动画电视媒体和广电业界百强品牌；子品牌“卡酷全卡通动漫嘉年华”热动京城，市场影响遍及全国；“七色光”打造富有特色的儿童演出和培训品牌，得到国内外艺术界的一致认可；国产动画原创品牌《福娃奥运漫游记》实现全国百家电视台联播，海陆空全方位出击，创造国产动画片收视奇迹，有力地配合了北京人文奥运的宣传。

百集动画片《福娃奥运漫游记》热播全国。筹拍百集动画片《福娃奥运漫游记》，是北京电视台根据市委宣传部的指示和要求，为迎接 2008 年北京奥运会而实施的重点项目。该片于 2008 年 3 月中旬完成全部 100 集制作并取得国家广电总局签发的国产电视动画片发行许可证。

该片用动漫这种特殊的艺术形式诠释奥运精神和奥运理念，受到了小朋友们以及广大成人观众的喜爱，收视率位居同期播出的所有境外引进动画片和国产动画片之首，先后荣获国家少儿精品和动画精品评比一等奖第一名、第 24 届中国电视金鹰奖最佳动画片奖以及金龙奖、金手指奖、金熊猫奖、亚洲青年动漫大赛最佳作品奖等多项殊荣，引起包括《华尔街日报》，荷兰广播电视中心，日本 NHK 电视台等 20 多家境外媒体在内的新闻媒介的广泛关注与持续报道，得到《人民日报》、《求是》杂志的专版评论报道，受到社会好评并产生了巨大的社会影响。

2008 年，《福娃奥运漫游记》在时间跨度和覆盖空间等方面全面突破，实现海陆空新播客全线播映：除了在北京卫视、北京卡酷动画卫视播出外，还陆续在上海、江苏、山东、山西等全国 100 多家电视台亮相，并在 CCTV 电影频道以及安徽卫视、广东卫视、四川卫视、陕西卫视、广西卫视、贵州卫视、内蒙古卫视等 10 余家省级卫视播出，同时在全国铁路视频、全国航空视频、全国公交地铁出租车视频全方位立体式播映。

该片在国产原创动漫产业化运营上也进行了有益的探索，并取得了可喜成果。《福娃奥运漫游记》图书音像产品销售喜人，创下国产动画产品的销售纪录。图书销售量近400万册，实洋3000多万元。音像销售至5月底已达35万套，约合100万张。

“2008卡酷全卡通动漫嘉年华”盛况空前。“卡酷全卡通动漫嘉年华”是在北京市委宣传部的关心支持下，由我台全力打造的国内顶级品牌的大型动漫活动。动画节目中心具体负责该活动的策划、运营、组织工作。由于全方位宣传推广到位，产业化运作经营成功，“卡酷全卡通动漫嘉年华”自2007年创立至今先后在北京、天津、大连等多个城市成功举办，受到广大动漫爱好者和动漫厂商的热烈欢迎，对推动国内动漫产业发展发挥了十分积极的作用，成为一个极具产业价值的文化创意品牌。

由北京市海淀区政府、北京电视台共同主办，中关村海淀园和北京卡酷动画卫视承办的“2008卡酷全卡通动漫嘉年华”大型活动，于9月28日~10月5日在北京中华世纪坛举办，再次成为全民参与共享和谐的动漫盛典。整个嘉年华总面积近2万平方米，选址科学、安排周密，从观众流量到招商情况，从现场氛围到媒体报道，都收到了令人满意的效果。8天活动期间共吸引北京和来京旅游的孩子及家长近8万人次观展，总现金交易额达1000万元，成为2008年全国规模最大、影响最广的动漫活动之一，取得了社会效益和经济效益双丰收。

“第三届中国（北京）国际大学生动画节”圆满成功。“［Aniwow!］中国（北京）国际大学生动画节”是由国家广电总局批准设立的我国第一个国际性的大学生动画节，也是目前国内仅有两个经国家广电总局正式批准举办的动漫国际活动之一。［Aniwow! 2008］第三届中国（北京）国际大学生动画节由国家广电总局、北京市人民政府共同主管，中国传媒大学、北京电视台联合主办，中国传媒大学动画学院、北京卡酷动画卫视、中国动画学会教育委员会共同承办。本届中国（北京）国际大学生动画节凸显“学院媒体强势联合”、“创意至上的活动理念”、“国际化的学术氛围”、“立体化的展示平台”等四大特点，发挥高等学府的学术优势，借助电视媒体的传播力和推动力，形成全年电视节目、电视转播、地面活动为一体的综合动漫活动，搭建一个聚合国际、学术、创意、媒体、企业等强势元素的动漫全产业平台。10月21日~24日动画节期间共举办了18场展映、10场大师课程、4场论坛、3个主题展览以及由电视媒体创意打造的闭幕颁奖盛典，活动异彩纷呈，对加强动画领域的国际学术交流，鼓励和促进国产原创动画的创作与传播，进一步推动北京乃至全国文化创意产业的发展，产生了较大的作用和影响。

对外宣传概况

海外节目中心

2008年，海外节目中心把工作重心投入到北京奥运会、残奥会火炬接力报道以及相关奥运宣传节目制作，取得了两个火炬接力报道的圆满成功，实现了两个奥运火炬报道同样精彩的目标，同时，还克服了人员紧、任务重等困难，圆满完成了长城平台北京电视台频道以及外送节目的制作和播出。

拍摄制作20集中英文北京宣传系列片《北京印象》。为了多角度、多侧面宣传北京，尤其是展现北京人文奥运风采，由海外节目中心承担制作的20集中英文电视系列片《北京印象》，用镜头记录了北京的历史文化、城市变迁，以及生活在这里的人们的故事。《北京印象》共制作完成700分钟的中文节目和700分钟的英文节目，于奥运会和残奥会期间在北京卫视和BTV-3、BTV-5、BTV-7、BTV-8、BTV-9等频道播出，不仅取得了较高的收视率，还收到了很好的社会反响。

《北京印象》的英文版也已在美国联邦公共广播公司MHZ频道以及GLobe Cast卫星公司Worldwide频道在海外播出，受到了北美很多热心观众的欢迎。他们反映，通过《北京印象》了解到了一个真实的北京，了解到了这里人们的生活，亲切、感人、真实。

人大音像出版社向我台的京视传媒购买了《北京印象》音像出版权，系列片《北京印象》中英文光盘已面向市场发行。

此外，新加坡国家电视台也购买了《北京印象》英文系列片。

做好北京电视台国际频道工作。长城平台自2004年10月正式在海外播出以来，3年中陆续开播了长城（美国）平台、长城（亚洲）平台、长城（欧洲）平台、长城（加拿大）平台。2008年1月1日，长城（拉美）平台正式开播，长城（美国）平台也在美国麒麟网络电视开播。截至2008年9月，中国电视长城平台全球付费用户已突破10万户。

2008年是奥运年，北京电视台是奥运主办城市台，而长城平台又是北京电视台最重要的外宣窗口。2008年国际频道节目编排工作始终把奥运宣传放在最重要的位置。在原有精品奥运栏目的基础上，按照北美、欧洲、亚洲等主要国家的收视习惯，在每天三段黄金时间安排播出了“奥运火炬接力百日大直播”和“你好，奥林匹克”两个大型奥运访谈节目，并同步直播了奥运圣火在北京的3天传递。这个节目成为最受海外观众欢迎的节目，不少海外观众特别是华侨观众第一时间打来电话，表达了对北京奥运会，对祖国的祝福与期待。此外，中心还加大了北京城市形象宣传片的播放量，并在奥运会举行期间，增加播出了8部上百集奥运内容的专题片，使国际频道在奥运期间的首播时间由原来的平均每天6个半小时增加到近9个小时，节目内容得到了极大丰富。根据美国麒麟电视网的统计，北京电视台国际频道在奥运期间收视排名攀升至长城平台的第二位。

向境外制作、选送节目。北京电视台与凤凰卫视欧洲台、凤凰卫视美洲台、加拿大城市电视台、美国纽约中文卫视、美国斯克拉教育电视网有着长年的友好合作关系，并向他们提供部分有本台版权的精品中文节目。2008年，海外节目中心向以上5家海外电视媒体提供了总计443小时的中文节目。

2008年，海外节目中心还围绕“奥运”、“抗震救灾”、“改革开放30周年”等主题拍摄制作了31个英语新闻，计100分钟，送美国有线新闻网（CNN）播出。英文栏目《这里是北京》围绕“奥运年”，深化主题，全年共完成52期、每期1小时、共计52小时的节目。该节目最初只在美国华盛顿地区播出，如今已在美国联邦公共广播公司MHz频道、Echostar卫星公司的长城（北美/亚洲/欧洲）平台北京电视台国际频道、GlobeCast卫星公司的MHzWorldview频道播出。到目前为止，已在华盛顿地区有73万忠实观众，在全美有1500万户观众。

宣传管理概况

总编室

2008年，北京电视台总编室在节目管理、节目编排、节目宣传方面勇于创新，取得了显著的成绩。

一、全力以赴完成各项重大宣传报道

从年初的抗击冰雪灾害，到后来的抗震救灾、奥运会和残奥会等都是以前没有经历过的宣传报道任务。北京电视台全体同志一方面发挥积极的探索精神，创新工作方式；另一方面秉承稳扎稳打的工作态度，确保节目生产和播出的绝对安全，圆满完成了各项重大宣传任务。

突如其来的抗震救灾宣传工作。对于总编室来说，抗震救灾宣传管理工作是面临的任务最繁重、事务最庞杂的工作，也是前所未有的严峻考验。从5月13日，北京电视台开始抗震救灾的报道，至6月2日各频道节目开始逐步恢复正常，到7月8日所有节目完全恢复正常，这场突如其来的宣传战役持续时间长达近3个月，不容有丝毫的犹豫和懈怠。总编室全体同志以高度的责任感，上下一条心，拧成一股绳，面对宣传任务紧迫、节目播出调整变数大、协调各部门工作头绪庞杂等诸多任务，合理分工、责任到人，随时传达落实上级各项紧急宣传精神；启动全天候临时节目编排，做到实时调整；制作了大量符合抗震救灾气氛的宣传片，较好地完成了抗震救灾宣传任务。

圆满完成规模宏大的奥运会和残奥会宣传工作。奥运期间，北京电视台首次采用连续 18 天不间断、多频道组合报道方式，这种长时间、多频道、动态化的报道所带来的直播量的大幅增加和多频道的节目调整，给总编室的编排和导播工作带来了极大的挑战。因此，总编室采用动态编排手段，根据赛事赛况随时调整节目编排；同时，值班导播在保证导播单准确无误、把好终审关的基础上，在延时、切换点、垫播、滚动字幕播出等方面制订应急预案，确保播出万无一失。

二、积极筹备高清频道开播，丰富频道资源

年初，由总工办、总编室、研发部组成的高清频道筹备小组开始启动高清频道申报工作。经历了复杂的申报和筹备阶段后，北京电视台高清频道于 5 月 1 日开播，之后总编室全面负责高清频道的节目播出。

为了更好地加强频道运作，在没有增加人员配置的情况下，总编室从组织设置上细化分工，把工作分解到现有科室，在节目编排、频道宣传包装、节目资源购买引进等方面做了大量的具体工作，现在已经步入了常规化运作。

三、以确保安全播出为核心，力求做到万无一失

无论是重大的宣传任务，还是日常的节目播出，安全播出不但是确保播出效果的需要，也是树立北京电视台良好形象的需要，因此确保节目安全播出也是总编室工作的重中之重。

2008 年全国“两会”召开期间，3 月 15 日的新闻联播延时 15 分钟而没有按惯例提前预告，总编室当班导播当机立断，启动了特殊情况下的紧急处理方案，完整转播了《新闻联播》。同样，在 5 月 12 日汶川大地震发生当日，当班导播也遇到了类似情况，同样也完美地处理了紧急状况。这只是一个简单的例子，但从中不难窥见总编室工作责任之重大，也表现了总编室工作人员快速的应急处理能力。

四、继续加强基础性建设，全面深化节目管理工作

完善制度建设。为规范管理，确保节目生产质量和节目播出安全，2008 年，总编室在巩固去年成绩的基础上，继续做好规范全台栏目管理工作，编撰、修改和制定了一系列规范性管理性文件。一是制定了《北京电视台节目带、空白带管理规定》，进一步规范节目带、空白带管理，确保资源共享。二是制定了《北京电视台直发节目管理规定》，加强播出安全管理，减少播出隐患。三是完成了《北京电视台 2008 年栏目全册》的编写工作，并发送全台各部门。四是编撰了《北京电视台各节目中心选题申报审核制度》，从选题申报制度、审看制度、责任追查制度、考评制度等方面对节目进行规范，确保舆论导向正确和节目宣传安全。五是编制了《北京电视台节目生产管理规章制度汇编》，对 2007 年前所有台发关于节目生产管理的文件进行选编，并计划对选编内容进行一年一次修定，以台文发至各节目中心和相关部门。六是制订了《总编室突发事件应急处理方案》，对管理职责内的编播突发事件制订了应急处理的领导小组职责、保障措施、工作流程，使应急保障措施落实到

每个环节。

及时落实上级的宣传精神。及时贯彻上级的宣传精神是总编室的一项重要职责。为此，总编室设专人负责宣传精神的接收和传达，通过电话、传真和复印发文等形式向各节目中心进行传达，即收即发，发挥中枢作用。（1）编辑《北京电视台栏目定位监审意见》。总编室组织所有台聘阅评员对全台栏目进行播后监审，阅评员根据各栏目的定位和实际播出情况，进行逐一对比和监看，找出不符合定位或者偏离定位的栏目。总编室及时汇集阅评员的意见并发给有关部门，督促各栏目组改进工作。（2）编制《2008 年北京电视台宣传精神汇编》，确保奥运期间节目播出的绝对安全。（3）进一步加强收听收看的管理工作，强化节目的审查、监督。从 2008 年开始，总编室把对播音主持管理科的监评工作与节目管理科的监评工作合并，由节目管理科统一管理，加强对监评员的管理和对节目内容的监看。同时，每周将市广电局《收听收看报告》下发各节目中心，要求认真核查涉及本中心栏目的情况，并填写《各级阅评员监评意见反馈表》，由总编室统一报送市广电局，截至 10 月 26 日，共反馈意见 38 份。（4）定期出版《电视业务》，交流节目情况。总编室每周定期在《电视业务》首要位置刊发一周所有宣传精神，还设置专栏刊登各节目中心和栏目有关节目创新的经验文章，指导业务工作。全年采编稿件近万篇，刊发文字总量在 160 万字以上。

五、加快各项技术系统建设，提高智能化管理水平

为做好总编室迁入新台后的工作衔接，2008 年以来，总编室做了大量的前期准备工作，在节目生产管理系统、媒资管理系统、编播系统方面做了许多预备性工作，以迁入新址为契机，实现全台节目管理流程的规范化和系统化。

目前，总工办和设计公司正从软件上对节目生产管理系统流程进行细化，该系统主要包括决策管理模块、编播管理模块、品牌管理模块、版权管理模块，这将有利于总编室的规范化管理和智能化办公。

新的磁带信息管理系统开始在全台试运行。新系统更加注重管理和节目信息数据的完整性，严格了管理流程和制度，杜绝了原纸质流程的弊病。

六、认真研究节目发展路径，谋求节目发展战略

调研节目同质化问题。针对北京电视台节目同质化比较突出的问题，总编室逐个走访各节目中心，与节目中心主任和重点栏目制片人进行座谈，就如何解决频道内部节目同质化、频道之间节目同质化进行探讨，广泛征求意见。

加强对外宣传工作，提升北京电视台影响力。总编室承担了全台大量宣传总结和汇报材料的撰写工作。尤其是对一些时效性强和重大事件的宣传工作，总编室都及时进行总结，每年文字量达几十万字。加强与在京各媒体联络，协调播发新闻稿件，扩大北京电视台的社会影响。如 7 月举行的手机电视新闻发布会，无线高清频道正式开播发布会；8 月举行的北京电视台火炬传递暨奥运会报道新闻发布会，总编室都与《光明日报》、《北京日报》、《北京晚报》、《北京青年报》、新浪等媒体提前联系，协调安排记者采访，播发新闻

稿件。

认真回复来电来信，重视观众意见和建议。对观众的来电来信，总编室都认真对待，仔细研究，并与观众进行联系，给予满意答复。特别是对人大代表和政协委员的各项提议，总编室都派专人负责解决，直到代表、委员对答复满意为止。

研究发展部工作概况

研究发展部

2008 年，研发部在完善既有业务之外，不断完善职能，创新拓展：组建北京电视台专家顾问团，推出《北京电视台专家顾问团工作通讯》，借力外脑，为全台事业产业可持续发展提供智力支持；加强对媒体环境的实时追踪和对各频道的收视监测，收视分析更加服务到位；探索节目创新研发新思路，为节目一线人员提供更直接的服务。

一、组建北京电视台专家顾问团，推出《北京电视台专家顾问团工作通讯》

为落实市委宣传部指示精神，充分发挥北京电视台在文化创意产业中的龙头作用，实现北京电视台在全国电视传媒中的领先位置，确立长远、可持续的战略发展目标，2008 年初，研发部聘请行业内知名专家学者组建了一支关系紧密、相对稳定、持续服务、具有多专业背景的核心专家顾问团队。通过台内研发力量与台外研发力量的深度合作，更好地为北京电视台提供高质量、前瞻性的咨询服务。一年来，共举办了数次由台领导、中层干部和专家顾问团共同参加的专题研讨会，研发部定期推出《北京电视台专家顾问团工作通讯》，及时汇总专家顾问意见，为决策层提供快捷、全面的信息服务。

二、在 2007 年目标责任考核和节目综合评价标准的基础上，不断完善，推出《2008 年目标责任考核方案》、《2008 年度节目综合评价》

为了促进事业发展，实现社会效益与经济效益的持续增长，在全台树立节目导向的观念、节目创新与品牌的观念、投入产出的观念、成本核算的观念、节目与创收相结合的观念。2008 年，对全台各节目中心以下达任务书的方式进行目标责任考核，考核实行舆论导向考核一票否决制，其他考核内容除节目中心收视与投入产出等的量化考核外，还增加了主观评价的考核内容，主要包括节目创新、节目品牌影响力以及节目中心重大贡献等指标，并增加了特殊影响因素弹性分数。

2008 年节目评价运用收视贡献率和投入产出贡献率两个评价维度对全台节目进

行评价，并根据这两个评价纬度的达标情况，根据评价结果，将全台节目分为A、B、C、D四个评价等级，为节目制作方向的调整和节目淘汰提供了依据。

三、紧密结合事业发展需求，深入调研，认真论证，完成重大调研课题

根据北京电视台产业发展的迫切需求，研发部对全国主要媒体电视购物发展情况进行了全面调研，完成《全国媒体电视购物发展状况调研报告》，上报市委宣传部，并按照宣传部领导和台领导指示继续推进课题调研；鉴于我国电视业已经进入品牌制胜阶段，研发部启动了北京电视台品牌影响力大型研究项目，根据调查结果，协助各频道及时了解品牌竞争力方面的优势和不足，明确频道和栏目的品牌形象，为节目创新和编排确定方向，从而优化北京电视台品牌结构，提供品牌发展建议。2008年，研发部完成了财经频道整体定位以及战略发展方向调研、北京电视台奥运品牌力提升研究报告、生活频道观众需求调查等调研项目；深化、细化了《北京电视台战略发展规划》；搜集、筛选、整理我国媒体发展的宏观环境数据和主要竞争对手的核心竞争力构成数据，编撰推出了《2008年全国电视媒体数据报告》；另外，电视节目商品化等课题正在调研进行中。

四、密切追踪业内发展动态，及时监测全国媒体环境信息，及时对全台各频道整体收视情况、栏目收视情况及编排结构的变动效果进行分析，为领导提供决策依据

每月整理提交《全国媒体动态环境报告》；每季度分析、整理、提交《全国媒体竞争态势分析报告》；每季度推出《北京电视台季度收视分析报告》等，为决策层和各频道提供业界信息和决策依据。

五、探索创新，深度参与，大力做好节目研发工作

1. 通过各种渠道广泛获得国际节目信息，并将研究成果向全台各节目中心发布推广。在对最新的欧美节目数据进行分析后，研发部整理、归纳出不同类型的节目样式，定期提供给各节目中心创作人员。其中每月双刊的《欧美节目模式》以及50多部最新节目，为节目一线人员提供了直接的帮助。并根据一线需求，邀请电视研究机构的研究人员，到北京电视台进行研讨、讲座。

2. 直接参与大型活动的研发，并成功提供节目样式、流程。除奥运节目战略之外，研发部参与了部分大型活动的流程开发。其中包括大型电视节目《龙的传人》的前期策划和节目内容的流程设计。

3. 直接介入各个节目中心的节目创新工作。奥运前后期间，各个节目中心全面优化节目。研发部给予积极配合，其中包括协助生活节目中心提供详细的受众分析报告，海外节目中心新节目方案的设计报告，财经节目中心、青少节目中心重点节目的改版方案等。

4. 尝试建立节目测试体系。研发部在总结了2007年《爱上电视》节目创新活动的经验后，与国外电视机构的研究人员接触并改善了节目创新机制，尝试为北京电视台未来建立合理的节目测试流程。

总工办工作概况

总工办

2008 年，总工办重点围绕新大楼技术系统的建设和奥运会、残奥会的宣传报道开展工作，完成了各项工作任务。

一、完成全台技术项目的招投标、合同签订工作

为推进北京电视台新址的技术建设，2008 年，总工办参与了招标公司为本台完成的高清网、技术区时钟系统、测试设备、内部通话系统、信息化安全专项、财务应用软件等共 19 项招标工作，签订合同 29 个，合同金额 $2166526 和 ¥74669277 元。截至 2008 年底，新大楼技术设备引进项目已付款总金额约 $15904887.9 和 ¥525294425.27 元。

在积极建设新大楼的同时，总工办还推进了本台计划内的技术设备数字化改造和高清频道技术系统的建设。截至 2008 年底，共接到采购设备的报告 184 份，80% 已经完成，其中台内自行招标工作 16 项，谈判项目 120 项，政府采购项目 32 项，全年使用资金 3800 万元。

二、参与协调奥运转播活动和奥运火炬北京传递新闻中心的筹建工作

总工办抽调人员参加了 BOB 组织的 2008 北京奥运会、残奥会足球、轮椅篮球的转播工作；完成了北京奥运会北京电视台奥运公共电视信号制作技术协调、商务谈判、技术培训工作，完成了奥运火炬接力北京地区新闻发布会的电视信号录制和技术保障工作，新闻中心建设的对外联络、沟通协调工作和新闻中心筹建的会议纪要整理与发送工作。

三、完成了 BTV 奥运高清频道的频率申请和高清设备的采购

作为奥运会主办城市电视台，BTV 奥运高清频道于 2008 年 5 月 1 日开始在歌华有线电视网进行试播；7 月 30 日开始在北京地区无线 14 频道试播，10 月 31 日开始在北京地区无线 14 频道正式播出。在奥运高清频道筹办过程中，总工办完成了高清频道开播所需高清发射机及传送系统的招标采购工作；积极协调了与歌华有线高清信号传输事宜；成功申请了 BTV 奥运高清频道 DS－14 频道无线频率的使用；完成了北京奥运高清频道开播典礼仪式的筹备工作。

四、创办《安全播出简报》和《新大楼技术建设情况周报》

为保障“两会”和奥运期间的播出安全，切实做好上传下达、监督保障工作，总工办在奥运期间创办了《安全播出简报》，反映各技术部门的工作情况，如人

员培训、系统隐患排查、系统整改、操作演练等。该简报从2008年3月1日开始创办至奥运会结束，共出刊28期。

为促进新大楼技术工程建设的开展，反映各项目组的工作进展情况以及遇到的困难与问题，加快工程建设进度，总工办创办了《新大楼技术建设情况周报》，从2008年3月1日开始出刊，到2008年底共出刊40期。

五、切实做好电视节目安全播出的技术管理和服务工作

在历次重要节目播出前，总工办都及时与中央电视发射塔、中国有线电视网络有限公司、无线局、频调处、沙河地球站、呼市地球站、542地球站等单位进行协调，确保北京电视台无线频道、卫视频道、外宣频道的安全传输播出。

总工办还承担了市广电局安全播出联络员的工作，承担了上级单位调度命令的传达和本台例行检修等播出变更事项的上报、协调工作，参加了市广电局每月召开的安全播出例会。截至2008年12月底，共上报市广电局北京电视台安全播出情况月报表12份，上报国家广电总局科技司北京电视台中心系统播出情况月度统计表132份。

六、参与市广电局组织的村村通技术小组工作

全力支持市政府为民办实事的广播电视村村通工程，派出人员参加村村通技术小组，对全市5个山区县143个深山村庄已运行10年以上的村村通电视网络进行升级重建。在奥运会前，为全市8个山区县的779个山村安装了接收中央电视台体育频道的智能卡机设备，为37个浅山区村庄解决了电视信号弱、长期看不好中央台或北京电视台第一套电视节目问题。

播出部工作概况

播出部

一、新建北京电视台第一个高清频道

2008年3月底，市委宣传部决定北京电视台的高清频道于5月1日开始试播，7月1日正式播出。由于新大楼还不具备播出条件，只能在苏州街的五楼播出区利用原有备份机房的位置，临时搭建一个高清频道机房。时间紧迫，播出部立即抓紧时间设计系统方案、出图纸、列设备清单，联系所需设备厂家，及时确定供货时间。继而拆除了原备份频道的设备，进行新设备的装机布线施工。经过近1个月的软硬件设计和安装调试，建成了功能齐全的播出机房。技术科又组织播出中心各科领班和值班员进行高清频道播出系统的培训，演示播出系列软件的使用方法。5月1日，

北京电视台第一个高清频道开始试播出。

之后，经过多方协调和技术人员的共同努力，奥运高清频道的高清电视信号在传送机房编码后经光缆送到中央电视发射塔，接入高清电视发射机。7 月 30 日 8:00，中央电视发射塔开始正式无线发射北京电视台 14 频道的高清电视信号。北京市内可以通过高清机顶盒或地面国标一体高清电视机收看。8 月 8 日，高清频道顺利地转播了北京奥运会的开幕式和闭幕式。

二、抗震救灾期间为全台宣传服务

从 5 月 14 日开始，台里因抗震救灾宣传的需要，12 个播出频道的节目编排有很大变动。为保证在这个特殊时期的播出安全和节目调整，播出部领导、骨干轮流 24 小时值班。维修科和技术科的同志加班加点连夜拉线，增加系统的信号通路，使全台 12 个频道顺利并机联播 BTV-1 的节目，并进行了为时 3 天的 24 小时不间断播出。根据抗震救灾宣传的需要，播出部还完成了 12 个频道的台标换色任务。

地震发生后，北京电视台记者从四川成都、绵阳等灾区每天传回大量素材。播出部传送科每日收录灾区前方信号和央视一套节目信号，总时长在 10 小时左右。同时提供给新闻部、海外中心等部门用于制作和直播。5 月 19 日下午，通过微波、卫星、光缆直播传送了多处地点为遇难者哀悼 3 分钟的现场画面，保证了接收和记录设备的稳定运行。

三、奥运会期间确保安全播出

在奥运会和残奥会举办期间，播出部分别担任了奥运火炬传递和残奥火炬传递的直播和开幕式、闭幕式的转播，同时还承担着为多个地点多个部门传送、切换多路信号等工作任务。为了保证奥运期间的安全播出，播出中心 5 个科和传送科的全体人员共约 74 人，从 4 月开始就进行了多种形式的培训和实战考核，并进一步梳理和完善了工作制度和流程，修订了紧急预案和便捷迅速的应急措施，取消了轮班休息，人均加班近 10 天，对一线人员的工作岗位还进行了调整，提高了播出安全保障系数。

8 月 6 日、7 日、8 日，直播北京市奥运火炬传递的全过程，时间长、路线长、环境复杂，多个信号传送。每天 7:30 开始，BTV-1、BTV-6 和北美上星频道同时开始奥运火炬传递的直播，直到 18:28 结束，经过全部同志的共同努力，顺利完成了直播任务。奥运会开幕后，从 8 月 8 日到 24 日，12 个频道共安全播出了约 4380 个小时，直播奥运节目约 565 个小时。

9 月 5 日、6 日，在 BTV-1 和 BTV-6 两个频道并机全程直播残奥会北京火炬传递。从 9 月 7 日开始，每天 14 个小时，在体育频道连续直播残奥会的比赛情况。从 9 月 6 日到 17 日，12 个频道共安全播出约 3095 个小时，直播残奥会节目约 200 个小时。

四、认真做好新大楼的播出准备

9 月以后，播出部新台的播出中心、网络存储、总控系统和传送系统陆续进入最后的完善、实际测试及试播阶段。从 12 月开始对新台的 10 个播出系统、网络存储、总控系统和传送部分进行了全面测试验收。

老台部分搬家后，新老台之间需要有大量的信息、信号互传。播出部负责连接新老台之间72芯和44芯两路光缆，并根据各个部门的需要，将新老台之间需要互传的信号通过光缆铺设到相应的楼层及房间。据粗略统计，在新台和老台内部铺设光纤链路、熔接上架等共11项。

制作部工作概况

制作部

2008年，制作部完成了全台节目安全制作和新闻直播，特别是完成了奥运的转播任务。

一、为高水平奥运会、残奥会转播提供技术保障

多次组织参加了奥运测试赛转播，为制作部转播奥运会锻炼了队伍，打下了基础。完成了奥运会、残奥会火炬传递，在400平方米演播室完成了《百日大直播》活动。为推出北京卫视的奥运通档栏目，将800平方米演播室改为全天开放式演播室，混合切换，无缝衔接，既保证节目内容的相对完整，又保证动态信息的及时插播。针对直播时间长、跨度大的情况，制作部技术人员提前对所有设备进行全面检查，对所有可能影响到安全播出设备都准备了备份。节目形式多样和新颖对技术提出了更高的要求。如视频方面新增了大量外来信号、硬盘信号、放机信号、图文包装信号、短信平台信号、点屏信号、提示器信号等。音频方面除了以上与视频信号同步的音源信号外，还有现场键盘信号、同声传译信号及电话桥接器信号等。我们对原系统“就地取材”进行“改造”，在主系统中添加了新信号，备份系统中同样接入了该信号，保证了主备路双保险。

为完成残奥会比赛转播及新闻报道任务，制作部在前方搭建了4讯道移动演播室一套，可接入所有比赛信号进行赛事的直播。搭建了一套具有16个收录站点、18个编辑站点、2个配音站点、1个播出站点的非线性编辑系统，可进行16路高清信号收录系统，2个配音机房，10套标清对编系统，1套高清对编系统。整个系统能够满足每天体育频道的前方直播工作，同时可为台内传送赛场信号。

二、组织开展各种技术培训，为向新台过渡打下基础

为完成向新大楼技术系统的顺利过渡，10月配合新大楼设计组组织3期后期制作网络培训、3期演播共享网络培训。结合新大楼的设计，制作部人员与外面公司进行了技术交流，还组织技术人员外出参观学习。与此同时，还指派30名技术骨干参加了人事部举办的奥运会转播培训班和高清摄像机专业培训班。

三、开展节目技术质量评奖和节目直播安全评比周活动

年初，制作部组织参加了市广电局举办的第三届节目制作技术评奖申报活动，3个节目获一等奖，3个节目获二等奖。6月3日至9日，制作部6个节目直播科室间开展节目直播安全评。“金帆奖”评奖活动中，制作部获得了一、二、三等奖各一个，取得了较好的成绩。

四、开展2008年奥运转播技术考核及演练工作

组织技术考核。为了保证节目制作和直播安全，特别是保证奥运会期间的安全播出，从5月中旬开始到7月底前结束，开展了2008年岗位技能考核工作。

组织多次应急演练。为迎接奥运会转播，4月制作部组织了第一轮演练，5月、6月组织与直播有关的科室进行第二轮应急实战演练，按照视频、音频、视频服务器、字幕机和非线编等工作岗位进行设计，内容注重实用性、可操作性，涉及各个单点故障的具体应急处理措施和整个技术系统面临瘫痪后的整体应急措施等多个技术环节，发现问题及时分析整改。

五、认真组织参加市广电局组织的百日安全直播竞赛

为确保奥运会期间的节目制作和直播安全，部门主任与各科科长签订了《北京电视台制作部“平安奥运行动”目标责任书》。将《制作部安全应急工作预案》修订为《2008制作部“平安奥运行动”安全应急工作预案》，在部内印发执行。百日安全直播竞赛期间，没有发生直播事故，受到了各级领导的肯定。

六、建设新大楼技术系统，改造部分老台设备

建设和改造的主要项目有：

1. 250平方米演播室高清改造项目。改造后的250平方米演播室保障了节目直播安全，提高了节目录制质量，同时保证了大型节目《奥运火炬百日安全大直播》的正常录制。

2. 高清频道系统搭建项目。高清频道系统搭建顺利完成，保证北京电视台高清频道5月1日正式开播。

3. 800平方米演播室无线话筒的更新。话筒的更新保证了大量综艺节目的正常录制及重大节目的直播安全。

4. 《体育新闻》非线网扩建。新增4个非编站点，满足了《体育新闻》栏目的需求。

5. 整备科摄像机三脚架、摄像机电池、采访话筒等外录设备及配件的大量购置，满足了编辑部门日常外出采访和奥运圣火传递等重大活动的直播需求。

6. 522新闻演播室改造。改造后的这个演播室，能够满足2009年新开播栏目《新闻晚高峰》直播的技术要求。

转播传送部工作概况

转播传送部

2008年，是广播电视安全播出保障任务最重的一年。转传部圆满完成了奥运会、残奥会、抗震救灾、北京市“两会”等重要直播工作，在奥运会的转播中得到BOB专家的一致好评，在残奥会轮椅击剑和硬地滚球的转播中被BOB评价为开创了残奥会转播的先河。

一、提高综合技术实力，确保安全播出

抓好硬件建设。为了迎接奥运转播工作，北京电视台购置了12+6数字高清转播车。转传部技术人员对此车进行了严格的系统及设备检测与验收，使之各项功能达到设计标准。在相关技术部门的大力配合下，对原有转播车和各种转播设备进行了必要的保养维护，为奥运转播的安全打下了坚实的基础。

抓好软件应用。现有的数字转播设备，其各项参数调整十分细致，各种调试软件非常丰富。转传部技术人员加强了软件应用的学习掌握，使新进的各种转播设备在奥运转播中发挥了出色作用。

抓好人才培养。转传部人手少、转播任务重，转播工作的技术含量高。转传部克服事多人少的困难，派出业务骨干，组织多次专业技术业务学习，对技术人员掌握新设备的性能起到了作用。

二、圆满完成奥运转播任务

奥运圣火在北京传递，距离长（近50公里）、路线复杂（途经18个区县+亦庄开发区，转场距离500余公里）、信号回传困难（既要上山“八达岭1至4号烽火台”，又要入地“房山周口店北京人遗址”，还要下水“通县运河”）、转播难度大。为此，转传部技术人员发挥技术优势，完成了设备的安装、调试、信号回传等诸多工作，圆满地完成了转播任务。

在奥运会转播中，转传部组建了奥运女排转播制作队伍、奥运足球转播制作队伍、奥运足球转播技术队伍等3支转播团队。女排制作队伍，在理工大学体育馆架设摄像机11台、大倍率镜头4个。架设场地拾音话筒30多只，铺设话筒线1000多米。通过音、视频人员的努力工作，理工大学奥运女排的转播得到BOB技术总监的好评。奥运足球团队，在足球转播场地架设摄像机15台、大倍率镜头9个，其中8个大倍率镜头是架设在观众席的最上端，共架设拾音话筒30多只，铺设话筒线3000多米。与TOC之间完成了数十条信号的连接与测试。工作强度之大，是前所未有的。

在完成残奥会火炬北京传递的转播任务同时，奥运转播队伍又全力投入到残奥

会的转播之中。残奥会期间，奥运转播队伍承担了轮椅篮球制作、轮椅击剑和硬地滚球制作。轮椅篮球转播时间每天达到17个小时以上。

三、全程转播多项重要体育赛事

完成全年甲A男篮联赛北京首钢主场赛事的直播；完成全年中超、中甲男足联赛北京队主场赛事的直播；完成全年排球联赛北京队主场赛事的直播。2008年1月4~11日，全程直播了《好运北京奥运手球测试赛》；1月19~25日，全程直播了《好运北京奥运轮椅篮球测试赛》；2月25~29日，全程直播了《好运北京奥运跆拳道测试赛》；3月17~23日，全程直播了《好运北京奥运水球测试赛》；4月14~18日，全程直播了《好运北京奥运女排测试赛》；4月19日直播了《好运北京奥运女足测试赛》；10月完成了2008年在北京举行的首届世界智力运动会系列现场转播。

四、转播及录制多场大型晚会

2008年1月1日凌晨在钟鼓楼直播了迎奥运新年钟声晚会；1月19日录制了北京市政协开幕式；1月23日直播了北京市人大开幕式；1月22~28日完成了北京电视台春节晚会的录制；4月21~25日完成了“车展”系列报道的直播工作；5月参与了珠峰火炬传递的报道工作；6月完成了抗震救灾的系列报道。同时，还使用SNG卫星直播车，圆满完成了新闻中心全年新闻直播的技术保障工作。

技术设备管理部工作概况

技术设备管理部

一、加强设备维修，确保安全播出

2月26日~3月11日，技术设备管理部维修科组织维修站对转传部的大数字（8讯道）、中数字（6讯道）、小模拟（4讯道）、大模拟（6讯道）、小数字（4讯道）、高清（8讯道）转播车和机动用的42个摄像机镜头进行清洁保养，以确保奥运会测试赛、市“两会”等转播工作的正常进行。5月15日~6月30日，维修管理科为确保奥运会期间全台设备的正常运行，组织并联系专业维修站对全台在用Sony、Panasonic、Canon等专业设备进行了集中维护保养活动，共计维护保养587台（件）设备，其中：Sony设备217台（件），Panasonic设备132台（件），镜头205只，其他设备33台（件）。同时，还完成播出部SONY－Flexcart机械手改造导轨安装和软件升级工作，完成2008年专业设备维护保养，共完成全台1522台（件）设备的维护保养，其中有索尼设备834台（件），松下设备256台（件），镜头205只，计算机桌面硬件设备146台（件）；其他设备81台（件）。

2008年奥运会期间，为制作部、奥运办、信息网络管理、播出部、台办通讯科、生活节目中心等部门调剂设备300余件。

二、调剂添置技术设备，满足播出需要

奥运期间，为体育中心、奥运办公室及新闻中心调剂专业录像带2万盘，是平时每月用量的4倍。因库房有限，库存磁带不多，为了保障工作，设备二科利用休息时间从台外运回所需磁带5000盘，确保了奥运转播的顺利进行。奥运会、残奥会火炬新闻中心设立在北京电视台新址30层，在建设期间，需要借用140台电脑和打印设备。为了保证设备的正常使用和完好归还，设备二科同志与网络管理部的同志一起，清点电脑数量，组织人员和车辆运送所有电脑到位，使奥运火炬新闻中心顺利运转起来。

为了进一步提高工作效率，复制机房购置了多台机器，并对设备进行维护。在奥运会和残奥会期间，技术科为节目部门刻录光盘1270余张，转制节目1920余盘，转录节目2000余盘。

三、抓好新台技术系统建设

在北京电视台新址技术设备配置中，技术设备管理部接收、点验了大量设备，主要有：

主干新闻制播网测试设备近百件；播出传送、总控、服务器网、视音频系统设备3000件；大剧院剧场舞台音频系统、舞台监控通话系统设备约900件；新闻演播室视音频设备近千件；高清转播车验收；SONY高清录像机25件；演播室、剧场摇头图案、染色电脑灯近百件；网络切换器、显示器279件；小演播室视音频、摄像机、切换台、操作台168包；录音棚设备76件；摄录像机设备294件；大演播室音频系统、音频扩声、高清音频、分控设备450包；播控软件、正版软件；技术区、演播室时钟系统；播出、制播网、演播室测试仪近百件；数字监视器457台，示波器高清选件7包；内部通话系统11包。

信息网络管理部工作概况

信息网络管理部

2008年，信息网络管理部紧紧围绕奥运服务保障、台内信息网络服务保障、新台网络建设三个中心，积极组织落实各项工作，取得了显著成绩。

一、奥运服务保障工作

7月初，网管部接到了奥运圣火北京传递新闻中心计算机网络建设的任务。从确定在新大楼30层设立奥运火炬传递新闻中心到新闻中心正式落成不到1个月的时

间里，网管部克服了工作中遇到的种种困难，认真安排各项工作，在保证老台办公网、新闻生产网以及各应用系统稳定运行的前提下，抽调技术人员组成攻坚团队进行实地考察，制订了详细的实施方案，完成了计算机厂商订货，强电弱电电路勘察，有线和无线布网施工，140 台机器验收、标记、加电测试、安装调试，近 400 个信息点的无问题测试，全网压力测试，记者工作区的杀毒、打印、传真、复印机安装调试等诸多繁杂的工作，按时完成了新闻中心的建设。

奥运会和残奥会圣火传递期间，完成了 140 余台计算机的维护、保障，全天实时的网络监控，近千份、几万页新闻稿的打印、复印和传真工作，为媒体工作者提供了优质的技术服务，确保了圣火传递期间各次新闻发布会的顺利召开。

在奥运报道期间，网管部承担了奥运直播网络保障的任务。此次奥运直播保障时间长、范围广、任务重。接到任务后，在部门领导的带领下，组织人员详细规划、周密部署，制订了切实可行的实施方案以及应对突发问题的应急预案。自 8 月 8 日奥运会开幕至 8 月 24 日奥运会闭幕，安排组织人员每天工作 18 小时以上，全程保障演播室直播网络畅通。

在残奥会报道中，网管部工作人员还制订了详尽的残奥会保障方案及巡查流程，并进行全员技术培训，对可能出现的问题进行事先模拟演练，对每一台接入网络的计算机终端进行安全设置，定时对 250 平方米演播室巡检，做到出现问题及时解决。

二、台内信息网络服务保障

为了全台非编网的安全，防止病毒进入引起系统瘫痪，网管部在人手少、时间紧、任务重的情况下，抽调人员组建全台杀毒中心，从 4 月开始正式运行，节假日不休息，为科教、体育、财经等 10 余个部门、20 余个栏目提供杀毒服务。截至 10 月 23 日，共计杀毒近 2000 人次，拦截 1000 多个病毒。同时还及时与网管部网管二科进行联系，对办公电脑进行整体杀毒。积极开展网络安全保护的普及工作，为非编网的安全提供了可靠的支持。

为了加强日常技术服务，网管二科重新调整了桌面人员结构，组织精兵强将对全台局域网内近千台工作站进行 7×24 小时管理和服务。开展了计算机基础知识和日常使用技能的培训，有效减少了故障的发生数量。

由网管部负责的总编室磁带信息管理系统，从 2006 年 9 月 30 日开始建设，2007 年 9 月 5 日和 2008 年 10 月 16 日分别通过了北京软件评测中心和北京电视台的技术性能测试和功能验收。该系统的建成，实现了全台磁带信息资源的统一管理，摒弃了传统的纸质化管理模式，优化了磁带信息管理的业务流程。通过对节目、素材、空白带管理等业务实行网上提交、网上审批等信息化、网络化管理方式，提高了全台磁带信息的管理水平，实现了节目内容管理、素材管理、空白磁带管理的网络化、流程化和标准化。

三、新台网络建设

为配合北京电视台新址的正式试播，网管部在人员严重不足的情况下，积极投入新中心的建设，配合 A、B 项目组完成了各项节目生产系统的搭建及系统稳定性测试工作，完成了信息化系统的各项前期方案设计及招投标工作。尤其是在信息化网络设备的采购、招标项目中，网管部人员与项目组密切配合，查阅了大量的相关技术资料，对各个厂家的产品逐一进行详细的对比研究，同集成商认真讨论技术方案，摸清了各个设备厂家的产品性能指标，为专家小组提供了大量的合理化建议和充分翔实的数据指标，圆满完成了此次招标采购工作。

同时网管部还承担了老台多个网络系统的平移、搬迁工作，为保障搬迁过程中各部门工作的连续性，网管部积极与广告、财务、人事、总编室等部门密切协商，制订合理方案并与其他相关部门积极配合，使几项工作平稳有序地进行。

媒资系统是全台整体网络运行的核心，是电视台核心资产所在地，也是电视台实现资产增值的关键平台。为此，网管部也派人员积极参与了此项工作，目前一期招标工作已完成，基础建设工作已经开始。

动力部工作概况

动力部

2008年，动力部较好地保证了电气系统、空调系统、电梯设备的正常运行，为节目播出、制作提供了安全稳定的供电。

一、动力系统的设备改造

为了确保奥运期间的安全播出及全台工作的正常进行，动力部分别于4月15日夜间和5月13日夜间对常年运行的电力系统进行了停电检修。在有限的时间内完成大范围的检修工作，动力部制定了详细的工作流程，并请重点设备的厂家到现场协助。通过对设备全面系统的检修，更换了部分老化配件，为奥运会期间的安全供电起到了重要作用。

主楼300kVAUPS供主楼制作工艺设备、通信科的交换机、网管部网络服务器等重要负荷用电为单机运行，且已达到厂家推荐的安全使用年限。为确保奥运会期间上述部门的安全用电，动力部提出购买双机组并列运行的200kVAUPS电源改造方案，得到了台领导、总工办的支持。7月2日夜间将设备安装到位，经过调试运行，状态稳定，使供电安全得到保证。

为确保奥运期间的供电安全，动力部利用夜间时间对整个供电系统进行了全面检修，确保了工艺、置景、灯光用电系统的零事故。

二、动力系统的维修维护

严格落实设备巡视、检修制度，确保电气系统、空调系统、电梯设备的正常运行。

3月21日~4月10日，对北京电视台中央空调系统进行了清洗，清洁和消毒面积11500平方米（含西区）。为了不影响其他部门的日常工作，清洗工作安排在夜间进行，指派专人全程监管，确保整个清洗工程安全、保质、保量。

全年新增、更换UPS电源3台，对UPS电源带负荷放电52台次，检查开关、接触器1000余台次，更换日光灯具700余套、节能灯具1500余套，安装分体空调器18台，维修分体空调器66台，维修风机盘管464台次，清洗过滤网4300台次，对全台各类电梯维修保养83次，抢修21次。

三、新电视中心设备的检修和改造

动力部于2008年春节后抽调了技术人员到新中心了解设备的安装状况，以总配电室、7个分配电室、7～19层技术部门所在区域的工艺配电系统为主，对发现的重大问题和缺陷及时同施工单位和厂家进行反馈，对原设计不能满足使用的房间、机房进行供配电系统的改造。截至10月底，共检修工艺配电柜52面，敷设电缆1650余米，更换170余个开关，安装配电柜10面，更换66电源柜面，检查开关柜、计量柜402面，检查变压器26台，检查开关抽屉1000余个。

新电视中心将于2009年1月1日正式开播，而综合楼8～16层的一些重要机房的空调系统不能满足机器设备的正常运行需要。为了解决这一问题，动力部在设计院的改造方案和施工单位的招投标工作结束后，召集施工单位主管会议，强调这项改造工程必须保质保量地于12月15日前完成。这次的改造任务规模大、难度大，同时又时间紧、任务重，共需安装恒温恒湿机组19套，分体空调机29套，这是两套独立的系统。动力部决定两个施工单位同时施工，交叉进行，顺利完成了改造工程。

思想政治工作概况

党委办公室

2008年，北京电视台党委深入贯彻落实科学发展观，全面开展党的建设和思想政治工作，调动一切积极因素，为全台事业发展筑牢政治基础、思想基础和组织基础。

一、着眼发展，深化思想政治建设内涵

3月，台党委举行全台思想政治工作会议暨党支部书记培训班，对全年思想政治工作起到了良好的动员作用。

强化理论武装，提高干部职工的政治素质。台党委理论学习中心组全年开展集中学习18次，先后学习了胡锦涛总书记在人民日报社考察工作时的重要讲话、在全党深入学习实践科学发展观活动动员大会上的讲话和《党政领导干部选拔任用工作条例》等，观看廉政风险防范专题教育片，并分别邀请两位专家就奥运经济问题和国内外经济金融形势作专题报告。党委

中心组成员还配备了《大家小书》、《读者文摘（精粹版）》等文化学习书籍。

中层干部学习稳步开展。4月和6月分别组织开展两期副处级干部十七大精神培训班，组织听取4位专家围绕反腐倡廉建设、改革开放30年的历史经验、文化创意产业发展、经济发展方式等所作的辅导报告，共有70余人参加，并分别撰写了体会文章。5月，组织中层干部平安奥运行动专题学习培训会，并认真做好全台处级以上干部在线学习的督促检查工作。此外，台党委向中层干部发放了《深入学习实践科学发展观重要文献选编》等学习读物。

全台职工的理论学习突出新闻从业人员的素质要求。4月，持续深入地开展了“三项学习教育”活动，特别是对新入台人员，将“三项学习教育”活动作为第一课，实行“凡进必考”，使“三项学习教育”得到全覆盖。7月，台党委发出《关于认真学习贯彻胡锦涛总书记在人民日报社考察工作时重要讲话精神的通知》，组织集体学习、交流研讨、撰写文章等。

增强奥运意识，提升奥运宣传报道水平。2月20日~3月26日，台党委连续举办了为期6周、共10场次的北京电视台奥运报道专题系列讲座，分别由来自外交学院、北京奥组委等单位的专家进行讲解，累计共有3845人次到场听讲。4月和7月，分别举办了全台平安奥运行动工作动员大会，“反恐防爆、消防灭火、紧急疏散”综合演练和奥运会、残奥会报道暨平安奥运转入赛时体制誓师大会。

巩固宣传阵地，加强宣传平台建设。党委宣传栏全年更新16期，内容涵盖工作成绩展示、干部培训、奥运工作、新大楼使用等内容。党建网站和团委网站更新速度加快。利用闭路电视播出宣传教育专题片11期、共计35次，刻录相关音像资料光盘264盘，充实丰富了学习资料库的内容。先后制作完成了三部专题纪实片，即《新的风貌新的起点》、《为奥运奉献为党旗增辉》、《为奥运奉献树文明新风》，其中，《新的风貌新的起点》和《为奥运奉献为党旗增辉》分别荣获市委组织部和首都文明办教育专题片一等奖。5月下旬，台党委编印了《我们是震灾一线的BTV人——北京电视台赴四川地震灾区前方报道组特派记者真情感言》集锦。年内，先后组织职工参加“邹树君同志先进事迹报告会”、“百名法学家百场报告会——北京市宣传文化系统专场”、观看“抗击冰雪、心系人民”新闻摄影展、观摩电影《一个人的奥林匹克》、《赤壁（上）》和《功夫熊猫》等。

二、注重质量，强化党组织和党员队伍建设

党委和支部建设扎实推进，影响力、感召力显著提升。1月，召开了台领导班子专题民主生活会，就健全和完善领导体制和工作机制、切实转变领导作风和工作作风、党风廉政建设进行了认真对照检查。6月，隆重举行纪念中国共产党成立87周年大会，台党委书记、台长刘爱勤作了题为《在推进事业发展的过程中建功立业》的党课报告。会上对2007年度全台14个先进党支部、110名优秀共产党员和24名优秀党务工作者进行了表彰。

各党支部（党总支）着力创新工作形式，优化工作格局。5月下旬，台党委批准在四川抗震救灾前线成立我台前方报道组临时党支部。5月24日，临时党支部在

成都举行了庄严简朴的党员发展大会，新闻节目中心王晓龙、转传部杜波同志因在前线表现突出，被火线发展为中共预备党员。奥运宣传报道期间，承担重大赛事报道任务的体育节目中心党支部根据不同的报道工作类别，分别成立了7个临时党小组，全面协调指挥各项工作，发挥了中流砥柱作用。

支部特色党日活动继续推进，富有新意。2008年，很多党支部创新活动形式和活动内容，特别是围绕奥运工作开展活动，致力于调动广大党员群众参与奥运、服务奥运的积极性。新闻编辑部党支部在奥运圣火境内传递开始前，以“为火炬战士壮行”为主题，为一线编辑记者加油鼓劲，令很多即将奔赴前线的职工深受感动；要闻采访部党支部开展“党员开讲——我与奥运同行”主题活动，由在抗震救灾、奥运宣传一线参与采访报道工作的党员记者讲述自己工作中的经历和体会，提升支部编辑记者的责任意识；海外节目中心党支部以奥运圣火“体验之旅”为主题，在工作战场上彰显党支部和党员队伍的风采；体育节目中心党支部通过“我为奥运作贡献”主题表彰活动，凝聚起参与奥运工作的战斗团队；卡酷动画公司党支部在奥林匹克森林公园开展“看奥运、画繁荣”党日活动，与5位小观众一起描绘奥运之年的北京印象；制作部党支部开展“平安奥运我们在行动”主题活动，激发各个岗位职工的爱岗奉献意识。

党员队伍管理工作有序开展，向科学、规范化目标迈进。认真落实关于党员队伍、特别是编外人员中党员的管理工作制度。10月起，建立了北京电视台党员信息库，组建起由各党支部派出41人共同组成的管理员队伍，对全体管理员进行系统应用培训，信息网上录入工作于年底基本完成。

积极稳妥地开展党员日常管理工作。全年发展新党员29人，预备党员转正34人；转入党组织关系74人，转出24人，内部组织关系调动27人；43名申请入党人员参加了市直机关工委组织的入党积极分子专题培训班；原有的派遣制人员中党员组织关系转接工作基本完成；按照中央最新规定，对我台共产党员应缴纳党费进行了重新核算确定；全台党员总数达到1165人。

三、提升层次，加快推进干部人才队伍建设步伐

干部任用与管理工作稳步开展，规范化水平显著提高。7～9月，按照有关规定，集中对一些部门的副职领导人选进行考察选聘。经过提名、考察、酝酿、表决、公示等程序，共有11名同志被提拔到部门领导岗位上。11月，对2名部门正职进行岗位调整，递交相关审批材料；同时，对1名部门副职进行岗位调整，按照有关规定，为8名处级干部办理退出现职或退休手续。

在干部管理方面，年初完成了对110余名处级干部的年度考核、理论文章收集和个人重大事项报告工作，分别于年初和年中完成对120余名处级以上干部的收入申报汇总工作。全年，台领导班子成员开展5期公开接待群众来访活动。

在干部工作制度方面，5月，台党委下发文件，明确干部轮岗交流程序。11月，发布规定，对中层干部选拔任用的条件、程序、监督机制等进行了详细规范。

干部人才培训取得新进展，培训力度

明显加大。首次组织开展中层以上干部高级传媒管理境外培训活动，4月和10月，先后与加拿大多伦多约克大学舒力克商学院合作，组织了两期为期1个月的境外全训班，累计有48人参与，培训内容包括课程学习、交流讨论、参观访问、社会考察等。10月和11月，又分别组织了两期境内培训、境外考察相结合的培训班，14人参与；另有近60人参与了境内课程培训班。

人才培训以适应新的发展要求和确保圆满完成奥运宣传任务为目标，注重国际化和实用性。年初继续与北京BISS国际学校合作开设英语听说能力专题培训班，数十名年轻编辑、记者、主持人参加了培训。与中仪索尼技术服务中心开设5期脱产培训班，先后有150名摄像人员参加了岗位培训，其中很多是年轻的派遣制摄像人员，保证了奥运期间摄像人才的应用需求。

四、健全机制，扎实推进党风廉政责任制建设

切实抓好领导班子和干部队伍党风廉政建设。进一步细化了台领导班子成员和部门负责人在党风廉政建设中的责任，严格按照任务分工，认真执行“三个抓好”的要求。认真遵守“三重一大”制度，对凡涉及全台重大节目和重要栏目的设置、台年度财务收支计划和经费分配、有关台内职工福利重要政策的制定、职工住房分配制度等重大决策都由集体讨论决定，大额度资金的使用和大宗设备及物资采购严格按照招投标程序进行。

加强党风党纪宣传教育工作，培育良好的廉政文化。利用宣传专栏、简报和内部网络等各种途径加大党风廉政建设宣传力度。全年先后出版简报6期、专栏5期。多次组织中层干部参加市委宣传部、市广电局分别组织召开的反腐倡廉报告会、推进惩防体系建设经验交流会等，组织党员收看党风廉政建设专题讲座录像。在影视剧中心、广告部、总工办开展了廉政风险防范管理试点工作，制订了工作方案，组织职工查找风险点，形成整改报告，该项工作于11月底全面完成。

加强治理商业贿赂和其他各项监督工作。2008年，监察审计部门共参与各项招投标活动151项，涉及金额3亿多元。全年完成对3名处级干部经济责任审计。同时，坚持每季度对北京电视中心工程进行财务跟踪审计，做好整改的督促检查工作。加大了对大型活动项目的审计，特别是针对北京奥运会宣传经费投入较大的情况，采取跟踪审计的办法加强监督，使各项资金使用保持健康合理。

五、营造氛围，着力提升精神文明创建工作影响力

以“迎、讲、树”活动为载体，推动和谐电视台建设。台党委以建设和谐电视台为目标，推动内部管理各项工作。着力推进业务管理体制、人事制度、财务制度、思想政治工作等方面的改革创新，化解不利于和谐电视台建设的矛盾和问题。

推动深度合作，城乡文明共建活动取得新成效。2008年，与共建单位——昌平区兴寿镇和郑各庄村围绕奥运和文化创意产业主题开展交流活动。在与郑各庄村的合作中引入索贝国际机构参与，开始了一系列的市场化探索和运作，使其成为北京市昌平区唯一的奥运火炬传递接力点。在与兴寿镇的共建活动中，加强文化交流和

农村产业发展等方面的合作。

形成全台合力，共同推进精神文明创建各项工作。年初，南方部分地区遭遇低温雨雪冰冻灾害，全台职工共募集资金28万余元。“5·12”汶川大地震发生后，广大职工积极响应号召，短短几天捐赠款物就达到100余万元。此后，全台共产党员自愿交纳特殊党费，金额达到121万余元。此外，北京电视台另行向四川地震灾区提供捐款520万元。

六、创新形式，工会、共青团、老干部工作内容丰富

维护职工权益，努力增强工会组织的感召力。在关心职工生活方面，春节、“五一”、“十一”前夕，工会分别向近2000名职工发放了慰问礼品和新春慰问信。春节前后，工会又来到坚守岗位的一线职工和140余名生病职工、老职工中间，向他们表达问候。向23名特困职工发放补助资金合计5.7万元。在丰富职工业余生活方面，4月，组织全台约450名职工前往颐和园，参加“迎奥运昆明湖长走活动”。9月残奥会举办期间，工会组织职工参加首都职工文明拉拉队，为残奥运动员加油鼓劲。在关心女职工方面，“三八妇女节”前夕，工会组织开展了以“春光三月无限好　巾帼飒爽正当时”为主题的系列活动。

与此同时，工会加强自身队伍建设，11月，北京电视台工会第三届会员代表大会隆重举行，圆满完成了工会换届工作。结合奥运工作出版了多期大型宣传版，受到广大职工的欢迎。

凝聚青年骨干，发挥共青团组织的引导和战斗能力。团委组织团干部培训班，开展“学雷锋”、团内优秀表彰、主题读书活动。开发影视、拓展俱乐部、网站等团属阵地，举办“青年论坛”第12期讲座。鼓励青年向身边的榜样学习，大力宣传表彰优秀青年事迹。

关爱晚年生活，形成富有特色的老干部工作形式。全年老干部工作以老有所学、老有所乐、老有所为为中心，赢得离退休老同志的青睐。老有所学。3月，台党委组织离退休同志集中学习了十七大文件辅导报告，并组织开展学习讨论。4月，又组织老同志听取了北京体育大学孙葆丽教授的奥运知识专题讲座。老有所乐。1月，举行离退休职工春节团拜会；3月，为迎接“三八妇女节”，退休女职工40余人一同来到昌平农业科技园，体验采摘草莓的乐趣；5月，120余名离退休职工相聚南戴河，举办“迎奥运BTV第二届老年运动会”。春节、“五一”、“十一”和老同志生日，台里还为他们送去精心准备的丰厚礼品。老有所为。1月，召开离退休老同志座谈会，听取他们对事业发展的意见、建议。四川汶川地震发生后，老干部心系灾区，捐款总额达到近2万元。老干部办公室每个季度编辑出版《金色岁月》，成为台里与老干部沟通工作的桥梁。

七、提升素质，强化思想政治工作队伍建设

积极开展“讲党性、重品行、作表率，树组工干部新形象”主题活动，组织政工干部参加了北京市广电局的相关培训。思想政治工作部门注重自身形象建设，努力优化服务方式，改进服务手段，提升服务水平，创新服务内容。

办公室工作概况

办公室

2008年，办公室围绕全台中心工作，认真学习实践科学发展观，加强内部整章建制工作，努力提高服务质量，增强服务意识，做到了服务领导，服务全台，服务群众。

一、秘书科工作

秘书科的工作突出“认真”两个字，从接收传真记录、复印，领导活动登记，批件清退登记等方面，体现出细致认真的精神。对各部门送来的报批文件，科里首先把好第一关，弄清楚请示内容，对领导提出的疑问要有问必答，真正发挥好参谋助手作用。对一些阶段性的工作、年度性的工作，大型项目进行跟踪，尽可能掌握全部信息，为领导做好辅助性工作。

认真做好台长办公会的议题收集、会议组织、记录、整理、印发纪要、督办落实等工作。2008年组织召开了6次台长办公会，会前认真准备，筛选议题，确保会议主题明确，言之有物，切实提高会议效率。

信息报送工作有了较大进步。秘书科信息报送工作从质和量上有了很大提高。2008年，共编发《北京电视》50期，上报信息数量400余篇，约40万字。发稿量和被局《情况简报》、总局《值班日报》采用的稿件数量，在局系统内位居前列。

认真做好人大建议和政协提案的答复工作。2008年，秘书科承办的建议和提案12件，提案代表、委员均表示满意。

做好督办和信访回复工作。全年共办理上级督办件13件，接收信访件2000余封。

做好文件上报和下发及传阅工作。秘书科完成上报请示、报告313余件（含外事），下发文件35件。

二、公关外事科工作

2008年，外交部、市外办及市广电局等上级机关不断强化对外事手续的规范管理，并先后出台了若干控制因公出访工作的政策、措施。针对新的情况，公关外事科严格执行上级规定，审核出访团组，全年共办理因公出访手续55批，出访人数247人次，出访的目的地涉及10余个国家和地区。在全年的出访团组中，出访费用由我台负担的共38批，200人次（含路费自理，在当地费用由邀请方支付），出访费用无须我台支付的共17批47人次。

认真、细致地做好国内外来宾的接待工作及国（境）外媒体采访北京电视台的应对工作。2008年，公关外事科接待了美国、英国、德国、法国、巴西、越南、新西兰、日本、韩国、香港、台湾等国家和地区的来宾及部分国内来宾近30批、总数

150余人次，其中还包括参加北京奥运会相关活动的部分重要来宾。

按时、按质地做好外事上报请示工作。2008年，公关外事科共办理上报请示件近100个，接近全台上报请示总数的1/2。

三、通讯科工作

全力做好各种直播宣传报道的通讯技术保障工作。北京奥运会火炬传递直播对直播中的通讯要求较高，全程注入点多、路程远、时间长、地形复杂、方案变数大，针对火炬传递中的通讯难点，通讯科积极与火炬部及转传部密切配合，协调台内、台外技术人员攻关，将通讯指挥车、无线基站、通讯终端进行了多项创新技术改造，增加了部分通讯设备，采用3套无线便携基站以及30部无线对讲机实现了火炬传递中移动摄像、现场导演、主持人以及台内导播的无线时时通话，完成了火炬传递直播中11次现场出镜记者的对播，60次演播室主持人与前方记者的对播。

奥运会16天中，通讯科承担我台800平方米演播室、400平方米演播室、250平方米演播室与IBC前方演播室等地的通讯保障工作，我们安装联络电话40余部、ADSL 8部、电话对播采访设备8套，每天18小时保障各演播室与前方的联系采访工作。

2008年2月4日，通讯科全体技术人员参与保障了北京电视台《爱心融化冰雪——首都大型赈灾义演》大型现场直播晚会的通讯畅通。

5月12日，四川汶川地震发生后，通讯科为节目的录制和播出提供了可靠的通讯保障。通讯科的同志们克服人员少、任务重的困难，夜以继日、连续作战，圆满完成了“抗震救灾众志成城”连续3天的大型直播节目、“托起明天的太阳——首都青少年爱心慈善晚会”等节目的通讯保障。

奥运期间，台办通讯科与中国移动北京分公司合作，为我台奥运采访的前方记者和相关人员赠送了3GTD手机500部，全面助力我台记者和相关技术人员的奥运报道工作。

为保证新台通讯机房施工进度，从年初开始，通讯科技术人员在台相关部门配合下，实地勘测，多方协调论证，先后完成了外管线施工贯通、主干光纤电缆的铺设、通讯交换设备和主传输设备的安装工作。奥运会结束后，通讯科全面开始了新台通讯设备的调试工作，并积极与网通联系，展开了新台电话号段和中继线的申请及机房工作环境的修整和最后保洁工作。

四、医务室工作

医务室日常门诊人次约1万人。全台1928名职工在安贞医院、友谊医院进行了体检。为220名40岁以上职工进行胃钡餐检查，为500名女职工做乳腺防癌普查。

监察审计办公室工作概况

监察审计办公室

2008年，监审办围绕全台中心工作，积极参与抗震救灾和“平安办奥运”、“廉洁办奥运”各项保障工作，认真履行职责，加强监督，较好地完成了各项工作任务。

一、进一步建立健全党风廉政建设责任制

重新制定了《北京电视台2008年党风廉政建设和反腐败工作主要任务》和分工一览表，对各项工作进行安排部署，细化了责任分工。协助党委起草制定了党风廉政建设责任书，由台党委书记、台长刘爱勤同志和各部门一把手签订了党风廉政建设责任书。责任书明确了各部门“一把手”在部门党风廉政建设中的责任，进一步提高了其履行“一岗双责”的责任意识。

二、进一步加强党风廉政建设宣传教育

协助党委、纪委组织全台党员干部认真学习了中纪委十七届二次全会和胡锦涛同志在中纪委全会上的重要讲话精神及市纪委全会精神，并及时购买了有关学习材料，下发给全台中层干部、纪委委员和纪检委员。通过多种形式，抓好日常的宣传教育工作。组织台内中层干部分别参加了市委宣传部、市广电局召开的反腐倡廉报告会，组织各支部纪检委员在台内集中观看警示教育宣传片、参观市检察院举办的反腐倡廉教育展等。利用宣传专栏、简报、网页等多种途径积极开展宣传。全年共出版了6期《纪检监察审计简报》，出版6期宣传专栏，取得了良好的宣传效果。

三、开展廉政风险防范管理试点工作

加强对台内各部门党风廉政建设责任制的贯彻落实情况的调研、检查工作，积极配合做好市委宣传部、市广电局来台检查党风廉政建设责任制贯彻落实情况的各项准备工作。同时，认真做好治理商业贿赂专项工作。在卡酷动画卫视公司召开座谈会，共商预防和治理商业贿赂的机制建设和加强监督的措施。为做好廉政风险防范管理试点工作，从2008年8月开始，及时发放了有关的学习材料，了解影视剧中心、广告部、总工办3个试点部门开展试点工作的进展情况，做好相关工作的组织协调。

四、进一步加大监督工作力度

继续加大对各项采购活动的监督。年初，制定了《北京电视台执行政府采购实施管理办法》，以加强对政府采购工作的管理。在台内日常的技术设备和大宗物资

采购活动中，监审办从项目立项的审批程序、招标代理公司的选用、采购活动方式和程序的制定、邀标对象的选择、开标、评标以及对单一来源设备、指定性产品的采购和竞争性谈判等重点环节，都加大了监督力度。一年来，共参加电视中心工程技术设备和台内技术设备、大宗物资采购监督活动160余次，涉及金额上亿元。

进一步加强对各项规章制度执行情况监督、检查。今年以来，监审办严格实行节目中心实物赞助发放备案制，凡是节目中心有赞助礼品、奖品发放的，经有关部门审批后将发放清单提交监审办备案，并设有专人管理。对所发现的问题，一经核实认真查处。

五、认真做好内部审计工作

做好中层领导干部离任经济责任审计工作，对两名中层领导干部和一名下属国有企业领导干部进行了离任经济责任审计。加大了对大型活动、重大投资项目的审计。如参与了动画节目中心制作的百集大型动画系列片《福娃奥运漫游记》的审计监督工作，为公开透明，在动画节目中心和有关部门大力支持配合下，采取了内部招标方式选择社会中介机构，并向中介机构提出明确要求，对此系列片进行了全程跟踪审计。针对今年奥运宣传经费投资较大的情况，成立了审计小组，拟订审计工作方案，对奥运宣传全过程进行了跟踪审计，全部工作结束后出具了审计报告。此外，还对2007年度春节晚会进行了审计。

六、注重加强队伍建设

积极参加市纪委开展的“做党的忠诚卫士，当群众贴心人”主题实践活动。在活动的第一阶段，监审办人员于5月24日去北京红十字血液中心做志愿者，参加义务服务，为地震灾区献上一份爱心。活动的第二阶段，监审办人员参加了市宣传系统纪检监察干部到崇文职介服务中心参观活动，并向崇文区困难群众捐献了物品。7月3日，组织全台专兼职纪检监察干部深入一线，以“了解、理解、沟通、共识”为主旨，与基建办公室就如何进一步做好监督服务工作进行了交流，听取意见和建议。

工会工作概况

工　会

2008年，工会紧紧围绕“聚精会神办节目，一心一意谋发展”的中心工作，一手抓维护职工合法权益，一手抓服务一线职工，继续发挥工会桥梁纽带作用，履行工会基本职能，顺利地完成了全年的工作任务。

一、开展台务公开、民主管理工作

随着北京电视台民主政治建设的开展，工会继续做好台务公开、民主管理工作，进一步完善职工代表大会制度，推进台务公开，落实职工的知情权、参与权、表达权、监督权。

1. 年初，在台党委领导下，工会协助党办，参与了全台130余名中层干部的述职、续聘工作，行使监督职能。

2. 工会主席、副主席参与台分房委员会工作。

3. 工会参与北京电视台食堂的供货招标工作。

4. 工会主席、副主席参与台福利小组工作。

二、开拓创新，促电视台和谐发展

作为党委与职工的纽带和桥梁，工会紧紧围绕“创和谐电视台”这一主题，解放思想，拓宽思路，开展工会工作。

1. 广泛宣传奥运文化，激发广大职工参与热情，以迎奥运、讲文明、树新风为主题，打造BTV企业文化，动员职工立足本职岗位，为“新北京、新奥运”作贡献，以此推进电视台和谐发展。

根据台党委的部署，台工会于“三八”节前，在全台范围内开展评选优秀女职工的活动。经过各部室自下而上的推荐、台工会委员们的综合平衡，评选出了33名政治素质好、业务水平高、在本职岗位上有突出业绩的优秀女职工，通过物质奖励、通报表扬、板报宣传等形式，进行大力表彰。

3月7日，台工会组织300多名女职工赴小汤山绿色生态园采摘草莓，舒缓压力，放松心情。

3月8日，本台女劳模和女先进工作者收到一份礼物——承载着台党委和台工会真情厚谊的盆花。给全台女职工发了一封慰问信及健康知识讲座光盘，组织女职工开展了奥运知识问答。

4月17日，为了表达对奥运火炬传递的祝福，表达对北京成功举办奥运会的期盼，台工会组织了“北京电视台迎奥运环昆明湖长走活动”，约450名职工参加了这次活动。

把板报作为宣传BTV企业文化和职业道德建设的重要阵地，是工会长期坚持的一项重要工作。上半年，先后展出了《锐意改革　坚持导向　喜获佳绩共创和谐　畅想奥运　再立新功》，《火红五月　鸟语花香　群星闪烁　桃李芬芳》等板报。为配合抗震救灾，工会特别刊出板报《爱，让我们站在一起——北京电视台抗震救灾报道纪实》。又与新闻中心合作，陆续展出了“奥运职工摄影展”、“北京传递庄严起跑奥运圣火激情点燃”、“迎盛会北京好运战酷暑奉献激情”、“火炬传递境外体验之旅”4期板报；还为奥运办公室提供展板。

2. 以人为本，围绕中心任务，服务一线职工，是工会一贯宗旨。抓住职工群众关心的热点难点问题，广开思路，力求多种途径地为职工群众多办好事、实事，促进和谐电视台的建设。

为做好“扶贫济困春风行动”基金的发放工作，工会在职工中做了较深入的调查研究，提交台福利小组审议后，确定23位同志属于特困职工，共计发放补助金5.7万元。

开展周到细致的送温暖工作，把台党委、台领导的关怀问候送到一线，送到病房，送到家中。元旦、春节期间，工会主席冯庆波同志带领工会的同志们，购买了近10万元的茶叶、食品和水果，慰问一线值班人员、《红楼梦中人》剧组、《春晚》剧组等700余人。慰问困难职工、病号费用近7.2万元，看望病号人次达180多人。春节和“五一”，工会代表台党委对全台1900多名职工进行慰问，发放慰问信和慰问品。进入暑期后，工会又多次购买茶叶、饮料、水果等送给新闻、体育、播出、制作等一线职工。

奥运会、残奥会期间，工会先后购买并发放慰问品近30万元。在急需时候，工会同志还克服种种不便，直接将慰问品送到一线工作现场。

为安抚困难职工，确保平安奥运顺利进行，工会走访经济困难职工，并做好其思想工作。奥运期间，还慰问了身体不好的职工近100人次。

继续做好女职工安康保险工作，为患癌症女职工办理特殊病保险理赔9000元。

四川汶川大地震发生后，许多编辑记者奔赴灾区，执行采访报道任务，本台有多名职工家处灾区。根据台领导指示，工会认真做好对这些编辑记者及家庭受灾职工的慰问工作，为战斗在灾区的编辑记者准备了价值近4万元的各类急需生活用品，并送到机场，送往灾区一线。当了解到体育节目中心的张富荣、新闻节目中心的赵蕾家处重灾区，并受到严重破坏，立即向台领导报告，经批准，为两人送去各2万元慰问金及慰问品。工会还特别看望了家在灾区，又正在灾区执行采访任务的社会新闻采访部的罗嘉同志的母亲，为她送去了慰问品。工会还为川籍职工送去慰问信，并对其家庭受损情况进行调查，以期进一步做好慰问工作。地震发生后，新闻节目中心、体育节目中心、播出部、动力部等一直奋战在直播一线，工会也为他们送去了食品、饮料等慰问品。

人事部工作概况

人事部

2008年，人事部按照“坚持原则、服务一线、突出重点、确保奥运”的工作方针，理顺用人机制，抓好队伍建设，规范人员管理，积极开展工作，圆满完成了本年度预期工作目标。

一、加强从业人员的规范与管理，进一步推进人事用工制度改革

1. 继续规范用工制度，开展人才派遣工作。在2007年实行人才派遣的基础上，本着“依法用工，规范管理，凡进必考，公平竞争”的原则，会同有关部门对人才引进和招聘岗位、人数、标准、能力等项

目进行了专门研究和沟通，制订了详细的招聘方案，分别于4月、10月组织了两次一般派遣人员的社会化招聘工作。本年度全台新招聘签约人员共300人。与此同时还就工作中所遇到的相关问题及时进行调研协商，提出切实可行的解决方案，截至目前，全台已完成派遣用工人员共1824人，其中特殊派遣138人。

2. 吸引人才，完成应届毕业生引进工作。2月，组织开展了2008年度应届毕业生招聘工作。今年招聘首次采取分别将不同岗位的招聘启事直接发放至不同高校的形式进行。经过15天的网上报名，共接收到应届毕业生简历1800余份。根据不同岗位相关要求，以1∶8的比例确定240人的笔试名单。由于今年应届大学生招聘中涉及会计、计算机等专业性强的岗位，为切实掌握应聘者的实际专业技术能力，于3月中旬专门组织了两个专业的专业课考试。在参考笔试成绩及专业课考试成绩的基础上，拟定出130人的面试名单，于4月上旬在国家行政学院组织了应届毕业生招聘面试工作，最终确定为北京电视台本年度应届毕业生招聘人选的23人被安排到全台10余个部门工作。

3. 加强干部职工考核，科级干部重点考核。2007年底至2008年初，遵循客观公正、民主公开、注重实绩的原则，对全台1700多名职工进行了认真细致的年度考核，为正确评价广大职工的德才表现和工作实绩，为全台职工的晋升、聘任、奖惩、培训、辞退以及工资调整提供了重要依据。

同时，本着因事设岗、择优聘用，德才兼备、注重实绩等原则，完成了全台科级干部聘任工作。全台续（新）聘科级干部386人。

二、以奥运会为契机组织开展业务培训，促进人才队伍的建设与发展

1. 立足奥运宣传报道，组织开展系列培训。从2月起，举办了为期6周10次的奥运报道专题系列讲座，分别邀请了北京奥组委官员和体育、传媒业界的专家学者，全台共有3845人次参加了系列培训。8月，利用奥运会闭幕后的间隙，又组织举办了残奥会宣传报道业务培训班。为做好奥运会前的业务培训工作，会同体育节目中心和总编室多次召开会议就培训的方案制订、课题策划、师资筛选、职责分工等具体工作进行专题研讨，并向全台相关部门下发《通知》。两期11场次的培训，培训规模之大，师资力量之强，参培人数之多，管理要求之严，持续时间之长，学员热情之高，培训效果之优，都是北京电视台近几年少有的。

2. 针对派遣人员现状，开展摄像人员培训。北京电视台目前从事摄像岗位工作的人员有九成以上是派遣制人员，他们从业时间短，技术水平较低，非专业学员多，不仅制约着摄像人员的工作水平和业务能力发挥，而且直接影响了节目质量的提高。为适应广播电视技术发展和2008年北京奥运会对电视摄像技术的要求，培养和造就一支精通摄像业务的专业技术队伍，6月、10月，会同中仪索尼技术服务中心在北京举办了5期摄像技术人员培训班。全台150名摄像人员参加了摄像专业岗位的系统培训，其中派遣制人员145人，通过考核，培训效果良好。

三、加强薪酬管理，建立人员经费管理与内部收入分配制度

（一）完善薪酬管理机制。2008 年，对原系统中的薪酬填报模块进行了调整和充实，将派遣人员的基本信息和绩效分配等内容纳入到系统的管理之中，取消了各部门长期临时人员邮寄稿费的功能模块，同时配合计财部的人员税费申报工作，增加了邮寄稿费人员职业类别信息，从而实现了本市税务部门对全台全员申报纳税情况的监管要求。根据岗位职责、工作标准要求和难易程度，考虑社会整体的相同岗位工资水平及社会物价上涨因素的影响，重新核定了全台职能、技术部门派遣人员岗位工资标准，充分体现了“岗位分级，一岗一薪，岗变薪变”的管理理念。

（二）发挥薪酬激励作用。为体现“奖勤罚懒、奖优罚劣、奖罚对等、工效挂钩”薪酬的目标管理，在 2007 年考核与分配办法的基础上，调整了节目部门中层干部效益工资与频道收视率挂钩的核算办法，以目标责任书的形式明确广告部创收任务指标，并与月效益工资分配和年终奖励挂钩。全台按照部门总量控制的原则，职工效益工资由部门按业绩考核实施分配。

2007 年北京电视台取得了北京地区市场收视份额位居第一和广告经营创收突破 20 亿元的佳绩。为充分调动大家的积极性，制订了 2007 年干部职工年终奖励方案，对 2590 名职工进行了奖励。

（三）为落实社会保险制度的相关政策，3 月底完成了社会医疗保险缴费基数的核定工作，4 月底完成了社会失业保险缴费基数的核定工作，按时完成了每月社会养老、失业和医疗保险月报的上报工作。年内，为 40 多名职工补办了医疗保险手册和医保条形码，为 26 名老同志办理了医保退休手续，为 500 余名职工修改了医保定点医院，同时就经营管理部、卡酷动画公司、京视传媒与台内的社会保险关系进行了相应的协调和标准核算。

2008 年，全台已全面实行编制外临时人员全员劳务派遣，清退了部分不符合用工条件的编外人员。

计财部工作概况

计财部

2008 年，计财部继续完善财务管理，严抓内部管理，严格预算管理，加强财务监督，寓管理于服务之中，为全台各部门提供了全面周到的服务，圆满完成了各项工作任务。

一、强化预算管理，规范预算执行

一是如期完成财务年度预决算工作。年初经过全部人员的共同努力、相互协作和支持，按时、高质量地完成了 2007 年年

终决算。

二是切实加强预算管理，合理控制成本费用。2008年计财部积极贯彻落实节目中心目标管理责任制，制订了2008年节目经费预算管理办法。在节目预算的管理和核算中，节目形态、节目特性各异，因此在财务管理中必须探索和适应新的市场条件下的节目管理和服务方式，多沟通多了解，规范经费使用，实时监督，防微杜渐。通过一年的严格管理及各中心、各部门的协作、配合，既保证了节目经费的正常使用，又充分体现了总量管住、局部放活、管而不死、放而不乱的原则。

二、全面保障和服务各项中心工作

一是突出重点，主动服务，确保奥运。2008年节目经费重点向奥运倾斜，集中精力财力办好奥运节目。奥运转播期间，计财部始终坚守在本职岗位上，尽职尽责。北京奥运会，全台节目投入1.3亿元，设备投入2437万元（高清频道设备2296万元、奥运安检设备等141万元），其他投入包括火炬传递租用带宽、频率占网费、通信信号传递费、接待、安保等支出120万元。预算金额大，涉及部门多，交叉使用等，都不同于以往的核算与管理。计财部在不影响正常业务的情况下，围绕奥运宣传报道工作的重点和要求，积极主动、严谨细致地为一线部门提供全面周到的服务。

二是不辞劳苦，完成现场晚会资金保障工作。据全年统计，计财部配合文艺中心晚会现场发放演员劳务费共11个晚会19场次。全部同志团结一心，克服困难，从不向台里喊苦叫累，默默无闻地工作在自己的本职岗位上。

三、广开财路，拓宽资金渠道

一是积极申请各项专项经费。2008年向市委宣传部、市广播局、市财政局等有关部门申请专项补助经费，比2007年增长近61%。这是历年以来争取上级专项拨款最多的一年。

二是充分利用贷款手段融资增收。为了降低贷款利息支出，采取随用随贷的方式，这样虽然增加了大量的贷款手续，但要求银行不能有任何耽误，保证贷款及时到位。同时计财部对每笔贷款利息进行认真核实，并做好贷款的各项统计工作。2008年共向银行申请美元和人民币贷款合计4.3亿元。

三是精心理财，增加利息收入。在保证奥运节目和日常节目制作、电视中心工程建设、设备购置、日常办公经费等资金需要的前提下，及时追踪资金走向，定期对数据进行分析、统计，加强资金的管理，充分挖掘银行的各种政策，最大效率地统筹规划运用好资金。

四是合理调控，增收节支。计财部以广告合同为依据，从大局出发，全力配合广告部做好广告收入的收款及统计工作，制定详细分类报表供领导参考决策。

四、严格支出管理，提升资金使用效益

一是坚持以预算为依据，严格把关。计财部全面掌握各项规章及政策，坚持原则，方便服务，发现问题及时汇报，堵塞财务漏洞，准确高效地完成工作。全年内部核算收入收回4.2亿元，比2007年（2.7亿）增加1.5亿元，增长55.5%，增加的主要原因一方面是奥运节目投入的增

加，另一方面是规范人员管理，对临时人员实行委派制，派遣人员的效益工资先由台内发放，再通过内部核算从节目中心划回台里。通过内部核算的数字说明台内的设备还是能够较充分地利用，减少了资金的外流，为台里节约了大量的资金。

二是加强大额度资金的使用监管。计财部积极发挥会计的管理和监督职能，严格大额资金的审批制度，在保证各项工作顺利进行的同时，努力增收节支。

五、进一步规范和完善财务工作机制

一是完成广播局的延伸审计工作。北京市审计局对北京市广播局2007年度部门预算执行和决算草案进行审计。计财部相关人员全力配合，查阅档案，提供资料，使审计工作顺利完成。对审计局提出的问题，逐条落实和整改。

二是固定资产管理工作取得新突破。按照北京市财政局统一要求，积极组织有关部门实施资产动态管理系统，并联系开发财政动态管理系统的软件公司，开发建立了北京电视台资产动态管理网络系统。

三是规范药费报销管理工作程序。通过与医务室、银行的多次沟通、协调，制定了严谨、简洁的工作程序，改单笔现金报账为批量程序输入工资卡，并及时通知到职工个人，为台职工提供了更方便的服务，同时减少了现金流量，大大提高了工作效率和管理水平。

四是稳步推进财务管理体制改革。为了加强台属独立核算单位的财务管理，健全内部会计监督机制，计财部起草了《北京电视台会计委派制办法（试行）》和《北京电视台委派主管会计人员工作考核细则》。

行政部工作概况

行政部

2008年是我国大事、要事、突发事件较多的一年，也是我台创新发展、科学发展、持续发展的一年。行政部在台党委正确领导下，精诚团结、努力工作，出色完成了各项任务。

强化服务意识，满足各部门办公所需，关心职工切身利益，多为职工办实事。一年来，为各部门提供办公家具300余件，为职工办理房产证153户，帮助职工签订350多辆停车泊位协议书；办理、挂失、更换加油卡110张，审验机动车400多次，理赔保险金70万元，处理旧机动车60辆，置换新车54辆；接待奥运会冠军嘉宾68人次，服务会议人员9800人次，摆放花卉5100余盆，提供办公用品17万件；粉刷了苏州桥办公楼，完成了台北门改造，解决了6号院变压器扰民等问题。

经过调研和精心准备，行政部起草的《北京电视台职工住宅物业费、供暖费货币化暂行办法》获台长办公会通过，使全体职工公开、平等地享受物业费、供暖费两项福利待遇，彻底解决了积压多年的新老职工、有房无房职工待遇不同的老矛盾。

更新观念，勇于改革，为新大楼的高效运转和职工享受更高水准的餐饮服务做好充分准备。引进专业化物业管理公司。行政部经过缜密筛选并公开招标后，与天鸿宝地物业管理公司签订了《新台址物业管理服务合同》，这标志着北京电视台的后勤服务保障工作进入了全新的社会化、专业化、正规化管理的新阶段。

引进专业化餐饮连锁公司。新台址的餐饮管理工作将实行公司化管理，在餐饮花样、营养调配、服务水平上有新的提高。

经过奥运会、残奥会及春节晚会录制、接待上级领导及省市兄弟单位考察等多次检验，充分证明两个专业化的管理公司完全胜任北京电视台的高水准要求。

做好奥运会、残奥会及新台址奥运火炬北京传递新闻发布会的保障工作。全天候保障奥运会、残奥会报道人员吃、住、行。自8月6日至25日，以科室为单位成立了伙食组、住宿组、车辆组、新台后勤组，集结精干人员，迅速展开工作。膳食科开辟欧式餐厅和茶室为“奥运报道专用”餐厅，全天候保证奥运报道人员随时用餐。期间共采购、加工各种肉类食品1万余斤，生鲜海产品0.6万斤，蔬菜瓜果6万斤，制作各种面点2万斤，保证了每天近3000人次20小时随时用餐，未出现任何食品安全问题。房管科以苏州桥办公点为中心，以步行不超过10分钟路程为标准，租用万年青宾馆、北外宾馆、北外交流中心、阳光易家4个宾馆242个标准间、68个单人间，供奥运报道人员使用，方便了工作，减轻了疲劳。车管科调用大型车7辆，备用车4辆及若干辆小型车，共出动170余次，保证了奥运报道所有人员随时用车。

全方位保障新台址“奥运火炬北京传递新闻中心”安全顺畅运转。行政部作为“奥运会、残奥会”火炬北京传递新闻中心后勤保障组的中坚力量，以“平安奥运、高效运行、优质服务”为宗旨，根据中外媒体的特殊要求，合理安排人员，结合天鸿物业管理公司共投入安保150人、服务生500人，接待中外媒体记者1600人次，安检车辆500余辆，服务住宿人员500人次，保证了5场新闻发布会安全顺畅无差错，得到市委宣传部及局领导表扬。基于以上出色表现，被评为“北京市广电系统奥运会工作先进单位”。

保卫部工作概况

保卫部

2008年，保卫部紧紧围绕平安奥运这个中心，进行了扎实有效的工作，出色完成了各项任务。

一、严格规章制度，加强日常安全管理工作

年初，召开了台安全领导小组会，传达了市委的有关指示。建立健全了各项规章制度，做到有章可循，有法可依。对用火、用电、内部管理、技术安全、节目安全等提出了具体要求和工作目标，组织了全台性的安全检查，并对有关隐患进行了整改。

加强了内部治安、消防、日常工作秩序的安全管理，严格了人员、车辆、设备和物品的进出登记制度，加强了消防安全检查和整改工作，加强了对消防和安防设备的维护保养工作，使其处于良好运行状态。

二、严格落实各项措施，确保重大活动的安全

保证了元旦晚会、春节晚会、赈灾晚会、顺义国际车展、卡酷嘉年华和“两会”召开等重大政治活动的安全，特别是春节晚会在新台举行，安防、消防和水电风系统还未验收，存在一些隐患和风险。保卫部全力以赴，以人防为主，设立了52个工作岗位，制订了多项防范措施，并积极联系公安、消防、交通、电检部门来保驾护航，最终圆满完成任务。

高度重视奥运安保工作。台里专门成立了平安奥运领导小组，制订了工作方案，建立了会议汇报制度，召开了平奥工作专题会、处级干部会、动员部署会、协调会、演示会、誓师会等70多次。制作宣传栏6期、刊发照片近千张，编发简报26期，文件7份，闭路电视播放有关平安奥运、内容的教育片3部。经过全部门人员的奋发努力，出色完成了“平安奥运行动”任务。

三、科学筹划，扎实做好基础性工作

对外来人员务工情况和全台职工出租房屋情况进行了调查统计，共查清外来人员1127人，其中在编2人，非在编1125人；出租房屋134户，均为私房。通过调查统计，摸清了过去几年不清楚的底数，了解了基本情况，为防止内部发生问题，可以有针对性地做好工作。

5月，组织了两期“平安奥运行动”培训班，专门对反恐防爆、消防灭火、应急疏散知识进行了辅导，全台90名中层领导干部和60名部门安全员参加了培训。

四、针对电视直播的特点，突出做好“五个到位”工作

一是组织机构到位。台专门成立了平安奥运领导小组，台领导班子成员整体进入领导小组，完成了体制、机制的转移接轨，加强了领导。领导小组下设办公室，由保卫部承担日常事务工作，负责协调与各个部门之间的协作。各部门也相应成立了安全保卫组，每一个栏目、每一个科组也都设立了安全员。

二是人员落实到位。各部门新成立的安全保卫组人员计112人，加上原有和新增的安全员95名，共计达207人。同时，台内还有3支专业保卫队伍，即23名专职保卫干部、驻台93名武警战士、125人的安保员队伍；另外，为保证执行好安检任务，还从保安公司调来了24名保安，组成了专职安检队，主要负责电视台东门、北门和皂君庙工作区大门的安检工作。在整

个奥运期间台共投入安保总人数500余人，形成了强大的治安、警卫、消防、巡逻、值班综合护卫力量，使全台日常保卫和处置紧急突发事件的能力得到全面、立体的提升。

三是落实责任到位。从台领导到每名职工，台到每个部门，部门到各个栏目、各个科室，围绕平安奥运工作，都层层签订安全责任书，明确责任和任务，每项工作都落实到人，实现了逐级责任制。同时，对在台外进行的奥运圣火北京传递期间的直播工作、境内外记者新闻中心的接待工作，也制订了保卫方案，落实了责任制，确保不出现问题。

四是防范措施到位。首先是制度、措施到位。台里先后制订和下发了《北京电视台“平安奥运行动”工作方案》、《北京电视台“平安奥运行动”八条纪律》、《北京电视台“平安奥运”期间安全防范十二条措施》、《北京电视台圣火北京传递新闻中心安全保卫工作方案》、《北京电视台圣火北京传递现场直播安全保卫工作方案》、《北京电视台“平安奥运行动”防爆反恐、消防灭火，紧急疏散综合演练方案》、《北京电视台平安奥运期间（反恐防爆）突发事件处置预案》等一系列安全防范措施、制度。

为加强对恐怖袭击和爆炸破坏事件的防范，台专门在苏州街和皂君庙工作区设立了防爆炸、防金属管制刀具的安全检查点，对每天进出的人员和设备进行细致认真的检查。从2008年7月20日至9月21日撤销安检时止，每天检查3000余人，物品10余吨，均未检测出一起爆炸物，有效地保证了电视台的播出安全。

在人防问题上，除组织500余人的保卫队伍外，还实行了干部一线带班上岗，加强巡逻检查，严格会客登记制度，防止不法分子、上访者、追星族、精神病人等进入。

在技术防范上，配备了3套防爆安检仪、3套金属探测门和3套手持式金属控测器、防火毯、防爆毯、报警手电、应急灯、对讲机、阻车钉等设备，配备了1800具灭火器，临时封闭了4个出入口，及时更新了东大门的铁栅栏。充分利用各种高科技手段来执行反恐防爆安检任务。

7月3日组织举行了大规模的“反恐防爆、消防灭火、紧急疏散”全台性综合演练。共有1200余人参加。演练全面提高了各级领导和部门在应对紧急突发事件中的快速反应、正确处置和疏散能力，达到从实战出发随时应对紧急事件的目的，做好了应对各类事件的准备。

五是检查督导到位。围绕本单位4个重点要害部位——播出区、制作区（含演播厅）、动力区和新闻直播区，台领导及平奥办前后进行了18次检查。并结合检查中存在的问题，限期整改。督促各部门成立的安全保卫组也进行不定期的自查自纠工作。从检查督导工作情况看，效果明显，及时治理了各类隐患，确保了平安奥运工作扎实有效，未出现任何安全事故。

广告经营概况

广告部

2008 年，在全台各节目中心和各部门的大力配合下，经过广告部全体工作人员的不断努力，最终胜利完成了全年广告创收任务，实现全年广告收入 25.5 亿元，再次刷新了北京电视台广告收入的纪录，比 2007 年增长了约 18%。

一、延续成功的经营模式和科学的广告价格体系

在 2007 年成功的改革实践基础上，2008 年的广告经营工作延续了原有的经营模式，由广告部统筹经营全部广告资源，继续加大自营广告资源的比重，与总编室和研发部相互配合，坚定执行外购栏目的回购政策。

广告部根据 2007 年的栏目收视数据（全众和分众）以及广告资源的销售情况，制定了 2008 年广告价格体系，将主要广告资源的销售点成本控制在了较高的水平，为 2008 年广告创收任务的完成奠定了坚实的基础。

二、广告客户合作，保存量争增量

北京电视台的主要广告客户群是以国际 4A 广告公司代理的国内外大品牌广告客户。由于北京特殊的经济地位和消费水平，北京电视台的广告客户相对稳定。经过与传力媒体、实力媒体等多家 4A 公司的谈判协商，广告部陆续与宝洁、欧莱雅、可口可乐签订了全年的单一品牌广告协议，不仅保住了广告存量，而且产生了有效的广告增量。此外，针对三元、橡果国际等本土企业，广告部根据不同客户的需求拟订不同的营销方案，得到了广告客户的认可，为广告创收任务顺利完成打下了坚实的基础。

2008 年北京电视台分别与中国银行北京市分行、中国移动通信集团北京有限公司签订了战略合作协议，在多方面开展深度合作，为广告创收工作带来了显著的广告增量。

广告部在执行大客户协议的过程中积累了宝贵的客户服务经验，不仅保证了绝大部分特殊项目的顺利执行，同时赢得了广告客户的信赖，为今后的继续合作铺平了道路。

三、特殊广告项目的销售有所加强

2008 年的奥运会对北京电视台来说既是机遇，更是挑战。在多数广告客户减少预算、非奥运赞助商品牌广告受到限制等种种不利的情况下，广告部顶住压力，成功销售了“火炬传递报道连线”、“奥运栏目热线”、“奥运知多少”、“奥运倒计时”、“辉煌瞬间”、“中国英雄军团榜”、“直播快报”等多个奥运项目，产生了可观的广

告收入。

除了奥运会项目之外，广告部在各节目中心的配合下，还成功销售了许多特殊广告项目，例如爱国者和吉列特约播映《龙的传人》、交通银行特约播映《见证新北京》、中国银行特约播映2008年春节晚会和《鹿鼎记》等，通过与广告客户的沟通交流，了解客户需求，并推荐合适的特殊资源，在实际执行过程中不断根据新情况进行调整，保证了特殊资源的广告收入。

四、突发事件的应对能力有所提高

2008年5月12日汶川大地震发生后，广告部应各主要客户的要求，首次尝试在地震特别报道中以字幕形式公布该客户的捐款情况，并委派专人飞赴四川剑南春酒厂慰问客户，同时安排给予该受灾客户以一定数量的赠播广告，协助客户做好宣传工作。

由于2008年大事很多，突发事件不断，节目调整频繁，经常影响广告的正常播出，广告部业务人员积极联系客户，做好说服解释工作，并主动提出补播方案，建议广告客户调整广告排期，获得了广告客户的好评。

五、继续加强广告监播管理工作

由于节目调整较多，给广告监播管理工作造成了很大困难。但广告部监播人员再接再厉，不断细化广告监播方式，协调各节目中心或相关部门查询广告错播漏播原因，安排未能正常播出的广告补播。

除了硬板广告之外，2008年广告部还加强了对全台软性广告的监播工作，形成了定期上报的制度，使得广告管理工作更加科学。

经营管理部工作概况

经营管理部

2008年，经营管理部勇于开拓、积极进取、努力工作，完成了各项工作任务，实现了预期经营目标。

一、经营管理部的工作情况

1. 继续推行完善企业经营目标责任制和费用开支全面预算管理。根据市场形势变化和各企业的实际情况，要求各企业围绕年度经营目标，建立健全权、责明确的内部管理制度，开辟新业务，寻求新的利润增长点。

2. 建章立制、加强人员经费管理。先后制发了《经营管理部（集团机关）工作人员考核与分配办法》、《产业发展集团所属企业领导请销假管理暂行规定》、《资金开支管理暂行规定》、《车辆使用维修、保养管理暂行办法》等规章制度，规范了人员工作行为，强化经费开支的管理控制，维护了良好工作秩序，严格了经费审批报销程序。

3. 认真处理遗留问题，努力维护合法权益。对企业续存期间形成的业务合同、债权债务、劳务用工等方面的纠纷和善后问题，经营管理部坚持依法办事和有理、有节、有度、有利处置原则，为做到在不激化矛盾、不扩大事态的前提下，积极地处理各种司法纠纷、遗留问题，最大限度地维护了北京电视台的权益。

4. 深入调查研究，积极探讨经营管理部管理职责、作用。从电视产业开发、管理的需要出发，对经营管理部自身的管理职责、对象、任务、目标以及科室机构设置，人员编制进行了反复讨论，提出了初步实施方案。

二、企业经营管理情况

全年营业收入 11944. 62 万元，经营成本 5324. 59 万元，期间费用 6886. 88 万元，上缴税金 826. 09 万元，利润总额账面亏损 502. 11 万元。但是，将南戴河培训中心以台代扣代缴方式上交的 200 万元和 BTV 电视购物公司上缴台频道占用费的 693. 5 万元（比上年 555. 36 万元，多交 138. 14 万元），计算为经营业绩，经营管理部所属企业年度赢利为 391 万元。

1. BTV 电视购物公司完善目标责任制，调动职工积极性，深入市场，开发专业调研，合理开发商品，提高销售能力，实现营业收入 4063. 55 万元，比去年同期增加 639. 97 万元。

2. 南戴河黄金海岸培训中心及时调整经营思路，努力提高服务质量，保持了往年的经营创收水平。

3. 北视英特维公司在突出主营业务的基础上，努力开发和挖掘新的业务领域，特别是“BTV 呼叫中心热线——96168”开通，在满足观众与栏目互动需求的同时，增加了经营收入，全年实现净利润 216 万元。

4. 特雷森信息中心努力提高员工技术能力和服务质量，不仅得到了台相关部门的充分肯定，而且今年完成 229 万元创收，一改多年亏损状态，实现了年度赢利。

5. 嘉利华汽车租赁公司努力通过网络宣传等各种销售手段发展客户，本年度实现营业收入 84 万元。

6. 嘉利华汽车修理厂为求得企业的生存与发展，重新获得了北京市政府公务用车统一定点维修企业认证，成为北京电视台得到了全台用车单位和驾驶人员的普遍认可和肯定。

7. 文化旅行社努力寻找业务合作伙伴，开发新的经营项目，严格控制成本费用，为今后发展奠定了基础。

北京电视台网站概况

网络信息编辑室

2008 年，BTV 网站发挥互联网的优势，做好不同时期的新闻宣传和舆论引导工作，顺利完成了各项任务。

一、网络直播北京电视台 2008 年春节晚会获得成功

2008 年春节前夕，为了让海内外华人更加方便地收看北京电视台春节晚会，网站决定尝试全球在线直播此次晚会。2 月 7 日 19:40，北京卫视播出北京新春大联欢晚会的同时，BTV 网站开始向海内外用户进行网络直播。由于各部门的通力配合，整个直播过程，信号稳定、流畅，视音频信息清晰、质量高，网站的访问量呈直线上升。在近 5 个小时的直播中，访问人数超过 2 万次，最高同时在线人数突破 2500 人。据统计，有大量港澳台、欧洲、美国、日本、澳大利亚等地的网民都通过网络收看到了 BTV 春晚，从而弥补了 BTV 春晚海外覆盖和互联网受众方面的空白点，扩大了电视“春晚”的影响力，使电视媒体与网络媒体在传播对象和传播范围上得以互补，最大限度地推广了 BTV 的电视节目。

二、初步建成“BTV 在线”视频平台，网站流量明显上升

2 月底，市委宣传部下达“主流媒体网站要占领互联网视频阵地”的指示，台领导大力支持，立即投入 100 多万元启动资金，仅用 1 周的时间，将原有的视频频道扩建改建为“BTV 在线”视频网站，3 月 10 日上线，并召开了新闻发布会。

“BTV 在线”的内容以整合、精编本台电视节目为主，设立影视剧、动画片及新闻、电影、综艺娱乐、生活时尚、体育奥运、财经科技、魅力北京等 14 个频道，有 30 多个北京电视台制作播出的优秀电视栏目在网上供网民点播。从而改变了电视节目单一、线性的传播方式，通过整合、精编、分类后的电视节目，更加方便网民观看，BTV 网站也因此提高了流量。2008 年 8 月 8 日北京奥运会开幕式，据 WEBDIGI 提供的数据，当天的访问 IP 量为 50353 次，视频播放量为 293666 次。

三、圆满完成“龙的传人”官方网站宣传报道工作

从活动之初，BTV 网站就承建了《龙的传人》大型电视选拔活动官方网站，全程跟踪报道大赛各阶段动态。为了详尽快速发布官方的独家消息，网站还特派专职记者进驻剧组，第一时间采写发布活动的权威消息。网站开通了与网民互动的留言板，方便热心观众、选手和大赛组委会之间的交流，随着大赛的推进，网站进行过多次改版，充实内容，增设了“选手博

客”和“官方博客”，开设评委、指导老师专区，突出了视频内容（在线视频、普通视频、真人秀视频），以增强官网的权威性。

真人秀阶段的比赛开始后，网站又加强了报道力度，官网自采自编参赛选手精彩视频30余条，以真实生动的画面展现选手风采，满足了网民随时在线点播观看的需求。

在《龙的传人》官网，网民可以查找到整个活动的详细资料，从报名到筛选，从晋级赛到决赛，从选手到评委，从武术指导到嘉宾评委的相关文字、图片，台前幕后的故事等都均有展现，充分体现了网络信息海量、方便互动等特点，有效地服务电视节目和网民。

四、努力营造抗震救灾、重建家园的网上舆论氛围

“5·12”汶川大地震后，BTV网站停止了一切娱乐类信息发布，工作人员加班加点赶制“抗震救灾众志成城”新闻专题，及时报道全国人民抗震救灾的救援行动，为营造万众一心、众志成城、重建家园的舆论氛围发挥了积极的作用。

五、全力以赴做好奥运宣传报道工作，网站影响力提升

BTV网站的奥运宣传报道工作是与全台的奥运宣传工作同步进行的，从2001年7月13日申奥成功至2008年8月奥运会、残奥会相继开幕，BTV网站一直在积极配合全台的奥运报道工作，发挥互联网的优势，通过音、视频，图文信息，网络直播、互动等多媒体形式，传播奥运精神，报道赛事盛况。

BTV网站的奥运报道工作，主要有以下几个方面的亮点：

一是积极配合台内宣传，开设体育频道、奥运频道。BTV网站一直在积极配合体育、奥运、新闻、海外等节目中心的宣传，开设了体育频道和奥运频道。体育频道对《奥运故事365》、《奥林匹克人物访》、《祝福北京》、《快乐健身一箩筐》、《身边》等22个涉及奥运的电视栏目进行了全方位的网上宣传，受到了网民的欢迎。奥运频道则拓展了奥运宣传工作，其中有迎接奥运、筹办奥运、备战奥运等板块内容，还介绍了奥运会场馆、奥运人物等知识性的信息。当奥运宣传进入赛时状态后，BTV网站特别制作奥运会视频频道，发挥电视视频资源优势，让网民在网上点播观看奥运赛事及相关信息。

二是根据宣传热点，特别策划制作了一系列网络专题。2001年申奥成功后，BTV网站就开始制作相关专题页面，之后每年的周年庆祝活动以及倒计时活动，网站都会制作相关专题，已形成惯例。随着奥运会的临近，从2007年初至2008年9月，网站先后制作专题《相约北京》、《奥运倒计时一周年》、《一呼百应迎奥运》、《福娃奥运漫游记》、《奥运圣火传递百日大直播》、《你好！奥林匹克》、《筑造梦想2008》、《奥林匹克烙上中国印》、《第29届奥运会》专题和《同一个世界　同一个梦想》残奥会专题，共10余个网络专题。在奥运会即将结束时，网站为了充分展示本台职工为奥运作出的贡献，特别策划专题《BTV人见证百年奥运辉煌》。

这些专题突出了不同时期宣传工作的重点和热点，通过图文、视频、直播、互动等多媒体手段，全方位报道奥运的同时，

也为网站积累了丰富的专题制作经验，使专题制作模板化、常态化，缩短了专题的制作时间。

三是专访“体验之旅”主创人员，进行网络视频直播。本台派出的“火炬传递体验之旅”境外摄制组返京后，BTV网站克服技术设备条件缺乏等困难，特意邀请《体验之旅》的主创人员做客BTV网站，与网民进行网络视频互动，介绍节目拍摄、制作情况，与网民分享境外火炬传递的感受，这是本网进行网络视频直播的又一次练兵，收到了良好效果。

四是携手央视网，直播奥运赛事。作为主办城市的电视台网站，BTV网站力求尽最大努力做好奥运宣传工作，积极与具有奥运新媒体转播权的央视国际协商，成为央视国际奥运新媒体传播的合作伙伴，通过互联网传播奥运会的视频、图文信息。

传播内容主要包括奥运赛事、精彩赛事集锦、新闻视频、开闭幕式、图文资讯等。会聚最新的奖牌榜信息、最权威的奥运信息，全程打造一场奥运会的视听盛宴。

从2007年至今，BTV网站共发布有关奥运的图文信息15000余条。8月8日到8月24日奥运会期间，发布奥运信息2320条，其中原创视频1900条，共4000多分钟；残奥会期间，发布信息1000余条，专题点击量1万余次。值得一提的是，在整个奥运期间，BTV网站最高的日流览量达到23万次，这是2008年以来日最高流量，总点击量突破45万次，BTV网站的影响力再次大幅提升。

六、积极完成纪念改革开放30年等重要宣传任务

奥运会结束后，庆祝国庆节和改革开放30年等宣传工作是年内的工作重点，网站仍将积极配合台里各节目中心的大型活动和特别节目，整合资源，完成了《精彩荧屏，欢度国庆》、《纪念中国改革开放30周年》等重要专题，积极做好改革开放30年的网络宣传工作。

老干部工作概况

老干部工作办公室

2008年，紧紧围绕全台中心工作，进一步树立发展意识，不断推进老干部工作。

一、开展迎奥运系列活动

在退休、内退职工中开展了“迎奥运、讲文明、树新风——我参与、我奉献、我快乐”大型主题活动，活动历时3个月，主要内容包括：

1. 4月下旬，组织全体老同志观看了奥运知识讲座录像，普及奥运知识。

2. 5月14～16日，我台离退休和内退职工120余人，相聚在昌黎北京电视台黄金海岸培训中心，举办了“迎奥运BTV第二届老年运动会”。运动会共设乒乓球、

保龄球、台球、麻将等8个比赛项目，老同志们以实际行动积极支持北京奥运会的举办，充分展示了老一代BTV人乐观向上、团结进取、友爱和谐的精神风貌。

3. 在奥运会前夕，退休、内退职工4个党支部分别开展了“奥运知识问答”活动。各支部精心策划，通过学唱奥运歌曲、学习奥运知识、填写问题答卷等形式为主题活动画上了圆满的句号。

二、尊重关怀老同志

春节前夕，台领导在百忙之中抽时间采取座谈会、团拜会、登门走访等多种形式，慰问退休老同志。

1月24日下午，召开退休老同志座谈会。刘爱勤台长、王云副书记和40余名老同志代表出席了会议。刘台长向老同志通报了2007年全台各项事业的发展情况和今年的工作重点，并就老同志提出的具体问题一一给予解答，有些问题在会议现场就得到落实。

1月28日上午，全台130余名离退休老同志与台领导班子全体成员和各部门主任欢聚一堂，喜迎2008鼠年的到来。刘爱勤台长、张晓总编辑发表了热情洋溢的讲话，与老同志共贺新春。春节前夕，台领导还登门走访探望部分退休老同志。

三、情系灾区奉献爱心

四川汶川发生大地震后，退休、内退职工党支部和老干办党支部立即商定了为灾区人民捐款的相关事宜，并得到了所有老同志的积极响应。大家从退休金中拿出善款，投入捐款箱。短短两天时间，近百位老同志捐款就达1万余元。

四、平稳推进各项工作

为庆祝“三八国际妇女节”，3月3日组织退休女职工40余人来到昌平农业科技园，尽情享受田园的乡土气息，体验采摘草莓的乐趣。

春季，组织100余名离退休、内退职工到长寿山参观游览，纵情山水之间。

秋季，组织老同志到世界花卉大观园、北京野生动物园参观游览，使大家更加深切感受到大自然的神奇与和谐。

年内为老同志办理了国家大剧院“艺术之友”会员卡，让他们拥有更多的机会走进国家大剧院经典艺术讲堂。

老干部太极拳队、摄影书画社、垂钓俱乐部等社团活动有序进行，老同志的退休生活丰富而充实。

内部刊物《金色岁月》配合老干部工作按季度出刊4期，充分发挥了桥梁和纽带作用，在老同志中广受欢迎。

北京京视传媒公司概况

京视传媒公司

北京京视传媒有限责任公司（以下简称“公司”）是由北京电视台发起并控股、管理经营的股份制传媒企业。公司成立于2003年7月，注册资金4000万元：北京电视台控股70%，其余股份为北广传媒集团及歌华网络股份有限公司各持15%。京视传媒是北京电视台旗下实现电视节目产业化运营的重要平台，是建立在北京电视台优势资源基础上，以传媒为主业的产业型传媒企业。公司成立至今，已实现连续5年赢利。

2008年，公司在业务经营和内部管理方面开展了一系列工作，取得了明显的绩效和进展。截至2008年12月31日，公司实现主营业务收入4085万元，实现经营利润总额614万元，与去年同比分别增长28.7%、30.08%。公司总资产10366万元，同比增长26%；所有者权益9010万元，同比增长36.84%，实现了国有资产保值、增值。

一、全力推进公司主营业务

国内节目销售。国内发行部在节目发行上，充分利用可发行资源，在维护原有市场的基础上，积极开拓国内市场，以低成本的销售策略、双赢的销售理念赢得了客户的信任。截至2008年12月底，节目销售总收入达到1539万元（其中台版权栏目销售收入815万元，同比增长15.6%）。发行范围覆盖全国45个地区，同比增长7%；发行栏目45个，同比增长18%。

发展新兴媒体。2008年，北京电视台新媒体发展取得了重大突破。新媒体主要业务包括手机电视、网络版权发行、网络电视、《BTV爱车》手机报、无线增值业务等。目前手机电视已经成功融资3500万元并正在完成合资运营公司的组建工作；在网络版权发行方面，截至2008年底，合同销售收入712.5万元；网络电视开始与投资商洽谈，致力于将北京宽频发展成为一个全国性的网络发行平台。

繁荣电视剧艺术。2008年，公司电视剧部在进行了较详细的市场调查研究和收视率分析之后，综合市场及相关专家的意见和建议，制定了2008年度电视剧规划预算。在古装剧政策引导和市场环境不好的情况下，重点提出了以现实题材为主，贴近受众生活，努力开发北京特色的剧目。截至2008年底，公司共投资3017万元，参与了6部190集电视剧的制作、发行，累计回收1094万元。（鉴于电视剧投资回收期较长，多数项目回收正在执行过程中）。其中《龙须沟》是公司第一个独立投资制作的电视剧项目。该剧是2009年国庆60周年献礼片，也是2009年北京电视台重点电视剧项目，于2008年9月26日开机，并于2008年11月20日杀青。

公司2008年合作拍摄的电视剧也取得了很好的业绩，其中《大生活》市场表现优异，根据发行情况初步估算，该项目的投资回报率将达到100%。

目前公司电视剧业务，已经基本构建完成包括投资、制作和交易三大环节的产业体系，为将来公司在电视剧领域的发展奠定了良好的基础。

扩大海外发行。2008年，公司海外发行业务实现了突破，与亚洲地区为主的新老客户建立起了良好的关系，并开始逐步扩大版权交易数额。全年，海外发行业务实现销售收入65万元；发行区域涉及中国香港地区及新加坡、马来西亚、卡塔尔、荷兰等国家。

音乐节目制作。2008年，面对不利的外部环境，公司克服种种困难，积极调整，确保了公司利润以及与MTV公司的稳定合作，两档音乐节目实现收入1265万元。

二、完善企业管理制度

2008年5月，公司根据业务发展需要，适时对部门设置、业务、管理等作出一系列优化整合。首先进行了发行业务结构的调整，对节目发行、海外发行、电视剧发行实施了专业化与精细化分工，确保最大限度调动相关部门的潜力，促使发行收入进一步提高。其次，成立战略发展部，与现代企业建制接轨，打造公司的战略发展参谋、项目研发团队；同时，为了保障和推进公司业务的开展，健全、完善各种规章制度，实施严格管理。

北京紫禁城影业公司概况

北京紫禁城影业公司

北京紫禁城影业有限责任公司成立于1997年，注册资本3200万元，是一家集影视策划、制作、营销为一体的大型专业影视制作公司。成立12年来，公司的经营业绩一直稳居中国电影生产企业的前列，国内票房过千万的影片达20余部，其中多部影片票房居当年年度票房冠亚军的地位，总票房超过5个亿，影片还行销到美国、日本、韩国、香港、台湾等多个国家和地区。

紫禁城影业公司自成立以来共摄制完成影片30余部，电视剧千余集。其中既有《甲方乙方》、《不见不散》、《没完没了》、《刮痧》、《红色恋人》、《谁说我不在乎》、《赤壁》等商业大片，也有《离开雷锋的日子》、《张思德》、《生死牛玉儒》、《背起爸爸上学》、《法官妈妈》、《紫日》、《嘎达梅林》、《香巴拉信使》、《山乡书记》、《一个人的奥林匹克》等这样的主旋律影片，均取得社会效益和经济效益的双丰收。12年来，紫禁城影业公司连续获得过“华表奖”、“五个一工程奖”、“金鸡奖”、“百花奖”、“金鹰奖”等多个国家级大奖以及开罗、莫斯科、东京等国际电影节的大奖。

紫禁城影业公司坚持以市场为导向，以建立具有国内和国际领先水平的影视企业，制作高品质的民族影视作品，确立在国内外影视文化产业的影响为目标。集项目策划、人才会聚、经营成熟、资本雄厚的优势，吸纳海内外资金，荟萃国内外优秀的影视精英，立足国内影视市场，开拓国际市场，以优秀的品牌效应和市场形象，不断开拓前进。

2008年，北京紫禁城影业公司创作电影6部：《一个人的奥林匹克》通过描述75年前一个名叫刘长春的短跑运动员代表中国、只身远赴美国参加第十届洛杉矶奥运会的感人故事，表现了以刘长春为代表的中国人为实现奥运梦想所付出的艰辛努力。全剧洋溢着浓烈的爱国主义情怀和自强不息、奋力拼搏的奥林匹克精神。《鸟巢》作为具有浓郁民族风情的儿童片，以轻松诙谐的风格，从一个侧面反映了少数民族地区的儿童对奥运会的理解和期盼，受到专家学者的普遍好评。《烟花恋人》描写的是3个青年人在绝症面前不甘屈服、与病魔顽强搏斗、乐观向上的励志作品。《赤壁（上）》取材于中国古典文学名著《三国演义》，故事内容家喻户晓，具有极为广泛的观众基础。《铁人》讲述了大庆英雄王进喜的生平故事，并被列为中宣部、广电总局迎接新中国成立60周年重点献礼片。《万家灯火》根据北京人艺同名话剧改编，故事围绕金鱼池胡同大杂院和筒子楼的拆迁，以及居民安置工作展开，是一部具有浓郁京味儿的作品，已被列为新中国成立60周年重点献礼作品。创作电视剧1部——《牟氏庄园》。该剧讲述的是民国和抗日战争时期，山东牟氏家族年轻聪慧的少奶奶姜振帼在公公、丈夫相继病故后，在地下中共党员“王先生”的帮助下，化解危机、重振家业、带领商界同行与日军进行周旋斗争，捐巨资支持抗日战争的故事。

2008年，北京紫禁城影业公司制作的电影《香巴拉信使》获第十五届北京大学生电影节评委会大奖；《鸟巢》获第十一届上海国际电影节环保单元最佳影片和第十一届墨尔本国际儿童电影节最受儿童欢迎的故事影片奖。

三、典型经验

承载光荣　成就梦想

刘爱勤

2008年北京奥运会的巨大帷幕已经落下，承载着光荣与梦想的精彩时光成为永远铭记的历史记忆，媒体的全程记录更是为这届无与伦比的奥运会增添了绚烂的色彩。北京电视台作为奥运承办城市电视台，以巨大的热情、缜密的筹划，全方位地加入到这次难得的全球性的盛大赛事报道中，有力地树立了中国首都电视台的风范和品牌形象。

一、整合运营、系统协调——重大事件报道的执行保障

随着奥运举办日期的临近，北京电视台于2007年专门成立了奥运报道领导小组，对全台的奥运报道进行统一规划、统一部署，确保内部资源的有机整合和充分利用。在奥运报道统一的组织架构下，首先是实现播出平台的整合运营，明确了“2+2+1”的报道格局，即：“2”个主打频道，17天不停播。BTV-1卫视为奥运综合频道，动态化、全景式报道奥运综合情况，每天直播达到17.5小时。BTV-6为奥运赛事频道，全面直播赛事，提供专业赛场新闻，每天直播达到16.5小时；“2”个赛事延播、重播频道，即在公共频道开设两个精彩赛事时段，播出精彩赛事的重播、集锦，在奥运高清频道用奥运高清信号延播奥运赛事；“1”个双语服务时段，利用每晚黄金时段在生活频道为来自世界各地的朋友提供国际化服务。

二、总体策划、无缝衔接——重大事件报道的结构能力

重大事件报道头绪多、层次多，如何结构，如何组织，这一切都在考验着媒体的策划能力、驾驭能力。在精品赛事与全景新闻，动态化报道与国际化服务全面兼顾的总体报道原则指导下，针对报道对象的特点，《光荣与梦想——北京卫视第29届奥运会特别报道》确立了“动态编排、无缝衔接”的节目架构。北京卫视是奥运综合频道，一方面要全方位报道奥运赛场内外运动员、代表团及赛事最新进展、实际动态；另一方面要以全景化视角报道北京市的城市运行、奥运保障、市民生活、国际反响、服务资讯等综合情况。根据报道内容的需求，《光荣与梦想》设计了《奥林匹克早晨》、《奥林匹克新闻》、《北京新闻》和《奥林匹克全景》4档新闻板块，以及《赛场点兵》、《金牌看点》、《风情北京》、《五洲群英》、《每日盘点》等5档各具特色的演播室板块，每个板块既相对独立，又互有衔接。北京卫视奥运报道的结构设计正是体现了总体把握、局部解析、全程跟进、看点鲜明的特点。

体育频道的策划体现了在自身定位基

础上与综合频道互为补充的特点。该频道以赛事转播和赛事新闻报道为主，主要强调竞技、专业和主打赛事的概念，分为赛事直播时段和重播时段。赛事直播时段每天播出13个小时左右，全天以精彩赛事直播为主，同时加入点评、预测、嘉宾评论、金牌访谈、观众参与等内容。同时在体育频道赛事全天直播中还安排了4档新闻，新闻播出时间则根据赛事进展进行微调，确保赛场动态第一时间传递。

三、传承文明、传播北京——重大事件报道的导向能力

北京电视台充分利用主办城市台的特有身份，全力展现具有悠久历史文化、具有现代气息的北京城市形象，展现热情好客、文明向上的国人精神风貌。北京奥运会提出绿色奥运、科技奥运和人文奥运三大理念，使北京奥运传播超越了传统的体育赛事及体育传播本身的意义。为此，北京电视台在奥运宣传中，大力宣传了广大人民群众参与奥运、奉献奥运的热情，大力宣传了奥运的世界性，大力宣传了奥运会对推动国家经济社会发展作出的贡献，大力宣传了两个奥运同样精彩。

奥运会每天都产生大量新闻，北京电视台奥运报道一个基本思路就是：浓缩赛事信息，聚焦感人故事，让赛事报道立体生动，体现奥林匹克跨越国界的和平友谊精神。为此，奥运会期间，各档栏目策划推出了一系列特色报道。冼东妹、栾菊杰等一批“妈妈选手”，带给观众永不言败、超越自我的启示；美国步枪名将埃蒙和捷克选手卡特林娜超越了国度与种族、超越单纯竞技体育、代表世界永恒主题的爱的力量；众多运动员身上体现的更快更高更强的奥林匹克精神，围绕一批在国外带队的中国教练和在中国执教的外国教练，北京台制作了新闻特写《奖牌有归属，奥运无国界》，指出奥运是一场超越国度、政治、民族的人类盛会，突出了“同一个世界，同一个梦想”的主题。

四、全景呈现、形式创新——重大事件报道的传播效果

全景呈现是北京电视台奥运报道的基本原则，这一原则符合奥运社会性、大众性、广泛性和参与性的文化特点，有利于产生现实的影响力，在多元文化的交融中，有助于体现北京电视台奥运报道超越体育赛事、实现传播效果最大化的理念。

《光荣与梦想——北京卫视第29届奥运会特别报道》的演播室，最好地体现了重大事件报道传播效果最大化的设计理念。改造后的北京台800平方米演播室，矗立起一座18米宽、45米高的投影大屏幕，赛事的现场信号能够随时切进大屏幕，演播室恍如比赛现场。作为主演播区的背景，使观众充分领略到了身临其境的感觉。在这一宏大的背景下，演播室设计又分为主演播区、读报与功能区、服务信息播报区3个区域。在“动态编排，无缝衔接”的总体指导思路下，无论是赛事信号还是新闻、资讯、字幕等，都可以在第一时间切换到背景的大屏幕上。同时，这一大屏幕还可以平均切分为3个部分。主持人与嘉宾实际上是在一个巨大的实时背景下展开谈话，辅以中国印、祥云图案的点缀，以及变幻的灯光效果、手法多样的镜头调度、悠扬动听的现场即时配乐，北京卫视的节目，就在一种如梦如幻、如诗如画、美轮美奂的氛围中展开了，成为北京卫视节目

形象最具有创新性的一个亮点。

五、实战奥运、演兵未来——重大事件报道的启示

以奥运承办城市电视台的角色，参与重大事件报道的全球新闻媒体竞争，是北京电视台千载难逢的机遇，不仅考验首都大台的现实力量，更检视北京电视台未来的国际、国内竞争能力。在诸多方面，北京电视台的答卷令人满意，也令人思考，即未来在这些方面能否更上一层楼？

1. 整体运营的系统竞争力是重大事件报道的核心保障。这次奥运报道，不是简单的部门合作，而是系统间表现出了高度的黏合能力，显示了总体作战能力的跃升，也显示了北京电视台迈向国际大台的良好基础。此次奥运报道，北京电视台实现了连续 17 天两个频道 24 小时不停机，总直播时长近 600 个小时。

2. 策划与结构能力是重大事件报道的关键环节。在这次奥运报道中，北京电视台展现了报道重大事件全局驾驭能力，并能在充分理解事件意义的基础上，用独到的策划与结构，淡化竞争劣势，突出竞争优势。

3. 国际视野是重大事件报道的内在标杆。北京电视台在奥运报道中格外注意国际视野、国际观念的把握，例如在运动员报道中，重视金牌报道，更兼顾对运动员命运的关照和解读，传递公平竞争、挑战自我的不朽精神，同时也注重展示环境、风土人情、历史文化。

努力推动党建工作与业务工作的“一体化”

——北京电视台创新党建工作模式的初步探索

王　云

北京电视台党委是一个拥有 1165 名党员的基层党组织，绝大多数党员活跃在新闻宣传的最前线，他们在工作时间、社会关系、业务领域、思想状态等方面具有鲜明的不确定性和动态性。因此，过去党建工作中将党员召集起来、指定任务等方法与我台党员队伍的实际情况有着不相适应的环节。对此，我们试图在实践中摸索出一些新的、更有价值的党建工作方法。近年来，我们积极探索将党建工作重心不断前移，努力与业务工作实现“一体化”的工作模式，并结合实际开展了一系列富有意义的实践。特别是在 2008 年抗震救灾、奥运宣传等工作中，党建工作与业务工作密切配合，并肩作战，互相融合，交相辉映，实现了共同发展的目标，产生了较好的效果。

"一体化"是夯实党建工作根基的必然要求

北京电视台党的建设主要包括党组织和党员队伍管理、宣传教育、思想政治工作、干部人才队伍建设、精神文明创建、反腐倡廉建设等多个方面内容，其根本目标是不断强化全台干部职工对党的事业的信仰，鼓舞他们以高度的责任感和使命感投入党的新闻宣传事业。作为首都有重要影响力的新闻媒体，北京电视台肩负着传达市委、市政府的重大方针政策和主要工作任务、满足群众精神文化需求、构建和普及社会主义核心价值体系、提升首都城市文明形象、推动文化大发展大繁荣、架起党和群众沟通的桥梁等重要任务，其目标是以健康的精神文化产品将广大人民群众凝聚在党的周围。因此，党建工作与业务工作虽然在对象、内容、手段、途径等方面存在明显差异，但却都是党的事业的有机组成部分。它们既在工作过程中相互分开，又在工作目标上高度统一；既承载着不同的具体任务，又能够相辅相成、互为促进。

实现党建工作与业务工作的"一体化"，就是要增强党建工作的主动性、动态性、时效性，将党建工作与业务工作统一规划、统一布置、统一管理、统一监督、统一考核、融为一体。其意义在于，一是密切党建工作与党员群众之间的关系；二是提升党建工作解决问题的本领；三是丰富党建工作的内涵和增强党建工作的影响力。

北京电视台党委在实践过程中，一方面坚定不移、保质保量地完成党建工作涉及的各项基本要求，在寻求创新性、同步性上下大力气；另一方面注重吸引力和影响力，在润物细无声、以情动人、解决难题方面做文章。在2008年的重要宣传工作中，党建工作与业务工作的"一体化"模式经过了一系列的尝试，给我们带来了很大的收获。

"一体化"凝聚起了全台参与抗震救灾的责任意识

2008年5月，突如其来的四川汶川特大地震发生后，北京电视台节目宣传工作的应急报道机制迅速启动，与此同时，党建工作也在第一时间作出联动反应。除了在全台组织开展捐赠款物、慰问家属受灾的职工活动外，台党委还进一步结合宣传工作任务，做了两件颇有意义的事。灾情发生后，为了及时报道抗震救灾情况，我台多路记者先后奔赴地震灾区。有的同志是到台里上班以后才接到任务直接赶往机场的，有的正在外地休假被要求在当天到达四川，还有的同志是刚刚在海拔5000多米的珠峰大本营见证奥运圣火珠峰传递后马上赶赴灾区的。很短时间内，我台在地震灾区集结起了20多人的报道力量。但是，由于灾区通信还没有完全恢复，再加上高强度的持续工作，很多一线的同志无法顾及给家人报平安。台党委率先考虑到了这个问题，迅速组织起有关党组织负责人和党务工作者分别前往一线记者的家中，看望他们的家人，一一描述了前方记者的工作生活途径和安全保障情况，请家人放心。当我们的记者后来与家人取得联系时，得知党委已经提前进行了拜访并给予家人心理上的慰问，十分激动，坚定了他们毫无保留投入工作的信心，使党建工作分担了业务工作所形成的压力。

5月下旬，在抗震救灾宣传报道工作的关键时刻，台党委领导带领相关人员，冒着持续不断的余震，深入到四川地震灾区现场，为成都、绵阳、都江堰等我台记者工作的战场，送去急需的技术设备和生活物资。同时，台党委批准在四川成立北京电视台抗震救灾一线临时党支部，党的建设和思想政治教育工作与业务工作一同开展起来。5月24日晚，忙碌一天的记者们被召集到一起，在成都一间租用的工作间里，大家把简单的桌椅围拢起来，只有墙上一面刚刚从四川电视台借来的党旗显得意义非常。临时党支部党员发展大会在这里召开，简朴却又异常庄重。两名在前方工作中表现突出的同志被提议火线发展入党，到场的党员用神圣的选票接纳他们加入党组织。随后，两名新党员来到党旗前，庄严地举起右手、握紧拳头，全场党员群众也不约而同地起立，面对党旗，一同宣读了入党誓词。这是一场特殊的党员发展会，特殊的时间、特殊的对象、特殊的现场，是体现我们党建工作特殊效果的盛典。一名在前方的党员记者因为工作原因没有赶上发展会，正驾车前往采访地点，他后来回忆到，突然收到从会上打来的征询投票意见的电话，激动得半晌说不出话来。短短几天之内，参加发展会的十几名还未入党的前线记者分别向临时党支部递交了入党申请书。这一份份忙碌一天之后在短暂的休整时间或是深夜写出的申请书，饱含着对党组织的深情，也体现了党建工作在业务工作一线所结出的硕果。

“一体化”为奥运报道注入了活力

北京奥运会、残奥会期间，党建工作与业务工作的“一体化”实践从党委层面进一步扩大到了党支部和党员中，逐步引导党建工作与业务工作融合更加深入、更加紧密。承担大量赛事报道工作的体育节目中心党支部原来以栏目、科室划分党小组，但是在奥运期间人员实行统一调度、统一分配、统一管理，分别被派到体育场馆、国际广播中心等地进行采访报道，原有的党小组结构与奥运工作需要不一致。针对这一情况，该党支部提前谋划，根据“一体化”的要求，立足于各工作场所的需求和党员、群众的比例，重新组建成立了7个临时党小组。临时党小组在奥林匹克中心区、国际广播中心、台内主演播室等地分别组织开展党员组织生活、应急突发事件演练、业务学习等活动，紧紧围绕现场工作的需要，开展极富针对性的党员教育管理和思想政治工作。通过7个临时党小组的扎实工作，体育节目中心党支部在奥运工作最前线凝聚成了坚强的战斗整体，出色地完成了各项宣传任务，展示了党支部的风采，并有6名同志先后递交了入党申请书。

奋战在奥运工作一线的广大共产党员，既是业务工作的主体，又是党建工作的主体。我们要求每一名党员都能够成为一面旗帜，以自己的行为展现党建工作和业务工作相融合所铸就起来的伟大力量。在为期16天的奥运会赛时阶段，我们看到，不同岗位上从事不同工作的大批党员身体力行地将自己的党员形象与业务工作需要结合在一起，有的党员没有离开工作岗位一天，每天仅仅休息三四个小时，不分昼夜地坚持着；有的拖着虚弱的身体，白天工作着，晚上打点滴，却不愿意请半天假；一名党员的孩子躺在病床上，需要进行一场较大的手术，他却没能够抽出一点时间前去陪伴，奥运工作完成后，当他轻轻抚摸着孩子的伤口、想象当时的疼痛，他哽咽了，却依然坚定自己在关键时刻作为一名共产党员的选择。

对“一体化”的不断探索将有效提升党建工作水平

作为我们探索党的建设的一种工作模式，党建工作与业务工作的“一体化”，并不仅仅在于党建工作舞台和工作场所的位移，而是要寻求更加符合实际、更有渗透能力的工作内容和工作手段，力求将党建工作之本与新闻宣传工作之源紧密结合，使党建工作富有生命力和吸引力，利用党建工作激发人的思想觉悟，丰富人的精神境界，促进宣传报道工作不断迈上新的台阶，在更深层次上实现“围绕中心、服务大局”的目标。

从党委工作层面来看，实现“一体化”是要加强对新闻宣传单位党建工作特殊性的把握能力，着力建立党建动态管理、动态服务体系，在重大业务工作开展的同时迅速组织起科学有效的党建和思想政治工作。从党支部工作层面来说，实现“一体化”是要着眼于党员群众的工作需求、思想需求和生活需求，以整体的号召力、感染力凝聚队伍，在业务工作现场发挥指挥、协调、后勤等多重功能。就党员而言，达到“一体化”的目标就是要以自己对党组织的忠诚为基础，在主动投入和完成自己工作任务的同时，用模范的行动展现党员的独特风采，提升身边群众对党组织和党员队伍的信赖度。

经过一些初步的实践，我们感觉到，推进党建工作与业务工作的“一体化”，能够凝聚力量、鼓舞人心，有利于发挥党组织的战斗堡垒作用和党员的先锋模范作用，是切合北京电视台党员职工队伍和事业发展实际的。当然，无论是在理论上还是实践上，我们的很多做法都还不甚成熟，党组织、党员干部和党务工作者的理解参与还不到位，广大群众的认同度也不够。我们将努力进行探索、分析、归纳，进一步加深对党建工作的驾驭能力，在广泛吸收兄弟单位党建创新成功经验的基础上，推动我台党建工作不断向更加科学、更加规范、更加务实的方向发展，不断取得党建工作与业务工作“一体化”的新成效。

同样的精彩，不一样的感受

朱　江　焦少波

北京电视台在奥运会结束后立即投入到残奥会的报道中。在国际广播中心（IBC）搭建了500平方米演播室，全台多个部门400多名编播技术人员参与前线报道，兑现了“两个奥运同样精彩”的承诺。

一、从人文的角度报残奥

残奥会报道与奥运会报道有着本质的不同，奥运会可以说是以赛事和明星为核心，而残奥会由于缺乏大家关注的明星，更多的是要关注运动员享受比赛的快乐。

我们改变了奥运会期间以赛事为主的方针，以讲故事的方式，抓人物，抓细节，先后邀请到了开幕式上表演独腿芭蕾的小姑娘李月、中国第一个残奥会冠军平亚丽和她的导盲犬、盲人残奥冠军李端和他在中青队时的队友王治郅等参与节目，突出人情、亲情，以情感人。每天节目中的固定小板块“学一手”，在教观众手语的同时传达人文关怀，真正体现了“人文奥运”的精彩内涵。

我们邀请了5位手语老师进行手语解说，以方便聋哑观众观看电视转播。在播出的所有节目中，除了手语解说，还专门配备电子机器人进行解说。北京电视台在残奥会独家使用的电子机器人，引起BOB高层的浓厚兴趣，他们希望能制作出英文版，准备以后作为残奥会官方电子设备。

二、以持权商的身份报残奥

残奥会使北京电视台历史上第一次成为国际大型综合性赛会持权转播商，我们非常珍惜这一机会。原定在IBC的地下一层申请一个200平方米的演播室，但随着残奥会的临近，我们发现这里无论从所处位置和面积上都无法满足需要，经与IBC的经营方BOB协商，最后拿下了原来准备供其他电视媒体使用的500平方米位置醒目又方便的演播室。

成了持权转播商，就要做相应的事，这时才知道，IBC的媒体运行烦琐而复杂，但又非常规范，必须提前提出相应的要求和申请，否则很多事情到眼前就来不及了。通过残奥会的前期准备，我们第一次进入了IBC的核心，基本了解了媒体进驻的流程。

为了充分报道残奥会，我们把BTV-6体育频道的播出前移，每天从8:30到22:30的节目都在这个500平方米演播室中进行制作，通过两路光缆传回台里播出，每天14个小时都是直播状态。从内容上以赛事的直播和录播为主，10:00、12:00、15:00有3档8分钟滚动新闻，17:30有一个小时与卫视并机播出的访谈，21:30有一个小时的新闻专题。我们还在这里制作两档20分钟和50分钟的赛事集锦供卫视播出。

在残奥会期间，BOB每天下午会有一个持权转播商的通气会，通报赛事调整、转播信号的相关信息，并听取大家的意见和建议。由于持权转播商都是通过购买拿到版权的，BOB的任务就是为这些客户做好服务，我们感觉到持权转播商的权益相当受重视。比如开闭幕式，BOB都会提前一天提供给持权转播商转播手册，对仪式的程序和内容作详细说明，供大家转播时用，当然前提是保密。BOB还提供给持权转播商相应的袖标和贴标，以供进现场拍摄。残奥会前，有电视台提出想要北京火炬传递的画面，这本来不属于BOB的权限，但他们联系相关电视台提供710分钟的集锦。开幕式彩排的信号是不许播出的，但BOB应转播商要求制作了30秒的片花供大家播出。有些项目的预赛同时在几块场地进行，持权商甚至可以就转播哪块场地的比赛提出要求，BOB都会认真研究并给出答复。

我们感觉，IBC的运行复杂而又规范，媒体必须对这个程序有相当的了解，并有一套相应的机制，才能应付这样的大赛。比如在残奥会期间，我们一直想做一件事，就是赛场注入点的对播。赛场注入点就是在赛场媒体混合采访区的优先位置，设置若干一平方米左右的区域，允许一家媒体进入1台摄像机和3名工作人员，通过光缆传输对运动员进行现场采访和与家里演播室的对播。奥运会明星云集，几乎每个赛场的注入点都人满为患。残奥会开赛不久，我们决定申请注入点，这才发现我们是整个IBC里唯一一家申请的。到现场才知道，这个注入点跟奥运会又不一样，由于注入点没有相应的光缆设施，我们只能在比赛前后用现场转播团队的摄像机进行对播，在时间和灵活性上都有很大局限。虽然如此我们仍然进行了几次对播尝试，在场馆运行团队和转播人员的协助下，开了既是残奥会也是北京电视台的赛场注入点的先河。

三、圆满完成BOB转播任务

BOB是“北京奥林匹克转播有限公司”的英文缩写，是北京奥运会的主转播机构和主转播商，与北京奥组委是战略合作伙伴关系。该公司是北京奥组委与国际奥委会所属的奥林匹克广播服务公司（OBS）共同出资组建的，负责为购买转播权的世界各地广播电视媒体提供北京奥运会和残奥会的信号及相关服务。

北京电视台参与了残奥会BOB的主要工作。残奥会全部21个大项的公共信号制作全部由中国制作团队承担。我台两支残奥制作团队共计122人，负责部分轮椅篮球、硬地滚球和轮椅击剑3个项目的公共信号制作任务。

轮椅篮球比赛日为9月7～16日，男女共有79场比赛。由于伊朗队在预赛阶段后宣布退赛，实际比赛场次为77场，分别在国家体育馆和北京科技大学体育馆进行。我台承担国家体育馆部分预赛和决赛阶段共57场比赛的信号制作任务，公共信号制作达125小时，各类集锦制作约320分钟。我们的转播制作水平得到了BOB官员们的高度赞扬。

硬地滚球是第一次成为残奥会的正式比赛项目，通过对项目规则进行研读，团队很快掌握了硬地滚球国际公用信号制作的规律和特点。团队制作的电视公用信号简捷明晰、条理有致，对细节和情感的刻画也为精彩激烈的比赛增添了浓浓的人情味，创造了硬地滚球首次电视直播的历史。BOB质量控制中心的评价是：“你们创造了历史！”“硬地滚球的首次电视直播起点非常高！”国际硬地滚球联合会的技术代表J·Oaquim Vegas先生更是多次表达了对北京电视台制作团队的赞赏，他在接受媒体采访时发自内心地说：“是北京电视台的转播让我真正意识到硬地滚球原来有这么大的魅力，我期待着能再次邀请你们制作硬地滚球的电视信号。”

轮椅击剑是我台转播团队从未制作过的项目。残奥会的比赛组别多、轮次多、剑道多、节奏快。在4个工作日里我台BOB团队表现出了训练有素的专业水平，近40个小时的电视公用信号完全符合BOB的制作要求。

我台借北京奥运会和残奥会的契机，通过承担国际高水平赛事的信号制作，制作水平上了一个新台阶，实现了与国际先进制作理念的对接，为今后参与国内外大型赛事的电视转播积累了经验，储备了人员。

由于我台在本次奥运报道上投入了空前的人力和技术力量，加上我台 BOB 团队在残奥会上公共信号制作实力的出色体现，我台的美誉度大幅提升，得到了国际同行的充分肯定。

以特色报道开辟第二战场

——北京电视台奥运新闻报道的启示

张　亮　艾冬云

北京电视台作为奥运举办城市台，有责任、有义务报道好发生在家门口的第 29 届奥运会。同时，作为非持权转播商，受到国际奥委会相关规定的限制，我们无法进入比赛场馆采访。在这种“不对称”的媒体竞争中，北京电视台坚持特色化报道战略，在奥运赛场外开辟第二战场，寻求奥运报道的首都特色。

事实证明，北京卫视的奥运特色报道收效明显。奥运会期间，北京卫视推出《光荣与梦想》特别节目，全天 24 小时播出奥运特别节目，其中新闻时段总时长 5 个半小时，包括《奥林匹克早晨》（每日 7:00播出）、《奥林匹克新闻》（每日 11:30播出）、《北京新闻》（每日 18:00 播出）和《奥林匹克全景》（每日 22:00 播出）四档栏目。

一、见缝插针，主动出击，想尽一切办法接近比赛场馆，创造性地获取赛事资源

接近接近再接近，这是我们对采访赛事的记者提出的要求。北京台新闻节目中心没有一张注册记者证件，但是这并不意味着我们就不能报道好赛事。只要你用心，一切皆有可能。

首先，创造条件进入比赛场馆。北京台的几位时政记者出于工作需要，经过上级部门批准办理了特殊通行证，可以出入各比赛场馆，但是不能携带摄像机。大家马上想到了可以采取电话连线的方式进行现场赛事报道。杨威获男子体操全能冠军、刘翔因伤退赛等历史瞬间，北京台时政记者在现场通过手机描述现场气氛，采访现场观众，再通过电视信号同步传入千家万户，巧妙实现了“我在场”，充分发挥了时政记者的资源优势。

其次，如果实在无法进入奥运场馆，我们就在一些热点比赛场馆外守候，同样捕捉了很多精彩新闻。8 月 13 日，中国女子体操队获得团体金牌，记者一直守在国家体育馆门外采访，在退场观众中意外发现了一张熟悉的面孔——前体操世界冠军杨艳丽，立即采访了她，通过前世界冠军

和中外观众之口，将祝福送给了中国女子体操队的“六朵金花”。

二、注重策划，在赛场外开辟第二战场，让新闻报道体现首都特色，体现东道主电视台的地域优势

既然在赛事资源、信息量、时效性等方面处于竞争劣势，我们决定发挥东道主城市电视台的优势，在外采报道中突出地域优势，让我们的新闻报道具有鲜明的首都特色和大台风范。8 月 8 日开幕式当晚，新闻节目中心派出了 40 多组记者，分别奔赴各个新闻现场采访。8 月 9 日一早，《奥林匹克早晨》围绕市民热看转播、各界盛赞、焰火燃放、现场观众疏散、服务部门坚守岗位等，播发了一组开幕式报道，记录了奥林匹克风吹进东方古都的历史瞬间，体现了鲜明的首都特色。

8 月 16 日，奥运开赛以来的第一个周末，我们又策划播出了“分享奥运喜悦、欢度快乐周末”一组报道，记录了奥林匹克公园中心区的大型花车巡游表演、石景山雕塑公园奥运文化广场市民热看奥运赛事、国内外观众排队参观首都博物馆、世贸天街奥运文化广场的文化活动、东单体育中心的市民健身热等，突出了奥运之城的喜庆气氛。

此外，我们围绕志愿者服务、赛事保障、外国友人感受中国传统文化等策划了多组系列报道，向世界显示了北京的城市形象，显示了北京电视台的大台风范。

三、浓缩赛事信息，寻找真情故事，宣传奥运精神，体现人文关怀

奥运会每天都产生大量新闻，新闻节目中心对赛事报道明确了基本思路：浓缩赛事信息，聚焦感人故事，让赛事报道立体生动，体现奥林匹克跨越国界的和平友谊精神。

在海量赛事信息中，各档栏目注意策划推出特色报道。《奥林匹克早晨》根据运动员的年龄特点，推出了特写《“妈妈一族”闪亮赛场》，报道了冼东妹、栾菊杰等一批“妈妈选手”，带给观众永不言败、超越自我的启示。而《自古英雄出少年》，则聚焦奥运赛场上的年轻小将，将新闻做得趣味横生。

在射击运动员杜丽首金失利的时候，我们的报道引导国人宽容以待；5 天之后杜丽勇夺金牌，我们推出特写、短评和奥林匹克随想，生动地诠释了更快更高更强的奥林匹克精神：只要不断追求梦想，不断超越自己，就会诞生更多的奇迹。

南非运动员纳塔莉虽然左小腿截肢，却顽强参加了 10 公里游泳比赛；伊拉克选手达纳·阿卜杜勒拉扎克没有先进的比赛服，但她冲刺的身姿为仍在动荡中的祖国带去一份成功的梦想；巴勒斯坦运动员扎基娅·纳萨尔没有教练，没有泳衣，却坚持来到北京开始她的奥运梦想。我们围绕这些感人故事制作了大量新闻特写和述评，用生动的电视手段诠释了奥林匹克精神，体现了媒体的人文关怀。

四、灵活编排，将各种报道内容和报道手法熔于一炉，形成收视峰谷效应

奥运会 302 块金牌都要在北京卫视体现，因此奥运赛事是 4 档新闻栏目的主轴。根据比赛进程和比赛关注度，我们在栏目编排上突出新闻性、时效性和特色性，赛事回顾、赛事追踪、赛事盘点、金牌榜、

当日看点、赛事预告等板块将最及时、最重要的消息一网打尽。赛事保障、城市运行、社会新闻等内容穿插在赛事新闻中，形成收视上的峰谷效应。

各档新闻栏目还巧妙运用多种报道手法，消息、资讯、新闻特写、演播室访谈、SNG 直播、路况直播、电话连线、MV 宣传片、字幕新闻、短评、读报、互动话题等灵活穿插，交互运用，丰富了节目的表现力，淡化了大容量节目容易产生的视觉疲劳。

五、创新组织指挥体系，打破部门界限，实现统一指挥，资源共享

创新组织指挥体系，首先反映在全台奥运报道的整体规划上。2007 年 12 月，北京电视台成立了奥运会、残奥会报道领导小组办公室，对全台奥运报道工作进行了周密的规划部署。按照统一部署，北京卫视《光荣与梦想》主要由 4 个新闻直播时段和 5 个演播室直播时段组成，夜间0:00以后安排重播。在全台一盘棋的指导思想下，全台各个部门互相合作，齐心协力完成了《光荣与梦想》特别节目的制作播出任务。

创新组织指挥体系，还反映在奥运报道组织机构的设置上。早在奥运会开幕之前，新闻节目中心就决定打破原有部门设置，实行人员统一指挥，统一调配，资源共享。为此，新闻节目中心专门成立了 4 个奥运报道小组，分别是：编辑播出组、时政报道组、赛事报道组和外采报道组。

奥运会促进了东西方文化的交流，同样也促进了国内外新闻媒体的交流。通过这次奥运报道，我们发挥了自己的特长，也看到了自己的短处。我们的收获不仅仅体现在报道了多少条新闻、更新了多少技术设备这些方面，更体现在对于现代媒体管理、跨媒体运营以及报道理念等方面的学习与反思。奥运会的圣火虽然熄灭了，留在我们心中的创新之火、激情之火还在熊熊燃烧。

强化服务意识，为文化大发展大繁荣保驾护航

刘纪钢

近年来，北京电视台党委办公室严格按照台党委的各项工作部署，在党组织和党员队伍建设、干部人才工作、思想政治工作、精神文明创建和共青团组织建设等方面开展了不少工作，特别是在党支部书记培训班、“特色党日”活动、城乡文明共建、先进典型事迹宣传、党员教育专题片制作等方面呈现出了鲜明的工作特色，探索和积累了许多宝贵的实践经验，也得到了台党委和广大党员群众的积极评价。

取得这些成绩的同时，我也经常思考：如何能够更加充分地发挥党的各项组织管理工作在本单位的作用？如何能够使我们的工作更加深入地得到大家的支持与帮助？

如何能够更有效率、更加科学地布局安排自身的管理体系和工作机制？通过一段时间的学习，特别是对有关党的建设的理论问题和科学化管理模式的理解和把握，我发现，归根结底应该把问题的解答放到我们自身工作中去，即：我们自身的工作作风如何转变？工作模式如何创新？工作水平如何提升？我觉得，要妥善处理好这些问题，最基础的是需要在从事党务工作干部的思想意识上取得突破，强化服务观念，深化服务意识，更多地将服务作为工作的姿态和内容。

于是，从2007年底到2008年上半年，我同党委办公室的同志们一起，围绕如何提升党委办公室的服务意识和服务能力，开展了几次交流讨论。大家各抒己见、坦诚交流，达成了很多一致意见，形成了不少新的工作想法，也使我在自己思考的过程中得到了一定的启发。

首先，强化服务意识，就是要把为党委工作大局服务与为党员群众服务结合起来，尤其是要增加为党员群众办实事在我们日常工作中的比重。党委办公室应该从单一的执行部门向服务、协调、执行三位一体的综合办事机构转变，以更好地实现服务党委和服务党员群众的双重效果。一方面，要继续做好党员群众的工作，全面落实党委的各项工作要求，确保台党委的决策及时传达到人、落实到位；另一方面，要增强作为群众贴心人的角色，深入了解干部职工对党委工作的意见、建议，有效地向党委传递群众声音，配合台党委更好地把各项工作做深入、做扎实，确保党委的决策反映群众要求、满足群众愿望、符合群众利益。

其次，强化服务意识，就是要更加注重细节、注重质量，设身处地地为党员群众着想。在北京电视台的事业发展过程中，台党委起到的作用在于政治领导、思想领导、组织领导和重大事业发展方针的决策。党委办公室作为党委的工作机构，不但要将这些宏观领导层面的内容传达下去，更要在此基础上，分解宏观决策中包括的大量中观、微观信息，并按照自身职责开展具体工作。因此，我们在工作中也涉及很多直接与党员群众密切相关的事务性工作，例如办理党员组织关系转接、与群众进行关于干部问题的考察谈话、评审先进事迹和先进人物、了解群众思想动态等。在这些方面，我们的工作人员和工作过程往往需要同广大干部职工打交道，与他们进行广泛的接触。这时，由于多数职工都是新闻一线工作异常繁忙的编辑、记者、主持人和技术人员，每一个细节都显得非常重要，程序上是否让他们感受到便捷，内容上是否能够完整表达他们的需求，结果上是否体现他们的总体利益，都可能会直接影响到工作的质量和效果。因此，我们必须把问题考虑得更周到一些，把程序设计得更合理一些，把过程安排得更温馨一些，使广大干部职工真切感受到党委办公室的工作质量和工作效率。

再次，强化服务意识，就是要在配合全台中心工作任务中实现自身的价值。党委办公室从事相关的职能保障工作，与全台其他部门一样，工作目标都在于发挥舆论保障能力，推动新闻宣传事业健康发展。所以，我们必须明确，党委办公室的工作战场就在每一个新闻工作的战场，我们在新闻宣传一线必须有声音、有影响、有作用，在每一个重点部门、重点岗位让大家感受到家的温暖。开展思想政治工作，要有针对性地帮助一线部门、关键岗位职工解决思想上存在的困惑、顾虑和问题，找准他们的思想焦点，利用不影响工作和休息的空隙时间，通过能够调动起他们兴趣的途径，见缝插针地起到教育、提示和警醒作用；开展党员培养管理工作，要着重培养一批在重大新闻宣传报道工作中涌现出来的先进人物加入党组织，让他们体会到党组织对他们的关怀和赞许，也有利于党员队伍整体形象的提升；开展干部管理工作，要重点向台党委推荐在重大关头头脑清醒、责任明确、勇挑重担的拔尖人才进入中层领导干部队伍和重要岗位。总而言之，要让全台干部职工都能切身感受到、意识到党委办公室在全台重要工作中的地位和角色，肯定我们的工作成就，支持我们的各项工作。

另外，强化服务意识，就是要创新工作形式，不断完善为党员群众喜闻乐见的工作体系和工作手段。创新是一个民族的灵魂，是一个国家兴旺发达的不竭动力，也是一个政党永葆生机和活力的源泉。我们在工作中所倡导和追求的创新，就是要以新颖、活泼、生动吸引广大党员群众，使工作内容通过充满趣味、充满美感的方式开展到全台干部职工中去，赢得他们的欢迎和喜爱。一是不能墨守成规，大搞形式主义，盲目地开展工作，不顾及群众是否满意、是否高兴；二是要开辟互联网、手机短信、论坛等新的传播途径和工作方式，掌握一系列体现时代感的工作手段，以全新的面貌吸引人、鼓舞人、感染人；三是要注重人性化，坚持把调动人的热情、实现人的价值作为首要工作理念，经常性地从人的需要和体会出发，思考和评价工作实效，改善工作的途径和模式，赢得最大多数人的支持。

最后，强化服务意识，就是要不断加强部门内部工作制度、工作环境和工作队伍建设，努力提高服务能力。从内部管理着手，提升党委办公室的科学化、规范化工作水平，是培育服务意识、优化服务内容、改善服务环境的基础性工作。要按照窗口型部门的建设要求，着力建立健全办事体制，树立良好的服务态度。不让别人走冤枉路、受冤枉气、花费冤枉时间，明确办事流程和工作机制，耐心细致地为党员群众服务好。尤其是要在党员群众普遍关心的难点热点问题上进行深入思考，发挥自身优势，找出解决良策，使他们感受到贴心、放心、安心。作为党委工作部门，党委办公室的工作作风与党组织在群众心目中的形象息息相关，与广大新闻从业人员能否真心诚意地服从党的领导、拥护党的决定、帮助党的工作息息相关。对于自身建设来说，正面健康的部门形象也将便于工作的开展，便于所有工作人员自身工作和人生价值的充分实现。

服务意识是一种姿态，也是一种精神，更是一种发展理念。新闻宣传事业需要一大批在一线奋斗的优秀新闻工作者，也需要一批能够发挥自身作用、拥有良好服务意识的职能管理干部和党务工作人员。只有将两支队伍紧紧结合在一起，才能形成具有中国特色新闻宣传事业的发展体系，创造出令世人瞩目的巨大发展成就。

转换体制激活机制，打造动漫全产业链

——北京卡酷动画卫视公司化运营的成功之道

帅 民

北京卡酷动画卫星频道有限公司于2007年1月正式开始运营。一年多来，北京卡酷动画卫视认真进行动漫产业化运营实践，通过构筑创意、制作、播出、产品、人才——动漫产业五大平台，打造全方位动漫产业链，实现产业多元发展，发展顺利，业绩突出，已经成为北京乃至中国动漫创意产业方面的领跑者。

一、发挥强势平台和产业中枢优势

北京卡酷动画卫视作为一个强势平台，在动漫产业中起着承上启下的中枢作用。其优势突出表现在：

收视好。北京卡酷动画卫视自2004年9月10日开播以来，已实现每日首播10小时、全天24小时滚动播出的平台规模，形成了比较稳定的收视群体，收视业绩在国内动画频道排名靠前。根据AGB尼尔森收视数据统计，在4～14岁观众中，北京卡酷动画卫视的收视份额在北京地区独占鳌头。

品牌强。北京卡酷动画卫视节目资源丰富多彩，自有品牌原创节目策划开发强劲，库存动画节目总量达到20万分钟左右，拥有《福娃奥运漫游记》、《快乐东西》、《秦时明月》、《十分开心》、《闪天下》等一系列精品节目和知名栏目；拥有百集动画片《福娃奥运漫游记》、“卡酷全卡通”动漫嘉年华等超大型项目的策划、推广、运营和制作的经验。开播3年来频道知名度迅速提升，已经形成一个覆盖较大范围，并且较为稳定的受众群体。

覆盖广。2007年9月，北京卡酷动画卫视成功上星面向全国播出。上星后，北京卡酷动画卫视将立足首都，涵盖华北，辐射全国，以东南沿海地区为带动，同时兼顾中西部内陆发展，实现全国范围的落地覆盖，在动漫领域形成一个面向全国的专业性播出平台。

机制活。北京卡酷动画卫视作为一个电视媒体，能得到相关的政策支持和政府资金支持，而由于实现了公司化运营，与一般频道相比又具有更多的市场经济含量和灵活度。在动漫产业链中，它既拥有动漫创意的前端，又拥有媒体播出平台的产业中端，同时还可以开发动漫衍生品的产业后端，从而实现一个完整产业链的开发和打造。这将为其未来发展提供深厚潜力和旺盛活力，展现突出的竞争优势。

二、打造涵盖全产业链“五大平台”

基于这些优势，卡酷动画卫视的发展

思路是：以打造强势的动漫播出卫视平台为核心，同时在媒体播出的基础上进一步延伸，积极探索动漫产业化运营，开拓动漫制作和后产品开发领域，打造涵盖全产业链的动漫产业运营“五大平台”。

1. 重塑频道管理模式，释激节目创新动力。北京卡酷动画卫视积极探索现代化播出管理模式，打造原创精品，优化栏目编排，严把节目质量。一年来，频道收视率和内容竞争力稳步增长，频道品牌价值不断提升，节目生产和播出展现新的活力。以2007年为例，北京卡酷动画卫视投资人民币6000多万元，制作完成动画栏目43110分钟，国产原创动画片约3000分钟，播出国产动画片105580分钟。随着节目内容日渐丰富，频道整体价值日益显现，频道收视率和收视份额迭创新高。主要原因就在于发挥公司化运营的优势，创新管理模式：一是以栏目为突破，强化制作，对原有栏目进行了梳理和优化，同时采取低成本运营方式，便于根据市场收视需求和变动编播新栏目。二是以编排为调控，跟踪优化，并对数据进行系统化分析，及时针对收视率波动调整频道编排，形成了动画频道丰富性与专业性相结合、少儿受众与成人受众兼顾的节目格局，频道丰富多彩，人气鼎旺。

2. 坚持多元发展，打造动漫全产业链。2007年公司化运营以后，北京卡酷动画卫视积极进行多元化经营实践，努力促进动漫产业链的成熟，以数十人的公司规模，创造了5200万元的总收入和2600万元的经营纯利润，成为国内增长最快和利润率最高的少儿动画频道。

做好广告主营保障增长。2007年，在动画播出政策对频道收视不利的情况下，取得了3550万元的大盘广告包盘成果，实现同比上升15%，与国内其他少儿动画频道广告下跌形成鲜明对比。频道公司化运营，多元发展，全年实现广告外增收1500万元。频道全年实现5200万元收入，同比增长61%。

开拓衍生增量业务。北京卡酷动画卫视创办了《玩具总动员》、《KAKU旗舰店》等几档经营性栏目，并在节目中设计多种植入式广告进行经营推广，同时展开卡酷衍生产品研发，使频道在传统广告的收入之外产生了重要经营增量。

构筑多元产业平台。卡酷动画卫视积极进行版权交易，实行动画节目全国发行；打破原有主持人管理模式，尝试演艺经纪签约机制；充分发挥媒体优势，举办“卡酷全卡通”动漫嘉年华等大型地面活动；与国家新媒体产业基地强强联手，逐步构筑创意、制作、播出、产品、人才——动漫产业“五大平台”；申请获得高新技术企业认定证书，提升公司的形象和品牌价值。目前，北京卡酷动画卫视的“动画卫视综合制播技术平台”项目已获得北京文化创意产业发展专项资金支持。

完善产业运营结构。根据业务拓展需要，组建了“北京卡酷全卡通动漫文化有限公司”和“北京卡酷七色光文化有限责任公司”；同时，配合市文化创意产业基金的要求，建立北京卡酷动画卫视制播平台，为进一步推进首都文化创意产业发展创造了条件。

3. 策划投资大型项目，开拓创意衍生价值。百集大片《福娃奥运漫游记》，创造多个产业纪录。在北京市委宣传部的大力支持下，由北京电视台、北京卡酷动画卫视制作的百集动画片《福娃奥运漫游记》开播后收视成绩喜人，不仅受到孩子们的欢迎，也得到成人观众群，尤其是年轻白领和体育迷的喜爱，成年人在《福娃奥运漫游记》的观众中占到六成以上。

“卡酷全卡通”动漫嘉年华热动京城。作为北京文化创意产业重点项目之一，首届“卡酷全卡通”动漫嘉年华于2007年7月21～28日在全国农展馆举行，共吸引参展商近200家，参展商品共计上万件，展播国产经典动画作品近百部，会聚了全国四大动画播出平台、30多个动画制作公司。在5天会展期间，吸引了近12万观众购票观展，创造了行业展会购票观展的纪录，盛况空前，无论经济效益和社会效益都远远超过预期，成为中国动漫界的一大亮点。

动画频道“上星落地”，拓展动漫衍生市场范畴。北京卡酷动画卫视于2007年9月10日频道开播三周年之际正式上星面向全国播出，目前已在全国39个省区和大中城市覆盖落地，覆盖区域人口3.9亿，覆盖到达人口2.3亿，落地范围涵盖沿海，辐射全国，居国内动画专业频道之首，与央视少儿频道持平，成为具有全国竞争力的专业电视卫视媒体。

三、通过体制机制转换激发内在活力

北京卡酷动画卫视的公司化运营之所以能进展顺利、取得成功，得益于通过转换体制，激活机制，使动画频道播出平台的优势和内在活力得到了更好的发挥。

公司化运营提高了频道的运营效率。公司成立后，建立并实施了一整套符合现代企业管理和经营要求的规章制度，并细化到考评、考核、奖惩等各个方面，有效地激发了积极性和创造性，实现了高效运转，良性运行。

公司化运营使频道离市场更近。公司化的机制使频道形成了与受众市场、投资制作市场、儿童玩具销售市场便利接轨的新运营模式，与受众更近，与市场更近，有利于拓展经营，聚拢资金，实现频道收益的稳步增长和自身的不断发展。

公司化运营促进了频道的品牌建设与推广。公司以卡酷动画卫视为主品牌，同时发展“卡酷全卡通”、“七色光”和《福娃奥运漫游记》代表的国产原创品牌3个子品牌，并以子公司的形式加以固化和运营，形成了品牌与市场的互动、品牌价值实现以及频道无形资产的不断提升，为频道的资本运作打下了良好基础。目前主品牌“卡酷动画”已成为中国动漫领域最知名品牌，先后被评为2006年度“最具投资价值的动画电视媒体”、中国传媒投资年会2007年度“中国最具投资价值媒体”和“中国最具投资潜力媒体”以及《中国广播影视》品牌领航计划广电业界百强品牌。子品牌“卡酷全卡通”动漫嘉年华热动京城，市场影响遍及全国。“七色光”打造富有特色的儿童演出和培训品牌，得到国内外艺术界的一致认可。国产动画原创品牌《福娃奥运漫游记》名列中国2007年度中国动画十大光荣榜之首，勇夺“亚洲青年动漫大赛”最佳作品奖、“金熊猫奖”评委会特别大奖、“金手指奖”年度最佳动画片大奖、“金龙奖”年度最佳电视动画和年度最佳人气动画图书两项大奖，以及国家广电总局全国少儿动画精品一等奖第一名。2008年《福娃奥运漫游记》通过全国100多家电视台以及铁路、航空、地铁、公交、出租等新媒体全线全年度全方位播映，在欢庆奥运盛会之际大放异彩。

公司运营为打造动漫全产业链提供契机。从产业角度分析，改制前，频道主要是动漫作品的播出兼有少量的动漫原创制作，无法实现产业整合与自我发展。改制后，频道可以自我投资或合作投资策划制作动漫原创，在产能和规模上都能增长，同时可以与动漫作品的电视发行与播出进行互动并强化自身作为动漫播出卫星频道平台的优势，并以电视播出的效果直接与市场接轨，投资或合作投资进行有价值动漫原创的图书音像和动漫衍生产品的开发销售，具有比其他机构更超前的反应速度，尤其是把动漫衍生产品的开发销售与卫视播出宣传推广平台优势集合将形成产、供、销一体的市场优势。

盘活前线　接牢地线　着眼长线

——从汶川大地震看地方电视台重大事件的报道组织

张冬林

四川汶川大地震是一场地质震动，从某种意义上来说也是一场传播震动。在这场新闻会战中，北京电视台卫视节目在推出抗震救灾特别直播节目的13天里，收视率同比上升85%，全国卫视排名由第7位上升到第4位。汶川大地震报道实践告诉我们，只要组织得力，地方媒体同样可以有所作为。而我认为，所谓组织得力，主要可以形象地概括为四个“线”，也就是通过盘活前线、接牢地线、着眼长线达到跻身一线的目标。

盘活前线

盘活前线首先表现在创造前线资源。在此次汶川大地震报道中，北京电视台一方面坚决遵照上级规定严格控制灾区报道人数，避免给灾区人民增加不必要的负担；另一方面迅速调动有效力量。主要采用了三种方式使灾区报道队伍实现零的突破。第一是“转调”，5月12日，报道火炬登顶珠峰的一支队伍正好滞留成都机场，我们要求他们立即转战灾区，成为事发当日到达前线的第一支报道队伍；第二是“征调”，事发前后，我们有多位记者分别因私探亲回川，我们组织他们发挥各自优势，就地参与报道；第三是“随队”，此后两天内，在京和本市军队武警、医疗抢险、工程救援、地质气象、民间专业化志愿团体分别应征或志愿赶赴灾区，我们随队派出多路记者。

盘活前线其次要拓宽前线资源。在本次地震报道中，我们迅即与包括当地政府、救援部队、医疗抢险队、气象地质专家队伍、交通运输部门等在内的上百个前方救援人员建立了连线关系，倍增报道力量。对前线资源的开掘我们做到两点：一个是联系上一个就再不放弃，有一位军队救援负责人一共有3部电话，我们全部掌握，以至于连他自己都感到惊讶；二是联系上一个就开辟出一串，打通一个领域或者一个地区的报道路径。这些新发展的报道采集点不但使报道成倍扩容的时候做到信息丰富，更重要的是他们是抗震救灾的真正主力，他们能够到达我们记者也无法到达的真正的前线，这样就把我们的报道推到了真正的前线。

同时我们还加强和兄弟媒体的联动，中央电视台资源得天独厚，加强和中央电视台的联系，一方面可以拓展信息面，同时信息的准确性值得信赖，我们在征得对方单位同意的前提下，和部分记者建立了连线关系，很好地补充了我们的节目；其他地方媒体也是我们获取信息的重要来源，特别是事发地媒体，利用好他们手中的利剑会使别人的长处同样变成我们的长处。

盘活前线再次表现在激活后方资源，变后方为前线。比如随着过渡性住房建设工作的全面启动，北京市八大国有企业建设队伍陆续奔赴前方，这时我们的地域优势就有了用武之地，我们积极与所有建筑队伍取得联系，通过他们的驻站记者拍摄画面，传递信息，综合运用视频连线、电话连线等多种方式报道前方建设情况，取得了报道的主动权。更为重要的是，我们在自己拥有优势的地方集中兵力实行突破，6月4日，北京市援建灾区的首个过渡性安置房在四川安县落成，我们与建设单位——北京建工集团通力合作，进行了两个小时的异地直播，直播信号同时为中央电视台和四川电视台使用，实现了优势资源的效益最大化。

接牢地线

接牢地线首先要始终牢记媒体责任。媒体应当具有大局意识、责任意识和把关意识。始终把鼓舞人心、维护稳定放在首要位置。像5月13日某媒体到地震灾区组织拍摄废墟重生的艺术照被查处事件虽然是极端事例，但同样值得我们引以为戒。

牢记媒体责任核心一点就是确保信息准确权威，我们的做法主要集中在如下两个方面：

一是坚持从政府权威部门获取信息。比如抗震救灾指挥部是最权威的发布机构，而不同的政府主管部门则对某一单项发布内容负责，民政部门、财政部门、交通部门各司其职。信息出现不一致的情况下要慎重对待，避免出现杂音。

二是借鉴党报对版面的做法，和中央电视台对编排。因为中央电视台新闻频道作为专业化频道，新闻播出的频率和速度都是全国第一的，而大多数地方媒体的新闻节目仍然是栏目化的，所以完全可以把央视新闻作为资料库进行整合校对，从而确保信息的权威准确、丰富及时。

接牢地线其次要正确定位媒体角色。在中国，媒体由于承担着宣传任务，因此具有良好的社会资源，特别是在进行正面宣传时，更容易获得社会方方面面的照顾和支持，有时甚至获得一些特权，但越是在这种情况下我们越是要正确对待自己的角色。

接牢地线再次要特别注意传播效果。比如某媒体在进行连线报道时，就堰塞湖有这样一段连线，记者首先交代指挥部表示如果堰塞湖存在溃堤危险就发3颗信号弹，要求所有人员必须马上撤离，然后记者说，我们刚刚抢救出一名伤员，他是一名医生，就在救援人员准备对他进行现场包扎的时候，堰塞湖方向升起3颗信号弹，大家立即撤离，现在我们已经撤离到一个高坡上，抢险部队告诉我们这是一个安全地带。这个连线的本意是告诉公众我们的撤离及时和大家是安全的，但听完以后人们马上产生的一个疑问是那位刚刚被抢救出来的伤员呢？所以在这样的细节切换中，前方的记者应当对前一个细节进行必要的明示，后方的主持人也可以追问一句，这样就可以避免正面传播的负面效果。

着眼长线

汶川大地震的报道，使我们意识到，只有做好如下三方面的长线工作，才能确保实现重大事件报道的可持续发展。

首先，思路上要把积极参与重大事件作为发展方略的重要内容。新闻、影视剧、综艺节目是电视台收视和创收的三大法宝，而新闻立台曾经是众多媒介的一个理想。近年来，影视剧和综艺节目做大做强被当做是文化创意产业的重要组成部分得到长足发展，电视剧首轮大剧和周末连播的思路得到认可和广泛应用，综艺节目以选秀和真人秀为突破口，更获得巨大效应，这两者在推动媒介品牌建设方面发挥了重要的作用。而新闻节目则由于种种原因成为三足鼎立中改革相对滞后的一级。汶川大地震的报道使我们应当重新树立和更加坚定以重大突发事件为对象，以特别直播节目为形态的新闻发展思路，坚信新闻对于树立媒体品牌和社会影响力具有不可替代的巨大作用。

其次，软件上要建立专业机动的报道队伍和广泛的社会网络。既要专业又要机动，是对地方电视台重大事件报道队伍的要求。因为地方电视台毕竟报道内容有限，或者因为财力等原因不可能长期拥有一支固定的专职队伍，因此实现机动化和专业化相互结合尤为重要，分工明确、各司其职，成为熟手，平时从事日常节目的相关工作，定期举行培训和小型练兵，大事发生时则迅速组织成为报道团队。

再次，硬件上要进行必要的技术储备。北京电视台在这次报道中一个突出的感受就是我们的技术后援十分到位。这里的一个机缘巧合是我们为进行奥运火炬传递直播提前半年进行的技术准备发挥了作用，我们在地震当天就有了一个具有卫星传输路径的机动报道队伍，在3天内就实现了所有在前方报道力量的视频传输。如果说新闻的优势是现场的话，那么电视的优势就是让观众和我们一起看到现场。而这必须依赖先进配套的技术储备。媒介应当始终跟随技术进步，随时了解最新技术前沿并参与应用，建立多条技术通道，确保路径畅通，预案充分。

坚守媒体责任 引领社会舆论

——新闻节目中心推出《抗震救灾 众志成城》特别节目

新闻节目中心

5月13日，汶川大地震发生第二天，新闻节目中心推出《抗震救灾 众志成城——北京电视台抗震救灾特别节目》，最高峰时每天平均播出8小时，截至5月25日，累计直播时长55个小时，大直播及《北京您早》、《特别关注》、《北京新闻》、《直播北京》4档新闻栏目共发稿2000余条，成为全台抗震救灾报道的主战场。

抗震救灾期间，北京电视台成为国内电视媒体中为数不多的拥有独家新闻舆论平台的媒体，社会影响力和收视份额显著上升。《抗震救灾 众志成城》开播第一周平均收视率达到2.85%，带动北京卫视晚间时段（19:30～24:00）收视增长84%，在17个城市收视份额排名中列省级卫视第二名（四川台第一），单日平均收视率峰值达到7.52%，成绩亮眼。我台其他频道先后与卫视频道并机，大量转播《抗震救灾 众志成城》，该节目总播出时长、总收视率非常高，为北京电视台各频道的收视提升作出了巨大贡献。

抗震救灾特别节目受到了中央新闻战线“三项学习教育活动”领导小组办公室、中宣部新闻阅评小组、国家广播电影电视总局收听收看中心、国家广播电影电视总局副局长胡占凡以及北京市委宣传部领导的多次表扬。中央新闻战线“三项学习教育活动”领导小组办公室表扬北京电视台“坚守媒体责任，服务抗灾大局，唱响团结一致、众志成城的抗震救灾主旋律”，中宣部新闻阅评小组认为：“北京卫视大型直播节目《抗震救灾 众志成城》正确把握导向”，“将党和政府的声音及首都人民对灾区人民的情谊及时传达给广大群众，体现了服从服务于抗震救灾工作大局的媒体责任”。国家广播电影电视总局副局长胡占凡两次专门作出批示：“北京电视台在这次救灾宣传中反应迅速，遵守宣传纪律，社会效果好”，“发挥了首都台特有的作用，感谢大家所做的工作”。

新闻节目中心被市委宣传部等四部门授予北京市抗震救灾宣传报道先进集体。《抗震救灾 众志成城》等4项作品获全国城市电视台抗灾救灾优秀节目奖。

新闻节目中心抗震救灾报道主要做法包括：

1. 反应迅速，第一时间展开新闻报道。

“5·12”汶川地震发生当天，《北京新闻》和《直播北京》第一时间进行了报道，第二天即推出《抗震救灾 众志成城》大型直播，时效性强，反应迅速。

2. 记者深入灾区一线，采制大量独家报道，发出了北京电视台自己的声音。

5 月 13 日，刚刚结束奥运火炬登顶珠峰报道的新闻节目中心记者携带直播装备从成都机场直接转赴地震灾区，投入抗震救灾报道，是最早一批进入北川县城的媒体记者，并以最快的速度传送并播发了国内外媒体第一条关于北川中学灾情的现场视频报道。接下来的十几天里，新闻直播小分队深入绵阳、理县、江油等重灾区，及时发回前线官兵群众抗震救灾的最新信息，满足北京电视台节目播出的同时，大量新闻素材被央视及国内其他电视媒体广泛选用。

之后，新闻节目中心又陆续派出 43 名记者赶赴四川灾区采访，加上技术人员总人数达到 61 人，全面展现抗震救灾、重建家园的第一现场。大量发自四川灾区一线的报道展现出北京电视台强烈的媒体责任意识和强有力的新闻创作能力。

3. 内容丰富，报道全面，正确引导社会舆论。

抗震救灾特别节目牢牢把握了正确的舆论导向，将党和政府的声音及时传达给广大群众，将首都市民心系灾区奉献爱心的行动会聚成爱的海洋，同时，还报道了国际社会和国际舆论对中国政府开展抗震救灾的正面评价，展现国外友人、港澳台及海外华人捐款捐物的善举，有力地配合了党和政府的抗震救灾工作。

《抗震救灾　众志成城》特别节目以及各档新闻栏目大量运用本台短评来表达媒体立场，彰显了主流媒体的立场和责任，《让我们记着这个日子》、《爱让我们站在一起》、《危难时刻写大爱》、《用抗震凝聚的精神力量建设国家》等短评配合新闻播出，用正确的舆论引导群众的爱国热情，凸显了北京电视台的影响力。

4. 讲究宣传艺术，创新报道方式和新闻编排，增强感染力。

抗震救灾大直播中，大胆创新报道方式和新闻编排，发挥电视声画优势，采用消息、特写、短评、SNG 卫星直播、演播室访谈、读报、短信互动、字幕新闻、图示版、抗震救灾宣传片等多种形式，提高了新闻直播的感染力、影响力。

5. 在重建家园阶段推出《抗震救灾　重建家园》大型直播，冒着生命危险完成北京援助四川灾区花荄首批过渡房安置交付仪式大型直播。

在台领导亲自带领下，新闻节目中心 39 名记者、编辑陆续集结绵阳安县，冒着唐家山堰塞湖决堤的危险，于 6 月 4 日顺利实现了“抗震救灾　重建家园——北京援助花荄首批过渡房安置交付仪式”大型直播，生动展现了首都人民对四川灾区重建的无私支援，实现了北京电视台历史上首次大型异地新闻直播。

北京电视台抗震救灾特别报道取得了强烈的社会反响。在收看了北京电视台抗震救灾报道之后，无数首都市民自发捐款捐物、无偿鲜血，众多在京企事业单位踊跃献爱心，更多的志愿者加入到救援工作中来，受灾群众树立了战胜灾害、重建家园的信心。

展现北京奥运风采　体现奥运城市特色

——新闻节目中心火炬传递、奥运会、残奥会报道回顾

新闻节目中心

从奥运火炬传递到奥运会、残奥会，新闻节目中心创新报道方式、报道手法，以奥运举办城市台的视角，以人性化、故事化和特色化为价值取向，全景式展现北京奥运风采，在报道中体现鲜明的奥运城市特色，赢得多项荣誉：

——火炬接力及奥运会、残奥会整体报道多次受到中宣部和北京市委宣传部的通报表扬，北京电视台被中共中央、国务院授予“北京奥运会残奥会先进集体”，荣获“奥运会残奥会火炬传递先进集体”称号。

——新闻节目中心被授予全国工人先锋号、市总工会奥运立功首都劳动奖状、首都“迎奥运、讲文明、树新风”活动先进集体、市政府残工委奥运工作先进集体、北京市广播电视系统奥运工作先进集体等称号，并被推荐授予全国总工会奥运立功竞赛标兵、全国五一劳动奖状等称号。

——2008年，《北京新闻》奥运倒计时一周年特别节目首次获中国新闻奖新闻编排类一等奖，《好运北京，演兵奥运：北京已经准备好了》获中国新闻奖三等奖；《珠峰日记》等12项作品获市属新闻单位奥运会、残奥会新闻宣传优秀作品奖。

一、奥运火炬传递报道：与兄弟部门共同配合，圆满完成北京电视台历史上最大规模的报道行动

奥运火炬传递报道是新闻节目中心有史以来参与的最大规模的新闻报道活动，先后派出20多位记者、编辑，圆满完成希腊取火、境外传递、境内传递报道任务。特别节目《和谐之旅——奥运圣火传递百日大直播》中累计播出稿件1000余篇，为提升北京电视台收视份额和品牌影响力作出了突出贡献。

境外传递报道不辱使命，突破安保封锁和反华势力阻挠，成功抢发大量独家新闻。在火炬境外传递过程中，新闻节目中心两位记者作为奥运火炬专机组官方报道团队成员，随火炬在全球奔波33天行程10万公里，途经19个国家21个城市，历经春夏秋冬四季变化，每天睡觉时间还不到3个小时，克服了藏独、东突、法轮功等敌对势力的干扰，发回稿件130多篇，连线100多次，采访线路之长、报道规模之大，创下北京电视台历史之最。

火炬境内传递采取“大小蛙跳相结合”方式，科学运行，统筹灵活。奥运火炬境内传递期间，新闻节目中心派出两个

官方运行团队报道小组、5个蛙跳组以及珠峰特别报道组，历经全国105个城市，时间跨度超过3个月，发回大量源源不断的最新消息，成为奥运火炬传递报道的主要力量。火炬境内传递过程中，北京电视台是唯一一家在火炬境内传递当天实现视频对播的省级电视台。新闻节目中心记者参与了20余个重点城市的视频对播，实现了新闻采制与播出的零时差，新闻受众与新闻现场的零距离。

火炬珠峰传递拓展报道空间，推出《珠峰日记》，实现多项突破。奥运圣火登顶珠峰，北京电视台与北京网通机动通信局建立战略合作关系，首次使用可移动卫星传输设备即FLYAWAY，首次与央视同步传回珠峰视频信号，第一次实现了海拔5000米以上的电视直播。《北京新闻》推出12集系列报道《珠峰日记》，首次以日记体裁，以记者第一人称方式，以讲述的风格，展现了火炬珠峰传递的盛况，探索出一条新闻报道的新路，既体现了珠峰背景下的科技、绿色、人文三大理念，也表现了民族团结、民族融合的主旋律，凸显了奥运主办城市电视台独特的视角。

积极参与奥运圣火北京传递报道，为各档新闻栏目及火炬北京传递连续3天的直播特别节目提供不断更新的现场报道。8月6～8日，奥运圣火在北京传递。刚刚随奥组委圣火运行官方团队返京的新闻节目中心记者利用随团媒体优势，从核心区发回大量热情洋溢、令人振奋的报道，还为北京地区火炬传递连续3天的直播节目提供了大量不断更新、丰富多彩的现场报道。

二、奥运会报道：围绕赛事保障、城市运行等开展特色报道，向世界宣传了北京和谐友善的城市形象

奥运会期间，新闻节目中心承担了《光荣与梦想》每天330分钟的奥运新闻报道任务，新闻节目全面改版为《奥林匹克早晨》（90分钟）、《奥林匹克新闻》（90分钟）、《奥林匹克全景》（90分钟）、《北京新闻》（60分钟），4档栏目累计直播总时长92小时，播出新闻2000多条。

其中，《北京新闻》将赛事信息、赛事保障、城市运行和时政新闻等内容熔为一炉，动态编排，立体报道。《奥林匹克全景》将现象、事件与分析、评论、思考相结合，体育报道注入社会内涵。《奥林匹克新闻》面对突发事件沉着应对，客观评述。《奥林匹克早晨》第一时间进行总结回顾性报道和预发式报道。4档栏目采取消息、评论、现场赛事信号直播、短评、专栏、音乐片、SNG直播等多种形式报道奥运盛况，观众反响强烈，几个时段的新闻成为北京卫视收视的高点。

在奥运会报道中，新闻节目中心发挥首都地域优势，坚持特色化报道战略，围绕埃文斯夫妇爱情故事、杜丽失利与夺冠、刘翔退赛、马拉松穿越古老而又现代的北京城、志愿者的微笑、城市应急保障等方面进行精心策划，以特写、短评、专题、访谈、读报等多种方式进行立体报道，体现出跨越国境的奥林匹克精神，树立起北京和谐友善的城市形象以及中国的大国风范，整体报道既有国际视野，又体现出鲜明的北京特色。

三、残奥会报道：策划推出特色报道和新闻行动，体现对残疾人朋友的人文关怀

按照“两个奥运同样精彩”的要求，新闻节目中心确定了残奥会报道总体思路：坚持以人为本，重在人文情怀。各档栏目策划推出一系列特色报道和新闻行动，体现了媒体服务社会的公益精神，体现了媒体对残疾人朋友的人文关怀，播出新闻1000多条，获得了良好社会反响。

从9月6日开始，《北京新闻》开设专栏《残奥1+1》，首次邀请残障人士作为我台记者，以第一人称方式报道残奥会。整个节目以情怀感人，真实而真切，尤其是残障人士青风和解岩亲自配音，发回现场报道，极富感染力，被央视《新闻联播》采纳播出。《北京新闻》还开设《超越融合共享》专栏，注重挖掘赛事背后蕴藏的超越、融合、共享的残奥会精神，为残奥会的召开营造了良好的舆论氛围。

残奥会期间，《特别关注》向全社会召集志愿者，发动主持人和志愿者开展以帮助盲人观看比赛为主题的爱心行动。活动宣传片播出后，有数百名观众报名成为志愿者，和主持人一起每天组织盲人朋友到各比赛现场，为他们引领服务，讲解赛事，奉献爱心。这些爱心行动受到了盲人朋友的欢迎和上级领导的表扬，不仅塑造了主持人和媒体的公益形象，还在全社会营造了关心、爱护、尊重残疾人的风气。

《北京您早》策划推出“送人玫瑰手有余香”主题报道，请观众从每天播出的节目中，选择感动自己的运动员或者是志愿者，通过热线电话或者电子邮件的方式告诉节目组，节目组再委托主持人和记者，代替观众给运动员或者志愿者送花。

《直播北京》栏目与北京市城市管理综合执法局合作，开辟了《爱无障碍》专栏，以保障盲道畅通为切入点，以点带面，反映北京市为残疾人出行所做的无微不至的服务。主持人实地体验盲人出行的困难，用自己的行动感化着全社会，为残疾人无障碍出行尽了一份心意。

《直播北京》还开辟了专栏《朋友的故事》，让记者主动与残疾人交朋友，“把朋友的故事讲给你听”，然后记者再以朋友的视角，向观众讲述残疾人朋友自强不息的故事。

追随圣火攀高峰

——火炬传递珠峰报道总结

马国颖

2008年4月24日~5月10日，北京电视台派出5人小组赶赴西藏，报道北京

奥运火炬接力珠峰传递。报道组共发稿 40 多篇，进行 20 多次直播连线和电话连线，得到了市委宣传部领导以及观众的好评。

一、一个有胆略的决策，把一次边缘性报道变成提升媒体影响力的机会

将奥运圣火带到世界最高峰，是北京申奥时的承诺，被认为是奥林匹克历史上的壮举。这一事件注定成为媒体关注的焦点。然而，由于这次报道的特殊性，北京电视台的记者根本没有到达核心现场的可能，明显处于边缘位置。

面对不利形势，台领导果断决定，要抓住北京电视台作为受邀媒体前往珠峰的机会，克服一切困难，把圣火登顶珠峰作为 BTV 奥运报道的亮点，全力完成这一历史性事件的报道。

在为珠峰报道组送行的会上，刘爱勤台长用“壮举”、“壮士”、“壮行”三个词概括了这次报道的意义，要求要尽职尽责地工作，以有特色的作品，在这一历史性事件中留下我们的声音，展示我们的形象，并亲自策划、确定了《珠峰日记》栏目。张晓总编亲自拟定报道的指导思想。张亮、朱江两位副总编具体指导记者的工作，亲自出点子，出题目。这使得报道尚未开始，就已经在台内形成了重视珠峰报道、力推珠峰报道的氛围。

二、一个创新高效的机制，把前后方共同带入“珠峰氛围”

创新高效的机制是这次珠峰报道一个突出的特点。技术上，我们第一次借助社会技术力量弥补设备的不足，租用了北京网通机动通信局的移动卫星站，并且在报道小组中吸收了通信局的技术人员，形成了自己独立的传输系统和技术保障力量，克服了珠峰地区央视通信网络不能随时借用，原有通信网络又难以利用的技术障碍，为完成这次任务奠定了基础。同时，在工作方式上，实行了技术人员和新闻报道人员的严格分工，互不干涉、互不交叉。实践证明，分工的细致，让前方报道组的记者摄像全力投入到了寻找选题和拍摄当中，前方技术人员全力投入到技术系统保障中。清晰的两个“全力”，达到了全力做好报道的最好效果。

业务上，报道组出发前，要闻部就确定了两位能力很强的同志作为此次报道的后期编辑，并且采编之间形成了特殊的工作方式。概括起来就是，前方记者全力捕捉现场、提炼思想，后方编辑认真铺垫背景、润色细节；前后方保持频繁、细致的沟通，前方记者详尽讲述现场，从而把后方编辑带入现场，前后形成一种业务上的“珠峰氛围”或者“珠峰感觉”。这种方式，使得后方编辑不仅仅是对前方稿件的简单加工，而且是一个再创作的过程。前后方的无缝对接所营造的同一个氛围，实现了融多人思维、多人视角于同一风格，取得了很好的报道效果。

三、一个充满友爱、团结向上的集体，把挑战和压力转化为了勇气和动力

在圣火登顶珠峰报道的 18 天，就是克服困难的 18 天。由于天气寒冷，电池放了一夜之后，往往就没电了。摄像师把 8 块电池放在睡袋里，用体温暖电池；由于缺氧，有的同志整晚睡不着觉，只能靠吃止痛片和安眠药才能勉强睡上一两个小时，

但是到了白天，依然坚持工作；5月7日晚上，得知第二天登顶的消息，报道组决定把移动卫星站搬到珠峰大本营，大家几乎通宵未眠，保证了第二天登顶报道的成功。

在后方，负责接收信号的同志24小时与报道组保持联络，做到了随传随收。同时，他们还从观众的视角提出建议，给了前方记者很多启发。

在突发事件中发挥媒体危机应对功能

——北京电视台抗震救灾特别报道的启示

孙湘源

2008年5月12日，四川汶川发生8.0级特大地震。在突如其来的巨大灾难面前，北京电视台迅速启动应急报道预案，紧急调整频道播出计划，在北京卫视及地面频道并机推出《抗震救灾　众志成城》大型直播特别节目，将党和政府的声音及时传达给广大群众，将抗震救灾的第一现场呈现在首都荧屏，将首都市民心系灾区奉献爱心的行动会聚成爱的海洋，有力地配合了党和政府的抗震救灾工作。

一、应急机制完善，领导组织有力，确保抗震救灾应急报道预案迅速启动落实

在汶川地震发生的第二天，北京电视台迅速启动重大灾害应急报道预案：在新闻节目中心成立了抗震救灾应急报道小组，负责北京电视台抗震救灾的新闻直播工作。应急报道小组下设导演组、前方报道组、北京报道组、SNG直播报道组、演播室访谈组、资料信息组、包装组、导播摄像组等，大家按照预案要求，各司其职，各负其责，立刻运作。

就在应急报道小组成立仅仅4个小时之后，5月13日19：35，北京卫视播出了60分钟大型直播特别节目《抗震救灾　众志成城》，突出报道了党中央、国务院对于当前抗震救灾工作的部署和温家宝总理亲赴灾区指挥抗震救灾的行动，追踪了四川灾情的最新进展，展现了首都各界对四川灾区的爱心奉献。随后，《抗震救灾　众志成城》不断延长播出时间，从5月19日开始，增加到每天8小时。

从5月18日开始，北京电视台紧急调整频道播出计划，全台各频道陆续与BTV-1北京卫视并机；BTV-1北京卫视除播出大型直播《抗震救灾　众志成城——北京电视台抗震救灾特别节目》和新闻节目外，其余时间都与CCTV-1并机播出。所有频道停播广告和宣传片。

二、坚持正确的舆论导向，奏响“抗震救灾　众志成城”的主旋律，为抗震救灾营造良好的舆论氛围

就在“5·12”汶川地震发生不久，有关北京地区当晚将出现地震的谣言通过互联网和手机短信流传，扰乱了民心。北京电视台迅速派出记者赶赴国家和北京市地震局采访，为了有效引导舆论，北京电视台在抗震救灾报道中坚持正确的政治导向，一是重点报道党中央、国务院以人为本、心系人民安危的情怀。二是及时、准确、公开、透明报道灾区灾情和救援工作的权威信息，充分满足公众的知情权。三是大力报道首都各界为灾区人民奉献爱心的举措，激发大家团结一心、共渡难关的爱国热情。同时，我们还报道了国际社会和国际舆论对中国政府积极开展抗震救灾的正面评价，展现国外友人、港澳台及海外华人捐款捐物的善举。5月21日的《抗震救灾　众志成城》直播中，推出了“让世界充满爱”特别节目，三星、雀巢、戴姆勒等多家世界500强企业的老总来到演播室，为灾区捐款献爱心，表达国际社会对中国灾情的关注。

在报道中，直播节目还注意整合央视、新华社等权威媒体资源，精心改编后播出，比如在最新消息中，收录中央电视台《新闻联播》播发的党中央、国务院的最新政策和措施；整合中央电视台、新华社等媒体的最新抗震救灾报道；同时，积极与前方记者和抢险队进行实时的最新电话连线……通过“为我所用”的新闻编排，体现出了鲜明的首都意识和首都特点。

三、发挥媒体力量，自觉融入政府危机应对总体工作中，让媒体成为动员全民力量应对危机的公共平台

在地震发生后，北京电视台和全国各家媒体一道，将党和政府的声音及时传达给全国人民，将全国人民的爱心及时传达给灾区群众，鼓励灾区群众树立战胜灾害、重建家园的信心。5月13日，我们及时报道了灾区急需血液的新闻，记者还在当天去清华大学、联想集团、北京血液中心等地采访，记录了广大市民踊跃献血的画面。5月13日晚的大直播中，我们还出动了卫星直播车，直播了北京市血液中心市民自发献血的感人场面，记者刘海宁在现场报道的同时，还伸出胳膊，无偿献血。直播画面传到千家万户，深深打动了无数观众的心。在媒体的动员下，京城掀起了爱心献血的热潮，短短几天，北京的血库就基本饱和。

5月19日，共和国历史上第一个国家哀悼日。我们派出了十多组记者，记录了首都群众的默哀仪式，赶制了新闻特写《中国力量》、《任何困难都难不倒英雄的中国人民》、《首都：永远和灾区人民心连心》等，还连线正在灾区采访的前线记者，采制了特写《四川——我们仍将前进》，展现了灾区群众选择坚强、重建家园的精神和决心，并配发了本台短评《让我们记着这个日子》。将哀悼日比作“全国人民的壮行日”，鼓舞全国人民万众一心、众志成城、拯救生命、重建家园，赢得最后的胜利。

四、讲究宣传艺术，创新报道方式和新闻编排，增强感染力，努力提高舆论引导水平

在这次抗震救灾大直播中，我们大胆创新报道方式和新闻编排，采用消息、特写、短评、SNG卫星直播、演播室访谈、读报、短信互动、字幕新闻、图示版、抗震救灾宣传片等多种形式，发挥电视声画优势，努力提高新闻直播的感染力、影响力。

1. 增加短评分量，体现媒体立场

在直播节目中，启用了本台短评这种方式，用电视评论来表达媒体立场，彰显了主流媒体的立场和责任感。短评《对每一个生命负责》、《灾害中我们众志成城》、《志愿者，用关爱撑起一片天》，话虽不长，却掷地有声，动人心弦。在全国哀悼日，节目配发的《让我们记着这个日子》、《爱让我们站在一起》、《危难时刻写大爱》、《用抗震凝聚的精神力量建设国家》等短评，起到了团结鼓劲的作用。

2. 启用SNG卫星直播，实现新闻的“现在进行时”

在直播节目里还贯穿使用了SNG卫星直播车，其中有北京市血液中心的献血现场、运送救灾物资的首都机场以及大红门货运站、青基会捐献现场等地发回的现场直播报道，做到了演播室主持人与新闻现场主持人的实时对话，实现了新闻现场与新闻播出的同步。

3. 推出演播室嘉宾访谈，通过“议题设置”引导舆论

在每天的直播节目中，还启用演播室访谈这种方式，每天围绕一个主题，展开重点报道。嘉宾不仅有地震专家、消防专家、急救专家、心理卫生专家，还有地震灾区的亲历者和本台一线报道记者。他们通过真实的故事、朴实的讲述、细致的诠释，使观众不仅了解了有关地震和救援方面的常识，还更形象地了解了灾区救援的真实场景，使报道可视性强，深深打动了无数观众的心。

4. 电视音乐片的运用升华了观众的情感

在直播中大量穿插、实时更新播出的抗震救灾宣传片、主持人公益宣传片、《紧急救援24小时》宣传片、《他们是最可爱的人》等电视音乐片，编辑精美，感人至深，催人泪下，既使观众的情感得到了进一步升华，又很好地调整了直播节目的节奏，为节目增色不少。

5. 无截稿时间的开放式编排

为了追求新闻时效性，直播开始后的最新消息可以随时在直播台播出，新闻编排机动灵活，自采新闻、央视新闻以及其他媒体新闻组合在一起，根据需要滚动播出，实现1+1>2的作用。

五、组织记者深入灾区一线，采制大量独家报道，发出了自己的声音，使得北京电视台在抗震救灾期间成为全国各电视媒体中为数不多的拥有独家新闻舆论平台的媒体之一，社会影响力显著上升

从5月13日起，北京电视台新闻节目中心陆续派出17组、40多名记者赶赴四川灾区采访，加上技术人员总人数达到61人。他们平均每天为特别节目发回20多条现场报道，全面展现抗震救灾、重建家园的第一现场，有力地配合了党和政府的抗震救灾工作。

5月20日，北京电视台记者马国颖在灾区看到一片片绿油油的稻田上有不少人在干农活，随即到田间地头向受灾的农民了解情况，采访到了受灾群众非常朴实但同时又非常有力量的话。在现场，记者做了如下的点评："今天听到这轰轰作响的犁地声，流水的声音，受灾群众劳动时的欢笑声，这些声音都太动听，也太让我感动。正是他们的坚强和坚持，让这片土地重又焕发生机。"这也是在电视媒体上第一次出现关于受灾群众生产自救的现场报道。

求真　务实　创新
新闻节目中心圆满完成市"两会"各项报道任务

陈　楠

北京市第十三届人代会一次会议和市政协第十一届一次会议，是北京奥运之年初始召开的一次重要会议，是北京市民政治生活中的一件大事，又时值人大、政协届首之年，因而广受瞩目。北京电视台新闻节目中心以"安全第一、务实创新"为宗旨，抽调60多名编辑、记者组成报道队伍，周密组织，精心策划，密切协作，扎实工作，圆满完成了"两会"直播和各项宣传报道任务，展现出北京电视台新闻队伍良好的业务素质和崭新的精神风貌。

一、两会直播：平安创新　实现双赢

对于人大、政协开幕式直播工作，台领导高度重视，提前召开多部门协调会，明确分工、清晰责任、落实到人。为此，评论部成立了记者组、技术支持组和后勤保障组，制订了直播安全分级保障方案，确保转播车、演播室操作安全。

此次直播呈现两个特点：一是直播工作比以往时间更紧、任务更重。除了开幕式以外，人大会首次增加了人大主任做人大常委会工作报告的直播。为此，直播小组进行了连续3次严格的实战模拟演练，全力保障直播顺利完成。二是为保障直播信号不受外来信号干扰，此次直播采用了光缆和卫星双路传送信号的方式，在画面、声音发生故障时，均可及时采取双路预制覆盖等措施。

另外，此次直播力求在画面语言上寻求突破，比如，大胆使用了脚轮推移、香炉脚低位拍摄等，使镜头有了设计感，增强了画面的艺术性和思想内涵。

二、程序报道：严谨规范　时效为先

程序报道是两会报道的重要内容，今年的程序报道体现出三方面的特点：一是严格按照采访部—宣传部两级审稿，采访部—新闻中心—宣传部三级审成片制度执行，保证程序报道排序准确无误、文字和画面规范。二是按照时效为先的原则，当天的程序报道在《北京您早》、《特别关注》、《北京新闻》、《直播北京》等4档节目中实现滚动播出。《特别关注》抢发了当天上午人大、政协开幕式的报道，11:00多结束的人大主席团会，12:30播出，大大提高了新闻时效。三是镜头始终对准基层的代表、委员，充分反映他们的意见和心声。粗略统计，采访代表、委员近百人次，占到代表、委员总数的10%左右。

三、配合报道：策划先行　多姿多彩

"两会"之前，新闻节目中心进行了周密的前期策划，使2008年的"两会"报道呈现出形式多样、丰富多彩的特点。

1. 图解方式解读报告。新闻中心精心策划了《数说新北京》系列报道，对《政府工作报告》进行了重点解读。《数说新北京》分为"发展篇"、"结构篇"、"环境篇"、"民生篇"和"奥运篇"等五部分，其中《科学发展统领北京经济》、《有进有退调产业节能降耗显成效》、《谋和谐发展建宜居北京》等，1/2的篇幅是精美的图表、动画、包装、特技等，用生动形象的电视手段对《政府工作报告》内容进行了深入浅出的图解，展现出首都无限美好的发展前景。

2. 建言北京倾听声音。《建言北京》是"两会"报道的一个固定板块，通过建设自主创新型城市、新农村建设、提高城市文明程度、节能减排和发展循环经济、解决群众住房困难、社会保障体系建设等主题设置的聚合效应，深入反映代表、委员的心声。《建言北京》总发稿7篇，在4档新闻中轮番播出，采访了40余名来自基层的代表、委员。

3. 特别报道"小曹跑两会"，用个性化的视角反映大会上的大事小情、国计民生，吸引社会各界广泛关注。"小曹跑两会"由《特别关注》主持人曹一楠现场出镜，给观众带来"两会"上的热议话题、新鲜事物、会议新气象等，在《直播北京》、《特别关注》、《北京您早》等栏目播出，既轻松活泼，又富有信息，兼具时效性、现场感，收到了很好的宣传效果。

四、专题报道：重量出击　创新求变

2008年"两会"，新闻评论部特别推出了9集专题报道，分别以《市政协十一届一次会议开幕式实况剪辑》、《市第十三届人大一次会议开幕式实况剪辑》、《推动首都经济又好又快发展》、《决胜奥运年》、《全面推进社会主义和谐社会建设》、《关注民生共创和谐》、《八个党派和工商联发挥参政议政作用》、《行使代表职能加强政府自身建设》和《新当选的市政府领导班子记者见面会实况剪辑》为主题，全方位解析报告、报道"两会"。此次专题报道呈现出与以往不同的特点：一是后台准备工作完备，策划先行，关口前置，通过广泛搜集大量的资料和数据，使解读重点突出、全面深刻；二是首次变开放式提问为闭合式提问，抓住《政府工作报告》中的重点环节和内容直接提问，使代表接受采访时能够直接切入主题，增加采访有效信息，更加生动鲜活，从而使后期编辑的逻辑性更强，变垂直传播为多向传播；三是突出专题特点，在报道形式上求变创新，采用解读的方式，通过"背景链接"和"关键词"的版式逻辑清晰地加以解释，突出了专题报道的个性化和人性化。

立体报道 动态编排 注重包装
《北京新闻》奥运报道思路

新闻节目中心

新媒体的迅猛发展，让观众不断苛求新闻的报道速度，渴望丰富的报道内容，为此，《北京新闻》近年来不断探索，树立了立体报道、动态编排、注重包装的工作思路，使节目长盛不衰，影响力不断扩大。

立体报道

2008年北京奥运会是全中国人民的一件大事，作为主办城市电视台最重要的新闻栏目——《北京新闻》围绕奥运形成立体报道声势，而《北京新闻》赋予立体报道的内涵包括内容丰富和形式多样两个层面。在北京奥运之前推出了《好运北京演兵奥运》、《奥运荣耀百姓情缘》、《见证新北京》、《同心迎盛会》等系列报道，从赛事准备、市民期盼等多个侧面报道了北京为办一届有特色、高水平的奥运所做的努力。同时在报道中，尝试运用现场直播、新闻特写、SNG直播、本台短评、编后等多种表现形式。例如，在奥运筹办的最后冲刺阶段，《北京新闻》推出了系列报道，当天新闻运用了通过报道全市各界为筹办奥运所做最后冲刺和市民欢欣鼓舞迎奥运，有力地烘托了奥运气氛。内容涵盖奥运筹办工作和市民奥运生活的方方面面，运用了动态消息、新闻特写、栏目编后等多种报道形式，《同心迎盛会》推出当天宣传部领导给予很高评价，认为“当天的新闻内容好、编排好、编后好，包装也好”。

动态编排

以2008年奥运报道为例，8月8日北京奥运会开幕当天，《北京新闻》打破常规进行了动态编排，在节目开始设置了记者从“鸟巢”报道点发回的现场直播报道《今晚百年梦圆：北京迎来奥运时刻》，把记者在鸟巢附近的所见所闻所感，通过直播的形式一一展现出来，把观众的激情和关注点拉到了北京奥运会开幕式的心脏地带——“鸟巢”。随后，配发了一组《今晚百年梦圆：北京准备好了》，从礼花燃放、公交保障、安检进展、气象监测、道路交通等各个方面发回现场报道，介绍各个部门一切准备就绪，期待当晚绽放精彩。在节目最后，《北京新闻》再次把信号切换到“鸟巢”直播点，由记者在现场发回最新报道《今晚百年梦圆：奥林匹克中心区一切准备就绪》，让观众进一步接近那个激动人心的时刻。

同时，奥运期间节目《北京新闻》打破常规，随时插播最新比赛赛事，充分发挥了电视新闻的优势，使新闻节目充满活力，取得了比较好的传播和收视效果。

注重包装

为了让节目形式更加丰富生动，北京电视台新闻中心新闻编辑部专门成立了编辑组，负责各档节目的宣传片、片花、角标、MV等创意、制作和包装。每当重要节目来临或重大新闻发生时，《北京新闻》都要与编辑组合作，推出生动丰富的包装形式，增强新闻的感染力和吸引力。

以奥运期间报道为例，《北京新闻》按照每天赛事的不同主题、不同类型，播出不同风格的宣传片，每天制作的固定MV包括："夺金盘点"、"金牌榜+辉煌瞬间"、"中国军团夺金录"，平均每天更新3~4次，17天共146次。此外，自主创意不同主题的宣传品平均每天2.5个，17天共制作43个，规定动作和自选动作合计189个，从数量上看宣传品是相当丰富的，对赛事报道进行了有力的补充，同时对于整个奥运直播起到了情感升华的作用，同时也很好地控制了直播的节奏感。

坚持导向　打破常规　展示成果　烘托气氛

——写在《北京新闻》获得中国新闻奖新闻编排一等奖之际

陈　楠

2007年8月8日，是北京奥运会倒计时一周年纪念日。当天的《北京新闻》依据栏目定位，坚持正确导向，突出展示了北京奥运筹办阶段性成果，充分展现了首都各界群众万众一心、期盼奥运的喜悦之情。就是这一天的《北京新闻》，获得第18届中国新闻奖新闻编排一等奖。总结新闻编排的经验，主要有以下几点：

一、重点突出，以点代面

当天的《北京新闻》编排打破常规，以《我们期待那一天》为总标题，借鉴新闻专题片的形式，及时报道了倒计时一周年当天发生的重要新闻事件，集合了奥组委最新动态、奥运测试赛最新进展、群众文体活动、典型人物事迹等信息，对当天发生的"好运北京"世界青年赛艇锦标赛举行开幕式、各国奥运会代表团团长共植友谊林、奥林匹克珍藏品中国巡展、国际奥委会北京奥组委员工动员会等时政活动，以及全民健身活动启动、奥运图书热销、万人迎奥运长跑等首都各界群众与国际友人开展的丰富多彩的庆祝活动进行了报道；第一时间播发了本台记者对张艺谋的专访《奥运开闭幕式"浮"出水面》的独家信息，同时发布了当天晚上庆祝奥运倒计时一周年重要活动的内容，以及《福娃奥运漫游记》电视节目的预告，突出了节目的新闻性和时效性，点、线、面结合，营造了浓郁的迎奥运氛围。

当天的节目充分发挥了编辑后台整合的能力，体现了创新性和整体感，很好地发挥了主流媒体新闻节目烘托气氛、引导舆论的作用。

二、时效性强，信息量大，层次丰富

当天播出的新闻中，绝大多数是当天发生的新闻，部分内容是当天下午的新闻，很好地体现了《北京新闻》时效为先、抢发新闻的特点。当天播出新闻总时长为23分30秒，播出新闻条数达25条，而日常报道量为20条左右，新闻简洁明快，充分体现了丰富性和表现力，克服了主题性宣传报道信息量不足的问题。

三、报道样式丰富，不拘一格

当天的编排有效地整合新闻，播发了组合式新闻、口播、新闻特写、背景链接、新闻MV等多种报道形式，在创新报道方式、提高报道水平方面作了有益的尝试。新闻MV以奥运倒计时一周年前夕发布的歌曲《We are ready》为创作元素，画面充分整合了当天北京发生的群众性庆祝活动，奥运宣传片经典画面的运用，让当天的编排节奏在最后达到高潮。

四、编排张弛有度，节奏感强

当天的编排以时政新闻开头，中间以《我们期待那一天》的片头和小片花划分段落，最大限度集纳当天群众活动的新闻MV结尾，结构自然，段落清晰，表现出很强的编排功力。

五、整体感强，编排工整

当天的编排中，新闻标题精要准确，导语简短有力，表述方式大方得体，充分体现了《北京新闻》作为主流新闻媒体的风格特征。

2007年8月8日《北京新闻》的编排是近年来北京电视台新闻栏目编排中不可多得的佳品，播出后得到了北京市委宣传部、台领导的赞扬，收到了很好的传播效果，先后获得了第18届中国新闻奖新闻编排一等奖、第17届北京新闻奖优秀奖、2007年度北京市广播电视奖电视新闻二等奖。

从《北京新闻》的幸运获奖，可以得出这样的结论：

一是电视新闻编辑始终是传统文化的承载者、民族精神的传播者、现代文明的创意者、科学发展观的实践者，我们之所以能创作出更多更好的作品，是因为我们始终坚持热情讴歌我们伟大的时代和伟大的人民，大力弘扬民族精神和时代精神，为建设社会主义核心价值体系、促进社会主义文化大发展大繁荣作出了我们应有的贡献。

二是伟大的时代催生伟大的作品。承载着中华民族百年梦想的北京奥运会，带给了北京史无前例的发展机遇，丰富的资讯、宽松的环境，同样也给了新闻工作者前所未有的创作空间。

三是伟大的作品助推伟大的时代。目前，我国的新闻事业处于最好的发展时期，我们应该通过规范和有效创新相结合的方法，及时调整和优化，更多地创作出源于生活、源于群众，具有丰富而先进的文化内涵，达到精湛和经典水准的作品，最大限度地丰富当今人民的资讯生活，发挥精神产品在改善和提高人民生活品质方面的重大作用，给社会和环境带来积极、正确而深远的影响。

四是培养和提高新闻工作者队伍的综合素质非常重要，锻炼新闻将才队伍，形成良性循环，以适应社会与时代的发展要求。

伟大的时代呼唤伟大的作品，打造时代精品是一个城市文化建设的重要任务。植根在首都新闻事业发展的沃土中，北京电视台的新闻创作繁花朵朵、硕果累累，一定会再铸辉煌！

《北京记忆》：以平民视角体现“人民生活史”

新闻节目中心

纪念改革开放30年大型纪录片《北京记忆》是北京市纪念改革开放30周年重要文化工程，是北京电视台首部数字高清晰度格式纪录作品，是北京电视台新闻节目中心历时一年精心打造的鸿篇巨制。

2008年12月12日起，《北京记忆》在卫视频道热播，该片共16集，每集35分钟，题材重大，规模宏大。《北京记忆》整合了北京30年来市民生活的公共记忆和各阶层人士的亲历往事，以“口述”作为主要表现形式，以个体视角和个体感受回溯了北京改革开放30年来的历程。200余位时代亲历者倾情讲述平凡人生中的温暖回忆，还原你我共同的经历，30年沧桑巨变，在京城百姓的凡俗生活中悄然呈现。

《北京记忆》摆脱了传统制作政治纪念性纪录片的窠臼，以创新的姿态，在日常生活的语境中叙述历史，以人性化、故事化、情感化的价值取向，呈现出宏大历史的民间面和生活面，唤醒了人们沉睡的记忆，唤起了全体北京人的情感共鸣。《北京记忆》是一幅年轮的画像，一部记录北京改革开放30年历程的私人生活史，一本记载30年都市面貌变化的民间百科书，一座镌刻了30年公众记忆的无字碑，一部当代史意义上的“北京传”。

《北京记忆》播出后引发了强烈的社会反响，成为北京2008年底的荧屏亮点，取得了很好的社会效果和社会评价。中宣部新闻阅评组、北京市委宣传部新闻阅评组多次肯定表扬该片。北京市副市长、市委常委宣传部部长蔡赴朝批示：“《北京记忆》堪称强档精品栏目，策划到位，思想深刻，内容丰富，形式新颖，生动感人。”北京市广播电视局收听收看中心称赞该片是“讴歌改革开放的精品力作”。2008年12月20日《人民日报》要闻版以《〈北京记忆〉回溯“人民生活史”》为题发表评论文章，评价该片“是第一次用影像讲述一个城市的生活史，这也是中国纪录片发展的‘物质进步’”。中国青年报总编陈小川表示，这是一部让他“满含热泪才能看完的优秀作品”。音乐人小柯表示《北京记忆》让他产生了“暖暖的伤感和不能控抑的自豪感”。

目前，《北京记忆》已经获得了由中

国文联、中国电视艺术家协会联合主办的“改革题材全国优秀纪录片”评选活动“精品奖”，广电总局中国广播电视协会纪录片工作委员会主办的“改革开放30年纪录片”评选活动“金牌节目奖”。

本片的创新点表现在：

一、《北京记忆》在纪念改革开放30年这一具有政治仪式性的时刻，抛弃成见，克服惰性，突破惯性，另寻道路，着眼于北京市民的日常生活，并且坚定地在日常生活的语境中叙述历史，呈现出了宏大历史的生活面和民间面，以私人化视角叙述了一部30年来北京市民的物质“生活史”。这是一部人人均有记忆，但至今仍未被关注、被整理的正在消失的历史。无论是公众人物，或是平民百姓，在本片中都成为平等的“时代亲历者”，共同口述看似“生活琐事”的真实历史；历史影像库中的各种被忽视、被埋没、被遗弃的“边角料”影像，成为本片影像资料的主体部分。《北京记忆》努力开拓政治纪念性纪录片的创作思路，探索更新和拓展此类纪录片的表达方式和语言疆界。

二、《北京记忆》始终贯彻人性化、情感化、故事化的价值取向和创作方向，在具体的选题、选点、创作手段选择等环节，体现出了整体性的创作追求。《北京记忆》的人性化视角和温暖气质，击中了人们需要被唤醒的心灵，唤起了全体北京人的沉睡记忆和情感共鸣，引发了观众的热烈反响。《北京记忆》的开放姿态和创新精神，对于政治纪念性纪录片的创作趋向和创作空间的可能性，提供了一个思考的参照。

三、《北京记忆》由题材和视角的选择发展出对美学风格的把握，采访背景、运动摄影、特效合成、配乐、片头、中插、主题曲、宣传片等，既特色突出，新颖别致，又体现出整体审美风格的控制，形成了整体的节目气质，体现出突出的创作个性。

四、《北京记忆》对历史影像精心甄选、编辑、处理、解读，努力体现出具有时代特色的创作者视角。《北京记忆》对于历史资料的使用方法，强化创作者看待历史资料的主观视角，在“描述”之外，强化“二度分析”、“重新阐释”的功能，体现出了具有思考者气质的创作个性。本片努力寻找旧材料的全新观察视角与诠释方式，并发展出具有自身特色的影像处理表现方法——照片三维动画，这是在国内纪录片界首次大规模使用“照片三维动画”的表现手段，收到了良好的视觉效果。

五、《北京记忆》制作精良，大气恢弘，结合最为前沿的摄影、特技效果手段，广泛采用延时拍摄、拍摄特效合成、运动摄影、灯光运动等表现手法，形成了具有自身特色和美学追求的影像构成，成为节目的一大看点。

《北京记忆》是国内第一部大量采用照片、动画包装形式的高清作品，包装风格新颖前卫、时尚大气。主题歌《藤》在播出后迅速成为万人传唱的流行新宠，在拓展节目影响力，强化节目整体形象方面，起到了不可低估的作用。

《北京记忆》对人文社会科学新成果、新理论、新方法的主动借鉴，体现了电视从业者漠视久之的科学研究方法和文化自觉意识，创新了电视纪录片的策划、操作方式，使得本片在社会价值、审美价值之外，体现出较高的历史价值和文献价值。

开拓策划思路　创新组织形式

——大型新闻行动《见证新北京》获得成功

新闻节目中心

从2008年4月起，北京电视台新闻节目中心在以《北京新闻》为主的4档新闻栏目中推出了贯穿全年的大型新闻行动“见证新北京”，大量采用SNG直播、主持人现场报道等方式，以小见大、以点带面，集中展示中国改革开放后北京城市发展建设成就。《见证新北京》通过在组织策划方面的成功创新，取得了良好的社会反响，走出了一条成就报道的新思路。

一、视角独特

北京申奥口号是：“新北京、新奥运”。主要内涵是：有3000余年建城史的北京，经过改革开放的洗礼，将以崭新的、多姿多彩的面貌进入新世纪，她将以饱满的热情欢迎全世界的体育健儿和各界朋友，共同参与奥运盛会。经历百年沧桑的现代奥林匹克运动会，在拥有世界人口的1/5的中国举办，将使奥林匹克精神得到更广泛的传授，翻开奥林匹克运动的崭新一页。同时，进入新世纪的奥林匹克也将以全新的面貌向世界人民展示其特有的魅力。

当2008年奥运之年来临之时，几乎所有媒体都聚焦“新奥运”，各类相关报道大量出现在报纸版面、电视荧屏、网络页面等各种媒体上，而《见证新北京》在这时独具匠心地把视点聚焦“新北京”，并通过贯穿全年的系列报道完美地诠释了“新北京”的概念。这不仅有力地弥补了奥运报道中对“新北京”概念的报道缺失，同时这种独特的视角从一开始就抓住了观众，为后来《见证新北京》所达到的良好宣传效果打下了坚实的基础。

二、规模宏大

《见证新北京》系列报道是北京电视台新闻节目中心2008年度最大规模的新闻行动，从策划时起“贯穿全年、兼容并包”就成为栏目的核心思想，只有把规模做大才能最大限度地扩大影响，只有把报道内容做全面才能更好地吸引观众。

《见证新北京》系列报道从2008年4月开始播出到12月结束，在北京电视台卫星频道4档新闻节目共滚动播出240集，总时长超过1000分钟，如此大规模的报道力度创造了北京电视台新闻中成就式系列报道新的里程碑。

不仅篇幅长，《见证新北京》系列报道也做到了言之有物，“交通篇、城际篇、园林篇、乡村篇、人文篇、商业篇”六大部分，从“三条地铁今天开通试运营创北京地铁发展史多个第一”、“高科技铸就新南站高速铁路助环渤海经济腾飞”，到“九条特色商业街改造完成”、“走进美丽乡村感受建设成果”，再到“立体花坛扮靓长安街北京盛装迎宾客”、“国子监街全面开放重现明清古朴风貌”，每一篇报道都反映出新北京在经济社会发展的各个领域中取得的成就，而六大部分合在一起，就在奥运之年全景展示了首都建设的新成就。

三、手段丰富

《见证新北京》在组织拍摄中充分发挥电视优势，改变以往单一的报道模式，综合运用了各类新闻报道手段来表现不同的主题。

对于重点工程落成的报道，《见证新北京》采用SNG直播的方式，让观众能够在第一时间“到达”新闻现场，感受工程的震撼。在大羊房收费站改扩建工程现场、北京南站工程现场都留下了《见证新北京》SNG直播组的身影。

对于一些与市民生活息息相关的报道，《见证新北京》则采用了短信互动平台等新媒体手段加强与观众的联动。在2008年6月9日，北京地铁实现全网自动售检票的新闻报道中，通过短信平台很多观众就回忆了自己在各个年代乘坐地铁、使用纸质地铁票的情景，将新闻报道与观众距离瞬间拉近。

在以往的成就报道中，平铺直叙的介绍性报道占了很大部分，这种“填鸭式”的报道方式往往达不到很好的宣传效果。《见证新北京》通过组织市民参观、记者体验、邀请国际媒体记者体验等形式全面展示成就，探索了成就报道的新思路。

四、打造品牌

着力打造品牌效应是《见证新北京》系列报道在原有成就报道体系中的又一创新。以往多个彼此割裂的成就报道很难造成规模效应，单一的报道宣传效果并不明显，而《见证新北京》把建设成就类时效新闻有机组合在“见证新北京”的品牌下，实现了成就报道“1+1>2”的规模效应，不仅大大提升了报道的社会影响，而且品牌效应也受到了企业的关注，带来了可观的经济效益。同时，《见证新北京》系列报道提出的“让世界从BTV了解新北京、让新北京从这里走向世界”的传播理念，也成功尝试了宣传新模式。

廉政风险防范管理工作中的几点探索

影视剧中心

北京电视台影视剧中心承担着全台电视剧的引进、审查和宣传工作。全年购常规电视剧135部4000集左右，情景剧10部600集左右。首播与重播加在一起，播出电视剧约占全台节目播出总量的25%左右。影视剧中心每年购片预算为1.6亿元左右，为了打造北京卫视，购片预算提高到2亿多元。另外，还有台里参与电视剧拍摄的投资费用1000万元，电影购片1000万元，高清频道购片600万元。正因为如此，影视剧中心处于北京电视台反腐倡廉的前沿阵地。近年来，影视剧中心在党风廉政建设方面做了大量工作，取得显著成绩。

一、加强学习，防微杜渐

近年来，影视剧中心把党风廉政建设和预防惩治腐败工作，同树立科学发展观、构建社会主义和谐社会的政治学习结合起来，并逐步实现制度化、经常化、规范化、多样化。

二、不断建立、完善各种规章制度，形成制度管人机制

影视剧中心把惩防体系建设和本职工作有机结合起来，针对工作流程的所有环节，建立了一整套制度，并且根据新情况、新问题，不断完善。例如，送片登记制度（对所有待审、待购的电视剧进行登记）、看片三审制度（责任编辑一审、科室负责人二审、中心主管领导三审）、收视率预估制度（所有审片人员要对审看过的电视剧进行收视率预测，为下一步工作提供参考数据，同时以此进行考核），以及通过实际收视率来决定电视剧的收购价格制度等。这些制度比较有效地保证了影视剧中心的购片质量，使北京电视台电视剧播出在北京地区的收视率和市场份额一直处于领先地位，为广告创收提供了基础。同时也对预防领导干部和有关工作人员的职务犯罪起到了制约作用，至今没有发现一起违纪事件。

三、充分利用新技术手段，做到信息公开透明

影视剧业务处理系统是一套立足于实际，针对影视剧购买、编排、播出、收视率管理业务流程的计算机自动化管理系统。我们将近年的电视剧相关信息全部录入到这个系统之中，包括编排、样带，政审技审情况，收视率分析以及签约合同等几千条信息。促进了中心内部数据资源的共享和信息的有效交流，同时将整个中心的工作纳入到更加科学、规范的管理模式中。

四、树立正气，营造良好的学习氛围

影视剧中心创造各种条件、采取不同的方式，组织中心员工的业务培训和各种学习，一年举办3～4次研讨会，对业务上、制度上发现的各种新问题进行研讨；同时，在中心内部提倡“谈业务”、“学业务”、“比业务”，让歪风邪气无隙可乘。

为了深入贯彻落实中纪委的有关文件和中央领导的有关讲话精神，拓展从源头上防止腐败工作领域，进一步增强预防腐败工作实效，台党委决定从2008年8月开始，在影视剧中心、广告部、总工办开展廉政风险防范管理试点工作。为此，影视剧中心党支部立即召开会议，传达精神，学习崇文区实施廉政风险管理、完善预防腐败长效工作机制的经验。在统一思想的基础上，我们制订了《影视剧中心开展廉政风险防范管理工作方案》（草案），做到组织落实到人、实施步骤具体。

我们的做法是：根据影视剧中心工作特点和反腐倡廉工作实际，界定廉政风险

点，重点查找工作实践中教育、制度、监督不到位和党员干部廉洁自律等方面的不足，以预防、监控和处置为手段，制订廉政风险防范管理工作相关方案。分科室讨论，结合部门业务特点、业务流程和工作机制，同时结合反腐倡廉工作实际，查找本中心、本科室以及个人的廉政风险点，重点是三类风险：思想道德风险、制度机制风险、岗位职责风险在实际工作中的具体表现，将讨论结果上报中心，中心整理后上报台监审办。要求全体党员、科级以上领导干部和制片人制订一份科室、栏目、个人的措施，交中心；中心领导小组经过研究，制订影视剧中心的措施，交台里。措施一定要具体、务实、可操作，以期做到制度管人、制度管事，筑牢党员干部廉洁自律的思想道德防线。

中心按照工作流程对所有岗位进行了重新梳理，找出了20个风险防范点，并据此制订和完善了相应的具体防范措施。例如，审片，我们找出了四项风险防范点：①利用审片职权，向制作公司索取好处；或者囿于私人情面，网开一面，让不符合标准的电视剧蒙混过关。②不负责任地评估收视率，从而造成电视剧播出失误。③根据个人喜好审片，提出片面的带有个人色彩的审片意见。④不及时审片、提出审片意见，造成送审样片积压。针对这四项风险防范点，我们制订了四项防范措施：①严格执行三审制度，每一张审片表上都有初审、复审、终审的意见和责任人签名，从编辑到购片主任，到中心领导，再到台领导，层层把关，彻底杜绝审片意见片面以及收受贿赂的现象发生。②执行审片考核制度，每一位审片人员都必须对所审电视剧写出明确意见，包括本片特质、收视预测、播出档位、综合评估。中心将依据实际播出情况对其进行考核，奖优罚劣，在促进审片人员业务水平的同时，杜绝腐败现象的发生。③实行接片与审片由不同科室负责的制度，各司其职，互相牵制。④建立限期办结制度，每一部电视剧均限期完成审片程序（在目前审片工作量比较大的情况下，交来的一部片子1个月内一定完成）。

对一向比较敏感的购片环节上，我们找出了三项风险防范点：①购买“人情片”、“关系片”。②不按质论价，凭关系亲疏、印象好坏制定价格。③不以审片人员意见为依据，出现“一言堂”现象。④利用职务之便，吃拿卡要，为自己谋私利。针对这四项风险防范点，我们制订了五项防范措施：①强化政治意识，强化法律意识，强化职业道德意识。②以身作则，加强干部廉洁自律，提高自身素养，坚持公平买卖，公开透明。③所有审片人员的审片意见均在影视剧中心业务系统中录入备案，购片主任终审时，须以审片人员意见作为重要依据，防止“一言堂”现象出现。④坚持“按质论价”，所有电视剧均依据收视率付款，严格写入合同，从而实现优质优价，彻底防止“一口价”、“一刀切”、“关系价”等不良现象出现。⑤所有电视剧合同均需两次上报台领导审批，逐级审核，方能生效，避免了腐败现象的发生。

在最终付款环节上，我们找到两项风险防范点：①不按照收视率付款，擅自增加或减少付款金额。②拖延付款时间。针对此制订的两项防范措施是：①启用付款通知单。所有电视剧在播出之后，均由中心购片主任、主任签订付款通知单，根据收视率付款。②设立三道防线，层层报批制度，即中心审批——台领导审批——计财部审核。合同在付款之前再次上报逐级审批，审批之后再报审计财部，方能付款，以期彻底杜绝虚假瞒报等现象。③电视剧播出之后，必须依照研发部出具的收视证明，按照收视率进行浮动，并在报批财务10日后进行付款。

总体上说，我们的风险防范管理工作紧紧围绕着以下三个方面进行：一是思想道德方面，切实加强思想建设，始终坚持正确的舆论导向，坚持为大众服务的中心理念。经常性地开展反腐倡廉教育，引导全体员工树立正确的世界观、人生观、价值观，认真解决权力观、地位观、利益观问题，筑牢党员干部拒腐防变的思想道德防线。坚持公平买卖，按质论价，彻底杜绝“一口价”、“关系价”等腐败现象的发生。强化政治意识，强化服务意识，强化责任意识，加强职业道德建设，加强业务学习和作风建设。

二是制度机制方面，实现科学管理，建立和完善各项规章制度。进一步加强中心制度建设，从宏观上，完善《影视剧中心员工守则》、《影视剧中心奖惩制度》、《影视剧中心员工考勤细则（试行）》等一系列规章制度，做到有章可循，有法可依；从微观上，引进上班打卡制度，从每一件小事开始抓起，使中心的各项管理工作落到实处，切实做到令行禁止、奖勤罚懒。不断提高规章制度执行力，加大源头治理。切实增强贯彻各项文件精神、落实各项规章制度的执行力，并针对工作中出现的新问题、新要求、新动向，不断完善规章制度，把内控和监督制约理念贯彻到中心工作的每个流程中，加大源头治理，从源头开始“防患于未然”。

三是岗位职责方面，推行目标责任制，实行管理重心下移。进一步定岗、定编，根据岗位明确责任，实行制片人、科长、副主任、主任分层分级管理，责权利到人，量化管理考核目标。奖罚分明，变“要我工作”为“我要工作”，做到责任到人，责权明确，细化要求。对中心每一个岗位进行重新梳理，查找风险点，并制订实施细则，让每一位工作人员严格对照检查问题。同时，进一步针对防腐的可能性，进行提前预防，充分实现预防腐败关口前移。不断完善工作流程，注重集体决策。进一步梳理和完善中心工作流程，使各个环节各司其职，协同合作，同时实现权利制衡。另外，注重集体决策，比如对于重点投资的独播剧、首轮上星剧等，坚持从源头上对剧本、主创、价格等各个环节进行集体确定，集体决策，一方面规避了个人意见片面化的风险，同时防止了腐败现象的发生。

紧密配合　通力合作
确保火炬传递新闻报道万无一失

体育节目中心

从2008年3月24日开始，北京电视台体育节目中心、新闻节目中心、海外节目中心在台领导及奥运领导小组办公室的部署与指挥下，开始了北京奥运圣火全球传递的百日大直播及相关节目的宣传报道。在奥运火炬海外传递的报道中，体育节目中心除承担希腊全境和蛙跳A、B组的报道外，还肩负着境外卫星传送的线路联络及前后方传送协调的工作。从圣火点燃至今，已经历时3周时间，为《百日大直播》、《天天体育》等节目的10余次视频连线提供了卫星线路保证，确保了“奥运圣火希腊点燃”、“奥运圣火希腊交接”等重要报道中多次重要视频连线的顺利完成。前方记者从奥林匹亚、雅典、阿拉木图、伊斯坦布尔、圣彼得堡、伦敦、巴黎、旧金山、布宜诺斯艾利斯传送新闻50余次，时长600多分钟，为新闻、海外和体育3个节目中心共9档节目提供了丰富和鲜活的素材。

在境外报道中，卫星传送是联络前后方的生命线，这条线路如果不保证通畅，那么前方记者所有的努力将没有意义。近几年，体育节目中心由于加强了国际大型赛事及突发事件的报道，在境外大部分城市建立了广泛的卫星传送网络，与卫星公司建立了良好的合作关系，为我台火炬全球传递的卫星传送打下了坚实的基础。

此次境外卫星传送工作有以下几个特点：

一、传送内容意义重大，必须确保万无一失

报道奥运圣火传递具有重大的政治意义，这就要求一切工作必须确保万无一失，而卫星传送这一技术风险最大的环节也就要接受最大的考验。体育节目中心在接到任务后，负责前方报道的记者和后方的协调人员就传送方案反复研究，把每一天的传送计划精确到几点几分，当地时间、GMT时间、北京时间反复确认，并针对有可能发生的情况制定了各种预案。在希腊，由于时政组和雅典全境组大部分时间不在一起，而时政组的传送时间并不确定（考虑到节约成本，不确定的传送是不能事先确定的）。于是，针对时政组的传送，制订了几套方案，哪些是能够在卫星车上传的，哪些是要在雅典固定传送点传的，由于预案做得充分，时政组关于刘淇及代表团的重要新闻及时地传送到了北京，保证了北京新闻的播出。

二、地域跨度大，涉及城市多

此次奥运圣火全球传递涉及21个境外

城市，其中，我们要在绝大多数城市进行不止一次的卫星传送，有些城市甚至从来没有过卫星传送的经历。即便是在希腊，报道组一路经过的城市都没有任何的传送设备。从去年底开始，体育节目中心已经开始在圣火传递的各个城市落实卫星传送事宜。至报道任务确定时，卫星传送已经落实了近80%。同时，由于我们下手较早，拥有了在希腊全境可以使用的卫星车及出色的技术人员，占领了最抢手的卫星时段。如果稍有耽搁，在希腊传递阶段，整个欧洲再也调不过来任何可以使用的卫星车，中央电视台的新闻联播在希腊的传递途中也是依靠我们的卫星车进行传送的，这使我们在报道中占得了先机。而像阿拉木图这样的城市，正是因为北京电视台在卫星公司方面拥有良好的信誉，国外的卫星公司帮我们承担了很大的风险，最终使我台可以在阿拉木图实现传送。

三、突发事件多，临时传送多

新闻报道本身就具有突发性，而这次火炬传递的过程中，前方记者克服了种种障碍，采访拍摄到大量有价值的新闻，我们通过前后方协调，保证了这些新闻的顺利传送。在旧金山传递已经结束时，前方记者拍摄了奥组委执行副主席蒋效愚主席和中国驻旧金山总领事会面并召开新闻发布会的新闻，这时离他们前往达累斯萨拉姆的飞机起飞只有3个半小时，而美国机场严格的安检要求他们必须提前3小时到达机场。这时是北京时间的凌晨1:00，如果不传，等他们飞行37小时后抵达达累斯萨拉姆时，这条新闻已经不具备任何时效性。在前方记者努力拍摄并赶往传送点的同时，北京后方人员时刻保持着和卫星公司的联络，旧金山的传送由于涉及制式转换，需要协调确认4家公司，在前后方一起努力下，终于保证了这条新闻顺利传送并在当天的各档节目中播出。

四、前后方密切配合，24小时随时待命

21个城市分布在各个时区，传送时间落实到北京时间就会分布在24小时的任何时段。对此，所有参加信号传送及收录工作的人员从没有过任何怨言。前方记者在遇到突发事件时，总是第一时间和相关人员联络，为后方的线路协调最大限度地争取时间；后方主要协调人员赵军从记者出发那天开始，每天24小时随时保持和前方记者联系的畅通，无论在午夜几点，只要遇到需要联络卫星信号的需要，马上以最佳的状态投入工作，3个星期下来，几乎没有睡过一宿整觉；体育、新闻、海外3个节目中心的收录人员只要接到传送确认的通知，马上出现在接收机房，从未出现过一次漏掉收录的情况。“只能后方等前方，不能前方等后方”已经被各组达成共识；播出部、微波科的人员，不分昼夜，每次都会提前把线路调好，确保收录没有技术问题。正是大家的高度配合，到目前为止，所有的信号传送及收录工作有条不紊。

针对前3个星期的工作，我们也总结了很多经验：第一，我们在每个城市的预案还要更加详细，根据之前的经验，我们可以把后面的传送计划做些调整，让前后方都更加合理；第二，在保证节目制作需要的前提下，应尽量节约成本，避免因人为失误而造成的损失。

美食类栏目的创新和管理

倪小康

北京电视台《食全食美》栏目于2002年1月1日开播。目前，收视率在全国同类栏目中达到最高，其中主要原因是节目总在变化。

一、创新应立微而行，因势所就

电视创新是精益求精，更上一层楼的表现，它是建立在原有成功的基础上，与时俱进而体现出的变化。

1. 创新需要实践基础

创新的机会总在实际发展中寻得，人们也会因为变化带来的成功而保持相当的热情。《食全食美》栏目每一年的变化，总是基于前一年收视变化。作为制片人，在运作节目的实践中，切身感受到了节目的发展方向，逐步发现了观众对餐饮类节目的收视高点，才能有针对性地改变节目的构成。

《食全食美》大框架的发展脉络如下：

2003年，节目有意识地增加各类板块，因为已有2002年节目各类小板块的不同尝试；而2003年收视率的大幅提升，为2004年栏目由每周一次改为每周五次奠定了基础。2003年、2004年的节目衍变，使"美味新花样"这一百姓自己做嘉宾、做主角的板块，从每周一期，扩展为栏目的主打内容，主要缘于两年来稳定出色的收视表现。

节目创新需要在观众收视习惯的基础上，潜移默化地去改变。比如字幕的字体、颜色以及所显示的位置。日常工作中许多可有可无的细节，只要用心推敲、琢磨，就会让观众感觉越来越舒服。

2. 创新需要遵循规律

《食全食美》作为餐饮类节目，创新主要体现在节目内容上。节目每一步发展，都要遵循电视的动作规律，《食全食美》内容变迁大致如下：

2002年，节目内容着重各大菜系的品尝、推荐，揭示其背后的渊源。通过电视告诉人们都有什么好吃的，应该去哪儿吃，在好看好吃的基础上，挖掘其中娓娓动听的餐饮故事。

2003年，新添由外宾主持的西餐制作，通过介绍西餐文化，佐证城市生活日益国际化。

2004年、2005年，周一至周五打通，栏目从周播改为日播，每天都有不同的主题，诸如吃喝名人坊（明星展示厨艺）、美味新花样（百姓私房菜）、西餐我爱吃（西餐制作）、食神风云榜（大师名厨秀）、周末饕餮夜（餐饮也娱乐）。

2006年、2007年，周一至周六节目内容均是观众自创的私房菜制作，同时配以板块《一招鲜》展示家里厨房餐桌的小窍门、小技巧。

不难看出，节目制作的重心越来越大众化，不再刻意寻找饮食后面的故事人文，而是更注重在节目中添加些家长里短的内容，去让人感觉生活中各式小小的欢乐点。

二、管理需循量为出，依人而入

1. 节目管理的精细化

“有评量，就有管理；没有评量，就没有绩效。”这一现代管理观念揭示出数字化评量的必然。当节目生产和制作中出现收视率时，节目的评量日趋精细化。

《食全食美》栏目的管理伴随着节目的发展而日显烦琐，从一个周播节目到日播节目，工作量成倍上升。仅从摄像来看，从原来的1人发展到今天的6人，可变因素日趋增多。当人员简单，节目形式、节目内容相对简易时，管理机会和对管理的实践并未凸显出它的重要和迫切。

进入《食全食美》办公室最显眼的是贴在墙上的收视率。每周节目的最高最低，当月节目的最高最低，一目了然，收入也随之互有高低。这在周播节目时是没有的。而伴随收视率考核的出现，节目制作也相应成为编导负责制，每期节目固定编导，使数字考核成为现实。

2. 节目制作中人的体现

管理过程中简单的数字背后其实蕴涵更多的付出，而这些仅从数字角度是无法述说和评量的。从《食全食美》几年的发展过程看，人性化的行为或个人感召力，使全组比其他餐饮节目有着更多的发展潜力。

应该承认饮食类栏目的门槛很低，以至于现在各类节目从体育、健康、旅游等都开“吃”起来，连汽车节目也能一路寻“食”导“吃”。在人们眼中饮食节目仿佛路边比比皆是的餐馆一般，找个店面，拉上几人就能开馆子赚钱。那么，作为饮食节目本身如何去应对？对我们来说，其实答案很简单，比别人付出更多。

当人们满世界寻找菜谱，想方设法将平面文字改变成电视语言时，我们的编导坐公交、乘地铁南城北郊深入观众厨房，从中去挖掘做菜过程中的点滴知识，去发现围绕在嘉宾身上引人回味的特质和故事。没有细致的案头工作，就无法在有限的拍摄现场驾轻就熟。而这些历程绝不是简单数字所能体现出的，但在日常管理中又需要更多更灵活的方式和方法去激励。

从节目本身来看，在简单的烧饭做菜背后，我们倡导“用心做事，用情感人”，饮食在满足人们果腹之后，更有一份简单的“满足”存在，它会让人们产生愉悦的感觉，这种感觉我们目前无法用数字去细化和解析，但我们清楚地知道这种感觉可能更重要。毕竟无论做菜，还是看电视，归根结底是人的活动，而人对快乐的感觉永不排斥。节目要在“自然”中洋溢出快乐，那需要太多的发现和挖掘，这些都来源于大量的付出。

《手机江湖》栏目典型经验

公共频道节目中心

2008年，《手机江湖》栏目始终坚持改革创新，不断提高节目的服务性和趣味性，更好地贴近百姓生活，收视率呈现稳步上升的趋势。

一、节目板块独特新颖

《手机江湖》是一档板块式的综合性电视周刊节目，节目整体是由《手机情报站》、《手机连连看》、《江湖神探》、《手机实验室》、《手机真人秀》几个相对固定的板块组成。板块与板块之间用片花和主持人串场的形式进行衔接。

《手机情报站》介绍与手机相关的新闻事件、国际时讯、行业相关信息、政策等，力求在手机业具有一定的权威性、时效性、趣味性和实用性，使观众能够及时掌握和了解与手机相关的信息。

《手机连连看》通过主持人走进京城各大手机卖场，介绍打折促销信息、特色服务，并根据消费者的性别、年龄、职业以及对手机价位的要求设置主题，推荐适合使用的手机。为了增强与观众的互动性，板块中还加入了和手机常识相关的有奖问答环节，力争做到想观众所想，急观众所急。

《江湖神探》主要推荐话费套餐，教大家如何订制适合自己的套餐来节约话费；介绍一些手机使用的小常识。该板块采用幽默、风趣的情景表演方式，成功打造出了一个江湖神探的形象。

《手机真人秀》则是通过评测员对市面上最新上市、人气最高或有特色功能的手机进行试用，结合切身体验，给出这部手机从外观到功能各个方面的一个综合评价。

二、适时推出新板块

虽然手机已经在我们的生活中日渐普及，但其引发的问题也随之而来，我们针对观众使用手机过程中碰到的误区，以及日常生活中遇到的手机问题，专门推出了一个新的小板块——《手机实验室》。主要是收集网络上广泛流传的关于手机能实现的新奇功能和手机奇特配件，如手机能遥控开车锁、手机能驱蚊、手机能爆米花、专用手机防盗器等。手机使用方面的怪招，如按一连串的数字就能激活手机的隐形电池，让快没电的手机恢复50%的电量，将手机电池放入冰箱冷冻，就能激活隐形电量，以及手机辐射对身体会产生哪些危害等。这些功能、怪招和话题，能让人产生强烈的“这是真的吗”的疑问。我们再本着去伪存真、实事求是的态度，通过神探小兵的亲自试验，鉴别这些功能和怪招的真伪，并通过采访相关专家，给出科学合理的解释，为观众揭晓谜底，消除猜想和疑惑。

三、配合环境制作节目

2008年，《手机江湖》栏目积极配合相关的宣传精神，弘扬主旋律，适时推出了相应的特别节目。

“5·12”汶川特大地震后，节目组迅速赶制了赈灾宣传片，配合中国移动及中国联通等电信部门倡导为灾区同胞捐款。在节目中积极报道电信部门的抗震救灾情况，并及时通报了震后灾区通信设施的快速恢复状况，展示了向灾区人民发送的爱心短信，以此鼓舞人心。

在全球瞩目的北京2008奥运会期间，栏目组积极配合中国移动、中国联通等通信部门，及时报道了与奥运相关的新闻、资讯，还适时推出了手机玩转奥运、奥运集结号等专题节目，为观众全面、详细地介绍了多种针对奥运推出的语音导航等各项通信专题服务。与此同时，还邀请热心的手机玩家，制作了如何用手机玩奥运的手机玩家秀，教大家如何用手机与奥运接轨。

四、关键要打好服务牌

增强服务性，是我们做节目必须把握和坚持的一个基本点。如何增强节目的服务性，我们做了一些有益的尝试：一是专业性较强的名词、术语的标注，多上一些小提示和说明节目中心内容的关键词；在《手机连连看》中推荐手机时，应时应景地设计一些服务性强的主题，例如新生入学，推荐适合学生用的、性价比较高的手机；“十一黄金周”出游的人增多，推荐拍照和导航手机；情人节推荐情侣手机；三八节推荐女性手机；等等。定期为打来热线电话咨询买手机的观众提供“一对一”的服务，根据他的性别、年龄、职业以及对手机价位的要求，推荐合适的手机。

五、增强节目趣味性

《手机真人秀》板块主要是普通观众对新品手机的一个试用报告，为了增强该板块的可看性，定期推出一个“给热播影视剧人物选手机”的系列。从电影《赤壁》中的小乔、诸葛亮、孙尚香，到电视剧《武林外传》中给大家留下深刻印象的各路豪杰……由于运用影视剧中的许多经典对白和片段，整个板块的趣味性大大增强。

《手机情报站》板块主要以主持人串讲配图片的形式，介绍和手机相关的各类资讯，由于资讯的条数较多，单一串讲配图片的形式容易让人产生审美疲劳，感觉拖沓。为解决这一问题，在介绍资讯的同时，加入一些记者的体验式短片，比如展示我们买到的各种新奇手机配件，亲身体验移动运营商提供的特色增值服务，等等，力求让节目的表现形式更加丰富、生动。

六、打造个性化主持人

为了增强与观众的亲切感，我们进一步强化了外景主持人的性格特点，从精打细算，就为节约块儿八毛手机话费的“抠门神探”，到本着实践是检验真理唯一标准，通过自己的亲身试验，为大家拆解网上流传的各种手机新奇功能的“手机实验员”，再到逛遍各大手机卖场，全心全意为大家买手机服务的“手机导购员”，外景主持人小兵、小蒋也已经渐渐被观众所熟知，打造成了个性鲜明的两位主持人。

道法自然，养生人间

公共频道节目中心

2008年，《我的父亲母亲》栏目于春节重装上阵，推出全新版面《孝亲养生宝典》，目标就是要助天下的父母们颐养天年。节目以“寻福寿之道，助父母养生”为宗旨，用名嘴会名医的形式，把中国传统的“道法自然”、“养生人间”的理论和方法，融会贯通于节目之中，让中华文明中最瑰丽的国粹服务民众。

一、转型的缘起——孝亲为核心的2008拐点

《我的父亲母亲》栏目创办于2003年，一直是以儿女讲述父母家庭的亲情为节目的核心，走进节目的从平民百姓、名门之后直至当红明星，每一位嘉宾都以最虔诚的反哺之心讲述自己成长历程中父母家庭所给予的亲情感动。

转眼间栏目已走过5年的历程，从日常节目的父母故事到号召全社会参与的大型父母评选活动，从登上荧屏的真情告白到“说出你的爱”的网络票选……2008奥运在即，栏目的创新点将如何确立？

既然我们的节目一直都在弘扬中国传统的家庭伦理观念，一直都在号召儿女怀感恩之心表达爱，那么节目新的拐点是不是应该把这种简单的口头表达化为行动，切切实实地为父亲母亲做一点事情。这应该说是我们节目转型的关键点。

那么父母到底需要什么？我们又该为父母做些什么？其实让父母在身心健康的情况下延年益寿是最大的孝。如果说生命的长短是量，那么健康的身心、和美的家庭就是质，有质有量的延年益寿才是真正的福寿，这也就是父母们真正需要的。

正是在这样的基础上，我们推出全新的《孝亲养生宝典》，寻出福寿之道，帮助父母颐养天年。

二、养生之道——中国人安身立命的大道

透过远古的神话，可知中国文化的中心始终把人的生命价值提高到天人合一的境界。生命在中国人眼中本身就是一种哲学。中国养生更是把人放到天地之间，五行阴阳，去顺应天地。这种文化从黄老哲学一路演化而来，讲究人的生存要道法自然，遵循自然的规律。

中国的传统医学也发端于此，中医把人的身体看做是一个动态的阴阳平衡的系统，中医的大道是要治于“未病”，把对自然之人的损害降低到最小限度。另外，中国的中医自古就有“孝顺郎中”之美誉。中医还能适应自然和社会的土壤，不同环境、气候、习惯、气质的差异造就了中医的不同门派和各家学说，有很强的乡土适应性。毛泽东在1965年曾大谈乡村

"神医"的好处——"神医有三个好处：神药它保险，不会害人，没有毒；第二个好处是省钱，几个铜板就可以了；第三是给病人精神安慰，病也就好了。"

中国的养生深深根植于整个中华文化的传统体系之中，蕴涵着无尽的玄妙之处，它不仅涉及人的日常生活，饮食起居，生老病死，而且它崇尚一种入世与出世的精神，既做入世的圣人，也要能遵循"功成，名遂，身退，天之道"，成为出世的圣人。它给人们提供的是如何顺从自己的内心，让身与心平衡，构建和谐的心灵情感家园。这种朴素的人生哲学其实正是这个浮躁的高速发展中的社会所需要的。

而且这种养生之道的核心依然有一个"孝"字，庄子所说的孝之至境，乃"不择地而安之"，不等时间，不等空间，不等环境，尽我的力量。

孝亲与养生相结合，用一种养生的理念和方法去追寻中国人安身立命的大道，在延年益寿的同时获得身与心的愉快，这也是每个家庭、每个人所共同希望的。

三、电视手段——博大精深的形象化体现

由于西医的盛行，人们常常是等到有病之时才去看病，中国传统的养生文化渐渐淡出人们的视线。而且由于中国文化的博大精深，现代国人对养生学中的传统中医理论只能说是略知一二，难以弄清其中所蕴藏的深刻内涵。如何阐述养生中的道与术，就成为节目的关键所在。栏目组毕竟2008年刚刚改版，一切还在摸索当中，但有几个原则我们将一以贯之：

1. 化繁为简

电视文化虽然是一种快餐文化，但文化的快餐不等同于垃圾食品。用电视的手段去表现博大精深的东西，必须首先化繁为简。

比如说，我们做一期节目"春天里的一把火"。人人都知道上火，但到底何为火？中国传统中医还把火分为实和虚。又如何区分这虚实二火？中国文化讲究阴阳平衡，上火其实就是身体的阴阳失衡，中医说"气有余为火"。如果就这样讲给电视观众，恐怕观众很难明白。但如果我们化繁为简，用形象的比喻去讲述它，这个道理就变得浅显易懂。我们把"气有余为火"的火解释为生命之火，人生命依靠的就是这种生命的火，大家就会理解何为火。那么，怎么就叫上火呢？如何区分实火和虚火呢？中医说人体是水火汲汲，我们就把人的身体比喻成一把柴和一锅水，锅里的水没变，但忽然加了两把柴，火一下加大了，锅里的水沸腾起来，这就是实火。但如果还是一把柴，但锅里的水被舀走了，因为水突然少了而造成锅里的水又沸腾起来，这就是虚火。在说这个理论的同时，配上形象的画面，帮助观众把抽象的理论变为形象的比喻，深奥的道理就能被迅速吸收理解。

但这也有一个前提条件就是栏目组的编导们首先要把这些养生所相关的医理，养生所蕴涵的大道理理解透。为此，栏目组首先要请专家给大家讲课，然后阅读大量书籍，上网查大量资料，这样才能把中国这些古老而有内涵的文化解释得恰到好处。

2. 倒推反证

中国文化是大道无形，玄妙之处尽在不言中。如何能把这些玄妙的东西讲得生动、吸引人呢？我们发现必须用倒推反证

的方法。也就是说，要先把结果、那些贴近人的东西抛出来，然后反着去推后面所蕴涵的深意。

比如，同样是讲上火，如果上来就解“气有余为火”，说火又分“心火、肝火、脾火、肺火、肾火”，一般观众肯定会被一套套的道理说得昏昏欲睡。但如果我们首先讲的是慈禧易怒，宫中人等小心谨慎，而据清宫记载，慈禧是肝经过旺，她上的是肝火。而三国诸葛亮三气周瑜，最后周都督是吐血而亡，他走的是心火。由此我们再倒推出中医当中如何区分不同脏腑的火，不同脏腑火的表现形式。这样才能抓住观众，让人过目不忘，并体悟出个中玄妙。

3. 道术兼备

养生这个博大精深的话题本来就是道中有术，术中有道的。但对于观众来说，术当然更加实用有效。教儿女一招帮父母推胸开肋的顺气方法，推荐一道延年益寿的养生药膳，讲解一个实用保健的长寿穴位，这些都是最切合实际的术。但其实，每个术后面又都蕴涵着道，比如中国古人为何讲求含胸，这本就深藏着中医养生中护心包的原理，推而远之能讲到中国人做人要内敛，不要张狂的为人之道。一层层抽丝剥茧，开掘出的将是术之后蕴藏的天地人生的大道。

如今的电视文化以大密度的信息量和实用的服务性为生存之本，但它需要人们不仅能开机有益，其最高境界还是关机后依然能余音袅袅，过目而思。那术与道的兼备，以及如何能让实用的术和含深意的道都被观众喜闻乐见就是我们电视人需要痛下苦工的地方。

4. 名嘴名医

我们的节目邀请了京城名嘴，以熟知京城野史秘闻著称的阿龙为主持人，目的是能让一个对传统文化有认知，又被观众所认可的主持人带领大家去寻福寿之道。

栏目组又挖掘了《字里藏医》的作者——厚朴中医堂的堂主。这位徐大夫并非一位德高望重的老中医，他应该说是中医界内的晚辈。但一本《字里藏医》就能看出这是一位熟读中国传统文化，能把医和道融会贯通的中青年医者。启用这样一个名不见经传的新人，也是节目组创新所在。我们力求能以全面的视角、寓道于术的手法表现中国博大的精神文化。

《红绿灯——路况直播》直播奥运会

公共频道节目中心

为确保奥运期间有个安全畅通的行车环境，北京电视台公共频道特别与北京市公安局交通管理局合作，推出了《红绿灯——路况直播》一档直观反映路面交通的直播栏目，作为北京电视台播出规模最大、也是唯一的一档道路交通专业性直播栏目，一直对奥运会期间实行的交通管理措施进行了随时、深入的解读。《红绿灯——路况直播》的早、晚直播节目在奥运会和残奥会举办过程中起到了极其重要的作用。我们充分地利用手中掌握的交通信息资源，发挥优势，以路况信息作为平台和载体，努力提高服务性，紧紧围绕奥运交通大做文章，集应急、服务、奥运三者于一身，对市政府和交通管理局颁布的任何一项交通管理措施，都做到细致入微地讲解，在服务奥运、服务百姓出行的同时，扩大了栏目的社会影响力，还大大提高栏目的收视率，为奥运交通作出了贡献。

一、调整节目内容，服务奥运交通

“足不出户看路况，畅所欲言说交通”是《红绿灯——路况直播》栏目的宗旨，栏目开播两年以来一直承担着实时报道北京交通现况的任务。节目分为《早直播》和《平安行》两档。

为了做好奥运会期间的交通报道工作，保证奥运会期间播出内容和技术安全，节目开播以来，一直把配合奥运交通工作放在首位，在日常工作中一丝不苟，不断地进行各种安全技术演练，严格对节目内容的把关，在两年多的直播工作中从未出现过任何差错，为奥运播出打下了坚实的基础，2008年7月开始，《红绿灯——路况直播》栏目就进入了奥运实战状态。栏目制片人和各档栏目的主编以及全体工作人员，在奥运会开始前的两个月就进行了多次的探讨，调整节目内容，制订了详细的奥运播出方案和应急预案，确保了奥运前和奥运期间直播节目的万无一失。

为了让全体市民在奥运开幕前就能深入了解奥运交通的各项政策、规定，及时调整好工作、出行计划，栏目在奥运开幕前一个月就开始奥运交通宣传工作。通过节目在奥运开幕前所做的各项宣传工作，特别是对单双号的实行和优惠政策、奥运车道的使用等一系列政策规定的及时宣传和讲解，让百姓了解和理解政府的措施，积极配合，使每一位观众都能够深入了解奥运交通政策，从而在奥运期间做到规范、文明出行，保证奥运顺利举办，保证百姓出行顺畅。为奥运会交管措施的顺利实施做了很好的铺垫工作。

在奥运期间（2008年8月8～25日），栏目为了配合北京电视台卫视频道的奥运宣传工作，节目播出时间作了调整，由原来的17:30～18:30一个小时的节目时间调整为17:05～17:55的50分钟节目。虽然播出时间调整了，但栏目的奥运目标并没有改变，在继续宣传解读市政府、交管局各项政策和交通禁限行措施的同时，增加了赛事进程播报、比赛场馆位置及周边道路交通状况、文明观赛礼仪等方面的内容。

奥运开幕前的直播重点：（1）展示晚高峰实时路况，提供及时的出行服务。（2）播报与百姓交通出行息息相关的交通新闻和天气预报。（3）详细图解北京的奥运场馆位置、相关观赛路线和绕行路线等，为绕行群众和观赛群众提前做准备。（4）栏目通过主持人解读、电话连线或邀请相关部门负责人、专家、交警做客演播室等多种手段对市政府及各级部门出台的一系列奥运交管措施和各项规章、政策做详尽解读，通过短信平台答疑解惑。

奥运期间的直播重点：

1.《平安行》的播出时间正好是下班的晚高峰，同时也是下午比赛散场和观看晚间比赛的观众汇集入场的时间。因此，节目的重点是预告当晚有比赛的场馆、比赛时间、场馆周边道路的禁限行措施以及绕行路线、实时路况等。同时预告第二天上午和下午有比赛的场馆、比赛时间、场馆周边道路的禁限行措施以及绕行路线，提示群众注意绕行。

2. 及时播报当天比赛成绩及赛事进程，结合当天的比赛项目和所涉及的比赛场馆，详细图解北京的奥运场馆位置、比赛项目、周边道路、专用车辆和专用交通线路、公交及自驾行车路线、出租车停靠地点、停车场位置等周边综合服务设施，以及家住比赛场馆周边的群众如何出行、绕行路线等服务内容，为绕行群众和观赛群众服务。

3. 在节目中随时飞播字幕，内容包括：政府及交管部门发布的通告、比赛预告、道路禁限行措施以及绕行路线、实时路况等。

4. 为了体现文明观赛，号召广大观众能文明地观看每一场比赛，在每天下午直播的一个小时时间里，特别增加制作了奥运观赛礼仪的专题片《带您看奥运》。奥运会期间，栏目工作人员的工作量都非常大，但制作人员都在保证日常节目正常播出的情况下，利用休息时间，加班加点制作完成了11集，每集时长约5分钟。片子播出后，观众纷纷发短信表示，场馆介绍和观赛礼仪非常实用。

5. 北京市自7月20日到9月20日实行机动车单双号出行的交通管理措施，为了监督广大的交通参与者对该项政策的理解和执行情况，《红绿灯——路况直播》栏目在节目中特别开了“监视路口”这个小板块，利用现有的、遍布北京市的监视器，每天额定一个或者两个路口，监视路口机动车单双号行驶情况，号召观众和主持人一起对路口通行的来往的车辆进行监督，很多观众都通过短信平台表示，媒体能够通过现场直播的方式，公开监督单双号政策的执行情况非常好，充分起到了媒体监督的作用，起到了很好的社会效果。

6. “周末好运会”和“汽车特区”是《红绿灯——路况直播》的两档周末特别节目，奥运期间为了配合频道的播出需要，特别节目暂停，改做日常节目。由于日常节目所需要的人员较多，周末组工作人员在人手不足，从早直播和平安行的工作人员中抽调部分人员加班工作，圆满地完成了奥运期间的工作任务。

二、配合北京卫视的大型直播栏目《光荣与梦想》播出

在奥运会期间，《红绿灯——路况直播》栏目不仅完成了自己栏目的安全播出，还应台里要求积极参与配合了北京卫视的大型直播《光荣与梦想》的播出。根据台奥办的要求，从8月8日到8月24日，每天7:00到20:00都有7次路况直播。为了保证北京卫视《光荣与梦想》的安全顺利播出，经过与奥办多次协调沟通，精心安排，栏目制订了详细的播出计划和人员安排，抽调栏目的精兵强将配合卫视频道工作，大家放弃了休息时间，任劳任怨，既保证了自身栏目的安全播出，也圆满完成了台里交给的任务。

三、配合中央电视台连线反映北京交通概况

在奥运会单双号期间，《红绿灯——

路况直播》栏目还配合中央电视台新闻频道完成了一系列的直播工作。

7月20日是单双号的第一天，为了实时地反映路面单双号实施情况，中央电视台新闻频道在实行单双号的前一天，与我台联系，要求连线直播路面实时路况，台领导将任务交给《红绿灯——路况直播》栏目。接到任务后，栏目负责人钟晓红连夜及时与参与播出的播出部、制作部、灯光科、交管局等各个部门协调联系，安排好播出工作。7月20日是周末，为保证与央视连线万无一失，栏目组主要人员坚持到岗工作，做了充分的准备工作，当天的连线播出进行了15分钟，充分展示和解读了单双号实施后的路况和政策。由于当天连线效果很好，中央电视台新闻频道要求在第二天继续连线，观察单双号实施后第一个工作日的早、晚高峰的交通路况，两次连线时间各进行了10分钟。

在8月8日奥运会开幕式的当天，中央电视台新闻频道再次要求《红绿灯——路况直播》栏目进行连线直播，帮助了解开幕式前奥运场馆周边的交通行驶状况，指导观众出行。并在9月6日残奥会开幕式当天再次连线，详细解读奥运场馆周边交通道路行驶状况。奥运期间，由于栏目的工作人员良好的工作状态和认真的工作态度，获得了中央电视台新闻频道工作人员的一致好评。为了表示感谢，中央电视台特别在中国电视报8月4日第31期奥运特刊第A21版，用整版的篇幅，以《平安出行，一路有你——关注北京2008年奥运交通》为标题介绍了北京奥运交通的整体情况，并在其中的“媒体篇”中详细地介绍了《红绿灯——路况直播》栏目以及与中央电视台连线直播的具体情况，对栏目一直以来为奥运交通做出的工作进行了肯定。

四、发布实时的交通讯息和绕行路线

市政府、交管局根据奥运会、残奥会赛事的安排，每天都发布新的临时交通管理措施，应台总编室的要求，为了做到真正地服务市民出行，直观地体现道路绕行的线路，栏目把每个通告都做成宣传片，在节目中反复播出。为了更加形象直观地表达通告内容，栏目制作人员和编辑共制作了图片400多张，图文并茂地表现了残、奥运会开、闭幕式绕行路线；残、奥运会公路自行车，残、奥运会马拉松路线；残、奥运会场馆周边道路绕行路线的通告等通告18个，累计时长达90多分钟。观众通过短信表示，栏目对通告的解读对他们的出行起到了很强的指导作用。特别是经过精心制作的“通告专题片”在《早直播》中播出后，使得《早直播》的收视率明显提高，这也说明了“通告专题片”对广大观众的实用价值。

前进的足迹

——记北京电视台新电视中心非新闻制作网建设

信息网络管理部

北京电视台新址的投入使用，标志着北京电视台发展跨入新的阶段。按照“前期数字化、编辑制作网络化、播出硬盘化、存储数据化、管理科学化”的五大目标，新电视中心全台网建立了高效率、现代化、标准化和面向流程的全新业务体系。非新闻制作网作为全台网中的重要组成部分，担负着实现“编辑制作网络化”目标的使命。一年来，在台领导的关心和指导下，信息网络管理部精心组织、严格管理，各承建单位密切配合，确保了非新闻制作网各项研制、建设任务如期完成。2009 年 1 月 15 日，非新闻制作网所属普通编辑网正式上线运行，完成了科教频道所有栏目采集、制作、录制、包装、合成和网络化送播的全过程，成为新电视中心全台网正式投入运行的里程碑。

一、非新闻节目制作网概况

非新闻节目制作网主要承担新电视中心各类非新闻类节目制作和包装的任务。相对于新闻类节目，非新闻类节目具有制作周期长、对特技和包装要求高等特点。该网络按其功能侧重点分为 4 个子网：普通编辑网、深度编辑网、包装合成网和高清制作网。非新闻类节目的主要制作任务由普通编辑和深度编辑两个子网完成。其中，普通编辑网用于简单节目制作；深度编辑网用于较复杂节目的制作；包装合成网为上述两个编辑网络提供辅助制作手段；高清制作网是与高清播出系统、高清视音频系统配合使用的制作网络，为将来大规模高清节目制作进行有益尝试。

非新闻制作网具有以下三个特点：一是网络化的工作流程。按照全台网统一生产流程，完成节目的“采、编、送”。由素材上传、素材管理、文稿处理、节目编辑和节目发送（备播）等环节组成。各环节由网络及其管理软件组成一个完整、综合、数字化和网络化的节目制作网络系统，可实现素材共享、多机多人同时工作。二是网络化的互连互通。通过基于全台网主干平台的接口服务，实现了与其他网络的互连互通。保证了各节目制作网之间，节目制作网与总编室编播系统、媒体资产管理系统之间的数据共享和交互。三是网络化的管理模式。网络化的管理模式为网络优化提供了手段。按照全台网分级管理机制，各子网对所属人员使用权限、设备配置、磁盘空间等多项内容进行监控和管理，网络管理员可以统一管理和配置网络，及时监控各工作站点的状态。

二、非新闻制作网建设历程

非新闻制作网建设历时一年多时间，从纸面上的设计方案到今天新电视中心节目生产的基地，饱含全体工作者的艰辛与努力。2008年伊始，信息网络管理部的工作人员刚刚告别新春的快乐，就按照台里统一部署，奔赴新电视中心，投入到紧张、繁忙的非新闻制作网的建设工作中。从此空空荡荡的新电视中心，有了行色匆匆的网络建设人，有了呕心沥血的奠基者。

非新闻制作网建设过程充满荆棘与挑战。一是初期配套条件比较艰苦。在建设初期，新电视中心配套设施尚不完善，无形中给网络建设工作带来了很多困难。由于配电系统处于调试阶段，电梯、空调等用电设备不能正常使用。非新闻制作网机房分散于新电视中心第16、18、19层，工作人员不得不采用步行方式，来往于各层机房之间。由于空调无法正常发挥制冷作用，机房温度有时高达30余度，给工作人员带来很多不便。二是协调工作难度大。非新闻制作网的4个子网分由4家厂商承建，每家厂商的工作方法都不尽相同，组织方式有较大差异。为确保各子网技术状态和建设进度相互匹配，需要大量的组织协调工作，难度很大。三是建设周期紧张。非新闻制作网于2008年1月启动建设。按照台里的要求，2009年1月正式启用，仅仅12个月时间，工作量大，建设周期非常紧张。

信息网络管理部是一个新成立的部门，人员极度缺乏。面对繁重的建设任务，以及建设过程中的种种困难，部领导高度重视，深入调动同志们的积极性，以身作则，带领大家分析、研究非新闻制作网建设的各个环节，积极制订有效措施。合理划分建设阶段，将整个建设过程分为网络构建调试、跨系统流程测试、试运行及第二演练四个阶段。积极做好组织协调工作，建立定期会议制度，召集各承建单位集中梳理建设情况，商讨技术难点，研究解决方案，形成了高效的沟通机制。针对人员严重缺乏的情况，合理调配人力资源。将人员定岗定位，使每名同志都有所侧重地深入到网络建设过程之中。同时，有计划、有针对性地组织开展技术培训，使同志们相互交流，相互学习，共同提高。在较短时间内，有效提高了同志们的技术水平，为非新闻制作网的建设奠定了良好基础。在部领导的带领下，同志们顽强拼搏，兢兢业业，任劳任怨，加班加点，确保了网络建设顺利进行。

三、非新闻制作网应用情况及未来展望

经过长达3个多月的跨系统流程调试，目前非新闻制作网已由试运行阶段进入第二演练阶段。自2008年12月3日以来，承担科教频道节目制作的普通编辑网已成功送播626条节目。2009年卫视主打“真情耀中华”的8期节目由深度编辑网制作完成。同时，影视频道、青少频道部分节目也出自于深度编辑网。包装合成网即将为全台节目提供包装服务。高清制作网已完成流程测试，建设进展顺利。未来我们须加大保障网络稳定运行力度，为栏目用户提供高效、安全、稳定的创作空间，继续探索网络技术，发挥技术优势，为非新闻制作网的网络管理增色添翼。

30年我们一步一步走来，每一项技术进步，都记录着北京电视台前进的足迹。

新电视中心非新闻制作网的正式投入运行，标志着我们继实现从线性编辑到非线性编辑的跨越之后，又实现了非线性编辑网络化的重大进步。信息网络管理部的同志们为能够亲历北京电视台向前迈出的这一大步而深感自豪。站在新的起点，我们豪情满怀；面对新的挑战，我们信心百倍。我们将以“一流的团队、一流的服务、一流的技术、一流的协作”，为非新闻制作网的稳定运行保驾护航。

北京电视台新址制播网建设情况介绍

信息网络管理部

一、综述

当全国大多数电视台正面临着技术改造，朝着全台制播一体化方向摸索前进的时候，北京电视台借新台址建设的契机，完成了全台一体化制播网网络的建设。

北京电视台新台网络化节目制播体系（以下简称北京电视台新台制播网），以数字化为基础，网络化为核心，摒弃了传统离散操作、独立运行的生产模式，以适应广电业内网络化的发展趋势，采用网络化制作模式将生产系统的各个组成部分有机地结合起来，形成网络化生产体系。网络化生产模式主流地位的确立，有利于发挥出网络大规模、集约化运作在综合生产能力上表现出的巨大优势，将为我台今后在减员增效、加强管理等方面提供技术上的可行性。

北京电视台制播网络从设计功能上涵盖了所有台内生产工作流程，包括演播室录制和播出、内容采集、后期编辑、文稿处理、数据存储和生产管理等诸多环节，以台内节目生产的全程数据化为基本目标。同时，也建立了生产网络与办公网络的数据接口，将台内节目生产相关信息发布平台的内容经严格审查和筛选后发布到生产业务网络中，并将生产业务网络中的信息及时反馈到台内节目生产信息发布平台。

北京电视台新台制播网是目前国内唯一真正实现了全台制播一体化网络的制播网，无论从技术层面还是从管理层面都积累了丰富的经验。

二、北京电视台新台制播网简介

节目生产是电视业务的重要组成部分，北京电视台新台制播网的设计以节目生产为核心，按照节目生产的不同类型及节目生产的不同环节，将新台制播网从网络结构上分为业务支撑平台及若干应用系统，各应用系统通过业务支撑平台进行业务数据交换。新台制播网网络架构如下：

北京电视台新台制播网系统由基础网络平台、业务支撑平台、主体业务系统和其他业务系统组成。基础网络平台是制播网络系统进行信息通信和数据传输的基础平台。针对不同业务子系统的应用特点和实际需求，基础网络平台可提供安全、稳定、高效的网络接入和路由支持。业务支撑平台是整个制播网络系统管理和互联互通的中心枢纽。该平台以互联总线为模型，对制播网络系统中可能用到的通信协议、软件接口协议、信息协议、数据压缩格式和文件格式进行了标准化的定义和实现，支持各个业务子系统的灵活接入和平等互联。主体业务系统是指与北京电视台节目生产直接相关的各个业务子系统，包括：总编室编播网络系统、新闻类节目制播网络系统（包括新闻节目制播网络系统和体育节目制播网络系统）、非新闻类节目制作网络系统（包括普通编辑网络系统、深度编辑网络系统、包装合成网络系统、高清制作网络系统）、广告编播网络系统、演播共享网络系统、收录网络系统、播出网络系统和媒体资产管理网络系统（以下简称媒资系统）。其他业务系统是指主体业务系统范围之外的业务系统及其支持系统。随着广播电视行业应用和技术的不断发展，可以预见新兴衍生业务将成为电视台业务的增长点，例如：数字电视、IPTV和网站等。此外，二维动画制作系统、运行调试系统也是制播网络系统的重要组成部分。

北京电视台新台制播网是目前国内规模最大的电视制播网络，整个网络一期工程包括1个业务支撑平台、8个业务网。服务器数量将近400台，工作站数量将近700台。

为了确保新台制播网的技术安全，制播网系统关键设备和关键应用都采取群集或双机热备方式部署，即如关键设备出现故障不影响系统正常运转。为确保新台节目播出不受制播网灾难影响，制播网制定了在制播网全面瘫痪情况下的应急预案，即在制播网不能正常工作时，新台节目生产系统可以短时绕过制播网，节目照常可以在播出系统播出。

三、北京电视台新台制播网建设历程

北京电视台新台制播网自2004年9月开始启动需求整理至2009年1月15日正式试播，先后经历了需求整理阶段、框架设计阶段、集成细化阶段、现场实施阶段、系统试运行阶段。

需求整理阶段。需求整理阶段自2004年9月起至2005年7月止。在此阶段，项目组主要完成了台方宏观性需求整理，并组织国内广电行业专家进行需求可行性论证，确立了联合设计机制。本阶段主要成果是编写了《北京电视台新台网络化建设框架性方案》。

框架设计阶段。框架设计阶段自2005年8月起至2006年6月止。在此阶段，项目组完成了《北京电视台新电视中心制播网络系统设计方案书》、《北京电视台新电视中心制播网络系统设计说明书》的编写，并对新台制播网设计方案中的关键技术进行测试，编写了《北京电视台新电视中心制播网络系统联合设计项目关键技术点测试报告》，为新台制播网建设提供有效的测试数据。本阶段开始以《制播网络联合设计小组月度工作报告》的方式记录制播网建设进程。

集成细化阶段。集成细化阶段大部分工作集中在2006年7月~2007年10月期间完成。在本阶段，项目组与集成商共同完成了《主干业务系统集成和软件定制研发合同书最终版》，编写了《实施方案初稿》，对系统关键设备进行选型测试，完成了《北京电视台主干系统集成项目设备选型测试报告》，在本阶段后期完成了系统基础软件测试报告。经过本阶段的工作，各系统完成了方案细化、系统招投标工作，并在集成商搭建的模拟环境中完成了大部分软件研发工作，系统已具雏形。在本阶段项目组主要成员定期到系统集成厂商建立的模拟环境中进行工作进度检查，保证了系统软件研发工作不脱离我台的实际需求。本阶段项目组每周召开新电视中心制播网络主干业务系统项目工作组会议，通报、研究制播网主干系统建设情况，并编写《主干业务系统项目工作组月度工作报告》。

现场实施阶段。现场实施阶段的工作主要集中在2007年11月~2008年12月。2007年12月，项目组为赶工程进度，在新大楼工地还不具备施工条件的情况下，开始进驻施工机房，2008年5月以前完成了制播网系统布线、机柜安装、电路施工、硬件设备上架等工作。2008年5月新大楼空调系统开始试运行，制播网系统设备也开始加电安装操作系统、应用软件等工作。在系统现场实施阶段，各应用系统基本完成应用软件研发、测试工作，并根据台方使用部门修改意见，逐步完善系统功能。完成了制播网系统最重要的两个流程——备播、归档流程的长期稳定性测试工作，使制播网系统真正以整个系统工作模式运转起来。

系统试运行阶段。系统试运行阶段为2009年1~6月。2008年12月18日科教频道进驻普通编辑网，开始编辑记者培训，为2009年1月15日第一期试播做全面演练。科教频道所有栏目采集、制作、录制、包装、合成和网络化送播的全过程均在制播网内实现。2009年1月15日，BTV-科教频道正式在新台制播网成功制作、播出，同时BTV-影视（节目在新台制播网深度编辑网上载）、BTV-青少频道（节目在老台制作）也在新台成功播出。按照新台制播网工作计划，新台第二期试播定在2009年4月1日，第二期试播包括BTV-北京、BTV-体育、BTV-文艺、BTV-高清频道。2009年3月10日，新闻、体育系统进入全面演练阶段。由于第二期试播包括了新闻节目中心的内容，很多节目属于演播室直播，而此时正值“两会”期间，老台的新闻系统需同时平稳运行，给新台制播网开播造成很大的压力。

四、克服困难，顺利试播

北京电视台新台制播网是目前国内规模最大的全台一体化制播网，在制播网建设过程中经历了相当大的困难，这些困难包括：

目前国内无成功经验。虽然国内有多家电视台建设了媒资网、制作网、播出网及节目生产管理网等，但真正的全台制播一体化网络在北京电视台新台制播网建设以前还无成功案例，如何将全台的节目生产业务集中在一个网内实现，如何划分各业务网边界，如何预测制播网业务量，如何实现高安全性及高可用性，如何将多家公司承建系统建立连接等问题，需要项目组深入分析、测试，才能编写实施方案。任何一个关键点的设计失误，都将承担制播网系统能否顺利运转的风险。项目组本着实事求是的原则，根据我台制播业务实际需求制定系统模型，依靠实验数据制订实施方案。在框架设计阶段，项目组测试了大量的硬件设备，根据测试数据选择设备型号，为新台制播网长期稳定运行奠定了基础。

现场实施周期短。像北京电视台新台制播网如此规模的制播网络。很多应用在广电行业尚属首次使用，很多功能是新开发功能，整个系统由 4 家公司共同完成，即使在系统设计阶段已经制定了各应用系统间的标准接口，几家公司软件产品的联合调试也非易事。若要保障系统长期稳定运行，至少需要全系统稳定性试测试运行半年以上。然而自新大楼机房正式加电至系统正式试运行，留给制播网用于现场实施、联合调试、技术培训、系统测试的时间仅仅不足7个月，其间还经历了奥运会、新大楼停电检修空调等事件。如此短的现场实施周期，给项目组相当大的压力，为解决现场实施周期短的问题，各系统都把部分研发人员请到新大楼现场，在实际实际运行环境中调试。同时研发人员与运行维护人员积极配合、各司其职，极大地提高了工作效率。

技术维护人员严重缺乏。不论是台方技术维护人员还是运维公司技术人员，对如此规模的制播网维护都缺乏经验，并且国内也无相关技术经验维护人员。同时，台方技术维护人员还承担着苏州桥办公地点的制播网维护任务，其间又经历了奥运会、全国“两会”、北京市“两会”等重大事件电视制播任务。新台制播网需要增加技术维护人员，老台制播网需要重点保障，致使项目组很多同志肩负几副重担，奔波于新老台之间。为了克服技术人员极度缺乏的难题，项目组成员每人都同时承担着几项重要任务，为了保质保量完成任务，制播网工作不得不大量延长工作时间，主动放弃节假日休息时间。

涉及与相关部门大量沟通协调工作。新台制播网涉及网管部、制作部、播出部、总编室、广告部及所有在新台制作、播出的节目部门。北京电视台新台制播网的正常运行，离不开相关部门的协调、配合。如此多部门的配合在以往是不多见的，而在新台制播网则是常规工作模式。新台制播网完全改变了以往编辑、记者及其他在节目生产线上的工作人员的工作模式，节目单申请、文稿建立、非编制作、内容审查、技术审查、节目备播、节目归档、素材调用、素材回采等流程均在制播网内完成，在这些流程实现过程中涉及多个部门。因此系统运行初期，各部门间的沟通、协调工作量非常大。在制播网系统试运行期间，项目组每日召开试播协调会，以解决在试播期间出现的问题。

北京电视台新台制播网经过相关台领导与项目组的共同努力，历经 5 年时间建成，北京电视台新台制播网是目前国内已建成的真正意义上的全台制编播一体化网络，将“采、编、播、存、管”在一个系统内实现，实现了“前期数字化、编辑制作网络化、播出硬盘化、存储数据化、管理科学化”五大目标。在系统维护过程中总结经验吸收教训，逐步建立了“维护活动规范化、维护记录标准化、数据分析专业化、维护水平科学化”的系统维护模式。

北京电视台新台制播网的成功建设为北京电视台近一段时期的发展从技术上铺平了道路，从而从技术上推动了北京电视台节目创新的步伐，编导的创意更加容易实现；新台制播网简化了编播流程，使编导脱离了传统节目制作的束缚；新台制播网的建设，也使我台技术人员的知识结构发生了变化，技术维护人员从传统设备维护转化为制播网络管理员；新台制播网的建设为今后北京电视台大型生产网络工程建设积累了丰富的经验。北京电视台新台制播网的成功建设，大大推动了我国相关技术的发展，为我国电视台的数字化建设积累了丰富的经验。

四、专 辑

《残奥 1+1》系列报道总结

新闻节目中心

《残奥 1+1》是残奥会期间一组特别报道，节目通过青风、解岩两个残障记者的特殊视角，体验残奥会、报道残奥会。从 9 月 6 日到 18 日，共发稿 8 篇，内容包括主新闻中心、奥运赛场、特殊节日、城市保障、运动员等残奥会赛场的各个方面。用平实、质朴、感人的叙事方式，表现了一届同样精彩的残奥会和“超越　融合　共享”残奥理念。

独特的视角　独特的风格

《残奥 1+1》系列报道具有独特的风格：首先，残障人记者体验残奥会本身就是新闻，节目把残障人的观点电视化，将电视新闻残障化，相互融合、取长补短，打造了一个跨界的新闻模式，自然引人关注。其二，新闻采用第一人称的视角，第一人称的叙述，用残障人主观的感受去评论和反映客观的事实。例如，《掌声为残障人响起》，是盲人记者青风在残奥会开幕式现场的所见所闻、所思所感，情真意切，令观者动容。其三，在表现形式上的独特，用现场来说话，用同期来说话，即便是精简到最少的解说，也是采用青风和解岩自己的配音，从最大限度上保持了现场感和原生态。如在《共享同样的精彩》当中，青风在中国女子盲人门球队获胜后的激动全是现场的，就非常具有感染力。

观点的交锋

因为是残障人的视角，所以独特，因为独特，所以非主流。在《北京新闻》当中播放的新闻，受众群是普遍意义上的主流社会。但残障人的观点却并非总是能够符合主流社会的价值观，因此在制作节目的时候，往往是观念交锋的时刻。对于同一个事实，总有不同角度的解读。如，“对于无障碍设施的作用”，“其设立的直接效应和衍生效应的界定”等话题，双方的理解不一致，这就必须沟通，必须交流，而结果是最终形成一个折中的、相互理解并可以接受的方案。正是这样，才在最大程度上保持了新闻的独特性和受众的最大化。节目的最终落点一定是主流的，但是它的细节却又是残障人所看到的新鲜角度。如，在“体验 MPC”一集当中，无障碍的餐桌旁摆放着几把椅子，方便残障人和健全人共同就餐，体现了融合。如果不是解岩的讲解，恐怕知道的人并不多。

系列的拳头效应

8 篇报道，赛场、城市保障、媒体运行，从各个方面展示了一届出色的残奥会，我们提供的是另类的、发现感悟式的新闻。《北京新闻》连续推出，已经形成了一定影响力，使许多北京市民都已经熟悉了这两位每天报道新闻的残障人记者，在奥林匹克中心区采访的时候，许多观众都主动和青风、解岩打招呼、合影。通过这两个主人公的形象在观众心中的定型，节目已经在一定程度上让人们看到和了解了残障人。“超越　融合　共享”，已经从相互理解、相互尊重中开始了，这就是节目最好的社会意义。

BTV，唯一一家参与“神七”报道的地方电视媒体

新闻节目中心

2008年9月25～28日，“神舟七号载人航天飞行任务”首次实现了中国航天员太空出舱行走，标志着我国载人航天技术就此迈上新的台阶。这是北京电视台新闻节目中心继“神五”、“神六”、“嫦娥一号”后，又一次较好地完成了对国家级高科技实践活动的特别报道。

此次特别报道从24日持续到28日，五天时间进驻北京航天城，采用了新闻、SNG直播连线、对播开窗等形式，在北京卫视《北京新闻》、《北京您早》、《特别关注》、《直播北京》里开辟专栏，联动报道了“神舟七号载人航天飞行任务”全过程，参与并记录了这一举世瞩目的辉煌盛事。

一、BTV成为唯一一家参与“神七”报道的地方电视媒体，开历史先河

北京航天飞行控制中心是“神七”任务的大脑和中枢神经，发射277秒之后，操控任务全部由这里完成，中宣部和总装备部只允许22家中央级媒体参与报道，控制相当严格。新闻节目中心要闻采访部、新闻编辑部多次和飞控中心联系，建立了良好的合作关系，以此为突破口，在中宣部的支持下，得到了C级（平面媒体）采访资格。

二、手段创新，节目鲜活

在神舟系列报道中，北京电视台首次采用SNG直播形式，第一时间将信息传达出去，发出了BTV人“大事发生我在现场”的声音。新闻有声有色，及时、有效，在5天时间里，两位记者共发稿32篇，直播连线15次。

三、迎难而上，攻克难关

记者每天要抢4档新闻，作4次直播连线。由于工作量大、任务繁重，5天里，他们一共只睡了不到10个小时。饿了就吃方便面，累了就靠在椅子上睡一会儿。

记者随机应变能力强，发挥主观能动性。由于两位记者证件是C级，只能待在新闻中心，不能进入大厅拍摄。他们随机应变，或者把专家拉出来采访，或者请飞

控中心帮助协调。在时间已经非常紧张的前提下，每天每档新闻的每个直播稿件，记者都要把文字内容传到总装备部宣传部送审，再报批，程序复杂，工作琐碎。在有关部门的配合下，新闻节目中心顺利完成了此次报道任务。

非本地灾难报道的新思路

——记《五百强在北京》特别节目“让世界充满爱”

新闻节目中心

灾难事件具有强烈的不可预知性与惨烈性，给人类带来强烈的心理恐怖与伤痛。同时，由于民众的好奇心被刺激而无限放大，媒体会倾尽全力进行报道。从地域角度划分，灾难事件报道分为本地灾难报道与非本地灾难报道。对于北京媒体人来说，2008 年 5 月发生在四川汶川的地震属于典型的非本地灾难报道。

灾难事件发生后，随着时间的不断变化，报道策划会有不同的侧重点。根据新闻报道规律，灾难后的前两周属于第一阶段，重在报道事态进程，接下来的两周是第二阶段，报道相应的对策，最后是第三阶段，提醒人们树立安全意识与防范意识。2008 年 5 月 12 日，四川汶川发生 8.0 级特大地震。5 月 23 日，《五百强在北京》特别节目“让世界充满爱”在北京卫视播出。从创意诞生到电视播出仅用 11 天时间，成功很大程度上在于快速准确的组织策划。

在报道时机上，特别节目提前进入第二阶段。当时包括中央电视台在内的大小电视媒体，都力求派记者前往一线，近距离实时报道现场情况，满足观众对现场的渴求。但当电视屏幕上千篇一律出现的都是类似的场景时，观众难免产生审美疲劳。如何找到令人眼前一亮的第二落点，是考验周播栏目策划功力如何的重要标准。“让世界充满爱”将目光立足于家园的重建和信心的塑造，在非本地灾难报道的第一阶段末期，提前将观众带入第二阶段。独特的尝试取得良好效果。

在策划角度上，特别节目最大限度发挥栏目独特优势。开播一年多，栏目组积累起了雄厚的世界 500 强资源。正常来讲，根据世界 500 强公司的办事流程，从申请采访到总部报批需要近 2 周时间。但《五百强在北京》栏目组在 1 周之内将包括雀巢、戴姆勒、伊藤忠商事、三星、江森自控、三井住友在内的 7 家世界 500 强企业 CEO 请到演播现场，而且在现场筹集到善款人民币 6400 多万元以及 10 架直升机和 1 名飞行员的使用权，体现出栏目组对自身平台的精耕细作。而且 7 家世界 500 强公司来自 5 个不同国家，在国人同心救灾的大背景下，传达出国际社会支援中国的声音。

在电视手段上，细节设计彰显人文关怀。新闻报道要严把导向关，对于灾难报道来说，要避免过度渲染灾难场景，体现出媒体的人文关怀。作为电视节目，要在画面中体现人文关怀，必须设计出寓意丰富的道具。“让世界充满爱”特别策划出爱心卡、生命树及跨国公司倡议书这三大道具，寓意深刻，凸显人文关怀。

大型电视选拔活动《龙的传人》

文艺节目中心

《龙的传人》大型电视选拔活动，是由北京电视台、成龙影业集团、中国电影集团、英皇集团、紫禁城影业集团联合推出的年度鸿篇巨制。活动旨在从全球华人中甄选一批极具潜质的动作电影演员，为弘扬传统文化、传播中华文明、推动中国电影事业的发展作出贡献。

从2007年4月至2008年7月，《龙的传人》经历了全球地面选拔、电视晋级赛、真人秀决赛、总决赛四个阶段。在全球选拔阶段，活动开辟了国内六大赛区、海外九大赛点，并设置了一个网络赛区，首创网络实时在线海选。活动得到了全球华人的热烈响应，有近20万人参与报名；电视晋级赛阶段，从全球报名者中筛选出128人，进入电视地面频道播出。节目摒弃了以往选拔类节目的雷同设计，上演了扣人心弦的精彩角逐，最终产生16强选手。此阶段历时1个月的高密度播出，取得了良好的收视效果和社会各界好评。

《龙的传人》真人秀决赛，通过北京卫视在全国播出，是国内首创的影视范畴的电视真人秀节目。节目设计完全遵守专业动作电影的拍摄规律，以动作演员的成长为故事基础，制作出9集剧情化节目，每集展现一个动作主题、首映一部接近真实拍摄的动作电影短片。惊险真实的高空坠落、灵活炫酷的障碍穿越、真枪实弹的枪械爆破、精彩实战的火种套招、挑战技巧和耐力的威亚特技、考验速度和勇气的飞车大战等，都是从未在电视制作领域出现过的考验任务，带给观众强烈的视觉震撼。同时，节目中还融入了奥运理念和慈善主题，展现出节目定位的人文关怀。每一集真人秀决赛中都有1到2位选手被淘汰出局。最终，5位过关选手进入《龙的传人》总决赛。决赛阶段的比赛分12期于每周六日晚间时段在北京卫视首播，平均收视2.13，比原有时段的收视率提升了3倍以上。节目一经播出，得到了影视界专业人士的高度评价，极大地促进了北京电视台品牌地位的确立。

影视改变生活　盛典彰显力量

——2007年影视盛典

文艺节目中心

2008年1月6日，北京电视台2007年度影视盛典在国家大剧院盛大上演，这是北京电视台主办的首届年度颁奖盛典，也是国家大剧院启用以来，举办的第一个颁奖典礼。本次盛典从媒体的权威视角梳理、点评了影响2007年文化领域的人物、事件和作品。颁发了电视、电影、戏剧等领域的近30个年度奖项。这些奖项由专业人士评审，并通过网络结合观众意见而最终评定，充分体现出了影视盛典的权威性与参与性。

本届盛典邀请了近百位影视界高端人士参加，共同见证中国演艺界的这一年度峰会，展示属于2007的光荣与梦想。文化部原副部长高占祥、八一电影制片厂原厂长王晓棠、中央芭蕾舞团团长赵汝蘅、著名电影表演艺术家于洋等都作为颁奖嘉宾出现在影视盛典上，而张国立、王刚、葛优、斯琴高娃、蒋雯丽、陈小艺、王宝强等众多演艺界的当红演员则作为获奖者登上了影视大典的领奖台。

北京电视台2008年国庆晚会《我和我的祖国》

文艺节目中心

从9月14日接到任务到9月27日晚会录制，短短14天时间，策划团队和剧组人员加班加点，几易其稿最终确定了“我和我的祖国”这个和2008年“十一”的特殊背景最为贴切的主题和方案，并集结了强大的演员阵容，经典曲目、最新单曲、老歌新唱，精彩纷呈的节目满足了不同年龄观众的收视需求，令这场90分钟的晚会高潮迭起。

第29届奥运会和残奥会的成功举办，为2008年国庆增添了一抹亮丽的色彩。与以往国庆晚会不同，分享奥运留给北京乃至全中国的物质财富和精神财富，延续奥运收获的喜悦成为晚会的主基调。表演元素中除了常态的文艺节目，晚会还邀请了多位在奥运会、残奥会期间有着不俗表现的重量级嘉宾。奥运开幕式上伴随姚明一起带领中国代表团入场的抗震小英雄林浩和红衣女孩儿林妙可一起登场，用稚嫩的童声表演了诗朗诵《相信爱》；奥运冠军优秀团体，国家举重队队员陈燮霞、刘春红及残奥会首金获得者杜剑平亲临现场，讲述夺金前后的幕后故事，表达对祖国母亲的热爱和祝福；主持人徐滔对参与奥运安保工作的公安干警代表、中国代表队入场时的引导员林佩以及奥运志愿者和服务人员代表进行了采访，虽然他们的身份不同、年龄不同，但同样质朴的语言和感人的故事赢得了观众的阵阵掌声，充分阐释了“我和我的祖国”这一宏大又不失亲切的主题。

除了演员和嘉宾的选择，晚会的新思路还体现在开发新的节目形式上。晚会开场有来自天安门国旗班的武警实地升旗，庄严震撼；著名钢琴演奏家孔祥东奏响《黄河》钢琴协奏曲的时候，上百吨水在舞台上轰然奔涌，观众宛如亲临黄河壶口，挑战视觉极限；残奥会圣火采集仪式上的圣火采集使者、中国残疾人艺术团的手语主持人姜馨田，用丰富、灵动的肢体语言为观众献上手语诗《我的梦》，在配乐诗朗诵的配合下，她的美丽、优雅和脸上自始至终的灿烂笑容打动了在场的每一位观众。

此外，晚会现场还播放了多个精心拍摄制作的新闻短片，分别以“分享奥运”和“祝福祖国”为主题，将人们的讲述、笑脸和一系列数字相结合，充分反映了“申奥”成功后北京日新月异的变化以及奥运会的成功举办带给北京乃至中国的发展契机，展示了各行各业的人们为奥运会、残奥会的召开所付出的巨大心血以及对祖国母亲“明天更美好”的由衷祝福！

10月1日当晚，《我和我的祖国》在北京卫视播出，取得了4.02的高收视的同时，也得到了观众的好评。

北京电视台年度大戏《漕运码头》开机

影视剧中心

2008年3月7日下午，40集电视连续剧《漕运码头》在大运河畔的通州亚太花园酒店举行开机仪式，市委常委、宣传部长、副市长蔡赴朝，市委宣传部常务副部长陈启刚，市广电局局长孙向东，北京电视台台长刘爱勤、总编辑张晓，北京市通州区区长邓乃平等领导同志以及数十家媒体记者参加了本次活动。

电视连续剧《漕运码头》根据著名作家王梓夫获“姚雪垠长篇历史小说奖”的同名小说改编，是国内第一部反映漕运历史的电视剧。该剧以时世巨变的道光一朝为背景，以反腐除弊为题材，生动展示了大清王朝由盛向衰之际，从王室到中枢，从官场到民间的种种忧患及挣扎。全剧结构缜密，情节紧凑，剧情曲折，场面恢弘，塑造了一组以爱新觉罗·铁麟为代表的刚正不阿、耿直忠勇的正面人物群像，描绘出一幅色彩绚丽的漕运文化民俗画卷。剧中既有扣人心弦的传奇故事，又有京韵十足的地域特色，同时展示了丰富的传统民俗文化，体现出深厚的文化底蕴和高雅的艺术品位，具有强烈的现实主义色彩。

电视剧《漕运码头》由北京人艺著名演员杨立新和影视表演艺术家王玉梅领衔主演，此外，龚丽君、李士龙、严燕生等北京人艺演员以及一批常年活跃在影视剧舞台上的实力派演员在剧中担任重要角色。

《漕运码头》由北京电视台出品，北京电视台和北京通州区委区政府联合摄制，是北京电视台首部独播剧和2008年重点剧目，于2009年元旦期间与全国广大观众见面。

为了支持《漕运码头》的拍摄工作，通州区投资兴建了京杭大运河通州段的第一座仿古漕运码头，并开放了运河沿岸所有自然景观供剧组拍摄；此外，为奥运火炬传递而建造的漕运船队也将“易容”为《漕运码头》服务。

北京电视台举行北京卫视首播剧推介会

影视剧中心

2008年9月27日，北京卫视首播剧推介会在新落成的北京电视中心隆重举行。《马文的战争》、《国家形象》、《落地请开手机》、《漕运码头》、《潜伏》、《乔省长和他的女儿们》等一批国内一线明星主演的顶级国产主流电视剧在此亮相，这些思想性、艺术性俱佳的精品剧目从10月9日开始，在北京电视台卫星频道BTV-1陆续推出，呈献给国内观众。这意味着北京电视台不惜重金，用独播剧和首播剧精心打造BTV-1的“卫视工程”全面启动。

电视剧的收视份额是各省级卫视排名的重要组成部分。北京卫视要想在这场竞赛中摘金夺银，就一定要抓住电视剧、依托电视剧、播好电视剧。北京电视台在研究了国内排名靠前的几家省级卫视2008年电视剧策略之后，毅然决定：集中全台的财力人力，引进有一线明星主演的顶级国产主流电视剧，在北京卫视的晚间黄金时段进行首播，集中优势兵力大力提升北京卫视电视剧场。具体措施是：从2008年10月9日开始，陆续推出一批精品剧目，在北京卫视独播，或和其他几家省级卫视联合独播，配合大规模的宣传推广，重磅出击，先声夺人，为打造北京卫视明星频道、在空中竞争中摘取“金牌”铺平道路。为此，北京电视台投入巨资，用于卫视电视剧战略实施。为了配合这一工程，解决卫视节目的落地问题，北京电视台还将投入一个多亿，在年底之前使北京卫视节目的可接收人口一举上升到8亿，使北京卫视成为中国落地最好的省级卫视之一。

北京电视台领导和影视明星孙红雷、张国立、李幼斌、宋丹丹、林永健、陈小艺、冯远征、刘佩琦、杨立新、陶红、闫妮、李小璐、刘金山，以及300多名热情观众参加了推介活动。

大型电视剧《狼烟北平》开机

影视剧中心

由中国电影集团公司、北京市广播电视局、北京电视台、SMG上海电视传媒公司、北京金盾影视文化有限责任公司和北京传奇时代影视文化传播有限责任公司联合摄制、出品的大型电视连续剧《狼烟北平》，于2008年3月23日在中影怀柔影视基地正式开机。中国人民解放军军事医学科学院副院长文仲夫、中宣部文艺局局长杨新贵、怀柔区委书记王海平、中影集团公司董事长韩三平、中央电视台影视剧部主任汪国辉、北京电视台领导出席开机仪式。

《狼烟北平》是著名小说家、剧作家都梁先生继《亮剑》和《血色浪漫》之后，又一部电视剧力作。全剧主要以20世纪三四十年代抗战时期，北平城内日、伪、国、共四股势力角逐为背景，通过正面描写城外战场与城内地下斗争的残酷，生动再现了时代风貌与古都百姓的生存状况，热情讴歌了以方景林、杨秋萍、徐金戈等热血青年为了国家为了民族以及崇高的理想信念，前仆后继、舍生忘死的爱国主义情怀。该剧情节曲折，人物饱满，台词精到，场面壮观，有极强的艺术感染力。

《狼烟北平》还是一部具有浓郁北京特色的电视剧。不仅剧情全部在北京展开，而且用大量的篇幅艺术地描写了历史文化和市井风情。因此，它既是一卷从20世纪30年代到改革开放前夕北京的风情画，也是一部在新世纪推出的《四世同堂》。

该剧编剧：都梁；导演：陈国星；主要演员：刘佩琦（饰文三）、王新（饰方景林）、徐僧（饰徐金戈）、马境（饰杨秋萍）、舒砚（饰罗梦云）；总制片人：曹琦野。

《狼烟北平》已被市委宣传部列为北京市向新中国成立60周年献礼剧目，于2008年11月最后完成。

从寻找地区差异化做文章

——新栏目《环渤海新视野》取得好成绩

财经节目中心

2008 年，财经节目中心新推出一档经济类谈话节目《环渤海新视野》，该栏目在全方位展现环渤海地区，特别是京津冀区域经济的飞速发展，同时关注在发展过程中这些地区特有的社会、文化现象，通过生动鲜活的事例、权威性的数据和深度透彻的分析，给北京的观众和区域经济的决策者们呈现比较地区之间的差异优势。让人惊喜的是，节目开播 1 个月后，不仅收视率取得了不错的成绩，相关企业还找上门要求给栏目冠名，可以说叫好又叫座。

栏目开播首月，选题内容多以公共话题为主，这些节目无论从录制现场还是从节目成片，并不缺乏话题的讨论、争议甚至交锋，嘉宾也多是业内的顶级专家，但是从收视效果上却很不理想，很显然，栏目的选题方向出现了问题。栏目组及时研究总结栏目的问题所在，《环渤海新视野》与其他栏目的区别到底在哪里。同时，中心领导还为栏目提出了一些有地域特色和地域差异的选题方向。很快，特色鲜明的内容和差异化的选题取得了明显效果，从春节前的（五期）平均收视率 0.2，到春节后的（七期）平均 0.86，其中春节节目“三地过年”播出后取得了意想不到的成绩，收视率 1.97 不仅创造了栏目开播以来的收视率之最，而且成为财经频道的收视周冠军。此后，《环渤海新视野》凡是播出具有地区特色或地域差异的节目，在社会反响和收视率上都有上佳的表现，多次进入频道收视排名前列。事实证明，从北京观众关心的角度出发，具有地域差异和地域特色的节目，也正是栏目所要关注的内容和坚持的方向。

作为中国经济增长的第三极，以京津冀为核心的环渤海区域经济合作日新月异。适时推出的《环渤海新视野》，紧追社会经济热点的转换，领先全国，打造出第一个关注区域经济发展的电视节目，从寻找差异化入手，明确定位，配合特色鲜明的内容，赢得观众和企业的信赖。

《养生十二说》掀起岁末养生热潮

财经节目中心

岁末，人们应酬多，工作忙，暴饮暴食和熬夜等情况时有发生，饮食健康和疲劳问题开始困扰着人们，财经节目中心《城市》栏目结合时下职场人们的现状，适时推出系列节目《养生十二说》，沿用中医理论，为人们上了一周养生课。节目播出后观众反响强烈，在没有任何前期宣传的情况下取得了一年来的高收视。

财经节目中心《城市》栏目编导在对以往节目内容的收视进行分析调研后，发现之前曾做过几期中医题材的节目，收视效果都不错，在节目播出后收到很多的咨询热线，说明了养生保健的话题显然是眼下大众关注的热点。因此，《城市》栏目在岁末结合人们的身体状况，精心策划制作了较为系统的中医养生系列节目。栏目组聘请了北京中医药大学的副教授曲黎敏以授课的方式推出《养生十二说》，曲教授不仅是资深的中医专家，还有着丰富的历史文化底蕴，在讲述中将中医学理论融入到生动的历史故事中，并结合时下人们的身体状况，讲解一天十二个时辰该做什么，养什么。给观众带来最实用的信息。

在节目的后期制作上，栏目组改变了以往的制作手法，在节目中多处运用flash的手法和音乐来立体渲染中国中医国粹的神韵。使节目有一种独特的古韵，独特的电视表现手法和实用的信息使《养生十二说》系列节目的收视节节走高。

如今，关注健康，关注养生已成为一种热点。迎合这种趋势，《城市》所播出的《养生十二说》是一次成功的尝试。这种在统一主题下制作的系列节目，不但能够节省栏目的精力，也能使节目的收视黏性大大增加。

开展魅力社区评选活动

财经节目中心

由财经节目中心联手北京人民广播电台城市服务管理广播等单位共同举办的北

京第三届“魅力社区评选活动”举行了颁奖典礼。颁奖典礼以“魅力社区走过2008”为主题，回顾了2008年北京市社区经历的大事，展示了各社区在争创魅力社区过程中的经验，揭晓了获得“魅力社区”、“共建和谐奖”和“风采奖”的社区。至此，历时5个多月的第三届“魅力社区评选活动”圆满落下了帷幕。

本届评选活动以“共建和谐社会，共享幸福生活”为核心宗旨，自4月20日正式启动，从接受魅力训练营的项目培训、实施魅力项目，到参加晋级评选和总决选，历时长达5个多月。活动引起了北京市民的参与热情，参评社区数量也创下了3年来的新高，多达400个；入围项目60个，与上届相比增加了一倍。

与往年相比，本次评选活动加入了魅力训练营、特约观察团等新元素，完善了评选环节和流程。作为主办者之一，财经节目中心的《首都经济报道》栏目对活动进行了全程跟踪，派出多名记者走访了富莱茵社区、国际关系学院社区等诸多富有特色的参评社区，深入报道各个社区的评选方案和项目实施情况，将市民参与、共建社区的场面及时生动地展现出来，也为各个社区提供了宣传自己的平台。

经过3年的不断探索和快速成长，“魅力社区评选活动”已经成为首都社区评选领域的著名品牌，得到了主管部门北京市委宣传部、市委社会工委、各街道和专家学者、媒体同行的广泛好评。

《经济法眼》：百姓身边的律师团

财经节目中心

财经节目中心《经济法眼》栏目从2005年11月试播至今，已涉及有关抚养、赡养、收养、保险赔偿、合同纠纷、强迫交易等一系列百姓在日常工作生活中所遇到的问题和难题，通过剖析一个个生动具体的案例，增强百姓的法律知识，让百姓知法、守法、用法，以达到普及法律知识的目的。节目秉承让法治经济贴近百姓、贴近生活的宗旨，在观众中赢得了很好的口碑。

节目的特点是举案说法，即所举案例全部来源于百姓经济生活，不怕小，不怕碎，通过一个个百姓身边的个案，用通俗易懂的语言，向广大电视观众说法理，帮老百姓辨理明法。如：该栏目曾经播出过一期节目《刘孜：我要退房》。案件讲述的是演员刘孜买到了质量有严重问题的商品房后，状告开发商并要求退房的故事。在演播室里，著名律师邱宝昌为观众讲述了在买房、收房和退房过程中的一系列法律问题和可能出现的陷阱，让观众通过这期节目就成为了买房方面的“准专家”，从而可以明明白白买房，避免上当。正是这样的贴近性给了观众一个收看的理由。

法律无情人有情，节目不但让人看到公正的法律，更用法庭外温馨的故事让越来越多的人感受到人世间的温情，这也是《经济法眼》与其他法制类节目的区别。如节目曾经播出过一期案例：一名偷盗的保安杀死了睡梦中的夫妻，使得一个孩子一夜之间父母双亡，从此无力支付学费被迫辍学。在节目播出后栏目组的热线电话就响个不停，很多观众纷纷表示要捐款，让这个孩子可以继续完成学业。失去亲人是不幸的，然而社会还有那么多的好心人要献出爱心，这样的感人故事，经常在栏目组和当事人、观众之间传递。

而节目开设的“法眼热线”板块更是为观众解决了不少麻烦：“借条”和“欠条”有什么区别，无故被辞退如何讨回公道，面对商业欺诈如何索赔……这一系列来源于观众中的问题，都在“热线”中得到了专家律师的明确答复，栏目组和BTV热线电话每天都能接到许多观众的电话，咨询他们在生活中遇到的各种法律问题。栏目特聘了一批法律专家来免费解答这些问题。可以说《经济法眼》架起了一座律师与观众之间的沟通桥梁。正是这种贴心的服务赢得了观众的认可，也让《经济法眼》有了生命力。2008年，栏目组共接到热线电话近2000个，解答了几千条法律疑难问题，多次得到了阅评员和观众的好评。

作为法制类的经济栏目，《经济法眼》将继续以独特的视角和观点，时刻为观众提供法律服务，真正成为首都百姓身边的律师团。

《天下收藏》收视率节节攀升

财经节目中心

2008年，经过精心改版后的《天下收藏》，全景升级，重装亮相！节目一经播出，即掀起了又一轮收视热潮！这主要归功于改版后的《天下收藏》抓住了四大环节。

首先，节目时长缩短了5分钟，在编排上有了新的规划。针对2007年节目中“护宝”环节的高热度，改版后将此热点放大，摒弃过去三件藏品最后一起出鉴定意见的方式，采取“一把一利索”的手法。每一件藏品经过藏宝人自我阐述，嘉宾、观众质疑、辩论环节后，进入“护宝”环节，真假立判。此种方式不仅极大地增强了可视性和悬念感，使得节目紧凑，更有效地延长了收视热点的长度。从分钟收视上可以清晰地看到，新版《天下收藏》各个环节呈明显的阶梯状递增态势，杜绝了旧版节目中由于收视热点过于集中在尾部，而导致节目中间的分钟收视忽高忽低的情况，从而为整期节目创造高收视奠定了基础。

其次，2008年节目在专家筛选和搭配方面总结出了一套颇有“观众缘”的方式，每场3个专家中必有一实战英雄，必有一体制内专家，必有一拍卖公司高层，如此精心设计的组合方式保证了专家观点的客观性和全面性。

第三，新版节目推陈出新，注重舞美音效在节目亮宝中的作用，以特效在场中心升起重器，此方式加强了亮宝的出场气氛，也消除了以前由于重器离观众太远而造成的距离感，再加上声、光、电效果的综合运用，大大提高了皇家重器、海外遗珍的观赏效果和震撼力。

第四，配合周边良好的发展环境，《天下收藏》栏目将迎来新的高峰：在2008年北京电视台春节联欢晚会上，小品《天下收藏》的热播为节目开拓新的收视群体打下了坚实的基础。与此同时，受观众喜爱的《天下收藏》的专家马未都在央视《百家讲坛》开课，讲历史，谈收藏。这一系列节目的热播也间接提升了《天下收藏》的关注度。而主持人王刚，更是凭借着《天下收藏》的热播迎来了他主持生涯新的创作空间。砸赝品的王刚成为去伪存真的《天下收藏》的形象标，使得节目也越来越品牌化、经典化！

财经频道与央视2套首次深度合作 全程直播2008奥运经济（北京）论坛

财经节目中心

6月17日，2008奥运经济（北京）论坛在北京隆重举行。本次论坛由国际奥委会市场开发委员会和中国奥委会市场开发委员会联合主办。论坛依托北京奥运会的宏观背景，以“后奥运时代与中国经济”为主旨，纵论奥运经济战略，畅谈奥运后中国经济，是一次具有深度影响力的智慧演绎与理性思考的巅峰论道。

论坛以“共享与责任——后奥运时代与中国经济”为主题，邀请了国际奥委会市场开发委员会主席海博格、中国奥委会副主席国家体育总局副局长王钧、北京奥组委执行副主席王伟、著名经济学者樊纲和中国银行董事长肖纲等嘉宾，针对后奥运时代与中国经济作出了重要演讲。让世界在奥运会倒计时52天之际，以独特的视角关注北京，关注中国经济的崛起。北京电视台财经频道抓住了这个机会，与中央电视台经济频道共同合作，对这次奥运经济高端论坛的盛况进行了全程直播。

此次2008奥运经济（北京）论坛是北京电视台财经频道与CCTV-2的一次深度合作，更是北京电视台财经频道借助央视的国际舆论平台，树立并扩展自己的国际和国内影响力的一次绝好契机，再一次实现了地方媒体与中央媒体的通力合作，也在强强联合中实现了双赢！此次直播呈现三大特点：

第一，财经频道主持人姚长盛，以北京电视台财经频道主持人身份和中央电视台主持人芮城刚，以共同主持论坛直播的形式致开场词。接下来，姚长盛独自担纲了此次论坛入场仪式中的嘉宾采访和为四川地震灾区捐建冠军小操场环节的主持人。红地毯嘉宾采访环节原计划由央视的主持人完成，但经过两台频道领导的多次协商，终于决定由姚长盛独自完成。按照央视的惯例，主持人的采访提问都是按脚本来问，但是这次只规定了3个被采访对象，让姚长盛根据采访对象的身份自由发挥。这就给了北京电视台财经频道一个在全世界人民面前展示频道形象的绝好机会。通过主持人与嘉宾的精彩问答，特别是在对经济学家樊纲的采访中，及时结合了股市当天的实时表现，既体现了主持人的台风气质，更加展示出了北京电视台财经频道的整体风格和扎实的业务素质。

第二，实现北京电视台借助央视非实时同步直播状态下的流畅衔接。由于这次并非与CCTV-2进行实时同步直播，而是在3个半小时的全程直播中掐头去尾地直播2小时50分，即此次论坛的主要部分。这就使我们面临了一个很大的困难，即在本台预定的时间内精确地切入和切出直播画面，还得保证直播节目内容的完整性。由于我台的切入点恰是在一个短片和直播大片头中间，所以这个切入点必须是既不能多一个画面也不能少一个画面，而且这个事先选定的切入点还必须在我台开始直播的可控时间内。这个看似简单的工作却需要做很多的准备工作。一是频道领导亲自坐镇指挥，协调频道各部门通力合作，后方演播室和前方转播车随时沟通直播进度和内容。二是主持人姚长盛在没有耳麦的情况下，必须流畅地主持好提问的话题，确保直播的内容质量，又要很好地控制红地毯采访环节的时间，随时拉长或缩短，以确保在北京电视台财经频道在直播窗口打开后顺利切入直播画面。三是为了防止直播的延时及意外事故的发生，准备了大量的奥运宣传片和奥运歌曲作为垫播资料。

第三，为了确保两台联合直播的顺利进行，在两台频道领导前期充分沟通和密切合作的基础上，CCTV-2主动配合我们的工作，在整个直播节目中，不留痕迹地为北京电视台顺利进行直播切入提供了时间上的保证。随后在保质保量完成直播任务正常进行的情况下，又不断地调整节目的时间。由于演讲嘉宾都是奥运经济领域内举足轻重的人物，他们的演讲稿又多次经过国际奥组委和北京奥组委的修改，所以演讲内容和演讲时长几乎不受节目制作方的控制。在第一位演讲嘉宾中国奥委会副主席王钧严重超时11分钟的情况下，立即做出了缩短对国际奥委会市场开发委员会主席海博格的提问环节，由三个问题改为一个问题，并对嘉宾的上下场时间进行严格把控，以确保北京电视台能在著名经济学家樊纲演讲和提问环节后顺利切出直播画面，中央台经济频道和北京电视台财经频道的通力合作，是这次直播顺利圆满完成的重要保证。

《数说北京》荣膺全国优秀电视栏目剧评选“最佳作品”

财经节目中心

在中国电视艺术家协会主办的“2008年度全国优秀电视栏目剧评选活动”中，《数说北京》荣获“最佳作品”称号。

《数说北京》节目是由北京电视台、北京市统计局合办的一档电视节目，以电视栏目剧形式结合北京市统计局发布的权威数字反映北京社会生活的面貌，解读党和政府的方针政策，歌颂社会主义建设成就。栏目开办于2006年9月18日，至今已在北京电视台财经频道播出500余集，在北广传媒移动电视播出300余集。

2006年到2008年是北京社会经济平稳快速发展，积极备战奥运的关键时期。首都市民对那些与衣食住行密切相关的统计数字越来越多地投以关注的目光。《数说北京》用电视轻喜剧的形式解读相关统计数字，这是电视栏目形式上的一个创新之举。2008年是改革开放30周年，《数说北京》率先推出了以歌颂改革开放30年成就为主题的系列专题剧，播出40余集，在北京市民中产生了很大影响，观众以各种形式表达了认可和喜爱。

本次评选活动中，《数说北京》选送的两期节目正是改革开放30年系列剧中的“饮食变化30年”和“家电变迁30年”。每集12分钟的故事浓缩30年来改革开放成果的一个侧面，旨在歌颂自1978年十一届三中全会召开以来取得的伟大成就与人民生活水平的飞速提高。

《数说北京》选取30年来不同时期社会生活的一个典型截面进行编剧、拍摄、剪辑。以简易的情景剧背景制造较为逼真的效果，反映当时社会的生活景观。在录影棚内搭建的地铁车厢、飞机场、商店、50年代的小院……都给观众以真实的情景再现，更深刻地从视觉上感受北京改革开放30年的巨大变化，让观众在欢笑声中回忆过去，感叹今日美好生活。既歌颂了改革成就，又毫无灌输感，潜移默化中实现“雅俗共赏”。

体育节目中心圆满完成“好运北京”系列测试赛的转播工作

体育节目中心

2008年4月19日，随着对“好运北京”2008奥运会女足预选赛附加赛转播工作的顺利完成，体育节目中心也圆满完成了对“好运北京”系列测试赛的转播工作。

此次“好运北京”系列测试赛的转播工作历时9个月，北京电视台参与制作了其中15个赛事的转播，包括足球、曲棍球、沙排、小轮车、摔跤、铁三、柔道、场地自行车、手球、轮椅篮球、跆拳道、水球、排球、竞走14个项目，制作公用信号时长达到200小时，其中世界青年摔跤锦标赛制作公用信号达到25.5小时，参与转播人次超过1500人次。

“好运北京”系列测试赛项目繁多，有一些项目例如水球之前没有制作过公用信号，这对导演组提出了很高的要求，首先需要解决的问题就是让全体工作人员了解各项目的知识，因此，在“好运北京”转播的过程中形成了一个惯例：在每个项目转播前，导演组都特别请到相关项目的专家进行专题讲座，并通过历届奥运会及世锦赛的机位设置，结合各场地的实际情况提出了自己的转播计划，同时，每个项目的导演组都提前制定了切换和字幕规范，并通过赛前开会讲解、赛后总结的方式强化规范切换的概念，杜绝实际操作中的随意性，让每一场比赛的电视信号制作都遵循统一的标准。

在鸟巢第一战——2008国际竞走挑战赛的转播中，出动了两辆转播车，设置了21个转播机位，同时在现场设置了5个注入点，与演播室主持人形成互动，不只是呈现给大家精彩的比赛，同时也从各方面介绍鸟巢，让未能亲临现场的观众产生身临其境的感觉。

在转播的体育项目中，铁人三项世界杯赛的转播难度最大，此次直播是国内首次全程直播，并实现了在BTV-1、BTV-6的并机直播，直播时长达到6.5小时。铁人三项世界杯赛包括游泳、自行车、跑步三项比赛，涉及场地形态多样，由于赛场安排在昌平的十三陵水库，地理形势比较复杂，在很多比赛地点固定机位无法企及，为了实现全部比赛过程信号的全面覆盖，经过导播和转传等各部门的实地勘察研究决定，出动3辆转播车，同时调用直升机、水面摩托艇、小轮车、摩托车以及诸多固定机位，共计22个机位，实现了“陆海空”全面化、立体化直播，使得信号覆盖率超过95%，这些高科技手段的运用，不仅大大提升了整个转播的档次，也延续着“一步一个脚印，一次一个创新”的制作理念。

BOB 足球团队使用新高清转播车首次直播圆满成功

体育节目中心

2008 年 3 月 30 日 21:20，一声清脆的哨声在丰台体育中心响起，在现场观众的欢呼声中，北京国安队以 2:0 战胜河南四五老窖队，取得了 2008 赛季中超联赛的首场胜利。同时，北京电视台 BOB 足球团队使用新型高清数字转播车进行的首次现场直播也取得了圆满成功。转播过程流畅自然，摄像师、导演、技术保障等人员配合默契，基本实现了赛前的预期效果，整体水平较为令人满意。对于承担着奥运会足球决赛和部分预赛电视转播的北京电视台 BOB 足球团队而言，此次成功的意义不同以往：

一、第一次真正实现了使用 15 机位的足球现场直播

在体育节目中心和转传部的通力合作下，北京电视台 BOB 足球团队在整体上，从人员配备、机位设置等方面完全按照奥运会的标准、依照 BOB 的要求，取得了奥运会前最直接、最有效的模拟演练效果，有利于及时发现问题，解决问题，尽早磨合，在奥运会期间达到最佳的转播效果。

二、进一步体现了 BOB 足球团队的演练成果

经过 2007 年中国足球超级联赛、中国足球甲级联赛的多场次转播演练，BOB 足球团队的整体水平有了稳步提高，在测试赛转播中的整体表现得到了 BOB 的好评。经过前一阶段的休整，此番首度集结，同时又面对全新的技术设备，即有如此表现，可以说是在巩固以往 10 机位演练成果的基础之上，有了新的进步。

三、在实际转播状态下检验、适应奥运会的转播设备

用于奥运会足球转播的新型高清数字转播车，在设计造价、硬件配置、使用功能等方面都堪称“巨无霸”。经过全面调试，“巨无霸”终于献上了本次完美的处子秀。从当天 10:00，这辆“巨无霸”转播车在附属车的护卫下开赴丰台体育场，到当天 19:30 比赛开始，近 10 小时的精心准备保证了 2 小时的完美直播表现，在展现“巨无霸”优越技术功能的同时，更体现出北京电视台 BOB 技术团队的良好技术素养。

体育节目中心胜利完成欧锦赛报道

体育节目中心

2008年欧洲足球锦标赛是万众瞩目的一项赛事，也是北京电视台体育节目中心在奥运会之外的一大报道重点。体育节目中心在全力确保奥运报道筹备工作的同时，尽最大力量完成好欧锦赛报道，满足了北京观众的收视需求。

在前方报道组方面，体育节目中心派出15人的大型前方报道组，从6月2日出发，到6月30日比赛结束，分为两组，分别以瑞士巴塞尔和奥地利维也纳为大本营，每天采访拍摄和回传大量的新闻专题，并完成了约30次对播连线。报道组克服远在异国他乡的各方面困难，不畏艰苦，每天工作超过12个小时，有时为了到另一个几百公里外的城市采访拍摄比赛或训练，一天只能睡上一两个小时。

前方报道组经过不懈努力，取得了在1/4决赛和半决赛进入场内拍摄的权利，取得了决赛在看台上拍摄的许可，为北京观众带来了最生动鲜活的现场内容。这不仅是北京电视台报道的突破，在亚洲电视媒体中也几乎是零的突破。

在后方报道团队当中，足篮科的几名同志克服时间紧、任务重的困难（只有一个星期的时间筹备、策划、编辑、合成），很好地完成了前瞻节目，从6月2日到6月5日，在体育频道播出了8集《欧锦赛前瞻》，每集时长50分钟，一天两集。虽然节目安排在每天16:00播出，但仍在观众中引起了很好的反响，达到了为欧锦赛预热的目的。

从6月6日开始，体育频道开始播出每天1小时的《欧锦赛报道》专题节目。为了做好节目，使节目从形态上更加生动直观，包装手段更加先进，节目组很早就联系了最先进的体育转播节目包装制作公司，经过近两个月的磨合，使得本次专题报道节目在包装形式上有了一个质的飞跃。在每场比赛结束后，编导们都要进行详细的进球分析，并配合包装要求完成三维立体的进球路线，繁杂细致的工作带给观众耳目一新的视听效果和直观新颖的足球比赛分析效果。

为了确保节目质量，节目组的同志每天9:00进入机房开始工作，到每天19:30节目播出后，还要开会讨论第二天的选题，而在夜间比赛结束之后，又在第一时间商量节目，根据比赛进程及变化随时调整节目方案。从5月底至6月30日，连续工作，昼夜不停，共完成了25期节目。

6月7~29日，体育节目中心转播科直播了全部31场比赛中的27场（另外4场比赛由于小组赛最后一轮同时开赛，而安排延时播出）。直播中实现了多项突破，加强了赛前包装，并编辑和制作了很有特点的新闻专题。积极落实信号和对播，在技术上严格把关，做到了万无一失；对各媒体报道进行收集整理，每天要从大量国际国内报刊上搜集信息，并实现电视表现。在一场半决赛的比赛中，由于主办方的原因，全世界转播信号中断，在其他台把现场切回演播室由嘉宾侃谈时，北京电视台转播人员通过努力，实现了与现场记者的三次连线，及时报道现场情况，达到了非常好的转播效果。

“微笑北京——北京奥运会倒计时100天”大型直播节目圆满完成

体育节目中心

4月30日是北京2008年奥运会倒计时100天，北京市组织了多项重大纪念活动。为做好倒计时100天的宣传报道工作，充分展现社会各界迎奥运的热烈氛围，体育节日中心精心策划了特别节日《微笑北京——北京奥运会倒计时100天大型直播特别节目》，于4月30日在北京卫视播出。

筹备此次大型直播特别节目可谓时间紧、任务重、变化多。体育节目中心在不到10天的时间，不仅要联络北京奥组委等相关部门协助拍摄奥运筹备工作的方方面面，联络直播访谈嘉宾，准备丰富的话题谈资，还要协调中央电视台的信号传输情况，组织外拍专题片等工作。根据中宣部、市委宣传部对倒计时100天活动的指示，体育中心及相关部门积极配合，不断作出调整。到4月29日晚，3小时的直播内容已筹备完毕。

4月30日早晨，中宣部、市委宣传部指示，要求北京电视台在白天对倒计时100天的活动有所体现。奥运办公室、体育节目中心接到指示后紧急开始工作，在确保4月30日晚间直播正常进行的情况下，迅速调集十多路记者和外景主持人，赶往天安门、鸟巢、世纪坛、前门大街等重要场所及顺义、双井等社区拍摄采访，紧急联系北京电视台在香港、青岛等6个奥运城市的记者回传相关内容，并联合各区县记者站收集各区县活动内容，编导、主持人、摄像、导播接到任务后都第一时间到位投入工作。新闻节目中心、总编室、制作部、播出部、办公室等相关部门全力配合，确保了特别节目于4月30日15:00开始在北京卫视直播。

直播节目内容丰富全面、生动及时，中间穿插了回顾“朝阳公园长走”、“鸟巢群众性马拉松长跑活动”等北京市举行的重大纪念活动的精彩片段。同时以立足首都、服务全国的视角，在直播报道过程中，强化服务功能，对奥运场馆、地铁奥运专线、机场线等进行专题报道，带领观众先睹为快，起到观赏和服务的目的。在人文报道方面强化一个理念：我们每一位北京市民，可以怎么做？同时通过短信和网络与广大观众展开互动，表达对北京奥运会的期待和祝愿，营造迎接北京奥运会倒计时100天的热烈氛围，并为幸运观众送上精美的奥运特许商品。

抗震救灾　众志成城

——北京电视台成功完成“全国哀悼日”三天直播工作

体育节目中心

5月19~21日，四川汶川8.0级大地震后1周，北京电视台集中多个中心、部门力量，配合“全国哀悼日”的报道要求，成功完成了连续3天的《抗震救灾　众志成城》大型直播节目。

5月19日早上，接到上级紧急通知，要求北京电视台从当天14:00开始连续完成3天、每天4个半小时的直播，报道“全国哀悼日”和抗震救灾的相关工作，并在当天14:28，另外出动三路直播团队直播北京理工大学、电报大楼、奥组委等三处默哀情况。

接到任务后，台领导第一时间作出安排部署，紧急召开会议。海外节目中心、科教节目中心、体育节目中心、生活节目中心、制作部、转传部、播出部、总工办等部门主任10分钟内全部赶到会议室，并陆续调集制片人、主编、主持人等相关工作人员。经过1个小时左右的会议，各团队迅速按各自分工展开工作。新闻节目中心派出专门的副主任和主编配合工作团队提供了大量素材。总编室、办公室等部门也迅速投入。

当天的直播任务时间紧、任务急、头绪多。各部门人员紧密配合，在短短3个半小时的准备时间内，完成三路直播的联络、传输协调、人员、设备调集、人员车辆证件、停车等各项协调工作；完成当天下午4个半小时直播节目的整体布局、内容设置、连线方案、短片剪辑、嘉宾邀请、演播室置景、技术协调、互动设置等直播所需的各方面工作。经过紧张工作，直播节目于当天14:00准时播出。同时，14:28，三路直播信号成功切出。

第二天、第三天的工作与北京电视台常规直播相比准备时间十分紧张。即使如此，工作团队还是抓紧一切时间，昼夜奋战，尽可能地使节目更加丰富完善。经过连续3天的紧张工作，在全台各部门的通力配合下，北京电视台成功完成“全国哀悼日”3天的大型直播任务。

3天直播中，不仅在5月19日14:28顺利切出央视直播信号，还增加了对北京奥组委、长安街、西单电报大楼、北京理工大学等地的三路直播信号；同时，在当天下午不断插播各方传回的短片，对中央领导人、天安门群众、国家体育总局、团市委、首钢、备战奥运的国家队运动员、八一体工队、三环路、北外留学生、友谊宾馆以及北京电视台等10余组北京市具有代表性的地点、群体的默哀活动以及嘉兴、宁波等国内其他地点的默哀活动进行了及时报道，共播出发自20多个不同地点的报道。在之后两天的直播中，还播出了本台工作人员在美国、俄罗斯、泰国等地拍摄的默哀活动报道。

3天直播中，共邀请政府卫生部门领导、医疗专家、地震专家、文化名人、学者、参与救灾报道的媒体工作人员及灾区群众代表等各届嘉宾20余人进入直播室，实现与前方报道记者、参加救灾工作的医疗专家、志愿者、演艺名人等连线10余次，播出内容丰富的视频短片69个。

同心同德共抗灾害　鼓舞士气再立新功

体育节目中心

体育节目中心四川汶川籍员工张富容家中房屋在“5·12”地震灾害中全部倒塌的消息，牵动着台领导的心，牵动着全体职工的心。地震当天，体育节目中心干部、职工自发的组织为张富容捐款，台党委、台工会也紧急部署对张富容及家人的慰问支援工作。5月20日，当王云副书记到体育节目中心奥运节目部将2万元慰问金交到张富容手中时，张富容热泪盈眶地说：“感谢大家的关心和帮助，能在北京电视台工作是我的幸福和幸运，今后要更加努力地工作回报大家。”

5月12日15:00左右正在为奥运节目《争霸王中王》紧张忙碌的张富容突然得知四川汶川发生了特大地震灾害，而她的家就在距汶川30余公里的绵竹市汉旺镇，她的父亲、母亲、妹妹此时也全部失去通信联络，忧心如焚的她失声痛哭。这个情况，牵动了全体体育节目中心干部、职工的心。中心副主任兼奥运节目部主任杜研马上到张富容的办公室一边安慰一边询问情况。体育节目中心全体职工为张富容同志捐款支援，300多位职工捐款4.3万余元。5月12日18:00，当张富容告诉大家已经接到妹妹电话，说家里的房子全部倒塌了，但在家务工的父亲、在家务农的母亲和上学的妹妹在这场劫难中安然无恙，中心的同事们也一同为她高兴。

张富容的情况，牵动着台领导心，牵动着全台职工的心。5月20日，党委副书记王云、工会主席冯庆波来到奥运节目部，代表刘爱勤台长、张晓总编辑以及北京电视台全体职工慰问张富容同志，并把2万元慰问金交到张富容同志手中。王云副书记说：“此次5·12特大地震灾害全台职工捐款踊跃，自发捐款72万多元，这是全体职工友爱友情、团结一心的体现。截至目前，北京电视台已为灾区捐款近600万元，还派驻了20多位记者正战斗在抗灾最前线。尤其是珠峰火炬传递报道记者还来不及休整就马上转战震灾最前线。前线记者不畏艰险、艰苦奋斗，充分体现了BTV精神。今后，我们还面临着抗震救灾报道、奥运报道等重大的宣传报道任务，同志们要团结一心、鼓舞精神，完成好党和人民交给我们的任务。”朱江副总编辑说：“感谢台里对张富容同志的关怀和支持，这也是台里对体育节目中心全体职工的关怀和支持，大家备受鼓舞。我们要继续发扬体育节目中心能打大仗、硬仗、急仗的优良传统，同心同德，艰苦奋斗，服从命令听指挥，做好抗灾和奥运等各项宣传报道工作。”

下面是张富容同志致大家的信：

尊敬的领导、亲爱的同事们：

自5月12日下午我的家乡发生强烈地震，得知我家房屋全部倒塌，家里东西几乎全没了以来，台领导、中心领导、部领导、栏目领导及同事们给予了我家人精神上的鼓励和物质上的帮助，我代表我的家人感谢你们！

这几天里，有太多令我感动的瞬间，是你们的关心让我觉得温暖，是你们的帮助让我觉得我有一个坚强的后盾，再大的困难也不怕，我有信心。我们一家一定会振作起来，把家园建设得更好。

地震以来，我有一个心愿我也要为家乡受伤的父老乡亲尽绵薄之力——献血。由于最近A型血血站一直都处于饱和状态，我都没有机会去献。听广播说，血的保质期很短，为灾区人民献血要有持续性。我随时都做好准备，也在关注着，一旦可以的话，我会献出400ml的血了却我的心愿。

另外，大家的捐赠我会拿出一部分捐给我家的邻居，告诉他们那是北京电视台的领导和工作人员给他们捐的。因为他们和我家一样受灾，有的还痛失亲人，这也是将领导和同事们对我的爱心的传递。在此，我也替他们谢谢你们。

深深地鞠一躬，感谢大家！

张富容

风雨兼程“中国红”

——记“和谐之旅”奥运圣火传递境外报道

体育节目中心

随着奥运圣火专机组记者抵达北京，北京电视台“和谐之旅”奥运圣火海外报道工作圆满结束。在过去的47天里，来自体育节目中心、新闻节目中心、海外节目中心的23位海外报道记者用他们火热的工作热情，将代表北京电视台的“中国红”传遍了全世界。

“下手早、布置精、准备足”是本次

海外报道的三大特点。在兄弟单位都将力量放到国内传递的时候，北京电视台每天八档新闻、一档大型专题的圣火直播工作已经全面铺开，从而揭开了北京市关于奥运圣火全球传递宣传工作的序幕。每一组在外采访的记者都想方设法将最新最快的新闻发回台里，后方也积极策应，全面播出。央视体育新闻等兄弟媒体每天派专人收看北京电视台的各档新闻和专题节目，曾多次索要专机组拍摄的火炬团队内幕、各分小组回传，以及海外体验之旅等新闻和专题，作为范例向前方记者发出类似选题要求。

从3月19日，在奥运圣火点燃之前，第一梯队希腊/土耳其报道组已经抵达奥林匹亚，开始进行前期报道。在奥运圣火顺利点燃之后，希腊组便一路追随圣火，每天不断地从希腊各地发回详尽的报道，直至3月31日火炬交接在雅典顺利进行，圣火返回北京。与此同时，本次境外报道中最有特色的“蛙跳A、B组”已经先期抵达海外传递第一站阿拉木图和第三站圣彼得堡。此后蛙跳A、B组，特别报道组，香港/澳门组，依照火炬传递时间顺序依次交叉前行，互相补充。五组地面分队与一路跟随圣火同行的专机组记者紧密配合，组成“立体采访团”，将“天上地下”的圣火新闻“一网打尽”。

如果说“下手早”只是抢占了先机的话，那么“布置精”才是一个系统工程最体现功力的地方。如何在保质保量完成任务的同时节约成本是摆在奥办领导面前的一大难题，无论从线路设定、人员配备、器材提供还是后勤供给，都必须通盘考虑。6个大组、23个人何时走、何时回、何时休整、何时再出发，整个日程表被安排得清清楚楚、明明白白。清晰的主脉络让链条上的所有相关人员做到心中有数，守土有责。

让前后方所有相关记者、编辑都受益的还有充足的准备工作。凭借多年世界体育报道的经验，所有海外传递的新闻都按时回传并播出。海外组成员的每一次传送都极具传奇色彩，无论是在俄罗斯的军事基地，还是在非洲的蛮荒地带，在后方同志的指引下，一档档极具特色的北京电视台新闻新鲜出炉，观众们随着记者在全世界的报道大开眼界。在47天里，与24个国家和地区的上百档传送，没有一次因技术问题耽误，而这数据是建立在40%以上国家和地区从未与北京电视台实行卫星传送的基础上，技术难度之大前所未有。

不但技术方面的准备充足，后勤供应也非常到位。出发之前的意外伤害险让每一个海外报道团的记者心里都暖融融的。统一的服装、统一的设备，让一抹鲜艳的“中国红”随着北京电视台的记者走遍全世界。

以圣火的名义，前进！

——“和谐之旅”火炬传递希腊报道组工作小结

体育节目中心

作为北京电视台“和谐之旅”奥运圣火全球传递之旅的开篇之作，希腊/土耳其报道组成员在出发之前便意识到了肩上的重任。为了不辜负领导和同志们的嘱托，报道组在抵达希腊的4个小时后便兵分两路开始了采访工作。希腊报道组的工作从3月24日奥运圣火在奥林匹亚的点火仪式开始，到3月30日圣火在雅典的交接结束。

为了更好地报道北京奥运圣火在希腊境内的传递，前方报道组在希腊境内设计出了“小蛙跳”的报道方案。即一组负责拍摄点火和终点，另一组负责拍摄途中有意思的事情和视频对播，双方在终点城市集合，第二天互换工作内容。合理而有序的安排使得大家的工作张弛有度，相得益彰。

在希腊的10天中，报道组驱车行程2000公里，经停8个城市，走遍了希腊最具有文化传统的陆上城市，很多地方连当地导游都从未到过。前方报道小组共预定卫星线路25节，累计时长1120分钟；其中回传新闻成片40条，总时长约120分钟；视频对播11次，累计时长300分钟；其余卫星时间也回传了大量素材，其中包括“祝福北京”及前方工作人员的工作图像。

回顾在雅典前方的工作，有以下几个方面值得总结：

一、准备工作细致充分

接到报道任务后，报道组各司其职，分工协作，收集了大量关于希腊和土耳其两国的文字和图像资料，拜访了相关人士，两位专业英语八级的同志按照对方的要求以E－mail的形式发送了多份中英文的申请文件。事实证明，这些文件在后来的工作中起到非常好的作用。

二、报道计划周密翔实

一本厚达21页的《“和谐之旅”前方报道组全程备忘录及拍摄指南》将前方的拍摄工作安排得有条不紊，每日拍摄重点和相关地区的文字资料一网打尽，人手一册也保证了每一位组员都能了解详细的工作计划和安排，报道时做到心中有数。

三、政治挂帅，反应及时

杜研副主任在抵达希腊后召开的第一次小组会上明确：报道组成员要有高度的政治敏感性，在宣传精神上与市委宣传部保持一致。参加了所有市委宣传部在前方召开的宣传工作会议，并密切关注当地电视台的直播新闻，及时掌握了东突和藏独分子在希腊各地的动向。在奥林匹亚和拉米亚成功地避免了示威游行人员和藏独分子在镜头中出现，保留了 BTV 屏幕的一方净土。

四、确保播出，争分夺秒

除了确保政治导向以外，一套两个重点节目的播出也是我们最为重要的工作。为了确保 18：30《北京新闻》和 19：35《百日大直播》在播出时能有当天最鲜活的报道，报道组想尽一切办法，很多次都赶在《北京新闻》播出前半小时将资料传送回去。除此之外，还尽量满足后方的其他七档新闻提出的具体要求，每天电话连线多达四档，分别为不同档次的新闻发回去最新的动态报道。

五、团结协作，统一调度

希腊境内的报道小组共涉及体育、新闻、海外 3 个中心的 12 位同志。工作从主播到记者不一而足，行政职位也有很大的区别。难得的是，大家都将节目的需要放在第一位，每天无论多晚，都要召开集体会议，明确第二天的选题和具体分工，无论大小，每个人都努力将自己手中的工作完成到最好。

六、利用资源，绝不浪费

由于本次火炬报道是台里首次在境外移动报道时有卫星车全程跟随，为了充分利用每一分钟的卫星传送时间，我们总是在新闻结束后将当天最美的画面传回去，并收集整理了来自希腊各个城市对于北京的祝福。不同肤色、不同年龄、不同民族、不同形象，他们共同发出一个声音：祝福北京！

传播奥运激情　展现大台实力

——北京电视台奥运火炬接力境内报道圆满完成

体育节目中心

随着北京奥运会的主火炬在 8 月 8 日夜间熊熊燃起，历时 134 天的奥运火炬接力正式宣告结束。与此同时，历经 100 天、跨越 105 个城市的北京电视台奥运火炬接力境内报道也画上了一个圆满的句号。来自希腊的奥林匹克圣火在中国境内 31 个省、市、自治区进行了传递，期间还登上了世界最高峰——珠穆朗玛峰。

奥运圣火在希腊的奥林匹亚山点燃，经过世界五大洲 21 个城市后在中国境内

106个城市传递。火炬接力境内传递报道日程紧、任务重，报道团队13个报道小组49位前线记者在长达三个多月的报道过程中不顾疲劳与病痛，不畏高温和酷暑，突破各种严格的采访限制，想方设法在每一个传递城市打开工作局面，保证了北京电视台的奥运火炬接力境内报道。在对100多个城市的火炬传递做全景扫描之余，还能进一步深入挖掘每个城市的文化内涵，弘扬各地中国人昂扬的精神风貌，展现各个城市的魅力，使火炬接力报道呈现出多角度、多层次的态势，在与央视的同台竞争中保持了自身鲜明的个性，赢得了各传递城市宣传主管部门的好评，显示了北京电视台在全国范围跨区域采访的能力，切实提升了BTV品牌形象。

受四川地震的影响，自5月中旬开始，绝大部分省、市、自治区的传递路线和传递时间被调整，客观上给北京电视台的火炬接力报道带来了更多的困难和不确定因素。奥运火炬接力境内报道团队上下一心、努力拼搏，克服重重困难，出色地完成了各项报道任务。

此次采访报道活动体现以下几个特点：

第一，多部门协作，统一指挥，资源共享。火炬接力境内传递由台奥办火炬部统一指挥，报道团队由新闻节目中心、体育节目中心、海外节目中心等部门先后抽调49名编辑、记者组成13个报道组。在全台一盘棋思想的指导下，经过精心策划，对历时三个多月的奥运火炬接力境内传递统一部署报道计划、统一调配人力物力资源、统筹规划节目播出，使此次采访报道活动用最小的投入达到了最大的回报。截止到奥运火炬在北京地区传递开始之前，《北京您早》、《特别关注》、《北京新闻》、《直播北京》等节目已播发境内接力报道组发回的各类稿件300余条，《体育新闻》、《天天体育》、《体坛资讯》、《足球世界波》等节目已经播发稿件280余条，在BTV-1每天晚间黄金时段播出的大型直播栏目《你好！奥林匹克》也每天播发境内接力报道团队采制的各类节目。

第二，技术部门、后期部门与采编部门完美配合，团结协作，形成巨大合力。火炬接力境内报道活动时间跨度超过3个月，采访地域涉及全国各地105个城市，报道团队运行程序复杂，设备用量大，技术需求高。台办、总工办、制作部、转传部、技术设备管理部、计财部等相关部门在各类手续报批、设备支持、通信支持、信号接收、节目播出等环节给予火炬接力境内报道团队大力支持，是这次大规模的采访报道活动得以顺利进行的后台保障。

第三，视频直播与日常新闻报道相结合，报道题材及手法丰富多样。此次火炬境内传递报道活动在北京电视台历史上首次使用了先进的便携式卫星传输设备FLY-AWAY，这使得北京电视台能在第一时间对火炬接力境内传递进行直播，此举令北京电视台在全国所有省级电视台中脱颖而出，凸显了北京电视台的水准与实力。根据各个传递城市的不同情况和台内各档节目的不同需求，火炬接力境内报道没有拘泥于直播这一种报道方式，而是因地制宜，将直播与日常新闻报道结合起来，通过短消息、特写、长通讯、电话连线、视频连线等各种报道方式向观众报道火炬接力。

第四，打造节目亮点，结合社会热点，突出宣传重点。珠峰报道是本次采访报道活动当中最大的亮点，它曾经被电视传媒同业视为一个不可能完成的任务。奥运圣火登顶珠峰是北京奥组委对国际奥委会和全世界的庄严承诺，也是北京奥运会火炬接力最大的亮点。出于安全等因素的考虑，奥组委只允许中央电视台这一家境内电视媒体进入珠峰进行报道，而我们的目标是一定要让火炬接力的亮点同时也成为采访报道的亮点！经过艰苦卓绝的公关和沟通工作，北京电视台终于被获准前往珠峰，成立了由5人组成的火炬接力珠峰传递特别报道组，携带可移动卫星传输设备到达珠峰，在播出部、转传部、制作部、办公室等相关部门的大力配合与支持下，成功实现了在北京与珠峰大本营之间进行视频对播的设想。节目播出之后，引起了巨大的社会反响，观众被北京电视台的珠峰报道所鼓舞和感动，很多观众纷纷来信来电称赞珠峰报道感染人心、历久难忘。

火炬接力境内传递的程序基本相同，采访报道容易流于程式化、扁平化。根据每个传递城市的不同特色，报道团队深入浅出，提炼出令人印象深刻的报道亮点。如：在大连，拍摄了3000个来自地震灾区的孩子喜迎火炬的新闻；在扬州，报道组历尽艰辛采访到奥运金牌的制作过程；在重庆，报道组在风雨中采制了护旗手的独家新闻特写；在航天城，为观众揭秘神六、神七发射基地……可以说，来自境内报道团队的每一篇报道都带有独特的色彩。

在打造亮点的同时，火炬接力境内传递报道还注意结合社会热点和宣传重点。四川汶川地震发生之后，报道团队迅速调整报道思路，将火炬接力报道与抗震救灾结合起来，利用报道小组分赴全国各地的优势，发回大量真切感人的报道。如：新闻特写《没有新郎的婚礼》，报道了一位带领全家人出现在火炬接力传递现场为火炬接力加油鼓劲的南京姑娘，为了支持当空军飞行员的准新郎奔赴四川抗震救灾，一个人举行了婚礼。

火炬接力境内传递后期，宣传重点转为“当好东道主”，境内传递报道团队认真学习体会宣传精神，迅速体现到日常的新闻采访活动当中，制作了大量各地群众喜迎奥运、文明观赛、当好东道主的新闻，体现出中国人民昂扬的奥运激情。

实现“光荣与梦想”

——北京卫视奥运特别报道演播室部分总结

体育节目中心

《光荣与梦想——北京卫视第29届奥运会特别报道》节目于8月8日16:30正式亮相荧屏，截止到8月25日23:00结束，节目累计播出时长近18天，每天直播17.5个小时，总计306个小时、18360分钟，实现了北京电视台直播规模最大、直播时间最长、持续时间跨度最大、参与人员最多的数项历史性的突破。

奥运16天期间，从每天早晨7:00开始，至次日凌晨24:30，北京卫视实现了全天17.5小时的不间断直播，构建起了“动态编排，无缝衔接”的节目架构，并在内容和形式等多方面都进行了大胆和有益的探索与尝试，实现了最初“开放式直播，全景化报道”的节目设计思路，在激烈的奥运报道主战场上取得了不俗的成绩。

编排灵活机动　内容丰富翔实

如何在密集的奥运赛事中捕捉最精彩、最吸引观众的内容？如何在不拥有核心资源的情况下最大限度地拓宽报道领域？如何彰显奥运主办城市电视台的风采和地位？这是在本届奥运会开幕之际，摆在每位节目主创人员面前的几道难题。节目方案几经修改，最终确立了“动态编排、无缝衔接”的节目架构。

除《奥林匹克早晨》、《奥林匹克新闻》、《北京新闻》和《奥林匹克全景》几档新闻板块之外，北京卫视形成了《赛场点兵》（8:30～11:30）；《金牌看台》（13:00～15:30）；《风情北京》（15:30～18:00）；《五洲群英》（19:35～22:00）；《每日盘点》（23:30～24:30）。5档各具特色的演播室板块，每个板块既相对独立，又互有衔接与勾连。

《赛场点兵》注重对前一天精彩赛事进行回顾，对当天即将进行的赛事进行巡礼式的展望，并结合当天的热点新闻展开对话；《金牌看台》播出我台拥有独家资源的各类专题片，包括《盛典》、《揭秘》和《冠军面对面》等；《风情北京》邀请北京各阶层、团体的代表进入演播室，结合赛场动态、赛事进展、运动员表现、赛场文明、市井风情等内容进行讨论和点评，营造全民同看赛事、热议奥运、重在参与的热烈氛围；《五洲群英》邀请知名学者、艺人及各界知名人士进入演播室，营造高朋满座、友谊第一、共享奥运的氛围，结合当天的赛事和新闻展开讨论，体现奥运会的世界性；《每日盘点》对当天信息进行整合，对当日赛事进行盘点。

以上五大板块的节目，经过几天的初步精心构建和磨合，各自拥有了鲜明的特色。同时，结合奥运赛事的最新进展，在主持人与嘉宾的谈话过程中，以双视窗的形式，随时插入赛事信号，使观众在欣赏嘉宾谈话的同时，不漏掉任何一场精彩的比赛。

此外，由于这一手段的使用，使北京电视台的节目编排在保持自身特色的同时，全面兼顾各场赛事的精华时段，使观众不用换台，就可以欣赏到最精彩的比赛和最激动人心的中国军团夺金时刻，实现了最初的节目设想。

在自主资源方面，节目组按照采访内容设立了5个外采组，十多个摄制组与多达数十人的编采队伍，采访内容涉及北京城市运行的各个方面。同时，与新闻中心、体育新闻、IBC等多方面达成默契，充分利用北京电视台拥有的资源，使利用率达到最大化，播发新闻和资讯平均每天50条以上，使观众获得了最新、最全面的新闻资讯服务。

形式时尚创新　品位雅俗共赏

从8月8日开始，在短短几天的时间里，北京卫视的观众就惊奇地发现，北京卫视拥有了一张崭新、大气磅礴、时尚亮丽的“新面孔”。这张“新面孔”，突出表现在对800平方米演播室的形式设计上。

此次奥运特别报道，全天17.5个小时的直播基本上在800平方米演播室播出，实际上实现了播出平台的前移。改造后的800平方米演播室，矗立起了一座18米宽、4.5米高的投影大屏幕，赛事的现场信号能够随时切进大屏幕，演播室恍如比赛现场。作为主演播区的背景，使观众充分领略到了身临其境的感觉。

在这一宏大的背景下，演播室设计又分为主演播区、读报与功能区、服务信息播报区3个区域。在“动态编排，无缝衔接”的总体指导思路下，无论是赛事信号还是新闻、资讯、字幕等，都可以在第一时间切换到背景的大屏幕上。同时，这一大屏幕还可以继续平均切分为3个部分。

如此一来，主持人与嘉宾实际上是在一个巨大的实时背景下展开谈话，辅以中国印、祥云图案的点缀，以及变幻的灯光效果、手法多样的镜头调度、悠扬动听的现场即时配乐，北京卫视的节目，就在一种如梦如幻、如画如诗、美轮美奂的氛围中展开了。

这一凝聚着节目主创人员和设计人员心血的独特布景，在众多奥运电视媒体报道中，既区别于央视由于天气原因而带来的现场实景效果的灰暗，又明显好于普遍采用的背板等常规手法，在800平方米演播室这个游刃有余的空间中，手法独树一帜，气势大气磅礴，成为北京卫视节目形象最具有创新性的一个亮点。

节目形式创新性的第二个方面，还体现在节目内容与演播室设计的环环相扣上。在演播室的读报与功能区，先后设立了“嘉宾与主持人带领观众做健身操”、“现场剃奥运头”、“现场为奥运冠军泥塑头像”等段落，丰富的形式贯彻节目始终，很好地起到了调剂演播室气氛、调整节目节奏、贴近观众的作用。

此外，节目组还设计了一个每天固定、多次的板块——奥运服务信息播报。在演播室的另外一个信息播报区，请两位年轻靓丽的女主播为观众介绍赛事最新进展、天气情况、文化活动等最新信息，同时担纲每天定时的互动抽奖内容。这一形式同样使观众眼前一亮，在欣赏紧张比赛之余，调剂节目节奏，同时获得了有效的实用信息。

在内容方面，如何彰显北京卫视的品位成为节目组要考虑的一个重要的方面。实践证明，节目的品位突出表现在嘉宾的谈话品位上，或者说，主要表现在邀请嘉宾的身份与谈话的氛围塑造上。

在短短几天的时间里，在《光荣与梦想》节目的不同板块里，节目组先后邀请了著名学者于丹，著名表演艺术家王刚，奥运主题歌作者与演唱者陈其钢、刘欢、莎拉·布莱曼，资深体育评论员董路、梁言等，同时结合赛事的最新进展，邀请到了体育界的相关知名人士栾菊杰、莫慧兰、邹市明、邢傲伟、张山、范晔等。

在主持人与嘉宾的谈话中，不仅结合赛事展开，同时设立了一些带有深入思考性质和归纳整理后的互动话题，如：“女性使奥运更精彩”、“寻求突破”等，依靠嘉宾丰富的个人魅力、渊博的学识和很好的口才，打造出嘉宾的谈话氛围，既真挚、朴素，又不失理性与深邃，知无不言，言无不尽，能够最大限度地吸引观众的注意力，营造出引人入胜的节目氛围。

在这些知名人士之外，节目组也没有

忘记营造北京卫视亲民的特点，如前面提到过的“做健身操”、“剃奥运头”、“为奥运冠军泥塑头像”等手段，同样使北京卫视的节目具有了浓郁的亲民意味，与重量级嘉宾的谈话氛围起到了很好的融合作用，高雅性与平民化相得益彰、互为补充。

此外，还特别值得一提的是，在夜间的《每日盘点》节目板块中，节目组别出心裁地邀请董路、梁言作为嘉宾，与主持人魏翊东、姚长盛轮流配合，纵论当日比赛盛况，分析得失，谈话既渗透着思想的深邃，又不失幽默和亲切。三个男人一台戏，也成为未来探索崭新节目形态作出的一种有益的尝试与探索。

《光荣与梦想——北京卫视第29届奥运会特别报道》凝结了体育节目中心奥运节目部近160名员工的巨大心血。会期期间，许多主创人员平均每天睡眠不足5小时，体力与精神严重透支，但一直靠着顽强的意志和高度的敬业精神，以饱满的工作热情和良好的业务素质奋战在奥运直播的第一线。

令人欣慰的是，在8月9日至25日的收视统计分析中，北京卫视在北京地区的市场占有份额一直保持在前三至四名的位置，可以说，《光荣与梦想》不负众望地成为了一块央视之外的“金字招牌”，在奥运报道的主战场上，取得了相当不俗的成绩，并为今后卫视节目的编排、操作，大型节目的直播、运筹等各方面，都积累了丰富而宝贵的经验。

超越　融合　共享

——体育频道圆满完成残奥会报道

体育节目中心

体育频道在奥运会结束后立即投入残奥会的报道中。与以往不同，北京电视台历史上首次成为国际大型综合体育赛事持权转播商。在IBC搭建了500平方米演播室，全台多个部门400多名编播技术人员参与前线报道。作为奥运承办城市的电视台，北京电视台在残奥会报道的前沿阵地国际广播中心圆满完成了连续11天300小时的残奥会宣传报道工作，兑现了“两个奥运同样精彩”的承诺。

BOB团队

中央电视台和北京电视台承担了本届残奥会全部赛事转播工作，北京电视台BOB转播团队在奥运会的基础上增加了70余人，共140多人的团队负责轮椅篮球、硬地滚球、轮椅击剑三个大项100多场公共信号及相关赛事集锦制作任务。此次转播难度之高，转播量之大堪称北京电视台转播历史之最。

9月7日，在轮椅篮球男子小组赛中国队与英国队比赛时，国家主席胡锦涛及夫人亲临现场观看比赛。北京电视台总编辑张晓、副总编辑朱江亲自坐镇，协同中央电视台一起，精心部署、重新调整机位，按照相关领导指示准确切换，多次圆满播出了胡总书记为双方运动员精彩表现鼓掌加油的镜头，保证了关键场次的安全播出。除此之外，其他中央领导人也相继到多个赛场观看比赛，承担公共信号制作任务的BOB转播团队及后方演播室均按照相关领导指示准确切换，圆满完成多个场次电视转播任务。

由于轮椅篮球和硬地滚球公共信号制作时间长，强度大，两个转播团队各分成两个小组轮流上岗，每天工作时间超过16小时。三个项目按照BOB要求提供公共信号及赛事集锦总量约260小时，转播工作得到BOB高层的高度评价。硬地滚球在残奥会历史上首次实现电视直播。BOB“质量控制中心”的评价是“你们创造了历史”、“硬地滚球的首次电视直播起点非常高”。国际硬地滚球联合会的技术代表Joaquim Viegas先生更是多次表达了对北京电视台制作团队的赞赏，他在接受媒体采访时曾发自内心地说：“是北京电视台的转播让我真正意识到硬地滚球原来有这么大的魅力，我期待着能再次邀请你们制作硬地滚球的电视信号。”

赛事转播

在全天的赛事转播中，邀请了北京奥组委特聘专家和部分项目的国家队领队、国际裁判等担任解说嘉宾，使观众在观看比赛的同时，对残奥会的历史、项目规则、观赛礼仪有了更具体深入的了解。同时邀请了5位手语老师进行手语解说，以方便聋哑观众观看电视转播。在播出的所有节目中，除了手语解说，还专门配备电子机器人进行解说。北京电视台在残奥会独家使用的电子机器人，引起BOB高层的浓厚兴趣，并准备作为残奥会官方电子设备，引进4年后的伦敦残奥会。

配合电视转播，专门设立了信息组，利用滚频字幕等多种电视手段提供综合信息服务。每天提供当日天气、交通信息；当日比赛赛程和转播计划；介绍本届残奥会中国代表团情况，项目与观赛礼仪等；实时快讯传递中国队全部夺金消息，并对各国选手夺金情况进行播报。

新　　闻

残奥会期间，体育频道共完成了66档新闻，播出总时长240小时。其中与卫视并机直播一档50分钟节目《共享精彩》。这档以访谈为主的节目，11天中先后邀请到了开幕式上表演独腿芭蕾的小姑娘李月，中国第一个残奥会冠军平亚丽和她的导盲犬以及盲人残奥冠军李端和他在中青队时的队友王治郅等参与节目，突出人情、亲情，以情感人，充分体现了人文关怀。

《天天体育》则改变了奥运会期间以赛事为主的方针，以讲故事的方式，抓人物，抓细节。其中，既有硬地滚球的执著，也有盲人跳远的精彩，既有“刀锋战士”的犀利，也有“南非美人鱼”的坚强。从不忍目睹的怜悯，到不由自主的感动。每档滚动新闻中的“电子手语主持人”和每天《天天体育》中的固定小板块“学一手”，在教观众手语的同时更多的是传达一种人文关怀。人文关怀和体育精神从没有像在残奥会上这样有机地结合在一起，真正体现了“人文奥运”的精彩内涵。

2008 的《7 日 7 频道》

生活节目中心

2008 年，无论大事小事，《7 日 7 频道》都有参与，栏目中也都有体现。

年初，在北京电视台的春节联欢晚会上，一对金婚老人的出现将晚会带进了高潮。这就是北京电视台推出的“我要上春晚”活动。普通百姓登上春晚舞台，这是首次，而前期的配合工作，主要由《7 日 7 频道》栏目来完成。在寻找配合征集工作的栏目中，春晚剧组相中了《7 日 7 频道》，理由很简单，栏目开播 8 年来，在北京老百姓中已有了相当的口碑，有了广泛的知名度和认知度，而更为关键的一点，《7 日 7 频道》可以说在众多节目中，是“贴近”一词的最好注解。自从接到这项任务后，节目组组织精兵强将，精心筹划，缜密布局，在历时两个多月的时间里，连续推出了 20 多个金婚家庭，每一个家庭，每一对夫妇，都具有独特的个性和背后感人的故事。节目播出效果非常理想，同时，也有力地配合了北京电视台春晚的前期宣传酝酿工作，为 2008 年春晚舞台上最亮丽的一幕增添了色彩。

5 月 12 日，四川地震。在短暂的震惊之余，《7 日 7 频道》自发而有序地投入到了赈灾募捐的报道当中。其间，选派组里优秀记者赶赴灾区第一线，及时有效地传递回相关的第一手素材，成为整个生活频道唯一一支远赴灾区的前线报道小组。在一方面密切关注前方报道记者的动态的同时，另一方面栏目组及时调整报道策略，从起初的凭借新闻敏感和从业人员自身的素质要求出发而报道的自发状态，调整到有组织有安排的系列报道。这期间尤为值得一提的是，栏目组积极与中国慈善协会接洽，利用媒体广泛的影响力和号召力，借助慈善协会振灾济困的专业性和组织性，在短时间内组建起一支流动募捐队。在慈善协会的配合下，出动带有强烈符号色彩的《7 日 7 频道》热线车，上街接受募捐，短短 7 个多小时的时间里，共募得善款 80 多万。在取得良好社会效果的同时，也为媒体与社会机构合作开创了一种新的形式。

进入 7 月份，报道的重点逐步转向了奥运会以及纪念改革开放 30 年的成就性报道。这是年初就已规划好的报道内容，因为早有充分的准备，所以，尽管中途遭遇突发性事件，但在短时间内，栏目组还是迅速组织好人力，有步骤有计划地逐步予以实施。在频道整合力量重拳推出的奥运特别节目“微笑北京，奥运生活”的制作过程中，《7 日 7 频道》全力配合，在出色完成自身繁重的报道任务后，投入组里的骨干力量，保证特别节目高质量地制作播出。奥运会结束后，栏目组又马不停蹄地部署改革开放 30 年成就性报道。早在年中，作为一个策划好的系列性报道，“生活记忆30年”报道已经在日常节目中陆续播出了，然而，进入下半年，特别是奥运会报道结束后，栏目组认为，这种成就性报道理应以一种更为集中的形式突出展示，只有这样才能达到较好的宣传效果。而就在此时，《岁月如歌》、《电视往事》、《北京记忆》等大手笔的报道，也早已紧锣密鼓地运作了。面对这样一种局面，栏目组知难而上，不急不躁，耐心研磨，精心策划，从最基础的工作开始做起，最终于年底推出50分钟的“生活记忆30年”专题片。节目播出后，受到一致好评。

互动着，我们和美丽的奥运

生活节目中心

2008年8月8日，当奥运盛会在北京点燃美丽的烟花，演绎出精彩盛典的时候，北京电视台生活频道“微笑北京 奥运生活”节目便抖擞精神，以饱满的热情，融入了这聚焦了全世界目光的世界体育大联欢中，我们自豪地参与——我们与奥运同行。

早在奥运会开幕前的一个月，“微笑北京 奥运生活”的筹备工作就已经开始进行了。在紧张有序的整个7月里，负责“微笑北京 奥运生活”的三个栏目组：《7日7频道》、《生活面对面》、《生活+》多次召开协调会，从节目形式、主持人选择、互动话题设定等诸多方面进行谋划，并就节目板块的设置进行了十分详细的分工。

《生活+》栏目制片人被临时任命为“微笑北京 奥运生活”统筹制片人。为区别于其他强势媒体，“微笑北京 奥运生活”节目组确定奥运期间做18期节目，每期60分钟，每天的互动话题既要围绕奥运大主题展开，又要具有时效性、参与性、趣味性。尤其是要通过话题的互动，充分体现出北京人民热情好客、全国人民积极参与的特点。经过在100多个话题中反复筛选，最终确定了《教外国人几句中国话》、《古道热肠北京人》等18个话题。

《生活+》栏目负责的互动话题组分成两个相互协调的工作小组：互动话题外采组和短信编辑组。外采组在每天确定下当天话题之后，立刻风风火火扛上机器就走。为了得到更鲜活、更翔实、更生动的市民“心声”，了解到他们在想什么？想说什么？几位编导冒着酷暑，采用“海选”的方式，每个话题都会采访不同年龄、不同地域、不同层次的对象。每期节目中一分钟左右的街采小片，十几个受访人，都是从七八十个采访对象中精选出来的。当演播室里三位主持人欣赏完精彩的街采小片，兴致勃勃地有感而发、侃侃而谈时，我们的四位外采编导又马不停蹄地开始了下一步工作。

盯在短信平台负责市民互动短信编辑的另一组人马，工作看似轻松简单，实际上需要很强的责任心和很细致认真的态度。

由于随着奥运热点出现，随时调整确定下来的互动话题渐入佳境，市民互动话题越来越丰富，短信编辑组的工作量越来越大。其中一期互动话题《我的健身方式》，在节目播出的1个小时里，观众发来的短信达到了472条。面对这带着热情，带着祝福，潮涌般而来的几百条短信，编辑组两名编导忙得不亦乐乎。他们从短信内容、趣味性、寓意等几个方面入手，严格编辑把关，让最精彩最有代表性的短信传进演播室，当主持人把这一条条精彩纷呈、饱含着观众朋友参与热情的信息，深情地读给电视机前更多的观众的时候，我们感到十分的宽慰。更让我们感到宽慰的是，有一群忠实的观众，每天都守候在电视机前，参与着我们节目的播出，并坚持期期节目发来信息，为奥运助威添彩。手机尾号为“0351”的观众在《我的健身方式》话题中说：“我上午抖空竹，下午踢毽子，晚上揉钢球。不但自己用多种方式健身，还每天鼓励老伴去扭大秧歌。奥运会在北京召开了，咱更不能闲着了。这叫奥运长存，健身不止。”当主持人念到手机尾号为“6567”观众的短信，说自己的健身方式是拿大顶的时候，很多观众马上与之呼应，纷纷发来短信讲述拿大顶的种种好处，可谓互动到了极致。

在紧张而有条不紊的18期“微笑北京 奥运生活”节目制作中，《生活+》栏目先后推出了《假如我来当导游》、《奥运明星脸》、《奥运北京啥最火》、《记忆中的体育名人》等18个话题。共接到互动短信2100多条。令我们感触最深的是《记忆中的体育名人》那期话题。当观众朋友们把一个个曾经叱咤风云的体育界明星重新提起，通过我们编辑由主持人读诵后，我们的眼睛湿润了。容志行、张蓉芳、潘多、何振梁、阿里……观众为什么能够牢牢记住这些英雄的名字，正是因为这些体育英雄们的血液里始终流淌着奥运的精神。

饱含着全体工作人员心血、热情的18期“微笑北京 奥运生活”，伴随着奥运圣火的熄灭而圆满地落下了帷幕，在这紧张忙碌的几十天里，我们曾经废寝忘食，我们始终尽心竭力。在这百年盛会欢聚北京的时候，我们为能有幸参与而深感自豪，我们为圆满地完成了任务而骄傲。“微笑北京 奥运生活”让我们的电视生涯中又多了一个值得终生铭记的符号。

生活节目中心推出系列栏目剧《记忆》

生活节目中心

为纪念改革开放30年，由生活节目中心《大城小事》栏目承制的8集系列栏目剧《记忆》，自2008年11月10日起，以年代戏的形式呈现在观众面前。

相对于频道日播版的《大城小事》而言，《记忆》的创作难度较高，除了剧本本身创作以外，服装、化妆、道具以及场景的复原十分复杂。从策划初始到制作完成，用时5个多月，栏目主创人员全情投入，克服重重困难，突破原有的创作运营样式，历史性地创造了生活节目中心栏目剧组的“几个之最”：

“最重”的创作力量。为弥补《大城小事》日播节目的编剧人生阅历的欠缺和专业经验不丰富的劣势，剧组经过不断的沟通，搭设起最耀眼的编剧团队：电视连续剧《金婚》、《幸福像花儿一样》的编剧王宛平，曾执导《马背上的法庭》、威尼斯电影节获奖导演刘杰以及北京电影学院教授、央视热播剧《温暖》的编剧詹相持和曾获第11届华表奖优秀夏衍文学剧本奖提名、《子夜》的编剧黄剑东等纷纷加盟到《记忆》的创作班底中。

“最大”的拍摄投入。《记忆》系列创下了《大城小事》栏目组演员数量之最。在拍摄《公交记忆》当天，现场群众演员多达40位，分别饰演1988年、1994年、2006年三个年份的乘客。栏目组的工作人员自家的旧服装再加上租来的服装，近两百件。摄制现场导演排兵布阵，将演员分成了A、B、C三组，为了防止穿帮，这40名群众演员在不同年代的戏份中分别肩负了露脸、露背身、露胳膊的不同任务。

栏目组投入的摄制力量不仅仅表现在摄制的规模上，同时也体现在栏目组的强大的号召力上，在《心目》剧集中，十几位盲人义务为栏目组充当群众演员，有两位盲人朋友从大兴拿着盲杖自己坐公共汽车到拍摄现场拍戏，全力配合全体的剧集拍摄。投入力量与号召力量双重印证了栏目组为《记忆》投入的心血与智慧。

“最多”的片场趣闻。《记忆》的拍摄过程充斥着许多意想不到的片场趣味。在《农家乐》剧集中，剧中女一号“秀秀”出演一个山里妹子，可是这位演员顶着一头黄发就来到剧组。在远离市区近200公里的延庆山区拍摄现场，工作人员使用黑色彩喷遮盖发色，可彩喷用完了让整个摄制进程陷入瘫痪。在绝境之下，栏目组工作人员用刷睫毛膏的方式在10分钟内打造出一个头发黝黑的山妹子，保证了拍摄顺利进行。

在《房子啊！房子》的剧集中，剧情需要其中的小男孩演员有尿裤子的桥段。可实拍的时候，小男孩演员不能进入状态，导演用一根水管放到男孩裤裆里的方式巧妙地还原现场，实现了拍摄的逼真效果，同时为剧组带来了诸多欢乐。

“最真”的道具配置。为了还原真实的时代场景，找到合适的公交车道具。《记忆》剧组寻访了公交总公司、八一电影制片厂等多家单位，历尽辛苦，外联制片整整努力两个月，从首钢集团找到了一辆车头、车尾都有些锈迹斑斑的“老爷公交车”，经过美术老师的修补，几近真实地还原了20世纪80年代北京的公交情况。

为解决拍摄中服装、化装、道具和场景复原等年代戏共通的问题，尽可能地艺术再现30年来不同阶段的场景和人物状态，《记忆》无论在设备配置还是人员配置上都比日播的《大城小事》“奢侈”了很多，灯光、美术、录音、道具、服装造型、化装造型等工种一应俱全。这种“奢侈”在一定程度上保证了节目的制作水准。

奥运特别节目《北京青年·奥运非常道》

青少年节目中心

北京奥运期间，BTV-8青少频道重磅打造了一档形式独特的奥运特别节目《北京青年·奥运非常道》，该节目于8月4日至8月24日每晚18:35与观众准时相约。作为北京电视台奥运期间唯一一档以青年视角关注北京奥运、感受北京奥运的特别节目，《北京青年·奥运非常道》组建了百余人规模的制作团队，并邀请40余位明星嘉宾、21位持北京奥运会比赛门票的幸运观众齐聚"新青年体育主题CLUB"，共同零距离感受新北京、新奥运的激情与活力，共筑2008奥运的青年话语平台。

一、异彩纷呈的环节设计，持续21日的奥运文化大餐

《北京青年·奥运非常道》节目现场以热点奥运话题为主线，在轻松愉悦的漫谈中与每期嘉宾共同分享独特的奥运感受。该特别节目的话题选择也十分丰富，既有《"篮球"也疯狂》、《枪与玫瑰》、《盛装骑士》等专项体育话题，也有《品味非常北京》、《煮酒论奥运》、《梦想终成真》等奥运情感话题，并穿插"北京青年Taxi"以及"游戏综艺秀"等环节，将现场嘉宾访谈同体验式外拍完美结合，打造一个连续21日的60分钟的奥运文化大餐。

每期节目的开场，"新青年CLUB"都有热烈、动感的开场舞，充满活力的舞群引领镜头拍摄到酒吧的各个角落。同时，蓝调风格的驻场乐队的演奏符合整体氛围的曲目，由BTV-8主持人扮演的"角色化"人物，也穿梭于酒吧的各个区域。同时，在特别节目中还设置了"北京青年Taxi"这一独特、新颖的节目形式。该环节打造了一辆栏目独有的"奥运的士"，由知名主持那威和曲艺明星李菁担当"快乐的哥"。这部"北京青年Taxi"在奥运期间游走于北京热点区域，对随机上来的乘客进行聊天式的采访，并设计相关有趣的闯关知识问答，如"奥运比赛中哪些比赛项目的裁判将穿着皮鞋，是否可以穿着拖鞋，有没有项目可以光着脚"，闯关成功的观众可以被免费送到目的地或得到栏目送出的精美纪念品。在节目的尾声还邀请当日嘉宾进行游戏闯关或演艺展示，把《北京青年·奥运非常道》的气氛推向高潮。

二、星光璀璨的嘉宾阵容，连续21日的高端名人面对面

特别节目邀请了60余位各界嘉宾，涵盖当红的文化名人、商界精英、文体明星等青年偶像，霍震霆、于丹、庄则栋、王丽萍、刘玉栋、潮东、董路、李俐、罗中旭、金巧巧等都参与了节目录制。

同时在每天的节目中邀请一名拥有奥运

门票的幸运观众，节目选取了21位幸运观众，他们带着任务去现场观赛，并把观察到的有趣故事带回演播室，与主持人及现场嘉宾共同分享“入场券”背后的动人情感。

三、十三大主播悉数登场，延续21日的青春风潮

BTV-8青少频道的十三大主播齐齐亮相《北京青年·奥运非常道》特别节目。其中访谈部分以双主持的形式出现，由5位主持人按风格差异组成三组坐镇主访谈区。同时，青少频道全部主持人集体亮相，纷纷以幽默的风格进行角色化扮演，其中主持人胖哥、青青、礼欢分别扮演酒吧区里的酒保、领班和waiter，酒吧来客取“酸甜苦辣”四种不同特色性格的女性来饰演，分别是甜妞（苗苗饰）、辣妹（文文饰）、酸仔（雅峥饰）、冷美人（雅琪饰）。他们在情景空间中展开与本期奥运、体育访谈内容相关话题的演绎。以漫画手段塑造人物，代表青年人群的典型形象，用形体表演贯穿整个CLUB主题空间。

托起明天的太阳

——首都青少年爱心慈善晚会

青少年节目中心

“5·12”四川汶川大地震牵动着全国人民的心，特别是灾区孩子们的状况成为首都各界爱心人士心中最大的牵挂。在“六一”儿童节即将来临之际，北京市委宣传部、北京市委教育工委、北京市教委、北京市民政局、北京团市委、北京电视台、首都慈善公益组织联合会共同推出了“托起明天的太阳——首都青少年爱心慈善晚会”，北京电视台卫视频道、青少频道于5月29日19点35分直播了晚会盛况。

一、“命运、坚强、感动、奇迹、希望”贯穿全场，各界明星倾力参与

晚会以“命运、坚强、感动、奇迹、希望”这些关键词来结构整台晚会，努力营造出积极向上的氛围，用饱满的热情讴歌灾区师生所展现的生命的感动，以昂扬的斗志激发灾区儿童战胜困难的决心，并用我们的行动把首都青少年和北京市民的无限情意传递给灾区的孩子们。

晚会运用诗歌的形式进行串联，并把新闻专题与首都青少年及各界明星的文艺表演有机地融合。知名教育专家卢勤、于丹在晚会中以不同的形式与青少年探讨“生命与爱”这个主题，让更多的孩子深刻地体会到坚强与关爱的意义。

晚会举办的消息经媒体发布后，李宗盛、韩磊、韩红、羽泉、谭晶、陈好、蔡国庆、成方圆等明星，纷纷更改自己的行

程，报名参与本次爱心慈善晚会，并表示“虽然工作的安排很满，但是在六月一日来临之际，能够把自己的祝福和实实在在的帮助送给灾区的孩子们，感到很高兴也很欣慰”。

同时，在本场晚会的直播中，按照不同的主题，安排了《祖国祖国多美丽》、《亲爱的小孩》、《天亮了》、《鲁冰花》、《感谢》、《让世界充满爱》等十几首大家耳熟能详的歌曲，经过重新编排和演绎展现在观众面前，其中北京电视台20余名主持人演唱的《爱的方舟》和20余名演艺明星参演的歌曲《爱是唯一的语言》格外引人关注。

本场爱心慈善晚会的另一个特点，便是大量的首都青少年参与到晚会的文艺表演当中，中关村三小、人大附中等学校的同学们，牺牲了周末的休息时间投入到晚会的排练当中，他们纷纷表示“灾区的小伙伴你们不要哭泣、不要害怕，因为我们的心紧紧地连在一起，希望我们的歌声可以为你们带来欢乐和希望”。

二、多路记者直击灾区校园，震区少年亲临晚会现场

为了更全面地了解灾区青少年的现状，北京电视台派出多路记者第一时间奔赴灾区，晚会剧组也专门成立了一支前线报道小组，将震区校园的第一手资料以及灾区青少年希望复课的迫切心愿带回当晚的直播中。

多名来自灾区的青少年走进晚会现场，用他们最为质朴的语言表达心中最迫切的心愿。在晚会中，北京市史家胡同小学与什邡市龙居镇中心小学结成友好学校。来自龙居镇中心小学的同学和老师向我们讲述，在地震发生时一个年轻的教师用柔弱的身躯保护3名学生的感人故事。在当晚的友好学校结对仪式上，双方学校交换校旗，而什邡市龙居镇中心小学的队旗却是同学们自己手绘的，虽然无情的灾难可以将美丽的校园夷为平地，但孩子们用稚嫩的双手绘制出自己的校园和五彩的梦想。

三、首都各界共同参与，晚会呈现“爱心总动员”

晚会主办方联合北京青少年发展基金会，共同推进援建灾区学校的活动，其中捐建一间“抗震希望教室”（大型专用帐篷或轻型活动板房，含课桌椅）需2.5万元，可以容纳50名学生上课。数间教室将组合成一所“抗震希望小学（中学）”，由北京电视台出资援建的抗震希望小学也正在紧张的选址、筹建过程中。晚会开通“96168”公益捐助热线，咨询及捐赠的普通市民及社会机构十分踊跃，在晚会直播中主办方实时发布社会各界捐助的金额统计及爱心感言。

在晚会现场，北京团市委、北京市少工委、北京志愿者协会、北京电视台青少频道联合启动“首都青少年阳光接力计划”；首都师范大学向什邡市洛水镇中学及北川中学各捐款200万元，并将进一步提供支教、师资培训、心理健康教育、教育技术服务、教学实践基地等多方面的支持与帮助。

《美丽乡村》颁奖盛典

公共频道节目中心

2008年1月18日晚，由公共频道节目中心和文艺节目中心共同策划的2007年度“寻找北京最美的乡村”评选活动颁奖盛典在大兴区隆重举行。副市长牛有成出席观看了此次颁奖盛典，并给予了高度评价。

《美丽乡村》颁奖盛典由中共北京市委宣传部、北京市委农工委、北京市农委、北京市文化局和北京电视台共同主办。晚会现场，主办方将新农村建设的带头人、致富模范、经营高手、农民英雄和最美乡村的代表一一请到台上，听他们讲述创业历程，请他们展示经营之道和致富经验，与他们共同探讨如何把北京的乡村建设得更美好！

颁奖盛典构思新颖、别具一格。它以农历24个节气为切入点，分别用儿童舞蹈《美丽乡村节气歌》、女子群舞《惊蛰》、男子群舞《芒种》、双人舞《秋分》、杂技舞蹈《冬至》、舞蹈《立春》以及由李伟建与武宾表演的化装相声《长寿》等节目来进行串联。在每段节目之间穿插幽默诙谐的“视频问答”、形象直观的“实物展示”、妙语连珠的“村官论坛”和充满悬念的“评选揭晓”，使整台晚会自始至终洋溢在欢乐、祥和又不乏紧张、热烈的气氛之中，高潮迭起，一气呵成，为北京市民的新春文化盛宴再添一道精美的文艺大餐。2007年度“寻找北京最美的乡村”颁奖盛典于大年初四（2008年2月10日）19:40在北京卫视播出。

2008年北京国际车展大型直播活动

公共频道节目中心

2008年4月21日，两年一度的北京国际车展在北京新国际展览中心举行。此次车展国内外知名汽车企业尽数到场，参展厂商、展品及观众都创下了中国车展有史以来的新纪录。作为东道主，北京电视台公共频道继对上届北京国际车展进行成功直播之后，此次又重装上阵，对2008北京国际车展进行了为期5天，每天1小时的现场直播。其中车展开幕当天，还实现了北京卫视与公共频道的并机播出，取得了可喜的成果。

其收获主要体现在三个方面：一是提升了北京卫视及公共频道非黄金时间段的收视率。直播节目的播出时间为每天的16:30～17:30，车展直播在北京卫视的最高收视率为1.8，平均收视率为0.6，这样的收视表现是难得一见的；同时在公共频道该时段的收视率也大幅提高。二是车展直播在汽车业界及广大汽车消费者之中，为公共频道乃至北京电视台提高了影响力。本次直播，公共频道继续沿用《红绿灯》“车宴盛典”作为车展的直播节目品牌，其演播室就搭建在车展的现场，而每天参观车展的人数平均为10万人左右，这本身就是展示北京电视台公共频道自身形象及实力的一个绝好的平台。不仅如此，在连续5天的直播节目中，汽车业界的领导、专家及企业领袖纷纷做客演播室，直接参与到节目之中。这无形中也提升了公共频道在汽车业界的知名度与美誉度。三是车展直播节目为公共频道培养了人才，锻炼了队伍。车展直播组以《红绿灯——路况直播》和《红绿灯》晚间版所属人员为班底和骨干，并从《四海漫游》、《京郊大地》等公共频道所属栏目中抽调精兵强将，在短时间内组建了一支50人左右的直播队伍，所有工作人员不畏艰苦，昼夜奋战，圆满完成了车展直播任务。

卡酷动画卫视公司化运营情况

动画节目中心

为认真贯彻国务院十部委《关于推动我国动漫产业发展的若干意见》有关精神，积极落实北京市委、市政府关于大力发展文化创意产业的有关要求，充分发挥北京电视台动画频道在动漫产业发展中的平台优势和撬动作用，依据国家广电总局关于鼓励动画频道进行公司化运营的有关政策，并参照上海炫动卡通、湖南金鹰卡通、广东嘉佳卡通等同类频道的公司化运营经验，原北京电视台动画节目中心于2006年10月转制成立北京卡酷动画卫视公司，2007年1月起正式运营。两年来，在市委宣传部和台党委的领导下，北京卡酷动画卫视转变体制，激活机制，积极探索动漫产业化运营，取得可喜成果。

一、节目创新

在国产动画片产量不大、质量不高，媒体播出的动画节目严重同质化的情况下，卡酷动画卫视大胆创新，推出了《十分开心》、《闪天下》、《漫画天下》等品牌栏目，一方面形成了差异化的播出内容，另一方面吸引了宝贵的成人收视。频道目前共有栏目11档，其中日播8档、周播3

档，另有动画剧场8个。除了栏目制作，还创作出品了《福娃奥运漫游记》、《我们小孩有力量》等原创作品，并与社会公司联合出品《快乐东西》、《秦时明月》等动画片，包括Flash系列作品和动画栏目在内的动画产量逐年上升，2007年年产量为3900分钟，2008年达到7000分钟。

二、收视覆盖

卡酷动画卫视于2004年9月在当时全国的3个动画专业频道中率先播出，很快在北京地区4～14岁的受众市场中占据遥遥领先的份额，远远高于包括央视少儿在内的所有其他电视媒体。2007年9月上星播出，落地覆盖工作迅速推展，目前已覆盖全国39个省区和城市，范围覆盖长三角地区、珠三角地区、环渤海经济带及华中经济带，覆盖区域人口3.9亿，覆盖到达人口2.3亿。在全国17个城市地方卫视收视份额排名中稳居20位左右，远远高于上海炫动和湖南金鹰，并高于广东卫视、旅游卫视等其他综合频道，形成北京市除北京卫视之外的另一个重要的对外宣传平台。

三、活动推广

卡酷动画卫视除了潜心培育频道收视，还积极拓展地面活动，创办了卡酷全卡通动漫嘉年华和国际大学生动画节等品牌活动。2007年暑期，第一届卡酷全卡通动漫嘉年华在农展馆举办，活动以全新的B-C模式，在7天时间内吸引了12万人次的参与，现金交易额达8000万元。2008年国庆长假期间，第二届动漫嘉年华在中华世纪坛举办，受整体消费环境不景气的影响，虽然此次活动赢利情况不如上届，但由于活动地点的中心性和宣传推广工作的大力铺展，使得卡酷品牌再次得到极好的传播和彰显。同时卡酷全卡通动漫嘉年华还走出北京，赴天津、大连等城市成功举办。中国（北京）国际大学生动画节由中国传媒大学发起举办了两届，刚刚结束的第三届动画节由卡酷动画卫视参与联合举办，由于卡酷的介入，将这个校园内的学术活动扩展到社会和产业的层面，活动规模和整体品质得到极大提升，被外国专家盛赞为“动画届的奥斯卡”。

四、产业运营

2006年频道的广告收入为3100万元，成本约3650万元，当年频道约亏损550万元。2007年是展开公司化运营的头一年，广告收入3550万元，另拓展玩具销售、植入式广告、节目发行、动漫展会、少儿艺术培训等其他业务，实现收入1786万元，营业收入总额5336万元，较上年增加70%，同时严格控制成本至2755万元，当年实现净利润2581万元。2008年两个子公司——北京卡酷全卡通动漫文化有限公司和北京卡酷七色光文化有限责任公司全面展开运营。前者以玩具销售、品牌授权、动漫展会等主营业务，实现收入预计3500万元，税后净利润约400万元，后者以少儿艺术培训为主营业务，实现收入预计300万元，税后净利润约100万元。卫视公司2008年广告收入4200万元，植入式广告、节目发行等其他业务收入约800万元，营业收入总额预计约5000万元，成本方面由于增加了节目投入，以及从2008年起开始由公司自行承担正式员工的档案工资及社会保险，使得2008年成本高于2007年，约为3000万元，预计净利润为2000万元。即2008年卫视公司及子公司预计实现各项收入合计8800万元，净利润约计2500万元，公司总资产约1.6亿元，净资产约1.2亿元。另外，2008年8月，卡酷全卡通公司还控股成立了北京卡酷世纪商贸有限公司，建设玩具产品零售终端渠道，在全国范围内开办实体卡酷旗舰店和特许零售加盟店，第一家卡酷旗舰店于12月中旬在望京方恒购物中心开业。

五、品牌建设

本着将卡酷打造为成功品牌的理念，公司内部严格执行品牌管理纪律，涉及卡酷/KAKU商标注册、制定VI手册、频道包装和栏目内包装、主持人演艺经济式管理、处理公众信息等流程规范，以及在重大项目、活动中对卡酷品牌的刻意植入、突出宣传等。凭借大胆活跃的创意和严格规范的管理，卡酷品牌的塑造得到社会上的迅速传播和行业内的广泛认可。卡酷被评为最具投资价值的动画电视媒体，并且在卡酷品牌旗下已拥有“福娃奥运漫游记”、“卡酷全卡通”、“七色光”等具有成长价值的子品牌。卡酷的发展方向是超越一般媒体的概念，紧密依托播出平台，开展儿童用品、销售渠道、演艺活动、动漫展会、教育培训、品牌授权、版权销售、杂志网站、新媒体业务等其他业态的经营活动，变台标为商标，变单一的媒体广告收入为多元业态收入，努力打造中国动漫第一品牌。

六、队伍培养

2006年公司化运作前，卡酷动画卫视有员工50多人，目前员工110人，平均年龄29岁，本科以上学历者占90%，人员分工涉及行政管理、节目采编、动画编导、企划创意、主持配音、非线制作、经营销售等岗位，制片人以上人员22人，普通员工88人，其中总经理1人、副总经理1人，正、副总监5人。经过两年的公司化严格管理和大项目、大活动的锻炼，不少年轻人迅速成长，在工作中担当起重要的职责。应该说，卡酷在实践品牌战略的同时，也培养和锻炼了一支充满活力和战斗力的聚合了多层面人才的年轻的队伍，这也是卡酷成长发展的宝贵财富和重要根基。

2008卡酷全卡通动漫嘉年华

动画节目中心

由北京电视台和北京市海淀区政府共同主办，中关村海淀园和北京电视台动画节目中心承办的“2008卡酷全卡通动漫嘉年华”大型活动，于2008年9月28日至10月5日在北京中华世纪坛举办。此项活动取得圆满成功，成为“十一”黄金周期间首都群众文化生活的一大亮点。

一、延续奥运经济，再造京城热点

“2008卡酷全卡通动漫嘉年华”活动

是继2008年北京奥运会后首都举办的一个大型群众文化活动。此项活动旨在推动北京文化创意产业的发展，着力打造一场融动漫、游戏、高科技为一体的完美风暴，在“十一”黄金周期间再造京城热点，丰富广大青少年儿童的假日文化生活，同时进一步打造国内顶级品牌和具有浓郁北京特色的大型动漫盛会。

在“2007卡酷全卡通动漫嘉年华”活动的基础上，此次嘉年华活动呈现出一系列新的特点：首次在北京中华世纪坛前广场举办大型动漫文化活动，环境优美，交通便利，人文气息浓厚；场地布置富有特色，紧凑有序，便于参观游览；活动策划定位准确、内容丰富；选址科学、安排周密，从观众流量到招商情况，从现场氛围到媒体报道，都收到了令人满意的效果。整个嘉年华总面积近2万平方米，其中充气游乐区约3500平方米，电子游艺区700平方米，表演和展区1万余平方米，设立90个标摊、19个特装展台。8天活动期间，共吸引北京和来京旅游的孩子及家长近8万人次观展，总现金交易额达1000万元，成为2008年全国规模最大、影响最广的动漫活动之一，取得了社会效益和经济效益双丰收。

二、坚持公益优先，活动异彩纷呈

本次动漫嘉年华延续自身注重“公益”的主旨，在举办活动项目设置和免费空间的提供等方面都坚持公益优先的原则，旨在为广大市民家庭和孩子们营造快乐假日。嘉年华现场特设“中央舞台”、“大学生动画节展区”、“卡酷漫画长廊”、“动画精品展播大厅”、“嘉年华游艺区”、“大型充气玩具游艺区”六大主展区，并为广大观众专设“动漫特装展区”、“网游展区”、“收藏玩具精品区”、“互动比赛区”、“创意市集”、“普通展区”和“声优互动秀”7个专题区。孩子们在现场还可以享受到5000平方米充气游艺区10组大型充气玩具全天免费开放（一般公园内充气玩具常规收费为单组每次20元），以及中央舞台全天候表演、万种玩具全线动员、COSPLAY华丽斗秀、动漫精品抢鲜展映、音乐达人现场PK、漫画大师亲密接触……活动呈现出独特的视觉冲击和无限的想象空间，让动漫迷们过足动漫瘾，尽情体验动漫的魅力所在。本次动漫嘉年华为孩子们提供了一场属于自己的动漫盛宴，为家长们提供了一个和孩子沟通了解、共度假期的快乐平台，显示出对社会效益的关注和重视，受到广大观众的普遍好评。

三、强调品牌互动，打造文化精品

“卡酷全卡通动漫嘉年华”活动自2007年创立至今，一直保持明确的品牌目标，目前已在北京、天津、大连等多个城市成功举办，受到广大动漫爱好者和动漫厂商的热烈欢迎，对推动国内动漫产业发展发挥了十分积极的作用，成为一个极具产业价值的文化创意品牌。在此基础上，“2008卡酷全卡通动漫嘉年华”更加注重自身文化主题，通过各种设计和运作突出“卡酷”形象，强调品牌互动，打造文化精品。“2008卡酷全卡通动漫嘉年华”以“绝对好玩、绝对卡酷”为主题，推出“寻找‘彩虹’踪迹”、“要卡通长‘触角’”以及“动漫玩具竞技大赛”等互动活动，邀请大小动漫迷们参与到嘉年华中来，蹦出热辣，跳出快乐，感受一场绝对“卡酷”的动漫狂欢派对。在动漫嘉年华现场，孩子们可以在人潮涌动中与“彩虹”姐姐和卡酷其他主持人不期而遇，可以长上“蹦蹦跳跳”的触角参加游戏赢奖品，还可以在敢达模型大赛、陀螺比赛、遥控车比赛、悠悠球表演、星际飙车王挑战赛等竞技比赛中感受动漫玩具带来的魔力。

四、组织周密严谨，运行安全顺利

此次在中华世纪坛举办嘉年华大型活动，由于时值“十一”黄金周，又处在中华世纪坛特殊的地理位置，加上儿童观众多、节日期间人数的不可预见性，给筹办工作带来很大难度。为确保这次活动的圆满成功，主办和承办单位对安全保障工作高度重视，在各有关部门的积极配合和大力支持下作了周密部署，并与中华世纪坛、海淀区公安局共同形成安全方案，对各种突发事件准备预案。活动期间，共组织保安350人、大学生志愿者150人、公安干警20人、安检人员60人、卡酷动画卫视工作人员60余人和北京电视台保卫部、中华世纪坛保卫部10余人，定岗定责，对活动过程中出现的有关情况进行及时处理。对票务等方面的安全工作也拟订了相关方案。由于准备充分，布置严密，确保了此次活动的安全顺利进行，同时也得到海淀区政府及相关领导的高度评价。

五、社会反响热烈，媒体广泛关注

“2008卡酷全卡通动漫嘉年华”8天活动期间，共吸引北京和来京旅游的孩子及家长近8万人次观展，受到广大观众的普遍好评，也吸引了众多媒体的关注和报道。据不完全统计，活动期间有中国教育电视台、中央人民广播电台、《人民日报》、《北京日报》、《北京青年报》、《北京晚报》、《北京商报》、《娱乐信报》、《新京报》、《法制晚报》、《北京广播电视报》、《北京电视周刊》、北京移动电视等近20家中央和首都新闻媒体，以及BTV网站、新浪网、搜狐网、千龙网、TOM网、腾讯网、中国动画网等大型门户网站及知名动漫网站采访报道了“2008卡酷全卡通动漫嘉年华”的相关新闻。

与此同时，还在卡酷动画频道和本台其他频道安排了大覆盖、高密度的宣传和预告。在总编室和新闻中心的大力支持和协调下，《每日文娱播报》、《身边》、《首都经济报道》在收视集中时段进行了横滚字幕和宣传片的播放，《北京新闻》、《特别关注》、《电视先锋榜》等栏目以重要篇幅对本次活动进行了报道，尤其是《北京新闻》分别在活动开展前后3次对此活动进行了播报，极大调动了孩子们和动漫爱好者参与活动的热情。

第三届中国（北京）国际大学生动画节

动画节目中心

由北京电视台和中国传媒大学联合主办，中国传媒大学动画学院和北京电视台卡酷动画卫视联合承办的“Aniwow! 2008”第三届中国（北京）国际大学生动画节，于2008年10月21日至24日在中国传媒大学举行。此项活动取得了圆满成功，实现了展示北京创意文化、打造国际动漫盛会的预期目标。

一、学院媒体强势联合，打造立体展示平台

中国（北京）国际大学生动画节是由国家广电总局批准设立的我国第一个国际性的大学生动画节，也是目前国内仅有的两个经国家广电总局正式批准举办的动漫国际活动之一。本届动画节由国家广电总局、北京市人民政府共同主管，我台和中国传媒大学联合主办，我台卡酷动画卫视和中国传媒大学动画学院共同承办，旨在依托北京作为我国政治、文化中心的地位，加强动画领域的国际学术交流，鼓励和促进国产原创动画的创作与传播，进一步推动北京乃至全国文化创意产业的发展；同时也为这一享有盛誉的国际性动漫交流活动增添新的活力和魅力，使其在国内外动漫界产生更大的影响。

本届动画节首创高等学府和电视媒体联合举办的新模式，在发挥高等学府在动漫学术、教育、人才、资源等方面优势的同时，借助电视媒体的传播力和推动力，突破以往单一的以现场活动为主、以奖项评比为主的举办方式，注重多渠道、立体化的交流，将电视媒体与网络平台深层植入动画节，形成全年电视节目、电视转播、地面活动、颁奖晚会为一体的综合动漫活动，搭建一个聚合国际、学术、媒体等强势元素的动漫全产业平台，为动画节的品牌打造提供强大的产业基础。

二、营造国际学术氛围，活动内容丰富多彩

本届动画节会聚海内外动画与数字媒体艺术领域的行业精英与学者，吸引了来自美国、日本、韩国、加拿大等46个国家和地区的上千名大学生，共征集到国内外作品1605部，数十位国际知名动画专家莅临论坛，并邀请到了包括曾执导《美女与野兽》、《风中奇缘》等影片的迪士尼高级动画导演大卫·昆斯耐在内的全球顶级动漫大师作为评委，在更大范围、更高层次上为各国热爱动画的大学生们搭建了一座交流创意、研讨学术、传递友谊的桥梁，打造了多元互动的国际动漫学术交流新平台。

本届动画节的主体活动于9月28日由“2008卡酷全卡通动漫嘉年华”在北京拉开序幕。10月21日至24日期间逐日举办了“中国日”、“法国日”、“美加日”和“英国日”等四大主题日，举办了18场展

映、10场大师课程、4场论坛、3个主题展览以及由电视媒体创意打造的闭幕颁奖盛典，活动异彩纷呈，看点不断。“白杨奖”、“卡酷动漫创意大奖”、“北京动漫文化创意大奖”三大原创奖项在10月24日闭幕颁奖典礼上全面揭晓，将整个大学生动画节活动推向高潮。

三、注重创意为先理念，颁奖盛典精彩揭晓

作为国内唯一国家级的面向国际青年动漫的创意孵化器，本届动画节的竞赛单元除延续前两届的品牌奖项“白杨奖”评选外，还充分发挥北京文化创意产业的资源优势和北京电视台的媒体平台优势，特别增设了两组评委会大奖——“北京动漫文化创意大奖”、“卡酷动漫创意大奖”，旨在彰显北京文化创意产业成果和品牌，传递北京文化创意产业领域的声音，进一步促进北京文化创意产业的发展。

“2008北京动漫文化创意作品大奖”由百集动画片《福娃奥运漫游记》获得；“2008北京动漫文化杰出出品人奖”颁予央视动画有限公司董事长余培侠先生；《喜羊羊与灰太狼》摘得“2008卡酷年度动画片奖”；动画片《快乐东西》荣获了“2008卡酷年度动画编剧奖”；“2008卡酷年度动漫特殊成就奖”授予了将毕生精力奉献给中国动画事业的老前辈特伟先生。

四、高校学生踊跃参与，各类媒体广泛关注

本届国际大学生动画节共吸引了来自46个国家和地区、49所国外高校、65所国内高校的上千名大学生参与，征集到近500部国外作品、1000余部本土作品；上万人次参与了动画节期间的展览和课程等活动，受到了广大学生的普遍好评，也吸引了众多媒体的关注和报道。据不完全统计，活动期间有新华社、中央电视台、中国教育电视台、中央人民广播电台、中国国际广播电台、北京人民广播电台、《北京日报》、《北京青年报》、《北京晨报》、《娱乐信报》、《新京报》、《北京广播电视报》、《北京电视周刊》、北京移动电视等近20家中央和首都新闻媒体，以及BTV网站、新浪网、搜狐网、腾讯网、千龙网、TOM网、中国动画网等大型门户网站及知名动漫网站采访报道了本届动画节的相关新闻。

七色光20周年庆典暨北京卡酷七色光文化有限责任公司揭牌仪式举行

动画节目中心

2008年12月26日下午，“七色光20周年庆典暨北京卡酷七色光文化有限责任

公司揭牌仪式”在皇苑大酒店举行。中国文联、全国妇联、全国心系系列活动组委会、北京市广电局、北京青少年服务中心、北京青少年发展基金会等单位的领导和来自文化界、艺术界、教育界、产业界的代表出席了活动。

七色光作为北京电视台第一档少儿栏目诞生于1988年，20年间，节目不断推陈出新、形式灵活多样。拍摄少儿原创MTV，制作系列短片，开展校园活动，组织小记者参与采访和拍摄，让孩子们真正成为七色光的主人。同时七色光的主持人也走进校园，走近小观众，成为孩子们的好朋友和心目中的偶像。

七色光栏目开办20年来，得到了广大观众朋友的喜爱，伴随了几代人的童年梦想，也得到了业内专家的高度认可，曾荣获全国少儿电视栏目“金童奖”、全国电视艺术家协会优秀栏目一等奖、全国社教节目优秀栏目奖、北京市电视艺术春燕奖、北京电视奖优秀栏目奖等众多奖项。

伴随着七色光品牌的成长，北京电视台七色光艺术团于1994年成立。创办14年来，七色光艺术团已成为全国知名的少儿艺术团体之一，聘请了金铁霖、白淑湘、田华、于蓝、阎肃、杨鸿年、瞿弦和、吴灵芬等著名艺术家担任七色光名誉顾问。雄厚的师资力量和丰富的活动平台为孩子们增长专业技能、展现个性风采提供了有力的保障。七色光艺术团以电视媒体、大型文艺会演和国际艺术交流为展示平台，被誉为“艺术家的摇篮”、“小演员的人才库”。七色光艺术团曾先后前往香港、澳门、台湾、新加坡、加拿大、挪威等地区和国家进行文化交流演出。2008年，艺术团还参加了北京奥运会开幕式，并参与了多项奥运系列文化活动，孩子们的能力得到了锻炼，七色光的品牌也收获了很好的社会反响。

在七色光栏目和七色光艺术团的基础之上，北京卡酷七色光文化有限责任公司成立。公司化运作的七色光将着力推行品牌战略，在电视栏目、少儿教育培训、儿童演艺市场、网站、杂志、儿童用品等多领域全面拓展。

七色光艺术团与美国辛辛那提流行管弦乐团联手打造奥林匹克音乐会

动画节目中心

2008年8月9日，作为北京2008奥林匹克文化节的重要演出，北京电视台七色光艺术团与美国辛辛那提流行管弦乐团合作演出，在国家大剧院呈现天籁般的音乐盛宴。30个国家的政要贵宾和来自世界各地的近2000名观众欣赏了这场世界级的精彩演出。

美国辛辛那提流行管弦乐团堪称世界

上最活跃的古典流行演奏乐团，此次专程邀请在国际文化交流活动中屡屡亮相的七色光艺术团与其同台演出。小演员们演唱了音乐会压轴曲《Medley for World Peace》。演唱完毕，全场响起了雷鸣般的掌声，很多观众从座位上起立，双手举过头顶久久鼓掌。舞台的帷幕已经落下，然而掌声还在持续。直到七色光艺术团的小演员们举着30个国家的国旗再次走上舞台，观众们才纷纷坐下。合唱团演唱了返场曲《It's a Small World》，再次轰动了全场。音乐会在长久不息的掌声中圆满结束。

这次合唱团演唱的是两首英文歌曲，这一点没有难倒小演员们。一方面，他们演唱过大量的英文歌曲，有很好的语言基础；另一方面，经过长期系统、严格的训练，小演员们已具备相当的专业水准和大量的实战经验。即使遇到《Medley for World Peace》这样的以前从没听过的新歌，他们也仅仅用了四个下午的时间，便完成了识谱学唱、校正发音、记忆歌词和熟练演唱的全过程。

演出结束后，执棒辛辛那提流行管弦乐团的世界著名指挥家艾瑞克·孔泽尔先生高度赞扬了合唱团的出色表现，他激动地说："这两首歌曲要用英文唱好，相当难，但是你们唱得非常好!" "今天的演出，从观众的反映来看，是非常非常精彩的！特别荣幸能请到七色光艺术团的小演员们同台演出，今天的音乐会这么轰动这么好，非常非常感谢大家!"

此次演出是北京电视台七色光艺术团继摘得奥林匹克国际合唱节金奖桂冠之后，又一次面向世界的精彩亮相。孩子们在浓烈的奥运氛围中感受着艺术的魅力，也体会着七色光成长的快乐。

《人民日报》专版刊登十余位专家学者评述高度评价《福娃奥运漫游记》成功之道

动画节目中心

2008年7月10日，《人民日报》文艺评论版用大半个版的篇幅，以《国产动漫的成功之道》为题，刊载十余位国内动漫界、影视界知名专家学者的评述，高度评价百集动画片《福娃奥运漫游记》的成功经验，并深入分析了它对中国原创动漫产业发展的借鉴意义。

《人民日报》这一专板报道的引言指出，在国家有关大力发展动漫产业的政策推动下，中国动画在出品总量上实现了迅猛的增长，出现了一批优秀的国产动画精品，由北京奥组委授权、北京市委宣传部全额投资、北京电视台制作的百集动画片《福娃奥运漫游记》就是其中代表之一。该片用动漫这种特殊的艺术形式诠释奥运精神和奥运理念，受到了小朋友们包括成人观众的喜爱，收视率位居同期播出的所有境外引进动画片和国产动画片之首，先后荣获国家少儿精品和动画精品评比一等奖第一名以及金龙奖、金手指奖、金熊猫奖、亚洲青年动漫大赛最佳作品奖等多项殊荣，并实现了在全国百家电视台同期播映和全国铁路视频、全国航空视频、全国公交地铁出租车视频全方位立体式的播映，引起包括20多家境外媒体在内的新闻媒介的广泛关注与持续报道，从而受到社会好评并产生了巨大的社会影响。该片在国产原创动漫产业化运营上也进行了有益的探索，并取得了优异的成果。

2008年6月2日，在中国电视艺委会、中国美协动漫艺委会、北京电影学院动画学院、国际动画教育联盟联合举办的“解码中国原创动漫之路——《福娃奥运漫游记》主题学术研讨会”上，国家广播电影电视总局副总编辑、宣传管理司司长金德龙，人民日报社文艺部主任郭运德，“福娃”设计者、著名画家吴冠英，著名导演郑洞天，著名编剧邹静之和著名漫画家聂峻等十余位国内动漫界、影视界知名专家和学者，以《福娃奥运漫游记》为案例，着重围绕“《福娃奥运漫游记》的动画制作特色和编剧创意思路”、“奥运主题原创文艺作品的创作特征和社会价值”、“动画片海陆空新播客的播出创新模式以及国际国内社会影响”、“图书销售全国第一背景下的动画片产业运营成功探索”等议题展开研讨，充分肯定了这部国产原创动画大片的成功之道，并对其可资借鉴的发展经验与模式进行了深入研讨。《人民日报》的专板报道，就是根据上述专家学者在这次研讨会上的发言内容摘编的。报道七个部分的标题分别是：“国产动漫产业化经营的积极探索”、“作品观赏性的成功令人惊讶”、“四大精神元素丰富内涵”、“依靠全方位推广提升社会价值”、“动漫制作播映方式的全面突破”、“展现中国原创动漫独特风格”、“探索国产动漫产业赢利新模式”。

目前，随着《福娃奥运漫游记》100集的全面热播，该片的社会反响进一步扩大，国内外媒体的关注持续升温。7月1日出版的2008年第13期《求是》杂志也刊登专访，对《福娃奥运漫游记》作为北京市“贯彻落实党的十七大精神、推动文化大发展大繁荣”的重点工作作了篇幅较大的报道。

用音乐述说改革发展

——记专题系列片《岁月如歌》

总编室

10月19日以来，北京电视台在二套黄金时间播出了大型音乐纪实节目《岁月如歌》，该节目通过重现经典老歌以及揭秘幕后故事的形式，来反映改革开放30年来中国社会的巨大变化，节目形式新颖，既具有历史感，又洋溢着时代精神，是一部高质量的专题系列片。

一、节目视点独特富有创新性

改革开放30年来，中国社会发生了根本性的巨大变化。《岁月如歌》将音乐作为改革开放30年的时代记录切入点，借用经典音乐来展现这些变化，视角独特新颖。

该节目虽然是音乐展播，但避免了简单的线性罗列，而是每集一个主题，将30年中某一类题材、某一主题的歌曲相对集中地进行比较考察，比如《青春》、《生活》、《爱情》、《故乡》、《英雄》、《友情》、《梦想》、《亲情》、《童年》、《奋斗》、《影视》和《祖国》等主题，都设计得非常到位，每一集节目都有很大的时间跨越，每一个主题都能够折射出某一时期的百姓生活变化和社会变迁，通过对比的方式来突出强烈鲜明的变化特征。

二、经典歌曲具有巨大感染力

节目虽然只是一些歌曲展播，但是在这些耳熟能详的经典歌曲中，能够让观众跟随这些主题音乐的发展轨迹，唤起对改革开放30年中社会变迁的回忆，具有巨大的感染力。

比如《一支难忘的歌》唱出了一代知识青年在特殊历史时期对未来的困惑；《年轻的朋友来相会》则记录了当1978年高考恢复，那些重新获得高考机会的年轻人的激情澎湃；《让世界充满爱》反映了1986年世界和平年所带来的流行音乐的新时代；等等，这些歌曲都记录了社会变迁中的点滴，能够勾起观众强烈的共鸣。

三、新颖的编排节目更生动

以往的专题节目或纪实节目多采取主持人讲述、配音旁白、嘉宾访谈的格局，《岁月如歌》节目则打破了这种常规格局，现场除了嘉宾讲述，还请一些歌手现场翻唱老歌来配合嘉宾的故事讲述，将歌会、纪录片、现场访谈、主持人串联有机地组合在一起，通过歌曲引发的事件，来凸显揭秘性和悬念感，呈现出歌声唱着事，事件中谱写着歌的特点，使节目更加生动和具有可视性。

四、节目准备充分、资料翔实

从播出内容可以看出节目组做了非常充分的准备工作。节目中邀请了众多音乐界、娱乐界、文化界专家、明星和30年重大音乐文化事件亲历者，不但有内地、港、台三地人，还考虑到了老、中、青三代人，选取不同地区不同时代的人具有一定的广泛性和代表性，通过不同的代表者来共同回顾30年音乐变化，能够较好地反映出30年来的社会变迁。

同时，节目中还包含了大量的音乐历史资料、经典老歌画面和生活情境变迁镜头等，这些资料与歌曲配合呈现，能够更好地唤起人们对历史的回忆。比如“文革”后期、知青返乡期、改革初期等不同时期人们生活状况的影像，北京第一场新星演唱会，邓丽君的独家资料，等等，这些珍贵影像资料非常翔实，具有重要的保存价值，说明节目组做了精心的设计和大量的准备工作。

北京电视台杀毒中心成立

信息网络管理部

电视节目制作的数字化、网络化是信息社会发展的必然趋势。节目生产过程中，用计算机和服务器代替传统的切换台、录像机和磁带，使得节目生产效率有了很大的提高。同时科技也是一把双刃剑，在把文稿、图片、音乐和视频引入节目的同时也有可能把计算机病毒引入其中。近年来，以“熊猫烧香”为代表的恶意病毒肆虐，对很多计算机系统都造成了巨大的损失，其中北京电视台计算机也未能幸免，先后有新闻网受蠕虫病毒感染不能正常工作，转播车的字幕机受病毒感染不能使用，甚至影响到了直播工作。

为了加强病毒防护、保证系统安全的指示，信息网络管理部经过研究，决定建立制作网络的统一数据导入导出接口系统，即杀毒中心，并实现病毒查杀与安全防范的统一管理，从台内做起，逐步拓展系统覆盖范围。北京电视台有多个制作网络系统，分别由不同集成商来承建，为了有效封闭所有对外数据接口，要求所有需要数据导入的编辑记者一律持相关数据到信息网络管理部数据统一接口机房，由值班技术人员负责将数据经杀毒流程后导入光盘，并送到相应制作网络，使用者可以在该制作网络中直接调用。同样，所有需要导出的数据一律从统一接口机房拿经过杀毒的介质进行导出。同时，各制作网络内部将建立统一管理维护的病毒查杀系统，对系统运行状态进行监控，对可能流入的病毒进行及时查杀，消除安全隐患。

杀毒中心设备配置由独立杀毒工作站组成。系统部署方案是采用独立三级查杀方式，保证杀毒效果且防止网间病毒传播。6台杀毒工作站中，有两台工作站与互联网直接相连，实时在线升级卡巴斯基杀毒软件，另外有4台单机运行，两台为一组，分别安装瑞星防病毒软件、赛门铁克互联网安全套装，以互补方式进行顺序查毒，通过两台在线的工作站到瑞星和赛门铁克的官方网站下载升级包，保证安全。同时还制定了杀毒中心工作规范：

一、本台各栏目的记者、编辑在制作网进行节目编辑前，在演播室录像、转播车进行直播前，应该提前24小时准备好需要导入相关计算机系统的资料。撰写书面申请，并附有导入数据文件明细。请相关节目部门主任和相关技术部门的主任双方签字确认，方可提供数据导入查杀计算机病毒的服务。

二、编辑、记者应该保证导入内容的合法性和基本使用安全。值班技术人员在查杀计算机病毒前，首先要明确载体（软盘、U盘、光盘）上的文件来源，确认无误后把载体中的内容（TXT文档、Word文档、JPEG图片、TGA图像顺列）拷贝到第一层卡巴斯基杀毒站点上进行杀毒。如果是 Word 文档，将转成 TXT 文本格式保存，如果是压缩文件，要解压后进行保存。然后用信息网络管理部专用 U 盘或移动硬盘，把文件拷贝到第二层瑞星杀毒站点上进行杀毒，再用网络科专用 U 盘或移动硬盘拷贝到第三层赛门铁克杀毒站点上进行杀毒。杀毒合格后的数据将被刻入光盘，由值班人员在刻好数据的光盘上加盖防止计算机病毒合格章，交由编辑和记者送到相关技术部门。最后值班员要填写值班日志。

三、向各个制作网、演播室、转播车等计算机系统导入数据时，只允许加盖防病毒合格章的光盘将数据导入，并将此光盘留底保存两个星期以上。以上各个系统如果使用了无防病毒合格章的数据导入载体从而引入病毒，责任自负。

四、值班人员在执行数据杀毒过程中，如果在第一层杀毒软件发现病毒，并且不能有效清除时，应坚决拒绝做第二层杀毒尝试，要立即对计算机进行全面扫描，做好病毒情况记录。同时立刻与杀毒软件制作公司联系，获取最新的杀毒软件或专用工具，力争在 3 小时内解决问题，并通知相关人员。

五、在执行上述数据导入规定过程中，建立信任处理机制。不论是对于单位（如科室、栏目）还是个人，进行数据杀毒工作时都会记录病毒查杀结果。如果在短期内频繁发现病毒，要及时通知其所属部门，并有针对性地对其加强病毒查杀和防范措施。如一段时间仍无改善，将取消其数据杀毒的资格，也就取消了数据继续导入的工作。

杀毒中心从 2008 年 4 月起开始正式运行，自运行以来，杀毒中心每天运行 8 小时，节假日无休，为编导们提供非编网素材导入导出的杀毒工作，为非编网把好安全关。共为台里科教、体育、财经等 10 余个部门，20 余个栏目提供了杀毒服务。为了保证从杀毒中心出去的素材都是干净的，每天更新病毒库，对系统的杀毒程序进行升级。为防止杀毒后的 U 盘再次感染病毒，对编导的素材用杀毒中心的专用盘刻盘，并进行封轨处理，防止了 U 盘的二次感染。

特别是在奥运会、残奥会期间，杀毒中心在现有的人员基础上，延长了工作时间，除了日常的工作外还为演播室、转播车等直播节目及时与安全地播出提供了优质可靠的服务。从 4 月起截止到 12 月 31 日共杀毒近 3000 次，拦截病毒 2000 多个。同时，随时总结病毒多发的栏目，对栏目的办公电脑进行整体的杀毒与网络安全知识的普及，把病毒的扩散传播缩小到最小范围。为台里非编网的安全提供可靠的支持。

转传部圆满完成奥运会、残奥会转播任务

姜世杰

2008年奥运会、残奥会以及奥运火炬传递的转播技术工作在全台技术部门通力协作、共同努力下圆满完成。总工办、动力部、制作部、播出部、网络信息管理部、技术设备管理部在任务重、人员紧张的情况下，大力支持奥运转播工作，共选派了10名业务骨干与转传部人员共同组建了奥运转播队伍。同志们以认真负责的精神、精湛的业务能力、吃苦耐劳的工作作风，完成了光荣而艰巨的奥运转播任务。

在奥运会转播中，技术部门组建了奥运女排转播制作队伍、奥运足球转播制作队伍、奥运足球转播技术队伍共三支转播团队。女排制作队伍在理工大学体育馆，共架设摄像机11台、大倍率镜头4个，架设场地拾音话筒30多只、铺设话筒线1000多米。通过音、视频人员的努力工作，理工大学奥运女排的转播水平得到BOB技术总监的好评。奥运足球团队的人员在足球转播场地，共架设摄像机15台、大倍率镜头9个，其中8个大倍率镜头架设在观众席的最上端，共架设拾音话筒30多只，铺设话筒线3000多米，与TOC之间完成了数十条信号的连接与测试，工作强度之大，是前所未有的。在8月21日奥运女足决赛转播结束后，奥运足球转播团队全体人员连夜转场鸟巢，准备男足决赛的转播。从女足决赛转播一直到8月23日奥运会男足决赛结束，足球转播团队的同志们用辛勤的汗水，换来了转播的成功。

在完成奥运会转播任务后，奥运转播队伍又全力投入到了残奥会的转播之中。残奥会期间，技术部门的奥运转播队伍承担了轮椅篮球制作队伍和技术队伍，轮椅击剑、硬地滚球的制作队伍和技术队伍。残奥会的转播难度要远远大于奥运会的转播，为了不影响运动员和观众的轮椅通道，虽然设备之间的直线距离只有30米，却要用150米以上的电缆绕大圈、挂墙壁，付出了巨大努力，确保了轮椅通道的畅通无阻。轮椅篮球实际转播时间每天达到了17个小时以上，硬地滚球和轮椅击剑的实际转播时间每天达到了10个小时以上。转播队伍的全体同志挑战身体极限、兢兢业业工作，转播工作安全、成功，得到了BOB转播专家和国外电视同行的极高评价，尤其是轮椅击剑和硬地滚球的转播，被评价为开了残奥会转播的先河。

北京电视台卫视覆盖情况

景　林

2008年，是北京卫视和卡酷卫视落地工作大踏步飞速发展的一年。覆盖面积之广，任务难度之大都是前所未有的。在市委宣传部、北京市广电局的大力支持下，经过有关人员的不懈努力，为北京卫视、卡酷卫视进军全国市场铺设了广阔的传播渠道。

2008年，北京卫视在36个省会城市、直辖市及计划单列市已完全覆盖，同时还针对广州、武汉、长沙、兰州4个城市省市两网共存的局面，进行了两网同传，以弥补这些城市覆盖的不足。

签约完成了245个地级城市的落地，24个地级城市自主落地。据统计，在全国333个地级以上城市（州）中，北京卫视已覆盖269个，约占总数的80%。

签约县级市（县）落地共计1334个，另有384个县级市（县）自主接收北京卫视。据统计，全国2867个县级接收前端，北京卫视已有1718个，占60%。

签约完成全国部分城市235家四、五星级酒店的覆盖。因国内大中型城市酒店有线电视接收方式独立于公共网之外，北京卫视在全国部分广告资源和旅游资源较为丰富的城市中，选择了235家的四、五星级酒店进行重点落地。

北京电视台卡酷动画频道已在天津、重庆、南京、杭州、青岛、厦门、东莞、珠海及内蒙古省网（包含12个地州市）等32个城市落地。

根据北京美兰德媒体传播策略咨询有限公司提供的调查数据显示，目前，北京卫视覆盖可接收人口为8.01亿；卡酷动画频道在全国同类专业频道中覆盖面积也处于领先地位。

新媒体发展概况

京视传媒

2008年，北京台新媒体发展取得了重大突破。目前，新媒体主要业务包括了手机电视、网络版权发行、网络电视、《BTV爱车》手机报、无线增值业务等。京视传媒新媒体部承担了北京电视台新媒体孵化器的功能，目前手机电视已经成功融资3500万元并正在完成合资运营公司的组建工作；在网络版权发行方面，截至2008年底，合同销售收入712.5万元；网络电视开始与投资商洽谈，致力于将北京宽频发展成为一个全国性的网络发行平台。无线增值业务开始向北京通信管理局申办sp资质，另外首次推出手机报；网络电视则在改版的基础上开始进行推广，准备启动网络广告计划。

一、手机电视

流媒体手机电视平台的建设。进入2008年以来，北京电视台手机电视多媒体服务平台建设取得了可喜的成绩。2月底，第一笔文化创意产业专项支持资金到位，京视传媒展开了一系列相关的工作，包括直播编码器招标、内容管理平台建设、手机流媒体机房建设等。为了规范使用专项资金，京视传媒成立了项目招标小组，对专项资金的使用实行严格的管理。5月，确定了北京电视台流媒体手机电视系统服务商，开始流媒体平台的搭建工作。7月，确定北京电视台流媒体手机电视直播编码器中标企业，并于1个月内完成了直播前的各项准备工作。

直播开通。7月30日，在北京日航新世纪酒店世纪厅召开主题为“融合视界，掌握精彩”的北京电视台手机电视开播发布会，宣布北京电视台流媒体手机电视正式开通上线，成为科技服务奥运的亮点之一。此前，与北京移动的合作早已开展，4月18日，新媒体部圆满完成手机电视直播北京卫视直播鸟巢的大型活动。9月26日，由北京移动主办BTV手机电视协办的“一起体验，一起分享”校园数据俱乐部梁静茹、张震岳、品冠歌友会在中国人民大学世纪厅举行，加大了BTV手机电视的市场推广力度。10月24日，北京电视台手机电视参与了亚洲方程式赛事活动的直播宣传工作。这种宣传推广活动不仅达到了宣传自己的目的，更赢得了合作伙伴的尊敬，实现了合作推广中的双赢。

服务奥运及业务测试。手机电视正式上线后，为了更好地服务奥运、宣传北京，2008年8月以来，京视传媒新媒体部对北京电视台手机电视内容进行了更具本地化的内容设置。

北京电视台手机电视公司流媒体手机电视移动平台和联通平台。其中移动平台的主要内容包括：直播4个频道——北京卫视频道、文艺频道、生活频道以及路况信息。其中路况信息播出北京市交管局提供的北京各交通要道24小时路况直播信息。轮播随身加油站，以娱乐资讯为主的一个频道，为用户提供随时随地的加油。点播3个特色专题栏目：奥运全记录、北京全攻略、天气预报（奥运气象站），该专题栏目为BTV手机电视最具特色的栏目，立足北京，全方位服务奥运的节目。

现阶段主要是进行业务测试，内容并没有收费。从移动平台得到的数据显示，北京电视台手机电视在奥运期间得到了广大用户的极大关注，共有大约4万名用户使用了北京电视台的手机电视了解奥运信息。

完成内容管理系统招标。9月，京视传媒开始内容管理系统建设，北京电视台流媒体手机电视对内容进行统一管理及运营。

手机电视合资公司。目前手机电视已经成功融资并正在成立合资子公司。年初，北京电视台与中信数字技术公司的合作就已展开，并最终确定由北京电视台以新媒体播映权出资，中信数字技术公司以现金出资，共同成立以北京电视台控股的流媒体手机电视运营公司，双方的合资合同已签署完成，同时，新公司名称预核准也在进行当中，新公司成立前的各项准备工作也都在有条不紊地进行。

此外，在北京市广电局统一安排下，北京电视台预计将与北广传媒、北京人民广播电台共同运营具有自有知识产权的广播式手机电视——CMMB。目前已由京视传媒提交了北京电视台在CMMB运营方面的具体方案。

二、网络版权销售

2008年以来，京视传媒新媒体部积极开拓，完成网络版权销售达700余万元，实现版权运营的跨越式突破，先后与新浪网、搜狐、网通等主流门户网站建立了版权合作关系，而TOM、新华网、激动宽频、PPLIVE、OPENV等也分别采购了北京台的部分内容；除了互联网，京视传媒新媒体部还首次将节目发行到CRI和麒麟电视，覆盖了海内外的IPTV市场。

除了销售北京台现有版权节目，京视传媒新媒体部积极开展版权集成，争取获得其他版权资源的代理销售权。在影视剧方面，已在积极争取拿到BTV电视剧中心和京视传媒参与投拍的电视剧网络独家发行权，为建立网络影视发行平台打下良好基础。

三、北京宽频

2008年以来，北京宽频在维持频道正常直播的基础上，强化点播内容，将适合网络收看的节目碎片化，重新包装编辑成短小精彩的内容，并加强网台互动，提供交流平台，进行信息反馈，收集话题情报，组织线上线下进行互动，深入加强网络节目方面的研究。

四、无线增值业务

2008年京视传媒新媒体部与北京移动合作，测试上线《BTV爱车》手机报。该手机报定位于爱车族，主要针对18~40岁这个年龄段。内容丰富，涵盖面广，明快简洁，更符合手机报用户的阅读习惯。通过突出娱乐性和服务性，争取获得用户和汽车厂商的认同。

北京电视台手机电视开通上线

京视传媒

2007年2月5日，北京电视台正式获得国家广电总局颁发的手机电视牌照，该牌照也是国家广电总局颁发的国内第六张手机电视牌照。进入2008年以来，京视传媒以完成北京电视台手机电视多媒体服务平台建设为主要工作重心的北京电视台新媒体运营取得了可喜的工作成绩。

2008年5月，确定了北京电视台流媒体手机电视系统服务商，开始流媒体平台的搭建工作。同年7月，确定北京电视台流媒体手机电视直播编码器中标企业，并于1个月内完成了直播前的各项准备工作。

2008年7月30日，在北京日航新世纪酒店世纪厅召开了主题为“融合视界，掌握精彩”的北京电视台手机电视开播发布会，发布会宣布北京电视台流媒体手机电视正式开通上线，成为科技服务奥运的亮点之一。此前，与北京移动的合作早已开展，2008年4月18日，新媒体部圆满完成手机电视直播北京卫视直播“鸟巢”的大型活动。

手机电视开通了直播、轮播与点播。直播：北京卫视、文艺频道、生活频道及路况信息；轮播：随身加油站，以娱乐资讯为主，为用户提供随时随地的加油；点播：奥运全记录、北京全攻略、天气预报（奥运气象站）3个特色专题栏目，该专题为北京电视台手机电视最具特色的栏目，立足北京，全方位服务奥运。

2008年9月26日，由北京移动主办、北京电视台手机电视协办的“一起体验，一起分享”校园数据俱乐部梁静茹、张震岳、品冠歌友会，在中国人民大学世纪厅举行。京视传媒新媒体部市场合作人员及内容制作人员参与并全程录制了活动，加大了北京电视台手机电视的市场推广力度。

2008年10月24日，北京电视台手机电视参与了亚洲方程式赛事活动的直播宣传工作，在比赛现场悬挂BTV手机电视的宣传条幅，并现场录制了亚洲方程式比赛。北京电视台手机电视的这种宣传推广活动不仅达到了宣传自己的目的，更赢得了合作伙伴的尊敬，实现了合作推广中的双赢。

手机电视会聚前沿科技，过滤海量信息，精选北京电视台自有版权节目重新整合打包上线，让精彩更亮，亮点更精，北京电视台手机电视是北京电视台又一个坚实的宣传阵地，是服务首都市民的又一个开放窗口。

五、组织机构

组织机构

中共北京电视台委员会

书　记：刘爱勤
副书记：张　晓　王　云
委　员：田　方　罗　影　刘纪钢
冯庆波

北京电视台台领导班子

台　长：刘爱勤
总编辑：张　晓
党委副书记：王　云
副台长：邵宣堂
总工程师：田　方
副总编辑：华　艺　张　强　朱　江
张　亮

中共北京电视台纪律检查委员会

书　记：王　云
副书记：丁　梅　琚木根
委　员：田　方　吉天旭　刘　平
张　健　李金茹　孙洪斌
胡亚利

北京电视台工会

主　席：李　珍
副主席：孟传妍
委　员：马世飞　王　奇　王　峥
王金生　王宝德　刘绍芬
伊国庆　陈志明　李　珍
李　湧　李志国　张　立
孟传妍　周　红　周久兰
经费审查委员会：温江南　齐学耕
周志豪

共青团北京电视台委员会

书　记：李　莉
副书记：彭　嘉
委　员：彭　楠　林　遴　王　岩

内设机构

党委办公室、办公室、总编室、监察审计办公室、工会、人事部、计财部、行政部、保卫部、总工办、播出部、制作部、转播传送部、技术设备管理部、信息网络管理部、动力部、基建办公室、卫视节目中心、新闻节目中心、海外节目中心、文艺节目中心、科教节目中心、影视剧中心、财经节目中心、体育节目中心、生活节目中心、青少年节目中心、公共频道节目中心、动画节目中心、广告部、经营管理部、研究发展部、网络信息编辑室、史志办、艺委会、老干部工作办公室。

在职中层干部（120 人）

卫视节目中心　主任：陈大立；副主任兼综合管理部主任：潘全心；综合管理部副主任：张　宾；副主任兼专题节目部主任：杨　东；副主任兼大型活动部主任：齐建彤

新闻节目中心 主任（兼）：张 亮；要闻采访部主任：宗燕红；要闻采访部副主任：徐京玲；新闻评论部副主任：袁子勇；刘 民；副主任兼新闻编辑部主任：艾冬云；新闻编辑部副主任：张冬林；社会新闻采访部主任：丁晓阳；社会新闻采访部副主任：张 丽；综合管理部副主任：白艳军

文艺节目中心 主任：张 帆；副主任：翟建国 李 兰 丛 薇

科教节目中心 副主任：徐 滔（主持工作） 李志国 李利影

财经节目中心 副主任：周 泳（主持工作） 岳 民 杨晓轩

体育节目中心 主任（兼）：朱 江；副主任：焦少波 邱大卫 宋健生 王少华 张 庆

生活节目中心 主任：倪大海；党支部书记：赵琴书 副主任：刘学军 任友红 刘文燕

青少年节目中心 主任：庞玉珍；副主任：周 星

公共频道节目中心 主任：赵福明；副主任：黄 瑨 郝 洪

动画节目中心 主任：帅 民；副主任：李 果 马 宏

海外节目中心 副主任：杜 研（主持工作） 高 扬 严 崴

影视剧中心 主任：赵 彤；副主任：曹力宁 孟宪华 郭跃进；主任助理：于金伟

总编室 主任：张 恒；副主任：史椰森 陈 晔 高 谔

网络信息编辑室 主任：戴巧玲；副主任：张 红

副总工程师 李 迅

总工程师办公室 主任：付治栋；副主任 刘宏亚

播出部 副主任：刘晓光（主持工作） 祝志超 周治宪 卢英锁

制作部 主任：郑 星；副主任：郎志平 鲁高潮

转播传送部 主任：王 喆；副主任：朱雨稼

技术设备管理部 主任：周旭辉；副主任：章泽群 赵志成

信息网络管理部 主任：余 江；副主任：毕 江

动力部 主任：王宝德；副主任：王晓龙 刘 颖

党委办公室 主任：刘纪钢；副主任：赵国旗 刘绍芬

纪委副书记 琚木根

监察审计办公室 主任：丁 梅；副主任：王 燕 周久兰

工会 主席：李 珍；副主席：孟传妍

办公室 主任：温江南；副主任：宋 莲 马世飞

人事部 副主任：毛仕卿（主持工作） 杨建忠

行政部 主任：王兴军；副主任：张金魁 刘 军 纪 勇；主任助理：李雅涛

计划财务部 主任：孙成刚；副主任：汪 红 齐学耕

保卫部 主任：黄剑华；副主任：赵修明 钟 强

广告部 主任：王 澎；副主任：买剑平 张晓耕

经营管理部 主任：孙洪斌；副主任：刘方平

基建办公室 主任：王开平；副主任：

程云泽 张宇青；主管工程师：朱晓宇

研究发展部 主任：蒋 虎；副主任：闫军才 马克燕

史志办 主任：冯 平

艺委会 主任：齐建新；副主任：刘 冰

京视传媒公司 总经理：霍 胜

老干部工作办公室 负责人：韩 梅

（截止日期：2009 年 3 月 18 日 党委办公室）

在职科级干部（385 人）

办公室

秘书科 科长：韩舞鸾；副科长：王 昕

公关外事科 科长：韩 梅；副科长：李 晗

通讯科 副科长：曹 勇（主持工作）李 宇 贾 岩

医务室 科长：陈小平

总编室

综合科 科长：姚聪敏；副科长：田爱民

信息资料科 科长：刘 锐；副科长：黄新荣

节目管理科 科长：何 蔚；副科长：黄 晋

规划编排科 科长：高 谝；副科长：杨文华

导播一科 科长：徐京英

导播二科 科长：周 红

磁带管理科 科长：黄桂芳；副科长：李 昕 任肖崴

宣传科 科长：罗丽红；副科长：丁 军

版权管理科 科长：李 诚

播音主持业务科 科长：王 华；副科长：连燕青

形象设计科 科长：焦晶淼；副科长：左 晶

电视先锋榜 制片人：陈 晔

卫视统筹科 副科长：张 婕

研究发展部

研发科 科长：任史兵

媒介信息调研科 科长：宁文茹；副科长：李 玲

战略发展研究科 科长：秦新春；副科长：马英男

人事部

人事调配科 科长：陈 冬

职称教育科 科长：唐乐平

工资福利科 科长：王京梅

计财部

综合核算科 科长：齐学耕；副科长：陈 方

节目核算一科 科长：李耀仙；副科长：冯 妍

节目核算二科 科长：赵跃东；副科长：李天莉

财务管理科 科长：高 微；副科长：石 慧

内部核算科 科长：赵景瑞；副科长：赵亚波

资产管理科 科长：李培云

节目预算管理科 科长：杨维玲

保卫部

内保一科 科长：戴晋军；副科长：张建宁

内保二科 科长：李 锐

消防科 科长：张 毅；副科长：王喜宗
技术防范科 副科长：毕小兵

行政部

综合科 科长：段 平
车管科 科长：闫 欣；副科长：曹京立 祁景田
房管科 科长：李金明；副科长：张红燕
修缮科 科长：郭建忠；副科长：朱 洪
膳食科 科长：王金生；副科长：姜 涛
总务科 科长：侯宏炜；副科长：马树军

基建办

财务综合科 科长：张贵芬
合同招投标科 科长：李有成
工程科 科长：李学红；副科长：张向华

总工办

技术发展规划科 科长：赵宏伟
综合科 科长：徐志军
器材科 科长：洪建军；副科长：叶晋卿
技术工程管理科 科长：李 湧

播出部

播出中心一科 科长：王志华；副科长：苏 力 肖春艳
播出中心二科 科长：刘 威；副科长：武 岳
播出中心三科 科长：梁建华；副科长：王 辉
播出中心四科 科长：董秀琴；副科长：张宏斌
播出中心五科 科长：安贵江；副科长：于先靖
节目技审科 科长：刘新同；副科长：褚 存
技术管理调度科 科长：王 峥；副科长：贾京蓉
节目传送科 科长：王 进；副科长：赵 悦
设备维修科 科长：金 强；副科长：程 宏
上载科 科长：张 皓；副科长：张 勃
图文科 副科长：于 莹
网络运营维护科 科长：李 皓；副科长：杨建英

制作部

综合管理科 科长：李 力
调度科 科长：韩 烜
技术科 科长：王 方；副科长：王建业
制作一科 科长：林 平；副科长：孙海峰 殷 亮
制作二科 科长：李文军；副科长：陆 军
制作三科 科长：何 旭；副科长：章 跃
特技制作科 科长：匡 葵；副科长：赵新生
综合制作科 科长：刘伟立；副科长：章文博
演播一科 科长：程 军；副科长：陈嘉超 王 浩
演播二科 科长：周东红；副科长：郭振渊
灯光一科 科长：李 建；副科长：王 江
灯光二科 科长：崔歌平；副科长：韩正雷
新闻演播科 科长：石伟文；副科长：冯耀华 周海峰
新闻制作科 副科长：梁 爽

录音科 科长：姚银壮

录制设备管理科 科长：余一华；副科长：石 巍

整备科 科长：杨春生；副科长：陈立强 陈志明

舞美制作科 科长：孙 游

动力部

技术科 副科长：左云彩（主持工作） 孙少英

电梯科 科长：方亦军；副科长：殷 鹏 黄晓峰

电气科 科长：陶维强；副科长：程 毅 杜 伟

空调科 科长：郭宝成；副科长：赵 阔 张 岩

动力科 科长：赵国圣；副科长：张 焱 苑宏伟

技术设备管理部

技术资源管理科 科长：王晓光

维修科 科长：王 克；副科长：翟小辉

监录科 科长：贾玉升

技术质量管理科 科长：徐冬丽；副科长：张保军

资产管理一科 副科长：李 玲（主持工作） 邹 庆

资产管理二科 副科长：王 嘉（主持工作） 刘顺平

技术科 副科长：金 雯（主持工作）

信息网络管理部

媒体资产管理科 科长：王立冬

网络技术科 科长：许之明

网络监控科 科长：徐 鸣

网络管理二科 科长：李 程；副科长：冯新春

转传部

管理科 科长：宋健强；副科长：魏建国

传输科 科长：韩士聪；副科长：谢苏文

转播一科 科长：叶志云；副科长：郝 纪

转播二科 科长：张 倞；副科长：康金平 谢 原

转播三科 科长：杨梓江；副科长：刘燕伟

音响科 科长：姜世杰；副科长：马 捷

落地办公室 科长：景 林

网络信息编辑室

网络编辑科 科长：侯国强；副科长：王 烨

经营科 科长：张宝生；副科长：孙 兵

新闻节目中心

新闻编辑部编辑科 副科长：胡 阳（主持工作）

新闻编辑部北京您早编辑科 科长：王 毅；副科长：赵 欣 宋 扬

新闻编辑部特别关注编辑科 科长：刘建辉；副科长：袁 朴

新闻编辑部北京新闻编辑科 科长：周永萍；副科长：陈 楠

新闻编辑部直播北京编辑科 科长：张文天 张晓鲁；副科长：柏广群

新闻编辑部新闻导播科 科长：张 俭

新闻编辑部新闻手语科 科长：赵学军

新闻编辑部特别报道组 科长：赵 波；副科长：林 力

新闻编辑部播音科 副科长：王 晔（主持工作）

要闻采访部时政新闻采访科 副科长：赵金春
要闻采访部城市建设新闻采访科 科长：徐京玲
要闻采访部经济新闻采访科 科长：白艳军；副科长：马国颖
社会新闻采访部城市管理新闻采访科 科长：李　斌；副科长：赵松建
社会新闻采访部文卫新闻采访科 科长：代　晓；副科长：楚　钊　邵　晶
综合管理部通联科 科长：李大功；副科长：刘晓隽
综合管理部宣传规划科 科长：齐海民；副科长：孙湘源
综合管理部内参科 科长：史月光
综合管理部信息管理科 科长：史　慎
综合管理部行政管理科 科长：董二兵；副科长：徐志贤
综合管理部制片科 副科长：姚大禹
新闻评论部专题节目科 副科长：张若南
新闻评论部搜城记 制片人：吴　群
新闻评论部真实档案 制片人：刘　民
新闻评论部500强在北京 制片人：秦　蕾

文艺节目中心

综合科 科长：裴晓林；副科长：张文华　王炳川
天天影视圈 副制片人：李长林　唐　荦
神州音话 制片人：庄小红
摄像科 科长：吴长林；副科长：姜　力
大型活动节目科 科长：孙洪信；副科长：王　晰
每日文娱播报 制片人：朱礼庆；副制片人：王　强
星夜故事秀 副制片人：段　嵘（主持工作）
百姓秀场 制片人：付德刚
国家大剧院 制片人：李　伟
影视风云录 副制片人：赵　楠（主持工作）
光荣绽放 制片人：田　歌
笑动2008 制片人：盛启立；副制片人：郭　悦
精彩乐翻天 副制片人：郑　黔
喜来坞 副制片人：孔　洁
五星夜话 副制片人：国培源

科教节目中心

综合科 科长：许世忠；副科长：李永国　毕　华
传奇（中国） 制片人：韩斗斗；副制片人：林　燕　伍　立
法治进行时 制片人：李利影；副制片人：王　勇
大家说法 副制片人：陶继忠
魅力科学 副制片人：蓝　霖（主持工作）　杨韵仟　高艺微
祝你健康 制片人：施卫平
教育节目科 科长：田雨果；副科长：郑长红
金色时光老年大学 制片人：郑　兵
特别节目科 科长：姚　远；副科长：王　锦
秘境观察 制片人：许　越
名师讲坛 副制片人：于　瀛
夫妻剧场 副制片人：穆　彤
名人之后 副制片人：张　鹏
现场说法 制片人：王壮壮；副制片人：董炬光
五洲探秘 副制片人：吴　江（主持工作）

北京热线 副制片人：王旭东（主持工作）

生活节目中心

综合科 科长：刘继东；副科长：王 昆
7日7频道 制片人：张 军；副制片人：黄殿琴
生活面对面 制片人：高 燕；副制片人：张 江
时尚装苑 制片人：钱丹丹
食全食美 制片人：倪小康；副制片人：韩 鹤
我爱我车 制片人：许 亮
真情互动 制片人：刘文燕
生活秀 副制片人：侯振威
大城小事 副制片人：宋虹君（主持工作）
心灵密码 副制片人：李 璐
生活+ 制片人：王 宏；副制片人：王蔚然

体育节目中心

赛事转播科 科长：李长平（制片人）；副科长（副制片人）：德莉巴尔 李 铮 潘 春
足篮球节目科 副科长：王 奇（副制片人）
专栏节目科 科长：曹晓磊（制片人）；副科长：魏光磊（副制片人）
健身节目科 副科长（副制片人）：孙 松 高海宁
专题节目科 科长：胡晓飞（制片人）
综合科 科长：赵 华；副科长：秦 爽
频道运营科（BOB项目） 科长：章 玫；副科长：司 虹
《通向2008》 副制片人：佟 立
祝福北京 副制片人：冯雪霞
争霸王中王 制片人：海 伦；副制片人：郭 明 朱 晔
身边 制片人：张宾；副制片人：霍 文
奥运编务科 副科长：李 彬
体育新闻科 科长（制片人）：郭 斐；副科长（副制片人）：张 洪 林 琛
足篮球节目科 科长：周 欣
我爱北京 制片人：宗 昊
奥林匹克人物访 制片人：周 方
奥运编务科 科长：寇建国
健身节目科 科长：胡宁扬（制片人）
天天体育节目科 副科长：田 丰
现在行动 副制片人：周 波

海外节目中心

综合科 科长：高国华；副科长：徐春梅
外送节目科 科长：姜 华；副科长：沈 澜
纪实天下 副制片人：吴 玮（主持工作） 李 孜 武 玲 吕 军
国际双行线 制片人：宋 民
环球冲浪 制片人：张 洁；副制片人：张 苏

公共频道节目中心

综合科 科长：伊国庆；副科长：王 浚
红绿灯 制片人：张 耀；副制片人：范红军
我的父亲母亲 制片人：颜 匀
四海漫游 制片人：凌 英；副制片人：卢晓南
这里是北京 制片人：李 欣
手机江湖 副制片人：马 莉（主持工作）
故事汇 副制片人：王子军（主持工作）

谢燕秋
京郊大地 制片人：朱晓梅

财经节目中心

综合科 科长：白　平；副科长：韩　梅
研发科 科长：杨晓轩
节目导视科 科长：刘　钊
首都经济报道 制片人：沈　军；副制片人：杨　健　杨衍颖
城市 制片人：李志兵；副制片人：李铁军　鲍　文
天下财经 制片人：孙　放；副制片人：刘　浩
天下理财 制片人：肖艳萍
经济法眼 制片人：李春玮
留学生 制片人：孙　旭；副制片人：韩　勇
北京议事厅 制片人：常　铮
财智人物 制片人：王春元
天下收藏 制片人：赵春华；副制片人：牛振青

青少年节目中心

综合科 科长：张　立；副科长：章向东
节目管理科 科长：刘　虎；副科长：张晓薇
新媒体科 科长：王　旗
第八区 副制片人：徐　薇（主持工作）瞿　恬
动感秀场 制片人：董　宁
SK状元榜 制片人：张　弘
八区主打星 副制片人：郭　巍（主持工作）
替身 制片人：刘　岩
八区故事 制片人：孙小喆
悦读会 制片人：李晓军
情感部落格 副制片人：吴　筠

影视剧中心

综合科 科长：贾晋平
节目科 科长：严　澍；副科长：陈　彤
审片科 科长：张立新；副科长：段　威
电影栏目管理科 科长：于晓红；副科长：刘越峰
编辑科 科长：鹿新新
宣传科 科长：郭　宏；副科长：杨凌一
（截止日期：2008年12月31日　人事部）

人员情况

全台在职员工总数 3342 人。其中：在编人员 1637 人，特殊派遣 142 人，一般派遣 1563 人。

政治面貌情况

政治面貌 / 人员	中共党员	共青团员	其他	合计
在编人员	946	67	624	1637
特殊派遣	57	63	22	142
一般派遣	162	600	801	1563

年龄情况

年龄 / 人员	≤30	31～40	41～50	51～60	≥61	合计
在编人员	73	762	550	252	0	1637
特殊派遣	118	19	5	0	0	142
一般派遣	901	485	132	45	0	1563

学历情况

学历 / 人员	博士	硕士	大本	大专	中专	高中	初中及以下	合计
在编人员	2	145	1204	239	12	18	17	1637
特殊派遣	0	31	107	4	0	0	0	142
一般派遣	0	14	848	477	29	130	65	1563

专业技术人员情况

技术职务级别 / 专业技术资格系列	初级（4）	初级（5）	副高级	未评聘	正高级	中级	（空白）	总计
播音	26	1	8			23		58
档案管理	1		1					2
工程	48	4	70		3	139		264
会计	21	1	7			12		41
经济	4		6			28		38
审计	1					2		3
统计	2		1			1		4
图书资料	4		1			2		7
卫生			1			3		4
新闻	193		145		20	385		743
艺术	33		30		1	72		136
政工	16		13			13		42
（空白）				75		1	218	294
总计	349	6	283	75	24	681	218	1636

（截止日期：2008 年 12 月 31 日　人事部）

六、频道·栏目

（一）频道设置

BTV 北京

BTV 北京卫视频道是以新闻节目为主，汇集全台精品节目的综合频道，全天 24 小时播出。频道在营销、节目研发、编排、主持人经纪以及大型社会公益活动举办、大型纪录片制作等方面，探索、创新，寻求突破，并以高尚的文化情趣为主基调，秉承大家风范，追求文化品位，依托首都地缘优势，整合资源，打造具有全国影响力的节目播出平台。

北京卫视频道精心打造集强档新闻、精品影视剧、文化专题栏目和大型公益活动于一体的收视平台。播出的主要栏目有：《北京新闻》、《北京您早》、《特别关注》、《新闻晚高峰》、《晚间新闻报道》、《真情》、《这里是北京》、《档案》、《五星夜话》、《天下收藏》、《志愿者真情耀中华》、《中华文明大讲堂》、《身边》、《国际双行线》、《环球冲浪》等。

BTV 文艺

BTV 文艺频道下设 14 档栏目，包括日播栏目 5 个、周播栏目 9 个，涵盖了明星访谈、影视专题、综艺互动、文娱资讯以及大型综艺晚会、歌会等不同风格、不同类型的节目，力求以深层次的综艺内容打造北京电视台的前沿看点，以新形态的文娱形式提升北京人的生活品质。

自 2007 年全面改版以来，文艺频道最大限度地发掘现有资源，开创新锐文艺娱乐形象。为从整体上理顺观众流，保证黄金时段和次黄金时段的持续高收视，在努力提升节目品质的同时加强对频道的科学编排，安排不同形态和内容的栏目有机结合，通过集团作战优势拉动频道整体收视率。其中，每天 21:25 播出的《每日黄金档》包含了 7 档风格迥异的栏目，满足了不同年龄段观众的欣赏口味，通过整体打包、强势力推，较短时间内在文艺频道脱颖而出。两年来，各栏目经过不断的研发进行调整和改版，加大了对于节目品牌的强化和推广，始终是稳定频道收视的主力军。

BTV 科教

打开科教频道，点亮智慧人生。BTV 科教频道集法治、科技、健康、人文栏目全新上“视”，“点亮”的创意贯穿始终。晚间八点黄金档，七天七档故事讲述《非常人生故事汇》；全新推出的《科学实验室》，用实验的方法讲述科学道理；以《法治进行时》为龙头的午间法治时段再次更新；同时名牌栏目《魅力科学》、《传奇》、《祝你健康》再添新意；晚间魅力剧场，更是异彩纷呈，好戏连连。2009 年科教频道将全力搭建传播知识、启迪人生的智慧平台：将广博的科技信息，先进的教育理念，全新的知识系统，深厚的文化底蕴精彩奉献。

BTV 影视

BTV 影视频道为北京电视台播放影视剧的专业频道，全天 24 小时不间断播出精彩电视剧，意在全力打造北京百姓的家庭电视剧频道。影视频道凭借着主打剧场的品牌成熟度和一流的精品电视剧，已经在北京地区赢得了良好的品牌美誉度和品牌忠诚度。

影视频道共有 12 档电视剧场，1 档影院，每周共播出电视剧 175 集（112 集首播 + 63 集重播）和 7 部电影。所有剧场和影院分布如下表所示：

BTV 影视 2008 年 1 ~ 10 月电视剧场一览表

剧场名称	日播集数	播出时间
重播休闲剧场	2	05：12 ~ 06：57
重播英雄剧场	2	07：00 ~ 08：54
重播黄金剧场	3	09：00 ~ 11：54
情景剧场（首播）	1	11：59 ~ 12：28
家和剧场	2	12：30 ~ 14：24
情景剧展播	1	14：29 ~ 14：58
休闲剧场（首播）	2	15：03 ~ 16：52
英雄剧场（首播）	2	16：55 ~ 18：45
情景剧场（首播）	1	18：53 ~ 19：22
黄金剧场（首播）	3	19：31 ~ 22：24
明星影院（首播）		22：30 ~ 00：10
重播家和剧场	2	00：12 ~ 01：51
午夜剧场	4	01：52 ~ 05：11

BTV 财经

BTV 财经频道是一个以传播财经知识、解析经济热点、服务观众理财为特点的专业频道。自成立以来，以“专业化、大众化、权威化”的频道定位，实施不断创新的频道发展战略。

历经多年的探索和实践，财经频道确立了以财经资讯栏目和证券节目为主体、以深度经济报道和理财服务性栏目为侧翼的节目框架。目前，财经频道已经拥有各类栏目 13 个。

50 分钟大型直播节目《首都经济报道》以新闻“脱口秀”的形式，从平民视角报道与百姓生活紧密相关的经济资讯，以实时的短信实现与观众的互动；

大型深度调查节目《城市》紧抓“财富”和“生命”两条主线，为观众提供丰富的财富故事和文化知识；

“挥帜天下，纵览财经”。《天下财经》以最快捷的方式、最权威的分析，为电视观众传递最新鲜的财经声音，是北京地区收视率最高、播出时长最长的证券节目；

《经济法眼》特别设置法制评论员，为观众提供更多新鲜出炉的法制资讯和精彩独家的法制点评；

《财经五连发》以全球化的视角、多元化的尺度以及大众化的角度向受众阐释和解读每天在身边周围发生的财经热点；

《午间五道茶》以诙谐幽默的风格和新鲜多元的话题，为观众提供一道轻松悠闲的午间茶，打造最具特色的京味评论脱口秀；

《天天理财》为观众轻松幽默地讲解理财常识，更要把观众生活中的疑问一一解答；

《北京议事厅》成为展示代表委员议案、提案、建议的平台，解读热点、难点话题、探究民情民意的窗口；

人物专访《财智人物》、访谈节目《超级访问》、《名人堂》、室内情景剧《数说北京》也为频道增色不少。

BTV 体育

北京电视台体育节目开办于 1987 年，2001 年 7 月 1 日与北京有线广播电视台合并后成立了体育频道。BTV 体育频道汇集赛事转播、体育新闻、专栏节目，包容竞技体育、健身运动等。2008 奥运之年，体育频道作为奥运报道的主力军，圆满完成“好运北京”测试赛报道，圆满完成奥运会、残奥会 6 个项目制作公用信号的任务并首次作为持权转播商报道残奥会实现了历史性突破。此外，以奥运赛事为龙头，体育频道还转播了澳网、温网、NBA、中超、亚冠、全英羽毛球公开赛、欧冠、欧锦赛、智运会等赛事，丰富了荧屏，满足了不同受众的需求。2008 年，体育频道播出的主要栏目有：《体坛资讯》、《经典回眸》、《篮球风云》、《足球世界波》、《体坛荟萃》、《京彩时刻》、《足球 100 分》、《天天体育》、《桌上运动》、《各就各位》、《较量》、《绿茵传真》、《英超进球集锦》、《快乐健身一箩筐》等。

BTV 生活

BTV 生活频道是一个以“植根生活、立足服务、贴近百姓、关注民生”为整体定位的生活服务类专业电视频道。自 1996 年 11 月 8 日正式开播以来，生活频道发展迅猛，十余年的时间，已经从当初一个名不见经传的有线频道逐渐成为北京收视市场的强势频道之一。

近两年来，频道管理不断创新，注重科学实效的组织运营体系的建立，整体竞争实力显著增强。2008 年频道节目平均收视率为 1.68%，频道占有率 4.21%（剔除抗震和奥运期间数据），经营创收 4.8 亿元，较 2007 年的 4.5 亿元增长 6.7%，保持了频道事业的持续发展，在全台各频道综合竞争力排名中居于前列！

2008 年，生活频道重新调整定位，向生活服务全面转型，致力于成为北京地区独家强势都市生活服务频道。在“生活，有滋有味！”的感性传递背后，生活频道更致力于通过节目及活动提供包括生活技巧、知识分享、事件援助、情感共鸣等多种行为方式的生活援助与指南，倡导“以人为本”，与首都观众分享真情，传递智慧，共享和谐生活。

2008 年，生活频道主打栏目基本集中于晚间黄金时段，周一～周五大体分为三个板块：

服务板块。18:20～21:00 时段包括《7 日 7 频道》、《生活面对面》、《食全食美》、《生活秀》、《大城小事》、《快乐生活一点通》6 档近 3 个小时，观众人群基本一致，相互之间和谐统 ，构成了生活频道的服务板块。

时尚板块。服务板块之后从 21:00 开始，包括《魅力前线》、《时尚装苑》和《我爱我车》3 档节目组成，这 3 档节目分别从流行文化、时尚装扮、汽车资讯等多个角度诠释生活时尚。

答疑解惑板块。此时段包括《生活广角》和《你该怎么办》两档节目，内容上，前者侧重普通家庭生活情感的调节，后者倾向处理日常生活危机和安全防范。

周末主打节目主要有《真情互动》和《心灵密码》。其中《真情互动》以主持人与真情人物之间沟通对话展现人物在逆境中坚韧的人格魅力，反映普通人物的不寻常命运的谈话节目；《心灵密码》关注普通人的心灵故事、帮助化解心理危机。

BTV 青少

BTV 青少频道于2002年1月1日正式开播，2007年2月1日全新改版，强力推出“第八区”品牌。经过几年的精心打造，已经成功地构建起一个青春、励志、时尚、亲切的青年电视社区。

青少频道全天播出20小时节目，共有栏目15个，拥有采、编、播、管理人员150人。

青少频道塑造了“服务青年、沟通世界”的核心理念，在关注青少年成长、立足教育、弘扬公益的同时，更融入大量时尚、娱乐资讯节目，以满足青年观众更高层次、更高品位、更大范围的收视需求。在整体节目品类上，形成了以《北京青年》、《第八区》、《帮帮忙》为代表的“服务节目群”；以《谁在说》、《情感部落格》、《八区主打星》、《替身》为代表的“沟通节目群”和以《探索》、《SK 状元榜》、《悦读会》为代表的“文化节目群”。在频道整体编排上，形成日播“五横”、周末“两纵”的播出格局。

青少频道还构架起全方位的传播平台，传统电视播出强势出击，互动力强大的第八区网站（www.tv8zone.com）吸附新锐人群，全国电视业独创的第八区俱乐部建立了观众互动的全新渠道。

青少频道通过北京市十大杰出青年评选、红孩子、北京青少年公益电影节等自办和合办大型主题活动，凸显频道影响力和品牌价值，打造在北京地区乃至全国具有影响力的“新青年电视”。

BTV 公共

2008年，BTV 公共频道继续以交通、旅游为频道定位。北京地区唯一的交通节目《红绿灯》，以每日3档的超大规模继续服务百姓出行，追踪交通事件；以《四海漫游》、《这里是北京》和《京郊大地》为主打的精品旅游类节目继续带领观众从京城云游到海外，品味不同地域的历史和文化。电视报告文学类讲述节目《故事汇》继续讲述古今中外、真实精彩的故事。周末还特别奉献真情孝亲类节目《我的父亲母亲》和手机业界权威专题节目《手机江湖》。

贴近百姓生活，充满时代气息，富有文化底蕴，是公共频道崇尚的品格；自然、亲切、平实、睿智是公共频道倡导的文风。明确定位，深入发现，打造品牌，创造精彩。公共频道宣传语：关注出行，畅通生活；怀抱自然，放眼天下；融会交通旅游中的大事小情；传递平凡生活里的真情实意；公共频道，您不可或缺的朋友。

卡酷动画

北京卡酷动画卫视于2004年9月在全国率先开播，落地覆盖长三角地区、珠三角地区、环渤海经济带、华中经济带等全国39个省区和大中城市，覆盖区域人口3.9亿。卡酷立足于北京，涵盖沿海，辐射全国，全天候24小时不间断播出，4～14岁核心受众收视份额在北京地区独占鳌头，成人收视份额在所有动画少儿频道中表现优异，全国35城市卫视频道占有份额排行位列前30名，全龄收视领跑全国动画少儿媒体。

北京卡酷动画卫视“内容为王”，拥有以曾伟京导演为代表的30多人动画原创队伍，海量库存动画节目20万分钟。编排《中国制造》、《酷片酷映》等八大动画片剧场；打造《十分开心》、《闪天下》、《漫话天下》等9档面向不同年龄观众的品牌栏目；策划制作《福娃奥运漫游记》、《快乐东西》、《秦时明月》等国产原创动画大片，赢得亚洲电视奖、电影华表奖、电视星光奖、电视金鹰奖以及北京文化大奖等众多奖项。

北京卡酷动画卫视积极进行公司化运营探索，于2006年10月组建北京卡酷动画卫星频道有限公司，2007年1月正式运营。以打造超强受众影响力的北京卡酷动画卫视播出平台为核心，向动漫产业上游动画制作和动漫产业下游动漫衍生品开发及销售延伸，中间辅以母子品牌群的打造，构建卡酷动漫全产业链。在产业化运营实践中，立足全国落地平台，向商标形象保护、衍生品开发、版权经营、玩具销售、卖场代理、动漫新媒体、儿童艺术培训、主题公园等动漫产业链外延纵深开拓。同时，成功实施品牌推广战略，构建以“卡酷”为母品牌，“卡酷全卡通”、“卡酷七色光”、“卡酷旗舰店”和以百集动画片《福娃奥运漫游记》为代表的国产动画原创品牌等子品牌共同打造的品牌阵化体系，通过品牌与市场积极互动，实现品牌价值和无形资产持续提升。

高清频道

2008年4月15日，国家广电总局批复同意北京电视台开办“奥运高清”频道。2008年5月1日“奥运高清”频道通过北京歌华有线网有线传输播出，试播3个月后，于2008年7月30日正式播出。该频道秉承“打造文化品牌，传播优秀文化”的频道宗旨，定位于北京地区中高收入、文化素质较高的人群，坚持正确的舆论导向，注重知识性、趣味性和公益性的兼顾统一，旨在为观众提供健康向上而又有品位的高清电视节目，打造都市人的文化视觉盛宴。

高清频道自开播以来，每天8：00～24：00播出16小时，其中18：00～24：00的6个小时为首播时间，播出内容涉及纪录片、专题片、电视剧、动画片、体育赛事等。传输模式分为两个途径，一是通过中央发射塔无限发射，覆盖全北京市；二是在歌华有线网中传输播出。

2008年，高清频道承担了第29届奥运会和第13届残奥会多项体育比赛近千小时的转播工作，同时还外购《故宫》、《同饮一江水》、《再说长江》3部高清专题片，展播百集动画片《福娃奥运漫游记》，购买高清电视剧播映权约300集，并且利用高清转播车录制了“中超”、“CBA”等近百小时体育赛事进行播出，丰富了北京市民的高清银屏。

长城平台国际频道

长城平台自2004年10月正式在海外播出以来，3年中陆续开播了长城（美国）平台、长城（亚洲）平台、长城（欧洲）平台、长城（加拿大）平台。2008年1月1日，长城（拉美）平台正式开播，2008年1月，长城（美国）平台又在美国麒麟网络电视开播。截止到2008年9月，中国电视长城平台全球付费用户已突破10万户。

2008年，国际频道节目编排工作始终把奥运的宣传工作放在最重要的位置。在原有的精品奥运栏目的基础上，按照北美、欧洲、亚洲等主要国家的收视习惯，在每天三段黄金时间安排播出了“奥运火炬接力百日大直播”和“你好，奥林匹克”两个大型奥运访谈节目，并同步直播了奥运圣火在北京的三天传递。根据美国麒麟电视网的统计，国际频道在奥运期间收视排名攀升至长城平台的第二位。

（二）优秀栏目

新闻节目中心优秀栏目

《北京新闻》

《北京新闻》是北京电视台最重要、也是北京地区收视率最高的一档新闻栏目，稳居全台日播栏目收视第一、卫视频道栏目收视第一和占有率第一。

《北京新闻》栏目秉承“权威发布政策资讯，悉心关怀百姓冷暖”的栏目宗旨，坚持正确的政治导向，坚持党的路线、方针不动摇，成为担当北京市改革开放、经济发展、社会进步的重要窗口；同时，致力于提高新闻质量和报道水平，创新报道方式，实现“导向正确、宣传有力、收视稳定”目标。

2008年，《北京新闻》不断创新编排思路，完善工作机制，全年顺利完成抗冰雪、抗震救灾、火炬传递、奥运会、残奥会、落实科学发展观、改革开放30年等一系列重大报道任务，导向正确，多次受到市领导和宣传部领导表扬。抗震救灾期间，《北京新闻》先后开辟了《众志成城　抗震救灾》、《抗震救灾英雄谱》、《爱心跨越千里》栏目；奥运会、残奥会火炬传递阶段，《北京新闻》先后推出《点燃激情　传递梦想》、《点燃激情　奉献关爱》专栏，播出新闻系列片100余集；奥运期间，《北京新闻》延至60分钟，动态编排，立体报道，推出了《乐在北京》、《当好东道主热情迎嘉宾》等专栏；残奥会期间，《北京新闻》着力体现金牌背后的自强精神与人文关怀，推出《超越·融合·共享》、《残奥1+1》等专栏；奥运结束后，《北京新闻》策划推出《奥运，瞬间的永恒》、《奥运回眸》、《奥运英雄谱》等回顾式系列报道，全景回顾了中国政府及人民为举办一届有特色、高水平奥运会所作出的巨大努力，获得了市委领导和广大观众的好评。围绕改革开放30年，北京新闻还策划播出了《经典中国辉煌30年》、《我的经历》等系列报道。

AC-尼尔森调查显示，2008年，《北京新闻》平均收视率10.30%，占有率31.36%，始终位居北京台所有节目收视第一名，在全国35城市省级卫视同类节目中位居第一名。

2008年，《北京新闻》首次摘得了中国新闻奖新闻编排类一等奖。在该栏目播出的《好运北京，演兵奥运：北京已经准备好了》获中国新闻奖三等奖；此外，该栏目播出的大量新闻还获得其他市级以上奖励。

《特别关注》

《特别关注》栏目宗旨是："特别时间、特别事件、特别视点、特别关注。"栏目特点是以特快的速度、特别的视角、特色的手段，诠释民生新闻，关注百姓生活。收视率位居北京电视台前列。

2008年，《特别关注》配合完成抗冰雪、汶川大地震、火炬传递、奥运会、残奥会、改革开放30年等一系列重大报道任务，导向正确，并采制播出了一批深受百姓喜爱的具有影响力的新闻报道，为百姓解决了不少实际困难，形成北京卫视午间时段收视最高值，列全国省级卫视午间时段节目收视排名第一，位居北京卫视收视前三名。

2008年，《特别关注》完成的重点报道有：

1. 抗击南方雨雪冰冻灾害。年初，《特别关注》发起了"春节不回家，留京过大年"活动，号召各个社区为家在南方、有家难回的兄弟姐妹们提供温暖舒适的生活环境，留在北京过年，同时呼吁社会各界踊跃捐助灾区。栏目主持人和编辑们带头捐款，起到了表率作用。

2. 汶川大地震报道。积极整合北京电视台前线记者、央视以及报纸、网络等各方资源，圆满完成抗震救灾报道。在完成本栏目播出的同时，栏目编辑还全体参与了我台《众志成城　抗震救灾》大型直播节目的创作。

3. 火炬传递、奥运会、残奥会报道。从年初开始，《特别关注》加大了对北京奥运会、残奥会筹备工作的报道力度，积极营造奥运氛围。

在奥运会残奥会期间，凡是上午发生的赛事在节目中都有体现，重点赛事随时切入现场直播信号，全景式覆盖奥运赛程；残奥报道则是以情动人，深入挖掘残疾人自强不息、挑战命运的感人故事和典型人物，受到了领导表扬和观众好评。

《特别关注》还充分发挥自身特长，将以往报道过的"心目影院"活动加入奥运内涵，继续让主持人帮助盲人朋友走进奥运场馆、讲述奥运赛事。许多志愿者积极参与到这场爱心行动中来，在全社会营造出帮助残疾人的氛围，取得了良好的社会效果。

4. 日常报道。在完成重点报道的同时，《特别关注》还尽力做好日常报道工作，推出了"小曹跑两会"、"心目影院助残"、"端午节探源"、"中秋行动：向中外同行贺中秋"等主持人深入参与的重点报道，既提高了栏目社会影响力，同时也塑造了主持人形象。

《北京您早》

《北京您早》于1991年7月开播，是国内开播最早的一档早间电视新闻节目。从2007年1月起，《北京您早》由60分钟扩容到90分钟，7:00～8:30播出。

栏目定位于"第一时间看北京、看中国、看世界"，在立足本地新闻的同时，增加了国内外重大新闻的比重，报道视野更加开阔，突出了节目的时效性和服务性。同时，主持人主持风格清新活泼，灵活利用大屏幕、题版、道具等手段，让主持变得生动、资讯变得轻松。

2008年，《北京您早》形成北京卫视早间时段收视的最高值，是全国同时段节目占有率最高的，在北京地区以及35个城市早间时段收视份额排名第一。在北京地区，《北京您早》的收视率超出同时段播出的CCTV-1《朝闻天下》、CCTV-2《第一时间》一倍以上。作为一档90分钟的早间节目，《北京您早》在该时段为全台收视率作出了巨大贡献。

《北京您早》信息量大，节目形态多样。在四川汶川大地震期间，《北京您早》开通了“爱心直通车”板块，搜集社会的爱心信息，征集物流公司，联系灾区政府和群众，在地震后的半个月内把征集上来的图书、衣物，通过物流公司运往四川，栏目主编和记者亲自前往，看望灾区群众并带回相关报道。

在奥运会和残奥会期间，《北京您早》开设了“赠人玫瑰，手有余香”观众参与活动，接受祝福的有著名的刀锋战士皮斯托瑞司、给盲人运动员领跑的陪练队员、牙买加残疾铁饼运动员、鸟巢护卫武警战士……活动取得良好效果，也表达了媒体和社会对盛会的赞美和支持。

岁末，《北京您早》推出了“2008，我们的声音”大型人物访谈节目，采访了陈维亚——奥运会开幕式副总导演、简光州——揭露三鹿奶粉事件第一人、戴骁军——揭露矿难封口费第一人、洪晃——2008年辞世名人章含之之女等10个有代表性的人物，通过他们的回忆，梳理了2008年中国走过的风风雨雨、苦难和荣耀。

《直播北京》

《直播北京》是北京电视台一档晚间综合新闻节目，2007年，每天21:30～22:00在北京卫视播出，2008年，调整为每天22:30～23:00在北京卫视播出。

《直播北京》秉持重大、时效、深度、人文的新闻报道理念，以北京发生的新闻为主体报道内容，同时兼顾全国重大、热点新闻事件，并将国际新闻作为常态报道内容，以最具时效和体现深度的方式传达新闻信息。栏目创建伊始，即引进了SNG直播系统，对当晚发生的新闻事件在新闻中进行现场直播；同时，栏目加入了由各省市台共同组成的SNG全国协作体，实现了相关新闻信息的资源共享和新闻报道的有机协作。

2008年，《直播北京》坚持正确导向，服务大局，以开阔的视野对各种重大事件作出快速反应，在抗击冰雪霜冻灾害、抗震救灾、奥运火炬传递、奥运会、残奥会、“神七”飞天、世界金融风暴等报道中，开辟和利用各种资源，强化新闻的全面性和权威性，在节目播出时间和节目长度因故不断调整的情况下，全年收视率仍然达到较高水平。

2008年，《直播北京》完成的重点报道有：

1. 抗击冰雪霜冻灾害报道。南方发生冰雪霜冻灾害伊始，《直播北京》便立即与重庆、湖北、江苏、安徽、上海等省市电视台合作，进行视频连线报道，全面直观地反映灾情，这种多方位的现场报道方式甚至比央视都先行一步。这种“来自现场、全面反映”的报道方式，贯穿于抗击冰雪霜冻灾害的始终。

2. 抗震救灾报道。5月12日汶川大地震发生后，《直播北京》立即与国家地震局等相关单位取得联系，组织、整合来自各方面的信息，全面报道已知灾情。随后栏目组全面投入抗震救灾报道，充分利用全国SNG协作体等资源，及时报道不断显露的灾情和抗震救灾情况。

3. 火炬传递、奥运会、残奥会报道。从年初到奥运会、残奥会闭幕，《直播北京》与团市委合作，携手奥运志愿心乐团走进各区县、奥运场馆等场所，以鲜活生动的方式宣传奥运志愿服务，营造奥运氛围；同时，《直播北京》与奥运合作伙伴企业合作，挂标播出170余期“与奥运同行”新闻板块，既报道了与奥运相关联的新闻活动，又创造了一定的经济效益。

在奥运火炬境内外传递期间，《直播北京》选择亮点，以点带面，进行持续报道，火炬登顶珠峰等过程中，都以即时报道，反映动态，展示进程。

奥运会期间，栏目与各部门合作，承担90分钟《奥运新闻报道》任务，开辟了演播室访谈、奥林匹克随想、欢乐奥林匹克等板块，以切入比赛现场信号、新闻特写、赛事速报等多种表现形态，有情感、有思考、有深度地全面报道奥运。

配合残奥会，《直播北京》在对相关活动、赛事进行报道的同时，开辟了《爱无障碍》板块，通过北京的盲道这一特殊的切入点，反映社会对残疾人的关爱，收到了良好的社会效果。

4. 世界金融危机报道。《直播北京》对世界金融危机进行了持续关注，对美国、欧洲等地危机爆发的进程和救市动态不间断地进行报道、分析、解读和预测；对我国采取的各种措施，作出快速反应，采取专家采访、专家连线等多种形式，进行深度评析，及时传达了相关信息，表达了观点。

此外，《直播北京》还加强了对“神七”飞天等其他重大事件报道和日常报道的组织策划，全面整合首都、国内、国际新闻，追踪分析新闻热点，关注并引领大众公共话题，充分体现“梳理新闻、分析背景、提供观点”三大功能，全年亮点不断。

文艺节目中心优秀栏目

《每日文娱播报》

作为北京电视台自办的一档大型日播资讯类栏目，《每日文娱播报》坚持“文化彰显品位，娱乐创造价值”的理念，一直强调独家内容、独特视角、独到观点，在忠实记录文化娱乐事件现场的同时，力求从更深的层次进行分析，解读娱乐真相，发出不一样的声音，在文化娱乐界形成了强大的话语权和影响力。

在激烈的媒体竞争中，《每日文娱播报》做到了“人无我有，人有我新，人有我特”，先后提出过“仅有娱乐是不够的”、“娱乐因我们而精彩”等口号，摒弃低俗报道，抵制虚假新闻，始终坚持客观、真实、及时的新闻观，坚持为观众奉献娱乐，为广告主创造价值的理念。6年来，在北京地区能收看到的同类型文化娱乐资讯节目当中，本栏目的收视率一直名列前茅。

《天天影视圈》

《天天影视圈》作为一档日播的影视专题类节目，确定了“对影视圈深度报道”的节目方向。在节目内容的设置上包括《深度对话》、《片场实录》和《天天酷评》等。主打对热点影视事件和影视剧的深度点评、片场探班和对热点影视人物的专访。

《深度对话》2008年打造了“老旦真性情”、“青春对话青春”、“海上花”等系列人物专题报道，取得了较好的收视。《片场实录》，寻求独家的大戏追踪报道，栏目推出的第一季《东北大先生》、《闯关东（续集）》颇受关注。《天天酷评》由原来的《每周酷评》发展而来，这一板块的设置使得《天天影视圈》作为一档专题类栏目在日播的情况下增加了节目的信息量，加强了栏目的评论性。独特的视角引导观众以全新的眼光看待影视圈的热点人物和热点事件。

《星夜故事秀》

“看星夜改变心情，好心情改变生活”。北京知名的娱乐节目品牌《星夜故事秀》，是北京电视台文艺节目中心全力打造的一档代表欢乐与智慧的原创综艺脱口秀节目，并成为深受北京观众喜爱的“好心情电视”。新版《星夜故事秀》依托首都独特文化资源，以吸引年轻观众为首要目标，将一个个传递快乐、演绎精彩的故事，通过多媒体形式展现，既有演播室中的生动讲述，也有外景拍摄的鲜活画面，小故事，大智慧，为人们缓解生活的压力和一周紧张的心情。奇闻、趣事、生活智慧，是带来笑声的故事源泉；文化名人、民间奇人、行业精英、明星与主持人过招，是《星夜故事秀》呈现的别样精彩。

最快乐的周六，就在星夜故事秀！

《星夜故事秀》，秀出快乐新北京！

《神州音话》

《神州音话》是北京电视台文艺频道周五晚间的黄金档访谈栏目，整体上既注重内容的深度，又集纳平民的视角，以主持人丛薇亲切动人的品格把大明星平民化，小人物“明星化”，目前在北京地区具有较高的观众知名度和社会美誉度。坚持以名人影响力为核心，讲述小明星的“精彩故事”和大明星的“普通人生”，是《神州音话》的主要特点。各色嘉宾和主持人丛薇一同打开非比寻常的人生百态，每周五21:25惊喜来客奇趣出场，令您笑破肚皮，让您欷歔感怀。《神州音话》讲述的就是你我的真情故事。

《光荣绽放》

世界上，最难戒的，不是权利，也不是爱情，而是故事。

人，生来就是故事的动物——看故事，讲故事，听故事，没有人可以抗拒故事的魅力，尤其是笼罩着光环的明星故事。

在众多的访谈节目中，明星们“讲”自己的故事，观众们倾听他们的故事。然而，《光荣绽放》是让明星们现场“演”自己的故事，同时让主持人展示明星们的作品，观众不但“听”故事，更是“看”故事。我们相信——百闻不如一见。

《光荣绽放》，是国内首个以明星现场演绎为主、直观讲述人物命运的栏目。在这个栏目中，有热闹，有神秘，有缠绵，也有冷酷。现场演绎、经典回放、简练的阐述，可以近距离地观赏，可以温馨地怀旧，也可以深深地被震撼，更可以在惊叹中发现一个人物的生活秘密与性格轨迹。《光荣绽放》是创意的绽放、才华的绽放，真情的绽放，更是在命运的磨砺中人性光芒的绽放。

《百姓秀场》

《百姓秀场》是一档融合人生经历精彩讲述、秀场文娱表演、秀场才艺展示、秀场绝活绝技、秀场互动等为一体的综艺节目。

创办近3年来，该节目以提供新鲜信息、新鲜事物，充分满足观众求新求变的精神生活需求，获得社会效益和收视成绩双丰收。在2008年5月汶川大地震期间推出的“励志系列节目”更给观众带来鼓舞震撼的力量。以后，栏目逐渐形成“让励志照亮人生”的鲜明主题，使它在众多的综艺娱乐节目中独树一帜，确立了自己的特色和风格。

生活包含着酸甜苦辣。《百姓秀场》挖掘生活中积极乐观、身怀绝技的人群，把他们的经历、技艺呈现给观众，向观众展示他们阳光、向上、勇于面对挫折的坚强精神，激励更多的普通人追求美好生活，增强普通人面对人生挑战的勇气。生活需要娱乐，更需要励志的娱乐。

《影视风云路》

《影视风云路》是一档定位于热点影视剧和经典影视作品的深度访谈栏目，邀请剧组主演及主创人员会聚一堂，讲述影视盛宴背后的风云故事，揭秘影视作品创作过程中鲜为人知的艰辛和趣闻。同时结合介绍作品背景、片场花絮等外拍专题片和作品片段，立体、丰富地挖掘每一部精品带给人们的精神财富。通过对主创人员的访问和出人意料的情节设置，展现影视剧魅力，总结创作规律，还原明星真实风采，探索生活真谛，以影视剧为载体演绎人生道理。

科教节目中心优秀栏目

《法治进行时》

《法治进行时》是北京电视台一档专业法制栏目。该栏目开播于1999年，9年来，该栏目一直以普法为宗旨，以独家现场报道为表现形式，一直坚持正面报道、民生报道、现场报道，获得了来自社会各群体的信任和认可。2008年该栏目获得中国新闻奖名专栏一等奖，栏目主持人徐滔获得金话筒一等奖。

一、坚持正面报道、促进社会和谐。《法治进行时》栏目在报道刑事案件时，不猎奇、不血腥，坚持正面报道，惩恶扬善。对于矛盾和纠纷的报道，不挑刺加醋，坚持客观报道，促进矛盾和纠纷的解决。例如：记者根据热线开始探访社会上名目繁多的调查公司，这些公司名为替企业和个人收集信息，实为一些涉黑涉恶的讨债公司。记者在调查过程中屡屡受到围攻和恐吓，记者证也被恶意损毁，但是记者依然凭借客观真实的报道将调查公司的种种弊端大白于天下。节目播出后北京市公安局调去了所有的素材，在全市范围内开展打击违法调查公司，稳定社会秩序。

二、坚持民生报道、拓展品牌影响力。用百姓的视角，百姓的语言说百姓关心的事。在报道民生新闻的同时，栏目推出了法治进行时免费法律热线和徐滔法律服务网，给百姓提供更切实的法律服务。截至目前，免费法律热线接听电话47万余次，面对面地接受法律咨询1.6万余人次，总计提供免费法律服务48.6万余次。徐滔法律服务网的点击率达3300万余次，成为公益网站里点击率最高、回复最快的网站。2008年，《法治进行时》与华育助学基金会合作成立了华育《法治进行时》关爱基金，募集基金100万元，用于帮助那些栏目中曾经报道过的弱势群体。

三、坚持现场报道、赢得两座“口碑”。《法治进行时》的主持人徐滔，作为一名法制记者，具有较强的现场把控能力和人格魅力。2008年7月，在位于海淀区的沃尔玛超市内，一名男子持刀劫持了一位4岁的小女孩，并要求见记者。徐滔是第一个赶到现场的记者，从现场录像中可以看到，劫匪一手拿刀不停地挥舞，一手搂着人质，情绪极其激动，而徐滔与这名劫匪仅一步之遥。在徐滔的劝慰下，劫匪最终放下了凶器，小女孩被成功解救。此时距离奥运会的开幕还有不到1个月的时间，多家境外媒体都聚集在现场，当天包括中央电视台、上海卫视、凤凰卫视、日本NHK、美国CNN等国内、国外电视媒体纷纷对此事件进行了报道转播。

《大家说法》

《大家说法》栏目于2008年1月1日推出，是从《法治进行时》衍生出来的一个新闻专题栏目，旨在对法治事件进行深度剖析和提出警示参考意见。

在制作《大家说法》节目时，记者用纪实手法跟踪当事人亲历法治事件的全过程，把观众带进当事人最生活化的状态当中。而演播室嘉宾，不再是旁观者或评论家，他们是以专家的身份参与到这个事件当中，用他们的专业知识对事件亲历者的行为提出可行性建议，让观众看到更多选择，触类旁通。如2008年11月，栏目推出了3集北京市公安局彻查非法讨债公司的特别节目，解析非法讨债公司的形成历史背景及其现实危害，让观众看清了这些非法讨债公司看似帮忙、实则巧取豪夺的本质。

《现场说法》

《现场说法》栏目突破了北京电视台原有的法制类节目表现手法，取材于真实案例，经过艺术加工，用短剧加律师点评的方式，每天讲述一个法律故事，解析事件中的法律点，深刻地诠释法律，从全新的角度让法律直入人心。《现场说法》的宣传语是“百姓身边事，牵动众人心”。节目贴近生活，突出服务性，产生了广泛的社会影响。

2008年，《现场说法》获全国栏目剧优秀节目三等奖。

《非常接触》

《非常接触》是2004年开播的一档现场访谈的读书类栏目，栏目的定位是通过讲述读书人人生的励志故事，在别人的书中找到自己的答案，以书为载体，内容通俗健康，格调高雅，故事开掘深刻，具有文化品位，注重展现嘉宾最优秀的精神品质。

《非常接触》摒弃了传统的读书类节目形式，以给嘉宾在现场策划一本书为形式，以书中的元素结构故事内容，分为书名、简介、序、目录、附录等环节，故事内容有详有略，板块清晰、节奏明快、时尚、轻松。《非常接触》创办5年来，以高雅的品位、健康向上的文化内涵深入人心，受到专家和观众的好评。

《夫妻剧场》

《夫妻剧场》栏目开播于2000年4月23日，经过不懈的努力，逐步成为科教频道的知名栏目，在社会认知度、广告收入、收视率等方面都体现出品牌栏目的作用。

首先，《夫妻剧场》播出的节目已发行到上海、天津、成都等43个省、市、地区电视台，建立了相当广泛的收视忠诚度与美誉度。

其次，北美频道、欧洲频道是北京电视台对外播出的窗口，在全台选择栏目播出。《夫妻剧场》从被选中一直播出至今，栏目组也直接接到过来自美国、加拿大等国家的观众电话，可见该栏目在海外华人当中也有一定的影响。

最后，从收视情况看，据尼尔森收视调查显示，观众对《夫妻剧场》具有较强的忠诚度。栏目组也经常接到观众电话，询问重播时间。该栏目具有较大的固定观众群。

影视剧中心优秀栏目

《黄金剧场》

《黄金剧场》播出时间是19:31～22:24，每天播出3集。

BTV影视频道晚间《黄金剧场》经过近两年的培养和成长已经逐渐成长为北京本地频道中最具价值的电视剧播放平台，2008年北京地区含央视、省级卫视所有频道在内的电视剧年度收视排名中，前30部中有26部来自影视频道《黄金剧场》。强大的收视份额和影响力使得《黄金剧场》展现出“白金价值”：独具慧眼、严格把关，将优秀剧目一网打尽，让首都百姓“好剧抢鲜看”。《黄金剧场》遴选好剧秉承大众口味、雅俗共赏的原则，有苦情励志类的《笑着活下去》；有反映家庭伦理亲情爱情的《爱无悔》、《甜蜜蜜》；有立足小人物奋斗追求幸福生活的《春草》，还有情节跌宕起伏争斗类的《上海王》、《天下兄弟》……题材的丰富多彩、年代的跨越纵横，令首都百姓养成了逐渐锁定《黄金剧场》的收视习惯。

《英雄剧场》

《英雄剧场》播出时间是16:55～18:45，每天播出2集。

涉案剧退出黄金时段，却成就了BTV影视频道《英雄剧场》的“英雄大会”。公安涉案剧、谍战剧、悬疑剧、警匪剧，紧张跳动的情节，虚无缥缈的线索，既有正义化身英雄形象的讴歌，也有对犯罪、丑陋形象的鞭挞。《一针见血》、《跨国阴谋》等剧都在非黄金档创造了收视奇迹。

财经节目中心优秀栏目

《首都经济报道》

大型直播节目《首都经济报道》以“关注百姓身边的新闻　透视新闻背后的经济”为宗旨，是北京电视台目前唯一一档直播经济资讯栏目。节目采用主持人“脱口秀”的形式，以真实、准确、客观、公正的立场，从百姓的视角来报道首都市民经济生活的方方面面，为广大电视观众提供内容实用鲜活、形式丰富多彩、节奏明快简洁的经济资讯，获得了观众的认可和好评。

《城市》

《城市》栏目以“浓缩城市文化，挖掘财富价值”为宗旨，寻找并记录最能反映时代特征的财富现象和财富故事。节目区别于《天下财经》的时效性服务及《天天理财》对家庭财产的微观调控，讲述财富的流向、分配、裂变以及足迹。

《城市》栏目突出微观财经的人文风格，进一步强化电视表现力和表达力，突出主体主持人符号，加强观众的忠诚度。在“分析、调查、评论”选题的基础上，加上故事化的手段进行新的尝试，增加讲述的主动性和参与性。节目内容：强化微观故事本体，让故事本身更精彩。节目表现形式：挖掘演播室元素，实现多种元素叠加，实现形态上的创新。

《天下财经》

“挥帜天下，纵览财经”是《天下财经》栏目的宗旨。作为北京地区唯一一档以资本市场为关注主体，集财经资讯与投资服务相结合的节目，《天下财经》以最快的节奏和最权威的分析，为观众提供及时的国内外重要财经资讯，为投资者提供快捷的信息服务，充分反映资本市场和世界经济的发展状况，适应百姓投资需求，实现财经资讯和“民生”财经的有机结合。

《天下财经》以体现首都风范为己任，同时充分利用首都地缘优势和人脉资源，全面关注、提示和报道国家财经政策、产经消息、行业和企业状况、国际财经事件、包括股市、期市、汇市等在内金融资本市场的最新事件、最新变化、运行情况、基本数据和对可能产生的影响进行分析。在为投资者提供准确资讯的同时，还在“公开、公正、公平”的基础上，最大限度地发挥媒体的监督功能。为投资者服务，为中国证券市场健康、有序的发展服务。

《经济法眼》

任何社会现象都有经济背景，所有经济背景都有法理可循。《经济法眼》是由北京电视台财经节目中心与北京市高级人民法院通力合作，共同打造的一档以经济、生活、商务等典型、离奇案例分析解读为主的经济类节目。

《经济法眼》不同于一般意义上的法制节目，它是以经济案件为由头为百姓举案说法，所举案例全部来源于百姓经济生活，通过剖析一个个生动具体的案例，增强百姓法律知识，让百姓在日常经济生活中知法、守法、用法。说故事、设悬念。每期一个经济案例，通过模拟法庭将法理戏剧化，改变经济类法制节目情节单一，法理晦涩难懂的局面。

《天天理财》

《天天理财》栏目的宗旨是：“打造时尚新财经　传递快乐财富观。”栏目传达给观众的不仅是理财的信息和技巧，更是当前的经济发展下最新的财富观，帮助观众们树立一种正确的人生观和生活态度，让钱带给观众生活保障的同时，也能给观众带来生活的快乐。

北京是中国的文化、政治、经济中心。作为一档北京电视媒体界的专业理财节目，节目充分发挥首都优势。第一时间解读政府权威声音，整合各大高校以及国内外金融理财机构的专家资源，传播国际最新的理财观念和方法。节目特色：立足地域性、前沿性，突出专业权威性，增强服务性，加大实用性，提高可视性，逐渐互动性。

体育节目中心优秀栏目

《天天体育》

《天天体育》栏目创办于1999年，改版于2006年。每天21:25播出，节目时长50分钟。该栏目是体育节目中心着力推出的一档综合性、日播体育新闻栏目。在2008年《北京电视台电视品牌影响力调查》中，《天天体育》在全台的排名第7位，是全台“1+1”工程中体育频道的重点栏目。

世界体坛每天都有各种赛事和新闻。《天天体育》正是当日各类体坛资讯的集大成者。从2007年起，节目时间从每天21:25开始，时长60分钟，涵盖了更多体坛赛事，保证每日向观众提供海量的体育信息。

作为全天最后一档体育新闻，《天天体育》由简单的播报赛事向深度点评发展，将英超、意甲、NBA、F-1等国际上最重要的体育赛事台前幕后的故事，引人入胜的典故，向观众娓娓道来，让观众不但看热闹，更能看门道。

除了国际化视野，《天天体育》还具有鲜明的北京特色。无论从播报内容还是语言风格上，都迅速地拉近了与观众的距离。而对北京国安、北京首钢等子弟兵队伍的贴身报道使得《天天体育》成为京城球迷每晚不能错过的精彩时刻。

北京人不但热爱体育，更热衷于表达自己的观点。《天天体育》专门设立了短信互动平台，通过滚动播出观众编发的短信，改单项传播的“我播你听”，为双向交流的“我播你评”。让观众在发表自己独到见解的同时，也体会到了参与节目的乐趣。从2007年起至今，短信平台共收到观众短信30万多条，其中一部分甚至是在节目重播时收到的。应广大观众的要求，《天天体育》还组织了多次与观众的联谊，极大地拉近了栏目与观众之间的距离。

《足球世界波》

《足球世界波》创办于2004年，改版于2007年，每天18:25播出，节目时长30分钟。该栏目是每天3档体育新闻中专门报道足球的一档新闻。它综合了全天的足球赛况和经典赛事，主打北京球迷最为关心的国安队贴身报道，中超赛况和很多国内足球动态也都是报道的主要内容。从2006年起，每年的收视率以30%的速度提升。经过5年，已经成为京城球迷耳熟能详的电视品牌之一。在2007年《北京电视台电视节目品牌影响力调查》中，《足球世界波》名列第19位。

《足球100分》

《足球100分》创立于2005年1月。经过4年多的时间，现在已经成为BTV体育频道的一个品牌栏目。每周一晚19:35到21:20现场直播。在当时，BTV体育频道拥有英超、意甲、西甲和欧洲冠军联赛等欧洲最顶级的足球赛事资源，而《足球100分》也是在这样的背景之下得以创立，因此在《足球100分》创立的一段时间里，最初的节目定位为浓缩欧洲足球精华。节目的主要受众为喜爱国际足球的观众群。

从2007年开始，由于报道权等各方面原因，欧洲足球资源逐渐匮乏。《足球100分》也很快根据客观形势和观众群的变化调整了战略，把更多的精力集中在国内足坛方面。收视率不但没有下滑，反而得到了幅度较大的提升。又为BTV体育频道争取了一大批观众。

从开播到现在的3年多时间里，《足球100分》从无到有，从小到大，一步步发展起来。从创业阶段，这个节目就没有把自己简单定义为一档集锦类的大杂烩，而是狠抓节目质量，从策划选题，前期拍摄采访，到后期制作合成，都凝聚着节目组每一位编辑记者的心血。特别是遇到重大选题的时候，《足球100分》节目更是下大力气，倾尽全部力量，给观众奉献出最好的作品。无论从电视专业角度还是从普通百姓的观赏性角度，都具备值得称道的地方。

2008年，《足球100分》仍然立足于中超联赛，坚持一直固有的深度化、精品化原则，不断为广大观众奉献精彩的节目。

《绿茵传真》

《绿茵传真》栏目是BTV体育频道一个深受球迷和观众喜爱的老牌节目。从创立开始，到现在已经超过了10年的历史。

作为报道北京国安队球队动态和赛事的一档节目，最早的节目定名为《国安绿茵传真》。

2005年起，体育节目中心为了更好地结合中超联赛转播而全面改版了这档节目，从原来的录像播出改为直播节目，定位为中超赛事转播的前包装节目。时长为60分钟。从每一次北京国安队参加的中超联赛比赛前1小时开始。每期节目当中有退役的国安队员和足球专业记者做客演播室评论，同时还为广大电视机前的球迷观众提供了最新的第一手的球队动态、观赛指南。具体内容包括北京国安队的备战工作，球队内最近发生的球迷们感兴趣的事件，对手方面的备战情况，以及上轮及本轮整个中超联赛的其他比赛报道。同时，该节目还开动脑筋，设置了一些“国安小贴士”、“国安小问答”等板块，增加节目的娱乐性和与球队球迷之间的互动性。在每个主场比赛前15～20分钟，都与比赛现场转播车紧密合作，为广大观众带来最新的球队动态报道，而在每个客场，也都尽全力争取做到和前方特派记者的视频连线对播。

2008年，《绿茵传真》在坚持之前几年的成功经验的同时，不断把节目做得更贴近观众。根据AC尼尔森的收视率统计，2008年《绿茵传真》节目的收视率达到了1.21，而按照索福瑞的收视率统计，收视率更是高达2.09。

生活节目中心优秀栏目

《第7日》

《第7日》从开播至今10年的时间里，节目的内容已经有了很大的变化，开播之初节目内容侧重于揭黑打黑，显得锋芒毕露，而现在的《第7日》已经不再是声色俱厉的指责，而是春风化雨般的引导。尽管选题内容有所变化，但选题的出发点始终保持用平民的眼睛看待社会。

所谓平民视角并不是简单地关注弱势群体，它是指一个人摆脱了职业定位以后分析看待问题的方式，不管你的社会角色如何，当你脱去制服作为一个普通观众坐在电视机前的时候，大家的思维方式往往是互通的。而当记者保持这样一种思维方式去采访的时候，往往能够发现真正打动人心的细节。

正是坚守着这样一种思维方式，不断调整后的《第7日》更加强调服务功能，以对一周新闻大事件的深度报道和以主持人亲民式的体验为主体，辅以相关的生活资讯，在周末为百姓奉上一道实实在在的生活信息大餐。

《第7日》一向注重以小见大，说事明理。观众能够通过一个个凡人小事感受到大的时代背景。因为善于从小处着手，注意描述细节，因此看《第7日》会让观众像听故事一样过瘾，可以说，这个栏目在实践中探索出了一条新闻故事化的报道方式。善于发现和挖掘新闻事件的细节和戏剧化冲突，突出新闻当事人的性格在事件进程中的作用，同时借鉴其他艺术门类的表现形式，使节目更加生动。对于非虚构类的电视节目，故事化是吸引观众的重要手段，《第7日》的实践证明，对新闻事件的报道完全可以像讲故事一样娓娓道来。

《7日7频道》

《7日7频道》于2002年1月1日开播，是BTV生活频道的品牌栏目。几年来，伴随着电视市场的变化以及观众口味的调整，《7日7频道》栏目也在不断挖掘创新。2007年以来，栏目开始寻找新的收视增长点，并不断调整思路，经过一段时间的探索，最终确立以帮助百姓解决生活中各种实际困难为栏目基本定位。这一定位，既秉承了栏目开播以来一直坚守贴近百姓、贴近生活的宗旨，又能适时地满足观众生活中的切实之需。同时在创作形式上，延续栏目故有的故事化包装，在给观众以实际帮助的同时，又能满足受众的欣赏需求。栏目凭借媒体自身的优势，充分利用社会资源，在帮助百姓解决困难的同时，强化栏目乃至整个频道的服务性，提升栏目自身的品牌价值。

《生活面对面》

《生活面对面》是BTV生活频道一档生活服务类的日播资讯栏目，自2002年1月起开播，贴近北京都市生活，服务北京大众民生。介绍生活的知识，带来生活的情趣，满足情感的寄托，让人清晰辨明是非曲直，深切感受人间冷暖，充分获取生活经验。该栏目既是北京人生活的记录，也是北京人生活的实用手册。

《生活面对面》栏目的内容涉及老百姓衣食住行的方方面面，给观众提供最新鲜的资讯、最权威的解析、最贴心的帮助和最实用的支招、最真实的人生和故事。引领观众想感受身边正在发生的一切，提供的是每天的北京，每天北京人的生活；同时集专家和高手的经验于一体，全方位引导健康、平安、科学、时尚的生活。《生活面对面》栏目的特点是：风格清新、积极、健康向上、细腻、到位；“趣味信息有效传播，有效信息趣味传播”；手法多样，巧妙运用题板，漫画、动画等视觉手段，充分实现实验、试验、体验、调查等电视手段。

《真情互动》

《真情互动》是BTV卫视频道周一21:50、BTV生活频道周六22:00播出的一档大型公益谈话节目，于2001年3月10日开播，由著名节目主持人文燕主持。每期节目选择公众普遍关注的真情人物，以主持人与真情人物之间沟通对话展现人物逆境中的强大人格魅力，借助电视媒介直观、快速的特点，与电视受众一起寻求心灵的契合与共鸣。

《真情互动》以感受真情、呼唤真情、传递真情、回报真情为节目宗旨。视角直击弱势群体的生活，关注弱势群体的生存状态。虽然节目具有社会公益的性质，但它绝不是一个简单的扶贫节目，鼓励弱势群体的强走势，反映普通人不普通的命运，打开老百姓的心扉，激发老百姓的爱心，是节目探索的重点。以真情打动人心，以真情唤起真情，以强烈的社会责任感，呼唤真情、传递真情，给弱势群体以人文的关怀，为被市场经济的喧闹和浮躁所遮蔽的真、善、美展示真容，用爱心帮助社会中需要帮助的人群并解决一些社会矛盾。

《真情互动》自开播以来，在社会上引起极大反响，收视率稳步攀升。《真情互动》中真情人物的真情故事引起了社会的广泛关注，人们纷纷伸出关爱之手，使真情人物的命运产生极大改变，并使真情人物深切体会到社会大家庭的温暖。

《真情互动》每期节目现场发放北京市福利彩票发行中心发行的“北京风采”电脑福利彩票筹集的福利金。用于帮助真情人物缓解经济困难，激发弱势人群奋发向上的心灵。

《食全食美》

《食全食美》栏目分日常版和周末版。日常版的《食全食美》栏目是北京电视台唯一一档日播美食节目。自2002年1月1日开播以来，深受广大观众的喜爱，收视率节节攀升。2006年起《食全食美》开始“走百姓路线，寻找私家菜”，至今已有上千位各行各业各个年龄段的民间厨艺高手参与了节目制作，为京城的电视观众奉献了数千道美味佳肴，极大地丰富了人们的餐桌，同时又给广大的美食爱好者提供了一个展示自我风采的舞台。与此同时，《食全食美》栏目还适时地加入了“健康美食”理念，请来了资深营养师现场烹制简单易学，适用于家庭的健康主打菜，并对私家菜进行科学合理的点评，使百姓能够既吃出美味，又能够吃出健康。

周末版的《食全食美》栏目主要围绕“今天吃什么”和“今天哪儿吃去”两条服务主线。2008年，栏目推出《食全食美》周末版后，使日常节目与周末节目互相促进，赢得更高的收视率。

《大城小事》

《大城小事》是由北京电视台生活节目中心制作的一档栏目剧，于2007年1月4日开播，每周一~周六播出，每期节目30分钟。

《大城小事》以“说百姓身边事，演百姓身边人”为节目定位，演绎的是发生在北京老百姓身上的家长里短、人间真情。栏目每期一个故事，由短剧和主持人演播室串播构成，短剧将尽可能地追求生活化的形态，让老百姓以一种看自己身边发生的故事的心态来欣赏节目，并进而产生共鸣。主持人演播室的串播将增强悬念，提升故事背后的正面、积极的社会意义，突出栏目剧的社会责任感。

《大城小事》栏目最大特色是真实、感人、亲民、自然。为了达到这一效果，栏目组在故事策划、剧本创作和拍摄制作等环节上狠下工夫，在追求收视率的同时，坚持不猎奇、不造作，着眼点始终放在京城老百姓身上，努力捕捉日常生活中最真实、最感人的故事并将其进行艺术加工，着力描绘人性中的真善美，弘扬正义、诚信、友爱等精神追求和道德风尚，展现充满活力的北京人的精神风貌。

《大城小事》栏目的另一大特色是大量起用非专业演员参与演出，让他们在演出中找到“星”的感觉，给他们搭建最强势的表演平台，充分释放“民星”的才华，激发“民星”的潜力，同时强调“民星”与百姓的互动，真正做到“老百姓的故事老百姓演，老百姓的明星老百姓选”。

青少年节目中心优秀栏目

《北京青年》

《北京青年》是BTV青少频道制作播出的一档日播资讯栏目，于2007年6月30日开播，每周一~周五20:00播出。

《北京青年》栏目秉承“以年轻人的视角观察世界，以年轻人的行动改变生活”的节目理念，“观察”和“行动”是栏目的核心关键词。在这一理念的引领下，《北京青年》在内容上贴近当下年轻人的收视心理，选取年轻人关注的热点话题，为他们打开了解世界的窗口，为他们架起沟通世界的桥梁，为他们提供切实可行的帮助与服务，为他们搭建能发出声音的平台。《北京青年》风格清新，活泼，改变了传统资讯节目刻板的面貌，从主持人到包装等都采取易于年轻人接受的形式，在众多资讯类节目中独树一帜。“行动”是《北京青年》栏目特有的属性，栏目记者不仅充当发现者、报道者，同时也参与到事件当中去，和年轻人一起改变事件的走向。《北京青年》不仅是报道者，同时也是引领者、召集人，各种富有特色的活动，让年轻人围绕在《北京青年》身边，成为忠实的观众、朋友。

《北京青年》是目前全国电视节目中唯一主打“青年”牌的资讯节目，定位独特，特色鲜明，在激烈的竞争中始终保持自己独特的视角、清新的风格，为自己在众多老牌资讯节目中争得一席之地。《北京青年》捕捉年轻人求新、求变的内在气质，在节目制作上大胆创新，将真人秀、情景剧、动画等形态与节目内容有机结合，让节目呈现出更加符合年轻人收视习惯的独特风格。

《悦读会》

《悦读会》是2008年10月开播的一档读书访谈类周播栏目。以书为媒介，以最新文化事件为内核，个性、时尚、新锐和实用的谈话类节目。每期一位主持人、一位主嘉宾、三至五位书友团及20位观众组成，栏目秉承以娱乐化的表达、批判的精神解读最受关注的书和与书有关的文化事件，普及国民读书氛围，以期成为图书市场的风向标。

《悦读会》将受众定位于以“高学历、高收入、高职务、年龄轻”为特征的中国社会主流人群。对于很多观众来说，《悦读会》不仅可以帮助他们用最少的时间读一本书，也能够协助他们选书。节目中推荐书籍的多样化和风格迥异的各个主持人，也让该节目一改传统文化节目的沉闷风格。《悦读会》选取图书既选取那些观众耳熟能详的畅销图书，如《一代女皇武则天》、《前清秘史》等历史性小说，也要关注那些具有深切的人文关怀的书籍，如《我们和灾区孩子在一起》、《我运动我健康》、《五月初五话端午》等。

作为访谈类节目的主持人语言要有情感，读书节目选自社会、政治、经济、文学、艺术等各个方面的书籍，对节目主持人来说是一个巨大的挑战。《悦读会》栏目的主持人，不仅要求他们专而精，更需要博而杂，这样主持节目的时候方可娓娓道来、旁征博引。

《SK 状元榜》

《SK 状元榜》是北京电视台青少年节目中心自制的一档中学生知识竞赛栏目，自 2000 年 1 月开播至今已播出 500 余期，每期节目时长 50 分钟，栏目除在 BTV 青少频道播出外，还在上海、天津、辽宁、山东、河北、大连等地少儿频道播出。节目在青少年中具有广泛的影响，它不仅是一个展示当代优秀中学生才华的舞台，更是不少青少年观众求知、成长过程中的重要伙伴。该节目寓教于乐，为青少年树立了许多健康向上的当代中学生榜样，是一档特色鲜明的青少年益智节目。

《SK 状元榜》栏目内容扎实严谨，形式新颖活泼。将知识性、趣味性、时代感熔于一炉，采用紧张激烈、扣人心弦的比赛形式，让观众在轻松休闲之余积累知识，共同体验选手的比赛经历。节目中的题目内容包罗万象、趣味横生，既与中学生的课业相关，又不拘泥于课本，最大限度地引发了观众的求知热情。另外，还加入了不少中国传统文化、民俗等方面的内容，尤其每逢中国重要传统节日都会加入相应内容知识点，能在潜移默化中培养青少年的爱国情操和民族自豪感。

由于坚持严谨的中学生知识竞赛这一节目定位，《SK 状元榜》在国内众多的节目中独树一帜，其鲜明的益智色彩深入人心，因此也得到了广大师生的喜爱。同时，在节目内容和形式上不断进行创新，以满足青少年观众的收视心理。收看《SK 状元榜》节目，不仅能让青少年学到知识，还有利于培养他们正确的价值观，树立远大的人生理想。

《情感部落格》

《情感部落格》是 BTV 青少频道于 2007 年 2 月推出的一档情感访谈类栏目，节目时长 50 分钟，播出时间为每周六、日 20:03。栏目播出两年来，收视持续走高，已拥有相当一部分固定收视人群。

《情感部落格》倡导真实的故事、真人的演绎、真挚的情感，密切关注各年龄层人群情感生存状态。在节目开播的两年中，已有数百名当事人通过节目热线报名参与了节目的录制。在节目中，他们敞开心扉，与大家一起分享那些触人心弦的情感故事，与大家一起梳理情感生活中的点滴得失。虽然，来到节目的当事人中没有什么明星大腕，有的只是普普通通的老百姓，但恰恰是他们所带来的最贴近生活的故事和情感，反而显得愈加鲜活和感人。同时，也正是这一点，时时刻刻地督促着栏目要更加真诚地面对，要以更敏锐的视角去诠释。或许，人们不能期望每一个故事都有完美的结局，但愿意用真诚为您搭建沟通的平台，用信念为您寻找情感的避风港，用温暖为您传递情感的力量！

《替身》

《替身》是 BTV 青少频道制作播出的一档周播栏目，于 2007 年 12 月 22 日开播。在就业成为社会焦点问题的当下，《替身》栏目定位直指“寻找工作”这个职场中最大的困惑。立足“帮你找工作、教你找工作”的节目理念，在讲好一个真人秀故事的基础上强化节目服务功能，切实为电视观众提供真实有效的帮助。

栏目最大特色是每期节目都有一个真实的企业的岗位招聘。而每期节目里都将有两名电视观众，成为这个真实岗位上的实习生。使用真人秀的形式，拍摄实习过程。通过一周的培训和考核，最终由用人单位决定谁能签订劳动合同。

由于节目直指就业问题，贴合当下大学生等人群及其家庭所面临的最为急迫的民生问题，虽然在节目里只有少数选手能找到适合的工作，但更多的观众能通过眼见为实的真人秀改变就业思路，特别是“不过是从头再来”、“先就业还是先择业”在启发观众扩大就业途径，缓和社会焦虑情绪起到了很好的作用，收视率也表现良好。

真人秀节目选人就是选题，选人的范围分为以下几类：就业大背景下的热点人群，如大学生和他们的家庭；与北京观众具备深度关联的人群，如北京市的部分失业人群，他们的命运往往能得到观众的关注和共鸣；与当下观众喜闻乐见的行业相关的人群。

公共频道节目中心优秀栏目

《红绿灯》

《红绿灯》栏目于1997年7月5日开播，周一～周六22:15播出，栏目时长30分钟。

《红绿灯》栏目特色在于“内容”的精髓性、权威性、独家性、深度性。在遇有重大、重要事件的时候，《红绿灯》除了保持交通新闻节目的时效性以外，在交通新闻和事件的深度报道上也投入了更大的精力，并且做足文章。深度报道主要采取的是新闻调查的方式，所传递的观点代表着交通业内的最高级别和最专业化的水准，追求深度性和调查性。在北京地区《红绿灯》栏目在交通报道和交通问题的探讨上，拥有最高端和最准确的话语权。

《红绿灯》栏目2008年获得首届中国交通电视节目创优评析特别节目类一等奖、中国交通电视“金鳌奖”、首届中国交通电视节目创优评析优秀栏目等多项大奖。

《四海漫游》

《四海漫游》开播于1996年，至今已有13年，是北京电视台唯一一档旅游专题类节目。该栏目以介绍国内外的人文、自然、地理、旅游为主要内容，全面、丰富、快速反映旅游业动态，以新颖独特的视角，对所拍摄的地区进行全景式细致的报道。节目内容涉及全国各地及世界各国旅游胜地、民俗风情及旅途中的奇闻轶事，推荐旅行线路、航空、酒店、旅行社等全方位的服务。节目为观众提供有价值的信息资讯，强调节目的参与性、互动性、趣味性和服务性，与观众进行有效的沟通。

《四海漫游》节目以轻松的主持风格，新颖的节目形式为观众制作出一档具有专业的、权威的旅游节目。正如栏目的名字一样，节目以带观众云游四海为目的，以“好看、好玩、好用”为宗旨进行着节目的运营制作。

所谓“好看”——旅游是四季皆宜的户外活动，同一季节不同景之美，同一景区不同季节之绚让人有目不暇接之感。栏目竭尽全力将这世间所有的美丽呈现给您，满足您欣赏美的愿望，激发您想要去旅游的念头。

所谓“好玩”——旅游最终是游山玩水，在美景天成的大自然中不玩得尽兴是终生遗憾的事情。所以，节目带电视机前的观众疯狂地玩个够，正所谓“玩的就是尽兴，玩的就是心跳”。

所谓“好用”——任何事物的存在都是有价值的，节目给您制作一本方便的旅游实用手册，给您的出行带来方便。

《四海漫游》2008 年 7 月采制的《信手北京一盘棋》荣获北京市广播电视学会颁发的北京市广播影视奖电视播音与主持类二等奖；2008 年 12 月采制的《丹东小吃》荣获中国广播电视学会电视文艺工作委员会组织的大型电视媒体走进丹东电视艺术采风作品评选一等奖。

《这里是北京》

《这里是北京》自 2004 年开播以来，始终坚持立足于北京本土文化，挖掘城市变迁背后的历史渊源，将一个城市的古老与现代、深沉与幽默完美地融合在一起。再加之栏目独创的“幽默的叙述方式”、“以古鉴今的思维方式”、“戏剧化的结构方式”，从人性化的角度与历史人物进行对话，以百姓的心态审视发生在京城的各类历史事件，从而使各个层次的观众，都能够深入浅出地了解北京的传统文化。

工业链式的人员结构，是《这里是北京》主创团体的一大特点。电视节目制作中的选题、撰稿、摄像、采访、后期编辑等多个环节，被一一分解，每个环节设置专业的创作组，由此形成“选题策划组”、“撰稿组”、“摄像组”、“前采组”和“后期编辑组”，由此达到每个环节的“精英最大化”，进而实现节目整体水平的大幅度提高，更重要的是保持了“语言风格”、“拍摄风格”、“包装风格”的高度统一，从而打造出一个独树一帜的《这里是北京》。

《京郊大地》

《京郊大地》栏目开播于 1996 年 1 月 20 日，首播时间为周五 21:15，时长 30 分钟。

作为北京电视台唯一面向京郊农村的专栏节目，“服务三农、沟通城乡”是节目的宗旨。该栏目选题广泛，包括政府政策导向类、生产生活信息类和能人奇事典型类。注重服务，每一部分内容都强调做给谁看，强调“实在、实用”，不仅为农民观众提供实实在在的服务和帮助，更为北京城市百姓勾勒出美丽乡村的画卷，绘制京郊美食娱乐指南。

《京郊大地》是 BTV 公共频道精心打造的一个品牌栏目。2008 年 7 月，北京市广播电视局、北京市广播电视学会授予《活力乡村——2007 年度京郊状元榜揭晓晚会》“2007 年度北京广播影视奖”入围优秀作品；2008 年 7 月，北京市广播电视局、北京市人事局、北京市广播电视学会授予《京郊大地：话说京承路》“2007 年度北京广播影视奖”电视社教类二等奖；2008 年 11 月，中国广播电视协会授予《京郊大地：话说京承路》创优专题类一等奖。

《手机江湖》

《手机江湖》栏目于 2007 年 3 月 3 日在 BTV 公共频道正式开播，始终秉承更好服务观众的原则，致力于手机全方面的介绍与展示，解决百姓在使用手机过程中出现的各种问题，并通过对新品手机及手机特色功能、手机应用软件的介绍，全方位地展示手机给生活带来的便利。

节目实行板块化操作，板块与板块之间用片花和主持人串场的形式进行衔接，节目总时长 30 分钟，共分为 4 个板块：板块一，手机情报站。以主持人串讲的方式，播报和手机相关的最新资讯及趣闻。特点是内容丰富、信息量大。板块二，手机连连看。本着为广大观众买手机服务的宗旨，外景主持人走进京城各大手机卖场，介绍卖场的打折促销信息、特色服务，并根据不同消费人群在买手机时会提出的要求设置主题，推荐二到三款符合该要求、且性价比不错的手机。其中，还设置有奖问答环节，提问和手机相关的使用常识，增强和观众的互动。板块三，手机实验室。打造资深“手机百事通”形象，外景主持人针对观众对手机产生的各种疑惑进行解答。对流传于网络的新奇手机功能、手机奇特配件，以及手机辐射究竟给人带来哪些危害等问题，通过亲身试验，为观众解惑答疑。板块四，手机真人秀。普通观众的手机试用报告。将一部最新面市的手机交到评测员手中，让评测员在试用过后客观地描述试用体验，给出这部手机从外观到功能各个方面的一个综合评价。

栏目注重内容和表现形式的不断创新，灵活运用情景短剧表演形式，将手机这个专业性强、单一性的主题生活化、趣味化，新创了《手机实验室》板块，收视率稳步提升。

动画节目中心优秀栏目

《十分开心》

《十分开心》栏目是卡酷动画卫视的一档自制动画娱乐栏目，于卡酷动画卫视每天 19:30 首播，每期30 分钟，适合全龄观众收看。栏目通过动画主持人张魁和王烦的脱口秀主持，传递“贴近生活、贴近社会、贴近百姓”和体现人文关怀的节目主旨。节目推崇“健康向上、快乐生活”的理念，在形式上注重衔接性、流畅性；在内容上注重“特色化”。栏目通过播放刘宝瑞、侯宝林、马三立等相声大师的经典动画相声小品，田连元、连丽如等评书大家的评书作品，将传统经典与现代动画的表现方式完美融合。《十分开心》栏目本着弘扬祖国民俗文化的理念，向观众提供健康快乐的生活元素，让观众在轻松愉快的气氛中感悟世间百态，力求每天给广大观众奉上一份最幽默、最开心的电视精神快餐，给观众带来无尽的开心和快乐。

《卡酷中国制造》

《卡酷中国制造》于2007年1月29日开播，以4～18岁少年儿童为收视核心，涵盖所有喜欢看动画节目的观众。

“绝对好玩，绝对卡酷，精彩的动画就在卡酷中国制造!”每天18:00首播的《卡酷中国制造》是北京电视台卡酷动画卫视的黄金档动画剧场栏目，专门播出最精彩的国产动画片，播出时长1小时。《喜羊羊与灰太狼》、《秦时明月》、《百变机兽》等大受好评的动画都曾在《中国制造》栏目中首播，受到了观众的热烈好评，取得了优异的收视成绩。

热情、可爱、个性十足的彩虹姐姐(赵舒婷)是《卡酷中国制造》的主持人，在动画片播出前后，她会出镜与观众朋友们互动，回答观众的问题，展示观众的才艺作品，并为观众讲述一个又一个又长知识又好玩的小故事。有别于传统的“大姐姐”式主持人，通过回答观众问题的方式和与虚拟形象互动的过程，展现自己时尚、幽默、拥有“傲娇”、“天然”等动漫角色流行的个性特点，让观众产生亲和力。

高水准的动画片、时尚个性的主持人，使《卡酷中国制造》不仅受到少年儿童观众的喜爱，也吸引了很多成年的观众。

《闪天下》

《闪天下》栏目是国内第一档动画与真人别样结合的栏目，每天19:00播出，节目时长30分钟。开播4年来，以展现风格独特、创意新鲜的动画作品为特色，以打造精品、支持原创为理念，正在成为一档别具专业特色的品牌栏目。

每天30分钟超大容量，集动漫、情景剧、娱乐、时尚为一体。“日常版”以展现风格独特、创意新颖的国产原创动画为特色，主持人韦至和特约主持“瘦不了”演绎搞笑栏目剧，妙语连珠，笑料不断。“周末版”更是群星闪耀，邀请国内外知名艺人参与，为您揭晓一周以来最炫酷的闪界音乐飙榜。讲述明星的动画情结。看明星和您聊动画，尽在时尚流行最闪亮的闪天下!

《漫话天下》

《漫话天下》栏目的宗旨是“每晚的睡前轻松，每晚的睡前快乐”，从两个方面入手，给儿童观众和成人观众精心准备一道“娱乐加餐”。该栏目周一～周五每天22:00首播，次日13:00～13:30重播，时长30分钟。为了提高收视率，《漫话天下》将中国传统名著经典制作成动画评书，如《三国演义》、《龙图公案》、《童林传》、《康熙微服私访》等，这些作品都是名家演播，再经动画高手二度创作，既好听又好看。

《七色光》

作为北京电视台唯一一档以4～12岁儿童为主要收视群体的节目，《七色光》力争让节目更贴近孩子。2008年5月开始，《七色光》进行了改版。改版的宗旨是：让来参加的孩子玩得快乐，电视机前的观众看得开心。为了汲取近两年国内外娱乐、竞技节目的时尚流行元素，结合儿童最喜爱的游戏对抗形态，《七色光》精心设计三大游戏环节：大家动起来、团队大作战、智力大冲浪，同时穿插儿童才艺展示。

《七色光》从体力、智力、团队合作、个人才艺等方面展示儿童的全貌，让他们在才艺展示中充分释放个性，收获自信与勇气；在分组对抗中互相鼓励、体会团队合作的重要；在竞技中分享胜利的喜悦、从失败中汲取前进的动力。

作为有着20年历史的栏目，《七色光》在几代人中间都拥有很高知名度，也是卡酷卫视重点支持的一档少儿节目。《七色光》编导和主持人经常下到学校，与小观众面对面接触，并进行校园海选，扩大了节目的知名度，增强了栏目与小观众的亲和力，同时选拔出自信、思维活跃、有一定才艺特长的小学生走进演播室，为收视提供了有力支持。《七色光》还探索推广活动与节目相结合，2008年底举办的“七色光全明星选拔”活动，让更多孩子有机会、有勇气展示自己的精神面貌，并全程录制成节目，为2009年重金全新打造的《七色光》打下了良好的基础。

《卡酷全卡通》

《卡酷全卡通》栏目2008年1月由原《互动123栏目》改版重装上阵。节目主要由三个板块构成，涉及四方面内容。分别为以动画点播为主要内容的“卡酷一点点”，以COSPLAY真人秀及COSPLAY相关舞台表演为主要内容的“卡酷I变身”，以与卡酷相关的公益活动为主要内容的“卡酷I行动”（根据需要不定期播出），以频道内资讯及其他相关资讯为主要内容的“卡酷动动镪”。其中动画点播强调互动，同时也是节目收视的保障，约占到播出时间的2/3，通过声讯电话、信件等方式，构建起卡酷与观众交流的平台。“卡酷动动镪”重点介绍频道主推的新闻，作为频道对外宣传的窗口，帮助观众了解卡酷动画卫视的日常动态，同时起到提升频道品牌、树立频道整体形象的作用。“卡酷I变身”每期邀请一名COSER扮演动画中的人物，与主持人慧玲配合，在某个他们不太可能出现的地方完成特殊的任务，通过主持人与COSER的表演以及周围人群的反映，形成特殊的娱乐效果。“卡酷I行动”宣传推广公益行动，也是树立频道形象的板块。

海外节目中心优秀栏目

《国际双行线》

《国际双行线》是北京电视台一档大型国际性谈话类节目，主要针对中高知识和中高收入层次的观众。每期节目均采用中外观众感兴趣的、对人类发展和现实生活有着积极意义的话题，让现场观众、嘉宾和主持人面对面地交流。该栏目在BTV卫视频道每周六13:05播出，每期节目长50分钟。《国际双行线》自1999年开播至今，以其独特的视角、无障碍的交流形式和或诙谐幽默或蕴涵深厚人文精神的节目风格，创造出了自己的发展空间，已经具备了一定的收视群体和品牌效应。

《国际双行线》是极富创意的一个节目，双语形式实现了东西方文化的正面冲突与交流，使节目具有很强的可视性和趣味性。同时一流的同声传译系统又使所有的观众跨越了语言的障碍，真正实现了沟通无阻碍，情绪无断点。中国人和外国人在同一现场，运用各自的母语，就同一话题进行交流、论辩，开创了"脱口秀"这一正风靡世界的节目形式的新天地。

《环球冲浪》

《环球冲浪》是北京电视台唯一一档周播国际时评节目。从2007年1月开始在卫视频道每周日13:05播出，每期50分钟。作为在北京卫视播出的新闻评论节目，《环球冲浪》始终坚持国际时评的定位，始终坚持正确的舆论导向，始终坚持评论的大家风范。节目的理念一贯坚持"关注中国人关心的国际话题"，突出话题的"时效性、独家性、权威性"。每当有国际时事热点发生，《环球冲浪》都会在第一时间作出反应，通过驻外记者的最新报道和权威专家的深入分析，将一个国际时事热点事件的前因后果从不同侧面进行分析解读，做到有热点发生后的"不失语"、"不缺位"。

七、观众调查

份额竞争时代的节目方略

宁文茹

北京电视台地处首都，具有得天独厚的地缘优势，另一方面也不得不看到，北京电视市场也具有很大的特殊性和竞争强度。北京市场是全国最具有卫视包容性的市场，全国上星卫视在北京都有落地播出，而且很多卫视在北京都设有演播室和工作室。此外，中央电视台作为国家电视台，具有无可比拟的雄厚实力和资源优势。在这样的条件下，北京电视台如何应对份额竞争时代的挑战，提升实力，扩大观众规模，辐射更广泛的观众群，这是一个需要认真研究和回答的问题。

一、强势频道适度回位，强化优势地位

根据尼尔森调查数据显示，从北京电视市场情况看，北京台市场份额曾经接近半壁江山，近几年略有下滑。

北京市场上，北京卫视多年来一直是北京市场上实力最为强劲的频道，也是北京电视台的主频道，北京卫视的改版对全台具有很大的推动和引领作用。从2006年收视情况来看，从横向比较看，北京卫视是北京地区市场份额排名首位，在北京地区排名前12位的频道占据了北京收视市场份额的70%，而北京卫视、影视剧频道、生活频道、科教频道、文艺频道贡献了北京电视台市场份额的77%以上，其中北京卫视对全台的份额贡献就达到22%以上。但从纵向来看，北京卫视北京地区的占有率呈现逐步下滑的趋势，在全国的排名也有所下降，这其中有频道增多、收视自然分流的因素，也有频道自身竞争力减弱的因素。因此，北京卫视作为北京地区观众认知最为广泛的频道，在节目编排、设计、整体频道风格、品牌的塑造和经营方面，还具有着上升的空间，可以通过频道定位设置、频道改版、经营理念调整等方式达成，适度回位其原有市场份额水平。

在品牌竞争激化后的频道只有两种生存方式，要么实现区隔也就是定位，要么陷入低价竞争。正是由于这种市场竞争机制，形成了省级卫视频道定位效果的“双面效应”：即定位的强化与频道的“位移”。与其他卫视有所不同的是，北京卫视改版必须要兼顾北京市场和全国市场两个方面的辐射，这些要吸取各级卫视的改版的市场实例操作经验，也要充分考虑北京独特的地缘特点，避免将低端化观众卷入。外因角度看来，北京卫视尚有许多未开发和即将到来的机遇。首先，根生于北京的城市文化、皇城文化、京韵文化还有大量的开发空间——这些都是全国人民北京“北京情结”中最为集纳的部分。此外，北京独享有许多作为首都的稀缺资源，以“奥运资源”最为显著。2008年奥运会

将成为中国和世界的焦点，北京卫视拥有许多可以挖掘的角度，满足观众使用需求的同时也集纳广大受众注意力资源，实现打造频道市场地位和经济收益的双重赢利模式。

频道定位的第一原则是发挥既有优势，北京卫视改版确立了“文化品位、大家风范”的气质，“传播北京、视听全球”、以及“立足北京、面向全国”的传播理念，从而扩大独有资源掌控能力和使用效率。改版后的北京卫视打造出一系列收视新亮点。作为频道支撑的新闻节目提出了“第一时间在北京报道世界，在第一地点向世界报道北京”的传播理念。《北京您早》三大板块“看北京、看中国、看世界”。《特别关注》以“速度”、“视角”重释民生新闻。《直播北京》在北京地区率先采用卫星新闻直播车，第一时间、第一现场，让观众与新闻同步。卫视改版创新也更注重文化品位的提升，重点打造了晚间黄金时段的“文化通档”和“奥运时段”，锁定高端收视人群。对北京卫视而言，创新远不止于推出一两个新栏目和活动以及改善某一时段收视率这一表层功用，而是要构筑对新闻资讯的传播与解读的“高地”，同时传播一种北京视角独有的乐观、大气、自信、有魄力的“北京生活态度”，将两者融合在一起，以“智慧”培育北京卫视核心竞争力的品牌。

在卫视改版的带动下，北京台文艺频道、影视频道、体育频道、财经频道、青少频道、动画频道等也进行了程度不同的调整。其中文艺频道也是北京台的主频道之一，处于北京市场份额贡献的第一梯队。2008 年由于综艺娱乐类节目创新力度不足，导致整个频道市场份额处于有所下滑，也是 2007 年北京台重点调整。文艺频道推出 4 档文艺主干节目：《每日文化播报》、21:15综艺黄金档、《天天影视圈》、《明星记者会》，其中重点打造的 21:15 综艺黄金档节目处在电视剧竞争时段，文艺频道意图借此培植全台电视剧外的收视品牌。

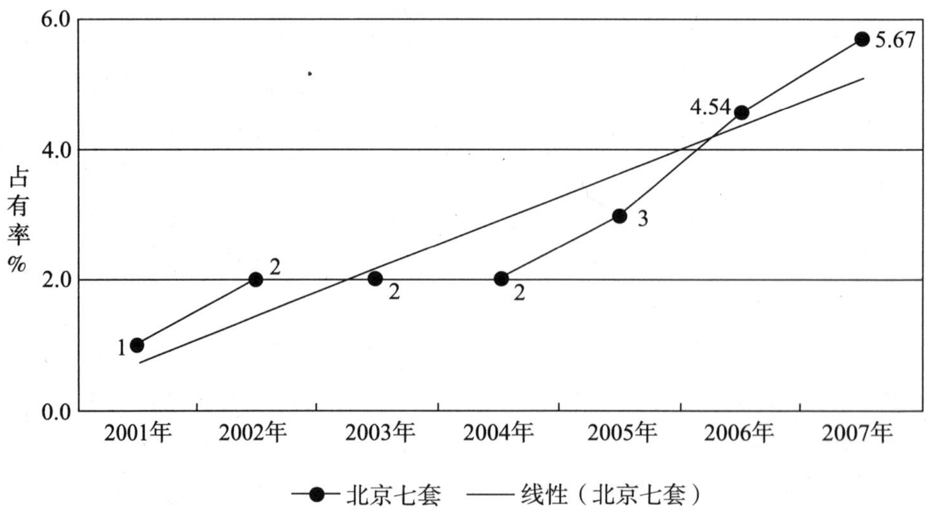

生活频道是北京电视台另外一个新晋强势频道，也是市场份额的重点贡献频道，在北京地区收视份额排名也稳居前三，排名仅在北京卫视和影视剧频道之后。2007

年 BTV-7 生活频道品牌效应得到更强劲的提升，市场份额达到 6.68%，在 1 月份北京地区频道市场份额排名仅次于北京卫视，位列频道排名第二，这个超越标志着该频道品牌逐渐趋于成熟，依靠《7 日 7 频道》、《生活面对面》、《第 7 日》等诸多品牌栏目和编排效益，用低成本的生活类节目在 5 年的时间里收视份额一年一个台阶，完成了跨越式的提升，成为北京地区排名前列的观众首选品牌频道之一。

二、均衡节目布局，强化份额竞争时段

传统的节目编排一般以“黄金时段”为核心展开，所谓的黄金时间就是观众观看电视节目相对方便、习惯的时间，时间段本身具有的市场销售力导致多个频道正面交锋，撕杀激烈。进入份额竞争的时代，编排的黄金收视概念需要引入另外一个解读，即所谓黄金时间要收视，非黄金时间要份额，非黄金时间由于节目收视水平低而竞争薄弱，具有相当大的市场份额开发空间而提升了时段价值，节目差异化的编播手段具有了重要的战略意义。频道编排和节目竞争的概念进入一个两元竞争的时代。

在 2006 年的编排中，北京台大部分频道早间、午间和晚间都安排了具有竞争力的节目，上述时段积聚了大批优秀栏目，多个栏目的市场占有率都达到了 40% ~ 50%；傍晚时段则是全台全天最具竞争力的时段，《7 日 7 频道》、《每日文化播报》、《生活面对面》、《首都经济报道》等品牌栏目都在此时播出。在所有竞争最激烈的时段，北京台都能够占据优势位置，充分显示了节目的竞争力。另一方面，这种编排模式是基于“黄金收视”时间的轴心设置，也使全台市场份额呈现出很强的三段式剧烈震荡（见下图）。以北京卫视为例，基本依靠三个时段的高峰支撑全天

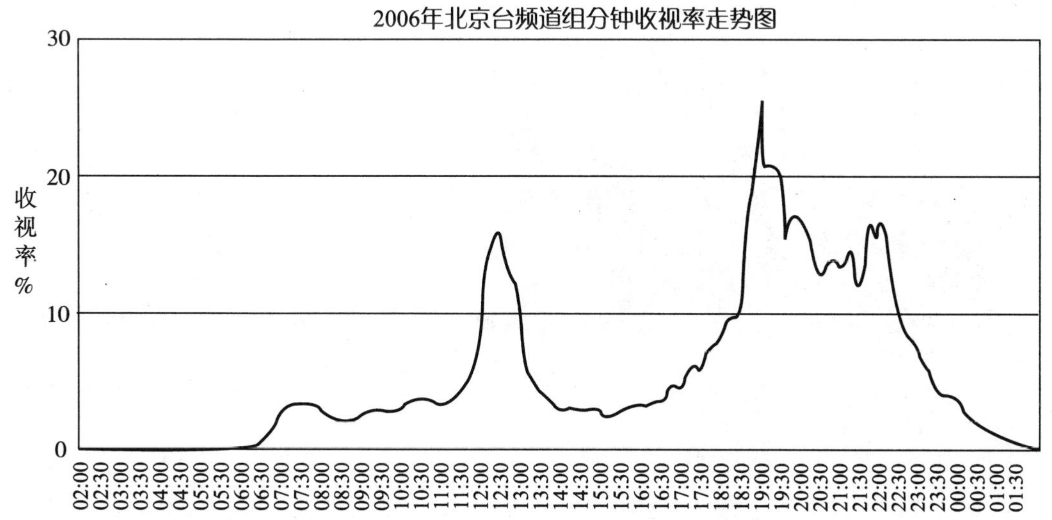

市场份额的贡献，这三个时段时段市场份额都在 35% 以上，换言之，早间时段《北京您早》、午间时段《特别关注》和傍晚时段《北京新闻》吸引了当时北京看电视

观众中的2/5，节目的收视强度由此可略见一斑。北京卫视在全国11个主要城市的收视测量中，也同样表现出来这种状况。北京卫视在晚间黄金时段的收视人数在全国省级卫视中排名第一位，占据了34个省级频道收视人数的15%，但是即便如此，北京卫视在全国省级卫视的排名中，并未占据首位，究其原因，时段的高收视未能将潜在的收视可能性更有效地转化为频道的高份额。三段高峰之外是其余时段长时间的收视低谷，每一个高峰涌入的观众都没能转化为下一个时段节目的原动力。

针对这种情况，北京卫视在改版时对上述时段编排上重点作出了调整。首先是拉伸高收视节目带，依托黄金收视的高峰向两端延伸，形成高收视板块，拉动次黄金时间。早间时段《北京您早》是一个老牌节目，2003年改版后，收视持续走高，其北京地区市场份额从2003年的25%，2005年达到年平均40%的高峰，比2003年提升了15个百分点，提升幅度达到60%，成为早间的支柱性节目。于早间时段节目的纵向垂直性编排方面和横向配合性缺少后继节目。进入8:00《您早》结束后北京卫视收视出现陡然下降（见下图），市场份额下降至不足8%，高市场份额时段戛然而止，没有得到延续。而且早间时段的原有优势也受到逐步蚕食，2006年《北京您早》市场份额有所下滑。北京卫视2007年将《北京您早》的时间延长至一个半小时，将高份额持续到8:30，将观众流有效地留在了本频道，延伸了收视高峰，后半段收视水平比2006年提升了一倍以上，市场场份额提升幅度超过了150%。

2003~2006年10月早间07:00~09:00时段BTV-1、×××频道和××××频道占有份额比较

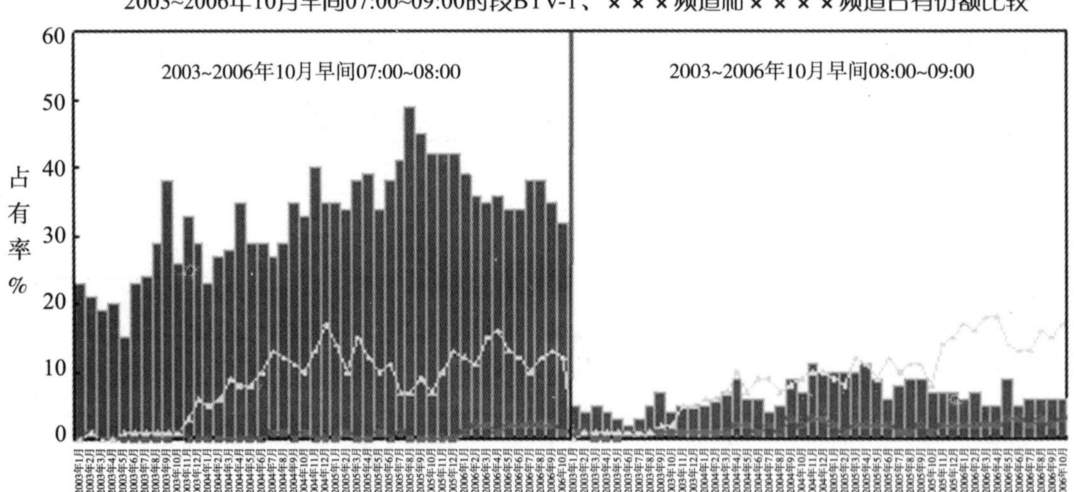

午间则将另外一档高收视节目《身边》、《特别关注》衔接，在傍晚时段，《北京新闻》前开发了一个半小时的奥运时段，扩大高收视时段板块，形成时段带动效应，将高峰时段有效地往两端延伸。根据尼尔森调查数据，改版后的第一个月，北京卫视在11大城市的卫视排名就跃居第一。北京台其他频道也普遍采用了这种编排手段，科教频道的《法治进行时》前后分别开发了《现场说法》和《魅力科学》，生活频道新上日播节目《大城小事》与《心灵密码》插入两档成熟节目《7日7频

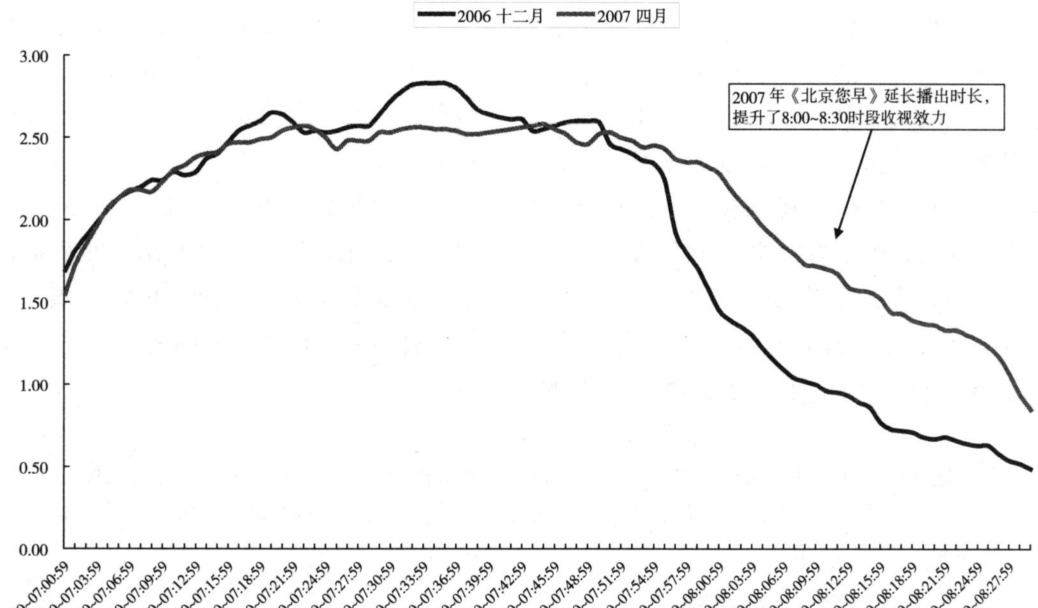

道》和《快乐生活一点通》之间，第一个月的平均收视就达到了2%，形成频道连续3个小时的高收视群，将黄金收视延伸到非黄金时间板块。

第二是错位竞争的战略，开发新的高收视时间段。错位编排对于形成竞争优势而言已经成为一个被普遍采用的手法。北京台多个专业化频道都在傍晚时段和后黄金时间做了错位编排，以影视剧频道为例，在17:00档开辟了“涉案剧场”，有的剧目收视表现甚至超过黄金剧场。

第三是白天时段和深夜时段在以黄金时间为轴心的编排模式中往往是被忽略的时段，但因为竞争力相对薄弱，而成为份额竞争时代最有潜力提升市场份额的时段。纵观全国省级卫视排名前位的频道，无不在白天时段多集重播电视剧，电视剧的播出时长一般都在60%以上，收视贡献率也至少在50%以上。北京台节目策略并非完全倚重电视剧，而是走自我发展、培育自办节目品牌的路子，因此白天时段的开发，一方面设置了与观众需求适应的“百合剧场”、“休闲剧场”等；另一方面重视重播节目的第二次收视效益，考虑对重播节目的资源进行整合后，进行第二轮收视效应的开发，即重播节目的安排首先要尽量契合该节目收视群的第二、第三收视落点上，白天和深夜时段收视竞争并不激烈，但是对于全天市场份额的提升具有重要作用。

三、创新节目品牌，打造新的收视增长点

品牌节目是持续拉动频道市场份额上升的第一要素，同时自办节目的创新也是电视媒体核心竞争力以及媒介品质的标志。节目资源的配置和挖掘不仅要立足于满足受众需求，还要立足于发现潜在需求和启发需求，才能创造新市场，创造新的战略价值，为全台构建竞争优势。

北京电视台如《法治进行时》这样的品牌节目对于全台市场份额的拉动作用非常显著。从现有的品牌节目看，如《法治进行时》、《北京新闻》、《特别关注》等的收视率和市场占有率已经接近顶峰，如果要进一步开辟新的收视增长点，开发其他时段的潜力，则需要推进新节目资源的挖掘，比如在业内具有领先性的节目形态，或者本台相对薄弱的节目领域，如娱乐、综艺类节目等，从而有力推动竞争力的提升。

在新节目上之初，我们针对北京市场各类节目的需求情况、竞争趋势及节目资源分析进行了翔实的分析。在北京地区电视剧、新闻和娱乐类节目在各类型节目的播出和收视比重中位居前三位。通过播出和收视的比较指数可以看出，北京地区观众更加偏爱收看电视剧、电影、娱乐、新闻、体育和动画片类型的节目（见下图）。

北京地区电视剧、新闻和娱乐类型的节目，在各类型节目的播出和收视比重中位居前三位。通过比较指数，我们可以看到在北京地区观众更加偏爱收看电视剧、电影、娱乐、新闻、体育和动画片类型的节目

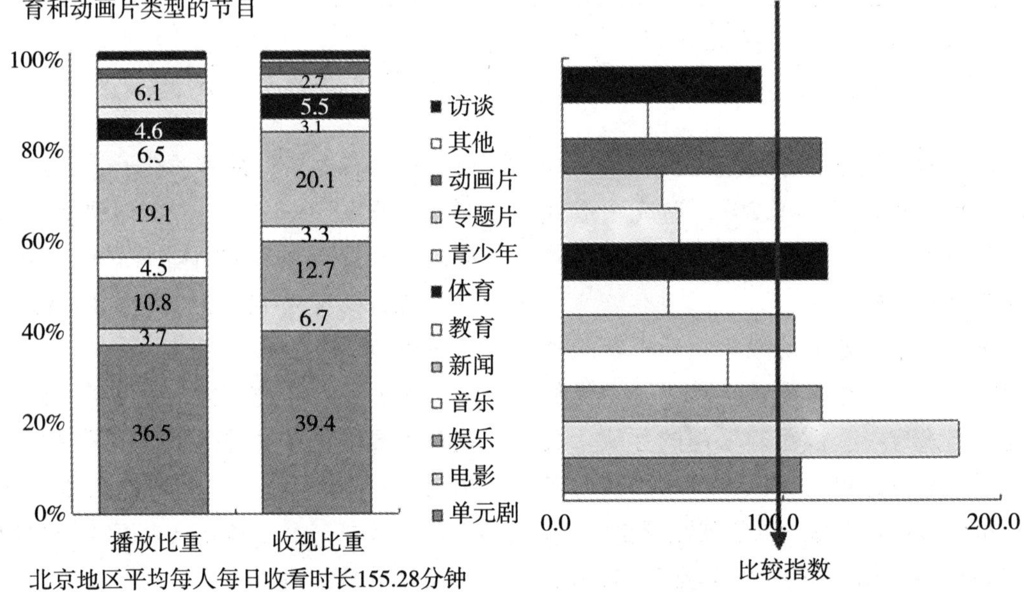

北京地区平均每人每日收看时长155.28分钟

而北京台的节目资源优势主要集中在新闻类节目、电视剧和生活资讯类，生活休闲类节目和财经资讯类节目也在同类节目中占有优势地位。电影、娱乐、音乐类型节目的比较指数尚低于北京地区的平均水平。但在近几年竞争比较激烈的节目领域，诸如娱乐、音乐等节目类型，尤其娱乐类节目资源比较缺乏，不仅丢失了部分市场，而且不利于吸纳年轻的观众群体，也不利于整体形象更加年轻、更富活力的塑造。在省级卫视中，湖南卫视、上海东方卫视等往往以娱乐节目和综艺类大型节目打开全国收视局面，因为这类节目一般容易突破地域的限制，获得大多数观众的认同，因此北京台在节目全面布局和重点类型突破方面进行了战略部署，在确保原有优势节目类型继续领先的基础上，把大型节目、娱乐类节目和创新节目作为我台

今年主攻方向。2007年北京电视台一共下了56个节目，新上了47个节目，仅北京卫视就下了11个老节目，上了10个新节目。

对比比较指数，我们看到北京台频道组中电影、娱乐、体育和动画片类型节目的比较指数远低于北京地区以上类型节目的比较指数，而电视剧和新闻类节目北京台频道组要好于北京地区的平均水平

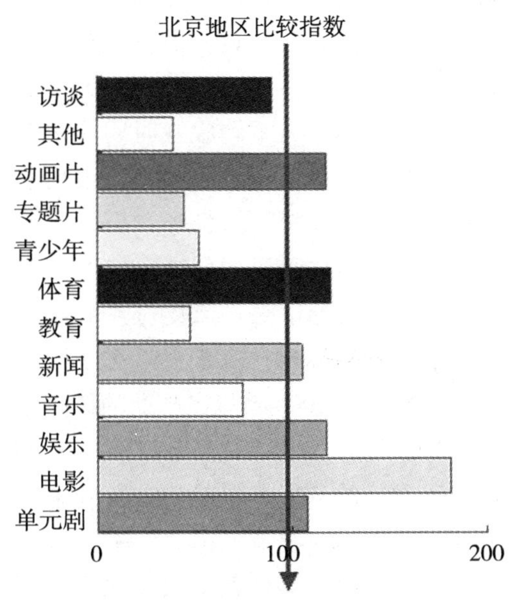

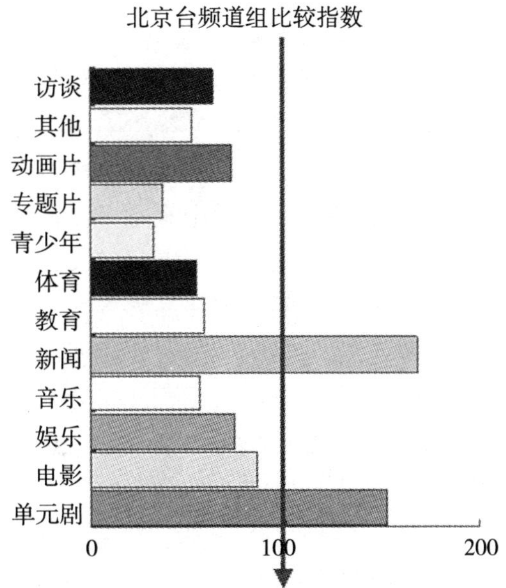

创新节目对全台节目补充新鲜血液，推动北京电视台总体形象的创新、形成北京电视台新的品牌认知起到了非常积极的作用。刚刚播出1个月，这些已经推出的新栏目与2006年同时段播出的节目相比，收视率比原时段上升的有16个，占新上栏目总量的76%。在上述栏目中平均收视率达到2%以上的栏目有6个，占新上栏目总量的29%；纵观新上栏目，在收视上总体表现良好、平均收视起点1.0%以上的栏目超过半数，换言之，这些新上栏目在培养期就具备了良好的收视起点，尤其《娱乐开讲》、《为你心动》、《大城小事》、《心灵密码》以及卫视新上的《天下收藏》、《奥运在身边》收视起点就达到2%，而且由于这几个节目拥有了良好的收视开端、稳定的节目衔接度和不断上升的趋势，经过一段时间的打造和观众的认可，很有希望成为北京电视台新的知名品牌栏目。北京卫视重点打造傍晚时段（17:30）奥运通档中，除了《奥运在身边》外，其他栏目如《争霸王中王》、《我爱北京》也表现出色，与去年同时段相比增幅分别达到35%和21%，奥运通档已经初步形成规模。这些高收视新节目的类型包含了综艺娱乐节目、奥运节目、文化类节目以及栏目剧，补充了全台节目类型的品类和节目缺失。此外，新节目也进一步提升了整体市场份额，对于各个频道和各个时段的收视都有了一定程度上的补充与提高。

大型活动的创新是2005年以来的一个新热点。能够在更大范围内产生营销共振

效果的大型活动对于全台整体形象塑造、份额的拉升以及品牌的影响力具有常规栏目所起不到的作用。2006年下半年，在北京电视台内容创新举措中，最为引人关注的就是波及整个华人世界的红楼选秀活动。《红楼梦中人》依托传统文化资源，运用深受年轻人喜爱的节目形态，将中国文化与时尚潮流、传统因素与时代精神相结合的运作理念，超过45万人参加了网上报名。随后，北京台又启动了《龙的传人》大型电视选拔活动，这两个大型活动的特点都是高端切入。此外，重点频道文艺频道培植了新的节日娱乐节目品牌《星夜喜乐会》，在元旦、春节和五一长假期间都有通档播出，甫一推出就受到北京观众的喜爱，带动文艺频道成为1月份北京地区市场份额同比上升幅度最快的频道。

从2006年第四季度开始，北京台的大型节目和特别节目开始连续对北京市场形成震荡，不仅激起了极高的关注度，成为社会的热点话题，在收视上也不断冲击北京市场固有收视格局，连创收视新高。根据尼尔森公司收视数据，《星夜喜乐会》元旦首播七期平均收视率达到了9.6%，单期最高达到了10.7%，创北京地区娱乐栏目收视新高。《红楼梦中人》大型电视选拔专题在北京卫视首次和观众见面，就创下了5.1%的收视高点，而北京赛区总决赛直播收视率更是达到了9.2%。北京台春节主晚会收视达到9.37%，在2007年春节晚会创新高的基础上又提升了1.07个百分点，增长幅度达到13.3%，再次创造了本台春晚收视的历史新高。该晚会在全国9座城市收视省级卫视同时段节目排名第一。大型节目和娱乐节目的收视高峰改写了北京市场娱乐节目的发展轨迹。

四、节目资源调整带动观众结构突破

经过2006年的调整、酝酿和培育，节目资源在更合理的配置基础上彰显了收视增长效力，北京台成为2008年北京节目市场一支蓬勃的上升力量。根据尼尔森公司收视数据，截至5月13日，2008年北京地区前5个月的人平均收视时间为205分钟，比去年同期下降了8分钟，市场总体平均收视率也下降了0.58%，但北京台平均收视率在总体下滑的收视环境下却在上升。竞争实力的增强在市场份额的竞争指标得到充分的体现，前5个月北京台整体市场份额达到2004年以来同期的最高点。

2007年伊始，北京台节目延续了2006年第四季度的良好发展趋势，上升态势明显，元旦期间、春节期间、1月、2月、3月与去年同比市场份额均强劲提升。其中1月份增长幅度10.8%，2月份增长幅度8.6%，3月份增长幅度13.7%。由于全台节目配置重新进行了调整，全台各时段市场份额均有不同程度的提升，午间时段（11:30~13:00）由去年同期的49.54%上升至今年的54.8%，晚间时段（17:00~23:00）由去年同期的40%，提升至今年的44.48%，

在与去年同期的对比中，北京台在基本与去年相同的观众平均触达水平上，平均收视率水平有所提升，两者的比较指数从去年的8.5%上升到今年的8.9%，说明在没有增加观众规模的情况下，节目吸引力增强，观众停留在北京台的时间变长，对节目的忠实程度提高了。

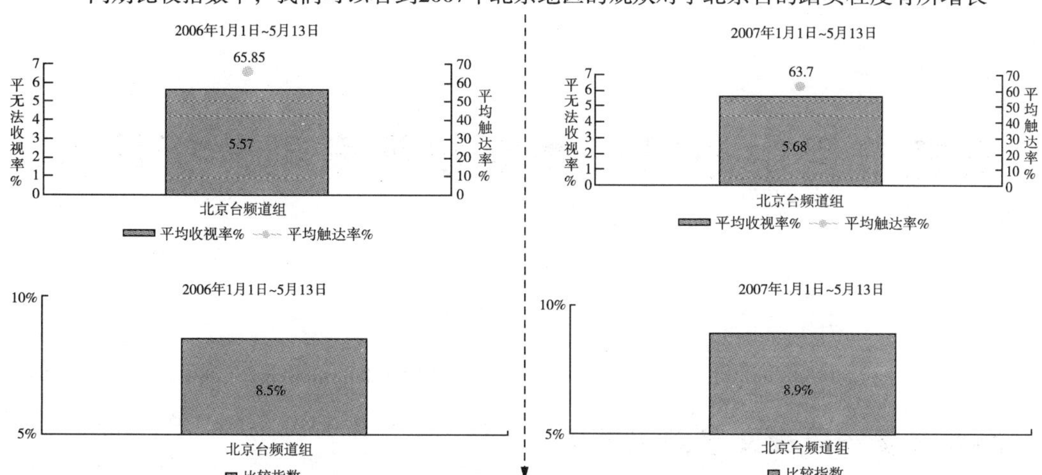

中国目前消费的电视观众主体是中老年观众，具有消费能力的中青年观众是广告商最为青睐的对象。但由于网络的兴起和新媒体的竞争，这群观众看电视的时间十分有限，因此争取年轻观众群，更新观众结构是各家电视台提升竞争力的另一个重要目标。由于节目发展方向的调整，节目结构的变化带来观众结构的变化，年轻观众出现了突破性增长。通过北京台总体观众对今年和去年同期结构的对比发现，9～34岁各年龄层的观众都出现增长，而45岁以上的老年观众比例下降。此外大学以上教育程度和月收入2000元以上观众也出现明显增长，带动北京台观众结构出现高端化趋势。

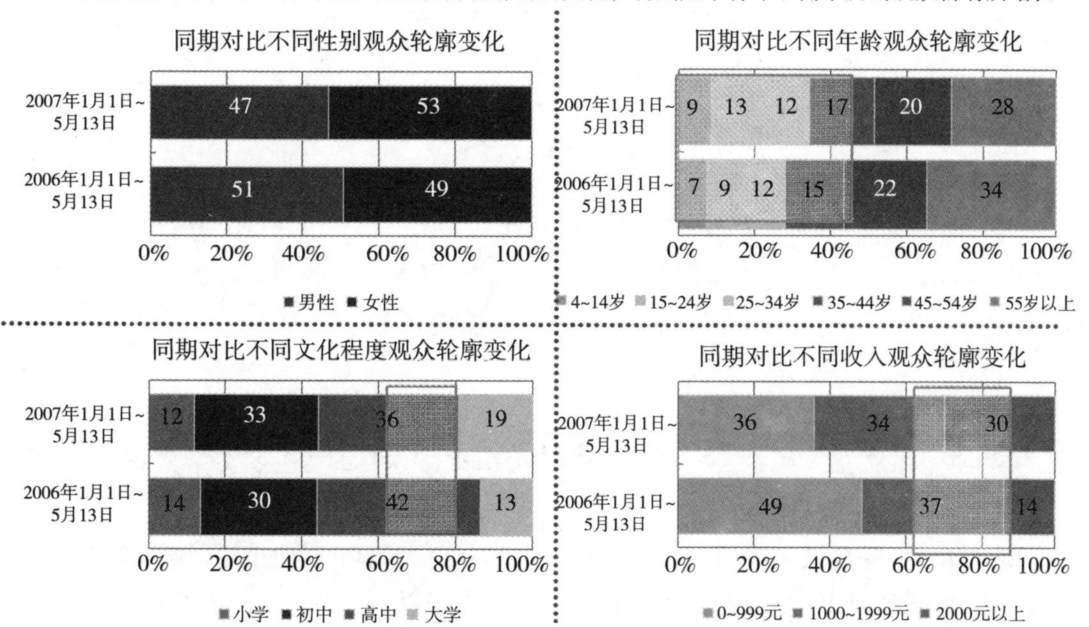

文艺节目中心第一季度收视表现分析报告

孙鹏飞

一、2008年第一季度文艺频道整体市场份额呈现小幅下滑

2008年第一季度，文艺中心全天平均收视率达到0.54%，较去年同期略有下降，降幅7.0%；市场份额为3.53%，较去年同期下降幅度为11.1%；观众平均收视时间为22分钟，较去年同期及去年全年减少1分钟。

	2007年全年	2007年第一季度	2008年第一季度	同期增幅
全天平均收视率（%）	3.76	3.97	3.53	-11.1%
全天平均市场份额（%）	0.52	0.58	0.54	-7%
观众平均收视时间（分）	22	23	22	-4%

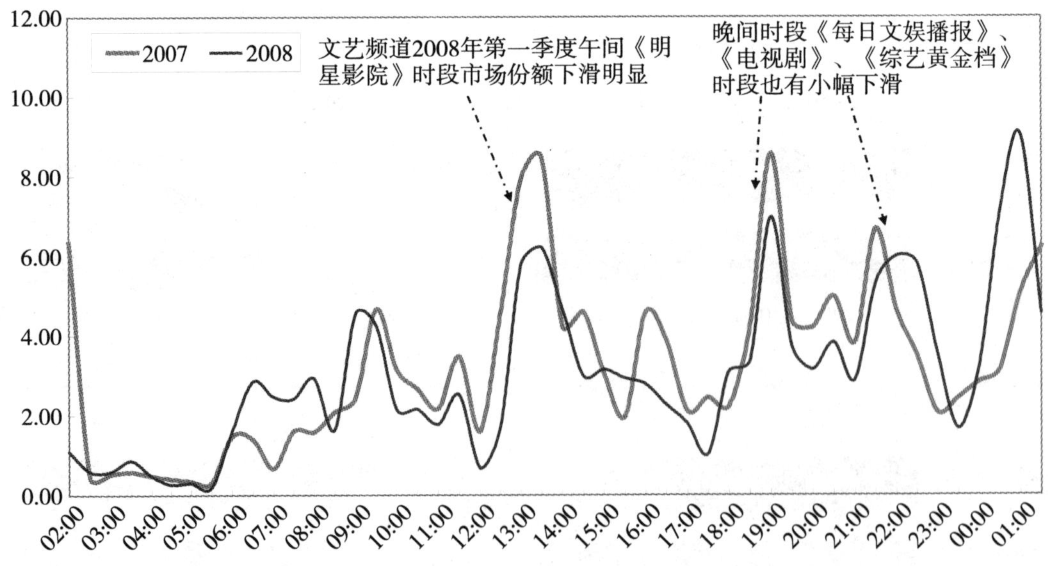

2008年第一季度文艺频道的市场份额较之去年同期波动较大有所下滑，其中10:00~22:00时段市场份额降低明显，此时段中以12:30~14:00和19:30~22:30

收缩最为明显，在两个时段内又分别以电影和电视剧占据了主要播出时间，第一季度午间时段电影平均收视率为 1.23%，与 2007 年相比下降了 0.26 个百分点，收视率在 1% 以下的电影 2007 年第一季度有 28 部，2008 年第一季度增至 51 部，对时段份额有着比较明显的影响。晚间时段电视剧与 2007 年同期相比也有下滑。

二、2008 年第一季度文艺频道整体收视呈现明显波动

2008 年第一季度文艺频道整体收视走势与 2007 年同期相仿，相较下呈现波动下滑态势。全天 10:00～23:00 收视走势波动明显，其中午间时段和晚间时段收视水平下降幅度最大。

从 2008 年第一季度和 2007 年同期编排时段收视对比可以看出，2008 年文艺节目中心在参与统计的 22 个时段内，8 个时段收视水平上扬，其中 22:10～22:40 时段内收视涨幅达到 51%，另有 14 个时段收视水平呈现下降态势，商务专题降幅最高，为 79.7%。

此外，10:00～14:30 和 18:30～22:10 两个时段收视下降也较为明显，文艺频道在该时段内栏目以重播电视剧和明星影院为主，重播剧目对观众难以构成吸引，明星影院在 2008 年表现欠佳；同时午间时段的竞争与 2007 相比更为激烈，科教频道的新节目《大家说法》带动“法治时段”的整体提升，北京卫视《身边》和《特别关注》拥有较为固定的收视观众等外界因素，对文艺频道午间时段的收视水平形成明显的冲击。

文艺频道2007年第一季度和2008年第一季度收视走势比较

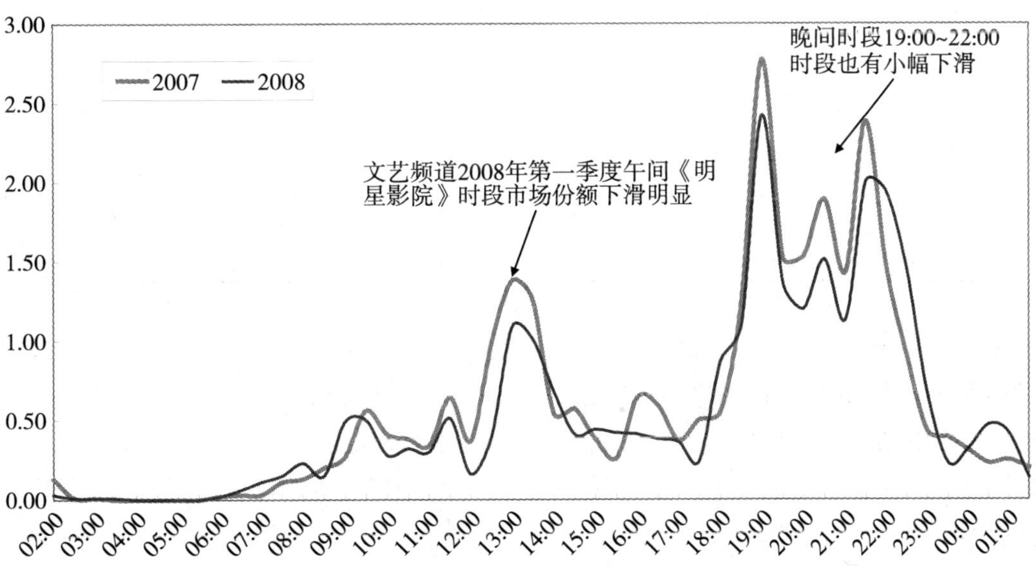

文艺频道各时段收视率一览表

<table>
<tr><th>时间</th><th>星期一</th><th>星期二</th><th>星期三</th><th>星期四</th><th>星期五</th><th>星期六</th><th>星期日</th><th>2007年一季度</th><th>2008年一季度</th></tr>
<tr><td>06:37</td><td colspan="7">电视剧</td><td>0.09</td><td>0.15</td></tr>
<tr><td>08:40</td><td colspan="7">商务专题</td><td>0.20</td><td>0.14</td></tr>
<tr><td>08:56</td><td rowspan="2">喜来坞</td><td>百姓秀场</td><td>光荣绽放</td><td>影视风云路</td><td>精彩乐翻天</td><td>神州音话</td><td rowspan="2">星夜故事秀</td><td rowspan="2">0.41</td><td rowspan="2">0.46</td></tr>
<tr><td>09:38</td><td colspan="5">天天影视圈</td></tr>
<tr><td>10:13</td><td colspan="7">电视剧</td><td>0.43</td><td>0.34</td></tr>
<tr><td>12:15</td><td colspan="7">商务专题</td><td>0.64</td><td>0.13</td></tr>
<tr><td>12:45</td><td colspan="7">明星影院</td><td>1.49</td><td>1.23</td></tr>
<tr><td>14:30</td><td colspan="7">笑动2008</td><td>0.57</td><td>0.41</td></tr>
<tr><td>15:00</td><td>电视先锋榜</td><td rowspan="2">百姓秀场</td><td rowspan="2">光荣绽放</td><td rowspan="2">影视风云路</td><td rowspan="2">精彩乐翻天</td><td rowspan="2">神州音话</td><td>电视先锋榜</td><td rowspan="2">0.32</td><td rowspan="2">0.43</td></tr>
<tr><td>15:30</td><td>精彩再现</td><td>精彩再现</td></tr>
<tr><td>16:00</td><td colspan="7">最佳现场</td><td>0.66</td><td>0.38</td></tr>
<tr><td>16:35</td><td>国家大剧院</td><td>精彩再现</td><td>预留重播</td><td>预留重播</td><td>预留重播</td><td>国家大剧院</td><td>精彩再现</td><td>0.47</td><td>0.40</td></tr>
<tr><td>17:25</td><td colspan="7">点歌台</td><td>0.47</td><td>0.24</td></tr>
<tr><td>18:00</td><td colspan="7">笑动2008</td><td>0.55</td><td>0.87</td></tr>
<tr><td>18:30</td><td colspan="7">音乐风云榜</td><td>1.25</td><td>1.10</td></tr>
<tr><td>19:00</td><td colspan="7">每日文娱播报</td><td>2.77</td><td>2.42</td></tr>
<tr><td>19:33</td><td colspan="7">电视剧</td><td>1.56</td><td>1.30</td></tr>
<tr><td>21:25</td><td>百姓秀场</td><td>光荣绽放</td><td>影视风云路</td><td>精彩乐翻天</td><td>神州音话</td><td rowspan="2">星夜故事秀</td><td rowspan="2">喜来坞</td><td>2.26</td><td>1.95</td></tr>
<tr><td>22:10</td><td colspan="5">天天影视圈</td><td>1.18</td><td>1.78</td></tr>
<tr><td>22:40</td><td colspan="7">最佳现场</td><td>0.79</td><td>1.23</td></tr>
<tr><td>23:10</td><td colspan="7">每日文娱播报</td><td>0.40</td><td>0.48</td></tr>
<tr><td>23:40</td><td colspan="7">音乐全方位</td><td>0.36</td><td>0.19</td></tr>
<tr><td>00:05</td><td colspan="7">明星影院</td><td>0.25</td><td>0.38</td></tr>
<tr><td>01:45</td><td colspan="7">商务专题</td><td>0.20</td><td>0.06</td></tr>
</table>

文艺中心18:30~22:10时段以《每日文娱播报》等多档品牌栏目架构而成，这些栏目有着良好的品牌效应、稳定的收视群体，一直表现出色，但在2008年第一季度晚间时段却均有一定水平的下降，主要原因来自本频道以及同时段其他频道的电视剧影响。

首先，频道剧目在第一季度平均收视率为1.33%，收视水平不甚理想，其中《炊事班的故事》（第三部）收视率为0.81%，是第一季度收视率最低的一部剧。值得一提的是在3月播出的《士兵突击》在我台影视剧频道和各卫视频道已经多次播出，但在本频道安排在首播档播出，是一次非常有益的尝试，收视率达到1.55%，是文艺频道2008年第一季度收视最好的一部剧。

其次，第一季度我台和中央台多部优秀影视剧热播，如CCTV-1的《闯关东》、CCTV-8的《神探狄仁杰》（第三部）、我台BTV-4的《笑着活下去》、《爱无悔》等，均取得了高水平的收视，对文艺频道同时段产生较大影响，造成部分观众分流至其他频道，形成栏目收视水平降低，呈现出与电视剧明显的“此消彼涨”的收视特点，这也是文艺频道在2008年第一季度晚间黄金时段收视水平下滑的主要影响因素。

在晚间次黄金时段文艺频道晚间栏目《天天影视圈》、《最佳现场》、《每日文娱播报》（重）播出时段收视水平获得较好的增长，同时段中电视剧和新闻类节目所占比重仍然较大，而各卫视频道娱乐节目也伴随着黄金时间的结束而落幕，文艺频道在时段内播出的三档娱乐和明星访谈节目正好弥补了娱乐节目的空缺，收视水平也获得良好的提升。

2008年第一季度BTV-2晚间档首播剧收视统计

序号	剧目名称	收视率
1	幸福来了你就喊	1.17
2	武当Ⅱ	1.53
3	武十郎	1.11
4	炊事班的故事（第三部）	0.81
5	人小鬼大刘罗锅	1.37
6	士兵突击	1.55
7	新昨夜星辰	1.39

三、2008年第一季度文艺节目中心栏目收视表现

序号	所属中心	栏目	播出频道	播出日期	首播时间	2008年第一季度收视	2007年第一季度收视	差值	增减幅度
1	文艺	星夜故事秀	BTV-2	六	21:25	3.17	3.90	-0.73	-18.69%
2	文艺	每日文娱播报	BTV-2	一二三四五六日	19:00	2.50	2.88	-0.38	-13.13%
3	文艺	神州音话	BTV-2	五	21:25	2.23	2.57	-0.34	-13.36%
4	文艺	百姓秀场	BTV-2	一	21:25	1.59	1.70	-0.11	-6.21%
5	文艺	精彩乐翻天	BTV-2	四	21:25	1.52	1.70	-0.18	-10.44%
6	文艺	影视风云路	BTV-2	三	21:25	1.46	1.86	-0.40	-21.47%
7	文艺	最佳现场	BTV-2	一二三四五六日	22:30	1.37	0.90	0.46	51.47%
8	文艺	天天影视圈	BTV-2	一二三四五	22:10	1.22	1.16	0.06	5.14%
9	文艺	音乐风云榜	BTV-2	一二三四五六日	18:30	1.18	1.33	-0.16	-11.64%
10	文艺	笑动2008	BTV-2	一二三四五六日	18:00	0.91	0.57	0.34	60.03%
11	文艺	国家大剧院	BTV-2	六	16:35	0.25	0.21	0.04	19.05%

2008年第一季度文艺节目中心11档常规栏目，与2007年同期收视率相比共有4档上升，7档下降。

其中《最佳现场》、《天天影视圈》、

《笑动2008》和《国家大剧院》4档栏目收视稳中有升，《最佳现场》和《笑动2008》增幅超过50%以上。可以说以相声小品等语言类节目为主要内容的《笑动2008》、用独家的视角从专业的角度探访影视圈的台前幕后的影视专题类节目《天天影视圈》以及由《明星记者会》改版而来的访谈类节目《最佳现场》，在本季中表现最为突出。

而18:30～22:10时段内的栏目收视受外界环境因素影响，与去年同期相比均有所波动，其中《星夜故事秀》、《每日文娱播报》、《神州音话》等品牌栏目去年收视急剧增长，今年在收视稳定的情况下，略有波动，此外，本季文艺中心《影视风云路》收视降幅最大，达到21.47%，应该引起注意。

四、2008年第一季度文艺节目中心新上栏目收视表现

序号	所属中心	栏目	播出频道	播出日期	首播时间	2008年第一季度收视	原时段收视	差值	增减幅度(%)
1	文艺	光荣绽放	BTV-2	二	21:25	1.91	2.08	-0.17	-8.17
2	文艺	喜来坞	BTV-2	日	21:25	1.48	1.98	-0.50	-25.25
3	文艺	五星夜话	BTV-1	五	21:40	0.91	1.59	-0.68	-42.77

影视剧中心第一季度收视分析报告

葛　萌

一、2008年第一季度影视剧中心收视表现较去年同期有较大幅度增长

2008年第一季度，我台电视市场收视表现较好，在本季前期经历中央台有力挑战后，第一季度中下旬成功推出多部高收视剧目，牢牢把握住市场主动。我台电视剧类节目北京地区市场占有份额达到10.45%，较之去年同期提高了1.15%，涨幅为12.37%。

二、2008年第一季度BTV-1、BTV-2首播剧场收视增长显著

进入2008年，我台依据往年收视成功经验，遵循观众收看习惯，完整地继承了2007年首播剧场的编排方式。

2008年第一季度，作为重点打造的北京卫视，在晚间黄金档首播剧的收视表现上可圈可点，第一季度北京卫视电视剧档平均收视率为1.99%，与2007年同期相比涨幅达到46.32%。北京卫视2008年在播出剧目题材上的突破获得了良好的回报，特别是专题片《前清秘史》与《电视往

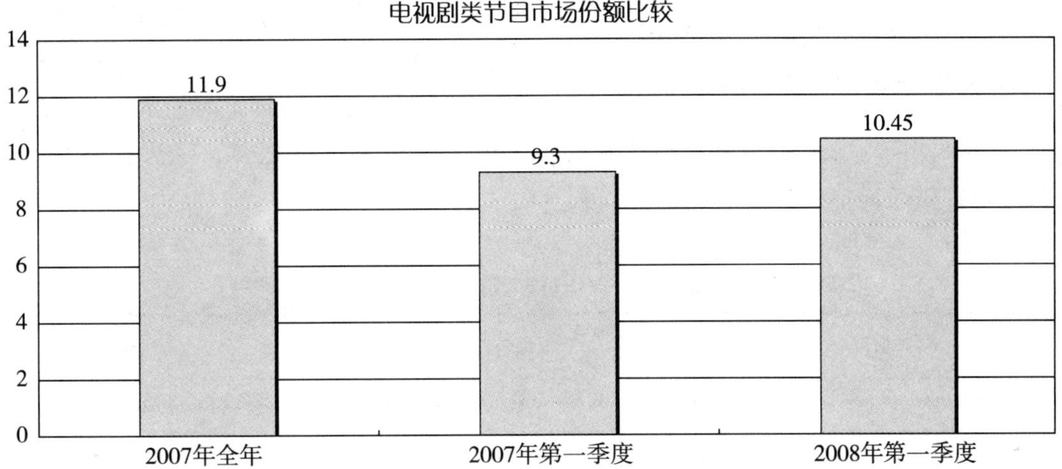

数据来源：AGB Nielsen Media Research

事》的先后播出，平均收视率分别达到2.58%和2.34%，为播出平台多类型节目拓展作出了良好的尝试。

BTV-4晚间黄金档是我台最为重要的电视剧播出档位，进入2008年初期受到中央台竞争压力，特别是《闯关东》播出期间，收视空间受到较大程度挤压；在第一季度中后期，随着我台重点剧目的陆续播出，收视水平逐步走高，牢牢把握住了市场主导。2008年第一季度BTV-4晚间黄金档平均收视率为6.14%，较之去年同期提高了0.82%，涨幅达到15.41%。

BTV-4英雄剧场是我台逐步培养的又一主力电视剧场，集中类型化的剧目播出，培养了忠诚度高且基数巨大的固定观众群，2008年以来此平台播出的剧目基本能够保证在4个百分点稳定的收视率。经过长期来的培育，此时段的节目收视稳步提高，英雄剧场第一季度平均收视率为4.24%，与去年同期比较增幅达到了68.92%，增幅表现突出。

BTV-2、BTV-3的首播剧场则延续了2007年的下降趋势，2008年第一季度收视持续出现下滑。

首播剧场2008与2007年一季度收视比较

频道	2007年播出时间	2007年收视	2008年收视	2008年播出时间	2008与2007年相比升降幅度（%）
一套	19:44~21:29	1.36	1.99	19:44~21:29	46.32
二套	19:33~21:12	1.54	1.33	19:33~21:21	-13.64
三套	22:10~24:05	1.10	0.63	22:01~23:54	-42.73
四套	16:55~18:50	2.51	4.24	16:55~18:50	68.92
	19:31~22:25	5.32	6.14	19:31~22:24	15.41

数据来源：AGB Nielsen Media Research

三、2008 年第一季度北京市场中我台占据电视剧主导地位

在 2008 年第一季度北京地区整体的电视剧节目收视表现中，我台播出的剧目仍然占据市场绝对主导地位，BTV-4 的一档剧、英雄剧场、卫视黄金档均有上佳表现。在第一季度北京地区电视剧收视前 20 中，我台占据了 17 部之多，中央台只有 3 部上榜。

2008 年第一季度北京地区电视剧收视前 20（截至 3 月 25 日）

排名	剧目	频道	收视率（%）	排名	剧目	频道	收视率（%）
1	笑着活下去	BTV-4	9.72	11	刑警本色Ⅱ	BTV-4	4.76
2	纳爱斯集团特约剧场：闯关东	CCTV-1	9.17	12	迷雾	BTV-4	4.35
3	爱无悔	BTV-4	7.55	13	红蝎子	BTV-4	4.11
4	女人一辈子	BTV-4	7.51	14	你有权保持沉默	BTV-4	4.10
5	一生有你	BTV-4	6.28	15	乡村警察	BTV-4	3.95
6	纳爱斯集团特约剧场：乡村爱情 II	CCTV-1	6.15	16	未列入名册	BTV-4	3.82
7	婆家娘家（2）	BTV-4	5.83	17	惊天动地	BTV-4	3.66
8	霍元甲	BTV-4	5.72	18	大过年	BTV-4	3.65
9	一针见血	BTV-4	5.24	19	黄金强档：神探狄仁杰（第三部）	CCTV-8	3.62
10	千钧一发	BTV-4	4.77	20	结婚进行曲	BTV-4	3.60

2008 年第一季度电视剧的收视冠军是我台 BTV-4 播出的《笑着活下去》，该剧平均收视率达到了 9.72%，一举超过了央视大戏《闯关东》。从 2008 年第一季度收视排名靠前的剧目来看，BTV-4 一档播出的家庭情感伦理剧依然是最受欢迎的剧目类型，《笑着活下去》、《爱无悔》以及《女人一辈子》等占据了排行榜前列。

刑侦、涉案剧整体收视表现较为强势，英雄剧场有多达 9 部剧目入榜。从时段收视来看，英雄剧场两集剧的第 1 集往往会较多低于第 2 集的收视，表明英雄剧场受到首播时间因素影响较大。17:00 开播的首集剧受开机率较低、收视观众无法顺利收看的因素制约，一定程度上抑制了英雄剧场收视空间的拓展，建议推后播出时段，与情景剧场调整播出时间，可进一步提高英雄剧场的收视。

青少年节目中心第一季度收视表现分析报告

吕一飞

一、2008 年第一季度青少年节目中心收视率极收视份额较去年同期有小幅提升

2008 年第一季度青少年节目中心全天平均收视率 0.26%，较去年同期提升幅度 8.3%；同时，青少年节目中心市场份额 1.69%，较之去年同期也出现小幅上升；第一季度电视观众每天投入在青少频道的收视时间与 2007 年平均水平持平，与 2007 年第一季度相比减少 1 分钟。

	2007 全年	2007 年一季度	2008 年一季度	同期增幅（%）
全天平均收视率（%）	0.23	0.24	0.26	8.3
全天平均市场份额（%）	1.68	1.67	1.69	1.2
观众平均收视时间（分）	15	16	15	-6.3

2008 年第一季度，青少频道在两个时段：19:30~20:00 晚间黄金时段及23:00之后的深夜时段收视提升明显，对于频道全体整体份额提升起到了显著的积极作用，其中，谈话节目《谁在说》与深夜时段电视剧收视贡献度最大。

同时，在全天收视份额曲线中，跌幅最为显著的时段是凌晨时段，2007 年该时段播出栏目为纪录片节目《真实 50 分》（重播），对显著提升频道该时段收视份额贡献巨大，2008 年调整节目编排后，该时段播出节目为益智综艺节目《动感秀场》（重）及谈话节目《情感部落格》（重），节目类型不符合该时段观众收视习惯，致使该时段收视份额明显降低。

从 2008 年第一季度青少频道全天分钟收视曲线走势来看，频道收视较去年同期基本保持平稳，没有出现时段效力明显减弱的情况；而通过为时一年多的频道品牌培育期，谈话节目《谁在说》已经逐渐成为频道品牌栏目，其逐渐积累的良好收视口碑在大幅拉升自身收视的同时，也为整个频道品牌建设起到了显著的积极作用。

青少频道2007及2008年第一季度市场份额走势比较

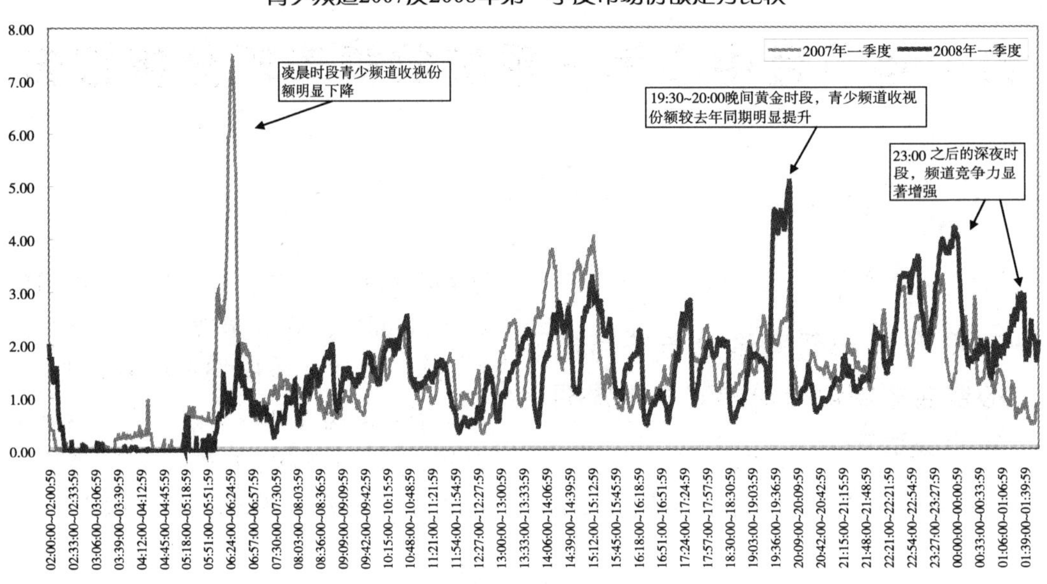

青少频道2007及2008年第一季度全天分钟收视曲线比较

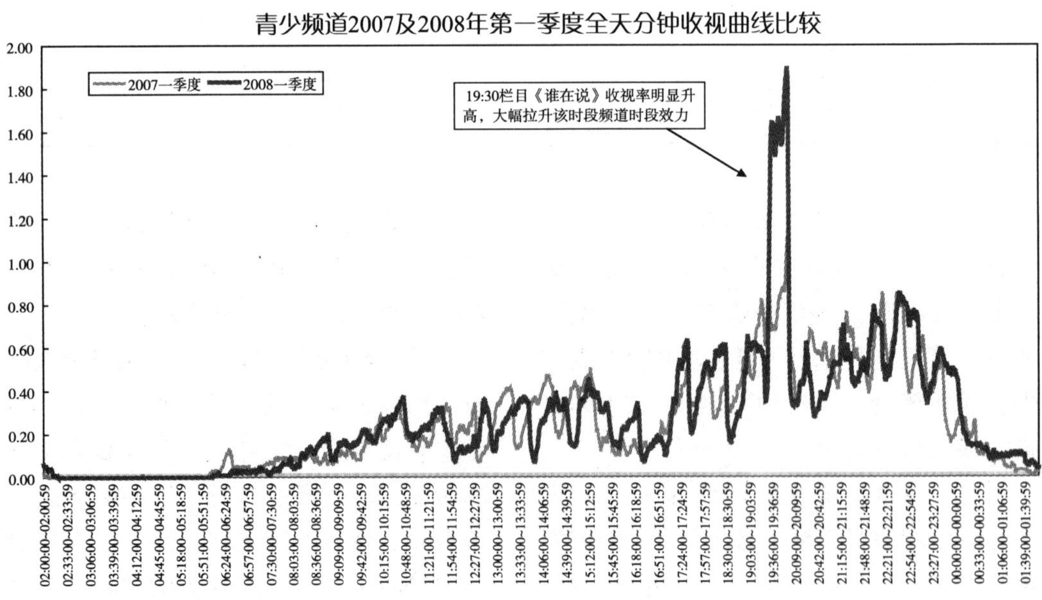

<table>
<tr><th>时间</th><th>星期一</th><th>星期二</th><th>星期三</th><th>星期四</th><th>星期五</th><th>星期六</th><th>星期日</th><th>2007 年第一季度</th><th>2008 年第一季度</th></tr>
<tr><td>06:02</td><td>情感部落格</td><td colspan="5">动感秀场</td><td>情感部落格</td><td>0.05</td><td>0.02</td></tr>
<tr><td>06:57</td><td colspan="5">第八区</td><td colspan="2">电视先锋榜</td><td>0.04</td><td>0.03</td></tr>
<tr><td>07:32</td><td colspan="5">谁在说</td><td colspan="2">探索(周末版)</td><td>0.08</td><td>0.05</td></tr>
<tr><td>08:07</td><td colspan="7">探索</td><td>0.09</td><td>0.12</td></tr>
<tr><td>09:05</td><td colspan="5">电视剧场</td><td colspan="2">悦读会</td><td>0.12</td><td>0.17</td></tr>
<tr><td>10:04</td><td colspan="5" rowspan="2">电视剧场</td><td colspan="2">炫影院</td><td rowspan="2">0.23</td><td rowspan="2">0.25</td></tr>
<tr><td>11:03</td><td colspan="2">情感部落格</td></tr>
<tr><td>12:00</td><td colspan="5">第八区</td><td colspan="2">八区故事(周末版)</td><td>0.23</td><td>0.13</td></tr>
<tr><td>12:33</td><td colspan="7">开心一刻</td><td>0.13</td><td>0.28</td></tr>
<tr><td>12:58</td><td>情感部落格</td><td>情感部落格</td><td>SK 状元榜</td><td>替身</td><td>悦读会</td><td>北京男孩</td><td>SK 状元榜</td><td>0.29</td><td>0.29</td></tr>
<tr><td>13:55</td><td>龙的传人</td><td colspan="6">重播八区剧场</td><td>0.32</td><td>0.29</td></tr>
<tr><td>15:25</td><td colspan="7">重播八区剧场</td><td>0.16</td><td>0.32</td></tr>
<tr><td>15:35</td><td>替身</td><td>北京男孩</td><td colspan="3">八区故事</td><td>八区主打星</td><td>八区故事</td><td>0.14</td><td>0.24</td></tr>
<tr><td>16:30</td><td>八区主打星</td><td colspan="5">第八区</td><td>八区主打星</td><td>0.17</td><td>0.14</td></tr>
<tr><td>17:05</td><td colspan="7">谁在说</td><td>0.35</td><td>0.43</td></tr>
<tr><td>17:40</td><td colspan="5">动感秀场</td><td colspan="2">探索(周末版)</td><td>0.38</td><td>0.48</td></tr>
<tr><td>18:35</td><td>悦读会</td><td>替身</td><td>真实 50 分</td><td>情感部落格</td><td>情感部落格</td><td>SK 状元榜</td><td>北京男孩</td><td>0.52</td><td>0.45</td></tr>
<tr><td>19:30</td><td colspan="7">谁在说</td><td>0.83</td><td>1.56</td></tr>
<tr><td>20:05</td><td colspan="6">第八区</td><td>八区主打星</td><td>0.50</td><td>0.42</td></tr>
<tr><td>20:40</td><td colspan="6">动感秀场</td><td>情感部落格</td><td>0.57</td><td>0.48</td></tr>
<tr><td>21:35</td><td colspan="5">探索</td><td>替身</td><td>悦读会</td><td>0.59</td><td>0.57</td></tr>
<tr><td>22:30</td><td>龙的传人</td><td colspan="5">八区剧场</td><td>龙的传人</td><td>0.57</td><td>0.63</td></tr>
<tr><td>23:30</td><td colspan="7">八区剧场</td><td>0.29</td><td>0.40</td></tr>
<tr><td>00:26</td><td colspan="7">谁在说</td><td>0.13</td><td>0.12</td></tr>
<tr><td rowspan="2">00:57</td><td colspan="6" rowspan="2">探索</td><td>八区主打星</td><td rowspan="2">0.05</td><td rowspan="2">0.09</td></tr>
<tr><td>探索(周末版)</td></tr>
</table>

在青少频道 25 个时段 2008 年第一季度与去年同期相比，共有 13 个时段收视率上升，12 个时段收视率下降。

在收视率增长的 13 个时段中，中午时段（12:30～13:00）在《开心一刻》带动下收视升幅最大，上升幅度达到 115.4%；而对频道收视率拉动最明显的则是晚间黄金时段（19:30～20:00）。经过一年多的培育期，谈话节目《谁在说》已经逐渐成为青少频道品牌栏目，在其拉动下，2008 年第一季度收视率达到 1.56%，在保持频道内收视第一的情况下，取得了 88% 的收视增幅，从而大幅拉动频道晚间黄金时段收视。

由于《八区剧场》为重播剧场，所播出的剧目基本为热点剧的重播，不能与影视剧频道的新剧直接碰撞，但青少频道重播剧场在与首播剧不抵触的情况下进行交叉播出，2008年《八区剧场》播出的五部经典剧目仍然取得了良好的收视效果。

综观青少频道全天收视表现，整体基本保持了平稳态势。经过对节目全新定位的调整，观众的收视习惯培养，青少频道收视率和市场份额稳步增长，在2008年初基本做到了影响力的扩大和观众群的扩充的双重效果。

序号	剧目名称	播出频道	收视率（%）
1	炊事班的故事（第三部）	BTV-8	0.54
2	双面胶	BTV-8	0.46
3	霍元甲	BTV-8	0.31
4	奋斗	BTV-8	0.96
5	金婚	BTV-8	0.63

二、2008年第一季度青少年节目中心栏目收视表现

序号	所属中心	栏目	播出频道	播出日期	首播时间	2008年第一季度收视	2007年第一季度收视	差值	增减幅度（%）
1	青少	谁在说	BTV-8	一二三四五六日	19:30	1.56	0.94	0.62	65.85
2	青少	情感部落格	BTV-8	六日	20:35	0.71	0.32	0.39	121.88
3	青少	八区主打星	BTV-8	六日	20:05	0.48	0.51	-0.03	-6.63
4	青少	第八区	BTV-8	一二三四五	20:05	0.40	0.51	-0.11	-22.23
5	青少	SK状元榜	BTV-8	六	18:35	0.35	0.30	0.05	16.39
6	青少	真实50分	BTV-8	三	18:35	0.32	0.68	-0.36	-52.35
7	青少	动感秀场	BTV-8	一二三四五	20:30	0.26	0.48	-0.22	-45.45

2008年第一季度青少年节目中心7档栏目，收视较2007年同期共有3档栏目上升，4档下降。其中，谈话类节目《情感部落格》与《谁在说》增幅最为明显，分别为121.88%与65.85%。

青少频道晚间黄金档节目《谁在说》之后，《第八区》作为调整定位，全力打造以15~35岁为核心收视群体一档栏目，在青少频道栏目品牌化的建设中发挥了一定作用。综合该时段收视环境及竞争频道情况，建议青少频道在《谁在说》栏目播出后安排一档相关资讯节目，以链接热线、心理咨询、解决群众的需求帮助为主旨，主要目标观众为中青年观众，并对前时段播出的《谁在说》起到收视的承接作用，以求能与该时段大量的电视剧形成题材反差在竞争中脱颖而出。

三、青少年节目中心2008年新上节目收视表现

序号	所属中心	栏目	播出频道	播出日期	首播时间	2008年第一季度收视	原时段收视	差值	增减幅度（%）
8	青少	悦读会	BTV-8	日	21:30	0.64	0.59	0.05	8.48
9	青少	探索	BTV-8	一二三四五	21:25	0.63	0.50	0.13	26.90
10	青少	探索周末版	BTV-8	六日	17:40	0.61	0.30	0.31	104.86
11	青少	替身	BTV-8	六	21:30	0.43	0.66	-0.23	-34.65
12	青少	开心一刻	BTV-8	一二三四五六日	12:33	0.25	0.54	-0.29	-52.80
13	青少	北京男孩	BTV-8	日	18:35	0.22	0.33	-0.11	-34.60
14	青少	八区故事	BTV-8	六日	12:00	0.18	0.37	-0.19	-51.97

青少年节目中心新上节目中，2008年第一季度中，《探索周末版》对频道原始段收视提升幅度最为显著，提升幅度104.86%；此外，《悦读会》及《探索》也对于原始段收视有一定的提升。

八、论文摘编

北京的视角，世界的奥运

刘爱勤

奥运赛场内的精彩在于各国运动员竞技实力的激烈较量，那么，奥运赛场外的精彩则在于各路媒体报道能力的全面施展。作为举办国的举办城市媒体来说，其报道能力、传播能力的强弱更是直接关乎奥运举办成功与否、精彩与否的重要因素。北京电视台作为北京奥运主办城市电视台因其特有的角色地位拥有了一份光荣和使命，也因其特有的角色地位迎来了千载难逢的展示机遇，更因其特有的角色地位迎接了一场传播理念和传播能力的考验。

一、抓住一条主线，用足自身资源

奥运会是举世瞩目的体育盛会，赛事资源是奥运会的核心资源。作为非持权转播商但又是奥运主办城市电视台来说，如何用足自身的有限资源，开拓性、创造性、全方位、多角度做好奥运的宣传报道，充分展示首都媒体强大的传播能力，成为北京电视台面临的最为严峻的考验。

首先，要在全面、准确理解奥运核心理念的基础上，从主办城市的特定角度找准、抓住奥运宣传的主线。奥运会是体育的盛会，但又不是传播赛事单一符号的盛会。经过百年的风雨历程和全人类的共同铸造，奥运会已经成为传递丰富文化内涵和人类美好祝愿的体育与文化的复合载体。奥运来到北京，注定要融入新的文化内涵。早在申办2008年奥运会之初，中国就明确提出了“新北京　新奥运”的口号，作为奥运举办城市，北京更是为实现这一战略构想进行着不懈的努力。所以，“新北京　新奥运”是北京电视台必须牢牢抓住的奥运报道主线，而这种有着丰富内涵、牢固根基、长远目标的“大奥运观”，也为主办城市电视台打开了通向奥运、通向2008的特色通道。

正是“新北京　新奥运”的宣传主线，“大奥运观”的报道视野为北京电视台的奥运报道提供了强有力的支点和丰富的题材，使得北京电视台能够以开阔的视野、开放的姿态多层面挖掘奥运资源，将自己的报道触角延伸到最有效的信息空间，实现了奥运报道时间与空间的最大延展，保持了奥运会主办城市电视台在国际体育赛事报道上的良好姿态和应有张力。

其次，奥运报道要做到主线清晰、推进有序、工作到位、传播有效，一个必要的条件就是组织机构的强有力保障，只有搭建起统一、有效的管理运行平台才能够确保内部资源的有机整合和充分利用。

2004年底，北京电视台组建了专门的奥运节目制作队伍，陆续开办了一批奥运栏目，使奥运宣传报道在常规化、栏目化的日常运作下有序推进。随着奥运举办日期的临近，为了形成全台奥运报道的合力，加大奥运宣传力度，协调奥运报道步伐，北京电视台于2007年专门成立了奥运报道领导小组，对全台的奥运报道进行统一规划、统一部署，并明确提出了奥运报道的“四个特点”、“五个目标”、“六个优秀”、“七项任务”，让全台的奥运整体战役向着重点突出、协调有序、指向明确的方向稳步迈进。

二、确立“两个视角”，深化奥运内涵

奥运文化作为多元文明汇成的广阔风景，需要每一个举办国家、每一个举办城市为它融入新的精粹和品格。创造奥运文化的是古代文明，传承奥运文化的是现代文明，而懂得怎样去丰富它，是一种更高创造或者说是智慧。

1. 让世界分享北京奥运的文明成果

奥运来到中国、来到北京，必然融进中国元素、北京元素。奥运精神是丰富而多元的，中华文明是深厚而博大的。媒体如何促进这种交融，让全世界通过这样一次国际体育赛事深切体会中华文化，并使其沉淀于奥运文化之中显得尤为必要。让世界分享北京奥运的文明成果，正是主办城市电视台奥运报道中的题中应有之义。北京电视台从2006年开始倾力打造长达12集的大型文献纪录片《北京》，站在传播中华文明、加强国际交流的高度呈现给世界人民。

2. 让北京积淀奥林匹克的文明价值

北京奥运印刻的是北京的符号、中国的符号，同时北京奥运也将印刻世界文明的符号。为了全面、准确向国人传递百年奥运的精神内涵，北京电视台充分利用这次机会，包括向海外派出记者采访与奥运有关的人和事，丰富奥运报道的视角，让人们感受到奥林匹克竞技之外的人文价值。

三、平衡“三个关系”，扩大奥运外延

北京奥运仅仅是16天的一场国际体育赛事，如何将瞬间的精彩和永恒的价值相衔接，如何让专业的竞技和全民的健身相融合，则成为北京电视台奥运报道的着力点。

1. 专业竞技和全民健身的关系

中国体育代表团参加雅典奥运会后，提交了报告《雅典奥运会的经验和启示》，其中特别提到“以把北京奥运会办成‘体育的盛会，人民的节日’为指向，积极推动群众体育发展”。报道赛事、报道运动员的专业比赛，固然是奥运盛会的核心内容所在，但是奥运精神还要求全民参与，因此，全民健身的宣传也是北京电视台奥运总体报道的重要内容。奥运不仅是体育明星的盛会，百姓也能成为明星。

2. 文明倡导与文明行动的关系

倡导“人文奥运”是中国对奥运内涵的深化和丰富，也是中国对奥运的一种承诺。人文奥运对主办城市、举办国家的文明素质、文明水平也提出了新的要求。文明理念的倡导对于从根本上培育和提升市民的整体文明素质，对于营造良好的人文环境和文化氛围，对于展示中国人民文明礼貌、热情友好、奋发向上的精神风貌，对于增进中国人民与世界各国人民之间的了解与友谊，并且最终给北京留下一笔珍贵的人文财富，都至为关键。北京电视台的奥运宣传报道一个核心内容就是“文明提升”，这种向善、向好的变化，体现了奥运的社会价值，也是媒体报道的责任。

3. 眼前宣传与长远目标的关系

北京电视台的奥运报道是举全台之力

的大事，做好当前义不容辞，而缺乏长远思考也会影响媒体的持续传播能力。北京电视台围绕奥运共开办了十多档固定栏目，其中一部分节目在设计、策划之初就充分考虑到品牌价值和延续能力。像《现在行动》、《身边》、《快乐健身一箩筐》等栏目，因其具有良好的延展性，既能聚焦奥运又能进入更宽泛的话题领域，并且已经形成了良好的收视和品牌效应，因而，在奥运之后依然可以作为常态栏目发挥推进社会文明、推动全民健身的作用。

大众传播中的苏格拉底悖论

张　晓

法律界有一个著名的苏格拉底悖论。公元前399年，苏格拉底因为批评雅典的劣质民主而被叛处死刑。临刑前夜，苏格拉底的好友及学生贿赂了狱卒帮助苏格拉底越狱。就在狱门已经打开，生死系于一线的时候，苏格拉底停住了脚步，展开了他的悖论：逃狱符合公平正义吗？以思想有罪、言论有罪剥夺一个爱国者生命的权利严重丧失了法律的正义。但是服从法律的判决，维护法律的秩序也是一种公民的义务。每个公民都有守法的义务，这也是一种法律的正义。如果每个人都以自己判断的是非为是非，不履行自己的义务，势必会造成天下大乱以及整个社会公平正义的崩溃。而以一种令公平正义崩溃的方式去追求公平正义，无异于饮鸩止渴、以暴易暴。

在广播电视新闻等大众传播实践中，也会遇到一个苏格拉底悖论式的问题，这就是涉及记者在大众传播采集阶段的道德风险，我们对此一定要有清醒的认识。

一、真实性背后的欺诈手段

大众传播的目的是追求言论自由的正义。但是大众传播在追求这种正义的过程中却存在一种道德风险，往往与新闻真实性的本质相悖，即新闻采集内容真实性和新闻采集手段欺诈性之间的矛盾。

通常情况下，传播的从业者并没有背离大众传播的真实性原则，相反，他们还在努力地追求着大众传播的真实性伦理。但是，一些新闻记者在大众传播活动的采集阶段，特别是在隐性采访、曝光社会阴暗面时，为了获得正常手段无法获得的新闻素材，采取一些新闻欺诈的手段，以试图还原新闻内容的真实性，这样做的目的在于减少新闻采集的障碍，例如著名的“水门事件”和克林顿性丑闻事件最先都是由新闻记者隐性采访揭露的。

隐性采访的目的是为了能够最大限度地逼近事实真相，突破显性采访环境的封闭性和事实本身的隐蔽性，从而抓住问题的实质，体现新闻的真实性。但是，如果这种追求真实的背后却隐藏着欺诈手段，那就严重背离了真实的本质。这就是我们所说的大众传播中的苏格拉底悖论。

二、大众传播中的苏格拉底悖论的表征

在采访中遇到种种困难和阻力时，记者往往会发挥主观能动性，想方设法地解决，但这种解决办法很容易让记者本身陷入苏格拉底悖论式的困境中。一方面，记者最初目的是得到真实的、客观的新闻素材；另一方面，为了得到这些素材，记者对新闻事件进行了设计。这种掺杂了记者主观设计的素材并不能严格地定义为真实的。

第一，在获取信息中隐藏身份。大众传播过程的采集阶段，传播从业者往往在不公开自己的真实身份，不说明自己的采集意图的前提下，对采集的对方进行大众传播的信息采集活动。新闻记者们采集活动的目的并不是要影响事件的进程，而只想用特殊的手段真实记录事件的过程。

新闻从业人员以一个普通参与者的身份，如公民的身份、过路人的身份、消费者的身份进行询问，从而介入事件。新闻从业者介入的事件也是这些普通身份可以直接介入的公共事件，而这些公共事件对于新闻从业者介入的身份并无特定性要求。

在大众传播活动过程中，还存在着另外一种采集方面的问题，就是记者以导演的方式，来采集不知内情的一些群众对某一事件的反映。这种导演的工作是为了在节目中达到某一效果而人为地设置事件过程和情节。本来，导演的工作方式方法多运用于电视剧、娱乐节目和谈话节目等，作为参与这种节目录制的各方人士要熟知自己的角色和定位，并按照导演的要求完成自己的角色任务，最终达到某种效果。但是新闻记者的工作方式却不同，他们的主要职责是记录正在或新近发生的事实，用事实说明问题，以期达到一种传播效果，这种效果可能是记者可以预期的，也可能无法预期。

第二，获取信息中进行角色扮演。有的记者通过设计圈套等进行取证，以不正当的手法获取对方违法或隐私的内容，也就是通常所说的“以正义之恶对非正义之恶”的理念。从本质上说，这种行为是由一种非法制观念所导致的，记者在新闻事件中已经转移了采集的职业角色，而为了某种目的进行了角色扮演，直接干预甚至推动事件发展。

日常的采集活动中，最常见的是记者“陷阱取证”。一般是记者装扮成求购假文凭、假发票、假钞者，引诱制、贩者上钩，记者再记录整个过程，但使用不当就会有引诱犯罪之嫌，因为买卖假发票、假钞达到一定数额就是犯罪行为。一方面记者本身就是在以身试法；另一方面卖假发票、假钞的也可能处于罪与非罪、罪轻与罪重的界限，如在记者的推动下，卖假发票、假钞的人跨越了这个界限，记者就成为了事件进程的推动者。

有的记者乔装身份，扮演、冒充某些角色进行暗访，如冒充被采访事件中某些特定人物的家人、朋友、师长等身份，利用人情伦理套取并拍录需要的信息。这种方式在很多节目中被采用，有娱乐的意思，也满足了大众的某种偷窥欲。但是如果作为被录下的当事人得知这一幕是人为导演的，就会有一种上当受骗之感，会对传媒表示不信任，甚至会对传媒产生厌恶情绪。

就这种采集的方式方法来讲，也有悖于大众传播的真实性伦理。

三、公共正义制衡下的传播真实性伦理

追求传播真实性的伦理，尽最大努力追求真实，向社会公众展示真实的社会，是社会公众与大众传播媒介之间政治契约的一部分。而大众传播活动中使用什么手段采集真实的社会信息，难免经常遇到苏格拉底悖论的问题：即能否用令公平正义崩溃的方式追求公平正义。

美国学者麦尔文·曼切尔曾经说过："在你观察的事物中，你不能陷得太深，以至于改变了事情本来的进程。你可以登台表演，但绝不要充当主角。即使你卖力地演配角的时候，你的真正身份仍是局外人、旁观者。"（见《新闻报道与写作》，中国广播电视出版社1981年版）。

记者只是忠实的新闻记录者，过度介入新闻事件，引诱对方或者设置陷阱达到自己的某种目的，这在某种程度上等于在诱使他人犯罪。虽然记者的目的是为了揭露社会丑恶现象，但不能只重结果而不问手段。对隐性采访的使用，既要考虑到社会效果和社会的容忍程度，也要尽可能回避法律的禁止领域。

组织部门要善于谋划大局

党委办公室

北京电视台党委办公室是党委的综合办事机构，按照台党委的要求开展组织工作是重要职责。同时，党委办公室所担负的宣传教育、精神文明创建、统一战线等工作也与组织工作的内容有着密切的相关性和交叉性。近年来，我们十分注重探索组织工作的新形式、新领域、新思路，以提升组织工作的实效性和影响力为出发点，从理论和实践层面进行了一些初步的尝试，特别是提出了组织工作参与大局谋划的工作思路，使得组织工作呈现出了一些可喜的新气象。

总结过去的经验，深入进行理性思考，我们以为，组织部门要善于谋划大局，能够谋划大局。至少应该从以下几个方面进行努力：

第一，要对所在地区、所在单位的主要业务工作有一定的了解和掌握。对于组织工作来说，业务工作是理所当然的"本"。组织部门谋划大局的能力，从根本上来说，还是要通过业务工作成绩、事业发展的速度和水平来体现。那么，组织工作是不是能够落实到、契合于业务层次的不断提升上，就显得尤为重要。因此，对于组织部门来说，了解单位业务工作的主要情况就并不是一件无关紧要的事情。而且，既然需要从大局上进行把握，也就不能只是了解一些抽象的概念，而是应该对

相关业务领域的前沿发展状态、本单位的业务层次、这一领域的发展前景等问题有比较明确的认识，才能使自己的工作切中要害，避免随意性。对于广播电视机构的组织部门来说，应该对国内外广播电视节目的经营管理体制、发展创新势头、受众对广播电视节目的需求、新媒体与广播电视发展的关系、所在单位在全国广播电视领域的声誉和地位等有比较深入的把握。

第二，要主动与本单位其他部门、特别是主要业务部门建立工作联动机制。组织部门要树立“走出去”的意识，寻找发挥自身优势、开展本职工作的机遇。谋划大局必须首先参与大局，在实现大局任务的每一个过程中探索组织工作的参与形式和参与途径。在工作过程中，我们发现，在没有向其他部门表达组织工作参与的想法和意愿的情况下，很多业务部门不会主动地寻求组织部门的支持和参与。因此，组织部门得到有关的工作信息时，经常已经有了结局，我们的工作就被动了。但是，当我们率先提供出一些组织保障方面服务、表现出热情的姿态时，却能得到大家的欢迎，并且会在以后的工作中时常想到组织部门，遇到大事、难事也会积极寻求我们的支持。这不但对我们谋划大局有利，而且也是在群众中塑造组织部门和组工干部形象的捷径。

第三，要加强组工干部现代管理理念和管理知识的学习。组织部门作为一个管理部门，有没有科学有效的管理理念和管理技巧支撑，对于开展工作具有很大的影响。组织部门从事着大量与人打交道的工作，要了解最真实的情况，要能让别人敞开心扉，要得到别人的信任，都需要一定的与现代企业管理有关的理论知识。管理学、社会学、心理学的基本知识，加上文学、哲学的思维背景，都是做好组织工作不可或缺的。组织部门应该通过鼓励参加在职学位教育、工作研讨、脱产培训等方式提升组工干部的管理水平，使组织工作逐步趋于制度化、规范化、科学化、人性化、艺术化。

第四，要从组织部门的内部管理入手，充分调动起组工干部的工作激情。组织部门内部要营造出健康、团结、和谐的工作氛围，同时，要通过项目分配、奖励措施等途径优化职责的实现内涵，形成鼓励进取、鼓励谋划、鼓励创新的良好环境，让组织部门成为充满生机与活力的工作部门，组工干部队伍成为充满激情的工作团队。

生活频道在“汶川大地震”宣传报道中的得与失

倪大海

作为非新闻类、以软性常态节目为主要呈现方式的电视频道，生活频道在观测社会危机信号、选择报道时机通路和把握宣传报道口径方面处于相对弱势地位。在汶川地震的报道中，频道在节目编排、选题策划和活动组织上进行了有益的尝试，以此为鉴，有以下对同类频道操作方式的思考：

一、应对突发重大事件的反应力、策动力和执行力

媒体的竞争是速度、密度的竞争，更是角度、精度的竞争。生活频道对于汶川地震的报道可以用几个维度来表述：（1）放弃新闻第一落点而选择第二或第三落点稳中求胜；（2）放弃不能尽数的群像展现而侧重于凸显以人为本的伦理特征；（3）放弃大规模的信息流报道而主攻最具话题意义的信息质管中窥豹。

1. 扬长避短，占据新闻的后继落点

生活频道在汶川地震报道中经历了频道创办以来最大规模的连续报道。以《第7日》为代表，频道整体在新闻事件的应对上有两个“先天不足”：一是在抗震信息传播的权威性和时效性上稍有欠缺；一是信息源的地理距离和心理距离与频道核心受众相去甚远。作为频道内的一档民生新闻资讯栏目，《第7日》预判了此次事件的影响性和介入的可能性。但考虑到毗邻奥运这一特殊时段，栏目组没有贸然跟进，而是稳扎稳打，在贴近、亲民的定位下，以地震为主题，采用多期节目设置专题的方式，用媒体的视角审视新闻大事对社会、民众的影响，继而发掘我们身边感人向上的故事。在频道统一部署下，栏目组派出记者进入地震重灾区，既在“规定动作”上完成了对新闻大事件的有效、跟进式传达，又在“自选动作”上抓住了新闻的第二落点，后发制人，实现了以软性的话语方式报道硬性新闻题材的策略，弥合了材质与加工方式不统一的状况，利用“资讯可以有信息传递和评论素材的两次使用”的特性，对新闻第二落点沉稳而持重地解读，实现了在高强度媒介竞争中的差异化传播策略，顺利完成从“事件发生”的注解到“事实发掘”的过程的战略转移。

2. 独辟蹊径，借力把握高聚焦度的信息质

在地震的报道期间，生活频道采用独家观点与独家视角突出新闻的质感与独家采访。采制“救心行动”、“伸出我的手和你在一起”、“飘动的绿丝带”、“我们和你在一起”等多期特别节目，绕过时效性媒介竞争壁垒，创造出谈资性的新闻点，在

芜杂的信息流中围绕频道一贯的风格，抓取最具看点和感召力的资讯。信息质不只是摘选资讯，更体现为频道向观众推荐的“媒介关注点”，借以表现媒介的正气与良知。媒介行动体现着媒体人的责任感与使命感，无论《7日7频道》栏目组和市慈善协会的联合行动，还是《食全食美》举行的“爱心同在 签书义卖”等活动，都巧妙地使主题式的集纳资讯和报道的参与性、前沿性活动结合起来，投射出媒介的态度与良心，不断地制造媒介兴奋点，使“经历着”成为媒介与受众连接的一种语态，与受众共同分享，共同担当。

3. 以新闻节目的追踪意识，完成生活服务类节目的采访报道

生活服务类节目对事件的追踪和解读，是以空间性事件的延续弥补时效性传播劣势的有效方式。追踪不仅仅限于新闻事件本身，还有事件进行过程中人们的生活状态和心理状态。汶川地震发生的第二天，《生活面对面》派出8路记者奔赴接受救灾捐赠的重要部门——北京市民政局、中国红十字会、北京市血液中心记录首都各界捐赠救灾情况，以连线方式突出主持人与采访对象的面对面访谈；派遣记者进驻前线，深入到受灾群众的生活中，将真实、感人、振奋人心的诸多场景传递给观众；针对地震救灾发生之后观众所产生的“对地震方面的知识以及如何避震的常识”这一收视心理需求，派出记者进行电视抗震方法模拟体验。媒体的追踪，反映的是一种媒体的态度。在追踪中展现关爱，在追踪中体现时效，在追踪中发掘细节。媒介是一个传递信息的载体，更是一个平衡社会舆论的杠杆。它平衡着诸多灾难性报道事件中受众心理的悲戚感，让新闻背后的细节给予受众生活的热情与信心。

二、生活服务类频道面对重大新闻事件的传播策略

1. “田忌赛马”的制胜之策

报道角度的遴选、侧重在很大程度上决定了传播的胜负。灾难性事件的报道一般有四个角度：灾难新闻、受灾个体、政府和公众行为、后续评价和修复。除了新闻的时效资讯与现场表现，有关重灾的快速反应机制和部门配合、社会大众对灾区的援助、民间善款的有效利用、灾难对周边环境的影响、灾难对人民生活的影响等都是非常好的角度。

一方面，如果节目制作者可以改变看待新闻事件的角度，适当放宽节目本体对固有题材的选择范围，借用其他媒体造出的事件“知名度”，积累节目的收视基础，那么就在可以在此基础上再创造出媒介资讯价值。新闻事件的解读给百姓带来启迪，新闻事件的结果给百姓以启示，新闻事件的意义勃发出可以激励全社会的精神情感。另一方面，新闻事件也有其各自的特点，例如有趣的新闻、令人高兴的喜事或是灾难性事件。这些节目制作团体要预先对该新闻类别作出宏观判断，决定各栏目需要展现的人物群体、生活内容以及对社会更深层的主题，形成可操作性的反馈意见。对于节目的思考不仅仅停留在策划层面，频道内每个节目都应具有频道特色的思考方式和态度传递方式，而非人云亦云，或者报道缺位。

2. 打通各个栏目为“媒介协调行动”造势

《食全食美》的签名售书、《生活秀》

与新浪共同举办的绿丝带活动，以及抗震救灾大型直播等众多的活动，已经表现出生活频道各栏目对于媒介行动所产生的社会影响力的理解与应用。生活服务类频道要用“借力使力”的方式进一步增容“事件影响力营销”的空间，打出频道响亮的知名度。

3. 建立有效的应急保障机制

应急机制的基本部分应该由组织体系、运行机制、应急保障、监督管理几部分组成。对突发事件的类型、级别、处理方式和几套预案都要有完整清晰的规制和构想，明确基本的应急保障规划以保障重大突发事件来临时的应急需要：

监控：在综合科或同类别部门应设有专门的人员进行新闻及频道资讯监控，他们应该具备相当高的职业敏感性和事件判读能力，监控各媒体所报道的新闻事件，监控北京不同领域内的新闻事件，同时还要关照外台、外网新闻事件，进行基本的报备与记录，负责为各个栏目提供线索和资料来源，一旦有紧急事件发生，快速上报，为频道预留出充分的反应与策划时间。

路演：凤凰卫视做事件直播的形式十分值得借鉴，生活频道不妨学其神髓，可以依托自身的资讯类栏目，由小变大，循序渐进地进行一些直播活动，既可以增加自身资讯节目的品类，又可以为大事件来临作预演，提高自己对于事件的应对能力，处变不惊。

保障：保障力量分为几个层面，首先是技术保障，对转播、制作设备，以及一些制作、包装节目的精干人员的储备是十分必要的。其次是人力保障，一线的采编人员必须具备基本业务素质和应对能力，业务过硬，思维敏锐。同时，指挥保障也是必要的，分管领导按部就班，机动小组随时配合，在新闻大事件来临时确保频道迅速地作出反应。

管理：对于预警信号的搜集，危机来临时的调配和危机过后的总结梳理工作，需要有的明确总结报告和观念的有益转变。其中，应急预案预设、归档和不断补充要呈现出应急保障规制与时俱进的态势。

还“典型”人物以“真人”本色

——从系列报道《华益慰：平凡医者人间天使》谈起

张　丽

华益慰是国家主席胡锦涛亲自批示、由中宣部隆重向全社会推出的重大典型人物，对于这位享有很高荣誉，又极具社会影响力的新闻人物的报道，其实非常具有挑战性。北京电视台制作播出的三集系列报道《华益慰：平凡医者人间天使》，能够引起较大社会反响和良好的受众反馈，就是我们有意识地打破了以往塑造先进人物，追求高、大、全形象的创作惯性；在报道的形式和内容上注重了细节的挖掘，通过大量的采访，从不同侧面展现人物性格，使人物形象更加立体、丰满；在具体的报道手法和后期制作中，又着重突出了声音效果（尤其是同期声）在电视新闻报道中的作用。

一、人物定位决定人物报道的框架

发生在典型人物身上的故事往往有别于常人，但是他们又的确过着普通人的生活，有着和我们一样的喜怒哀乐。因此，选择一个恰当的角度，从总体上展现这些典型新闻人物平凡生活中的“不平凡”，是我们做人物系列报道的第一个考验。

传统的人物报道在宣传先进人物时，为弘扬其体现的时代精神和高尚情操，往往站在高处向受众告知，用词也多是“伟大的”、“高尚的”、“无私的”，给人感觉这个人物高高在上，只能仰视。改革开放以来，人物报道的理念发生了很大变化，逐渐摒弃了“神”化先进人物、“鬼”化反面人物的极端做法，实现了向“人”的回归。而只有用普通人的视角去关注新闻人物，才能使人物更加常人化，给受众以亲切感。因此，在华益慰的系列报道中，我们尝试着以一个受众的视角去观察，去了解究竟发生在华医生身上的什么事情最能吸引普通受众的注意力。然后再用记者的眼光去挖掘这些事件，寻找有价值的新闻点，来组织素材制作新闻。

二、还原细节是报道亮点

选择适当的角度报道新闻人物仅仅是为整个的系列报道搭建了一个基本的框架，而对于成功的新闻人物报道而言，只有框架是远远不够的，真正打动受众的还是记者能够在多大程度上还原细节。因为细节虽然微小，但却是最具有表现力的新闻点。人物的性格特质、思想情操往往就是通过不经意的细节来体现的。在表现华益慰一心为患者的高尚医德时，我们特别注重挖掘典型事件中的细节，以小见大：华主任查房时，对患者特有的微笑；为患者听诊时，总会先用手捂热听诊器；为病人查体，他会先把自己的手搓热，免得患者感觉凉，不舒服；为病人手术，他会先来到手术室，让病人在麻醉前看到自己，心里可以踏实。这些细节的呈现，看似不经意，但可谓“润物细无声”，一点一点在屏幕上勾勒出华医生高尚的人格和精湛的医术，令受众倍感真实。

三、人物报道需要呼应和连贯

当然，如果系列报道只停留在细节的铺陈和堆砌上，那么会令受众感到冗长和模糊，也会从整体上影响新闻的传播效果。为了从总体上实现系列报道的关联性，使得细节能够互相补充，不至于凌乱，我们选择了每天守候在华医生病房门口、被华医生救治过的病人们。用患者与华医生之间发生的一个个鲜活感人的故事，串联起三集系列报道的主要内容：首先，从守候在垂危的华益慰病房门口的患者中展开，通过华医生救治过患者的真情表白，让受众对华医生几十年行医的医技医德有了最直接的了解和感受。其次，以一个保存在华医生手中9年的红包为故事的主线，以最终归还患者红包，了却华医生多年心愿为高潮，着重展现华益慰行医56年中一心为患者的高尚情操；最后，围绕华益慰在生命的最后时刻展开，此时的华医生已经气管插管，不能说话，但记者却巧妙地在片中向观众展现了此时华益慰仍然心系患者的所思所想，人物形象再次升华，感人至深。

四、手法运用使人物更加丰厚

除了以上在报道视角和方式上的突破外，在具体的报道手法上，人物系列报道也可以通过同期、音乐、背景资料等多种形式，烘托气氛，以达到更好的收视效果。具体表现为：

第一，大量运用同期声，突出真实感。现场同期声的运用可以给人很强的身临其境之感，而现场情景的重现也会带动人们的感官，烘托气氛。如在华益慰的系列报道中，我们选取了退还红包的事例，当华益慰的老伴把钱退还给当年的患者张秋海时，张秋海攥着这张在华益慰的办公桌抽屉里放了9年的存折泣不成声，口中喃喃地念着："华主任，华主任……我不敢看他去……"相信很多观众听到这段同期声时都会热泪盈眶。

第二，用音乐烘托感情。当叙事达到一定阶段后，抛开解说词，完全用音乐和画面结合更能将气氛烘托，甚至升华到高潮。在上面的例子中，当张秋海说完把这1000元钱上交组织后，一段情绪高昂的音乐，配合上华益慰泪流满面与张秋海双手紧握的慢动画面叠加，就令观众的情绪被最大化地调动起来。另外，在报道的结尾处，有一段华益慰的同期："我这一辈子做医生，就想当个好医生，做一个能给病人解决痛苦，受病人信任的医生，这就是最幸福的。"之后，配合一段音乐，以及华益慰生前为病人微笑服务、手捂听诊器、退还红包等画面，不仅回顾了整篇报道，也诠释了华医生的这段心灵独白，并使整篇系列报道的收尾意味深长，耐人寻味。

资源掌控，省级卫视的掘金之道

马克燕

从规模上的跑马圈地到内容上的精耕细作，再到源头上的资源掌控，步步升级的竞争策略清晰地描绘着中国电视媒介的发展轨迹，同时也显示着中国电视传媒在产业发展道路上的日益成熟。和品牌打造、节目创新一样，对资源的争夺和掌控同样成为各家媒体实力和能力的比拼和较量。

一、首家·独家·赢家

从全国的节目市场来看，能够"先天"对某种类型节目资源进行垄断和独占的只有央视一家。然而，省级媒体则不甘居后，无论是省级卫视的战略性频道定位，还是具体节目内容的战术型打法，无不显示着资源竞争和角逐的步步升级。

从省级卫视的频道定位来看，以产品

主打内容进行定位并聚焦，显然是资源掌控的战略性之举。但是，省级卫视对资源渴求的目光远不止于在频道定位上“自画疆界”、“抢先下手”这一范围。近年来，独家资源争夺表现最为激烈的就是电视剧市场。目前，全国1974个电视频道中，播放电视剧频道有1764个，占总数的89.4%。电视剧的广告收入占到全国各级电视台广告总收入的50%以上。一面是庞大的市场切分者，一面是诱人的经济效益，不难看出，能够在电视剧播出市场上占得优势，抢得资源，便意味着在整个市场中获得领先排位。

正由于此，从中央台到各省级卫视近年来纷纷在改版当中强化电视剧剧集的播放数量，黄金时间连播3集，节假日期间上午下午数集轰炸，卫视频道几乎成了准专业电视剧频道，同质化危机日渐显现。正是在这种残酷的竞争格局中，“独播剧”成为省级卫视提升电视剧核心竞争能力的杀手锏，使得“首批四家上星播映权”、“首批独家上星播映权”的资源争夺进一步升级。2008年，以独播剧策略为主攻方向的资源掌控显然已经成为实力强大的电视媒体的战略性思考，优质电视剧资源争夺已经进入白热化状态。

在节目市场上，通过国际版权交易获取差异化的独家节目内容同样成为近两年资源争夺的一个亮点。湖南卫视购买BBC《与星共舞》、《名声大震》等一系列节目版权，SMG引进Fox国际制作公司节目版权制作了本土化的《明星大练冰》，贵州卫视引进英国Celador公司电视节目《百万富翁》制作了《百万智多星》等，都表明省级卫视已经把资源争夺投向了更广泛的领域。

二、眼光·胆识·策略

尽管资源具有拓展生存空间、获取竞争优势的巨大能量，但是能否在开放的资源环境下，有效开掘资源并成为真正的赢家则是需要全局性的准确把握、战略性的长远思考。

首先，资源掌控需要有敏感、准确的判断能力。任何通过市场手段进行的节目资源争夺都需要付出高昂的资金投入，需要比竞争对手花费更多的真金白银。那么，这种投入是否物有所值，首先就需要对节目资源本身作出价值判断。这里既包括直接的经济利益也包括广泛的社会影响力。除了对资源本身的价值作出判断外，对自身的资源开掘使用能力能否作出准确判断也是资源能否有效使用的关键。好的资源不能发挥出应有的能量无疑是资源浪费、资金浪费。

其次，资源掌控需要有果断的决策、决断能力。优质资源往往是兵家必争之地，机会稍纵即逝，能否准确把握时机果断出击，会直接影响到自身在整个媒体竞争格局中的排位。所谓决策、决断就是要对进退取舍作出正确的选择。而这一切显然需要明确的发展目标来引领、科学合理的决策机制来支撑、高效畅通的决策流程来保障、精确有效的调查研究作依据。只有这样，才能确保在资源争夺过程中心中有数、抢得先机。

再次，资源掌控需要有效的手段和策略。资源掌控很大程度上取决于自身的实力，尤其是经济实力。然而，就其全国市场来看，除了央视，要想真正垄断某类资源，几乎是难以做到的。一方面是有限资金的购买能力，一方面是有限平台的消化能力，由此形成的“高”投入“低”产出的风险往往让众多省级卫视望而却步。为规避风险，实现优质资源利用的最大化，必须调动多种运行手段。

除了整合营销，在电视剧市场的争夺上，具有一定经济实力的电视媒体开始尝试介入电视剧投资和生产，力争在源头上掌控优质电视剧资源，并打造电视剧产业化运作链条。一部优秀的拥有独家版权的剧目，往往会给媒体带来长久的效益。

此外，结盟战略也可以说是当今省级卫视争夺优质资源的一个有效策略。对于一些实力稍弱的省级卫视来说，结盟捆绑的方式，既可以使得自己在当今的资源争夺中不被边缘化，又可以有效分摊成本，进而保持住应有的市场份额。

三、差异化·集约化·国际化

如果说，从近年愈演愈热的资源争夺中，我们看到的还仅仅是赢在当前，那么，随着时间的推移，则可以看到，逐步升级的资源争夺和掌控将会给整个行业带来新的格局和面貌。

资源争夺和掌控所产生的最为明显的结果便是卫视差异化特征的加强。CSM 媒介研究的监测数据显示 2007 年晚间黄金时段，全国 80 个城市、500 多个频道（地面频道 425 个）共播出 2802 部电视剧，100 个以上频道共播出电视剧数量仅占全年电视剧总数的 0.1%，而约 80% 的电视剧被不足 10 个频道共同播出。这意味着一部电视剧在所有频道播放的现象在减少，频道间的差异化特征在增强。

资源掌控是外部运行与内部运行高度结合、经济创收和品牌打造携手并行、短期目标与长远战略密切衔接的管理体系。如果说，资源争夺目前还仅仅显示出媒体对资源当下价值的高度重视，那么，伴随着资源争夺战的不断加剧，必然会给电视媒体内部管理带来深刻的变化，将使电视媒体进一步向着集约化、科学化的管理方向迈进。资源开掘的目的在于使用和利用，这种使用和利用并非一时之需，而是作为媒体资产的有机部分通过科学规范高效的管理不断增值升值。如果说，攫取资源需要的是眼光，那么，掌控资源最为关键的还在于练好内功，通过平台打造、管理调整、运行疏通、整体筹划建立起媒体良性运行机制，通过科学决策体系、有效的媒资管理平台实现资源使用的最大化、最优化。

任何开放性资源的获取都有超越地域界限向外延伸的欲望特征，而向外延伸的半径越大，获得优质资源的机会就越多。在这种“无疆界”的竞争中，合纵连横将成为必然。一方面，一些实力相当、利益共同的媒体会在某类资源的攫取和使用上形成联盟，寻求共赢，跨地域媒体间的合作将会不断上演。另一方面，实力强大的媒体会越来越多地将目光投向国际市场，寻找更大的市场机会和更多的独占性的资源。总之，伴随掌控资源需求的不断增加，国际化交往、交流、合作也必将更加频繁、活跃。

中国电视媒体的转型与创新

高　菲

创新是中国近几年的流行词语，转型也许会成为今后几年各产业尤其是包括电视媒体在内的信息产业的流行词语。对转型的认识和理解不同，最后的结果也不会相同。创新更不应是流行一时的词语，而应是一种持久保持的精神。

一、电视媒体为什么转型

何谓转型？简单地说，就是转变或者转换模式或类型。对电视媒体来说，就是转换思路，转变盈利模式，调整战略、策略和市场重心。转型一般分为主动和被动两种。主动转型往往能够抢占先机，获得更大的优势；被动转型则可能化优势为劣势，化劣势为无势。但不管是主动还是被动，转型都含有某种不得不转的因素。

（一）传统业务市场竞争加剧

中国电视媒体竞争日益加剧来自三方面原因：一是卫星电视频道大增；二是中国电视媒体收入结构单一；三是电视媒体市场意识的普遍增强和经营水平的提高。

既然传统业务市场竞争不断加剧，不具优势又想有所作为的电视台自然不能被领先者牵着鼻子走或坐以待毙，而是要琢磨是否应有所创新。

（二）广告经营模式后劲不足

近年来，电视媒介的广告经营出现了下滑的趋势，其增长速度甚至低于行业平均水平，一味依赖广告的电视经营模式越来越靠不住。电视广告收入增速下降一方面使得广告市场的竞争更加激烈，一方面迫使一些电视台转换增收的重点和思路。

（三）观众分流速度加快

随着数字电视整体转换工作的推进，节目点播和付费频道等新服务必然在一定程度上对传统电视频道的收视市场造成冲击。但在笔者看来，这种冲击不足为虑，真正让电视媒体寝食难安的是互联网、手机等新媒体对电视观众和广告的分流。目前，中国网民在家上网的比例已达到73%，而观众看电视的时间也大部分在家里。很明显，未来的家庭娱乐和信息渠道到底是电视媒体还是网络媒体将有一番激烈的争夺。

（四）电信产业也在转型

随着新媒体技术的发展和国家对“三网融合”的推动，“两电”市场的传统界限已经模糊。中国电信、中国移动和中国联通等电信巨头数年前就开始尝试独自或与电视台、互联网企业合作向用户提供手机电视和网络电视服务了。有的电信公司已制定媒体发展战略，要联合内容产业，实现业务转型，成为媒体乃至多媒体的运营者；有的电信公司已建立设备先进、功能齐全的演播室，囤积了大量有播映版权的影视节目；有的电信公司与新浪网、新华网等结成了战略合作伙伴关系，招聘、组建、培训媒体队伍，以期在三五年后大有作为。可以预计，一旦实力雄厚的电信企业介入媒体市场特别是视频传播市场，将彻底改变电视媒体和媒体产业的格局。

二、电视媒体转型的内容

电视媒体转型的理由非常充分，但是，转得好，麻雀变凤凰；转不好，老虎变成猫。转型可分为六大类，即技术转型、业务转型、盈利模式转型、战略模式转型、管理转型和观念转型。

（一）技术转型

主要指电视媒体传播技术由模拟信号传播转换为数字信号传播。目前，我国有线数字电视和地面数字电视的转换工作已步入了发展的快车道。但如果数字电视只是收视费提高而内容换汤不换药，如果地面数字电视缺乏相关配套标准、频率规划工作滞后，数字电视媒体的发展肯定不会一帆风顺。

（二）业务转型

主要指电视媒体从原来的节目制播为主转变为媒体经营和经营媒体为主。具体来说，电视媒体的业务转型主要包括以下几方面：

1. 从发展事业为主转向发展产业与事业并重。事业与产业是一枚钱币的两面，合之则用，分之则废。

2. 从单一的电视终端传播转向多视屏、多媒体传播。网络电视、手机电视已经登上时代和市场的舞台，并将全方位地和传统电视媒体争夺受众、争夺广告、争夺影响力。

3. 从单向传播转向互动传播。传统的电视传播是自上而下、以电视台为中心的单向传播，实现数字化转换以后，传播模式将转变为双向或多向，“受众”的概念也将转变为“授众”的概念，即有“授权”资格的观众。

4. 从固定传播模式转向移动传播模式。随着手机电视、移动电视和楼宇电视的兴起，固定地点、固定时间“收看”电视的消费模式已成传统，在任何地点和任何时间“送看”电视的移动消费模式已逐渐形成。当然，“送看”有的是免费的，有的是需要破费的。

（三）盈利模式转型

电视媒体的盈利模式主要有广告播出和付费播出两种。但是，随着业务的多元化和与新媒体的交叉融合，传统电视媒体的盈利模式也将日益多样化。如资本运营、各种形式的付费电视、各种与节目相关的在线播出与服务、节目交易与品牌授权、各种与节目相关的衍生产品与服务等。

（四）战略模式转型

在目前包括中央电视台在内的电视市场大混战中，不管是有意无意，各主要媒体采取的竞争策略还是有差异的。有的靠市场区位垫底，有的靠资本雄厚占优，有的靠节目品牌取胜，有的靠制度创新领先，有的靠资源垄断支撑，可谓八仙过海，各显神通。但根据我们的研究，任何电视媒体要想在全国市场上经营成功，至少必须具备以下八个要素：战略清晰，定位准确，节目创新，覆盖配套，制度完善，注重营销，反应灵敏，善于合作。没有战略，等于没有方向；定位不准，等于浪费资源；节目平庸，等于驱赶观众；覆盖滞后，等于有车无路；制度残缺，等于轮不在轨；营销不力，等于鱼目混珠；反应迟钝，等于坐失良机；不善合作，等于不会竞争。

三、电视媒体应在转型中创新

简单地说，创新包括“破”和“立”两个过程。破而不立，是为破坏；立而不破，是为改良；破而后立，是为创新；创而不新，是为失败。创新有虚拟和现实两种。虚拟创新是精神、观念、制度层面的创新，现实创新是产品、技术等形态层面的创新。创新还有相对和绝对之分。相对创新是和自己比或和过去比，绝对创新是和别人比或和世界比。对大多数人和企业来说，在谈创新之前，首先应做到的是到位，是回归，是达到标准水平和应有水平。

电视属于创意产业，创新乃立身之本、繁荣之根。如果失去了对创新的追求，电视节目或电视频道必然变得千篇一律，同质同构，最终失去观众，失去市场，失去自我。

（一）电视媒体创新的内容

从内容上看，电视媒体的创新无外乎五类，即：

1. 技术引领的创新。这种创新受经济实力和科研实力的支配。世界上引领电视技术创新的主要是美国、日本和西欧少数国家。对中国大多数电视台来说，几乎没有技术创新，只有技术设备的更新，有的甚至比西方国家电视媒体的技术更新速度还快。可惜，高技术并没有带来高质量的节目，更没有带来高效益。

2. 制度引领的创新。这种创新受思想观念的支配。有什么样的思想观念，就有什么样的制度。对中国大多数电视台来说，除了宣传制度，几乎所有的管理制度都是移植而来，少有创新。移植的来源主要有两个：国外电视媒体的经营管理制度和工商行业的经营管理制度。

3. 内容引领的创新。这种创新受思维方式和认识方式的支配。这几年，电视节目形态不断变化，栏目改版如四季更替，新创栏目也层出不穷。但是，这些“创新”都属于相对创新的范畴。追根溯源，这些所谓的新栏目或品牌栏目的原型都在国外或港台。因此，对中国目前大多数电视台来说，几乎没有创新，只有模仿。当然，模仿也有价值。模仿是创新的第一步。但如中国电视节目这般竞相模仿或克隆境外节目，则是文化不自信、精神不自立的表现，堪可忧虑。

4. 战略引领的创新。中国大多数电视台没有战略，只有战术。对收视率近乎痴迷的崇拜即是明证。战略引领的创新只有成熟的、目光长远的、有强烈使命感的企业才能做到。电视媒体更是如此。

5. 观念引领的创新。这种创新虽然排列在最后，但是最重要。观念决定思路，思路决定出路。观念创新受文化理念和制度环境的支配。所以，提倡文化多元，打造一个宽松的制度环境和社会环境，方能为观念创新提供肥沃的土壤和持久的营养。

（二）电视节目创新的途径

在创新这个问题上，不应幻想一劳永逸，而是应把创新当成一种习惯、一种文化。中国电视节目的创新必须探索新的途径。笔者认为，以下三个方向可供参考：

1. 让需求引领创新。创新本身不是目的，而是手段，是为了更好地满足需求或满足更高的需求。这里的需求有两层含义：一是主体即电视媒体有没有创新的需求。二是创新合不合乎社会或市场的需求。创新不取决于愿望，也不是哗众取宠，而是科学和使命。脱离了观众需求的所谓节目创新，只能是一种资源浪费。

2. 向优秀的传统文化寻求灵感。中国的一些电视节目从舞台设计、音乐、灯光到服化道美乃至栏目名称、主持人的语言、做派等，以“洋”为美，力求“去中国化”。笔者认为，这些数典忘祖、舍本逐末的行为或许可以炫目于一时，绝不可能行之久远，更不可能征服海外。世界上无数的事例证明：没有本土文化支撑的企业不可能做大做强；没有本土文化滋补的电视节目和电视媒体不可能成为品牌，更谈不上创新。中国电视节目的创新只能向优秀的传统文化寻求灵感和动力。文化资源的流失就是核心价值和核心竞争力的流失。文化的自弃则意味着精神的自杀。

3. 营造鼓励和有利于创新的环境。很多人对电视湘军的崛起感到莫名其妙。殊不知，湖南广电集团能有今天是其不断营造宽松的内部环境和积极利用外部环境中有利因素的结果。对电视媒体和电视节目而言，不断优化上述环境只是创新的必要条件，持久的创新还需要创造一种专业环境。创新的专业环境包括严格的知识产权保护制度、完善的产业链、有效的激励机制和良性的市场竞争机制等要素。

新闻框架的和谐理念及效果分析

李春颐

在新闻报道的过程中记者以认知、选择、强调、排除等形式报道新闻，形成了新闻报道的基本框架。构建社会主义和谐社会离不开媒介的引导作用，自然也就离不开新闻框架的影响。本文试图从构建和谐社会的角度，阐述有关坚持新闻框架和谐理念的现实意义。

一、新闻框架和谐理念为传媒营造良好社会舆论氛围奠定基础

应该说，新闻框架属于新闻报道意义的中心构成，媒体通过框架强化发生事实的某些属性和弱化、回避另一些属性，影响受众对这些属性的认识。而和谐理念属于新闻报道的指导思想，通过和谐理念指导新闻框架的建构，就是要求记者报道新闻时的观察点、视点和语境，以构建和谐社会为思想内核和价值取向，通过新闻框架的涵化影响来进一步倡导和谐思想，通过新闻的框架效果，促进人们对和谐社会的认知、理解，在全社会倡导崇尚和谐的价值观。

我们倡导、运用和谐理念构建新闻框架，必须坚持正确导向，营造良好的思想舆论氛围。随着信息传播技术迅速发展，我国社会舆论环境和舆论格局正在发生深刻变化，突出的表现是出现了媒体分众化、对象化的新趋势，互联网及其博客等已成为功能强大的新兴媒体；我国又处在黄金发展期和矛盾凸显期，西方文化的渗透，各种价值观念的激烈碰撞，对社会和谐理念与和谐精神的形成都会产生这样或那样

的影响。因此，要不断提高舆论引导能力，最大限度地压缩噪音、杂音的传播空间；要增强社会责任感，宣传党的主张，弘扬社会正气，通达社情民意，引导社会热点，疏导公众情绪，促进全社会和谐理念的形成、和谐精神的培育。

媒介主体从选择事实的那一刻起，就应发挥媒介的过滤、涵化作用，运用有利于社会的和谐理念去体现新闻的框架效果，传达符合社会价值观的思想观念与道德规范，在新闻的主题涵化、结构性（技术性）涵化、舆论陪现、舆论定向等诸多方面体现和谐价值观，促进社会的和谐发展。

新闻框架和谐理念的确立不排除揭示社会矛盾，关键取决于框架的着眼点及影响力是否有利于社会的安定、团结，是否有利于调动社会各方面的积极因素，为社会、自然的协调发展创造良好的舆论环境。

通过和谐理念确立新闻框架，要遵循党和国家利益至上的原则，党和国家的利益代表的是全体国民的利益、需求。在社会发展日益多元多样的条件下，社会分层加快，各利益群体不断分化组合，不断增加新的利益要求，这种相互作用组合而成的利益，不同于比较单一、封闭和固定状态下的利益概念。因此，在确立新闻框架过程中，我们要特别注意党、国家和人民利益元素内生变量的情况，增强政府与民众的沟通和理解，平衡各利益阶层的关系，化解矛盾与冲突，彰显社会和谐，从而进行正确的舆论引导。

新闻媒介是构建和谐社会的重要桥梁和纽带。在现实环境与媒介环境相互融合的情况下，媒介整合人们对于现实的认识，影响人们的行动方向。在新时期，新闻框架的和谐理念为传媒营造良好社会舆论氛围奠定基础。在和谐思想指导下，新闻框架具有特殊的现实意义。这就要求媒介从业人员不断更新报道观念，努力增强新闻框架的针对性和涵化效能，通过新闻报道中的和谐内涵打动受众，通过充分运用和谐理念增强新闻框架的效果和影响，为社会主义和谐社会提供精神动力和舆论支持。

二、和谐理念体现的新闻框架冲突及负面新闻的关系问题

新闻报道离不开事件的冲突和矛盾。对于负面新闻如何发挥和谐理念及其新闻框架的影响作用，也是需要重点研究的问题。

新闻框架和谐效果的产生，主要体现在新闻报道对事件最终结局的缝合作用。从一定角度说，反常性东西对受众更具有吸引力，但是新闻报道首先要肩负的是社会责任，信息流通的目的是为了促进社会的进步和发展，是以民众同政府的沟通交流、社会认同、终极关注和关怀、社会各阶层各得其所为出发点和归宿点。在新闻冲突及负面报道中揭露问题的目的应是解决问题，消减不对称信息。报道者应避免感性冲动，产生负面的煽情效果。

首先，表现新闻冲突、报道负面新闻时，要特别关注媒介环境发生的认知情况。由于人与自然、社会的矛盾冲突是客观存在，现实境况也必然在媒介环境中得到反映，新闻冲突、负面新闻不可避免，关键是如何处理这些报道，如何认识这些报道，坚持新闻的正面引导，挖掘新闻冲突及其负面新闻传播的积极功能，避免所带来的消极影响，为从正反两个方面营造和谐舆论环境付出积极和努力，使负面报道产生正向的社会认知效果。

其次，新闻框架充满了选择性，新闻框架的视野制约效果值得关注。1998 年我国遭遇百年不遇的特大洪水，新华社四川分社选择报道了《长江上游仍在砍树》的事实，披露了四川西部地区许多原始森林遭不法分子乱砍乱伐、毁坏严重的情况。其报道受到了国务院领导同志的高度重视，当即派出调查组赴川检查禁伐工作，阻止了 15 亩原始森林的砍伐，这则负面新闻对长江上游的生态保护具有直接的推动作用，报道蕴涵了“可持续发展”的和谐框架视野制约效果。

另外，新闻报道中还包含着是与非、善与恶、美与丑、进步与落后的价值判断。因此，新闻框架应该体现维护社会主义和价值体系的作用。

交通类电视节目应该走品牌化、复合式道路

尹　航

一、交通类电视节目的“品牌化”道路

随着电视技术的不断发展以及受众需求的提高，同时为了抢占更多的收视份额，全国各级电视台近几年来都在不断地推出新的电视频道。频道资源多了，这时候就需要更多的电视节目。那么，按照以前的传统方式来制作现在的电视节目，从物力、财力和人力资源方面来说，肯定是行不通的了。怎么办？20 世纪 90 年代末，很多实力较为雄厚的省市级地方电视台走了一条“整合再分割”的工业化生产的道路。中央电视台就是一个例子，他们先把不同类型的电视制作的技术性人员整合在一起，再按照人员的特点进行划分，依据不同受众的需求组成专业化的频道。如新闻频道、体育频道、影视剧频道、少儿频道等。这样一来，观众在收看电视节目的时候，就更容易进行快速的选择，喜欢了解时事的直接看新闻频道，喜欢体育的直接看体育频道，等等。

现在，交通已经越来越被人们所重视，那能不能成立一个“交通频道”呢？广播电视节目频道专业化，一直是过去几年里中国广播电视节目改革的一个前进方向。但是，从理论数据上看，电视频道的专业化与提高频道节目收视率从某种角度来说是互相矛盾的。某调查公司的调查数据显示：观众在收看电视节目的时候首先选择影视剧节目的占 66.1%，其次是新闻节目 60.2%，接下来依次是综艺节目 42.8%、体育节目 24.7%、科普类节目 20.4%、法制节目 19.7%、少儿节目 15.5%、科学探索节目 14.1%、时尚类节目 13.8%、文化类节目 12.2%、生活家教类节目 10.5%、信息服务类节目 9.5%、电教类节目 8.9%、经济类节目 7.9%、保健类节目 6.6%、求职类节目 3.9% 等。如果成立一个“交通频道”，从上面的调查数据可以

看出，“交通类电视节目”应当属于信息服务类节目，即使这个频道将其他影响收视率的因素都控制在最佳状态，这个频道理论上最多也只会占有9.5%的观众规模，和影视剧节目相差56.6个百分点。频道的专业化带来的低收视率和高成本制作，会严重影响频道的生存。在这个前提下，频道走“品牌化”道路是对的。

就拿北京电视台公共频道的《红绿灯》栏目来说，主打的就是《红绿灯》这个品牌，一提起交通，观众的第一反应就是要在特定的时间里看《红绿灯》节目，而不是要看其他的新闻节目。从特雷森调查公司统计的收视率来看，《红绿灯》栏目现在的播出时间是每天22:15，在播出之前的5分钟内，收视率基本为0，节目播出的第1分钟开始就有了较高的收视率，在节目播出后的3分钟内，收视率基本又降为0。如果说是“交通频道”的话，所有的时间都是交通内容，观众就会失去期待值，而且也不知道什么时间该看什么，这样整体的收视率有可能会一直处于非常低的水平。所以说，“交通类电视节目”一定要走“品牌化”的道路。

二、交通类电视节目的“复合式”道路

交通类电视节目要走“复合式”的道路，就是每天主打几个重要的时间段，同时还要衍生相关的“子板块”和“子栏目”，下面还是拿《红绿灯》为例，它的架构已经非常成熟了。

《红绿灯》的播出主要分布在一天当中的三个时段，横跨全天的早间、下午、晚间，“两个高峰”、“一个精华”。

每天07:00时到07:30时（早高峰时段），《红绿灯——早直播》为市民提供早间实时路况、出行指导、交通气象等方面的出行参考。重点强化点对点的沟通与服务，创建出行者问路查询系统，培养北京市民出行之前问路况的习惯。

每天17:30时到18:30时（晚高峰时段），《红绿灯——平安行》为市民提供交通资讯、新闻信息、路况播报、汽车牌价、案例分析以及其他服务信息等，目前已成为北京市民真正实现快乐出行、平安出行的重要伙伴。

每天22:15~22:45，《红绿灯》晚间常态本体节目，这是“红绿灯”系列品牌的发源地，也就是上面所说的“一个精华”。它除了保持交通新闻节目的时效性以外，主要在交通新闻和事件的深度报道上投入了更大的精力。深度报道主要采取的是新闻调查的方式，所传递的观点代表着交通业内的最高级别和最专业化的水准，追求深度性和调查性。在遇到有重大交通管理法规政策出台、重大交通事件发生以及出现重大灾害等引发社会强烈关注事件的时候，可以一整期节目只作一个事件的报道，面对的观众层次相对较高。

上面所说的“两个高峰”、“一个精华”的设置，主打的是品牌。除此之外，还可以设置相关的“子板块”和“子栏目”，这当中可以包括像全程跟拍千里追捕交通肇事逃逸人的专题，解决学车、驾车、保养车等困惑的板块等。

采取上面这种“复合式”设置办法，可以便于“交通类电视节目”的统一运作，整合和强化品牌效应，从而使“交通类电视节目”的社会功能和社会效应得到更加充分的彰显和印证。

社会在发展，交通在进步。在交通类

电视节目逐渐走向成熟，观众的认知度逐渐提高的时候，我们有理由让交通类电视节目走进更多的家庭当中，因为它会影响下一代、再下一代人的成长，引领所有的人过上更和谐也更安全的交通生活。

交通电视节目的“国际化”思考

张　耀

“国际化”这个概念，大家并不觉得生疏，随着中国改革开放成就的不断攀升，“国际化”这样的字眼便铺天盖地向我们袭来。我们每个人的生活中也都在时刻接收着各种国际化的资讯，比如：我们运用国际化的语言，使用国际化的网络工具，结识跨国界的朋友，等等。可见，国际化其实正潜移默化地改变着我们的生活。

国际化是相对于本土化而言的，那么，对于我们电视工作者来说，“国际化”无疑是要求在我们的节目中除了保持我们民族文化的内涵、深度和思维之外，必须融入符合国际文化需求的各种元素和操作技巧。同时，对于交通电视节目“国际化”的探讨和尝试是我们的传播内容及核心价值与世界接轨的一种国际模式。严格地来说，国际化是一种通道，一种轨道，由于经济的全球一体化造成有形边际逐渐被打破，但是国际化并不是完全不要自己而变得跟某某某一样，“国际化”是一种知识，一种技巧，把自己敞开，挖掘本土的深厚资源，对本土资源进行个性化和深度化的再开发，主动地参与到国际化分工、协作的行业潮流趋势中去，让他人接受和喜欢我们传播的内容。

《红绿灯》作为一档专业的交通电视节目，为什么要走“国际化”的路线呢？第一，是北京这座城市的气质已经国际化。北京是一座经济大都市、文化大都市、传媒大都市、交通大都市。北京的城市风格已经呈现出国际化的气质；第二，是我们节目的受众已经国际化。大批大批的国际知名企业在北京设立了分支机构，大批大批的外国朋友长期在北京学习、工作和生活。他们是我们节目重要而庞大的一个收视群体，他们的收视需求不容忽视；第三，是我们的广告客户已经国际化。北京以及中国大部分地区都已普遍进入了汽车时代，特别是我们交通节目的赞助商，很多都是国际 500 强企业中的汽车巨头，我们的客户已经国际化，这对我们是一种敦促，我们的节目资源配置要给他们以舞台；第四，是北京的媒介环境已经国际化。随着经济全球化趋势的加快和科技水平的提高，文化传媒产业，特别是电视产业呈现出前所未有的发展前景。据有关资料统计显示，全世界文化创意产业每天创造的产值达 220 亿美元，并以 5% 左右的速度递增。传媒产业正在成为 21 世纪全球最具有商业价值和文化内涵的朝阳产业。近年来让我感受特别深刻的是，许多国外媒体在北京设立了分部，很多境外媒体也参与到了关注北京发展的行列里来！以后北京每一分钟的变化都会被世界关注。那么，关注的是什么呢？我们都知道，衡量一个城市的舒适度和文明度，要看两方面的因素——那就是环境和交通！第五，是北京的交通环境已经国际化。近年来北京的交通事业迅猛发展，北京成为了国内重要的家用轿车消费市场。1978年北京市拥有机动车仅为7.7万辆，到2008年北京市机动车保有量将接近400万辆，汽车保有量显然已达到发达国家水平。北京的智能交通建设从1998年开始，目前在国际上也处于领先地位。

综上所述，我们对国际化的实践，首先考虑如何将“国际化”的意识和视角与北京的交通电视资源进行有效的对接。意识和眼光的国际化，意味着不再是局限于某一点、某一平面，而是突破地域界线，以三维的思想空间、开放的心胸和高远的眼光来思考问题，打破头脑中原有的界线分明的“国内”与“国际”概念，本土的市场是潜在的市场，潜在的市场更是全球化的市场！因此，我们的交通节目在制作理念、复合式栏目构成、产业化运作、国际大交通选题、综合运营等方面都在探索和谋求一种与国际接轨的方式。我们要把眼光放远一点，放到国际前沿的传媒市场上去，采用国际化的视角，结合本土化的实际特点，贯穿实效性、权威性、精准性、服务性，在内容产业上不断更新和完善，在制作精度和播出模式上勇于创新，全力打造具有我们品牌特色的专业的交通电视节目，这其中包括我们的品牌交通栏目的核心精神、构成品牌栏目符号的主持人队伍、被观众所接受和需要的特色电视语态等。我相信，意识和视角是谋求发展的根基，站在地面上看到的只是物象，站在山顶上看到的会是风景，站在月球上看到的则是整个地球！

今天的《红绿灯》栏目已经成长为北京市交通管理中不可或缺的一支重要力量，已经成为北京各类交通媒体中一枝独秀的优势品牌。未来，我们红绿灯人立志把《红绿灯》的品牌做久、做大、做强，真正实现《红绿灯》品牌一体化，《红绿灯》栏目规模化，《红绿灯》经营产业化。我在这里说的“做久”指的是栏目的生命力；“做大”指的是栏目的规模扩张；“做强”则表现为栏目在成长过程中内在的质的变化，是在不间断地为栏目的发展积累着的动能。那么，衡量“做强”的标准——第一就是拿到收视率，第二就是拿到更多的收视率，第三就是拿到尽可能多的收视率！所以，《红绿灯》栏目必须一直保持观众认可的节目质量，甚至应该高于观众的期待值，这是《红绿灯》栏目的核心竞争力。这个核心竞争力并不是单一的，而是多维的，我们将在“做久、做大、做强”的信念下，让北京《红绿灯》走向下一个更辉煌的十年！

电视台总编室网络化节目单编排、节目备播的业务规划与系统设计

毕 江 孙 波 张 伟

一、网络化节目制播体系说明及总编室系统定位分析

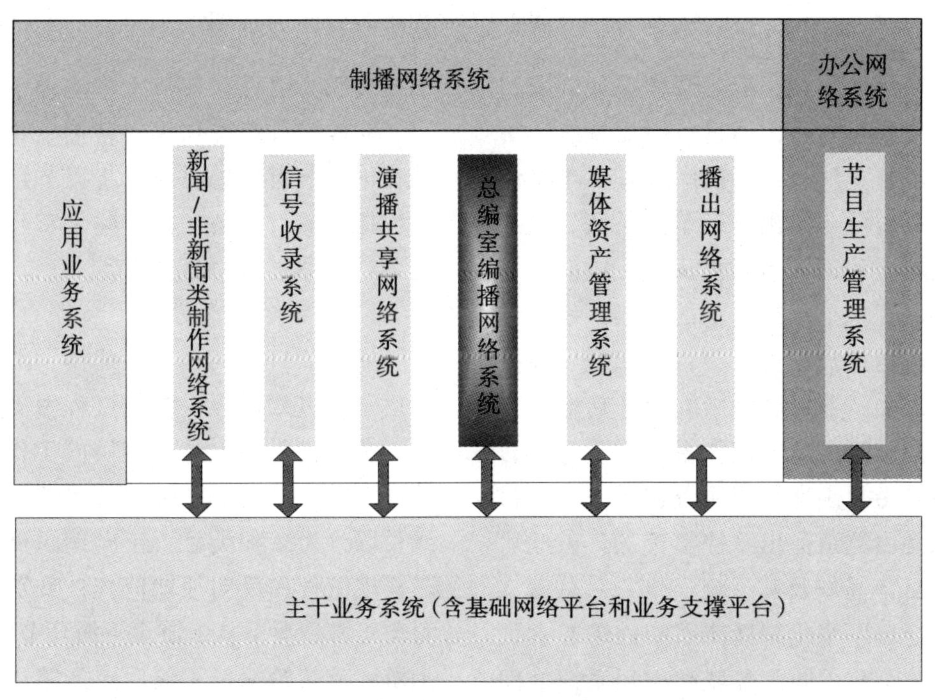

参考图1 全台网络化制播体系架构示意图

1. 网络化节目制播体系总体架构说明

如参考图1所示，全台网络化节目制播体系在基础架构上包括两个层面：应用业务系统和主干业务系统。应用业务系统完成电视节目的一线制作和播出，并实现为一线制播业务提供共享服务的功能。主干业务系统完成制播网络系统内部，以及制播网络系统与台内其他业务系统例如信息化办公系统之间的互联互通和数据交换。在全台网络化节目制播体系环境下，主干与应用业务系统之间是基础服务与上层应用、互联互通平台与一线应用系统的关系。

2. 总编室系统定位分析

在上述网络化制播体系下，总体工作流程的设置以业务域为基本构成单位，各业务域一般以独立业务系统的模式予以实现。与一线制播相关的业务可以划分为节目制作、节目备播和节目播出等业务域，如参考图2所示。

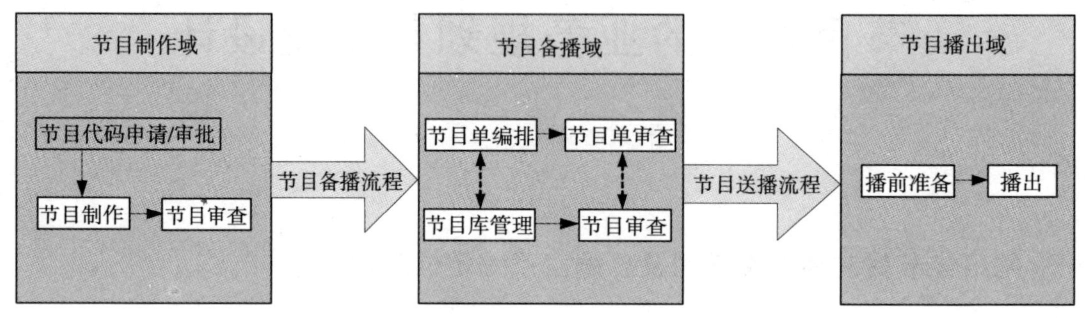

参考图2　网络化制播工作流程和业务域设置示意图

在节目制作域，节目制作完成并通过本域内成片审查后，通过备播流程进入节目备播域，实现节目备播库管理、本域内成片审查以及与播出节目单的关联，最终通过送播流程进入节目播出域。同时，节目备播域完成节目播出单的编排，编排结果也通过送播流程进入节目播出域。在技术实现层面，节目制作域的业务功能是由各种不同类型的节目制作系统实现，节目备播域是由总编室编播系统实现，而节目播出域是由频道播出系统实现的。由此可见，节目备播域及其系统实例——总编室系统在全台网络化制播体系中处于非常关键的地位，在不同业务域和应用系统之间的互联互通实现中起到了不可忽视的桥梁作用。

二、总编室节目单编排和节目备播业务规划

1. 节目代码规划

节目代码是全台节目的唯一标识。制作系统在进行文稿处理和节目编辑时，将从总编室系统查询、获取节目代码，并以节目代码为依据在节目生产流程中标识节目，完成节目审查和提交备播。总编室系统在进行节目单编排时，将以节目代码为依据提取节目准备信息，建立节目单条目与节目文件之间的对应关系。

2. 节目单编排规划

播出节目单的创建、编排、细化是一个逐步渐进的过程，在此过程中需要多岗位、多角色、多人员参与协同工作。根据业务走向，总编室系统节目单编排流程大致可以分为三种类型：正向编辑流程、正向修改流程和反向通知流程，分别用于节目单正常情况下从上游至下游环节的编排，上游环节初始编排完成后向下游环节发起的修改，以及下游环节主动发起修改后对上游环节的信息反馈。

在上述节目单编排流程中涉及的人员角色主要有【编排】和【导播】。【编排】负责【编排周单】的创建和编排，工作于办公和总编室系统中。【导播】负责【导播日单】的创建、编排和节目审查，工作于总编室和播出系统中。

3. 节目备播、送播规划

【节目备播】是指制作系统将与节目代码直接关联的播出版节目文件传递到总编室系统节目备播库的过程。【节目送播】是指节目单以及与其关联的节目文件从总编室系统传递到播出系统的过程。

在网络化制播环境下，节目在制作网络编辑完成后形成一个节目文件，所有环节均以数据文件的形式存在并进行操作、处理和交换。操作的自动化、标准化和规范化程度提高，流程实现和管理中人为等不可控因素较少，可以较理想地解决非网络化环境中存在的问题，成为全台网络化制播体系实现的关键因素。

三、总编室业务系统设计

1. 系统结构

总编室编播网络通过主干平台与其他应用系统进行数据和信息的交互。在系统内部，在线/近线存储体、各种类型的工作站/服务器设备按照单网或双网方式接入内部 FC 生产导向器和接入层以太网交换机。接入层以太网交换机上连到汇聚层、核心层交换机，实现与主干平台以及其他应用系统的互联互通。同时，总编室系统在线存储体通过外部 FC 交换导向器与主干平台公共迁移服务系统相连，实现节目文件交换。其系统拓扑结构如参考图 3 所示。

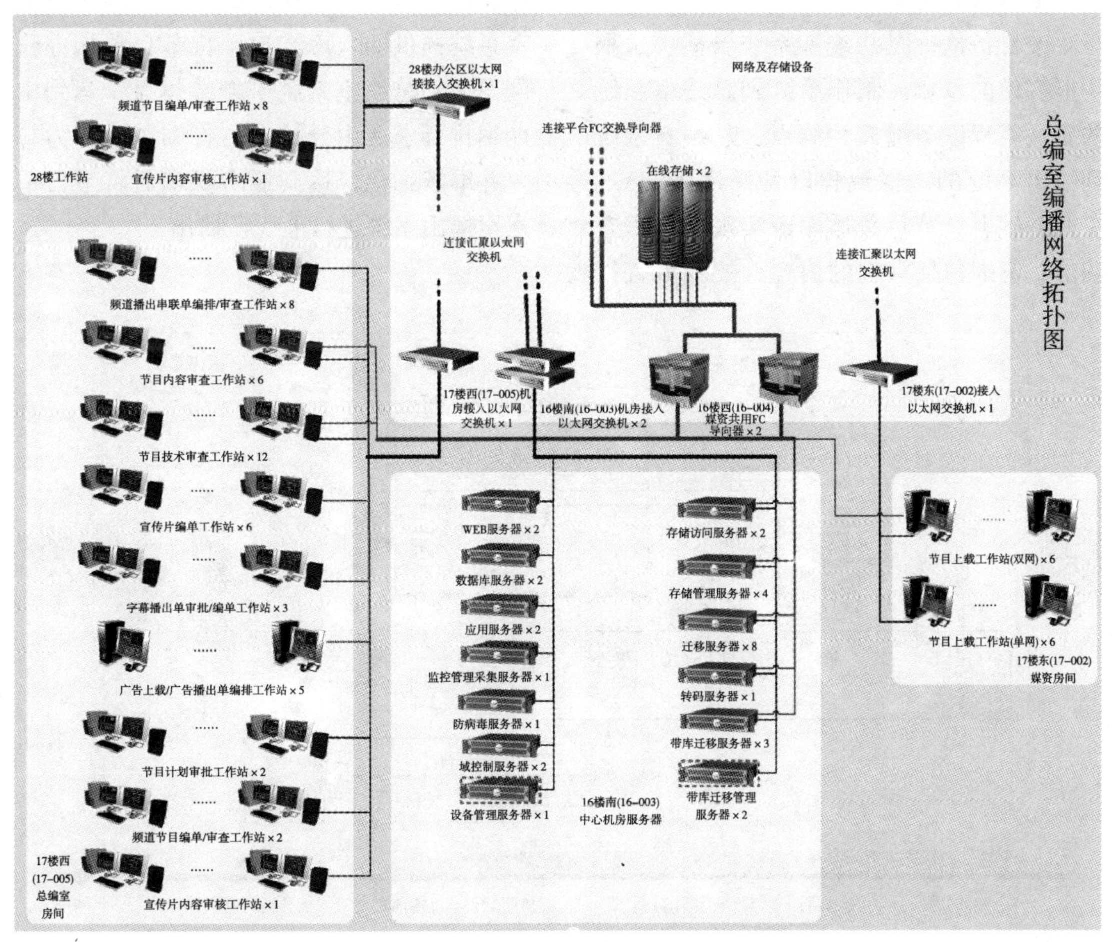

参考图 3　总编室编播网络系统拓扑示意图

2. 实现功能

总编室系统的业务功能主要体现在两个主要方面：一是播出节目单编排，二是播出节目文件备播、送播管理。总编室系统业务功能的实现，是以节目备播库和节目代码库管理为基础，以节目单编排流程为主线的。

◆节目代码库管理

节目代码是在办公网络产生的，然后同步到总编室系统节目代码库。节目代码库管理是节目单编排实现的基础。总编室节目代码库提供制播网络内部的查询接口。制作系统通过调用该接口获得代码及相关信息。

◆节目备播库管理

节目备播库是总编室系统备播、送播功能实现的基础。制作系统到总编室系统的备播流程以备播库为终点，总编室系统到播出系统的送播流程以备播库为起点。在此基础上，节目备播库还实现节目审查功能，范围包括常规的内容、技术审查以及特殊情况下的台长审查和重播审查等。

◆节目单编排

节目单编排包括系统内部操作流程和跨系统交换流程两个主要组成部分。应用场景分为正向编辑流程、正向修改流程、反向通知流程。通过这三类业务流程的有机结合，最大限度地实现了总编室的编单功能要求，同时也使工作流程主线清晰、结构合理。

如参考图4所示，总编室系统正向编辑流程的起点是办公网络。在节目播出前第三周，编排人员开始进行播出节目信息的收集和周单的编排。播前第二周，完成周单初期编排并送审核，通过后发布到周边媒体。播前第一周，编排人员调用总编室系统提供的入库接口，将节目单从办公网发送到总编室系统中继续编排，达到中期编排要求后由导播人员将周单转化为日单并继续细化，达到播出要求后将节目单送至播出系统进行上线、播出。

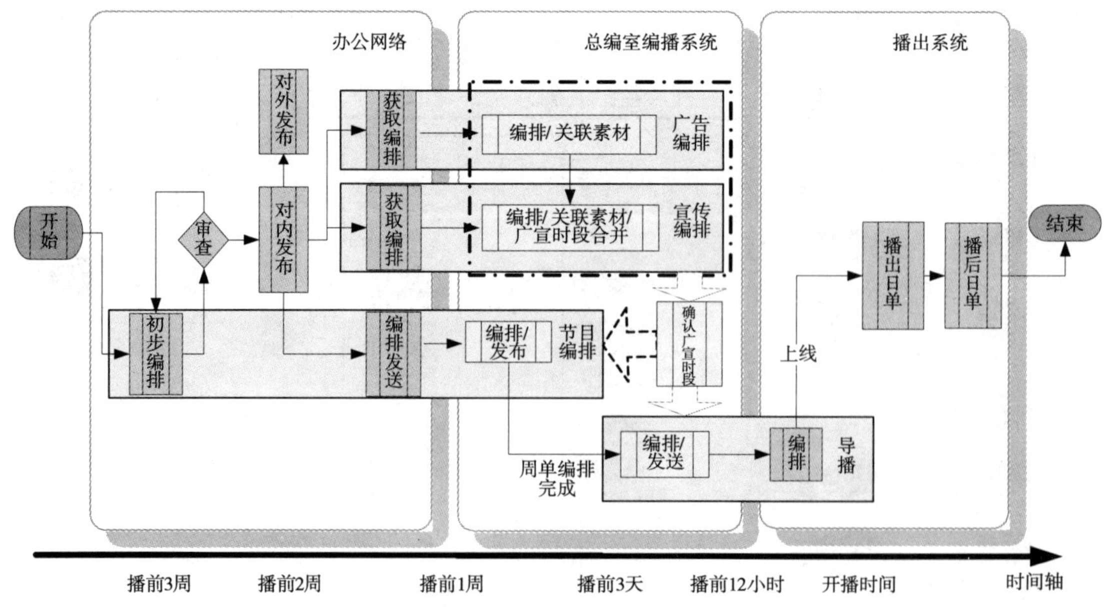

参考图4　总编室系统节目单正向编辑流程示意图

◆节目备播、送播

在网络化制播环境中，总编室系统是连接制作与播出系统的桥梁和纽带。作为备播流程的终点和送播流程的起点，实现成品节目由制作系统至播出系统的传递。在节目备播流程中，总编室系统主要是与各制作系统进行数据交换。在节目送播流程中，总编室系统主要与播出系统进行数据交换。

北京电视台新台播出网络系统设计与实施

贾京蓉

一、系统设计规模与功能

北京台新台播出系统一期建设规模为6+3个标清频道和1个高清频道，其中包括3个备份频道。播出网络系统在前期规划中应可支持6套标清与1套高清频道的播出。并且，按照新台全台节目制播网络化系统的总体要求，播出网络系统主要功能应有以下几点：

1. 与总编室备播网络系统相连，实现将总编室媒资备播库节目素材传入播出网络系统内并存储，以完成每日节目备播工作。

2. 建立播出二级存储系统，实现对可重复使用的播出节目素材的缓存。并要求其具有高带宽输入输出能力，可与媒资系统备播库及播出服务器系统建立高效的数据传输链路。

3. 系统采用全硬盘服务器播出方式。在正常流程中，所有待播节目素材都通过总编室媒资备播库传入播出二级存储，并由播出系统完成将待播节目素材传入播出视频服务器系统，以备播出。

4. 建立播出应急上载系统，当总编室媒资备播库出现故障时，可将总编室上载临时前移到播出系统，完成播出节目与广告节目上载、审看工作，并通过千兆以太网络将上载节目迁移到播出服务器系统，以备播出。

二、系统解决方案概述

网络平台的选择与系统结构（见系统图）。

播出网络是全台制播网络的一个应用子系统。为了提高播出网络的安全性，尽量保持播出的相对独立。在构建播出网络平台时，只考虑其与总编室媒资备播系统的网络连接。在两系统之间通过专用千兆以太网交换机进行数据交换。

播出系统网络结构分为两部分，一部分为播出节目素材传输相关的网络及设备，即播出服务器网络。其主要由上载、播出二级存储、播出服务器及相关交换机等组成，负责支撑播出节目素材的传输和存储；另一部分为播出控制与管理信息传输的网络及设备，即播出控制网络，主要由上载控制、迁移控制、播出控制及相关交换机组成，负责支撑播出节目单和播出控制管理信息的传输和存储。整个网络结构采用高可靠、多链路、高带宽聚合的千兆以太网构建，支撑播出系统内部视/音频文件的迁移以及节目管理与控制元数据的传输。

播出网络系统节目存储架构采用分级存储方式，以播出二级存储为核心构建播出节目的存储传输网络。其中，核心交换机采用H3C千兆以太网交换机，从媒资备播库到播出二级存储、到主/备播出机房播出服务器系统均采用千兆以太网链路，组成完整的播出节目传输网络。

基于安全性考虑，播出网络系统采用“功能分离”的架构方式。即按功能规划构建播出系统的各个组成部分。播出服务器网络与播出控制网络分别采用独立专用的交换机硬件实现相关设备的物理连接。对于需要部署在同一类交换机上的设备，根据设备之间数据连接关系，采用VLAN方式实现不同网段之间的设备隔离。这样，既结构简单、效率提高，又安全可靠，可以减小网络故障面的扩散。

三、主要系统解决方案

1. 播出二级存储系统

为了减小媒资备播库系统的压力，同时也便于新台播出与总编室业务管理与安全责任的划分，本项目建立播出二级存储系统，并计划承担15天播出节目存储。

播出二级存储设备采用二套惠普EVA8000存储盘阵，互为主/备。每一套EVA硬件配置2个控制器（8个主机端口），1台16口SAN交换机，4个存储机箱，共56块500GB FATA光纤硬盘，有效存储容量可达到20TB。

系统结构采用SAN存储架构，分为主机、SAN交换机、控制器、磁盘阵列（见系统图）。其中主机为6台HP Storage Works集群网关服务器（EFS），分别通过光纤通道连接到2台SAN交换机上，实现SAN存储系统文件的对外读/写，并构成冗余链路。每台EFS配有4个千兆以太网卡，以实现存储外部主机FTP访问服务。

2台SAN光纤交换机作为SAN的骨干设备，通过光纤分别连接网关服务器（EFS）和主/备EVA控制器的主机端口上。主/备EVA控制器通过光纤通道分别接入磁盘阵列。

惠普EVA8000存储系统采用最先进的存储虚拟化技术，实现虚拟存储池和数据在所有磁盘上的存储虚拟化分配，大大提高了存储的冗余性和I/O读写带宽性能。该系统采用惠普集群文件系统，借助惠普特有的CFS软件对NAS网关进行集群配置，使得在每一个节点均能看到完整的文件系统，解决了负载均衡问题，并可支持节点之间的故障切换，提高了系统的整体性能和可靠性。

为提高播出二级存储数据的冗灾能力，我们建立了主/备EVA 8000存储盘阵系统。同时借助惠普集群网关服务器文件系统平台，我们在其应用层上建立主/备EVA存储镜像软件模块。当播出节目素材需要从媒资备播库传到二级存储系统时，先通过播出迁移调度服务器，以标准的FTP服务到服务的方式，完成将节目素材从媒资备播库向播出二级存储主盘阵系统的迁移入库，并同时通过镜像软件实现节目素材从主EVA盘阵系统向备EVA盘阵系统的拷贝，整个过程自动完成。

当主EVA存储故障时，可以通过人

工方式改变软件迁移策略，将迁移路径和内容管理路径由主 EVA 指向备 EVA 盘阵，以完成主/备存储盘阵之间的倒换。

2. 播出服务器系统

北京台新台一期硬盘服务器播出系统设计是按 6 +3 套标清和 1 套高清频道考虑。其中 6 套标清为主播频道，采用 4 台 THOMSON 公司 K2 单机硬盘服务器，每 2 台完成 3 个频道的主/备播出。每台单机服务器配有 4 路编/解码通道，可存储 450 小时（12Mbps Mpeg2 Long GOP）的节目素材。

另外 3 套标清为备份频道，采用 1 台 K2 单机硬盘服务器和 1 套 K2 Level2 SAN 结构播出服务器系统，分别完成 3 个备份频道的主/备播出。其中 Level2 SAN 结构播出服务器系统由 2 台 Client 端（每台配有 4 路编/解码通道）、1 台服务器、1 台 Raid 存储机箱和 1 台 24 口千兆以太交换机组成，存储容量约为 580 小时节目素材（12Mbps Mpeg2 Long GOP），见系统图。

K2 单机播出服务器配有专用 FTP 千兆以太网口，在保证正常播出的同时，对外可提供 30MB/sFTP 传输带宽。利用此端口可实现从播出二级存储系统到播出服务器本地节目素材的传输。

3. 播出控制网络系统

播出网络系统在核心设备网络的基础上，还包括主播机房与备播机房的播出控制网络和播出上载系统控制网络。各应用子系统采用 100M 以太网接入，主要完成播出节目单的传送。系统中主要应用工作站有播出工控机、播出在线节目单编辑工作站、上载工作站等。其中播出工控机采用每个频道配主/备 2 台，并通过网络实现主/备工控机之间节目单的同步。

四、系统关键问题的解决

播出网络与总编室编播网络的接口

1. 建立专用节目送播通道

为提高系统稳定性并确保播出安全，我们在系统实施中，采用 2 台（1 主 +1 冷备）24 口 HC3 1000M 交换机作为播出节目数据网络专用接入设备，可为总编室系统提供 8 个光纤 SFP 端口，分别与总编室媒资备播库中 8 台专用送播迁移网关服务器直接相连，建立播出节目媒体数据迁移的专用通道。

对于播出系统与总编室系统之间节目单和管理元数据的传输通道，如图所示：我们采用将总编室接入交换机送来的 2 路 FC 千兆，先分别接入 2 台 JuniperSSG - 550 - 001 配有光纤 SFP 端口的防病毒网关，再分别连接到消息网关服务器和防病毒服务器，之后接入播出系统内部的网络交换机。

其中消息服务器链路是作为播出系统与总编室系统之间播出节目单及元数据传输的专用通道。该设备通过双千兆以太网卡，实现播出与总编室跨系统的连接。它主要负责接收总编室编播网络系统发起的迁移任务消息和发来的节目单、广告宣传时段和节目元数据，并将节目单和广告时段及数据经过处理后传送到播出网络数据库，完成播出节目单及管理数据的入库流程。并且，我们在此专用通道中部署了 2 台（1 主 +1 冷备）消息服务器，这样既可实现设备冗余，又便于网络维护。

另一个链路是用于播出系统防病毒服务器数据库升级的专用通道，建立播出网络系统防病毒体系。

2. 建立播出与总编室网络接口实施规范

由于播出网络与总编室网络所负责的业务需求存在差异，而且两个系统在各自软件流程实现的应用层面和对于播出节目单的表述方式等也有所不同，如：播出节目单格式、节目相关属性要求和节目单修改方式等。因此，在设计总编室与播出系统接口方案时，由新台制播网络设计组先完成播出系统与总编室接口实施规范的制定。并在能够保证整个跨系统备播流程安全有效的前提下，规定了总编室系统同播出系统的接口调用服务的种类，节目单和广告宣传时段修改以及节目换版的原则等。

原则上，播出系统需要对总编室网络发来的播出节目单进行格式转换，之后再进行入库备播，播出系统通过消息服务器完成对总编室系统接口的调用。为便于导播对播出当天在线节目单的修改，在播出网内部署了4台在线节目单编辑工作站，负责对当天上线的节目单进行修改，并上传到播出工控机，以用于播出。

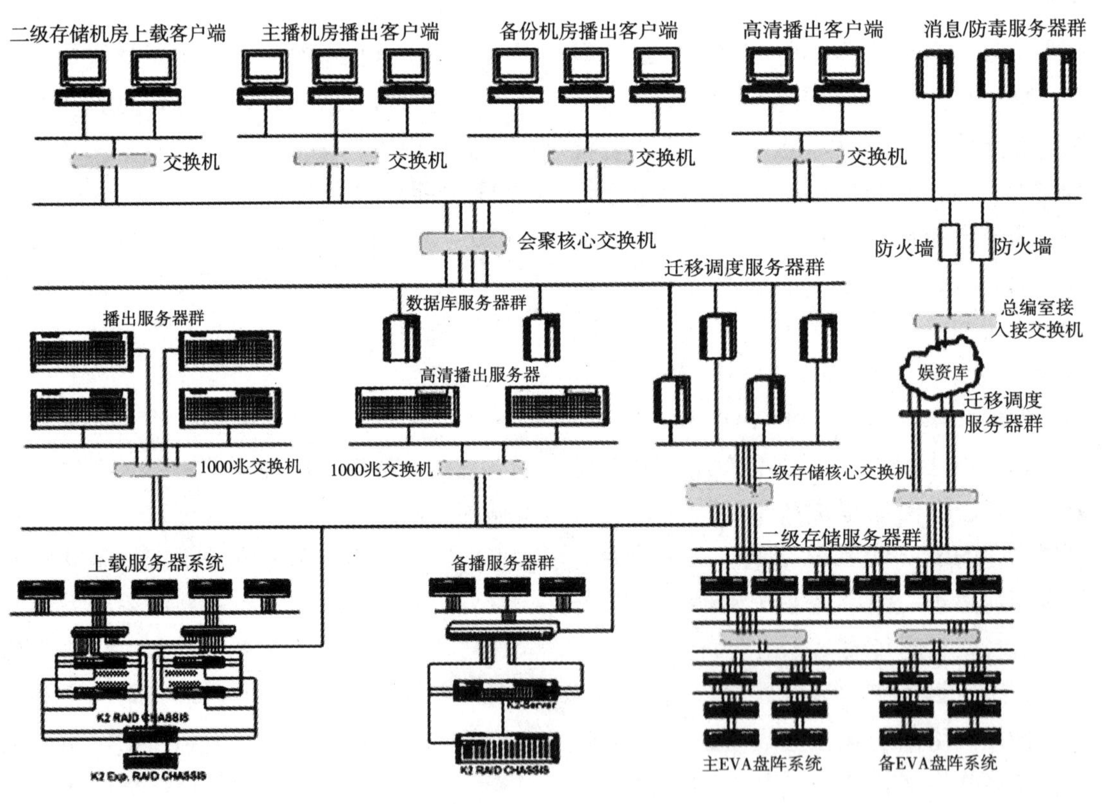

播出网络系统图

基于品尼高视频服务器的延时播出系统

周海峰　王　健

新闻节目作为党重要的舆论宣传工具，一直以来都担负着党和国家舆论宣传以及重大事件的报道工作。延时播出系统作为保证直播节目播出安全的重要手段，已经在电视台的播出部门有了很广泛的应用。目前电视台的延时播出一般都是放在播出部总控室完成，当节目中出现非法信号的时候，播出部门可以即时插入频道垫片，用以挽救重大播出事故，但是即便是用频道垫片覆盖了非法信号，但同时节目的连续性也遭到致命的破坏，所以我们提出了将延时播出系统移入演播室，并将适应当前新闻舆论宣传重点的片花以及宣传片作为非法信号的垫播信号，这样既可以覆盖非法播出信号还可以在一定程度上保持新闻节目内容的连续性。

一、设备选型

目前具有音视频延时功能的设备主要包括：硬件音视频延时器、硬盘录像机中的延时播出功能和视频服务器的延时播出功能。

从本质上说，硬盘录像机和视频服务器的工作原理是一样的，只是在应用规模上存在差异。这两种设备都是利用电脑的操作系统（Windows 或 Unix 等）或嵌入式操作系统（μcLinux 等）来控制硬件的视音频 I/O 板卡进行视音频的采集和播出并利用电脑硬盘进行存储，由于采用了电脑的操作系统，那么使用不同的应用软件，硬盘录像机和视频服务器就会有不同的应用，其灵活性是原来的硬件视音频延时器无法比拟的。由于我们演播室的系统中已经包括了品尼高的视频服务器和方正公司的数字播控系统，故采用基于视频服务器的延时播出系统更加的简单易行，经济实惠。

（一）设备条件与使用要求

1. 最短 5 秒，最长无限制的可变延时量。

2. 精确到帧的精确定位能力和预监功能。

3. 实现强大的删除、剪切、插入、替换一条或多条素材功能。

4. 时间线风格，操作简便快捷。

5. 延时播出后画面完整流畅。

（二）系统架构与使用原理

其基本原理和方正播控系统中运行播控软件的工控机一样，都是使用播控软件通过计算机串行口和网络接口连接到服务器的外部控制接口，来控制服务器板卡对节目进行录制和播放，由于品尼高数字视频服务器的输入输出板卡是独立且可以各自同时工作的，故实现具有一定延时量的播出系统在硬件上是没有问题的，重点在于播控软件的程序设计以及操作的快捷与友好。由于现在我们演播室的播出流程中没有使用视频服务器进行节目的硬盘播出，所以我们只是把原来装有方正播控系统软件的两台工控机的软件更换为了“方正无忧延时子系统”软件，系统很快搭设完成，进入测试阶段。(系统如图1所示)

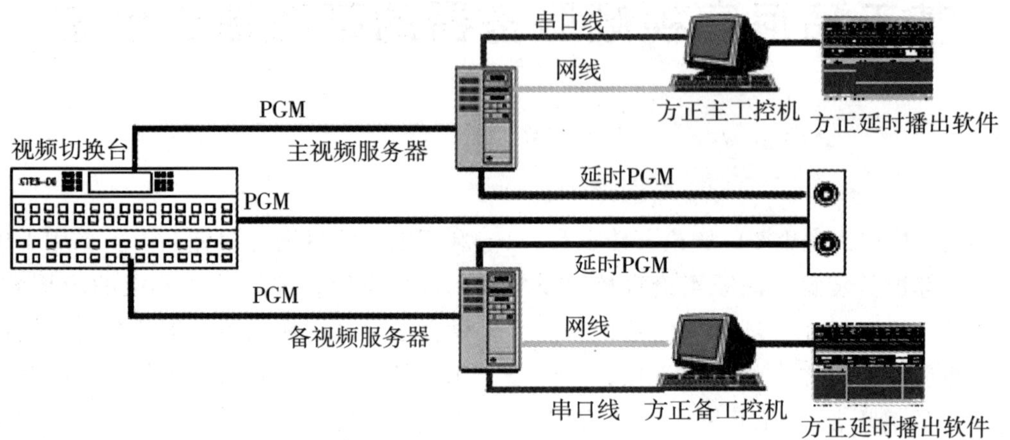

图1　方正无忧延时播出系统示意图

二、系统测试与实际应用

(一) 软件操作

在演播室内延时而不是在播出延时的优势就是我们可以将各档节目的宣传片和片花信号或诸如《两会宣传片》、《最美丽的乡村宣传片》等特定时期的宣传片上载到视频服务器中作为可供选择的垫播信号用来覆盖直播过程中出现的非法信号。这样的处理方法比起在播出切出统一垫片，能够一定程度地保证节目播出内容的连续性，收视效果更好。在实际中我们发现，方正的延时播出系统既可以实现延时播出功能，并且在不使用延时功能时其完全可作为一个素材上载软件，将上面提到的各种垫播信号上载到视频服务器中。并可以显示在延时播出软件的素材窗中，如图2所示。

使用延时播出系统直播前，需要做的就是手动设置素材的定时上载时间（即节目开播时间）和素材的播出时间（实际开播时间），延时时间即是上载时间和播出时间的差值，可以按需要随意调整。不过方正软件的预监功能只能在素材已经上载两分钟后才可以使用，并可以进行素材的插播和删播，基于时间线的操作界面与可以精确到帧的入出点打点定位和预监功能在使用时还是非常方便的（如图3所示)，虽然软件中有相应的图标可以进行素材插播删播的模式选择和入出点定位，不过我们觉得还是使用鼠标进行预监定位和快捷键打点操作更加快捷安全，且操作时间很短，即使短的延时也是可以的。插播的素材也可以在素材管理窗口中进行打点操作更提高了软件应用的灵活性。

图 2　方正无忧延时播出软件

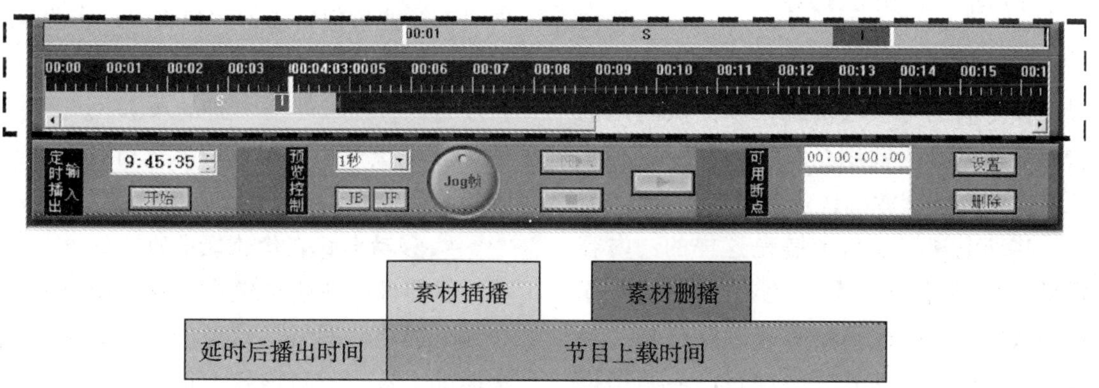

图 3　延时播出软件的时间线操作界面

（二）系统安全性

由于品尼高的数字视频服务器采用的是 UNIX 操作系统，且在以往使用过程中系统还是比较稳定的，且延时播出软件系统我们也做了一主一备两套工控机分别控制一主一备两套视频服务器，故作为延时播出系统还是有一定的安全保障的。送到播出的视音频信号既有演播室延时后的播出信号，也有演播室播出的实时信号在播出做延时，万一演播室送出的延时信号出现问题，那么播出可以切换到演播室的实时信号，在播出作延时后播出，安全性更有保障。

地面数字电视单频网的开发与应用

王 伟

移动电视作为一个新兴的电视项目，为广播电视带来了新的产业发展空间。如何以宣传与经营并举，事业与产业并重的创新精神去面对移动电视，以产业化的视点去观察移动电视的发展，以市场营销的思路去开发移动电视的核心资源，以企业化的管理理念去实现移动电视的最大价值，成为能否最终把这一项目建设成为广播电视标志性项目的重要因素。

一、打造一条价值链条

所谓移动电视的产业价值链，指的是以单频传输网为核心资源，以提供满足消费者某种需要的效用系统为目的，具有相互衔接关系的资源的优化配置与组合。

移动电视产业价值链是这样的：内容提供→内容集成→数字电视无线网络提供→数字电视无线网络服务→整合相关产业资源→项目产品开发→项目产品营销推广→用户→内容提供。

从这一价值链中，我们得出以下四点结论：

1. 内容提供，内容集成

“内容为王”是所有媒体发展的永恒真理，内容产业必然处于媒体产业价值链的上游。谁控制了上游环节，谁就会控制整个产业价值链。

2. 网络提供，网络服务

网络提供者是地面数字电视频率的所有者。在现阶段，频率的所有者和经营者很难做到一体化。就广播影视而言，事业和产业是一个事物的两个方面，事业是产业发展的目的和归宿，产业是事业发展的基础和条件。

3. 整合相关资源，开发项目产品

在产业价值链中，用户将以广告收视、有偿服务和购买产品三种方式接收内容信息。为此，要求处于中游的单频网与电信及 GPS 系统等相关产业资源进行整合，形成新的产业平台。

4. 移动电视在价值链中的定位

目前该产业价值链中，移动电视只能起到电视传输网络运营商的角色，它既无法提供丰富的节目内容，也难以出色完成内容集成的任务。只有利用丰富的广播影视内容资源，建立形成内容集成的功能机构，重新明确角色定位，树立专业化经营思想，才能发挥其应有作用。

二、构建四种盈利模式

1. 广告经营盈利模式

这是一种传统的、目前广播电视最集中的盈利模式，市场竞争极为激烈。就移动电视而言，作为一个新媒体及其传输覆盖的独特性，在相当一段时间内会吸引广告客户的关注和广告的投放。同时，随着地铁、城铁新线路的不断开通，小轿车、出租车的安装，以及手机电视、户外媒体等项目的开发，移动电视的广告价值将因其覆盖范围的日渐扩大而日益上升。

2. 产品营销的盈利模式

这主要是面对小轿车、出租车的车载电视的推广，以及手机电视的产品推广方面而言的。移动电视虽然不是制造商和产品经销商，但由于它在媒体产业链中处于轴心位置，可以控制下游产品的发展，因此，可以利用其资源优势，采取授权经营或参股合营的方式进入产品营销层面。它的运营过程应该以扩大接收为目标，获得产品推广利润应该是第二位的。

3. 增值服务的盈利模式

正如手机产业一样，其增值服务的利润已经超过了它的基本业务，移动电视在其未来产业的发展当中，有可能会形成这样的发展模式。这种增值服务主要是在整合相关产业的基础上，为受众提供个性化的、实用性的信息服务套餐，并在服务过程中，收取服务费用。比如，当我们把车载电视与GPS相结合，可以通过GPS系统起到导航、智能交通疏导，紧急避险等服务，而服务费的收取将是一项稳中有升的收入。

4. 内容产业盈利模式

在移动电视未来的发展中，应逐渐渗透内容产业的生产与营销。一方面，解决自身媒体的节目来源，形成媒体本土化、个性化的服务理念；另一方面，也可以通过节目交易方式使节目实现版权利润，逐渐形成这一新的盈利模式。

这里需要说明两点，其一，上述四种盈利模式，仅是以移动电视发射频率为核心资源而衍生的盈利模式，并不是移动电视公司的盈利模式，移动电视公司不过是局部参与；其二，上述四种盈利模式，为基础型盈利模式，随着四种盈利模式的逐渐成熟，将有利于移动电视的资本化运营，从资本市场获得资金，以推动事业的发展。但由于资本化运营所得很难称之为利润，故不把此项目收入定位于盈利模式。

三、实施五大项目运营

1. 公交车辆

这一项目是移动电视的龙头项目，它占有2兆带宽，传输一套正规电视节目，并通过广告经营、免费收视的运营方式将内容信息送达受众。如能吸引社会资本的流入，加大对公交车辆安装的投入，扩大收视范围，其广告价值必将相应提高。

2. 地铁、城铁车辆

这一项目具有乘客消费层次高、乘车时间规律、声音相对平衡等有利于移动电视播出的特点，故地铁会比公交车更具人气。另一方面，鉴于地铁隧道内的屏蔽现象，只有采取光缆泄漏技术才能解决隧道内的接收问题，且投资巨大，再加上接收设备等硬体投入，资金压力会较为沉重。需要指出的是，该项目应仅限于地铁、城铁车辆，传输内容与公交内容相同，无须另辟传输带宽。

3. 分众媒体

分众媒体是指户外，楼宇及有关机构

公共通道内设置的电视媒体。目前，户外大屏幕电视、楼宇电视、加油站、超市等分众媒体都有长足的发展。对于移动电视所拥有的8兆频率，应在上述公交、地铁传输的一套节目的基础上，再开发传输一套以广告内容为主的节目，带宽也应是2兆。该节目应以地铁、城铁站台为发展基础，参与到分众媒体的竞争中，做成一套广告频道。同时，在紧急时刻可作为城市应急手段。

4. GPS车载电视

轿车市场是移动电视较大的潜在市场，因此移动电视应以核心资源整合卫星定位系统资源，将移动电视节目与智能交通项目有机地结合起来，进而真正树立移动电视城市应急手段的形象。

GPS车载电视项目的营销方式将通过车载电视的产品销售及交通信息、交通导航以及其他位置服务收取的服务费等运营模式获得利润，同时，作为辅助型的电视频道，将因其扩大了覆盖范围而可以提高广告价值。

5. 手机电视

该项目以地面数字电视为传输方式，以手机为主要接收工具，利用地面单频网传输手机电视节目，对于单频网剩余资源而言，可开通10余套甚至更多的电视节目。该项目有利于为数字电视的发展开拓一个新的市场，有可能将成为移动电视衍生出的一项新的支柱型业务。

九、获奖、表彰

2008 年北京电视台节目获奖名单

奖项名称	获奖作品	获奖部门	获奖人员	获奖等级
中国新闻奖（第十八届）	《北京新闻》	新闻节目中心		一等奖
中国新闻奖（第十八届）	《法治进行时》	科教节目中心		一等奖
中国新闻奖（第十八届）	《好运北京　演兵奥运：北京已经准备好了》	新闻节目中心	张亮、宗燕红、任效松、崔睿、王晓龙	三等奖
中国电视金鹰奖（第二十四届）	《网络年代》			优秀长篇电视剧三等奖
中国电视金鹰奖（第二十四届）	《真情人生》			最佳中短篇电视剧奖
中国电视金鹰奖（第二十四届）	《2008 北京新春大联欢》	文艺节目中心		最佳文艺节目奖
中国电视金鹰奖（第二十四届）	《福娃奥运漫游记》	动画节目中心		最佳动画片奖
中国电视金鹰奖（第二十四届）	《时光倒流五十年》	海外节目中心	穆尼热、安斯尔丁、赵鹏华	电视纪录片三等奖
中国电视金鹰奖（第二十四届）		生活节目中心	刘文燕	优秀电视节目主持人奖
中国金鹰电视艺术节电视艺术论文评选（第七届）	《中国电视媒体的转型与创新》	研究发展部	高菲、陆地	一等奖
2008 中国播音主持金话筒奖		生活节目中心	刘文燕	提名奖
国际公共电视大会 2007 最具创新精神节目	《现代行动——路上的陷阱》	体育节目中心	周磊等	
2008 国际青年影像系列短片大奖	《福娃奥运漫游记》	动画节目中心		
2008 Promax & BDA ASIA	宣传片《机器人 2KAU》	动画节目中心		最佳在播频道 ID 银奖
“我们在一起·抗震救灾”电视音乐、文学、纪录片表彰研讨活动	《伸出我的手和你在一起》	生活节目中心		嘉奖节目（二等奖）
“我们在一起·抗震救灾”电视音乐、文学、纪录片表彰研讨活动	《我们在一起》（生活）	生活节目中心		奖励节目（三等奖）
优秀电视经济节目	《天下收藏》	财经节目中心		十佳栏目一等奖
优秀电视经济节目	《城市——经适房新政》	财经节目中心		连续（系列）类二等奖

续表

奖项名称	获奖作品	获奖部门	获奖人员	获奖等级
优秀电视经济节目	《城市——五千点》	财经节目中心		连续（系列）类三等奖
优秀电视经济节目	《天天理财》	财经节目中心		（分会自评）一等奖
《纪录中国》优秀纪录片奖（第二届）	《纪实天下》	海外节目中心	吴玮等	十佳纪录片金牌栏目
《纪录中国》优秀纪录片奖（第二届）	《冲击杂技的奥斯卡》	海外节目中心	吴玮等	优秀节目奖
中国纪录片国际选片会（第五届）	《老项家的背篓》	海外节目中心		十优纪录片
2007年度电视体育节目奖	《美国特奥代表团到什刹海串门儿》	体育节目中心	吴瑞、郑伟	体育新闻类特等奖
2007年度电视体育节目奖	《儿子的足球》	体育节目中心	孟伟、石晶晶、徐泽龙	体育新闻类一等奖
2007年度电视体育节目奖	《舞回青春》	体育节目中心	王少华、刘萍、孙佳炜、冯垚、张雪冰	体育新闻类二等奖
2007年度电视体育节目奖	《握手——老金·祥福“暗战”中甲》	体育节目中心	卢山、李京海	二等奖
2007年度电视体育节目奖	《寒夜里的绿色暖流》	体育节目中心	李晶、郑磊	二等奖
2007年度电视体育节目奖	《北京金隅赛前大揭秘》	体育节目中心	孙洋、刘夏	二等奖
2007年度电视体育节目奖	《喜气洋洋过春节体育活动闹庙会》	体育节目中心	李茜、许云龙	二等奖
2007年度电视体育节目奖	《2007北京铁人三项世界杯直播》	体育节目中心	作为2007年度电视体育节目报送政府奖的预选节目	直播类一等奖
2007年度电视体育节目奖	《快乐健身一箩筐》	体育节目中心	朱江、王少华、高海宁、陈欣、师瑶	栏目类二等奖
2007年度电视体育节目奖	《祥福冲超这一年》	体育节目中心	卢山、李京海、于海、梁毅志	专题类一等奖
2007年度电视体育节目奖	《“异乡人”——郎平的一天》	体育节目中心	张洪、魏翊东、周海川、吴峰	专题类三等奖
2007年度青少年电视节目创优评析	栏目《十分开心》	动画节目中心		栏目类一等奖
2007年度青少年电视节目创优评析	栏目《闪天下》	动画节目中心		栏目类二等奖
2007年度青少年电视节目创优评析	栏目《漫画天下》	动画节目中心		栏目类三等奖
2007年度青少年电视节目创优评析	动画片《快乐东西3》	动画节目中心		动画类一等奖
2007年度青少年电视节目创优评析	动画片《福娃奥运漫游记》	动画节目中心		动画类二等奖
2007年度青少年电视节目创优评析	动画片《龙图公案》	动画节目中心		动画类三等奖

续表

奖项名称	获奖作品	获奖部门	获奖人员	获奖等级
2007年度青少年电视节目创优评析	宣传片《卡酷小孩的一天》	动画节目中心		公益广告类二等奖
2007年度青少年电视节目创优评析	宣传片《放炮过年》	动画节目中心		公益广告类三等奖
交通电视节目创优评析奖	《体检表忽悠了谁》	公共频道节目中心	钟晓红、尹航、陈晶磊、王磊	新闻专题一等创优节目
交通电视节目创优评析奖	《死亡路口事故频发》	公共频道节目中心	杨郁荣、吴重柳、朱岩、云振贤	新闻专题二等创优节目
交通电视节目创优评析奖	《红绿灯》	公共频道节目中心		优秀栏目一等创优节目
交通电视节目创优评析奖	《ETC不停车收费系统》	公共频道节目中心	《红绿灯》栏目与市科委	交通公益广告二等创优节目
交通电视节目创优评析奖	《陌生的逃犯》	公共频道节目中心	晋洲、李颖、陆磊、王媛莉	纪录片三等创优节目
交通电视节目创优评析奖	《抢险进行时》	公共频道节目中心	陈晶磊、吴重柳、张辉、朱岩	长消息一等创优节目
交通电视节目创优评析奖	《离奇的火灾》	公共频道节目中心	陈晶磊、王磊、尹航、云振贤	长消息三等创优节目
交通电视节目创优评析奖	《回家过年　一票难求》	公共频道节目中心	杨郁荣、吴重柳、尹航、朱岩	短消息二等创优节目
交通电视节目创优评析奖	《流畅之美——香港交通面面观》	公共频道节目中心	张耀、范红军、陈钢、张丽华、赵妍、尹航、王媛莉、张铭、祁磊	特别节目一等创优节目
交通电视节目创优评析奖	《红绿灯10、26》节目	公共频道节目中心	尹航、云振贤、朱岩、晓红	新闻节目编排二等创优节目
全国广播电视包装营销评析活动	宣传片《国家体育场钢结构卸载》		胡阳、梁爽	优秀音效类一等作品
全国广播电视包装营销评析活动	《北京您早》大片头		胡阳	优秀视觉效果类二等作品
对农电视研委会年度奖	《京郊大地：话说京承路》	公共频道节目中心	朱晓梅、王强、肖一龙、葛立平	专题类一等创优作品
全国春节文艺晚会暨特别节目评优	《2008年春节晚会》	文艺节目中心		晚会最佳作品创新作品
全国春节文艺晚会暨特别节目评优	《乐满神州欢动2008——动画春节晚会》	动画节目中心		特别节目创新作品
全国春节文艺晚会暨特别节目评优	《北京电视台2007年度影视盛典》	影视剧中心		特别节目优秀作品
全国优秀电视栏目剧评选	《数说北京》	财经节目中心		最佳作品
2007年度中国电视纪录片短片十佳作品	《国旗班老班长的故事》	海外节目中心	武玲、赵五洲	

续表

奖项名称	获奖作品	获奖部门	获奖人员	获奖等级
2008全国城市电视台抗灾救灾优秀电视节目	《爱心跨千里：北京医疗队成为灾区伤员转运军》	新闻节目中心		新闻消息类二等奖
2008全国城市电视台抗灾救灾优秀电视节目	《绵阳伤员大转运到重庆》	新闻节目中心		新闻消息类三等奖
2008全国城市电视台抗灾救灾优秀电视节目	《绵竹清平搜索纪实》	新闻节目中心		系列报道类二等奖
2008全国城市电视台抗灾救灾优秀电视节目	《抗震救灾　众志成城》	新闻节目中心		系列报道类三等奖
2008全国城市电视台抗灾救灾优秀电视节目	《托起明天的太阳》	青少节目中心		文艺作品类 文艺作品编导一等奖
2008全国城市电视台抗灾救灾优秀电视节目	宣传片 《抗震救灾动画版》	动画节目中心	张翼、白净、曲小松、李重阳、刘婧	公益广告类 公益广告制作二等奖
女性风采优秀作品展播（第三届）	《盲女陈燕的故事》	海外节目中心	李蓓、刘颖	一等奖
女性风采优秀作品展播（第三届）	《南丁格尔奖获得者陈海花的故事》	海外节目中心		二等奖
2007年度全国少儿节目及动画精品评审	动画片 《福娃奥运漫游记》	动画节目中心		优秀动画片一等奖
2007年度全国少儿节目及动画精品评审	动画片 《秦时明月之百步飞剑》	动画节目中心		优秀动画片二等奖
2007年度全国少儿节目及动画精品评审	频道《卡酷》	动画节目中心		优秀少儿频道 动画频道一等奖
2007年度全国少儿节目及动画精品评审	栏目《中国制造》	动画节目中心		优秀国产动画 栏目一等奖
2007年度全国少儿节目及动画精品评审	栏目《十分开心》	动画节目中心		优秀国产动画 栏目一等奖
2007年度全国少儿节目及动画精品评审	栏目《七色光》	动画节目中心		优秀国产动画 栏目二等奖
2007年度科技创新奖	专题《婚房失火之谜》	科教节目中心		科普作品类三等奖
2007年度科技创新奖	专题《抠门创造时尚的人》	科教节目中心		科普作品类三等奖
中国科教影视学术奖	新闻《创造建筑奇迹实现奥运梦想》	新闻节目中心	徐京玲	科普科教类二等奖
中国科教影视学术奖	专题《巧手童心曹则义》	科教节目中心		科普科教类二等奖
中国科教影视学术奖	专题《老顽童王渝生》	科教节目中心	卢志杰	科普科教类三等奖
中国科教影视学术奖	专题《节水你我他》	科教节目中心		科普科教类三等奖
中国科教影视学术奖	专题《按摩机器人》	科教节目中心		科普科教类三等奖
中国科教影视学术奖	专题《真空爱情》	科教节目中心		科普科教类三等奖
金龙奖（第四届、第五届）	动画片 《福娃奥运漫游记》	动画节目中心		内地及港澳台 最佳电视动画

续表

奖项名称	获奖作品	获奖部门	获奖人员	获奖等级
金龙奖（第四届、第五届）	图书《福娃奥运漫游记》	动画节目中心		内地及港澳台最佳人气动画图书
金龙奖（第四届、第五届）	动画片《快乐东西3》	动画节目中心		最佳系列动画片（第五届）
中国动漫风云榜2008年度春季榜	动画片《福娃奥运漫游记》	动画节目中心		评委会特别奖
2008年中国动画年会	动画片《福娃奥运漫游记》	动画节目中心		推荐作品
美猴奖	动画片《福娃奥运漫游记》	动画节目中心		优秀动画系列片奖
美猴奖	动画片《快乐东西3》	动画节目中心		提名奖
2008年度金手指奖	频道《卡酷》	动画节目中心		动漫游戏行业优秀企业、游戏行业自律先进单位
2008年度最受青少年喜爱的十大国产动画片	动画片《福娃奥运漫游记》	动画节目中心		
2008年度最受青少年喜爱的十大国产动画片	动画片《快乐东西3》	动画节目中心		
2008年度中国创意产业年度大奖	频道《卡酷》	动画节目中心		中国创意产业领军企业奖
2008年度中国十大影响力品牌	动画片《福娃奥运漫游记》	动画节目中心		中国动画最具影响力首选品牌
中国传媒大学学院奖暨中国交通电视金鳌奖	《流畅之美——香港交通面面观》	公共频道节目中心	张耀、范红军、陈钢、张丽华、赵妍、尹航、王媛莉、张铭、祁磊	
北京新闻奖	长消息《保护古都风貌与改进民生和谐共进：本市街巷综合整治修缮改造工程探索出一条新路》	新闻节目中心	徐京玲、韦嘉、夏晓东、尹磊	一等奖
北京新闻奖	专题报道《平价医院的生命力》	财经节目中心	艾力、周泳、李志兵、贺俊、李晓惠、鲍文、李铁军、肖映峰、何羿翯、李宁、方辰杰	一等奖
北京新闻奖	系列报道《坚持科学发展实践三大理念》	新闻节目中心	张亮、史月光、梁雪松、王宇、董菲菲、肖宁、成强、米红、金星、陈军、杨国强、孙熠	一等奖
北京新闻奖	专题报道《牵手》	生活节目中心	刘文燕、王倩、刘红振	一等奖
北京新闻奖	连续报道《寻找赵爷爷》	新闻节目中心	赵波、林力、闫丰涛、郭东风	二等奖

续表

奖项名称	获奖作品	获奖部门	获奖人员	获奖等级
北京新闻奖	系列报道《香港故事》	海外节目中心	吕军、林斐、黄炜、穆尼热、藤梦旋、刘晓彤、李力	二等奖
北京新闻奖	专题报道《喜迎十七大——发展建设成就巡礼》	新闻节目中心	宗燕红、徐京玲、白艳军	二等奖
北京新闻奖	短消息《警车开道护送断指工人》	新闻节目中心	丁晓阳、邵晶、蔡晶晶、胡文滨	二等奖
北京新闻奖	系列报道《孝子救父偷捐肝 人间至爱显真情》	新闻节目中心	张丽、贾勇强、景福兰	三等奖
北京新闻奖	新闻访谈《奥林匹克人物访〈刘敬民副市长访谈录〉》	体育节目中心	张晓媚、周方、王哲明、王俊川、康健	三等奖
北京新闻奖	纪实报道《剃头匠的明星生活》	海外节目中心	蒋俐、李力、冯帆、张一萌	三等奖
北京新闻奖	专题报道《石景山干尸发现始末》	公共频道节目中心	华艺、赵福明、黄瑨、李欣、张妍、卢文龙、闫焓、王之名、姜祺、谢侃、王娟、刘刚、张宁	三等奖
北京新闻奖	系列报道《养生十二说》	财经节目中心	艾力、周泳、李志兵、刘华林、鲍文、李铁军、宋北光、肖映峰、陈少娜、马艺菲、何羿翯、乌竹木、黄羽	三等奖
北京新闻奖	专题报道《数百唐卡被盗藏传瑰宝流失海外》	科教节目中心	王勇、陶继忠、王小力	三等奖
北京新闻奖	专栏《北京新闻》	新闻节目中心	周永萍、张亮、艾冬云、潘全心、张冬林、陈楠、曹静、宋炀、李玲、谢小岩、刘非非、李光军、刘彤	优秀奖
奥运会残奥会新闻宣传优秀作品奖	《“光荣与梦想”——北京卫视第29届奥运会特别报道》	体育节目中心	朱江、杜研、马宏、周波	
奥运会残奥会新闻宣传优秀作品奖	《国歌唱响在埃菲尔铁塔之下》	体育节目中心	林琛、刘娜、史晓松	
奥运会残奥会新闻宣传优秀作品奖	《在长野——不得不说的故事》	体育节目中心	林琛、刘娜、史晓松	
奥运会残奥会新闻宣传优秀作品奖	《今日鸟巢依旧爆满》	体育节目中心	杨婷、吴峰	
奥运会残奥会新闻宣传优秀作品奖	《“超越、融合、共享”——北京电视台残奥会特别报道》	体育节目中心	周波、海伦、赵蕾、李丹	
奥运会残奥会新闻宣传优秀作品奖	《“盛典——解读历届奥运会开幕式”系列专题片》	体育节目中心	杜研、李岩、张海军	

续表

奖项名称	获奖作品	获奖部门	获奖人员	获奖等级
北京广播影视奖	新闻类			
北京广播影视奖	短消息《警车开道 护送断指工人》	新闻节目中心	邵晶、蔡晶晶、胡文滨 节目创优先进个人：邵晶	一等奖
北京广播影视奖	长消息《保护古都风貌与改进民生和谐共进：本市街巷综合整治修缮改造工程探索出一条新路》	新闻节目中心	徐京玲、韦嘉、夏晓东、尹磊 节目创优先进个人：韦嘉	一等奖
北京广播影视奖	连续报道《寻找赵爷爷》	新闻节目中心	赵波、林力、闫丰涛、郭东风 节目创优先进个人：闫丰涛	一等奖
北京广播影视奖	《平价医院的生命力》	财经节目中心	鲍文、李铁军、艾力、周泳、李志兵、贺俊、李晓惠、肖映峰、何羿嚣、李宁、方辰杰、黄羽 节目创优先进个人：何羿嚣	一等奖
北京广播影视奖	短消息《大病医疗保险以人为本 保障学生儿童及时治疗》	新闻节目中心	李光军、王陆华	二等奖
北京广播影视奖	系列报道《孝子救父偷捐肝 人间至爱显真情》	新闻节目中心	张丽、贾勇强、景福兰	二等奖
北京广播影视奖	新闻访谈《奥林匹克人物访〈刘敬民副市长访谈录〉》	体育节目中心	张晓媚、周方、王哲明、康健	二等奖
北京广播影视奖	新闻编排《北京新闻》	新闻节目中心	周永萍、张亮、艾冬云、潘全心、张冬林、陈楠、曹静、宋炀、李玲、谢小岩、刘非非、李光军、刘彤	二等奖
北京广播影视奖	消息《丽影出击：电子客票藏猫腻》	新闻节目中心	郭东风、涂艳	三等奖
北京广播影视奖	消息《为103个流浪儿当“爹”》	新闻节目中心	贾勇强、金谊、丁晓阳	三等奖
北京广播影视奖	《“死亡路口”事故频发》	公共频道节目中心	杨郁荣、吴重柳、尹航、钟晓红、朱岩	三等奖
北京广播影视奖	《数百唐卡被盗 藏传瑰宝流失海外》	科教节目中心	王小力	三等奖
北京广播影视奖	《好运北京——北京2008年奥运会倒计时一周年特别节目》	新闻节目中心	周永萍、张亮、艾冬云、潘全心、张冬林、王毅、宋旸、胡阳、邵晶、刘晓隽、赵欣、陈楠、曹静、李玲、谢小岩、刘非非	三等奖

续表

奖项名称	获奖作品	获奖部门	获奖人员	获奖等级
北京广播影视奖	《喜迎十七大——发展建设成就巡礼》	新闻节目中心	宗燕红、徐京玲、白艳军	三等奖
北京广播影视奖	社教类			
北京广播影视奖	专题片《牵手》	生活节目中心	刘文燕、王倩、刘红振 节目创优先进个人：王倩	一等奖
北京广播影视奖	系列片《香港故事》	海外节目中心	吕军、林斐、黄炜、穆尼热、藤梦旋、刘晓彤、李力 节目创优先进个人：吕军	一等奖
北京广播影视奖	系列片《坚持科学发展实践三大理念》	新闻节目中心	史月光、王宇、陈军、张亮、梁雪松、董菲菲、肖宁、成强、金星、肖京京、孙熠、金昌 节目创优先进个人：史月光	一等奖
北京广播影视奖	长纪录片《剃头匠的明星生活》	海外节目中心	蒋俐、李力、冯帆、张一萌	二等奖
北京广播影视奖	专题片《石景山千户发现始末》	公共频道节目中心	华艺、赵福明、黄瑨、李欣、张妍、卢龙、闫焓、王之名、姜祺、谢侃、王娟、刘刚、张宁	二等奖
北京广播影视奖	专题片《说话京承路》	公共频道节目中心	郎秀芳、王强、葛立平、何苗苗、刘昊、卢文龙	二等奖
北京广播影视奖	系列片《养生十二说》	财经节目中心	艾力、周泳、李志兵、刘华林、鲍文、李铁军、宋北光、肖映峰、陈少娜、马艺菲、何羿阊、乌竹木、黄羽	二等奖
北京广播影视奖	科普节目《水出石莲》	科教节目中心	李志国、杨韵仟、卢志洁、赵鹏、蓝霖	二等奖
北京广播影视奖	短纪录片《兔唇·明星·慈善》	生活节目中心	任友红、张军、余明、曹亚宾	三等奖
北京广播影视奖	专题片《为你而歌》第五部	科教节目中心 海外节目中心	杜军、杨东、王锦、郑兵、张鹏、李春颂、周远钊、许革非、聂萌、刘微	三等奖
北京广播影视奖	专题片《包和礼仪》	生活节目中心	钱丹丹、陈宁、田赢、马勇杰	三等奖
北京广播影视奖	专题片《北京骄傲——孔凡泉》		于莉、郝帅、崔仓铭	三等奖
北京广播影视奖	境外播出类			
北京广播影视奖	境外节目《使命——非洲维和纪实》(海外)	海外节目中心	陈大立、李蓓、李力、严崴、史兵、吕敬、宋民、冯帆、吴铮、范强 节目创优先进个人：李蓓	一等奖

续表

奖项名称	获奖作品	获奖部门	获奖人员	获奖等级
北京广播影视奖	境外节目《时光倒流五十年》	海外节目中心	穆尼热、赵鹏华、吕军	二等奖
北京广播影视奖	境外节目《会外语的北京的哥》	海外节目中心	武玲、司松洁	二等奖
北京广播影视奖	电视栏目类			
北京广播影视奖	《魅力科学》	科教节目中心	节目创优先进个人：兰霖	
北京广播影视奖	《非常接触》	科教节目中心	节目创优先进个人：贾惠	
北京广播影视奖	《北京新闻》	新闻节目中心	节目创优先进个人：陈楠	
北京广播影视奖	《中华文明大讲堂》	科教节目中心	节目创优先进个人：于瀛	
北京广播影视奖	播音与主持类			
北京广播影视奖	播音主持《一起飞——聋儿舞蹈演员张天娇》	生活节目中心	刘文燕 节目创优先进个人：刘文燕	一等奖
北京广播影视奖	主持作品《信手北京一盘棋》	公共频道节目中心	卢文龙	二等奖
北京广播影视奖	播音主持《相约五环畅想明天》	海外节目中心	姜华	二等奖
北京广播影视奖	《首都经济报道》	财经节目中心	潮东、长盛	三等奖
北京广播影视奖	《红绿灯》	公共频道节目中心	范红军	三等奖
北京广播影视奖	《特别关注》	新闻节目中心	赵彬彬	三等奖
北京广播影视奖	文艺类			
北京广播影视奖	动画《福娃奥运漫游记》第一季	动画节目中心	张强、帅民、李国、缪东、曾伟京、邹静之、孙甜、邹晗、李研、康小琳 节目创优先进个人：曾伟京	一等奖
北京广播影视奖	综艺节目《2007 北京新春大联欢》	文艺节目中心	齐建彤、张小南、王晓雄、李雪萍、郑黔、孙勤 节目创优先进个人：张小南	一等奖
北京广播影视奖	综艺节目《外国人中华才艺大赛年度巨献·同贺中国年》	海外节目中心	宋民、华艺、徐剑、严崴、薛菁、蒋俐 节目创优先进个人：严崴	一等奖
北京广播影视奖	歌舞节目《红孩子》大型情境合唱剧	青少节目中心	庞玉珍、董宁、王洪超、史航、雷雨、何晓彬 节目创优先进个人：董宁	一等奖
北京广播影视奖	动画《十分开心》第 40 期	动画节目中心	帅民、池浩洋、赖好林、董萌、杨庆晖	二等奖
北京广播影视奖	综艺节目《十月放歌——庆祝十七大开幕式晚会》	文艺节目中心	田歌、全维润、甘秋涛、毛孩	二等奖

续表

奖项名称	获奖作品	获奖部门	获奖人员	获奖等级
北京广播影视奖	戏曲节目《梨园芳菲展京华——大型戏曲曲艺文艺晚会》	文艺节目中心	谢鑫、马鸥、顾杨、全维润、李蓓	二等奖
北京广播影视奖	文艺专题《“渴望”——再聚首特别节目》	文艺节目中心	张帆、齐建彤、赵楠、陈红波、张简凡、吴洁	二等奖
北京广播影视奖	文艺专题《2006年度“美丽乡村”颁奖盛典》	文艺节目中心 新闻节目中心	裴晓林、宁馨、张冬林、戚钧、张亚平	二等奖
北京广播影视奖	综艺节目《月儿圆——相聚大兴BTV2007中秋晚会》	文艺节目中心	裴晓林、叶蔚宁、孙仝、张亚平	三等奖
北京广播影视奖	综艺节目《鱼水情深共创和谐——2007首都双拥模范颁奖晚会》		姬荣、张良、任卫新、徐春妮、刘劲	三等奖
北京广播影视奖	歌舞节目《金秋颂歌——2007国庆大型文艺歌舞晚会》	文艺节目中心	郑黔、武志荣、何晓彬、汪遵熹、吕洪亮、齐建彤	三等奖
北京广播影视奖	综艺节目《“相声前辈与相声小子”》		付德刚、焦峰、王娟、杨露、马捷、向真	三等奖
北京广播影视奖	文艺专题《活力乡村——2007年度京郊状元榜揭晓晚会》	公共频道节目中心	华艺、郝洪、朱晓梅、朗秀芳、颜美珠、杨崴、王立挺、李杰、王强、何苗苗、刘昊、伊国庆	三等奖
北京市文化创意产业发展专项资金项目大奖	《福娃奥运漫游记》	动画节目中心		
北京市文化创意产业发展专项资金项目大奖	《秦时明月》	动画节目中心		
2008第三届中国（北京）国际大学生动画节	《福娃奥运漫游记》	动画节目中心		北京动漫文化创意作品大奖
2008第三届中国（北京）国际大学生动画节	《快乐东西》	动画节目中心		卡酷年度动画编剧奖

（艺委会统计）

2008年北京电视台技术获奖名单

奖项名称	获奖作品	获奖部门	获奖人员	获奖等级
电视节目技术质量奖“金帆奖”	《北京新闻》	制作部	周海峰、邓五一、张毅、张捷	标准清晰度节目录制新闻类二等奖
电视节目技术质量奖“金帆奖”	《夫妻俩的动物情缘》	制作部新闻制作科	郝丽萍、史文霞、刘道纶、王崑	标准清晰度节目录制专题类三等奖
电视节目技术质量奖“金帆奖”	《2008北京新春大联欢》	北京电视台	覃刚、周宝伟、王丁、宋建、王浩、刘光辉、李建、王江	标准清晰度节目录制综合文体一等奖
电视节目技术质量奖“金帆奖”	《科技点亮奥运》第五集	北京电视台	郑星、郎志平、刘晓光、唐冬梅、姚银壮、彭楠	高清晰度节目录制专题类三等奖
电视节目技术质量奖“金帆奖”	《“和谐之旅”奥运圣火传递百日大直播》	北京电视台	贺文林、张晨旭、黄锐	高清晰度节目录制片头类二等奖
电视节目技术质量奖“金帆奖”	播出技术	北京电视台	王喆、周旭辉、张皓、董秀琴、金强、苏力、于先靖、易钢、武文举、刘伟立、程军、黄志民、杜伟、陈宇、王静	一等奖
中国新闻技术工作者联合会优秀新闻科技论文奖	《电视台总编室网络化节目单编排、节目备播的业务规划与系统设计》	信息网络管理部	毕江、孙波、张伟	二等奖
中国新闻技术工作者联合会优秀新闻科技论文奖	《北京电视台新台播出网络系统设计与实施》	播出部	贾京蓉	三等奖
中国新闻技术工作者联合会优秀新闻科技论文奖	《基于品尼高视频服务器的延时播出系统》	制作部	周海峰、王健	三等奖
中国新闻技术工作者联合会优秀新闻科技论文奖	《在新闻直播中利用演播室切换台的内置功能实现特技效果》	制作部	德旻晖、周海峰	三等奖
中国电影电视技术学会大型转播外场电视节目录制技术质量奖	奥运会女子足球决赛转播	转传部	视频：王喆、朱雨稼、叶志云、郝纪、杨梓江、韩帅、安晓军、刘来生、冉晓峰 音频：姜世杰、马捷、黄玮	优秀奖

续表

奖项名称	获奖作品	获奖部门	获奖人员	获奖等级
中国电影电视技术学会大型转播外场电视节目录制技术质量奖	奥运会男排预赛转播	转传部	视频：王喆、朱雨稼、康金萍、谢原、张倞、陈志军、李颖、刘燕伟、杜波、侯毅 音频：张磊、常京生	优秀奖
北京广播影视奖	《北京新闻》		张一平、张捷、程贺、邓五一 先进个人：张一平	录制技术新闻类一等奖
北京广播影视奖	《北京议事厅》		戴爽	录制技术专题类三等奖
北京广播影视奖	《2008北京新春大联欢》		周宏、周宝伟、唐冬梅、夏新颖、刘旖旎、王申为、樊玉、侯婷婷 先进个人：周宏	录制技术综合文体类一等奖
北京广播影视奖	《BTV-3频道整体包装》		匡葵、赵新生、贺文林、张晨旭 先进个人：贺文林	视频图像片头类一等奖
北京广播影视奖	《2008年我最喜欢的春节庙会》		梁爽、朱丽、洪贺、武小雪	视频图像片头类三等奖
北京广播影视奖	《直播北京》		李源、王祎、黄锐、李澎	视频图像片头类三等奖
北京广播影视奖	《第十三届青年歌手电视大奖赛北京赛区总决赛》		宋建、俞滨、李璧彤、刘瑞鹏	声音制作综合艺术类二等奖
北京市广播电视局科技创新奖	《面向服务架构全台网络化节目制播体系环境下跨系统工作流程设计和服务关系说明》		毕江、黄正兵	论文类一等奖

（总工办统计）

2008年北京电视台集体、个人获奖名单

奖项名称	奖项类别	获奖部门	获奖人员
北京奥运会残奥会先进集体（中共中央、国务院）	集体奖	北京电视台奥运报道中心	
北京奥运会残奥会先进个人（中共中央、国务院）	个人奖		朱江
北京奥运会残奥会先进个人（北京市委、市政府、北京奥组委）	个人奖		王喆、韦嘉、崔睿、孙松、周波、曾伟京

续表

奖项名称	奖项类别	获奖部门	获奖人员
奥运会残奥会火炬传递先进集体	集体奖	北京电视台	
奥运会残奥会火炬传递先进个人	个人奖		陈大立
全国总工会全国工人先锋号	集体奖	体育节目中心	
全国总工会全国五一劳动奖状	集体奖	新闻节目中心	
市总工会奥运立功工人先锋号	集体奖	体育节目中心	
市总工会奥运立功首都劳动奖状	集体奖	新闻节目中心	
市总工会奥运立功标兵	个人奖		黄剑华、郑星、李志国、艾冬云、严崴、王毅、吴犁犁、马国颖、赵迎军、俞恺
市总工会奥运立功首都劳动奖章	个人奖		马世飞、叶志云、程军
首都“迎奥运、讲文明、树新风”活动先进集体	集体奖	党委办公室、新闻节目中心	
首都“迎奥运、讲文明、树新风”活动先进个人	个人奖		刘绍芬、韩娟娟、高国华、汪永年、海仑、曹一楠、赵文涓
北京市“三八”红旗集体	集体奖	奥运办公室	
北京市“三八”红旗奖章	个人奖		潘全心、赵华
奥运巾帼奉献奖	个人奖		王丹英、王赤、陈跃
北京市宣传系统服务保障奥运先进集体	集体奖	海外节目中心、保卫部、信息网络管理部	
北京市宣传系统服务保障奥运先进个人	个人奖		周永萍、杜研、焦少波、孟伟、杨东、帅民、高謞、周治宪、周旭辉、王宝德、赵修明、王兴军
首都统战系统参与奥运、服务奥运先进个人	个人奖		姚长盛
市政府残工委奥运工作先进集体	集体奖	新闻节目中心	
市政府残工委奥运工作先进个人	个人奖		吕莳
北京市广播电视奥运工作先进集体	集体奖	新闻节目中心、海外节目中心、科教节目中心、体育节目中心、生活节目中心、总编室、奥运办公室、播出部、动力部、保卫部、行政部	
北京市广播电视奥运工作先进个人	个人奖		丁晓阳、王晓龙（新闻节目中心）、张苏、李志国、李亚京、周方、韩鹤、徐京英、蒋俐、王进、郑岩、王晓龙（动力部）、王嘉、朱雨稼、许之明、胡春生、何建民、王金生
北京市广播电视局奥运技术工作先进集体	集体奖	播出部：传送科、中心一科； 制作部：演播一科、综合制作科； 转传部：转播一科、传输科； 动力部：电气科； 网管部：网管一科、网管二科	

续表

奖项名称	奖项类别	获奖部门	获奖人员
北京市广播电视局奥运技术工作先进个人	个人奖（一等奖）		王志华、李建、朱雨稼、陶维强、李程、李玲、洪建军
	个人奖（二等奖）		王峥、王进、张皓、张宏斌、殷亮、德旻晖、杨硕、赵新生、韩士聪、谢原、张焱
	个人奖（三等奖）		刘新同、梁建华、武岳、田铭辉、张志杰、祝建平、魏建国、姜世杰、康金萍、程毅、杜伟、赵阔、季民、芮浩、陈宇、冯红才、金凯、尹言、王鹏
北京市思想政治工作优秀单位	集体奖	新闻节目中心	
北京市优秀思想政治工作者	个人奖		杜研
北京市宣传思想工作“创新奖”	集体奖	新闻节目中心《中心组参考信息半小时》	
北京奥运会志愿者先进个人	个人奖		徐春妮
北京残奥会志愿者先进个人	个人奖		刘文燕
首都十大杰出青年	个人奖		徐春妮
第四届北京市创业青年首都贡献奖	个人奖		李向显
慈善突出贡献奖	集体奖	北京电视台	
首都劳动奖章	个人奖		刘文燕
社会爱心助残典型单位	集体奖	北京电视台团委、公共频道节目中心党支部	
“城乡携手迎奥运共建文明京郊行”活动先进单位	集体奖	北京电视台	
第六届首都民族团结进步先进集体	集体奖	新闻节目中心要闻采访部	
第六届首都民族团结进步先进个人	个人奖		覃刚
北京市抗震救灾宣传报道先进集体	集体奖	新闻节目中心、转传部	
北京市抗震救灾宣传报道先进个人	个人奖		罗嘉、马国颖、王晓龙、赵蕾、杜波
北京市国家安全领导小组国家安全工作先进单位	集体奖	保卫部	
北京市国家安全领导小组国家安全工作先进个人	个人奖		钟强
北京市防火委员会消防安全工作先进单位	集体奖	保卫部	
北京市防火委员会消防安全工作先进个人	个人奖		张毅
北京市广播电视局平安奥运先进个人	个人奖		王喜宗、郭绍鹏、李锐

（党委办公室统计）

十、节目播出时间表

2008年北京电视台节目播出时间表

总编室

2008年BTV-1（北京卫视）节目编排方案

2008年3月31日开始执行

<table>
<tr><th>时间</th><th>星期一</th><th>星期二</th><th>星期三</th><th>星期四</th><th>星期五</th><th>星期六</th><th>星期日</th><th>时间</th></tr>
<tr><td>05:58</td><td colspan="7">报告节目1′、宣传1′</td><td></td></tr>
<tr><td>06:00</td><td>广告2′</td><td colspan="5">四海漫游20′</td><td>广告2′</td><td>06:00</td></tr>
<tr><td>06:02</td><td>环球冲浪</td><td colspan="5">广告2′</td><td>国际双行线</td><td>06:02</td></tr>
<tr><td>06:32</td><td>20′</td><td colspan="5">6:22“和谐之旅”奥运圣火直播(重播)</td><td>20′</td><td>06:32</td></tr>
<tr><td>06:52</td><td colspan="7">广告2′、早间气象服务2′、广告3′</td><td>06:52</td></tr>
<tr><td>06:59</td><td colspan="7">宣传1′</td><td></td></tr>
<tr><td>07:00</td><td colspan="7">北京您早90′</td><td></td></tr>
<tr><td>08:30</td><td colspan="7">新闻手语8′</td><td></td></tr>
<tr><td>08:38</td><td colspan="7">宣传2′</td><td></td></tr>
<tr><td>08:40</td><td colspan="7">商务专题15′</td><td></td></tr>
<tr><td>08:55</td><td colspan="7">宣传3′</td><td></td></tr>
<tr><td>08:58</td><td colspan="7">广告2′、上集回放1′、宣传1′、广告2′</td><td></td></tr>
<tr><td>09:04</td><td colspan="7">《百合剧场》电视剧　第一集:正片47′(中插广告2′)+广告2′+下集预告1′+宣传2′
上集回放1′+广告2′　第二集:正片47′(中插广告2′)+广告2′</td><td></td></tr>
<tr><td>10:52</td><td colspan="7">宣传1′、商务专题15′、宣传2′</td><td></td></tr>
<tr><td rowspan="2">11:10</td><td>15′</td><td rowspan="2">真情互动
45′</td><td rowspan="2">这里是北京
45′</td><td rowspan="2">搜城记
45′</td><td rowspan="2">中华文明
大讲堂45′</td><td rowspan="2">五星夜话
45′</td><td rowspan="2">天下收藏
45′</td><td rowspan="2">11:10</td></tr>
<tr><td>第七日30′</td></tr>
<tr><td>11:55</td><td colspan="7">广告3′</td><td>11:55</td></tr>
<tr><td>11:58</td><td colspan="7">身边28′</td><td></td></tr>
<tr><td>12:26</td><td colspan="7">宣传1′、广告3′</td><td></td></tr>
<tr><td>12:30</td><td colspan="7">特别关注(直播,含广告)(28′节目+2′午间气象服务)</td><td></td></tr>
<tr><td>13:00</td><td colspan="5">广告3′、宣传2′、广告2′、上集回放1′、广告2′</td><td colspan="2">广告3′、宣传2′</td><td>13:00</td></tr>
</table>

续表

时间	星期一	星期二	星期三	星期四	星期五	星期六	星期日	时间
13:10	《玫瑰剧场》电视剧(3集) 第一集:正片48′(中插广告2′) 广告1′+下集预告1′+广告1′宣传1′+上集回放1′+广告2′ 第二集:正片48′(中插广告1′) 广告2′+下集预告1′+广告1′宣传1′+上集回放1′+广告1′ 第三集:正片48′(中插广告2′)					国际双行线30′	环球冲浪30′	13:05
						上集回放1′、广告2′		13:35
						《玫瑰剧场》电视剧(2集) 第一集:正片48′(中插1′) 广告1′+预告1′+广告1′ 宣传2′+回放1′+广告1′ 第二集:正片48′(中插1′) ◇广告5′+预告1′+宣传1′		13:38
15:53	◇广告5′、下集预告1′、宣传1′					商务专题10′		15:30
16:00	商务专题20′	30′				星夜故事秀	唱响奥运50′	15:40
16:20	宣传2′、广告3′	16:30 商务专题20′				广告3′		16:30
16:25	“和谐之旅” (重播50′)	16:50 宣传2′、广告3′				电视先锋榜	真实档案30′	16:33
		16:50“和谐之旅”奥运圣火直播(重播22′)				“和谐之旅” 奥运圣火直播(重播)		17:03
17:25	宣传2′、广告3′							17:25
17:30	奥运知多少(含广告、宣传)5′							BTV奥运时间
17:35	体育新闻20′					体育新闻14′		
17:55	珍藏奥运、奥运知多少5′					争霸王中王 36′	奥运在身边 36′	
18:00	通向2008—— 中国奥运军团	我爱北京 25′	奥林匹克人 物访25′	祝福北京 25′	现在行动 25′			
18:25	宣传2′、广告3′							18:25
18:30	北京新闻、天气预报(4′、含标版广告)30′(直播)							18:30
19:00	转播中央电视台新闻联播30′							
19:30	看气象5′(含广告1′35″)							
19:35	“和谐之旅”奥运圣火传递百日直播(含广告22′)						“和谐之旅” 火炬直播50′	19:35
19:57	宣传2′、广告2′、上集回放1′、广告2′							
20:04	《京华剧场》电视剧　第一集:正片45′						广告/宣传3′	20:25
20:49	广告2′、下集预告1′、广告2′、上集回放1′、广告2′、宣传1′						京华剧场1集	20:28
20:58	《京华剧场》电视剧　第二集:正片45′(中插广告1′)						广告/宣传3′	21:13
21:44	广告2′、下集预告1′、广告2′、宣传1′						京华剧场2集	21:16
21:50	真情互动 45′	这里是北京 45′	搜城记 45′	中华文明大 讲堂45′	五星夜话 45′	天下收藏 45′	广告/宣传3′	22:02
							第七日30′	22:05
22:35	直播北京预告1′、宣传1′、广告3′							22:35
22:40	直播北京(节目18′+气象2′)							22:40
23:00	广告2′、宣传1′、广告2′							23:00
23:05	奥运在我家23′							23:05
23:28	宣传3′、广告3′					宣传2′、广告3′		23:28

续表

<table>
<tr><th>时间</th><th>星期一</th><th>星期二</th><th>星期三</th><th>星期四</th><th>星期五</th><th>星期六</th><th>星期日</th><th>时间</th></tr>
<tr><td>23:34</td><td colspan="5">法治进行时 15′</td><td>电视先锋榜</td><td>五百强在北京</td><td>23:33</td></tr>
<tr><td>23:49</td><td colspan="5">宣传 1′、广告 2′</td><td colspan="2">广告 2′</td><td>00:03</td></tr>
<tr><td>23:52</td><td colspan="5">每日文娱播报 27′</td><td colspan="2">每日文娱播报 27′</td><td>00:05</td></tr>
<tr><td>00:19</td><td colspan="5">广告 3′、宣传 2′</td><td colspan="2">广告 2′</td><td>00:32</td></tr>
<tr><td>00:25</td><td colspan="5">商务专题 20′</td><td colspan="2">商务专题 20′</td><td>00:34</td></tr>
<tr><td>00:45</td><td colspan="5">宣传 2′、广告 3′</td><td colspan="2">宣传 1′</td><td>00:54</td></tr>
<tr><td>00:50</td><td colspan="7">重播《京华剧场》电视剧　第一集:正片 45′(含中插广告 1′、宣传 1′)+宣传 5′
第二集:正片 45′(含中插广告 1′、宣传 1′)+宣传 5′</td><td>00:55</td></tr>
<tr><td>02:40</td><td colspan="7">午夜电视剧　第一集:正片 48′(含中插广告 1′、宣传 1′)+宣传 5′
第二集:正片 48′(含中插广告 1′、宣传 1′)+宣传 5′</td><td>02:40</td></tr>
<tr><td>04:30</td><td colspan="7">BTV 奥运时间(重播 55′)</td><td></td></tr>
<tr><td>05:25</td><td colspan="7">特别关注(含气象)30′</td><td></td></tr>
<tr><td>05:55</td><td colspan="7">宣传 1′、广告 2′</td><td></td></tr>
<tr><td>05:58</td><td colspan="7">-接次日-</td><td></td></tr>
</table>

2008 年 BTV-2(文艺频道)节目编排方案

2007 年 12 月 31 日开始执行

<table>
<tr><th>时间</th><th>星期一</th><th>星期二</th><th>星期三</th><th>星期四</th><th>星期五</th><th>星期六</th><th>星期日</th></tr>
<tr><td>06:00</td><td colspan="7">频道宣传 3′(开播曲,节目预告)</td></tr>
<tr><td>06:03</td><td colspan="7">公共宣传 1′</td></tr>
<tr><td>06:04</td><td colspan="7">《音乐风云榜》通档　重播 25′(含广告)</td></tr>
<tr><td>06:29</td><td colspan="7">频道宣传 3′、公共宣传 1′、广告 3′、上集回放 1′</td></tr>
<tr><td>06:37</td><td colspan="7">《北京剧场》(自然重播)第一集　正片 45′(中插广告 2′30″)、广告 4′、下集预告 1′　共计 52′30″</td></tr>
<tr><td>07:30</td><td colspan="7">频道宣传 3′、公共宣传 1′、广告 3′、上集回放 1′</td></tr>
<tr><td>07:38</td><td colspan="7">《北京剧场》(自然重播)第二集　正片 45′(中插广告 2′30″)、广告 4′、下集预告 1′　共计 52′30″</td></tr>
<tr><td>08:30</td><td colspan="7">广告 1′、频道宣传 9′</td></tr>
<tr><td>08:40</td><td colspan="7">商务专题 10′</td></tr>
<tr><td>08:50</td><td colspan="7">频道宣传 3′、公共宣传 1′、广告 2′</td></tr>
<tr><td>08:56</td><td rowspan="3">《喜来坞》
重播 70′</td><td>《百姓秀场》
重播 42′
(含广告)</td><td>《光荣绽放》
重播 42′
(含广告)</td><td>《影视风云路》
重播 42′
(含广告)</td><td>《精彩乐翻天》
重播 42′
(含广告)</td><td>《神州音话》
重播 42′
(含广告)</td><td rowspan="3">《星夜故事秀》
重播 70′
(含广告)</td></tr>
<tr><td>09:38</td><td colspan="5">频道宣传 1′、广告 2′</td></tr>
<tr><td>09:41</td><td colspan="5">《天天影视圈》　重播 25′(含广告)</td></tr>
<tr><td>10:06</td><td colspan="7">频道宣传 3′、公共宣传 1′、广告 2′、上集回放 1′</td></tr>
<tr><td>10:13</td><td colspan="7">电视剧(好剧/热剧重播)第一集　正片 45′(中插广告 2′30″)、广告 4′、下集预告 1′　共计 52′30″</td></tr>
<tr><td>11:05:30</td><td colspan="7">频道宣传 3′、公共宣传 1′、广告 2′、上集回放 1′</td></tr>
<tr><td>11:12:30</td><td colspan="7">电视剧(好剧/热剧重播)第二集　正片 45′(中插广告 2′30″)、广告 4′、下集预告 1′　共计 52′30″</td></tr>
</table>

续表

<table>
<tr><th>时间</th><th>星期一</th><th>星期二</th><th>星期三</th><th>星期四</th><th>星期五</th><th>星期六</th><th>星期日</th></tr>
<tr><td>12:05</td><td colspan="7">广告1′、频道宣传9′</td></tr>
<tr><td>12:15</td><td colspan="7">商务专题25′</td></tr>
<tr><td>12:40</td><td colspan="7">频道宣传2′、公共宣传1′、广告2′</td></tr>
<tr><td>12:45</td><td colspan="7">明星影院100′(含广告)</td></tr>
<tr><td>14:25</td><td colspan="7">频道宣传2′、公共宣传1′、广告2′</td></tr>
<tr><td>14:30</td><td colspan="7">《笑动2008》通档　重播25′(含广告)</td></tr>
<tr><td>14:55</td><td colspan="7">频道宣传2′、广告3′</td></tr>
<tr><td>15:00</td><td>《电视先锋榜》30′</td><td rowspan="2">《百姓秀场》重播42′(含广告)</td><td rowspan="2">《光荣绽放》重播42′(含广告)</td><td rowspan="2">《影视风云路》重播42′(含广告)</td><td rowspan="2">《精彩乐翻天》重播42′(含广告)</td><td rowspan="2">《神州音话》重播42′(含广告)</td><td>《电视先锋榜》30′</td></tr>
<tr><td>15:30</td><td>《精彩再现》12′重播</td><td>《精彩再现》12′</td></tr>
<tr><td>15:42</td><td colspan="7">广告3′、频道宣传9′、广告3′、频道宣传2′、公共宣传1′</td></tr>
<tr><td>16:00</td><td colspan="7">《最佳现场》通档　重播25′(含广告)</td></tr>
<tr><td>16:25</td><td colspan="7">频道宣传3′、广告2′、公共宣传2′、广告3′</td></tr>
<tr><td>16:35</td><td>《国家大剧院》重播42′(含广告)</td><td>精彩再现之电影重重42′重播</td><td>预留重播42′</td><td>预留重播42′</td><td>预留重播42′</td><td>《国家大剧院》42′(含广告)</td><td>精彩再现之电影重重42′</td></tr>
<tr><td>17:17</td><td colspan="7">广告2′、频道宣传3′、广告3′</td></tr>
<tr><td>17:25</td><td colspan="7">《点歌台》通档20′(含广告)</td></tr>
<tr><td>17:45</td><td colspan="7">广告2′、频道宣传9′、广告2′、频道宣传2′</td></tr>
<tr><td>18:00</td><td colspan="7">《笑动2008》通档25′(含广告)</td></tr>
<tr><td>18:25</td><td colspan="7">频道宣传2′、公共宣传1′、广告2′</td></tr>
<tr><td>18:30</td><td colspan="7">《音乐风云榜》通档25′(含广告)</td></tr>
<tr><td>18:55</td><td colspan="7">频道宣传2′、广告3′</td></tr>
<tr><td>19:00</td><td colspan="7">《每日文娱播报》通档27′(含广告)</td></tr>
<tr><td>19:27</td><td colspan="7">广告2′、频道宣传1′、上集回放1′、广告2′</td></tr>
<tr><td>19:33</td><td colspan="7">《北京剧场》电视剧第一集:正片45′+广告2′+下集预告1′+广告2′　共计50′</td></tr>
<tr><td>20:23</td><td colspan="7">频道宣传1′、广告2′、上集回放1′、广告2′</td></tr>
<tr><td>20:29</td><td colspan="7">《北京剧场》电视剧第二集:正片45′(中插广告2′30″)+广告3′30″+下集预告1′　共计52′</td></tr>
<tr><td>21:21</td><td colspan="7">公共宣传1′、频道宣传1′、广告2′</td></tr>
<tr><td>21:25</td><td>《娱乐黄金档》之《百姓秀场》42′(含广告)</td><td>《娱乐黄金档》之《光荣绽放》42′(含广告)</td><td>《娱乐黄金档》之《影视风云路》42′(含广告)</td><td>《娱乐黄金档》之《精彩乐翻天》42′(含广告)</td><td>《娱乐黄金档》之《神州音话》42′(含广告)</td><td rowspan="3">《娱乐黄金档》之《星夜故事秀》70′(含广告)</td><td rowspan="3">《娱乐黄金档》之《喜来坞》70′(含广告)</td></tr>
<tr><td>22:07</td><td colspan="5">频道宣传1′、广告2′</td></tr>
<tr><td>22:10</td><td colspan="5">《天天影视圈》25′(含广告)</td></tr>
<tr><td>22:35</td><td colspan="7">频道宣传2′、公共宣传1′、广告2′</td></tr>
<tr><td>22:40</td><td colspan="7">《最佳现场》通档25′(含广告)</td></tr>
</table>

续表

时间	星期一	星期二	星期三	星期四	星期五	星期六	星期日
23:05	公共宣传1′、广告3′、频道宣传1′						
23:10	《每日文娱播报》重播27′(含广告)						
23:37	频道宣传2′、公共宣传1′						
23:40	《音乐全方位》通档25′(含广告)						
00:05	明星影院100′(含广告)						
01:45	商务专题10′						
01:55	荧屏歌声8′						
02:03	频道宣传2′(节目预告)						
02:05	结束						

2008年BTV-3(科教频道)节目编排方案

2008年8月4日开始执行

时间	星期一	星期二	星期三	星期四	星期五	星期六	星期日	时间
06:00	开播曲、报告节目2′							
06:02	频道宣传5′							
06:07	公共宣传1′、平时广告2′							
06:10	魅力科学20′							
06:30	公共宣传2′、平时广告2′、频道宣传1′							
06:35	法治进行时20′(含广告)							
06:55	大家说法20′(含广告)							
07:15	公共宣传1′、平时广告2′、频道宣传2′							
07:20	祝你健康22′(含广告)							
07:42	平时广告2′、频道宣传1′							
07:45	传奇(中国)30′	传奇30′						
08:15	平时广告3′、频道宣传2′							
08:20	社会教育系列节目(1)50′					北京热线50′(含广告)	名人之后50′(含广告)	08:20
09:10	频道宣传2′、公共宣传2′					公共宣传2′、平时广告3′、频道宣传2′、平时广告3′		09:10
09:14	社会教育系列节目(2)50′					非常接触50′(含广告)	夫妻剧场50′(含广告)	09:20
10:04	频道宣传2′、公共宣传2′					公共宣传2′、平时广告3′、频道宣传2′、平时广告3′		10:10
10:08	社会教育系列节目(3)50′					传奇(中国)30′	电视先锋榜30′	10:20

续表

时间	星期一	星期二	星期三	星期四	星期五	星期六	星期日	时间
10:58	公共宣传2′、平时广告4′、节目预告1′					荧屏歌声8′、公共宣传2′、广告2′、频道宣传2′、节目预告1′		10:50
11:05	祝你健康22′(含广告)							
11:27	平时广告2′、频道宣传1′							
11:30	现场说法25′(含广告)						警法目录25′(含广告)	11:30
11:55	平时广告5′							
12:00	法治进行时20′(含广告)							
12:20	大家说法20′(含广告)							
12:40	频道宣传1′、平时广告4′							
12:45	魅力科学20′							
13:05	频道宣传1′、平时广告3′、公共宣传1′							
13:10	万紫千红50′(含广告)	北京热线50′(含广告)	秘境观察50′(含广告)	非常接触50′(含广告)	夫妻剧场50′(含广告)	名人之后50′(含广告)	五洲探秘50′(含广告)	
14:00	频道宣传1′、平时广告3′、公共宣传1′							
14:05	职场训练营30′ 教育点点透20′	美丽大讲堂50′	成长在北京50′	名师讲坛50′	成长在北京50′	名师讲坛50′	中华文明大讲堂50′	
14:55	频道宣传1′、平时广告3′、公共宣传1′							
15:00	金色时光老年大学25′(含广告) 金色时光老年大学25′(含广告)	金色时光老年大学25′(含广告) 金色时光老年大学25′(含广告)	晚晴50′(含广告)	金色时光老年大学25′(含广告) 金色时光老年大学25′(含广告)	金色时光老年大学25′(含广告) 金色时光老年大学25′(含广告)	职场训练营30′(含广告) 教育点点透20′	美丽大讲堂50′(含广告)	
15:50	公共宣传2′、频道宣传1′							
15:53	5′系列节目							
15:58	公共宣传2′、平时广告2′、上集回放1′、平时广告2′							
16:05	重播星月剧场电视剧第一集:正片45′(中插广告2′)+平时广告2′+下集预告1′+频道宣传2′							
17:00	平时广告2′、上集回放1′、平时广告2′							
17:05	重播星月剧场电视剧第二集:正片45′(中插广告2′)+平时广告2′+下集预告1′+频道宣传1′+晚间节目预告1′							
17:59	平时广告1′							
18:00	祝你健康22′							
18:22	频道宣传1′、平时广告2′							
18:25	5′频道宣传							
18:30	频道宣传1′、平时广告4′							
18:35	传奇30′						传奇(中国)30′	

续表

时间	星期一	星期二	星期三	星期四	星期五	星期六	星期日	时间
19:05	公共宣传1′、平时广告2′、频道宣传2′							
19:10	大家说法20′							
19:30	频道宣传2′、平时广告3′							
19:35	北京热线50′（含广告）	秘境观察50′（含广告）	非常接触50′（含广告）	夫妻剧场50′（含广告）	名人之后50′（含广告）	五洲探秘50′（含广告）	万紫千红50′（含广告）	
20:25	频道宣传2′、平时广告2′、公共宣传1′							
20:30	现场说法25′						警法目录25′	20:30
20:55	频道宣传2′、平时广告2′、公共宣传1′							
21:00	北京新闻30′(含气象服务4′)							
21:30	公共宣传1′、平时广告4′							
21:35	魅力科学20′							
21:55	平时广告2′、上集回放1′、平时广告3′							
22:01	星月剧场电视剧第一集:正片45′(中插广告2′30″)+平时广告3′+下集预告1′							
22:54	频道宣传2′、平时广告2′、上集回放1′、平时广告2′							
23:01	星月剧场电视剧第二集:正片45′(中插广告2′30″)+平时广告2′+下集预告1′							
23:54	公共宣传2′、平时广告3′、频道宣传2′							
00:01	法治进行时20′(含广告)							
00:21	平时广告3′、公共宣传1′							
00:25	传奇30′						传奇(中国)30′	
00:55	频道宣传2′							
00:57	生命生育生活30′ 祝你健康(周日)22′	美丽大讲堂50′	名师讲坛50′	名师讲坛50′	名师讲坛50′	名师讲坛50′	生命生育生活30′ 祝你健康(周日)22′	
01:47	现场说法25′						警法目录25′	
02:12	节目预告1′							
02:13	结束							

2008年BTV-4(影视剧频道)节目编排方案

2008年1月1日开始执行

时间	节目名称	时间
06:01	公共宣传2′、广告2′	
06:05	重播休闲剧场-2　正片48′(中插广告2′)+广告2′	
06:57	频道宣传1′、广告2′	
07:00	重播英雄剧场-1　正片47′30″(中插广告2′30″)+广告2′+下集预告1′+广告1′	

续表

时间	节目名称	时间
07:54	频道宣传2′、公共宣传2′、广告2′	
08:00	重播英雄剧场-2　正片47′30″(中插广告2′30″)+广告2′+下集预告1′+广告1′	
08:54	频道宣传2′、公共宣传2′、广告2′	
09:00	重播黄金剧场-1　正片45′(中插广告2′30″)+广告4′+下集预告1′+广告2′	
09:55	频道宣传2′、公共宣传1′、广告2′	
10:00	重播黄金剧场-2　正片45′(中插广告2′30″)+广告4′+下集预告1′+广告2′	
10:55	频道宣传2′、公共宣传1′、广告2′	
11:00	重播黄金剧场-3　正片45′(中插广告2′30″)+广告4′+下集预告1′+广告2′	
11:54	频道宣传1′、公共宣传2′、广告2′	
11:59	★情景剧场　正片27′(中插广告2′)	
12:28	频道宣传1′、广告2′	
12:31	家和剧场-1　正片47′30″(中插广告2′30″)+广告2′+下集预告1′+广告1′	
13:25	频道宣传1′、公共宣传2′、广告2′	
13:30	家和剧场-2　正片47′30″(中插广告2′30″)+广告2′+下集预告1′+广告1′	
14:24	频道宣传2′、公共宣传2′、广告1′	
14:29	情景剧展播　正片27′(中插广告2′)	
14:58	频道宣传2′、公共宣传2′、广告1′	
15:03	★休闲剧场-1　正片47′30″(中插广告2′30″)+广告1′+下集预告1′	
15:55	频道宣传1′、公共宣传1′、广告1′	
15:58	★休闲剧场-2　正片47′30″(中插广告2′30″)+广告1′+下集预告1′	
16:50	频道宣传1′、公共宣传2′、广告1′	
16:54	★英雄剧场-1　正片47′30″(中插广告2′30″)+广告4′+下集预告1′	
17:49	广告2′、频道宣传1′、广告2′	
17:54	★英雄剧场-2　正片47′30″(中插广告2′30″)+广告4′+下集预告1′	
18:49	频道宣传1′、广告3′	
18:53	★情景剧场　正片27′(中插广告2′)	
19:22	频道宣传1′、广告3′、上集回放1′、广告4′	
19:31	★黄金剧场-1　正片45′+广告4′+下集预告1′+频道宣传1′	
20:22	广告2′、公共宣传1′、上集回放1′、广告3′	
20:29	★黄金剧场-2　正片45′(中插广告2′35″)+广告4′+下集预告1′+频道宣传1′	
21:23	广告2′、公共宣传1′、上集回放1′、广告3′	
21:30	★黄金剧场-3　正片45′(中插广告2′35″)+广告4′+下集预告1′+公共宣传2′	
22:24	广告2′、频道宣传2′、广告2′	
22:30	★明星影院精选热播——上部46′(中插广告2′30″)	
23:19	广告3′、频道宣传1′	
23:23	★明星影院精选热播——下部46′(中插广告2′30″)	

续表

时间	节目名称	时间
00:11	频道宣传1′、公共宣传1′、广告2′	
00:15	重播家和剧场－1　正片47′(中插广告1′)	
01:03	公共宣传1′	
01:04	重播家和剧场－2　正片47′(中插广告1′)	
01:52	频道宣传1′	
01:53	午夜剧场－1　正片47′(中插广告1′)	
02:41	公共宣传1′	
02:42	午夜剧场－2　正片48′(中插广告1′)	
03:31	频道宣传1′	
03:32	午夜剧场－3　正片48′(中插广告1′)	
04:21	公共宣传1′	
04:22	午夜剧场－4　正片48′(中插广告1′)	
05:11	频道宣传1′	
05:12	重播休闲剧场－1　正片48′(中插广告1′)	

2008年BTV－5(财经频道)节目编排方案

2008年9月1日开始执行

<table>
<tr><th>时间</th><th>星期一</th><th>星期二</th><th>星期三</th><th>星期四</th><th>星期五</th><th>星期六</th><th>星期日</th><th></th></tr>
<tr><td>06:00</td><td colspan="7">开播曲、报告节目2′</td><td></td></tr>
<tr><td>06:02</td><td colspan="7">公共宣传1′、广告2′</td><td></td></tr>
<tr><td>06:05</td><td>电视先锋榜30′</td><td>经济法眼30′(含广告)</td><td>留学生30′(含广告)</td><td>财智人物30′(含广告)</td><td>环渤海新视野30′(含广告)</td><td>留学生30′(含广告)</td><td>上班这点事30′(含广告)</td><td></td></tr>
<tr><td>06:35</td><td colspan="7">频道宣传1′、公共宣传1′、广告3′</td><td></td></tr>
<tr><td>06:40</td><td colspan="7">城市30′(重播)(含广告)</td><td></td></tr>
<tr><td>07:10</td><td colspan="7">频道宣传2′、公共宣传2′、广告1′</td><td></td></tr>
<tr><td>07:15</td><td colspan="7">北京新闻30′</td><td></td></tr>
<tr><td>07:45</td><td colspan="7">频道宣传2′、公共宣传3′、广告2′</td><td></td></tr>
<tr><td>07:52</td><td colspan="7">首都经济报道50′(含广告)</td><td></td></tr>
<tr><td>08:42</td><td colspan="7">频道宣传2′、公共宣传2′、广告1′</td><td></td></tr>
<tr><td>08:47</td><td>数说北京12′(周五版)</td><td colspan="4">数说北京12′(含广告)</td><td rowspan="3">名人堂50′(含广告)</td><td rowspan="3">超级访问50′(含广告)</td><td rowspan="3">08:47</td></tr>
<tr><td>08:59</td><td colspan="5">广告1′</td></tr>
<tr><td>09:00</td><td colspan="5">天下财经——早间版40′(含广告)</td></tr>
<tr><td>09:40</td><td colspan="5">频道宣传2′、公共宣传2′、广告2′</td><td colspan="2">频道宣传3′、公共宣传3′、广告3′</td><td>09:37</td></tr>
<tr><td>09:46</td><td colspan="7">城市30′(重播)(含广告)</td><td></td></tr>
</table>

续表

<table>
<tr><th>时间</th><th>星期一</th><th>星期二</th><th>星期三</th><th>星期四</th><th>星期五</th><th>星期六</th><th>星期日</th><th></th></tr>
<tr><td>10:16</td><td colspan="7">频道宣传3′、公共宣传2′、广告2′</td><td></td></tr>
<tr><td>10:23</td><td colspan="7">晚间电视剧－1　上集回放1′＋广告3′＋正片48′(中插广告2′30″)＋广告2′＋下集预告1′＋频道宣传2′</td><td></td></tr>
<tr><td>11:22</td><td colspan="7">广告3′</td><td></td></tr>
<tr><td>11:25</td><td colspan="7">晚间电视剧－2　上集回放1′＋广告3′＋正片48′(中插广告2′30″)＋广告2′＋下集预告1′＋公共宣传2′</td><td></td></tr>
<tr><td>12:25</td><td colspan="5">频道宣传2′、公共宣传2′、广告1′</td><td>广告2′</td><td>频道宣传2′、公共宣传2′、广告1′</td><td>12:25</td></tr>
<tr><td>12:30</td><td colspan="5">天下财经——午间版30′(含广告)</td><td rowspan="3">12:27
天下收藏50′(含广告)</td><td>经济法眼30′(含广告)</td><td>12:30</td></tr>
<tr><td>13:00</td><td colspan="5">频道宣传1′、公共宣传1′、广告3′</td><td>广告2′</td><td>13:00</td></tr>
<tr><td>13:05</td><td colspan="5">数说北京12′(含广告)</td><td>赏深越慕15′(含广告)</td><td>13:02</td></tr>
<tr><td>13:17</td><td colspan="7">频道宣传1′、公共宣传1′、广告1′</td><td>13:17</td></tr>
<tr><td>13:20</td><td colspan="7">首都经济报道50′</td><td></td></tr>
<tr><td>14:10</td><td colspan="7">频道宣传1′、公共宣传1′、广告1′</td><td></td></tr>
<tr><td>14:13</td><td colspan="7">城市30′(含广告)</td><td></td></tr>
<tr><td>14:43</td><td colspan="7">频道宣传1′、公共宣传1′、广告1′</td><td></td></tr>
<tr><td>14:46</td><td>北京议事厅(人大)20′</td><td colspan="5">天天理财20′(含广告)</td><td>北京议事厅(政协)20′</td><td></td></tr>
<tr><td>15:06</td><td colspan="7">频道宣传1′、公共宣传1′、广告1′</td><td></td></tr>
<tr><td>15:09</td><td colspan="7">电视购物60′</td><td></td></tr>
<tr><td>16:09</td><td colspan="7">频道宣传1′、广告2′</td><td></td></tr>
<tr><td>16:12</td><td>天下收藏50′(含广告)</td><td>超级访问50′(含广告)</td><td>名人堂50′(含广告)</td><td>超级访问50′(含广告)</td><td>天下收藏50′(含广告)</td><td>名人堂50′(含广告)</td><td>超级访问50′(含广告)</td><td></td></tr>
<tr><td>17:02</td><td colspan="7">频道宣传1′、公共宣传2′、广告2′</td><td></td></tr>
<tr><td>17:07</td><td>北京议事厅(人大)20′</td><td colspan="5">天天理财20′(含广告)</td><td>北京议事厅(政协)20′</td><td></td></tr>
<tr><td>17:27</td><td colspan="7">频道宣传1′、广告2′</td><td></td></tr>
<tr><td>17:30</td><td>环渤海新视野30′(含广告)</td><td>经济法眼30′(含广告)</td><td>留学生30′(含广告)</td><td>上班这点事30′(含广告)</td><td>环渤海新视野30′(含广告)</td><td>财智人物30′(含广告)</td><td>电视先锋榜30′(含广告)</td><td></td></tr>
<tr><td>18:00</td><td colspan="5">频道宣传1′、公共宣传1′、广告3′</td><td colspan="2">频道宣传3′、公共宣传2′、广告3′</td><td></td></tr>
</table>

续表

时间	星期一	星期二	星期三	星期四	星期五	星期六	星期日	
18:05	天下财经——晚间版50′(含广告)					18:08 数说北京12′ (周四版)	数说北京12′ (周五版)	
						频道宣传3′、公共宣传2′		
						天下财经周末版30′(含广告)	天下财经周末版30′(含广告)	
18:55	频道宣传1′、公共宣传1′、广告3′							
19:00	首都经济报道50′(含广告)							
19:50	频道宣传1′、广告2′							
19:53	天天理财20′					北京议事厅 (政协)20′	北京议事厅 (人大)20′	
20:13	公共宣传1′、广告2′							
20:16	城市30′(含广告)							
20:46	广告2′							
20:48	经济法眼30′ (含广告)	留学生30′ (含广告)	上班这点事30′ (含广告)	环渤海新视野 30′(含广告)	财智人物30′ (含广告)	超级访问50′ (含广告)	名人堂50′ (含广告)	20:48
21:18	频道宣传1′、广告1′							
21:20	重播天下财经晚间版50′(含广告)					频道宣传1′、广告1′		21:38
						天下财经周末版30′(含广告)	天下财经周末版30′(含广告)	21:40
22:10	频道宣传2′、公共宣传1′、广告2′						广告2′	22:10
22:15	数说北京12′(含广告)					数说北京12′ (周一版) (含广告)	赏深越慕15′ (含广告)	22:12
22:27	频道宣传2′、广告1′							22:27
22:30	北京新闻30′(含天气)							
23:00	晚间电视剧-1　上集回放1′+广告3′+正片48′(中插广告2′30″)+广告2′+下集预告1′+频道宣传2′							
23:59	广告3′							
24:02	晚间电视剧-2　上集回放1′+广告3′+正片48′(中插广告2′30″)+广告2′+下集预告1′+公共宣传2′							
01:02	广告3′							
01:05	电视购物60′							
02:05	结束							

2008年BTV-6(体育频道)节目编排方案

2008年1月1日开始执行

<table>
<tr><th>时间</th><th>星期一</th><th>星期二</th><th>星期三</th><th>星期四</th><th>星期五</th><th>星期六</th><th>星期日</th></tr>
<tr><td>06:00</td><td colspan="7">(公共宣传、频道宣传)10′</td></tr>
<tr><td>06:10</td><td colspan="7">奥运故事365-15′(重播)</td></tr>
<tr><td>06:25</td><td>篮球风云B</td><td>经典回眸(一)</td><td>篮球风云A</td><td>经典回眸(二)</td><td>经典回眸(三)</td><td></td><td></td></tr>
<tr><td>06:55</td><td colspan="7">频道宣传5′</td></tr>
<tr><td>07:00</td><td colspan="7">天天体育60′(重播)</td></tr>
<tr><td>08:00</td><td colspan="7">公共宣传1′、频道宣传7′</td></tr>
<tr><td>08:08</td><td colspan="7">快乐健身一箩筐50′(加长版)</td></tr>
<tr><td>08:58</td><td colspan="7">公共宣传1′、频道宣传6′</td></tr>
<tr><td>09:05</td><td>直播:NBA</td><td>BTV赛场105′</td><td>BTV赛场105′</td><td>直播:NBA</td><td>BTV赛场105′</td><td>体坛荟萃/较量</td><td>直播:NBA</td></tr>
<tr><td>10:50</td><td colspan="7">公共宣传1′、频道宣传8′</td></tr>
<tr><td>10:59</td><td colspan="7">福娃奥运漫游记11′</td></tr>
<tr><td>11:10</td><td colspan="7">频道宣传5′</td></tr>
<tr><td>11:15</td><td>篮球风云B</td><td>经典回眸(一)</td><td>篮球风云A</td><td>经典回眸(二)</td><td>经典回眸(三)</td><td></td><td></td></tr>
<tr><td>11:45</td><td colspan="7">频道宣传5′</td></tr>
<tr><td>11:50</td><td colspan="7">体坛资讯25′</td></tr>
<tr><td>12:15</td><td colspan="7">频道宣传5′</td></tr>
<tr><td>12:20</td><td colspan="7">快乐健身一箩筐50′(加长版)</td></tr>
<tr><td>13:10</td><td colspan="7">频道宣传5′</td></tr>
<tr><td>13:15</td><td colspan="7">奥运故事365-15′</td></tr>
<tr><td>13:30</td><td colspan="7">BTV奥运时段35′</td></tr>
<tr><td>14:05</td><td colspan="7">频道宣传5′</td></tr>
<tr><td>14:10</td><td colspan="7">BTV赛场105′</td></tr>
<tr><td>15:55</td><td colspan="7">频道宣传5′</td></tr>
<tr><td>16:00</td><td colspan="5">BTV赛场105′</td><td rowspan="7">直播:
中超联赛</td><td rowspan="6">直播:
中超联赛 CBA</td></tr>
<tr><td>17:45</td><td colspan="5">频道宣传5′</td></tr>
<tr><td>17:50</td><td colspan="5">快乐健身一箩筐(重播)</td></tr>
<tr><td>18:20</td><td colspan="5">频道宣传5′</td></tr>
<tr><td>18:25</td><td colspan="5">足球世界波30′</td></tr>
<tr><td>18:55</td><td colspan="5">频道宣传5′</td></tr>
<tr><td>19:00</td><td>经典回眸(一)
走向巅峰</td><td>篮球风云A</td><td>经典回眸(二)
走向巅峰</td><td>经典回眸(三)
走向巅峰</td><td>篮球风云B</td><td>绿茵传真
篮坛在线</td></tr>
</table>

续表

时间	星期一	星期二	星期三	星期四	星期五	星期六	星期日
19:30	频道宣传 5′						
19:35	足球 100 分	桌上运动+各就各位	直播:CBA	BTV 赛场 105′	直播:CBA	BTV 赛场 105′	直播:中超、CBA
21:20	频道宣传 5′						
21:25	天天体育 60′						
22:25	频道宣传 5′						
22:30	快乐健身一箩筐 30′						绿茵传真 60′
23:00	频道宣传 5′						
23:05	NBA	京彩时刻 英超	BTV 赛场 105′	BTV 赛场 105′	京彩时刻 BTV 赛场 105′	BTV 赛场 105′	NBA/英超
00:50	频道宣传 15′						
01:05	天天体育 60′						
02:05	频道宣传 5′						
02:10	BTV 赛场 105′(通档,含赛中频道宣传 5′)						
03:55	频道宣传 10′						
04:05	BTV 赛场 105′(通档,含赛中频道宣传 5′)						
05:50	欣赏 10′						

2008 年 BTV-7(生活频道)节目编排调整方案

2008 年 5 月 1 日开始执行

时间	星期一	星期二	星期三	星期四	星期五	星期六	星期日
06:00	开始曲、节目预告 3′						
06:03	广告 2′						
06:05	魅力前线 30′(重)					我爱我车 30′(重)	
06:35	频道宣传 2′						
06:37	广告 3′						
06:40	健康生活 20′(重)					时尚装苑 20′(重)	
07:00	频道宣传 2′						
07:02	广告 3′						
07:05	生活面对面(重)28′						生活实验室 28′(重播)
07:33	广告 2′						
07:35	7 日 7 频道 28′(重播)						第 7 日 28′(重)
08:03	频道宣传 2′						

续表

<table>
<tr><th>时间</th><th>星期一</th><th>星期二</th><th>星期三</th><th>星期四</th><th>星期五</th><th>星期六</th><th>星期日</th></tr>
<tr><td>08:05</td><td colspan="5">生活广角 30′(重)</td><td rowspan="4">7 日 7 频道综合版 50′(重)</td><td rowspan="4">快乐周末 50′(重)</td></tr>
<tr><td>08:35</td><td colspan="5">频道宣传 2′</td></tr>
<tr><td>08:37</td><td colspan="5">广告 3′</td></tr>
<tr><td>08:40</td><td colspan="5" rowspan="6">你该怎么办(重)30′</td></tr>
<tr><td>08:55</td><td>频道宣传 2′</td><td>天气预报 2′</td></tr>
<tr><td>08:57</td><td rowspan="7">生活实验室 28′(重)</td><td>广告 2′</td></tr>
<tr><td>08:59</td><td>频道宣传 1′</td></tr>
<tr><td>09:00</td><td>生活 + 讯 1 5′</td></tr>
<tr><td>09:05</td><td rowspan="4">生活 + 1 20′</td></tr>
<tr><td>09:10</td><td colspan="5">天气预报 2′</td></tr>
<tr><td>09:12</td><td colspan="5">广告 3′</td></tr>
<tr><td>09:15</td><td colspan="5" rowspan="6">时尚装苑 20′(重)</td></tr>
<tr><td>09:25</td><td rowspan="2">广告 3′</td><td>公共宣传 2′</td></tr>
<tr><td>09:27</td><td rowspan="3">生活 + 讯 2 5′</td></tr>
<tr><td>09:28</td><td>天气预报 2′</td></tr>
<tr><td>09:30</td><td rowspan="7">生活秀周末版 30′(重)</td></tr>
<tr><td>09:32</td><td rowspan="4">生活 + 2 20′</td></tr>
<tr><td>09:35</td><td colspan="5">公共宣传 2′</td></tr>
<tr><td>09:37</td><td colspan="5">广告 3′</td></tr>
<tr><td>09:40</td><td colspan="5" rowspan="5">快乐生活一点通 25′(重)</td></tr>
<tr><td>09:52</td><td>广告 3′</td></tr>
<tr><td>09:55</td><td>生活 + 讯 3 5′</td></tr>
<tr><td>10:00</td><td>广告 2′</td><td rowspan="5">生活 + 3 20′</td></tr>
<tr><td>10:02</td><td rowspan="7">心灵密码 30′(重)</td></tr>
<tr><td>10:05</td><td colspan="5">频道宣传 2′</td></tr>
<tr><td>10:07</td><td colspan="5">广告 3′</td></tr>
<tr><td>10:10</td><td colspan="5" rowspan="5">大城小事 30′(重)</td></tr>
<tr><td>10:20</td><td>频道宣传 2′</td></tr>
<tr><td>10:22</td><td>生活 + 讯 4 5′</td></tr>
<tr><td>10:27</td><td rowspan="6">生活 + 4 20′</td></tr>
<tr><td>10:32</td><td rowspan="3">生活秀 13′(重播)</td></tr>
<tr><td>10:40</td><td colspan="5">频道宣传 3′</td></tr>
<tr><td>10:43</td><td colspan="5" rowspan="2">广告 3′</td></tr>
<tr><td>10:45</td><td rowspan="2">广告 2′</td></tr>
<tr><td>10:46</td><td colspan="5">公共宣传 1′</td></tr>
<tr><td>10:47</td><td colspan="6" rowspan="2">食全食美 25′(重播)</td><td>广告 1′</td></tr>
<tr><td>10:48</td><td rowspan="5">7 日 7 频道综合版 50′(重)</td></tr>
<tr><td>11:12</td><td colspan="6">生活秀 13′(重)</td></tr>
<tr><td>11:25</td><td colspan="6">频道宣传 2′</td></tr>
<tr><td>11:27</td><td colspan="6">广告 3′</td></tr>
<tr><td>11:30</td><td colspan="6" rowspan="3">生活面对面(重)28′</td></tr>
<tr><td>11:38</td><td>广告 1′</td></tr>
<tr><td>11:39</td><td rowspan="3">生活实验室(重)28′</td></tr>
<tr><td>11:58</td><td colspan="6">广告 2′</td></tr>
<tr><td>12:00</td><td colspan="6" rowspan="3">7 日 7 频道 28′(重播)</td></tr>
<tr><td>12:07</td><td>广告 1′</td></tr>
<tr><td>12:08</td><td rowspan="2">第 7 日 28′(重)</td></tr>
<tr><td>12:28</td><td colspan="6">频道宣传 2′</td></tr>
</table>

续表

<table>
<tr><th>时间</th><th>星期一</th><th>星期二</th><th>星期三</th><th>星期四</th><th>星期五</th><th>星期六</th><th>星期日</th></tr>
<tr><td>12:30</td><td colspan="5" rowspan="3">健康生活 20′(首播)</td><td rowspan="7">食全食美周末版导吃 30′(重)</td><td></td></tr>
<tr><td>12:36</td><td>广告 1′</td></tr>
<tr><td>12:37</td><td rowspan="8">大城小事周末版 30′(重)</td></tr>
<tr><td>12:50</td><td colspan="5">频道宣传 3′</td></tr>
<tr><td>12:53</td><td colspan="5">广告 2′</td></tr>
<tr><td>12:55</td><td colspan="5">公共宣传 3′</td></tr>
<tr><td>12:58</td><td colspan="5" rowspan="6">生活秀 13′(重)</td></tr>
<tr><td>13:00</td><td>广告 3′</td></tr>
<tr><td>13:03</td><td>公共宣传 2′</td></tr>
<tr><td>13:05</td><td rowspan="6">电视先锋榜(台里预留) 30′</td></tr>
<tr><td>13:07</td><td>公共宣传 2′</td></tr>
<tr><td>13:09</td><td>广告 2′</td></tr>
<tr><td>13:11</td><td colspan="5">公共宣传 3′</td><td rowspan="4">心灵密码 30′(重)</td></tr>
<tr><td>13:14</td><td colspan="5">广告 3′</td></tr>
<tr><td>13:17</td><td colspan="5" rowspan="4">魅力前线 30′(重)</td></tr>
<tr><td>13:35</td><td rowspan="6">生活秀周末版 30′(重播)</td></tr>
<tr><td>13:41</td><td>广告 3′</td></tr>
<tr><td>13:44</td><td>频道宣传 3′</td></tr>
<tr><td>13:47</td><td colspan="5">广告 2′</td><td rowspan="9">快乐周末 50′(重)</td></tr>
<tr><td>13:49</td><td colspan="5">公共宣传 3′</td></tr>
<tr><td>13:52</td><td colspan="5" rowspan="4">你该怎么办 30′(重播)</td></tr>
<tr><td>14:05</td><td>广告 1′</td></tr>
<tr><td>14:06</td><td>公共宣传 2′</td></tr>
<tr><td>14:08</td><td rowspan="7">魅力周末 50′(重)</td></tr>
<tr><td>14:22</td><td colspan="5">广告 3′</td></tr>
<tr><td>14:25</td><td colspan="5">公共宣传 3′</td></tr>
<tr><td>14:28</td><td colspan="5" rowspan="4">生活广角 30′(重播)</td></tr>
<tr><td>14:37</td><td>频道宣传 2′</td></tr>
<tr><td>14:39</td><td>广告 3′</td></tr>
<tr><td>14:42</td><td rowspan="6">真情互动 50′(重)</td></tr>
<tr><td>14:58</td><td colspan="6">频道宣传 2′</td></tr>
<tr><td>15:00</td><td colspan="6">广告 2′</td></tr>
<tr><td>15:02</td><td colspan="6">食全食美 25′(重播)</td></tr>
<tr><td>15:27</td><td colspan="6">频道宣传 3′</td></tr>
<tr><td>15:30</td><td colspan="6">广告 2′</td></tr>
</table>

续表

<table>
<tr><th>时间</th><th>星期一</th><th>星期二</th><th>星期三</th><th>星期四</th><th>星期五</th><th>星期六</th><th>星期日</th></tr>
<tr><td>15:32</td><td colspan="6" rowspan="3">生活秀13′(重)</td><td>频道宣传2′</td></tr>
<tr><td>15:34</td><td>广告3′</td></tr>
<tr><td>15:37</td><td rowspan="4">食全食美25′(重)</td></tr>
<tr><td>15:45</td><td colspan="6">频道宣传2′</td></tr>
<tr><td>15:47</td><td colspan="6">广告3′</td></tr>
<tr><td>15:50</td><td colspan="6" rowspan="5">生活面对面(重)28′</td></tr>
<tr><td>16:02</td><td>频道宣传2′</td></tr>
<tr><td>16:04</td><td>广告2′</td></tr>
<tr><td>16:06</td><td>生活+讯1 5′</td></tr>
<tr><td>16:11</td><td rowspan="3">生活+1 20′</td></tr>
<tr><td>16:18</td><td colspan="6">广告2′</td></tr>
<tr><td>16:20</td><td colspan="6" rowspan="5">7日7频道28′(重播)</td></tr>
<tr><td>16:31</td><td>频道宣传2′</td></tr>
<tr><td>16:33</td><td>广告2′</td></tr>
<tr><td>16:35</td><td>生活+讯2 5′</td></tr>
<tr><td>16:40</td><td rowspan="3">生活+2 20′</td></tr>
<tr><td>16:48</td><td colspan="6">频道宣传2′</td></tr>
<tr><td>16:50</td><td colspan="5" rowspan="5">快乐生活一点通25′(重播)</td><td rowspan="13">真情互动50′(重)</td></tr>
<tr><td>17:00</td><td>广告2′</td></tr>
<tr><td>17:02</td><td>频道宣传1′</td></tr>
<tr><td>17:03</td><td>生活+讯3 5′</td></tr>
<tr><td>17:08</td><td rowspan="4">生活+3 20′</td></tr>
<tr><td>17:15</td><td colspan="5">广告3′</td></tr>
<tr><td>17:18</td><td colspan="5">公共宣传2′</td></tr>
<tr><td>17:20</td><td colspan="5" rowspan="5">时尚装苑20′(重播)</td></tr>
<tr><td>17:28</td><td>广告2′</td></tr>
<tr><td>17:30</td><td>频道宣传1′</td></tr>
<tr><td>17:31</td><td>生活+讯4 5′</td></tr>
<tr><td>17:36</td><td rowspan="4">生活+4 20′</td></tr>
<tr><td>17:40</td><td colspan="6">频道宣传2′</td></tr>
<tr><td>17:42</td><td colspan="6">广告3′</td></tr>
<tr><td>17:45</td><td colspan="5" rowspan="4">大城小事30′(重播)</td><td rowspan="4">大城小事周末版30′(重)</td></tr>
<tr><td>17:56</td><td>广告2′</td></tr>
<tr><td>17:58</td><td>频道宣传2′</td></tr>
<tr><td>18:00</td><td rowspan="4">食全食美周末版导吃30′(首播)</td></tr>
<tr><td>18:15</td><td colspan="6">频道宣传1′</td></tr>
<tr><td>18:16</td><td colspan="6">广告4′</td></tr>
<tr><td>18:20</td><td colspan="6" rowspan="2">食全食美25′(首播)</td></tr>
<tr><td>18:30</td><td rowspan="3">生活秀周末版30′(首播)</td></tr>
<tr><td>18:45</td><td colspan="6">频道宣传2′</td></tr>
<tr><td>18:47</td><td colspan="6">生活秀13′(首)</td></tr>
<tr><td>19:00</td><td colspan="6">生活面对面28′(首播)</td><td>生活实验室28′(首播)</td></tr>
<tr><td>19:28</td><td colspan="7">广告2′</td></tr>
<tr><td>19:30</td><td colspan="6">7日7频道28′(首播)</td><td>第7日28′(首)</td></tr>
<tr><td>19:58</td><td colspan="7">频道宣传2′</td></tr>
</table>

续表

<table>
<tr><th>时间</th><th>星期一</th><th>星期二</th><th>星期三</th><th>星期四</th><th>星期五</th><th>星期六</th><th>星期日</th></tr>
<tr><td>20:00</td><td colspan="5">快乐生活一点通25′(首播)</td><td rowspan="8">快乐周末50′(首播)</td><td rowspan="4">心灵密码30′(首播)</td></tr>
<tr><td>20:25</td><td colspan="5">一呼百应迎奥运1′</td></tr>
<tr><td>20:26</td><td colspan="5">频道宣传2′</td></tr>
<tr><td>20:28</td><td colspan="5">广告2′</td></tr>
<tr><td>20:30</td><td colspan="5" rowspan="8">大城小事30′(首播)</td><td>一呼百应迎奥运1′</td></tr>
<tr><td>20:31</td><td>频道宣传2′</td></tr>
<tr><td>20:33</td><td>广告2′</td></tr>
<tr><td>20:35</td><td rowspan="8">7日7频道综合版50′(首播)</td></tr>
<tr><td>20:50</td><td>一呼百应迎奥运1′</td></tr>
<tr><td>20:51</td><td>频道宣传2′</td></tr>
<tr><td>20:53</td><td>广告2′</td></tr>
<tr><td>20:55</td><td rowspan="4">大城小事周末版30′(首播)</td></tr>
<tr><td>21:00</td><td colspan="5">频道宣传3′</td></tr>
<tr><td>21:03</td><td colspan="5">广告2′</td></tr>
<tr><td>21:05</td><td colspan="5">时尚装苑20′(首播)</td></tr>
<tr><td>21:25</td><td colspan="7">广告3′</td></tr>
<tr><td>21:28</td><td colspan="7">天气预报2′</td></tr>
<tr><td>21:30</td><td colspan="5">生活广角30′(首播)</td><td colspan="2">我爱我车30′(首播)</td></tr>
<tr><td>22:00</td><td colspan="7">频道宣传1′</td></tr>
<tr><td>22:03</td><td colspan="7">广告4′</td></tr>
<tr><td>22:05</td><td colspan="5">你该怎么办30′(首播)</td><td rowspan="3">真情互动50′(首播)</td><td rowspan="3">魅力周末50′(首播)</td></tr>
<tr><td>22:35</td><td colspan="5">广告5′</td></tr>
<tr><td>22:40</td><td colspan="5" rowspan="3">魅力前线30′(首播)</td></tr>
<tr><td>22:55</td><td colspan="2">广告5′</td></tr>
<tr><td>23:00</td><td rowspan="4">大城小事周末版30′(重)</td><td rowspan="4">心灵密码30′(重)</td></tr>
<tr><td>23:10</td><td colspan="5">频道宣传3′</td></tr>
<tr><td>23:13</td><td colspan="5">广告2′</td></tr>
<tr><td>23:15</td><td colspan="5" rowspan="2">健康生活20′(重播)</td></tr>
<tr><td>23:30</td><td colspan="2" rowspan="4">时尚装苑20′(重)</td></tr>
<tr><td>23:35</td><td colspan="5">广告2′</td></tr>
<tr><td>23:37</td><td colspan="5">公共宣传2′</td></tr>
<tr><td>23:39</td><td colspan="5" rowspan="2">生活秀13′(重播)</td></tr>
<tr><td>23:50</td><td colspan="2">频道宣传2′</td></tr>
<tr><td>23:52</td><td colspan="5">广告3′</td><td colspan="2">广告3′</td></tr>
<tr><td>23:55</td><td colspan="7">公共宣传2′</td></tr>
<tr><td>23:57</td><td colspan="5" rowspan="2">大城小事30′(重播)</td><td>生活实验室28′(重)</td><td>第7日28′(重)</td></tr>
<tr><td>00:25</td><td colspan="2">广告2′</td></tr>
<tr><td>00:27</td><td colspan="7">频道宣传3′</td></tr>
<tr><td>00:30</td><td colspan="6">广告3′</td><td rowspan="3">食全食美周末版导吃30′(重)</td></tr>
<tr><td>00:33</td><td colspan="6">公共宣传2′</td></tr>
<tr><td>00:35</td><td colspan="6">食全食美25′(重)</td></tr>
</table>

续表

时间	星期一	星期二	星期三	星期四	星期五	星期六	星期日
01:00	频道宣传2′						
01:02	广告3′						
01:05	魅力周末50′(重)	快乐周末50′(重)	魅力周末50′(重)	快乐周末50′(重)	7日7频道综合版50′(重)	真情互动50′(重)	7日7频道综合版50′(重)
01:55	节目预告、结束语5′						
02:00	结束						

2008年BTV-8(青少频道)节目编排方案

2008年8月25日开始执行

<table>
<tr><th>时间</th><th>星期一</th><th>星期二</th><th>星期三</th><th>星期四</th><th>星期五</th><th>星期六</th><th>星期日</th><th>时间</th></tr>
<tr><td>06:00</td><td colspan="5">开播曲 报告节目 频道宣传3′</td><td colspan="2">开播曲 报告节目 频道宣传8′</td><td>06:00</td></tr>
<tr><td>06:03</td><td>探索50′(周末版)(含广告)</td><td colspan="4">探索50′(含广告)</td><td>探索50′(含广告)</td><td>探索50′(周末版)(含广告)</td><td>06:08</td></tr>
<tr><td>06:53</td><td colspan="5">广告3′、公共宣传1′、频道宣传1′</td><td>频道宣传2′、广告3′、公共宣传2′</td><td>广告2′</td><td>06:58</td></tr>
<tr><td>06:58</td><td colspan="5">北京青年30′(含广告)</td><td rowspan="2">电视先锋榜30′(含广告)</td><td rowspan="2">7:00 悦读会45′(含广告)</td><td rowspan="2">07:05</td></tr>
<tr><td>07:28</td><td colspan="5">广告3′、公共宣传1′</td></tr>
<tr><td>07:32</td><td colspan="5">帮帮忙30′(含广告)</td><td>频道宣传1′、广告2′、频道宣传2′</td><td rowspan="3">7:45 动感秀场45′(含广告)</td><td>07:35</td></tr>
<tr><td>08:02</td><td colspan="5">广告2′、公共宣传1′</td><td rowspan="2">SK状元榜50′(含广告)</td><td rowspan="2">07:40</td></tr>
<tr><td>08:05</td><td colspan="5">谁在说30′(含广告)</td></tr>
<tr><td>08:35</td><td colspan="5">第八区25′(含广告)</td><td colspan="2">频道宣传1′+广告3′+公共宣传2′+频道宣传2′</td><td>08:30</td></tr>
<tr><td>09:00</td><td colspan="5">广告2′、上集回放1′、广告2′</td><td>悦读会45′(含广告)</td><td>替身45′(含广告)</td><td>08:38</td></tr>
<tr><td>09:05</td><td colspan="5">电视剧场54′ 正片48′(中插广告2′30″)+广告2′+下集预告1′+公共宣传1′</td><td colspan="2">频道宣传1′+广告3′+公共宣传2′+频道宣传1′</td><td>09:23</td></tr>
<tr><td>09:59</td><td colspan="5">广告2′、上集回放1′、广告2′</td><td>炫影院90′(含广告)</td><td>炫影院90′(含广告)</td><td>09:30</td></tr>
<tr><td>10:04</td><td colspan="5">电视剧场54′ 正片48′(中插广告2′30″)+广告2′+下集预告1′+频道宣传1′</td><td colspan="2" rowspan="2">频道宣传2′+公共宣传2′+广告3′+频道宣传2′</td><td rowspan="2">11:00</td></tr>
<tr><td>10:58</td><td colspan="5">广告2′、上集回放1′、广告2′</td></tr>
<tr><td>11:03</td><td colspan="5">电视剧场53′ 正片48′(中插广告2′30″)+广告2′+下集预告1′</td><td>情感部落格45′(含广告)</td><td>情感部落格45′(含广告)</td><td>11:09</td></tr>
<tr><td>11:56</td><td colspan="5">频道宣传2′、公共宣传2′</td><td colspan="2">频道宣传2′+广告2′+公共宣传2′</td><td>11:53</td></tr>
<tr><td>12:00</td><td colspan="7">帮帮忙30′(含广告)</td><td>12:00</td></tr>
</table>

续表

<table>
<tr><th>时间</th><th>星期一</th><th>星期二</th><th>星期三</th><th>星期四</th><th>星期五</th><th>星期六</th><th>星期日</th><th>时间</th></tr>
<tr><td>12:30</td><td colspan="7">频道宣传1′、广告2′、公共宣传2′</td><td>12:30</td></tr>
<tr><td>12:35</td><td colspan="7">八区故事30′(含广告)</td><td>12:35</td></tr>
<tr><td>13:05</td><td colspan="7">公共宣传1′、广告2′</td><td>13:05</td></tr>
<tr><td rowspan="3">13:08</td><td>频道宣传2′</td><td>频道宣传2′</td><td rowspan="3">SK状元榜50′(含广告)</td><td>频道宣传2′</td><td>频道宣传2′</td><td rowspan="3">北京男孩50′(含广告)</td><td rowspan="3">SK状元榜50′(含广告)</td><td rowspan="3">13:08</td></tr>
<tr><td>13:10
情感部落格45′(含广告)</td><td>13:10
情感部落格(含广告)</td><td>13:10
八区主打星45′(含广告)</td><td>13:10
替身45′(含广告)</td></tr>
<tr><td>公共宣传2′+频道宣传1′</td><td>公共宣传2′+频道宣传1′</td><td>公共宣传2′+频道宣传1′</td><td>公共宣传2′+频道宣传1′</td></tr>
<tr><td>13:58</td><td colspan="7">广告2′、上集回放1′、广告2′</td><td>13:58</td></tr>
<tr><td>14:03</td><td colspan="7">重播八区剧场55′　正片48′(中插广告2′30″)+广告2′+下集预告1′+公共宣传1′+频道宣传1′</td><td>14:03</td></tr>
<tr><td>14:58</td><td colspan="7">广告2′、上集回放1′、广告2′</td><td>14:58</td></tr>
<tr><td>15:03</td><td colspan="7">重播八区剧场55′　正片48′(中插广告2′30″)+广告2′+下集预告1′+公共宣传1′+频道宣传1′</td><td>15:03</td></tr>
<tr><td>15:58</td><td colspan="7">广告2′</td><td>15:58</td></tr>
<tr><td>16:00</td><td>电视先锋榜30′</td><td colspan="6">八区故事30′(含广告)</td><td>16:00</td></tr>
<tr><td>16:30</td><td colspan="5">广告2′</td><td colspan="2">公共宣传2′、广告2′、频道宣传1′</td><td>16:30</td></tr>
<tr><td>16:32</td><td colspan="5">第八区25′(含广告)</td><td colspan="2">第八区25′(含广告)</td><td>16:35</td></tr>
<tr><td>16:57</td><td colspan="5">公共宣传1′、广告2′</td><td colspan="2">公共宣传1′、广告2′、频道宣传2′</td><td>17:00</td></tr>
<tr><td>17:00</td><td colspan="5">谁在说30′(含广告)</td><td colspan="2">谁在说30′(含广告)</td><td>17:05</td></tr>
<tr><td>17:30</td><td colspan="5">广告2′</td><td colspan="2">频道宣传1′、公共宣传2′、广告2′</td><td>17:35</td></tr>
<tr><td>17:32</td><td colspan="5">帮帮忙30′(含广告)</td><td colspan="2">探索(周末版)50′(含广告)</td><td>17:40</td></tr>
<tr><td>18:02</td><td colspan="5">频道宣传1′、广告2′、公共宣传2′</td><td colspan="2">频道宣传1′、广告2′、公共宣传1′、频道宣传1′</td><td>18:30</td></tr>
<tr><td>18:07</td><td>悦读会45′(含广告)</td><td>替身45′(含广告)</td><td>情感部落格45′(含广告)</td><td>情感部落格45′(含广告)</td><td>八区主打星45′(含广告)</td><td rowspan="3">SK状元榜50′(含广告)</td><td rowspan="3">北京男孩50′(含广告)</td><td rowspan="3">18:35</td></tr>
<tr><td>18:55</td><td colspan="5">频道宣传2′、公共宣传1′、频道宣传1′、广告2′</td></tr>
<tr><td>18:58</td><td colspan="5">八区故事30′(含广告)</td></tr>
<tr><td>19:28</td><td colspan="5">广告2′</td><td colspan="2">频道宣传1′、广告2′、公共宣传1′、频道宣传1′</td><td>19:25</td></tr>
<tr><td>19:30</td><td colspan="7">谁在说30′(含广告)</td><td>19:30</td></tr>
<tr><td>20:00</td><td colspan="7">频道宣传1′、广告2′</td><td>20:00</td></tr>
<tr><td>20:03</td><td colspan="5">帮帮忙30′(含广告)</td><td colspan="2">情感部落格45′(含广告)</td><td>20:03</td></tr>
<tr><td>20:33</td><td colspan="5">广告2′</td><td colspan="2">广告2′</td><td>20:48</td></tr>
</table>

续表

时间	星期一	星期二	星期三	星期四	星期五	星期六	星期日	时间
20:35	第八区25′(含广告)					八区主打星45′(含广告)	悦读会45′(含广告)	20:50
21:00	公共宣传1′、广告2′、频道宣传2′					公共宣传1′、广告2′、频道宣传2′		21:35
21:05	探索50′(含广告)					替身45′(含广告)	动感秀场45′(含广告)	21:40
21:55	公共宣传1′、广告2′、频道宣传2′					广告2′、上集回放1′、广告2′		22:25
22:00	北京青年30′(含广告)					八区剧场54′　正片48′(中插广告2′30″)+广告2′+下集预告1′+公共宣传1′		22:30
22:30	广告2′、上集回放1′、广告2′					频道宣传1′、广告2′、上集回放1′、广告2′		23:24
22:35	八区剧场54′　正片48′(中插广告2′30″)+广告2′+下集预告1′+公共宣传1′							
23:29	频道宣传1′、广告2′、上集回放1′、广告2′					八区剧场54′　正片48′(中插广告2′30″)+广告2′+下集预告1′+公共宣传1′		23:30
23:35	八区剧场54′　正片48′(中插广告2′30″)+广告2′+下集预告1′+公共宣传1′							
00:29	频道宣传1′、广告1′					频道宣传1′、广告1′		00:24
00:31	谁在说30′(含广告)					谁在说30′(含广告)		00:26
01:01	公共宣传1′、广告1′					公共宣传1′、广告1′		00:56
01:03	探索50′(含广告)					探索(周末版)50′(含广告)		00:58
01:53	北京青年30′(含广告)					八区故事30′(含广告)		01:48
02:23	结束					结束		02:18

2008年BTV-9(公共频道)节目编排方案

2008年2月18日开始执行

时间	星期一	星期二	星期三	星期四	星期五	星期六	星期日	时间
06:00	开播曲　报告节目　频道宣传2′A							06:00
06:02	红绿灯30′(含广告)							06:02
06:32	频道宣传1′A、广告2′							06:32
06:35	税务周刊20′(含广告)	重播都市阳光20′(含广告)(二)崇文、(三)西城、(四)宣武、(五)崇文、(六)西城、(日)宣武						06:35
06:55	公共宣传2′、广告3′							06:55
07:00	红绿灯——早间直播30′(含广告)					税务周刊20′(含广告) 10′节目	平安生活30′(含广告)	07:00
07:30	真实档案30′(含广告)	五百强在北京30′(含广告)	纪实天下30′(含广告)					07:30

续表

时间	星期一	星期二	星期三	星期四	星期五	星期六	星期日	时间
08:00	我的父亲母亲30′（含广告）	京郊大地30′（含广告）	故事汇30′（含广告）				手机江湖30′（含广告）	08:00
08:30	身边30′（含广告）							08:30
09:00	广告2′、上集回放1′、广告2′							09:00
09:05	重播晚间电视剧55′　正片48′（中插广告2分30″）+广告2′+下集预告1′+公共宣传2′							09:05
10:00	广告2′、上集回放1′、广告2′							10:00
10:05	重播晚间电视剧55′　正片48′（中插广告2分30″）+广告2′+下集预告1′+频道宣传2′A							10:05
11:00	手机江湖30′（含广告）	故事汇30′（含广告）				京郊大地30′（含广告）	我的父亲母亲30′（含广告）	11:00
11:30	频道宣传1′B、广告3′、公共宣传1′							11:20
11:35	四海漫游20′（含广告）							11:30
11:55	频道宣传1′C、广告3′、公共宣传1′							11:50
12:00	红绿灯30′（含广告）							11:55
12:30	电视购物50′							12:30
13:20	频道宣传2′B、公共宣传2′	频道宣传2′B、公共宣传2′、频道宣传1′A					频道宣传2′B、公共宣传2′	13:20
13:24	奥运时段C奥运在身边36′	13:25奥运时段35′（含广告）奥运时段A5′+奥运时段B5′+奥运时段C25′					奥运时段C争霸王中王36′	13:24
14:00	广告2′、上集回放1′、广告2′							14:00
14:05	午间电视剧55′　正片48′（中插广告2′30″）+广告2′+下集预告1′+公共宣传2′							14:05
15:00	广告2′、上集回放1′、广告2′							15:00
15:05	午间电视剧55′　正片48′（中插广告2′30″）+广告2′+下集预告1′+频道宣传2′A							15:05
16:00	广告2′、上集回放1′、广告2′							16:00
16:05	午间电视剧55′　正片48′（中插广告2′30″）+广告2′+下集预告1′+公共宣传2′							16:05
17:00	频道宣传1′B、广告2′、公共宣传2′							17:00
17:05	四海漫游20′（含广告）							17:05
17:25	频道宣传2′A、广告3′							17:25
17:30	红绿灯——平安行（直播）60′（含广告）							17:30
18:30	空气质量播报5′							18:30
18:35	京郊大地30′（含广告）	手机江湖30′（含广告）	我的父亲母亲30′（含广告）	平安生活30′（含广告）	手机江湖30′（含广告）	电视先锋榜30′（含广告）	旅游天气预报3′	18:35
19:05	旅游天气预报3′						广告2′	18:38
19:08	频道宣传2′B、公共宣传2′					广告2′	这里是北京45′（含广告）	18:40
19:12	专题片15′					19:10税务周刊20′（含广告）		
19:27	广告3′						公共宣传2′、广告3′	19:25
19:30	都市阳光20′西城（含广告）	都市阳光20′宣武（含广告）	都市阳光20′崇文（含广告）	税务周刊20′（含广告）	都市阳光20′西城（含广告）	都市阳光20′宣武（含广告）	都市阳光20′崇文（含广告）	19:30
19:50	公共宣传2′、广告3′							19:50

续表

时间	星期一	星期二	星期三	星期四	星期五	星期六	星期日	时间
19:55	身边30′(含广告)							19:55
20:25	频道宣传1′A、公共宣传2′、频道宣传2′B	10′节目					频道宣传1′A、公共宣传2′、频道宣传2′B	20:25
20:30	真实档案30′(含广告)	20:35奥运时段C25′(含广告)重播前日BTV-1(二)通向2008、(三)我爱北京、(四)奥林匹克人物访、(五)祝福北京、(六)现在行动					电视先锋榜30′(含广告)	20:30
21:00	公共宣传2′、广告2′						好戏周周看150′	21:00
21:04	空气质量播报5′							
21:09	旅游天气预报3′							
21:12	频道宣传1′、广告2′							
21:15	故事汇30′(含广告)				京郊大地30′(含广告)	我的父亲母亲30′(含广告)		
21:45	频道宣传2′、广告2′、频道宣传1′							
21:50	四海漫游20′(含广告)							
22:10	频道宣传2′、广告2′、频道宣传1′							
22:15	红绿灯30′(含广告)							
22:45	频道宣传2′、广告2′、频道宣传1′							
22:50	重播当日BTV-1奥运时段C25′(含广告)			平安生活30′(含广告)	奥运时段C25′	手机江湖30′(含广告)		
23:15	频道宣传2′、公共宣传2′、频道宣传1′				频道宣传2′、公共宣传2′、频道宣传1′			
23:20	广告2′、上集回放1′、广告2′							23:30
23:25	晚间电视剧55′　正片48′(中插广告2′30″)+广告2′+下集预告1′+频道宣传2′A							23:35
00:20	广告2′、上集回放1′、广告2′							00:30
00:25	晚间电视剧55′　正片48′(中插广告2′30″)+广告2′+下集预告1′+公共宣传2′							00:35
01:20	红绿灯30′(含广告)							01:30
01:50	故事汇30′(含广告)				京郊大地30′(含广告)	我的父亲母亲30′(含广告)	手机江湖30′(含广告)	02:00
02:20	结束							02:30

2008 年北京卡酷动画卫视节目编排方案

2008 年 10 月 1 日开始执行

<table>
<tr><th>时间</th><th>星期一</th><th>星期二</th><th>星期三</th><th>星期四</th><th>星期五</th><th>星期六</th><th>星期日</th></tr>
<tr><td>06:00~06:30</td><td colspan="7">KAKU 旗舰店I(周一、三、五、日首播)</td></tr>
<tr><td>06:30~06:35</td><td>KAKU 玩具总动员II</td><td colspan="6">KAKU 玩具总动员II(主持人介绍玩具)(重)</td></tr>
<tr><td>06:35~07:00</td><td colspan="7">KAKU 旗舰店II(周一、三、五、日首播)</td></tr>
<tr><td>07:00~07:30</td><td colspan="5">小神龙俱乐部</td><td colspan="2">小神龙俱乐部周末版</td></tr>
<tr><td>07:30~08:00</td><td colspan="5">七色光</td><td colspan="2">七色光周末版</td></tr>
<tr><td>08:00~08:30</td><td colspan="5">乐乐园(低幼动画片、儿歌 MV)</td><td colspan="2" rowspan="7">KAKU 周末超级大连播(动画片连播)</td></tr>
<tr><td>08:30~08:45</td><td colspan="5">KAKU 玩具总动员I(周一、三、五首播)</td></tr>
<tr><td>08:45~09:10</td><td colspan="5">KAKU 旗舰店II(重上周)</td></tr>
<tr><td>09:10~09:15</td><td colspan="5">KAKU 玩具总动员II(周一、三、五首播)</td></tr>
<tr><td>09:15~09:45</td><td colspan="5" rowspan="2">KAKU 午喜欢(重前日)</td></tr>
<tr><td>09:45~10:15</td></tr>
<tr><td>10:15~10:30</td><td colspan="5">KAKU 玩具总动员I(主持人介绍玩具)</td></tr>
<tr><td>10:30~11:00</td><td colspan="5">漫画天下(重上期)</td><td colspan="2">动漫酷地带周末版(重上周)</td></tr>
<tr><td>11:00~11:27</td><td colspan="5">闪天下(重上期)</td><td>闪天下周末版(重上周)</td><td>闪天下周末版(重本周)</td></tr>
<tr><td>11:27~11:57</td><td colspan="5">十分开心(重上期)</td><td colspan="2" rowspan="3">KAKU 午喜欢周末版</td></tr>
<tr><td>11:57~12:27</td><td colspan="5" rowspan="2">KAKU 午喜欢</td></tr>
<tr><td>12:27~12:58</td></tr>
<tr><td>12:58~13:29</td><td colspan="5">漫画天下(重上期)</td><td>漫画天下周末版(重上周)</td><td>漫画天下周末版(重本周)</td></tr>
<tr><td>13:29~14:00</td><td colspan="5">动漫酷地带(重上期)</td><td rowspan="4">KAKU 周周聚(动画剧场)</td><td rowspan="2">卡酷全卡通</td></tr>
<tr><td>14:00~14:30</td><td colspan="5">闪天下(重上期)</td></tr>
<tr><td>14:30~15:00</td><td colspan="5">KAKU 旗舰店I(重上周)</td><td rowspan="2">宝贝星计划</td></tr>
<tr><td>15:00~15:30</td><td colspan="5">乐乐园(重本期)</td></tr>
<tr><td>15:30~15:55</td><td colspan="7">KAKU 旗舰店II(重)</td></tr>
<tr><td>15:55~16:25</td><td colspan="5">小神龙俱乐部(重本期)</td><td colspan="2">小神龙俱乐部周末版(重本周)</td></tr>
<tr><td>16:25~16:55</td><td colspan="5">七色光(重当日)</td><td colspan="2">七色光周末版(重本周)</td></tr>
<tr><td>16:55~17:00</td><td colspan="7">KAKU 玩具总动员II(重)</td></tr>
<tr><td>17:00~17:30</td><td colspan="7" rowspan="2">KAKU 中国制造I</td></tr>
<tr><td>17:30~18:00</td></tr>
<tr><td>18:00~18:30</td><td colspan="7" rowspan="2">KAKU 中国制造II</td></tr>
<tr><td>18:30~19:00</td></tr>
<tr><td>19:00~19:30</td><td colspan="5">闪天下 (主持人+网上最新 FLASH 集锦)</td><td colspan="2">闪天下周末版</td></tr>
<tr><td>19:30~20:00</td><td colspan="5">十分开心 (相声、小品、评书、幽默动画)</td><td colspan="2">十分开心周末版</td></tr>
</table>

续表

<table>
<tr><th>时间</th><th>星期一</th><th>星期二</th><th>星期三</th><th>星期四</th><th>星期五</th><th>星期六</th><th>星期日</th></tr>
<tr><td>20:00～20:30</td><td colspan="7" rowspan="2">KAKU 酷片酷映(引进动画片)</td></tr>
<tr><td>20:30～20:57</td></tr>
<tr><td>20:57～21:02</td><td colspan="7">KAKU 玩具总动员Ⅱ(重)</td></tr>
<tr><td>21:02～21:29</td><td colspan="5">动漫酷地带</td><td colspan="2">动漫酷地带周末版</td></tr>
<tr><td>21:29～21:57</td><td colspan="5">漫画天下</td><td colspan="2">漫画天下周末版</td></tr>
<tr><td>21:57～22:28</td><td colspan="5">十分开心(重上期)</td><td>十分开心周末版(重上周)</td><td>十分开心周末版(重本周)</td></tr>
<tr><td>22:28～22:59</td><td colspan="5" rowspan="2">KAKU 午喜欢(重当日)</td><td rowspan="2">宝贝星计划(重上周)</td><td rowspan="2">KAKU 心语心愿(重本周)</td></tr>
<tr><td>22:59～23:30</td></tr>
<tr><td>23:30～00:00</td><td colspan="5">十分开心(重本期)</td><td>十分开心周末版(重本周)</td><td>十分开心周末版(重上周)</td></tr>
<tr><td>00:00～00:30</td><td colspan="7">闪天下(重播)</td></tr>
<tr><td>00:30～01:00</td><td colspan="7">十分开心(重播)</td></tr>
<tr><td>01:00～01:25</td><td colspan="5">动漫酷地带</td><td colspan="2">动漫酷地带(周末版)</td></tr>
<tr><td>01:25～01:30</td><td colspan="7">卡酷玩具总动员</td></tr>
<tr><td>01:30～02:00</td><td colspan="7">漫画天下(重播)</td></tr>
<tr><td>02:00～02:30</td><td colspan="7">KAKU 旗舰店Ⅰ(重上周)</td></tr>
<tr><td>02:30～02:45</td><td colspan="7">KAKU 玩具总动员Ⅰ(重上周)</td></tr>
<tr><td>02:45～03:15</td><td colspan="7" rowspan="2">KAKU 中国制造Ⅱ</td></tr>
<tr><td>03:15～03:45</td></tr>
<tr><td>03:45～04:00</td><td colspan="7">KAKU 玩具总动员Ⅰ(重)</td></tr>
<tr><td>04:00～04:30</td><td colspan="7" rowspan="2">KAKU 中国制造Ⅰ</td></tr>
<tr><td>04:30～05:00</td></tr>
<tr><td>05:00～05:30</td><td colspan="7" rowspan="2">KAKU 中国制造Ⅱ</td></tr>
<tr><td>05:30～06:00</td></tr>
</table>

十一、广告价目表

2008 年北京电视台广告价目表

广告部

2008 年栏目广告价格表（A 类）

段位	频道	播出时间	刊例价(单位:元)		
			30 秒	15 秒	5 秒
BTV-1	《北京您早》	周一～日 07:00	13000	7800	3900
BTV-1	《身边》	周一～日 11:58	30000	18000	9000
BTV-1	《特别关注》	周一～日 12:30	55000	33000	16500
BTV-1	《通向 2008—中国奥运军团》	周一 18:00	18000	10800	5400
BTV-1	《我爱北京》	周二 18:00	18000	10800	5400
BTV-1	《奥林匹克人物访》	周三 18:00	18000	10800	5400
BTV-1	《我与奥运》	周四 18:00	18000	10800	5400
BTV-1	《现在行动》	周五 18:00	20000	12000	6000
BTV-1	《争霸王中王》	周六 17:49	18000	10800	5400
BTV-1	《奥运在身边》	周日 17:49	20000	12000	6000
BTV-1	《BTV-1 真情互动》	周一 21:40	35000	21000	10500
BTV-1	《这里是北京》	周二 21:40	35000	21000	10500
BTV-1	《搜城记》	周三 21:40	30000	18000	9000
BTV-1	《中华文明大讲堂》	周四 21:40	30000	18000	9000
BTV-1	《天下收藏》	周六 21:40	35000	21000	10500
BTV-1	《BTV-1 第七日》	周日 21:40	35000	21000	10500
BTV-1	《直播北京》	周一～日 22:30	43000	25800	12900
BTV-1	《纪实天下》	周一～五 23:05	15000	9000	4500
BTV-2	《明星影院》	周一～日 12:45	13000	7800	3900
BTV-2	《笑动 2008》	周一～日 18:00	18000	10800	5400
BTV-2	《音乐风云榜》	周一～日 18:30	24000	14400	7200
BTV-2	《每日文娱播报》	周一～日 19:00	31000	18600	9300
BTV-2	《百姓秀场》	周一 21:25	22000	13200	6600

续表

段位	频道	播出时间	刊例价(单位:元)		
			30秒	15秒	5秒
BTV-2	《影视风云路》	周三21:25	22000	13200	6600
BTV-2	《精彩乐翻天》	周四21:25	22000	13200	6600
BTV-2	《神州音话》	周五21:25	25000	15000	7500
BTV-2	《天天影视圈》	周一~五22:10	22000	13200	6600
BTV-2	《最佳现场》	周一~日22:40	20000	12000	6000
BTV-3	《法治进行时》	周一~日12:00	68000	40800	20400
BTV-3	《大家说法》	周一~日12:20	68000	40800	20400
BTV-3	《魅力科学》	周一~日12:45	15000	9000	4500
BTV-3	《非常接触》	周三19:35	20000	12000	6000
BTV-3	《夫妻剧场》	周四19:35	22000	13200	6600
BTV-5	《天下财经早间版》	周一~五08:45	10000	6000	3000
BTV-5	《天下财经午间版》	周一~五12:30	12000	7200	3600
BTV-5	《天下财经晚间版》	周一~日18:25	14000	8400	4200
BTV-5	《首都经济报道》	周一~日19:00	25000	15000	7500
BTV-5	《天天理财》	周一~五19:53	18000	10800	5400
BTV-5	《超级访问》	周六20:50	23000	13800	6900
BTV-5	《名人堂》	周日20:50	16000	9600	4800
BTV-7	《食全食美周末版导吃》	周日18:00	25000	15000	7500
BTV-7	《食全食美》	周一~六18:20	25000	15000	7500
BTV-7	《生活面对面》	周一~六19:00	46000	27600	13800
BTV-7	《7日7频道》	周一~六19:30	45000	27000	13500
BTV-7	《BTV-7第七日》	周日19:30	45000	27000	13500
BTV-7	《快乐生活一点通》	周一~五20:00	40000	24000	12000
BTV-7	《快乐周末》	周六20:00	40000	24000	12000
BTV-7	《心灵密码》	周日20:00	32000	19200	9600
BTV-7	《大城小事》	周一~五20:30	30000	18000	9000
BTV-7	《大城小事周末版》	周六20:55	30000	18000	9000
BTV-7	《7日7频道综合版》	周日20:35	25000	15000	7500
BTV-7	《生活广角》	周一~五21:30	25000	15000	7500
BTV-7	《我爱我车》	周六日21:30	15000	9000	4500
BTV-7	《BTV-7真情互动》	周六22:05	30000	18000	9000
BTV-8	《谁在说》	周一~日19:30	12000	7200	3600
BTV-9	《四海漫游》	周一~日21:50	10000	6000	3000

2008 年 A 类时段广告价格表（BTV-1）

段位	频道	播出时间	刊例价(单位:元)		
			30 秒	15 秒	5 秒
Aa01	BTV-1	06:56~07:00	10000	6000	3000
Aa02	BTV-1	11:55~11:58	18000	10800	5400
Aa03	BTV-1	12:26~12:30	33000	19800	9900
Aa04	BTV-1	13:00~13:05	18000	10800	5400
Aa05	BTV-1	18:25~18:30	38000	22800	11400
Aa06	BTV-1	京华剧场 1 集前	38000	22800	11400
Aa07	BTV-1	京华剧场 1 集上集回放	43000	25800	12900
Aa08	BTV-1	京华剧场 1 集下集预告	43000	25800	12900
Aa09	BTV-1	京华剧场 2 集前	40000	24000	12000
Aa10	BTV-1	京华剧场 2 集上集回放	45000	27000	13500
Aa11	BTV-1	京华剧场 2 集中插	48000	28800	14400
Aa12	BTV-1	京华剧场 2 集下集预告	42000	25200	12600
Aa13	BTV-1	21:35~21:40	30000	18000	9000
Aa14	BTV-1	22:25~22:30	30000	18000	9000
Aa15	BTV-1	23:00~23:02	20000	12000	6000
Aa16	BTV-1	23:03~23:05	12000	7200	3600

2008 年 A 类时段广告价格表（BTV-2）

段位	频道	播出时间	刊例价(单位:元)		
			30 秒	15 秒	5 秒
Ab01	BTV-2	12:40~12:45	8000	4800	2400
Ab02	BTV-2	17:47~18:00	12000	7200	3600
Ab03	BTV-2	18:25~18:30	15000	9000	4500
Ab04	BTV-2	18:55~19:00	18000	10800	5400
Ab05	BTV-2	北京剧场 1 集剧前	32000	19200	9600
Ab06	BTV-2	北京剧场 1 集上集回放	34000	20400	10200
Ab07	BTV-2	北京剧场 1 集下集预告	36000	21600	10800
Ab08	BTV-2	北京剧场 2 集前	37000	22200	11100
Ab09	BTV-2	北京剧场 2 集上集回放	38000	22800	11400
Ab10	BTV-2	北京剧场 2 集中插	42000	25200	12600
Ab11	BTV-2	北京剧场 2 集下集预告	38000	22800	11400
Ab12	BTV-2	21:21~21:25	18000	10800	5400
Ab13	BTV-2	22:07~22:10(周一~五)	18000	10800	5400
Ab14	BTV-2	22:35~22:40	16000	9600	4800

2008年A类时段广告价格表（BTV-3）

段位	频道	播出时间	刊例价(单位:元)		
			30秒	15秒	5秒
Ac01	BTV-3	11:55~12:00	34000	20400	10200
Ac02	BTV-3	12:40~12:45	23000	13800	6900

2008年A类时段广告价格表（BTV-4）

段位	频道	播出时间	刊例价(单位:元)		
			30秒	15秒	5秒
Ad01	BTV-4	英雄剧场1集中插	18000	10800	5400
Ad02	BTV-4	英雄剧场2集中插	28000	16800	8400
Ad03	BTV-4	18:53情景剧场中插	40000	24000	12000
Ad04	BTV-4	黄金剧场1集前	40000	24000	12000
Ad05	BTV-4	黄金剧场1集上集回放	42000	25200	12600
Ad06	BTV-4	黄金剧场1集下集预告	45000	27000	13500
Ad07	BTV-4	黄金剧场2集前	46000	27600	13800
Ad08	BTV-4	黄金剧场2集上集回放	47000	28200	14100
Ad09	BTV-4	黄金剧场2集中插	58000	34800	17400
Ad10	BTV-4	黄金剧场2集下集预告	48000	28800	14400
Ad11	BTV-4	黄金剧场3集前	45000	27000	13500
Ad12	BTV-4	黄金剧场3集上集回放	46000	27600	13800
Ad13	BTV-4	黄金剧场3集中插	58000	34800	17400
Ad14	BTV-4	黄金剧场3集下集预告	42000	25200	12600
Ad15	BTV-4	22:24~22:26	35000	21000	10500
Ad16	BTV-4	明星影院精选热播上部前	30000	18000	9000
Ad17	BTV-4	明星影院精选热播上部中插	25000	15000	7500

2008 年 A 类时段广告价格表（BTV-5）

段位	频道	播出时间	刊例价(单位:元)		
			30 秒	15 秒	5 秒
Ae01	BTV-5	12:25~12:30	10000	6000	3000
Ae02	BTV-5	13:00~13:05	8000	4800	2400
Ae03	BTV-5	18:23~18:25	12000	7200	3600
Ae04	BTV-5	18:55~19:00	15000	9000	4500
Ae05	BTV-5	19:50~19:53	15000	9000	4500
Ae06	BTV-5	20:13~20:16	12000	7200	3600
Ae07	BTV-5	20:46~20:50	12000	7200	3600
Ae08	BTV-5	21:40~21:43(周六日)	10000	6000	3000
Ae09	BTV-5	21:44~21:50(周六日)	10000	6000	3000
Ae10	BTV-5	21:55~21:59	10000	6000	3000

2008 年 A 类时段广告价格表（BTV-7）

段位	频道	播出时间	刊例价(单位:元)		
			30 秒	15 秒	5 秒
Ag01	BTV-7	19:28~19:30	40000	24000	12000
Ag02	BTV-7	20:25~20:30(周一~五)	28000	16800	8400
Ag03	BTV-7	20:30~20:35(周日)	28000	16800	8400
Ag04	BTV-7	20:50~20:55(周六)	28000	16800	8400
Ag05	BTV-7	21:00~21:05(周一~五)	20000	12000	6000
Ag06	BTV-7	21:25~21:28	16000	9600	4800

2008 年栏目广告价格表（B 类）

段位	频道	播出时间	刊例价(单位:元)		
			30 秒	15 秒	5 秒
BTV-1	《新闻手语》	周一~日 08:30	10000	6000	3000
BTV-1	《国际双行线》	周六 13:05	12000	7200	3600
BTV-1	《环球冲浪》	周日 13:05	10000	6000	3000
BTV-1	《唱响奥运》	周日 16:00	12000	7200	3600
BTV-1	《真实档案》	周日 16:55	9000	5400	2700
BTV-1	《五百强在北京》	周日 23:05	15000	9000	4500
BTV-1	《法治进行时》	周一~日 23:40	15000	9000	4500

续表

段位	频道	播出时间	刊例价(单位:元)		
			30秒	15秒	5秒
BTV-2	《国家大剧院》	周六16:35	6000	3600	1800
BTV-2	《点歌台》	周一~日17:25	8000	4800	2400
BTV-2	《音乐全方位》	周一~日23:40	8000	4800	2400
BTV-3	《名师讲坛》	周五六14:05	5000	3000	1500
BTV-3	《教育点点透》	周六15:00	5000	3000	1500
BTV-3	《美丽大讲堂》	周日15:00	12000	7200	3600
BTV-3	《祝你健康》	周一~日18:00	6600	3960	1980
BTV-3	《传奇》	周一~六18:35	10000	6000	3000
BTV-3	《传奇》(中国)	周日18:35	10000	6000	3000
BTV-3	《北京热线》	周一19:35	11000	6600	3300
BTV-3	《秘境观察》	周二19:35	10000	6000	3000
BTV-3	《名人之后》	周五19:35	13000	7800	3900
BTV-5	《留学生》	周一~五11:55	10000	6000	3000
BTV-5	《数说北京》	周一~五13:05	8000	4800	2400
BTV-5	《北京议事厅》(人大)	周六19:53	15000	9000	4500
BTV-5	《北京议事厅》(政协)	周日19:53	15000	9000	4500
BTV-5	《经济法眼》	周日20:16	15000	9000	4500
BTV-5	《财智人物》	周六21:55	15000	9000	4500
BTV-7	《健康生活》	周一~五12:30	12000	7200	3600
BTV-7	《你该怎么办》	周一~五22:05	14000	8400	4200
BTV-7	《魅力周末》	周日22:05	15000	9000	4500
BTV-7	《魅力前线》	周一~五22:40	12000	7200	3600
BTV-8	《炫影院》	周六09:30	5000	3000	1500
BTV-8	《探索》周末版	周六日17:40	8000	4800	2400
BTV-8	《八区主打星》	周六日20:05	9000	5400	2700
BTV-8	《第八区》	周一~五20:05	9000	5400	2700
BTV-8	《北京男孩》	周日18:35	12000	7200	3600
BTV-8	《动感秀场》	周一~五20:40	12000	7200	3600
BTV-8	《情感部落格》	周六日20:40	12000	7200	3600
BTV-8	《探索》	周一~五21:35	12000	7200	3600
BTV-8	《悦读会》	周日21:35	12000	7200	3600
BTV-9	《红绿灯早间直播》	周一~五07:00	5000	3000	1500
BTV-9	《红绿灯平安行》	周一~日17:30	5000	3000	1500
BTV-9	《故事汇》	周一~四21:15	8000	4800	2400
BTV-9	《我的父亲母亲》	周六21:15	10000	6000	3000
BTV-9	《京郊大地》	周日21:15	8000	4800	2400
BTV-9	《红绿灯》	周一~日22:15	8000	4800	2400
BTV-9	《手机江湖》	周五21:15	7000	4200	2100

2008 年 B 类时段广告价格表（BTV-1）

段位	频道	播出时间	刊例价(单位:元)		
			30 秒	15 秒	5 秒
Ba01	BTV-1	06:52～06:54	10000	6000	3000
Ba02	BTV-1	百合剧场 1 集前	7000	4200	2100
Ba03	BTV-1	百合剧场 1 集上集回放	7500	4500	2250
Ba04	BTV-1	百合剧场 1 集中插	8000	4800	2400
Ba05	BTV-1	百合剧场 1 集下集预告	7500	4500	2250
Ba06	BTV-1	百合剧场 2 集上集回放	7500	4500	2250
Ba07	BTV-1	百合剧场 2 集中插	8000	4800	2400
Ba08	BTV-1	10:50～10:52	8000	4800	2400
Ba09	BTV-1	玫瑰剧场 1 集前(周一至五)	10000	6000	3000
Ba10	BTV-1	玫瑰剧场 1 集上集回放(周一至五)	11000	6600	3300
Ba11	BTV-1	玫瑰剧场 1 集中插(周一至五)	12000	7200	3600
Ba12	BTV-1	玫瑰剧场 1 集下集预告(周一至五)	11000	6600	3300
Ba13	BTV-1	玫瑰剧场 2 集前(周一至五)	10000	6000	3000
Ba14	BTV-1	玫瑰剧场 2 集上集回放(周末为第 1 集)	11000	6600	3300
Ba15	BTV-1	玫瑰剧场 2 集中插(周末为第 1 集)	12000	7200	3600
Ba16	BTV-1	玫瑰剧场 2 集下集预告(周末为第 1 集)	11000	6600	3300
Ba17	BTV-1	玫瑰剧场 3 集前(周末为第 2 集)	10000	6000	3000
Ba18	BTV-1	玫瑰剧场 3 集上集回放(周末为第 2 集)	11000	6600	3300
Ba19	BTV-1	玫瑰剧场 3 集中插(周末为第 2 集)	12000	7200	3600
Ba20	BTV-1	玫瑰剧场 3 集下集预告(周末为第 2 集)	10000	6000	3000
Ba21	BTV-1	17:25～17:30	9000	5400	2700
Ba22	BTV-1	23:35～23:40	10000	6000	3000

2008 年 B 类时段广告价格表（BTV-2）

段位	频道	播出时间	刊例价(单位:元)		
			30 秒	15 秒	5 秒
Bb01	BTV-2	好剧重播 1 集剧前	5000	3000	1500
Bb02	BTV-2	好剧重播 1 集剧中插	6000	3600	1800
Bb03	BTV-2	好剧重播 1 集剧下集预告	5000	3000	1500
Bb04	BTV-2	好剧重播 2 集剧前	5000	3000	1500
Bb05	BTV-2	好剧重播 2 集剧中插	6000	3600	1800

续表

段位	频道	播出时间	刊例价(单位:元)		
			30秒	15秒	5秒
Bb06	BTV-2	好剧重播2集剧下集预告	5000	3000	1500
Bb07	BTV-2	08:50~08:56	8000	4800	2400
Bb08	BTV-2	09:38~09:41(周二~六)	8000	4800	2400
Bb09	BTV-2	12:05~12:15	8000	4800	2400
Bb10	BTV-2	14:25~14:30	5000	3000	1500
Bb11	BTV-2	17:17~17:22	5000	3000	1500
Bb12	BTV-2	17:22~17:25	5000	3000	1500
Bb13	BTV-2	17:45~17:47	8000	4800	2400
Bb14	BTV-2	23:05~23:08	7000	4200	2100

2008年B类时段广告价格表(BTV-3)

段位	频道	播出时间	刊例价(单位:元)		
			30秒	15秒	5秒
Bc01	BTV-3	10:58~11:05(周一~五)	2000	1200	600
Bc02	BTV-3	10:50~11:05(周六日)	2000	1200	600
Bc03	BTV-3	11:25~11:30	10000	6000	3000
Bc04	BTV-3	13:05~13:10	7000	4200	2100
Bc05	BTV-3	重播星月剧场1集剧前	5500	3300	1650
Bc06	BTV-3	重播星月剧场1集剧上集回放	6000	3600	1800
Bc07	BTV-3	重播星月剧场1集剧中插	6500	3900	1950
Bc08	BTV-3	重播星月剧场1集剧下集预告	6000	3600	1800
Bc09	BTV-3	重播星月剧场2集剧前	6000	3600	1800
Bc10	BTV-3	重播星月剧场2集剧上集回放	6500	3900	1950
Bc11	BTV-3	重播星月剧场2集剧中插	7500	4500	2250
Bc12	BTV-3	重播星月剧场2集剧下集预告	6500	3900	1950
Bc13	BTV-3	17:59~18:00	5000	3000	1500
Bc14	BTV-3	18:20~18:25	6000	3600	1800
Bc15	BTV-3	18:30~18:35	5000	3000	1500
Bc16	BTV-3	19:05~19:10	8000	4800	2400
Bc17	BTV-3	19:30~19:35	9000	5400	2700
Bc18	BTV-3	20:25~20:30	10000	6000	3000
Bc19	BTV-3	20:55~21:00	10000	6000	3000
Bc20	BTV-3	21:30~21:35	10000	6000	3000

续表

段位	频道	播出时间	刊例价(单位:元)		
			30 秒	15 秒	5 秒
Bc21	BTV-3	星月剧场 1 集剧前	15000	9000	4500
Bc22	BTV-3	星月剧场 1 集剧上集回放	17000	10200	5100
Bc23	BTV-3	星月剧场 1 集剧中插	23000	13800	6900
Bc24	BTV-3	星月剧场 1 集剧下集预告	18000	10800	5400
Bc25	BTV-3	星月剧场 2 集剧前	15000	9000	4500
Bc26	BTV-3	星月剧场 2 集剧上集回放	16000	9600	4800
Bc27	BTV-3	星月剧场 2 集剧中插	20000	12000	6000
Bc28	BTV-3	星月剧场 2 集剧下集预告	15000	9000	4500

2008 年 B 类时段广告价格表（BTV-4）

段位	频道	播出时间	刊例价(单位:元)		
			30 秒	15 秒	5 秒
Bd01	BTV-4	08:53~08:54	6000	3600	1800
Bd02	BTV-4	重播黄金剧场 1 集前	6000	3600	1800
Bd03	BTV-4	重播黄金剧场 1 集中插	7000	4200	2100
Bd04	BTV-4	重播黄金剧场 1 集下集预告	6500	3900	1950
Bd05	BTV-4	09:53~09:55	6000	3600	1800
Bd06	BTV-4	重播黄金剧场 2 集前	6500	3900	1950
Bd07	BTV-4	重播黄金剧场 2 集中插	9000	5400	2700
Bd08	BTV-4	重播黄金剧场 2 集下集预告	7000	4200	2100
Bd09	BTV-4	10:53~10:55	6500	3900	1950
Bd10	BTV-4	重播黄金剧场 3 集前	7000	4200	2100
Bd11	BTV-4	重播黄金剧场 3 集中插	10000	6000	3000
Bd12	BTV-4	重播黄金剧场 3 集下集预告	7000	4200	2100
Bd13	BTV-4	11:52~11:54	7000	4200	2100
Bd14	BTV-4	11:59 情景剧场前	7000	4200	2100
Bd15	BTV-4	11:59 情景剧场中插	7000	4200	2100
Bd16	BTV-4	家和剧场 1 集前	7000	4200	2100
Bd17	BTV-4	家和剧场 1 集中插	8000	4800	2400
Bd18	BTV-4	家和剧场 1 集下集预告	7000	4200	2100
Bd19	BTV-4	13:23~13:24	7000	4200	2100
Bd20	BTV-4	家和剧场 2 集前	7000	4200	2100
Bd21	BTV-4	家和剧场 2 集中插	7500	4500	2250

续表

段位	频道	播出时间	刊例价(单位:元)		
			30秒	15秒	5秒
Bd22	BTV-4	家和剧场2集下集预告	7000	4200	2100
Bd23	BTV-4	14:23~14:24	7000	4200	2100
Bd24	BTV-4	英雄剧场1集前	12000	7200	3600
Bd25	BTV-4	英雄剧场1集下集预告	17000	10200	5100
Bd26	BTV-4	17:50~17:52	20000	12000	6000
Bd27	BTV-4	英雄剧场2集前	20000	12000	6000
Bd28	BTV-4	英雄剧场2集下集预告	35000	21000	10500
Bd29	BTV-4	18:53情景剧场前	35000	21000	10500
Bd30	BTV-4	明星影院精选热播下部前	20000	12000	6000
Bd31	BTV-4	明星影院精选热播下部中插	15000	9000	4500

2008年B类时段广告价格表(BTV-5)

段位	频道	播出时间	刊例价(单位:元)		
			30秒	15秒	5秒
Be01	BTV-5	09:35~09:45(周六日)	5000	3000	1500
Be02	BTV-5	09:45~09:48	5000	3000	1500
Be03	BTV-5	10:00~10:02	5000	3000	1500
Be04	BTV-5	10:22~10:25	5000	3000	1500
Be05	BTV-5	10:55~11:00	7000	4200	2100
Be06	BTV-5	11:50~11:55	8000	4800	2400
Be07	BTV-5	13:17~13:20	5000	3000	1500
Be08	BTV-5	17:27~17:30	6000	3600	1800
Be09	BTV-5	17:50~17:53	6000	3600	1800
Be10	BTV-5	22:29~22:30	7500	4500	2250
Be11	BTV-5	晚间电视剧1集上集回放	4500	2700	1350
Be12	BTV-5	晚间电视剧1集中插	5500	3300	1650
Be13	BTV-5	晚间电视剧2集中插	4000	2400	1200

2008 年 B 类时段广告价格表（BTV-7）

段位	频道	播出时间	刊例价(单位:元)		
			30 秒	15 秒	5 秒
Bg01	BTV-7	10:40~10:47(周一~五)	5000	3000	1500
Bg02	BTV-7	10:45~10:47(周六)	5000	3000	1500
Bg03	BTV-7	10:55~11:00(周日)	5000	3000	1500
Bg04	BTV-7	11:25~11:30	6000	3600	1800
Bg05	BTV-7	11:55~12:00(周日)	8000	4800	2400
Bg06	BTV-7	11:58~12:00(周一~六)	8000	4800	2400
Bg07	BTV-7	12:25~12:30(周日)	8000	4800	2400
Bg08	BTV-7	12:50~12:58(周一~五)	8000	4800	2400
Bg09	BTV-7	12:55~13:00(周日)	8000	4800	2400
Bg10	BTV-7	13:00~13:05(周六)	8000	4800	2400
Bg11	BTV-7	17:15~17:20(周一~五)	5000	3000	1500
Bg12	BTV-7	17:25~17:30(周日)	5000	3000	1500
Bg13	BTV-7	17:40~17:45(周一~六)	5000	3000	1500
Bg14	BTV-7	17:55~18:00(周日)	5000	3000	1500
Bg15	BTV-7	18:15~18:20(周一~五)	10000	6000	3000
Bg16	BTV-7	22:00~22:05	12000	7200	3600
Bg17	BTV-7	22:35~22:40(周一~五)	10000	6000	3000
Bg18	BTV-7	22:55~23:00(周六日)	8000	4800	2400
Bg19	BTV-7	23:10~23:15(周一~五)	8000	4800	2400
Bg20	BTV-7	23:35~23:39(周一~五)	6500	3900	1950

2008 年 B 类时段广告价格表（BTV-8）

段位	频道	播出时间	刊例价(单位:元)		
			30 秒	15 秒	5 秒
Bh01	BTV-8	电视剧场 1 集剧前(周一~五)	4000	2400	1200
Bh02	BTV-8	电视剧场 1 集剧上集回放(周一~五)	4000	2400	1200
Bh03	BTV-8	电视剧场 1 集剧中插(周一~五)	4500	2700	1350
Bh04	BTV-8	电视剧场 1 集剧下集预告(周一~五)	4000	2400	1200
Bh05	BTV-8	电视剧场 2 集剧前(周一~五)	4000	2400	1200
Bh06	BTV-8	电视剧场 2 集剧上集回放(周一~五)	4000	2400	1200
Bh07	BTV-8	电视剧场 2 集剧中插(周一~五)	4500	2700	1350
Bh08	BTV-8	电视剧场 2 集剧下集预告(周一~五)	4000	2400	1200

续表

段位	频道	播出时间	刊例价(单位:元)		
			30秒	15秒	5秒
Bh09	BTV-8	电视剧场3集剧前(周一~五)	4000	2400	1200
Bh10	BTV-8	电视剧场3集剧上集回放(周一~五)	4000	2400	1200
Bh11	BTV-8	电视剧场3集剧中插(周一~五)	4500	2700	1350
Bh12	BTV-8	电视剧场3集剧下集预告(周一~五)	4000	2400	1200
Bh13	BTV-8	09:25~09:30(周六日)	4000	2400	1200
Bh14	BTV-8	11:00~11:05(周六日)	4000	2400	1200
Bh15	BTV-8	11:55~12:00(周六日)	4000	2400	1200
Bh16	BTV-8	12:30~12:33	5000	3000	1500
Bh17	BTV-8	12:53~12:58	5000	3000	1500
Bh18	BTV-8	13:48~13:50	5000	3000	1500
Bh19	BTV-8	重播八区剧场1集剧前	5000	3000	1500
Bh20	BTV-8	重播八区剧场1集剧上集回放	5500	3300	1650
Bh21	BTV-8	重播八区剧场1集剧中插	6000	3600	1800
Bh22	BTV-8	重播八区剧场1集剧下集预告	5500	3300	1650
Bh23	BTV-8	重播八区剧场2集剧前	5000	3000	1500
Bh24	BTV-8	重播八区剧场2集剧上集回放	5500	3300	1650
Bh25	BTV-8	重播八区剧场2集剧中插	6000	3600	1800
Bh26	BTV-8	重播八区剧场2集剧下集预告	5500	3300	1650
Bh27	BTV-8	17:35~17:40	7000	4200	2100
Bh28	BTV-8	18:30~18:35	7000	4200	2100
Bh29	BTV-8	19:03~19:06(周一~五)	7000	4200	2100
Bh30	BTV-8	19:25~19:30	7000	4200	2100
Bh31	BTV-8	20:00~20:05	7000	4200	2100
Bh32	BTV-8	20:35~20:40	7000	4200	2100
Bh33	BTV-8	21:30~21:35	7000	4200	2100
Bh34	BTV-8	八区剧场1集剧前	7000	4200	2100
Bh35	BTV-8	八区剧场1集剧上集回放	7000	4200	2100
Bh36	BTV-8	八区剧场1集剧中插	9000	5400	2700
Bh37	BTV-8	八区剧场1集剧下集预告	7000	4200	2100
Bh38	BTV-8	八区剧场2集剧前	6000	3600	1800
Bh39	BTV-8	八区剧场2集剧上集回放	6000	3600	1800
Bh40	BTV-8	八区剧场2集剧中插	7000	4200	2100
Bh41	BTV-8	八区剧场2集剧下集预告	6000	3600	1800

2008 年 B 类时段广告价格表（BTV-9）

段位	频道	播出时间	刊例价(单位:元)		
			30 秒	15 秒	5 秒
Bj01	BTV-9	17:00~17:05(周一~日)	2000	1200	600
Bj02	BTV-9	17:25~17:30(周一~日)	5000	3000	1500
Bj03	BTV-9	19:27~19:30(周一~五、日)	5500	3300	1650
Bj04	BTV-9	19:50~19:55	5500	3300	1650
Bj05	BTV-9	21:00~21:04	6000	3600	1800
Bj06	BTV-9	21:12~21:15	6000	3600	1800
Bj07	BTV-9	21:45~21:50	7000	4200	2100
Bj08	BTV-9	22:10~22:15	7000	4200	2100
Bj09	BTV-9	22:45~22:50	6000	3600	1800
Bj10	BTV-9	晚间电视剧 1 集前	6000	3600	1800
Bj11	BTV-9	晚间电视剧 1 集上集回放	6000	3600	1800
Bj12	BTV-9	晚间电视剧 1 集中插	6500	3900	1950
Bj13	BTV-9	晚间电视剧 1 集下集预告	6000	3600	1800
Bj14	BTV-9	晚间电视剧 2 集前	5500	3300	1650
Bj15	BTV-9	晚间电视剧 2 集上集回放	5500	3300	1650
Bj16	BTV-9	晚间电视剧 2 集中插	6000	3600	1800
Bj17	BTV-9	晚间电视剧 2 集下集预告	5000	3000	1500

2008 年 C 类时段广告价格表（BTV-1）

段位	频道	播出时间	刊例价(单位:元)		
			30 秒	15 秒	5 秒
Ca01	BTV-1	06:00~06:22	6000	3600	1800
Ca02	BTV-1	16:50~16:55	5000	3000	1500
Ca03	BTV-1	23:55~23:58	7000	4200	2100
Ca04	BTV-1	00:25~00:30	7000	4200	2100
Ca05	BTV-1	00:50~00:55	5000	3000	1500
Ca06	BTV-1	重播京华剧场 1 集中插	4500	2700	1350
Ca07	BTV-1	重播京华剧场 2 集中插	4500	2700	1350
Ca08	BTV-1	午夜电视剧 1 集中插	4500	2700	1350
Ca09	BTV-1	午夜电视剧 2 集中插	4500	2700	1350
Ca10	BTV-1	05:55~05:58	4000	2400	1200

2008 年 C 类时段广告价格表（BTV-2）

段位	频道	播出时间	刊例价(单位:元)		
			30 秒	15 秒	5 秒
Cb01	BTV-2	重播北京剧场 1 集剧前	4000	2400	1200
Cb02	BTV-2	重播北京剧场 1 集剧中插	5000	3000	1500
Cb03	BTV-2	重播北京剧场 1 集剧下集预告	4000	2400	1200
Cb04	BTV-2	重播北京剧场 2 集剧前	4000	2400	1200
Cb05	BTV-2	重播北京剧场 2 集剧中插	5000	3000	1500
Cb06	BTV-2	重播北京剧场 2 集剧下集预告	4000	2400	1200
Cb07	BTV-2	08:30~08:40	4000	2400	1200
Cb08	BTV-2	14:55~15:00	5000	3000	1500
Cb09	BTV-2	15:42~15:54	5000	3000	1500
Cb10	BTV-2	15:54~16:00	5000	3000	1500
Cb11	BTV-2	16:25~16:30	5000	3000	1500
Cb12	BTV-2	16:30~16:35	5000	3000	1500

2008 年 C 类时段广告价格表（BTV-3）

段位	频道	播出时间	刊例价(单位:元)		
			30 秒	15 秒	5 秒
Cc01	BTV-3	06:07~06:10	2000	1200	600
Cc02	BTV-3	06:30~06:35	2000	1200	600
Cc03	BTV-3	07:15~07:20	2000	1200	600
Cc04	BTV-3	07:40~07:45	2000	1200	600
Cc05	BTV-3	08:15~08:20	2000	1200	600
Cc06	BTV-3	09:10~09:15(周六日)	2000	1200	600
Cc07	BTV-3	09:15~09:20(周六日)	2000	1200	600
Cc08	BTV-3	10:10~10:15(周六日)	2000	1200	600
Cc09	BTV-3	10:15~10:20(周六日)	2000	1200	600
Cc10	BTV-3	14:00~14:05	3000	1800	900
Cc11	BTV-3	14:55~15:00	3000	1800	900
Cc12	BTV-3	23:54~00:01	2200	1320	660
Cc13	BTV-3	00:21~00:26	2200	1320	660

2008 年 C 类时段广告价格表（BTV-4）

段位	频道	播出时间	刊例价(单位:元)		
			30 秒	15 秒	5 秒
Cd01	BTV-4	重播休闲剧场 2 集前	3500	2100	1050
Cd02	BTV-4	重播休闲剧场 2 集中插	3500	2100	1050
Cd03	BTV-4	06:55~06:57	3500	2100	1050
Cd04	BTV-4	早间重播英雄剧场 1 集前	3500	2100	1050
Cd05	BTV-4	早间重播英雄剧场 1 集中插	4000	2400	1200
Cd06	BTV-4	早间重播英雄剧场 1 集下集预告	4000	2400	1200
Cd07	BTV-4	07:53~07:54	4000	2400	1200
Cd08	BTV-4	早间重播英雄剧场 2 集前	4000	2400	1200
Cd09	BTV-4	早间重播英雄剧场 2 集中插	6500	3900	1950
Cd10	BTV-4	早间重播英雄剧场 2 集下集预告	6000	3600	1800
Cd11	BTV-4	14:29 情景剧展播前	7000	4200	2100
Cd12	BTV-4	14:29 情景剧展播中插	7000	4200	2100
Cd13	BTV-4	休闲剧场 1 集前	7000	4200	2100
Cd14	BTV-4	休闲剧场 1 集中插	7500	4500	2250
Cd15	BTV-4	休闲剧场 1 集下集预告	7000	4200	2100
Cd16	BTV-4	休闲剧场 2 集前	7000	4200	2100
Cd17	BTV-4	休闲剧场 2 集中插	7500	4500	2250
Cd18	BTV-4	休闲剧场 2 集下集预告	7000	4200	2100
Cd19	BTV-4	夜间重播家和剧场 1 集前	3500	2100	1050
Cd20	BTV-4	夜间重播家和剧场 1 集中插	3500	2100	1050
Cd21	BTV-4	夜间重播家和剧场 2 集中插	3500	2100	1050
Cd22	BTV-4	午夜剧场 1 集中插	3500	2100	1050
Cd23	BTV-4	午夜剧场 2 集中插	3500	2100	1050
Cd24	BTV-4	午夜剧场 3 集中插	3500	2100	1050
Cd25	BTV-4	午夜剧场 4 集中插	3500	2100	1050
Cd26	BTV-4	重播休闲剧场 1 集中插	3500	2100	1050

2008年C类时段广告价格表（BTV-5）

段位	频道	播出时间	刊例价(单位:元)		
			30秒	15秒	5秒
Ce01	BTV-5	06:02~06:05	1500	900	450
Ce02	BTV-5	06:55~07:00	1500	900	450
Ce03	BTV-5	07:30~07:35	3000	1800	900
Ce04	BTV-5	08:05~08:10	4000	2400	1200
Ce05	BTV-5	08:40~08:45	5000	3000	1500
Ce06	BTV-5	14:10~14:13	5000	3000	1500
Ce07	BTV-5	14:43~14:45	5000	3000	1500
Ce08	BTV-5	15:15~15:17	5000	3000	1500
Ce09	BTV-5	16:17~16:20	5000	3000	1500
Ce10	BTV-5	晚间电视剧1集下集预告	4000	2400	1200
Ce11	BTV-5	晚间电视剧2集前	3000	1800	900
Ce12	BTV-5	晚间电视剧2集上集回放	3000	1800	900
Ce13	BTV-5	晚间电视剧2集下集预告	2500	1500	750
Ce14	BTV-5	01:00~01:05	2000	1200	600

2008年C类时段广告价格表（BTV-7）

段位	频道	播出时间	刊例价(单位:元)		
			30秒	15秒	5秒
Cg01	BTV-7	06:03~06:05	3000	1800	900
Cg02	BTV-7	06:35~06:40	3000	1800	900
Cg03	BTV-7	07:00~07:05	3000	1800	900
Cg04	BTV-7	07:33~07:35	3000	1800	900
Cg05	BTV-7	08:35~08:40(周一~五)	3000	1800	900
Cg06	BTV-7	08:55~09:00(周日)	4000	2400	1200
Cg07	BTV-7	09:12~09:15(周一~五)	4000	2400	1200
Cg08	BTV-7	09:23~09:30(周六日)	4000	2400	1200
Cg09	BTV-7	09:35~09:40(周一~五)	4000	2400	1200
Cg10	BTV-7	09:55~10:00(周日)	4000	2400	1200
Cg11	BTV-7	10:00~10:02(周六)	4000	2400	1200
Cg12	BTV-7	10:05~10:10(周一~五)	5000	3000	1500
Cg13	BTV-7	10:25~10:30(周日)	5000	3000	1500
Cg14	BTV-7	13:11~13:17(周一~五)	8000	4800	2400

续表

段位	频道	播出时间	刊例价(单位:元)		
			30秒	15秒	5秒
Cg15	BTV-7	13:25~13:30(周日)	5000	3000	1500
Cg16	BTV-7	13:47~13:52(周一~五)	5000	3000	1500
Cg17	BTV-7	13:55~14:00(周日)	5000	3000	1500
Cg18	BTV-7	14:05~14:08(周六)	5000	3000	1500
Cg19	BTV-7	14:22~14:28(周一~五)	5000	3000	1500
Cg20	BTV-7	14:25~14:30(周日)	5000	3000	1500
Cg21	BTV-7	14:55~15:00(周日)	5000	3000	1500
Cg22	BTV-7	14:58~15:02(周一~六)	5000	3000	1500
Cg23	BTV-7	15:25~15:30(周日)	5000	3000	1500
Cg24	BTV-7	15:27~15:32(周一~六)	5000	3000	1500
Cg25	BTV-7	15:45~15:50(周一~六)	5000	3000	1500
Cg26	BTV-7	15:55~16:00(周日)	5000	3000	1500
Cg27	BTV-7	16:18~16:20(周一~六)	5000	3000	1500
Cg28	BTV-7	16:25~16:30(周日)	5000	3000	1500
Cg29	BTV-7	16:55~17:00(周日)	5000	3000	1500
Cg30	BTV-7	23:52~23:57(周一~五)	6500	3900	1950
Cg31	BTV-7	23:50~23:57(周六日)	6500	3900	1950
Cg32	BTV-7	00:25~00:27(周六日)	6500	3900	1950
Cg33	BTV-7	00:27~00:35(周一~六)	6500	3900	1950
Cg34	BTV-7	01:00~01:05	4000	2400	1200

2008年C类时段广告价格表（BTV-8）

段位	频道	播出时间	刊例价(单位:元)		
			30秒	15秒	5秒
Ch01	BTV-8	06:52~07:05	2500	1500	750
Ch02	BTV-8	07:27~07:33(周一~五)	2500	1500	750
Ch03	BTV-8	08:02~08:07(周一~五)	2500	1500	750
Ch04	BTV-8	08:30~08:35(周六日)	2500	1500	750
Ch05	BTV-8	15:50~15:55	3000	1800	900
Ch06	BTV-8	16:25~16:30	3000	1800	900
Ch07	BTV-8	17:00~17:05	4000	2400	1200
Ch08	BTV-8	00:24~00:26	2000	1200	600
Ch09	BTV-8	00:56~00:57	2000	1200	600

2008年C类时段广告价格表（BTV-9）

段位	频道	播出时间	刊例价(单位:元)		
			30秒	15秒	5秒
Cj01	BTV-9	06:32~06:35	1600	960	480
Cj02	BTV-9	06:55~07:00	1600	960	480
Cj03	BTV-9	重播晚间电视剧1集前	4000	2400	1200
Cj04	BTV-9	重播晚间电视剧1集上集回放	4000	2400	1200
Cj05	BTV-9	重播晚间电视剧1集中插	5000	3000	1500
Cj06	BTV-9	重播晚间电视剧1集下集预告	4000	2400	1200
Cj07	BTV-9	重播晚间电视剧2集前	4000	2400	1200
Cj08	BTV-9	重播晚间电视剧2集上集回放	4000	2400	1200
Cj09	BTV-9	重播晚间电视剧2集中插	5000	3000	1500
Cj10	BTV-9	重播晚间电视剧2集下集预告	4000	2400	1200
Cj11	BTV-9	11:30~11:35	5000	3000	1500
Cj12	BTV-9	11:55~12:00	5000	3000	1500
Cj13	BTV-9	午间电视剧1集前	4000	2400	1200
Cj14	BTV-9	午间电视剧1集上集回放	4000	2400	1200
Cj15	BTV-9	午间电视剧1集中插	5000	3000	1500
Cj16	BTV-9	午间电视剧1集下集预告	4000	2400	1200
Cj17	BTV-9	午间电视剧2集前	4000	2400	1200
Cj18	BTV-9	午间电视剧2集上集回放	4000	2400	1200
Cj19	BTV-9	午间电视剧2集中插	5000	3000	1500
Cj20	BTV-9	午间电视剧2集下集预告	4000	2400	1200
Cj21	BTV-9	午间电视剧3集前	4000	2400	1200
Cj22	BTV-9	午间电视剧3集上集回放	4000	2400	1200
Cj23	BTV-9	午间电视剧3集中插	5000	3000	1500
Cj24	BTV-9	午间电视剧3集下集预告	4000	2400	1200

十二、大事记

2008年北京电视台大事记

1月

1日 市委宣传部转发了国家广电总局2007年第25期收听收看。这期收听收看刊登了题为《北京电视台服务首都人民推出贴近性节目》的文章。国家广电总局认为我台卫星频道在继续做好午间档、傍晚档和晚间黄金档3个收视强档节目的基础上，为更好地发挥首都全国文化中心的优势，根据北京地区观众的晚间收视时间延后这一特点，在次黄金时段即22:00之后，推出一组重头栏目：历史文化类专题节目《这里是北京》、电视文化讲座类专题节目《中华文明大讲堂》、公益谈话节目《真情互动》等创新节目形态，大力宣传北京，彰显古都新貌，增强公益性质，提高知识含量，以深层次的内容和看点，提升北京人的文化和生活品质，同时也有效拉动了频道的收视，创造出22点时段收视高点，这一实践积极而富有成效。国家广电总局副部长胡占凡批示指出，服务、文化、真情，都是广播电视的社会责任，也是人民群众最需要的，北京电视台的努力值得肯定，希望办得更好。市委宣传部部长蔡赴朝批示指出，胡占凡部长的批示应当是对我们工作的鼓舞和鞭策，电视台要继续努力，精心打造，提高每个频道、时段的节目，务求精益求精，当前特别是提高卫视的全国影响力。

同日 2008年1月1~6日，由北京电视台新闻节目中心要闻部创作的系列报道《决胜2008》在《北京新闻》中播出，回顾奥运筹办6年来走过的非凡道路，展现全市上下紧锣密鼓的精神风貌，反映世界人民共享奥林匹克欢乐、憧憬2008的奥运情怀。报道播出当晚，市委常委、宣传部部长蔡赴朝对该报道给予充分肯定、提出表扬。

同日 北京电视台生活节目中心根据频道自身定位，以“贴近实际、贴近百姓、贴近生活”为创作思路，在元旦和春节期间推出主题策划活动《生活·愿2008》和《生活·圆》，活动分为两个部分，即频道特别主题策划和栏目特别节目配合联动。其中，元旦主题节目《生活·愿2008》自1月1日起开始播出，突出展现京城百姓在新的一年里美好的生活愿景、积极向上的生活态度。频道特别策划以频道平播为主，在元旦、春节推出包装短片，以频道平播时间滚动播出，营造节日喜庆气氛；同时，频道《真情互动》和《时尚装苑》两档栏目以特别节目形式配合活动主题，推出节日主题策划，整体联动，相互照应，使频道品牌宣传形成合力。《生活·愿2008》播出周期为2008年1月1日~2008年2月5日。

同日 北京电视台生活节目中心对频道节目播出安排进行调整，其中电视栏目剧《大城小事》由原每周一~周六播出，改为每周一～周五播出，原周六节目时段改为播出《大城小事周末版》；《生活面对面》由原每周一～周日播出，改为每周一～周六播出，原周日节目时段改为播出《生活实验室》。

同日 北京电视台科教节目中心在节目编排版面上作了更新和调整。《科教观察》更名为《秘境观察》；《名门之后》更名为《名人之后》；《强档故事汇》周六节目由创新的谈话栏目《五洲探秘》取代原来的《智者为王》栏目，主要讲述中国人在世界各地旅行、工作、学习的体验故事。另外，中午时段在《现场说法》、《法治进行时》节目后增加了一档全新的法制节目《大家说法》，旨在对法治事件进行深度剖析和提出警示参考意见。节目用纪实的手法跟踪当事人亲历法治事件的过程，把观众带进当事人最生活化的状态当中。演播室嘉宾以专家的身份参与到这一事件当中，用他们的专业知识对事件亲历者的行为提出其他可行性建议，使得观众看到更多选择、触类旁通，从而达到栏目普法、守法、用法和参与法律构建的目的。

同日 北京卡酷动画卫视携手旗下的北京卡酷全卡通动漫文化有限公司、北京卡酷七色光文化有限责任公司与各大玩具品牌及代理商联手启动“卡酷爱心 欢乐共享”大型公益活动，卡酷主持人与捐赠企业代表一同走访儿童医院、福利院、特教学校、打工子弟小学、希望小学、残障儿童家庭等单位，在隆冬为需要关怀和爱护的小朋友送去一份礼物、一片真心，让每一个本处于不幸的孩子也拥有一个快乐的新年和寒假。2008年1月1～31日期间，共有17家玩具厂商参与活动，捐赠的玩具产品达到50万元，20余家单位接受了卡酷的爱心传递。

4日 自2007年12月29日～2008年1月4日，北京电视台新闻节目中心社会新闻采访部和新闻编辑部《北京新闻》栏目联合推出7集系列报道《百姓贺卡》，7位普通市民感受这2007年北京的发展变化，祝福北京新的一年越来越好。

5日 《环渤海新视野》栏目是北京电视台财经频道打造的一档高端经济类谈话节目，节目每周日21:55在BTV-5播出，节目时长为半小时。《环渤海新视野》栏目以演播室谈话为形态，以北京的区域发展为视角、以重大经济事件和公共话题为核心内容。作为首个从区域视角关注经济发展的电视栏目，节目将抓住区域经济合作发展的新机遇，以严谨的态度、新闻的眼光、经济的视角、权威的评论，深度关注经济事件，透彻分析经济现象，忠实记录企业变革，准确把握科学发展的经济脉搏，推动以北京为核心的区域社会和谐。

6日 2007年12月28日～2008年1月6日，接市委宣传部任务，北京电视台由3名记者组成的报道小组赴美报道北京奥运花车游行系列外宣活动，并圆满完成宣传报道任务。我台赴美报道小组按照市委宣传部要求，主动与美相关方面进行沟通，前方报道小组及早制订了报道方案，12月28日到达洛杉矶后，报道小组一方面完成与协作电视媒体的对接，一方面投入对花车游行各项准备的线索挖掘与故事报道。报道小组成员积极挖掘线索，创新报道方式，及时迅速、生动鲜活地报道了北京奥运花车游行的现场效果与社会影响，得到各方积极评价。这样的报道策略得到了市委宣传部蔡赴朝同志的高度认可，“北京奥运花车惊艳亮相”的新闻播出后，蔡部长立即连夜致电前方代表团，对电视新闻节目中所表现出来的国际视野给予积极评价，肯定这样的宣传效果极佳，鼓励大家再接再厉，出色完成后面的报道。

同日 北京电视台生活节目中心所推出的一档全新大型的关于家装家饰家居的演播室访谈节目——《生活＋》开播，该栏目在节目编排方式上进行大胆尝试，以贯通播出这一新颖的播出形式，打通日间播出通道，每周日 9：00～18：00 滚动播出。栏目秉承“以人为本”的家居理念，记录人们从购房开始对户型、面积的挑选到装修、入住、后期更新装饰的过程，来正确引导消费理念。节目形式以“看房、装房、验房”三部曲为节目主线，穿插各类实用资讯，汇集诸多优秀室内设计师和多家知名设计公司，从多角度、多层面来诠释现代时尚家居的设计理念，讲述全新的设计风格，展示最新家装潮流，展现美好家居的设计精品。

同日 北京电视台生活节目中心推出《食全食美周末版》，周末版节目在日常节目“今天吃什么”的内容基础上，增设了“今天去哪儿吃”这条新的节目主线，使日常节目与周末节目相互促成，既是对日常节目的补充，又吸引了新的收视人群加入。《食全食美周末版》节目形式轻松谐趣，以演播室及主持人相结合的方式展开，体现贴近性、服务性、互动性和趣味性。《食全食美周末版》首播时间为每周日 18：00。

7日 《上班这点事》是北京电视台打造的第一档带有轻喜剧风格的日播职场脱口秀节目。节目主要针对的受众群体是都市白领阶层，即上班族和准上班族。这一群体是当下都市中最活跃的和最具消费力的群体，但是在日趋激烈的市场竞争环境中，他们往往处于一种高度紧张的状态，往往由于工作压力过大而身心俱疲，他们需要有一个缓解和释放压力的电视节目。《上班这点事》正是针对这些存在来做定位和设计的，它为这些群体制造了一个释放压力和倾诉内心的空间，给他们以心灵的抚慰和按摩。

8日 北京电视台公共频道按照台里部署，决定在周末黄金时间开辟戏曲时段，播出整场大戏，争取在北京市“两会”期间推出。刘爱勤、张晓、华艺等台领导对开播大戏相当重视，一再要求，选播剧目要慎之又慎，画面质量要精益求精。为了给开播戏剧时段创造一条绿色通道，张晓总编辑多次直接给筹备组打电话，询问工作进程，并提出建设性意见。对于戏曲资料的调播，华艺副总编辑更是亲历亲为，简化工作程序，直接统筹协调相关部门。公共频道将尽最大可能圆满完成任务，力争开播初期便为观众献上赏心悦目的上乘佳作，将此戏曲时段打造成为北京电视台一个荧屏亮点。“九点九频道，好戏周周看”，不久将成为京城老百姓心目中的戏曲饕餮大餐。

9日 北京电视台《天下财经》节目，以最快捷的方式、最鲜活的语言和最生动的电视手段和最权威的分析，来为电视观众传递最主流的声音。2008 年，《天下财经》栏目为满足观众不断增长的财经知识需求，开通“早班车”，增加早间财经资讯版，早间节目以资讯为主，在深沪证券市场开盘之前，通过广泛的速览，让观众及时了解当天的政策走向、产经新闻、证券外汇期货市场变动、上市公司信息等国内外财经新闻，为投资者搜索有价值的信息，快捷发布证券市场当天最新资讯。旨在以最快的节奏，打造最重信息量、最重服务性的投资“前哨站”。股市瞬息万变，早间版将及时地为投资者指点迷津。

10日 由中宣部、中国文联、山东省委共同举办的“邹树君同志先进事迹报告会”在首都图书馆报告厅举行。北京电视台节目和职能部门部分干部、党员代表，与市属宣传系统从事宣传文化工作的同志一起参加了报告会。

同日 北京市政法委与北京电视台科教节目中心《法治进行时》节目组联合制作了“崇高的荣誉——第五届人民满意的政法干警（单位）标兵揭晓颁奖晚会”。中央政法委副秘书长周本顺，市委常委、公安局局长马振川，副市长赵凤桐等领导出席了颁奖晚会并为荣获标兵称号的10名个人和10个单位代表颁奖。

11日 北京电视台《留学生》节目，为首部反映留学题材的大型系列纪实片。片子采用纪实的手法，全部坚持实地实景拍摄，旨在真实反映当代留学大潮中的人生百态，直击留学热点和焦点问题。把一手的信息、生动的故事，带给中国观众。让观众自己去体味留学生活的苦与乐，去评断留学人生的是与非，去感受留学价值的高与低。

15日 长城平台工作会议日前召开，国家广电总局田进副局长等领导及长城（美国）平台上15个成员台的台领导和频道负责人出席了此次会议。会上发布了中国长城（美国）平台节目评估报告：评估分别采用专家评估、问卷调查和入户电话调查三种方式进行，其中专家评估和问卷调查的结果基本相同：17个频道中排名前五名的频道依次为CCTV-4、凤凰美洲台、CCTV-娱乐、BTV和湖南卫视。观众电话调查结果为CCTV-4、湖南卫视、凤凰资讯台、凤凰美洲台、BTV。三项调查结果北京电视台频道均在前五名之列。专家对北京台的评语是：北京电视台是以文化历史为主打的专题类频道，荟萃了北京台所有频道的优秀专题节目，涉及文化、经济、娱乐、日常生活等多方面，内容丰富，制作编排质量较高，主持人得体大方，频道整体包装意识强，频道宣传和节目预告制作精良。在节目播出时注意插播频道海外中心的联系方式和网址，便于密切与海外观众的联系。北京电视台需要改进的方面主要是，在作为观众了解北京的好窗口的同时，根据北美观众的收视需求和特点，增加与海外观众关联性更强的节目。

同日 北京电视台与SONY公司在马驹桥仓库举行了高清电视转播车交接仪式。北京电视台总工田方、各技术部门主任与SNOY公司的相关领导出席了这次交接活动。参加活动的还有新华社、现代电视技术、传播与制作等相关媒体。该车为18个摄像机（包括2套高清高速摄像机）的国际一流的大型高清晰度电视转播车，经国际公开招标后，于2007年2月在英国正式开始建造，其系统建设资金约4030万元人民币。整个转播车由车体、视频系统、音频系统、图文系统、辅助车等组成。整车长16米，宽2.5米，高4米；车厢内分为三个分区：导演区，技术区，音响区。其系统设计完全可满足高清、标清大型活动，体育赛事等节目录制的要求，是目前国内技术含量最高的高清转播车之一。

同日 北京市广播电视局在北京会议中心召开了表彰大会，局领导宣布了北京市广播电视系统内获得全国广播电影电视系统先进集体、先进工作者和劳动模范的名单。其中我台播出部获得了国家人事部、国家广电总局颁发的全国广播电影电视系统先进集体奖；付治栋主任获得国家人事部、国家广电总局颁发的全国广播电影电视系统先进工作者奖。

16日 市纪委副书记王海平一行和市委宣传部、市广电局的有关领导来到我台，调研反腐倡廉工作宣传教育情况。刘爱勤台长首先对各位领导的到来表示欢迎。王云副书记介绍了我台如何深入开展反腐倡廉宣传教育工作，以求实创新的精神，突出重点，注重宣传效果，为北京市的经济发展、为政清廉、社会和谐，创造了良好的舆论氛围。她还介绍了我台加强内部管理，健全监管机制；抓好行风建设，加强对新闻从业人员的管理；基建工程、技术设备和大宗物资招投标活动和人事管理实施“阳光工程”的情况。王海平副书记感谢我台多年来对反腐倡廉宣传教育工作的支持。他说2008年要着力宣传党和国家对反腐倡廉工作的重大部署和廉政建设、惩防体系的新鲜做法和经验等。同时，他也希望我台结合行业特点，在建立反腐倡廉长效机制上作一些探索，在重点部位、重点领域建立起有效的系统的内部防控机制来。

18日 由北京电视台公共节目中心和文艺节目中心共同策划的2007年度“寻找北京最美的乡村”评选活动颁奖盛典在大兴区隆重举行。副市长牛有成在总编辑张晓的陪同下全程观看了此次颁奖盛典，并给予了高度评价。《美丽乡村》颁奖盛典由中共北京市委宣传部、北京市委农工委、北京市农委、北京市文化局和我台共同主办。晚会现场，主办方将新农村建设的带头人、致富模范、经营高手、农民英雄和最美乡村的代表一一请到台上，听他们讲述创业历程，请他们展示经营之道和致富经验，与他们共同探讨如何把北京的乡村建设得更加美好！颁奖盛典构思新颖、别具一格。它以农历24个节气为切入点，分别用儿童舞蹈《美丽乡村节气歌》、女子群舞《惊蛰》、男子群舞《芒种》、杂技舞蹈《秋分》、喜剧舞蹈《冬至》、双人舞《立春》以及由李伟建、武宾表演的化装相声《长寿》等节目来进行串联。在每段节目之间穿插幽默诙谐的“视频问答”、形象直观的“实物展示”、妙语连珠的“村官论坛”和充满悬念的“评选揭晓”，使整台晚会自始至终洋溢在欢乐、祥和又不乏紧张、热烈的气氛之中，高潮迭起，一气呵成，为北京市民的新春文化盛宴再添一道精美的文艺大餐。

19日 第四届“金龙奖”动漫榜中榜在广州揭晓。经过广大动漫爱好者投票参与和动漫专家评委会评审，《福娃奥运漫游记》一举拿下“年度最佳电视动画”和“年度最佳人气动画图书”两项大奖。

同日 2008年北京市“两会”于19～26日召开，今年是人大、政协的换届之年，也是奥运的决胜之年，因此今年北京“两会”备受境内外媒体的关注。北京电视台新闻节目中心精心策划了丰富的报道方案，同时组建了一支专业的“两会”报道团队，并确立了专人责任制。呈现了以下特色：程序报道确保准确及时、花絮报道力求生动新颖、直播报道确保及时安全、专题报道务求重大精准。

20日 北京市委政法委给我台发来感谢信，全文如下：北京电视台：在贵台的大力支持和紧密配合下，由中共北京市委政法委员会和北京市人事局开展的人民满意政法干警（单位）评比表彰活动，于2008年1月10日在北京星光影视园圆满举行了“崇高的荣誉”——2008年北京市政法系统春节慰问暨第五届北京市“人民满意的政法干警（单位）”标兵揭晓颁奖晚会。该晚会领导要求高，程序复杂，参与人员多，涉及面广，时间紧，任务重。贵单位科教频道副主任徐滔、科教频道编导叶蔚宁、导演裴小林等同志不畏困难、加班加点，主动沟通、协调，大胆策划、创作，为晚会的顺利举办作出了突出贡献。晚会受到政法各方面的肯定和好评。在此，对参与晚会的同志们在晚会筹备中兢兢业业、任劳任怨、克服困难、无私奉献的精神表示衷心的感谢，并建议给予表扬和鼓励。同时，对贵台一贯以来对政法工作和政法队伍建设工作的大力支持表示衷心的感谢。

21日 北京电视台《北京议事厅》由周播栏目改版为《人大版》和《政协版》、《天天理财》由一期10分钟扩版为20分钟。

同日 北京电视台有中、英、粤三种语言配音，以及中、英、法、韩、日五种语言字幕的《福娃奥运漫游记》多语言DVD“金装版”全面上市，这是国产原创动画作品首次以多种语言的形式推出豪华珍藏版。目前《福娃奥运漫游记》金版DVD多语言套装已被北京奥组委、北京市政府列为奥运会外宾馈赠礼品；同时，因其独特新奇的创意、丰富多彩的内容和良好的外语学习辅导功能，成为深受广大小朋友及其家长欢迎和喜爱的动画新品。

22日、23日 北京市广播电视局工会主席宋春华、副主席王学理在北京电视台工会和办公室的陪同下，分别对北京电视中心、文艺节目中心、生活节目中心及科教节目中心的“法制进行时”栏目进行慰问，宋春华主席代表局领导对全台工作人员表示节日的问候。邵萱堂副台长、张强副总编代表台领导和全体职工，对局领导和局工会表示感谢，并表示在新的一年里，在市委、市政府、市委宣传部及市广电局的领导下，贯彻落实十七大精神，做好新闻报道工作。

23日 刘爱勤台长、邵宣堂副台长、田方总工程师及台安全领导小组成员一行前往北京电视台新址，检查春晚剧场及主楼设备安装情况。台领导先登上新的数字转播车，详细询问了有关技术细节，要求尽快熟悉设备的操作使用，做好技术工作，保证春晚的顺利录制。接着又来到春晚剧场，对文艺部、保卫部、办公室、基建办等部门强调了办好春晚的政治意义。明确指出要做好应急预案，在保证节目高质量、高标准的情况下，防止意外突发事件的发生。要对演职人员、观众加强管理，把工作做细，不能有丝毫疏漏。有关保障部门要认真做好服务保障工作。特别要求保卫部要严格查验证件，把好各个关口，确保晚会圆满举办。随后刘台长等又来到新台主楼，专门看望了一线工作人员和检查了播出、制作设备的安装工作。听取了技术设备管理部人员的介绍，对播控中心总控机房，新闻直播机房等重点部位进行了查看。刘台长充分肯定了有关技术人员在简陋的条件下艰苦工作、精益求精的工作精神，要求大家继续努力，加快进度，为尽快搬入新台做好准备。

24日 《北京卫视跨越式发展实施草案》（征求意见稿）专家研讨会及台内各

节目中心主任征求意见会举行。专家研讨会上邀请了清华大学新闻与传播学院的尹鸿教授、北京大学新闻学院的彭吉象教授和北京师范大学艺术与传媒学院的王一川教授就北京卫视的发展战略进行座谈，专家们对于《北京卫视跨越式发展实施草案》所涉及的北京卫视定位、体制、大型活动、栏目、电视剧及落地问题给予充分肯定，并一致认为北京卫视应坚持走历史、文化、国际化路线，打造全国品牌，服务全国人民。《北京卫视跨越式发展实施草案》（征求意见稿）广泛听取了台内各节目中心主任的意见。来自全台11个节目中心的主任表示此方案具体、细致、可操作性强，提出要本着“巩固优势时段收视、抢夺弱势时段份额”的原则，在解决好大型活动、文化类栏目、电视剧和落地问题的基础上，还应建立卫视频道相应的考评体系；改变卫视频道的包装方式；加强全方位、一体化的卫视推广和营销，集全台合力打好此次卫视攻坚战，全力完成市领导交付的任务，为北京电视台的腾飞作贡献。

同日 北京电视台工会召开了工会年终总结会，工会委员及工会组长参加了本次会议。冯庆波主席向大家汇报了全年工会工作情况以及2008年工作计划，并通报了2007年工会财务支出状况。台党委副书记王云代表台领导到会并讲话。讲话要求，2008年工会要充分发挥自身的教育职能，要寓教于乐，围绕奥运年、我台搬家等中心工作，开展灵活多样的活动；要发挥好桥梁纽带作用，让职工感受到组织关怀，要以人为本，建设好职工之家，为构建和谐电视台做好工会工作。

同日 北京电视台召开离退休老同志座谈会。刘爱勤台长和40余名老同志代表出席了会议，会议由王云副书记主持。刘台长首先向老同志通报了去年我台各项事业的发展情况和今年的工作重点，并就我台的工作和老干部工作听取了大家的意见和建议。

25日 由中共北京市委组织部、宣传部、农工委等8家单位主办的2008慰问首都各界人才大型文艺晚会《数风流人物》日前已录制完成，将于春节期间登陆北京电视台。北京的高技能人才、农村实用人才、专业技术人才、获得长城友谊奖的外国朋友、宣传文化人才的代表都作为“新春祝福人”跟观众见面。特别是“鸟巢”的副总工程师李新刚、“水立方”的总工程师陈蕾、奥运冠军杨凌、原中国女足队长刘爱玲等奥运会的“建设者”与“使用者”的相聚，歌手孙悦和明骏女孩分别带来歌曲《圣火》和《奥运场馆走一走》，晚会还特别介绍了我国著名防治麻风病专家李桓英教授，这位86岁高龄的老人依然战斗在防治麻风病的第一线，瞿弦和、温玉娟诗朗诵《你的爱山高水长》。整台晚会演员阵容强大、节目形式多样。歌舞类节目中，著名歌唱演员殷秀梅、阎维文、关牧村、成方圆、张也、汤灿、于文华、林依轮等人悉数登场；群口相声《笑星贺岁赞人才》和群口音乐快板《北京人才精英赞》对首都各行各业的人才进行了全景式的“盘点”，中国杂技团带来的杂技《转碟》精彩绝伦。北京市属五大戏曲院团的领军人物迟小秋、高闯、杨凤一等戏曲名家，对经典曲目的片段进行了重新演绎。我台将于2月8日（正月初二）19:40在卫视频道BTV-1播出这台晚会。

26日 由北京出版社隆重推出的北京

电视台热播健身栏目《快乐健身一箩筐》的图书版正式与广大读者见面。著名运动健康专家赵之心和栏目主持人楚邦、雨霏齐聚亮相，为广大热心观众签名售书。当天签售了两千多册图书。《快乐健身一箩筐》节目自开播以来，以其轻松快乐的谈话风格和简单实用的健身内容，受到了广大观众的热烈欢迎和广泛支持，尤其受到中年上班族和社区中老年观众的追捧。随着节目日趋成熟，栏目影响逐渐扩大，收视率也稳步提升，它所倡导的“健身—健康—快乐三部曲”的理念受到广大观众的认可。

同日 我台收到中国人民解放军总政治部宣传部的感谢信，全文如下：北京电视台体育部：在新春佳节即将到来之际，我们谨代表总政机关和驻京部队广大官兵向你们并通过你们向北京电视台领导致以节日的问候和衷心的感谢！长期以来，贵部和《天天体育》新闻栏目组站在弘扬体育主旋律和奥林匹克精神的高度，为宣传军队体育、推动国家体育事业发展做了大量卓有成效的工作，对促进军政军民团结、构建和谐社会发挥了重要作用。特别是2007~2008年度CBA开赛以来，贵台以极大的热情关心、关注八一男篮，并进行了及时、全面、客观、生动的报道和现场转播，给军队体育健儿以极大的鼓舞，对开展全民健身运动和军营体育文化工作起到了正确的宣传导向作用。尤其是季后赛又专门追加了八一男篮比赛的实况转播，你们深入细致的采访作风、实事求是的访谈点评，有力地维护了八一男篮和军队的形象，深受全军广大官兵和电视观众的好评。对你们的辛勤劳动，我们致以崇高的敬意！2008年是北京奥运年，将有一大批军队体育健儿奋战在为国争光的奥运赛场上，我们真诚地希望贵部进一步加大对军队体育宣传报道力度，使全国观众、全军官兵更好地了解、关注、支持军队体育，给我军体育健儿以更多的鼓舞和激励，使军队体育能够为国家体育事业的发展进步作出新的更大的贡献！

27日 2008年1月14~27日，北京电视台体育节目中心全程直播了澳大利亚网球公开赛。整个转播历时14天，分为21个直播时段，直播总时长达到91.5小时，平均每天直播达6.5小时以上，累计有84人次参与了此次直播。

28日 我台2008年春节晚会在北京电视中心BTV大剧院安全圆满地落下帷幕。在此次春晚录制期间，基建办、保卫部、行政部三个部门的同志共同克服困难，倾注全力为晚会提供服务，保障了晚会安全顺利地举办。由于新台剧场各类硬件设施尚不完备，为解决剧场需要的水、电、风和消防等重大问题，邵宣堂副台长多次召开协调会，研究制订各项保障措施和抢修方案。基建办动员了即将回家过春节的工人顶着凛冽的寒风，在艰苦的条件下坚持施工。在晚会录制期间，施工方的许多老总也亲自到场值班，为晚会保驾。保卫部在行政部的大力协助下，调集了160余名保安，配备了近200具灭火设备，负责剧场54个出入口、交通要道、配电箱柜、机房控制室等重点部位的守卫和看护工作。从场外车辆引导，停放到人员进出、演职员、观众管理；现场秩序维护；防火、防盗、防破坏等工作都作了周密的安排部署，并制订了完备的应急预案，确保了晚会的安全录制。

同日 北京电视台130余名离退休老

同志欢聚一堂，喜迎2008鼠年的到来。台领导，带领各部主任赶到会场，向老同志们恭祝新春。刘爱勤台长首先发表了热情洋溢的讲话，他说，刚刚过去的2007年，在全台同志的共同努力下，我台深化改革，聚精会神办节目，一心一意谋发展，各项工作都取得了较大提升，这与老同志们当年为北京电视台的发展所作出的贡献密不可分。团拜会上，台领导还为中华全国新闻工作者协会向从事新闻工作30年以上的老同志颁发了荣誉证书和证章；为离退休老同志发放了春节慰问金；为70、75、80岁以上的寿星赠送了寿礼。一年一度的春节前夕，台领导刘爱勤、王云带领着台办和老干办的工作人员登门走访探望部分退休老干部。

29日 新春佳节到来之际，北京电视台领导率队看望慰问了退休的老同志。他们分别是：我台退休职工郑重威、老伴孙文中；原体育部主任田苏东、退休双职工兰贵成、郭晨荷夫妇家。台领导对老同志表示了亲切的慰问与新春的祝福，并发放了慰问品。

30日 北京电视台党委王云副书记及党办刘纪钢主任、工会冯庆波主席等一行5人来到我台文明共建单位昌平区兴寿镇开展扶贫慰问活动。王云副书记代表台党委祝愿双方在2007年开展“城乡携手迎奥运 共建文明京郊行”主题活动中，打下了良好的基础，并代表党委和全台干部职工向兴寿镇人民表示节日的问候，赠送了部分书籍及文化用品，并与兴寿镇党委书记、镇长韩续昌，副书记申士学等有关领导共同交流了今年双方共建的设想。随后，王云副书记及慰问人员深入昌平区麦庄村、东新城村的3户农民家中，看望了有60多年党龄的老共产党员、老革命，为他们带去新春的祝福和部分生活慰问品。

同日 北京市“扫黄打非”工作领导小组办公室给我台发来贺信。全文如下：北京电视台：贵单位新闻中心在2007年“扫黄打非”工作中取得显著成绩，被全国“扫黄打非”工作小组授予“2007年全国扫黄打非工作先进集体”称号，北京市“扫黄打非”工作领导小组办公室向贵单位及新闻中心表示祝贺，特致贺信。

31日 中宣部副部长、国家广电总局局长王太华，副局长张海涛等领导，在北京市市委常委、宣传部部长、副市长蔡赴朝，宣传部常务副部长陈启刚，市广电局党组书记、局长孙向东，副局长李春良、臧增祥，总工程师何桂枝等领导的陪同下，一同来到北京电视台，视察了我台的新闻中心、播出机房和新闻演播室。刘爱勤台长、张晓总编等台领导介绍了我台新闻的采编流程、安全播出的相关措施和奥运宣传的有关情况。在随后举行的座谈会上，王太华局长充分肯定了北京广播影视系统在奥运新闻宣传和安全传输方面所做的工作。他说，在今后一段时间，广大广播影视工作者要大力宣传全国人民积极支持参与奥运筹办的巨大热情，深入宣传“迎奥运、讲文明、树新风”活动。要把十七大精神和科学发展观贯彻落实到奥运宣传的全过程和每一个环节，通过奥运宣传提升国家形象、展示人民风采、提高公民素质、促进经济社会发展。广播影视系统的同志要为成功举办一届有特色、高水平的奥运会、残奥会作出应有的贡献。

同日 北京电视台、北京卡酷动画卫视近日向部分边海防部队和北京担负奥运安保任务的武警部队赠送了一批动画片

《福娃奥运漫游记》光盘。这次接受《福娃奥运漫游记》光盘赠送的部队包括部分陆军边防部队、海军驻岛部队、空军飞行部队以及北京担负奥运安保任务的武警部队。总政宣传部有关领导代表部队官兵，对北京电视台和北京卡酷动画卫视举行这一赠片活动表示衷心感谢。

同日 新年来临之际，北京卡酷动画卫视携手旗下的北京卡酷全卡通动漫文化有限公司、北京卡酷七色光文化有限责任公司与各大玩具品牌及代理商联手启动“卡酷爱心 欢乐共享”大型公益活动。北京卡酷动画卫视当家主持人与捐赠企业代表一同走访儿童医院、福利院、特教学校、打工子弟小学、希望小学、残障儿童家庭等单位，在隆冬为需要关怀和爱护的小朋友送去一份礼物、一片真心，让每一个本处于不幸的孩子也拥有一个快乐的新年和寒假。

2 月

1 日 北京电视台“2007 年工作总结暨表彰大会”在800 平方米的演播室召开。市广电局党组书记、局长孙向东出席了大会，我台领导班子成员、各部室主任、科长（制片人）、获奖代表及台职工代表大会代表500 余人参加了大会。会议由张晓总编主持，刘爱勤台长作了题为《把握机遇改革创新科学决策实现北京电视台又好又快发展——北京电视台2007 年工作总结及2008 年工作思路》的工作报告。孙向东局长在讲话中首先祝贺总结表彰大会的召开和我台 2007 年取得的各项成绩，她说，北京电视台在刘爱勤为班长的台党委率领下，认真贯彻落实中央、市委、市政府和国家广电总局和市广电局的各项工作部署和要求，党委班子坚强团结、忠诚履职、全台干部职工精神振奋、全力以赴、推动电视台各项工作紧密围绕中心，服务大局、面向基层、服务群众，各项工作都取得了新的显著成绩：节目收视率稳中有升、节目占有率、美誉度显著提高，综合实力不断增强，改革创新成果惠及全台干部职工。她希望北京电视台在2008 年不负众望，在奥运决胜之年创造新业绩。

同日 继北京电视台《福娃奥运漫游记》亮相海航机上视屏及航美覆盖的机场视屏后，中国最大的航空企业中国国际航空公司也将从 2 月 1 日起在其所辖班机闭路电视上全年度整集播出这部动画片。2008 年，“福娃”和卡酷家族将每天搭乘配有机载电视播出系统的 1000 余条航线，和乘客一起在通航的 140 多个国内城市和 40 多个国际城市之间“奥运漫游”。

同日 经解放军总政治部宣传部推荐，北京电视台、北京卡酷动画卫视于春节前夕向部分陆军边防部队、海军驻岛部队、空军飞行部队以及北京担负奥运安保任务的武警部队赠送一批动画片《福娃奥运漫游记》光盘，弘扬奥运精神，并表达对广大官兵的深情厚谊。总政宣传部有关领导代表部队官兵，对北京电视台和北京卡酷动画卫视举行这一赠片活动致函感谢。

2 日 北京电视中心工程建设办公室召开了 2007 年度总结会。刘爱勤台长、邵宣堂副台长、田方总工程师出席了会议，电视中心工程建设办公室全体同志参加了会议，会议由游铭坤副主任主持。总结会对中心全年工作作了总结，刘台长在讲话中指出基本建设事业是我台事业发展的重要组成部分，北京电视中心工程管理科学严谨，公关协调比较好，能够攻克难关、依法维权，同志们在多年的工作中发扬了敢打硬仗的拼搏精神和无私奉献精神，并且严格贯彻执行了节俭务实的要求，工作卓有成效，2008 年春晚在新台址的成功举办，给全台职工极大的振奋。

4 日 市委宣传部副部长肖培在北京电视台台长刘爱勤的陪同下到北京电视中心工地慰问，并检查了工作。肖培副部长听取了邵宣堂副台长关于工程建设、节日期间安全生产、民工工资发放及返乡安排和田方总工程师关于新台址技术设备安装调试的汇报。在听取汇报后，肖培副部长代表市委宣传部向工作在一线的我台工程建设管理者拜年，感谢大家多年来的辛勤工作，经过电视台广大职工的共同努力，标志着北京文化事业发展的北京电视台新台址已基本建成。肖培副部长还提出两点要求：一是要确保春节、“两会”期间的播出安全和新大楼节日期间的安全，保证在节日期间现场留守的工人过一个平安祥和的春节；二是要加快新大楼的后期建设，做好设备设施的调试工作和运营管理的准备工作，为顺利搬迁投入使用创造条件。

同日 北京电视台承办的大型慈善义演晚会——《爱心融化冰雪——首都大型赈灾慈善义演》在首都体育馆隆重推出。从接到承办晚会的任务到演出开始，仅有 48 个小时的时间。台长、总编辑亲自动员，文艺节目中心、转传部、办公室通讯科等部门即刻投入到紧张的工作当中，工作人员克服时间紧、准备仓促的不利条件，积极配合晚会主办方，做好演员、节目的组织工作，并同北京人民广播电台、千龙网等单位做好协调工作。北京电视台卫视频道、北京人民广播电台和千龙新闻网进行了现场直播。这场大型义演活动演出阵容强大，宋祖英、汤灿、阎维文、王宏伟等诸多影视明星参加了本次义演。此次演出票价为 100 元，售票方式为市民个人购票和单位团体购票。在义演晚会现场，首都慈善公益组织联合会将现场接受社会各界的爱心捐赠。本次义演晚会所得全部票款和捐款将通过首都慈善公益组织联合会捐往灾区。晚会现场共募得捐款 8654.16 万元，北京电视台也通过晚会现场捐赠 200 万元。

同日 北京电视台科教节目中心每日 5 分钟节目播出了一档以讲述北京历史民俗为主的系列节目《北京往事》。节目以著名专家学者的讲述与老照片、老报纸、老广告等历史资料影像相结合的方式构成，旨在使观众在了解北京历史的同时，明确自身所处的时代坐标，从而产生对比感，在满足怀旧情绪的同时，赞叹北京发展的历程。

6 日 中国农历除夕夜，北京电视台体育节目中心以及台转传部、播出部、保卫部、通讯科的数十位工作人员承担了由北京奥组委、北京团市委等在“鸟巢”、“水立方”举办的“志愿者春节贺岁”主题活动的现场直播，在除夕夜 23:10 ~ 0:15通过北京卫视向全国人民展示璀璨夺目的奥运场馆，奉上志愿者以及奥运建设者们志愿奥运的信心和决心，并呈现一台精彩的文艺晚会，向全国人民拜大年。

同日 按照北京电视台党委的要求，台工会购买了茶叶、食品和水果，慰问了全台业务部门赶制两节节目的广大记者、编导等工作人员。工会同志们还看望了 140 多位生病职工和老职工，给他们送去台党委、台领导的节日问候。为做好“扶贫济困春风行动”基金的发放工作，工会在职工中作了较为深入的调查研究，经台福利小组审议，确定了23位同志属于特困职工，为其发放困难补助共计金额5.7万元。春节前，工会代表台党委对全台1900多名职工和离退休人员进行慰问，发放了慰问信和大礼包。

同日 北京电视台生活节目中心推出春节期间特别策划《生活·圆》。该特别策划以团圆、圆满为基调，突显春节的传统文化内涵和喜庆气氛。整体策划活动由频道包装短片和特别节目两部分构成，其中，频道包装短片为片长1分钟的系列短片，在春节期间滚动播出，全面展现春节期间北京市民家庭团圆、圆满、喜庆的生活图景；同时，频道所属自办栏目《7日7频道》、《生活面对面》、《大城小事》、《真情互动》、《生活秀》、《食全食美》和《时尚装苑》共7档栏目分别制作特别节目，全面参与该主题策划活动，与活动主题形成互动，对频道整体品牌形象的提升产生重要作用。《生活圆》播出周期为2008年2月6~21日。

7日 北京电视台开始播出《7日7频道》春节特别节目《名家的读书生活》。节目以走进名家、大家的书房，解读他们的“书斋”生活为主要内容，用电视访谈的形式展示名家、大家的心路历程、情感世界以及他们对时代的认知、思辨，给春节生活增添一种高雅的书卷气息。采访的名人、名家有：冯其庸、文怀沙、罗哲文、韩美林、王蒙、黄苗子和冯骥才7位中国文化艺术界大师。该特别节目的播出周期为2月7~13日。

同日 北京电视台春节联欢晚会在北京卫视播出，BTV网站也在同步向海内外用户进行网络直播。整个直播过程，直播信号稳定、流畅，视音频信息清晰、质量高，网站的访问量呈直线上升。在近5个小时的直播中，访问人数超过2万次，最高同时在线人数突破2500人。这是本台网站第一次尝试全球在线直播。为了满足全球受众收看BTV春晚的需求，信息网络管理部与网络信息编辑室进行了精心策划和周密安排，克服了时间紧、人员配置不齐等困难，仅用10天就搭建好网络直播系统，并完成多次调试工作。播出部和文艺节目中心的相关工作人员也给予了大力支持。此次直播还与北京它山石科技有限公司合作，使用了中国网通及海外CDN服务，将BTV春晚视频流直接传送到中国网通及海外CDN服务器上，真正做到了全球覆盖。据统计，有大量港澳台、欧洲、美国、日本、澳大利亚等地的网民都通过网络收看了BTV春晚，从而弥补了BTV“春晚”境外覆盖和互联网受众方面的空白点，扩大了电视“春晚”的影响力，使电视媒体与网络媒体在传播对象和传播范围上得以互补，最大限度地推广了BTV的电视节目，实现了市委宣传部“主流媒体网站要占领网上视频阵地”的要求。

8日 2008年北京电视台隆重推出的春节联欢晚会——《2008北京新春大联欢》，将于大年初一19:40在北京卫视黄金时间播出。2008北京电视台春节联欢晚会就在新近落成的北京电视台新台址多功能大剧院举办。2008北京电视台春节联欢晚会紧紧抓住奥运机遇，以创意、创新取胜，以“欢乐、祥和、激情、温暖”为阳光主旋律，节目内容和形式着力与时俱进，体现出时代感与都市化，追求“经典艺术与幽默娱乐并存，高端诉求与百姓情怀并重，北京文化与世界文化交融”。从“文化大发展大繁荣”的视角出发，以更高姿态，展示出恢弘大气、锐意创新的节目格局。

9日　中共青海省委宣传部给我台发来的感谢信，全文如下：北京市广播电视局、北京市电视台：贵局《关于对青海电视台广电大楼部分技术系统整改情况的报告》已经中共青海省委书记强卫阅，并作出重要批示：“请青山同志阅。我省有关部门和单位一定要全力配合北京市广电局和电视台的支持措施的实施，促使我电视台尽快完成技术系统整改工作。春节将至，请以省委宣传部名义向北京市广电局、电视台致谢，并转达我的谢意。”中共青海省委常委、宣传部长曲青山指示：“北京市广播电视局、北京市电视台大力支持我们的工作，展示了兄弟般的情谊和无私关爱的情怀。认真落实强书记指示精神，转达强书记的谢意。”在过去的一年里，贵局对青海的广电工作给予了极大的关注和支持，为促使我省电视台尽快完成技术系统整改工作，专门成立了工作小组，并且在2007年9月，贵局党组书记、局长孙向东亲自带队来青海高原专题调研，对青海电视台新大楼的新闻中心、藏语节目中心的供电系统、空调系统的改建工作进行了精心筹划，拟订了整改维修方案，落实了整改资金。还就领导层定期互访、双方干部交流挂职、派记者到青海采访、播出青海电视台的作品等多项扶持措施达成了共识。这是贵局对我省广电工作的极大支持和深情关爱！在此，谨向你们表示衷心的感谢！在新的一年里，我们将深入贯彻落实强卫书记指示精神，进一步加快广电事业改革发展步伐，为建设富裕文明和谐新青海，彰显强大的舆论力量。希望你们继续关注青海广电事业发展，一如既往地支持我们，我们将全力配合贵局（台）支持措施的实施。春节将至，祝各位领导和同志们新春愉快，阖家幸福，万事如意！

12日　由国家京剧院和梅兰芳大剧院共同举办，众多京剧名家参与的“真情家园，同此凉热”专场赈灾义演活动，在梅兰芳大剧院隆重举行。参加本次义演的有年近90岁高龄的武生泰斗王金璐，耄耋之年大青衣李慧芳、花脸景荣庆、梅派传人梅葆玖，以及叶少兰、冯志孝、孙毓敏、刘长瑜、杨春霞、赵葆秀、寇春华、李维康、耿其昌等著名京剧表演艺术家。一批深受观众欢迎的国家一级演员及优秀青年京剧演员也将同台献艺。著名电视节目主持人余声、赵宁担纲此次活动的主持人。名家们带来了耳熟能详的京剧选段《定军山》、《贵妃醉酒》、《穆桂英挂帅》、《四郎探母》、《红灯记》、《杜鹃山》等，以及平时很难欣赏到的《牛皋下书》、《霍小玉》、《胭脂宝褶》等选段。著名慈善家李春平先生为赈灾捐款30万；著名书法家欧阳中石先生为赈灾捐赠题字“真情家园，同此凉热”的书法作品。当场演出的艺术家们也以自己的热情和实际行动，纷纷为灾区人民献上一份爱心，85岁高龄的著名京剧表演艺术家李慧芳现场捐款1000元。

13日　北京电视台党委发出倡议——全体干部职工积极奉献爱心，以自己的实际行动为灾区人民贡献一份力量。全台职工积极响应党委的号召，在党员领导干部的带动下立刻行动起来，踊跃捐款，伸出真情之手，献出火热爱心，帮助灾区群众，缓解燃眉之急，重建美好家园。在2月5日短短的一天时间内，募捐款项就达到280978.50元，捐款人数为2748人，可以说是我台历年来捐款数额最大、人数最多、速度最快的一次爱心行动。目前捐款已汇至北京市慈善协会。

15日 北京电视台于2月中旬启动2008年度应届毕业生招聘工作。本次招聘采取不同高校招聘不同岗位的形式，共接到应届毕业生简历1800余份，并以1:8的比例确定240人参加笔试。3月15日组织了统一笔试，3月底组织了会计、计算机的专业课考试。在参考笔试及专业课考试成绩的基础上，拟出130人面试名单，并于4月3日组织面试工作。根据以上各项考试的成绩排名，在参考用人部门建议的基础上，最终确定了本年度应届毕业生招聘人选。

20日 为迎接、备战2008年北京奥运会，培养和储备北京电视台奥运宣传报道和赛事转播人才，经台党委和奥运报道领导小组批准，台人事部、总编室、奥运报道领导小组办公室联合在国家行政学院会议中心举办为期6周12次的奥运报道专题系列讲座。这次培训是我台在奥运会之前的大型培训活动，邀请了北京奥组委官员和市委宣传部领导以及奥运体育、电视传媒业界的专家学者讲授有关奥运知识。

21日 在北京交通广播和北京文艺广播进行了长达120分钟的广播现场直播。北京电视台青少频道于2月23日播出了节目录像。节目期间得到了近千条听众的短信回复。而打电话要为白血病少女进行捐助的热心听众也有几百人之多，表达了对闫晓霞的关爱之情，这充分地体现了广播媒体对其受众传递信息的精准程度，以及利用听众在收听广播时很容易产生共鸣和冲动心理所产生的良好效果。

29日 北京电视台在800平方米演播室组织了全台科级以上干部《劳动合同法》政策解读培训班。我台法律顾问、中国国际技术智力合作公司律师章祖达先生在会上作了专题讲座。他从《劳动合同法》立法背景及十大变化、新法实施对用人单位的影响、新法对人力资源管理工作的影响以及今后应注意的问题及调整措施等几个方面作了系统讲解，并结合我台实际及相关案例，对我台今后的人员管理如何适应《劳动合同法》的要求，人事部门及各用人部门应该进行哪些调整等方面，提出了指导性意见。北京电视台党委书记、台长刘爱勤同志在培训班最后作了重要讲话。本次培训班由王云副书记主持，全台科级以上职工460余人参加了本次培训。

同日 北京电视台新闻节目中心在800平方米演播室举行了一场妙趣横生的2008年新春大联欢暨2007年十大贡献人物颁奖典礼，张晓总编、王云书记、田方总工以及工会、党办等领导同志和新闻中心全体员工一起联欢。这场联欢会的主角是新闻中心评选出来的2007年十大贡献人物和优秀员工，穿插晚会的文艺表演、短信选秀等节目，全部由新闻中心员工自编自导自演，不仅显示了一线新闻工作者的精彩创意和多才多艺，更体现了新闻中心全体员工在2007年开拓进取、圆满完成任务和2008年追求突破、勇担报道重任的蓬勃朝气。

30日 北京电视台《城市》栏目改版。2008年《城市》将勇于创新，突破以往的风格，进行全面改版，改版后的《城市》从内容上更加贴近财经领域，引领观众聚焦人物和财富。解析变数与时代。从形式上以人为本，以故事为本，通过一个个个体、一个个故事，微言而大义，展现财经资本领域的风云际会、记录财富人物的传奇人生。《城市》将讲述财富的流向、分配、裂变以及足迹，寻找并记录最能反映时代特征的财富现象和财富故事，给大众耳目一新的感觉。生动的财富故事让观众们在放松中体会“财富态度决定财富”的理念。

3月

1日　根据市委宣传部和台领导的指示，按照北京电视台奥运报道小组的统一部署，我台有关火炬传递报道，将随着火炬传递活动的推进在BTV-1、BTV-6陆续展开。为了确保火炬传递报道活动“有声有色”，突出BTV的品牌效果和影响力，为火炬传递报道热身，我台分派15个摄制组赴境内外开展“火炬传递体验之旅”活动。该活动从本周起程，于3月24日火炬正式点火之前返回北京。

1-2日　北京电视台团委组织了20人参加的团干部培训班。团委书记李莉组织大家学习了十七大精神和团市委2008年工作要点的文件精神，讨论研究了今年我台团委的工作。

3日　由北京电视台生活节目中心、奥组委志愿者部项目团队和搜狐网奥运项目团队共同承办的“微笑北京、人人记录——奥运全记录”照片、DV故事征集、展映大型观众互动电视活动启动。活动以生活频道和搜狐网为搭载平台，以面向社会大众征集、展映“以2008奥运为主题”的DV图像和摄影图片为发展主线，为关注奥运的普通百姓提供一种全新的参与方式，借此表现奥运“重在参与”的理念，展现一幅北京、中国、世界人民参与奥运、分享奥运的全景画卷。

4日　为落实市广播局提出的保障“两会”和奥运期间安全播出的要求，促进新大楼技术工程建设工作的发展，北京电视台由总工办牵头，于3月初开始创办《安全播出简报》和《新大楼技术建设情况周报》。《安全播出简报》旨在反映各技术部门的工作情况，以便上级领导能够及时了解各部门所完成的实际工作。发行时间暂定从3月1日至奥运会结束。刊登各技术部门在本周内所完成的或正在进行的工作，如人员培训、系统隐患排查、系统整改、操作演练等，此外还可以报道部门内的优秀典范、好人好事等。

5日　奥组委文化活动部赵东鸣部长为我台作了奥运报道专题系列讲座第五讲。他从奥运会期间的文化活动总体布局、举办奥林匹克博览会、承办奥运冠军论坛等方面，详尽地介绍了北京2008年奥运会深刻的文化理念和厚重的文化底蕴。刘爱勤台长出席并主持了本次报告会，同时对与会人员提出了要求。据了解，自2月20日起至本周培训结束，奥运报道专题讲座的培训已经过半。

同日　为唤起人们的共同记忆，感怀改革开放的巨大成就，北京电视台《搜城记》栏目推出《我们的三十年》年度特别报道。该特别报道结合《搜城记》栏目的特点，用全年时间以“寻找30年变化的轨迹”为全年报道和选题方向，从“人、事、地”三个方面，回溯历史和展现今天，搜寻与改革开放30年变化息息相关的人物命运、地点变迁和历史性事件的亲历者；通过对亲历者、见证者的寻访，结合新鲜的史料，同时采用再现等生动的电视表现手法，勾起观众的思绪，还原当年的生活片断，共同感怀历史和30年巨变。

6日 北京电视台举办2008年思想政治工作会议暨党支部书记培训班，全面总结2007年全台党建和思想政治工作，并对2008年工作进行了部署。在上午的会议上，北京市广电局党组成员、纪检组组长邓宏凤出席并讲话。我台党委书记、台长刘爱勤就思想政治工作的内涵、价值和如何为2008年各项事业发展保驾护航发表讲话。党委副书记、总编辑张晓主持会议。党委副书记王云作了题为《以党的十七大精神为指导，为实现我台跨越式发展提供坚强的思想保证》的工作报告。市广电局组织人事处处长秦华和台领导邵宣堂、田方、华艺、张强也出席了会议。

7日 在中国青少年发展基金会的协助下，北京电视台、北京卡酷动画卫视向遭受严重冰雪灾害的湖南、湖北、江西、贵州和广西等南方五省区100所希望小学捐赠了一批《福娃奥运漫游记》光盘，不仅体现了对灾区学生的关怀，也有利于普及奥运知识、弘扬奥运精神。

同日 40集电视连续剧《漕运码头》在大运河畔的通州亚太花园酒店举行开机仪式。市委常委、宣传部部长、副市长蔡赴朝，市委宣传部常务副部长陈启刚，市广电局局长孙向东、通州区区长邓乃平、北京电视台台长刘爱勤、总编辑张晓等领导同志以及数十家媒体记者参加了本次活动。电视连续剧《漕运码头》根据著名作家王梓夫获“姚雪垠长篇历史小说奖”的同名小说改编，是国内第一部反映漕运历史的电视剧。《漕运码头》由北京电视台出品、北京电视台和北京通州区委区政府联合摄制，是北京电视台首部独播剧和2008年重点剧目，计划于明年元旦期间与全国广大观众见面。为了支持《漕运码头》的拍摄工作，通州区投资兴建了京杭大运河通州段的第一座仿古漕运码头，并开放了运河沿岸所有自然景观供剧组拍摄，为奥运火炬传递而建造的漕运船队也将“易容”为《漕运码头》服务。据悉，《漕运码头》将于3月8日起先后在怀柔飞腾影视城和通州区拍摄，预计于7月上旬杀青，11月底前完成全剧制作。

8日 北京电视台科教节目中心播出了北京市妇联主办的“首都各界妇女纪念三八国际劳动妇女节暨迎奥运巾帼风采展示”活动。此次活动分为《耕耘·奉献》——巾帼建功、《和谐·家园》——扮靓京城、《首善·之区》——微笑北京、《圣火·时刻》——奥运同行等五个部分，向市委、市政府领导汇报和展示首都妇女参与奥运、奉献奥运的热情、信心和决心。

9日 北京市广播电视局办公室给我台发来感谢信，全文如下：北京电视台：近期，在局筹备2008年北京市广播影视工作会议期间，你台信息网络管理部芮浩同志，应局办公室邀请，承担并出色完成了会议主报告PPT演示文档的制作工作。期间，芮浩同志提出了很多建设性建议，牺牲了大量个人时间，充分体现了电视台员工勇攀高峰的创新精神、无私奉献的敬业精神和团结协作的团队精神，受到了向东、淑琴、洪兵等领导同志的高度赞赏。

10日 北京电视台全新打造的互联网视频平台——“BTV在线”（tv. btv. com. cn）于3月10日正式上线。这是北京电视台为落实市委宣传部、市广电局关于“主流媒体网站要占领互联网视频阵地”的指示精神，搭建起具有一定规模的网络视频平台。它将为观众和网民提供相当数量的影视剧、动画片和优秀电视节目的点播服务，力求以正确的舆论导向和丰富多彩的视频信息，服务广大网民，传播先进文化，营造积极健康的网络环境，承担起媒体应尽的社会责任。

12日 江苏广播电视总台的同行在台党委委员李声的带领下来到北京电视台，就对影视内容业如何管理考核、制作和播出之间如何互动、对新媒体进行如何管理考核、对新大楼管理模式的设想等内容与我台相关部门负责人进行了座谈。

13日 北京奥运会、残奥会培训工作推进大会召开。北京电视台在落实奥运培训工作中，取得了阶段性成效，被评为“北京奥运培训工作先进单位”，人事部唐乐平同志获得了“先进个人”荣誉称号。北京奥运会培训工作协调小组希望受到表彰的先进单位、先进个人，充分发挥示范带动作用，以更高标准、更严要求，继续开展好奥运会、残奥会培训工作。

同日 北京电视台团委组织了一次“学雷锋、献爱心”团日活动。上午，团员们与慧灵智障人士服务机构的师生们一起去玉渊潭公园游览，开展互动游戏；到中华世纪坛参观了欧洲19世纪绘画精品展。下午，团委看望了北京松堂关怀医院的医患人员，给他们送去慰问品。通过这次公益活动，团员们认识到：树立社会主义荣辱观关键要看行动，要从自己做起，从小事做起，加强自身修养，加强人格锤炼，为弘扬社会新风、促进社会文明尽力。

14日 青海省人民政府副省长吉狄马加、青海广电局党组书记、局长巨伟、青海广电局副局长、电视台台长白居壁等同志，在北京市政府副秘书长刘志、北京广播电视局副局长、中国电影博物馆党委书记李春良的陪同下，专程来到北京电视台，感谢北京市广播电视局和我台对青海省电视台新楼部分技术系统改建工作的高度重视和支持。吉狄马加副省长等领导参观了北京电视台的新闻演播室和新台址。市委宣传部副部长常卫，刘爱勤台长、张晓总编辑、王云副书记、邵宣堂副台长、田方总工程师等一起陪同参观。受北京市广播电视局孙向东局长的委托，北京市广播电视局副局长、中国电影博物馆党委书记李春良全程陪同了青海客人。

15日 为纪念中国改革开放30周年，中国电视暨中国电视剧诞生50周年，北京电视台特别制作了纪录片《电视往事》并在近期隆重推出。该片按编年体的方式讲述了1980年电视复兴时期至1999年20年间中国电视剧的发展和传播史，由青年作家宋强担任总撰稿，王刚担纲主持。该片采访了众多在中国电视剧发展史上留下印迹的影视人物，并回顾了《加里森敢死队》、《血疑》、《上海滩》、《渴望》、《还珠格格》等曾在中国大地风靡一时的电视剧。这不仅是对中国电视发展史的一次完整回顾，同时揭秘了当年电视幕后故事，引起了观众的回忆。该片播出前4天的平均收视率为2.36%，其中最高收视率达到4.2%。

同日 北京电视台组织近120名新闻工作者在华艺副总编辑的带领下来到中华世纪坛，参观了由中华全国新闻工作者协会主办、中国新闻摄影学会协办的“抗击冰雪　心系人民”新闻摄影展。在一张张生动鲜活的图片面前，在一份份记录着抗击冰雪历史进程的报刊面前，大家纷纷驻足观看，深切感受到党中央、国务院对灾区人民的殷殷关怀，深切感受到灾区各族群众和解放军指战员万众一心、众志成城抗击灾害的坚定决心，深切感受到抗击冰雪灾害过程中体现出来的无私的奉献精神和伟大的民族精神，在镜头背后理解新闻工作者的责任。

16日　解放军总政治部宣传部文体局给我台发来感谢信，全文如下：北京电视台：你们关于向部队基层单位赠播百集动画片《福娃奥运漫游记》的来函已悉。这部动画片通过可爱的福娃形象和精彩的动画艺术，介绍了奥运知识，传播了奥运精神，是一部很好的奥运教材。经请示，同意接受你们的委托，将该片光盘转赠部分海边防部队、空军飞行部队和担负奥运安保任务的武警部队。感谢你们对人民子弟兵的关爱。

17日　根据北京市广播电视局2007年信息报送采用情况统计，北京电视台2007年为市局《简报》、市委《信息》等刊物上共发稿377条，在局系统中位居首位。

19日　北京电视台奥运火炬传递前方报道团队第一组——雅典报道组正式起程。由此我台《和谐之旅百日大直播》活动正式拉开大幕。张晓总编辑、邵宣堂副台长、华艺副总编辑、张强副总编辑为报道组举行了简短而热烈的送行仪式。即将起程奔赴雅典的报道组一行12人，由体育节目中心奥运节目部主任杜研带队。送行仪式上，杜研同志代表报道组全体成员表示，要带着BTV精神，带着首都人民对火炬传递的憧憬努力工作，圆满完成这次光荣而艰巨的任务。团员代表王业同志说，全团队的记者一定会点燃报道的激情，传递大众的梦想。张晓总编辑希望大家树立团队意识、注重团队精神，以良好的精神面貌，全面、丰富地报道奥运火炬传递。

20日　北京电视台再次组织离退休、内退职工集中学习了中共中央党校韩庆祥教授主讲的《历史的新起点与发展的新要求——深入贯彻落实科学发展观》的十七大文件辅导报告。报告人从与中国特色社会主义的关系看科学发展观、从马克思主义理论中国化的各理论成果之间的关系看科学发展观、从哲学基础看科学发展观、从提出的根据看科学发展观等四个方面，对科学发展观的本质内容进行了详细的讲解。

同日　中共北京市委政法委员会给我台“法制进行时”栏目寄来表扬信，全文如下：今年初，北京电视台“法制进行时”栏目组协助市委政法委拍摄、编辑、制作了《2007年政法队伍建设专题片》，该片在全市政法队伍建设工作会上播放后，受到了与会领导的一致好评。在编辑、制作专题片过程中你栏目组给予了大力支持，有关编辑人员做了大量工作。特别是后期编辑刘井元同志，在时间紧、要求高的情况下，充分发挥专业特长和技术优势，发扬不怕苦不怕累的精神，加班加点，连续奋战，顺利完成了专题片的编辑、制作工作，从他的身上看到了新闻工作者服务至上、无私奉献的精神，感受到了“法制进行时”栏目组的记者编辑队伍是一支有战斗力的队伍。为此，市委政法委衷心感谢“法制进行时”栏目组和刘井元等编辑同志，希望在今后的工作中能够继续支持市委政法委的各项工作，协助市委政法委做好各项内外宣传，制作出更多、更好的宣传作品。

21日　北京卡酷动画卫视在打造强势的动漫卫视平台的基础上，积极探索和推进动漫产业化经营，在产品开发方面进行了整体布局与运营。继百集大型动画片《福娃奥运漫游记》在图书市场掀起热潮后，近日卡酷动画卫视再度重拳出击，倾力推出第二部卡酷原创出版大作——《卡酷天使历险记》，并将全力把这部童话作品在全国发行，推广原创动画，打造国产品牌。

22日 北京电视台文艺节目中心推出一档别开生面的电视文艺节目——《喜来坞》。《喜来坞》采取大型群众文艺演出现场+擂台赛的形式，穿插现场即兴互动和讲述老百姓爱社区、爱北京、爱艺术、爱生活的故事，感受艺术表演带给人们的美好和崇高，更体现和谐社区的团结以及健康向上的精神风貌。参与节目的明星嘉宾参加热烈互动，但评委将由来自各行各业的老百姓自己担任。让老百姓成为这个舞台真正的主人，体现：我的舞台我做主！我的天地我精彩！

23日 由中国电影集团公司、北京市广播电视局、北京电视台、SMG上海电视传媒公司、北京金盾影视文化有限责任公司和北京传奇时代影视文化传播有限责任公司联合摄制、出品的大型电视连续剧《狼烟北平》，在中影怀柔影视基地正式开机。中国人民解放军军事医学科学院副院长文仲夫、中宣部文艺局局长杨新贵、怀柔区委书记王海平、中影集团公司董事长韩三平、中央电视台影视剧部主任汪国辉、北京电视台台长刘爱勤、总编辑张晓、副总编辑张强等领导出席开机仪式。

24日 北京电视台《福娃奥运漫游记》完整100集全部制作完成，将陆续在北京卫视、北京卡酷动画卫视和CCTV电影频道，以及上海、江苏、山东、山西等全国100多家电视台百集精彩亮相；同时，全国铁路视频系统、航空视频系统，以及公交、地铁、轻轨和出租车等车载电视系统也将全线播放这部动画片。

同日 为了纪念周恩来总理诞辰110周年，北京电视台《北京热线》制作播出了一集名为《你所不知道的周恩来》的专题，邀请了在周总理身边工作37年的秘书，周总理的侄儿，当年受到周总理关怀的年轻人邢燕子、侯隽等嘉宾，一同追思周总理，讲述了很多不为人知的周总理的故事，在周总理诞辰110周年之际共同纪念这位世纪伟人。

同日 北京电视台成功完成“奥运圣火取火仪式”直播工作。本次直播总时长145分钟，是我台《“和谐之旅”圣火传递百日大直播》的开篇之作，从而拉开了2008年北京电视台奥运报道的序幕。

24日 北京电视台BTV-1和BTV-6两个频道并机转播在希腊奥林匹亚举办的北京奥运会圣火采集仪式。有两路现场信号由中央电视台提供，分别经网通和中国有限网络中心送到五楼传送机房，还有一路我台租用的卫星传送线路，提供我台在现场的转播信号。在总控矩阵将这三路信号送给150平方米演播室，再同时由BTV-1和BTV-6两个频道直播。其中只要求延时演播室的信号，不延时央视来的现场信号，频道值班员根据直播情况进行了准确无误的切换。虽然整个转播过程中，从传输到信号路由和信号切换都较以往更复杂多变，但仍顺利完成。

25日 浙江广电集团的同行在集团管委会委员、副总编辑顾顺坤同志的带领下来到北京电视台，就对广告经营创收、生活节目创作等与我台相关部门负责人进行了座谈。

26日　随着中国外交学院吴建民院长主讲的"当前国内外形势分析及涉外敏感问题应对"报告会的结束，北京电视台历时一个半月的奥运报道专题讲座大型培训活动落下帷幕。

同日　为迎接、备战2008年北京奥运会，培养和储备北京电视台奥运宣传报道和赛事转播人才，台人事部、总编室、党办、奥运报道领导小组办公室按照台党委的指示和奥运报道领导小组的工作要求，2月20日起，在国家行政学院会议中心举办为期6周10次的奥运报道专题系列讲座。培训内容包括：奥林匹克文化素养与体育运动发展、奥运火炬传递的渊源与文化传承，北京奥运会赛事盘点与体育竞技安排、奥运媒体运行规律与机制、奥运宣传采访报道规范与技巧、我国奥运体育代表团的备战情况等内容，同时也结合我台实际，研讨奥运新闻宣传报道尺度的把握和组织大型奥运文化活动的宣传等。分别邀请了中国外交学院院长吴建民、北京奥组委文化活动部部长赵东鸣、奥组委新闻宣传部副部长、奥组委媒体运行部副部长高长力、徐济成、奥组委火炬接力中心主任张明、奥组委志愿者部专家孙葆丽、奥组委体育部竞赛处专家董杰、国家体育总局宣传司副司长温雯等官员和专家学者讲授。

27日　在北京市广播电视局科技工作会上，北京电视台制作部的"中国电视数字手语系统"获得了"2007年度北京市广播电视科技创新一等奖"；制作部综合科获"2007年度北京市广播电视技术维护先进集体奖"；韩士聪、张铁明、曲瑞庆、周东红、董秀琴获"2007年度北京市广播电视技术维护先进个人奖"；毕江的《电视台生产业务网络互联互通的尝试和规划》获"2007年度国家广电总局优秀科技论文二等奖"。

同日　北京电视台决定5月1日试播、7月1日正式开播高清频道。由于等不到新大楼具备播出条件，最终确定只能在苏州街的五楼播出区，利用原有备份机房的位置。临时搭建一个高清频道。①拆除了原备份频道的设备，高清频道播出系统方案确定，播出的主要设备已装上机柜，正在进行布线施工。②3月27日，传送部分测试相关编解码设备的性能，以确定设备型号。此举翻开我台进入高清晰电视播出新的一页，具有深远的历史意义和现实意义。

同日　市广电局在北京会议中心召开了北京市广播电视科技工作会。会上局总工何桂芝总结了2007年广播电视科技工作，布置了2008年的工作任务。广电总局科技司司长王效杰出席了会议并讲了话。市局孙向东局长在会上发表了重要讲话，尤其是对如何确保今年的安全播出、传输提出了具体要求：即在人员培训上、设备配置上、应急方案上必须要细化组织，落到实处，确保万无一失。

28日　北京电视台《福娃奥运漫游记》目前已经完成全部100集的制作，新制作完成的后50集将在北京卡酷动画卫视每天18:30推出，北京卫视也将于3月31日起周一～周五17:20每天一集激情播映。更多引人入胜的奥运故事，更加幽默滑稽的卡酷家族，都将在《福娃奥运漫游记》后50集精彩呈现。特别是在最后一集中，福娃和卡酷家族将率先迎来人们期盼已久的2008年北京奥运会，带给我们一个令人难忘的结局！

29日　在北京电视台台领导、总工

办、台技术部门等方方面面的大力支持下，在文艺中心春晚剧组不辞辛劳的努力下，北京电视台2008年春节联欢晚会圆满完成任务，并创下17.5的高收视，赢得观众的好评与热议。北京电视台2008春晚剧组召开了“业务研讨会”，刘爱勤台长、张晓总编辑、邵宣堂副台长、张帆主任及2008春晚剧组全体主创人员参加了会议。会议从创作定位、宣传规划、歌舞节目、语言节目、现场执行等多方面对春晚工作作出了总结，客观、全面地总结了经验，也对今后的工作提出了更高的要求。

31日 由北京电视台科教节目中心策划承办的“2007年首都十大教育新闻、首都十大教育人物揭晓仪式”在北京电视台800平方米演播大厅举行，时任北京市委教工委书记朱善璐出席仪式，并通过对获奖本人或家属或相关人士的访谈带我们走进获奖人的世界。

同日 北京电视台负责境外报道奥运火炬传递的前方报道组起程。报道团队由来自新闻中心、体育中心、海外中心的优秀记者组成。将前往阿拉木图、伦敦、旧金山等19个境外城市以及中国香港、澳门地区。出征仪式上，陈大立主任作了情况介绍，张亮主任、朱江主任作了动员。张晓总编辑对我台前一阶段奥运火炬的报道给予了充分肯定，鼓励境外报道组成员在采访中发回更多高质量的报道，并在跨越五大洲的采访报道中充分体现BTV人的风采。

4月

1日 北京奥运圣火开始在全球传递，北京电视台“和谐之旅”奥运圣火传递百日大直播节目也以全新形象亮相荧屏。在台技术部门的大力支持下，百日大直播节目演播室运用了新技术手段，力求落实刘台长、张总编将“火炬报道”打造成时尚、现代、大气、恢弘的节目要求。台制作部在最短的时间内用新台设备重新改造了250平方米演播室，以最佳的工作态度和敬业精神给予了节目极大的支持，使直播任务圆满完成。

同日 北京电视中心工程建设办公室组织召开了北京电视中心“平安奥运行动”安全形势教育报告会，中心领导、台保卫部负责人、中心建设办公室全体人员及参与中心工程建设监理、施工单位项目经理、专职安全员共70余人参加了报告会。会上由北京市安全局李修建处长作了关于全国安全及奥运安全形势专题报告，报告就奥运安全、恐怖活动、境外敌对势力的破坏、境外宗教在境内的活动、西方反华势力借奥运冲击我政治形势、其他有关方面威胁公共安全等五个方面的安全形势讲解了现阶段国内的安全形势，使全体参会人员受到了一次极为难得的安全形势教育。工程建设办公室要求各单位要积极组织起来，配合“平安奥运行动”把自身工作做好，把人管好，以实际行动体现对奥运的支持。

2日 在北京电视台《龙的传人》大型电视选拔活动决赛阶段的比赛即将展开之际，北京电视台、中影集团、英皇星艺、紫禁城公司的领导及成龙先生，齐聚温都水城选手训练馆，举行了《龙的传人》新闻发布会。新闻发布会现场聚集了来自30多家媒体的数十名记者，十六强选手一一亮相，在成龙亲自指挥下，两位来自成龙“成家班”的武指以精彩的空中飞人威亚特技拉开了现场的帷幕，现场气氛十分热烈。《龙的传人》是由北京电视台、成龙影业集团、中影集团、英皇星艺和北京紫禁城影业公司强强联合推出的大型电视选拔活动，活动通过以弘扬传统文化、传播中华文明、倡导爱国主义、体现奥运精神为核心宗旨，在全球范围内寻找有潜质的动作电影演员。

3日 在北京和平解放60周年前夕，北京电视台新闻节目中心新闻评论部《真实档案》栏目隆重推出3集红色经典纪录片——《中共中央在香山》。本系列节目第一次采用电视手法展示中共中央从西柏坡迁到北平香山的那段重要历史。并突破历史文献片传统套路，以再现手法，追述当年历史。第一集：《进京赶考》；第二集：《劳动大学》；第三集：《下山入海》，红色经典系列节目，由北京市委党史研究室、海淀区委、北京电视台联合制作。自2008年4月3日起每周日16:33在北京卫视《真实档案》栏目中播出。

5日 2008年第一季度，北京电视台共为市广电局《简报》、《市委信息》、市政府《市情》报送信息128条，在市广电系统中名列第一。

7日 北京电视台副总编辑华艺率北京电视台近30名中层以上干部前往加拿大，开展电视传媒业务高级管理培训活动。

同日 《北京电视台高清晰度电视技术规范（试行）》正式向全台发布。今后我台高清电视节目的采集、制作和播出，将遵照此技术规范严格执行。

同日 《北京电视台新大楼建设数字监视器项目》和《北京电视台新大楼建设测试监视仪器项目》两个项目合同签署完毕，开始正式生效。

8日 北京电视台荣获北京市慈善协会颁发的“慈善突出贡献奖”。

9日 市委宣传部通知（宣干字〔2008〕10号）：朱江、张亮任北京电视台副总编辑。

同日 北京电视台党委决定推荐文艺节目中心主持人刘文燕为“首都劳动奖章”获奖人选。

同日 北京电视台总工办的安全播出联络员参加了市广电局召开的安全播出例会。会上总结了第一季度各单位的播出情况，我台11个频道共播出（传输）21779.26小时，安全播出无事故。会上通报了3月份北京地区播出事故情况，包括：①3月22日，我台至大兴区的传输光缆被挖断，导致BTV-5、BTV-7、BTV-8在大兴区停播5小时28分。会上要求各单位对于该事故暴露出的安全隐患要引以为戒。②电台102.6MHz节目晚开播的事故。此外，会上还提出要确保奥运期间的用电安全，各单位上报的应急设备采购正在立项；各单位的应急预案已上交，要积极组织应急演练；要继续规范事故上报的工作流程，加强与监测中心的沟通联系。

11日 北京青少年大型竞技比赛——“勇敢小伙伴”启动仪式在顺义区西辛小学举行，这项覆盖了全市18个区县，发动了300多所中小学校，有上万名学生参与的体育活动由此正式拉开了帷幕。“勇敢小伙伴”由北京市教育委员会、北京日报报业集团和北京电视台主办，北京学生活动管理中心、北京润京搜索网络有限公司和北京第八区文化传媒有限公司承办。活动还得到了李宁体育用品公司传承爱心支持。“勇敢小伙伴”本着将奥运精神融入青少年思想教育的宗旨，同时也是为了响应教育部、国家体育总局、共青团中央向全国青少年学生发出的“走向操场，走进大自然，走到阳光下，积极参加体育锻炼，掀起群众性体育锻炼热潮”这一号召，从2008年开始到2012年，活动将持续举办五届。

同日 北京电视台刘爱勤台长、王云副书记、邵宣堂副台长、田方总工程师等台领导和200余名职工，来到朝阳公园植树种草，播撒绿色。作为一个传播先进文化、和谐文化的首都传媒机构，我台以落实科学发展、创建绿色家园为己任，在组织全台职工植树种草、播撒绿色的同时，还全力宣传报道北京的绿化美化工作，以新的尽责形式为北京增添绿色。

13日 北京电视台党委决定推荐台团委和公共频道节目中心党支部参评“社会爱心助残典型单位”。

16日 由北京电视台和北京儿艺联手推出的音乐诗画儿童剧《红孩子》在北京儿艺排练厅召开建组会，导演查明哲和主演游本昌等主创悉数亮相。据悉，这部儿童剧将作为2008北京国际儿童戏剧季的开幕式演出于5月15日起在国家大剧院首演。音乐诗画儿童剧《红孩子》是根据我台2007年特别推出的大型情境合唱剧《红孩子》全新改编的。该剧邀请到了国家话剧院副院长查明哲担任总导演，将让历史上众多“红孩子”在舞台上一一“复活”！

同日 第三届北京市广播电视局电视节目技术质量奖（华表奖）举行。总局科技司副司长孙苏川、中国电影电视技术学会会长卞美瑾、中央电视台副台长邵昌友、原北京电视台总工程师季求实等出席了此次评奖活动，并在此次活动中担任主观评审组评委。本次评奖依照惯例分主观评审、客观评审两组分别进行。参加评选的14个郊区县共报送了38个节目参评，其中我台报送了各类奖项共7个节目，获得了一等奖3个、二等奖1个、三等奖3个的好成绩。

17日 北京电视台职工约450人，参加了由台工会组织的《北京电视台迎奥运环昆明湖长走活动》。4月的颐和园春意盎然，花草芬芳，处处洋溢着勃勃生机。我台职工欢聚在美丽的颐和园，用长走表达我们对奥运火炬传递的祝福、对北京成功举办奥运会的祝福。来自全台各个部门的职工，迈出矫健的步伐，走出激情与豪迈，走出欢乐与健康。

17～18日 北京电视台在北京会议中心举办学习贯彻党的十七大精神培训班，来自全台各部门50名中层干部参加了培训。台党委副书记王云在培训班开班式上讲话，要求充分认识党的十七大的重大现实意义和深远历史意义，以推动事业发展为着力点，不断将十七大精神的学习引向深入。参加培训班的人员认真聆听了中纪委宣教室、中央党校、北京大学和国家行政学院的4位专家围绕党风廉政建设、改革开放的历史经验、文化创意产业发展、宏观经济发展的现状所作的专题讲座。同志们普遍反映，培训的时间虽短，但收到了良好的教育效果。

18日 北京电视台奥运办公室火炬部举行了奥运圣火抵达珠峰BTV报道组出征仪式。刘爱勤台长、张晓总编辑、田方总工和北京网通机动局副局长魏晓光出席了送行仪式。送行仪式上，刘爱勤台长、张晓总编辑、田方总工分别致辞，刘台长在讲话中特别指出，圣火抵达珠峰活动在奥运历史上本身就是一个壮举；新闻记者要在恶劣自然环境下发回火炬传递报道，我台赴珠峰报道组的成员无论男女都是壮士；而我们今天在这里给我台的赴珠峰报道组饯行，这也是壮行。今天没有备下壮行酒，等珠峰报道圆满结束，我们再为各位出征归来的壮士摆庆功酒。

同日 为了全面报道鸟巢首次启用，满足社会各界对鸟巢的期盼，掀起奥运宣传报道的新高潮，北京电视台卫视频道从8:35开始，播出了《走进鸟巢——国家体育场首次启用暨2008金隅国际田联竞走挑战赛》大型直播特别节目。

19日 北京电视台新闻热线接到一位女观众的电话，称她在清华北门的河道看书时不慎落水，被一位同志救了起来。但那位同志受了伤，“999”急救车正在赶往途中。我台新闻中心记者朱晓彤、摄像张鹏雷迅速赶往现场，在第一时间进行了采访，并及时在当天中午的《特别关注》栏目作了“身残心灵美，抢救落水人”的新闻报道。新闻播出后，引起了社会各界的强烈反响。据报道，这位救人的老同志叫刘学军，是位转业军人，在1981年抢救一场大火中落下了二等残疾；20多年来，他已资助了100多个贫困儿童上学；先后救起几名落水人员，是个默默无闻的雷锋式的同志。如今，刘学军同志已被奥组委评选为“奥运志愿者十佳明星”光荣称号。近日，在4月19日被救的女翻译刘曙珍为我们送来了感谢信，表扬我台记者及时报道她被救的真实经历，并帮助她找到了好心的救人者。此外，4月28日，这位雷锋式的刘学军同志也专程来到我台送来感谢信，与部门领导进行了座谈，并将朱晓彤记者为抢救他在医院垫付的500元钱还了回来。他说，北京台的记者报道及时、助人为乐，吃苦耐劳，体现了良好的职业精神和职业道德，弘扬了社会的正风正气，体现了BTV良好精神风貌。

22日 由北京电视台出品的新版诗画音乐儿童剧《红孩子》在国家大剧院隆重举行了新闻发布会。这部国家大剧院开幕以来的首部儿童大戏，吸引了50余家媒体的报道。2008版《红孩子》是根据我台青少节目中心2007年特别推出的大型情境合唱剧《红孩子》全新改编的。该剧邀请到了国家话剧院副院长查明哲担任总导演，将让历史上众多“红孩子”在舞台上一一“复活”。北京电视台台长刘爱勤作为出品方代表在现场致辞，他表示：“北京电视台一直以传播时代强音，服务首都百姓为己任。在构建和谐社会的今天，增强中华民族凝聚力，弘扬革命奉献精神和爱国主义情操是时代的需求。之所以再次推出《红孩子》，就是希望那些伴随着几代人成长的红色经典儿童歌曲，以及那些激励过几代人的英雄形象，能够让大家在经典旋律中唤起儿时记忆，在诗画情境中感受红色激情。98岁的老红军王定国在现场激动地表示，自己12岁就参加革命，伴随革命歌曲长大，希望现在的孩子能够牢记历史，珍惜现在的美好生活。同时，王定国还将一幅亲自书写的“做新时期的红孩子”书法作品赠送给剧组，并将一顶珍藏多年的“八角帽”送给了潘冬子的扮演者恽桨峥，在场的观众和记者无不为之感动。

同日 北京电视台党委向北京市广播电视局党组上报《关于召开中国共产党北京电视台第五次党员代表大会的请示》（京视党字〔2008〕5号）。

同日 北京电视台党委公布《2008年北京电视台深化“三项学习教育”活动工作实施方案》（京视党字〔2008〕6号），

就深化开展“三项学习教育”活动的指导思想、组织领导、学习内容、工作步骤、工作要求进行全面部署。

23日 为使我台中层干部和编辑记者了解改革开放30年来市场经济给国民生活带来的深刻变化，普及个人理财知识，促进家庭和美、社会和谐，北京电视台党办、团委、人事部举办了“青年论坛”第十二期讲座，邀请培生金融咨询公司董事长杨晨进行关于个人理财的讲座，题目为《怎样管理你的个人财富》。党办副主任赵国旗同志主持了报告会，全台85人参加了讲座。

同日 北京电视台在800平方米演播厅召开动员大会，部署“平安奥运行动”工作。台领导班子成员和全台科长（制片人）以上干部410人参加大会，会议由台党委副书记王云同志主持。张晓总编辑首先传达了市委宣传部关于在宣传系统开展“平安奥运行动”工作的通知。而后，与会人员观看了奥运反恐安全教育片。确保“平安奥运”行动全面落实。刘爱勤台长作了《迅速行动起来，全面落实“平安奥运行动”工作》的动员报告，提出四点要求：一是认清形势，明确任务，高度重视此工作；二是明确责任认真履行职责，确保全方位安全；三是严密组织各项工作，建立切实可行的安全防范措施，实现大事不出，小事减少的目标，杜绝一切人为事故；四是严守政治和宣传纪律，确保“平安奥运”行动全面落实。并代表台党委宣布了“八条纪律”：①必须坚持正确的舆论导向，弘扬奥运精神，积极营造健康向上的舆论环境；②必须坚持正面报道为主的方针，严格控制负面报道。遵守宣传纪律，严格执行三级审片制度，不得出现政治性差错。防止因报道失误，损害国家和首都的形象，被国内外敌对势力所利用；③不准炒作和蓄意制造舆论热点，严禁虚假新闻、不实报道和有偿新闻；④严禁在奥运期间利用职务之便谋取私利、违法乱纪；⑤未经批准不得参加或组织各类活动，在组织活动时必须建立应急预案，做好应急准备；⑥领导要靠前指挥，职工要坚守岗位。不得撤离职守、脱岗、漏岗；⑦严格信息上报制度，及时掌握真实情况，在第一时间上报信息，不准漏报或不报信息；⑧严格执行责任制，不准推诿和逃避责任；奥运期间如果出现失误、失职、渎职行为，要根据市委规定的责任倒查制度严肃追究责任，给予必要的党纪、政纪处分。市广电局局长孙向东同志出席大会并作重要讲话。她指出：这次大会是落实市委、市政府“平安奥运行动”工作的具体步骤，为进一步抓好今后的落实工作，孙局长强调第一抓环节，在每个环节上抓好衔接，顺畅工作，从实际出发把“平安奥运行动”工作落实在每个环节上。第二抓细节，细节决定成败，强化居安思危意识。第三抓落实，全台上下要全面动员、全力以赴、全神贯注，做好“平安奥运行动”每项工作，一把手带头抓落实，责任到人、层层负责。

24日 奥运火炬登上世界“第三极”——珠穆朗玛峰，将成为奥运历史上永远铭记的壮举。为全面展现奥运火炬登顶，受北京奥组委邀请，北京电视台派出由5人组成的特别报道小组，奔赴西藏，全程跟踪报道这一历史性事件。我台5位同志全都是第一次进入高原地区，而此行工作场地为极高海拔——5200米，高寒，缺氧，恶劣的自然环境是报道小组面对的最大挑战。特别报道小组4月24日从北京出发奔赴珠峰，刘爱勤、张晓、田方等台领导亲自为报道小组壮行。

25日 北京电视台党委发出《关于转发〈中共北京市广播电视局党组转发北京市纪委、北京市监察局关于严明纪律确保第29届奥运会顺利举办的通知〉的通知》，要求各党支部（党总支）认真贯彻执行，积极引导广大党员群众切实履行职责，维护安定祥和的奥运氛围。

28日 北京电视台举行领导班子和部门主要负责人会议，传达市委宣传部关于我台领导班子部分成员调整的决定。市委宣传部常务副部长陈启刚、市广电局局长孙向东出席会议并分别讲话，市委宣传部干部处处长吕钦宣读了市委宣传部关于朱江、张亮任北京电视台副总编辑的决定。

同日 北京电视台团委决定对33名优秀共青团员、5名优秀团干部和7个先进团支部进行表彰。

29日 由北京电视台青少年节目中心与团市委联合推出的“微笑北京、奥运先锋”《首都青年公务员风采大赛》日前顺利录制完成。此次大赛经过了初赛和复赛的选拔活动，历时半年之久。经过自我介绍、情景模拟、综合知识问答、才艺展示等环节的考核，24名选手从上千名报名参赛的选手中脱颖而出，进入复赛。参赛的青年公务员都是行业里的风采之星，是首都青年的杰出榜样。他们爱岗敬业、机敏过人，在平凡的岗位用热情和才智去抒写青春年华。节目将于4月29日~5月2日20:30在青少频道《动感秀场》栏目中播出。

同日 “北京电视台奥运高清频道”开播仪式在北京电视台新址举行，国家广播电影电视总局副局长田进，市委常委、宣传部部长、副市长蔡赴朝，市委宣传部副部长肖培，市广电局局长孙向东等领导出席开播仪式。数字高清电视是数字电视的制高点，可以为现代家庭带来高质量的视音频享受。

30日 北京奥运倒计时100天，奥运圣火即将回到祖国的重要节点。按照市委宣传部、台领导重要指示精神，体育节目中心精心策划准备了特别节目《微笑北京——北京奥运会倒计时100天大型直播特别节目》，于4月30日在北京卫视播出。新闻节目中心《北京新闻》、《特别关注》、《北京您早》等新闻节目重拳出击、全力以赴，精心策划、创新报道、组织实施得当，圆满完成了北京奥运会倒计时100天宣传报道任务。

同日 在2008年北京奥运会倒计时100天之际，为了共同感受奥运精神、分享奥运精彩、体验奥运激情，由北京电视台及其所属北京卡酷动画卫星频道有限公司主办的《福娃奥运漫游记》公益推广系列活动之“‘福’到奥运到——卡酷城市小使者行动”正式启动。楼云、钱红、王丽萍、杨影等世界冠军作为“卡酷奥运文化大使”出席该活动启动仪式，向2008奥林匹克教育示范学校北京育英学校学生代表赠送《福娃奥运漫游记》光盘，并颁发了“卡酷城市小使者”证书。

同日 2008年北京奥运会举办之年，是改革开放30周年。为真实记录、全景展现和热情讴歌北京市在落实科学发展观、实现“新北京　新奥运”伟大战略构想方面所取得的辉煌成就，北京电视台新闻节目中心推出大型新闻行动《见证新北京》。《见证新北京》以让世界从BTV了解新北京为出发点，坚持主题宣传活动化、突出北京电视台品牌，把对时代的讴歌和对北京电视台的品牌经营有机融合。该节目呈现以下特点：栏目联动化、包装统一化、形态多元化、活动多样化、跨媒体合作。

同日 北京电视台海外中心在4个多月的时间里，拍摄制作了100集反映北京发展变化、场馆建设、古都风貌的专题片《北京奥运故事》。这部长达百集系列专题片，每集片长5～10分钟，分中、英文两个版本。英文版100集还分别录制了磁带播出版和DVD发行版。全部《北京奥运故事》在奥运会开幕前已全部制作完成，送交奥组委后，英文版本在三大奥运新闻中心循环播放。该片的中文版本在我台BTV-1、BTV-4等各个频道轮流播出。同时在北京电视台的北美平台和华盛顿56台播出。

5月

1日 北京电视台第一个高清频道于5月1日试播出。

6日 北京电视台科教节目中心《万紫千红》栏目制作播出了由市文明办主办的全国“迎奥运　讲文明　树新风”礼仪知识电视竞赛北京市选拔赛。3个脱颖而出的选手代表北京市参加了中央台举办的全国“迎奥运　讲文明　树新风”礼仪知识电视竞赛，获得了全国的总冠军。

8日 为纪念“五·八”世界红十字日和北京市红十字会成立80周年，提高人们对红十字运动的认知度，更好地普及红十字知识，让群众进一步了解、支持、参与红十字会的工作，促进首都红十字事业的发展，北京电视台《万紫千红》栏目播出了“庆五八　迎奥运红十字知识竞赛”。这次大赛是全市各区县红十字会经过基层的选拔，围绕奥运、红十字和应急救护知识展开的，取得了很好的反响。

9日 中央电视台领导及CCTV新台址建设工艺设计部各项目组负责人和主要设计人员一行30余人来到我台在大望路的新址北京电视中心参观交流。出席交流活动的中央台领导有丁文华、宋宜纯、徐威等。会议在新台址37层会议室召开，首先由田总作了《北京电视中心技术系统工程情况介绍》。随后在我台参与新大楼建设的各项目组负责人的陪同下，央视一行人先后参观了后期制作系统、非编制作网、播出、总控、传送系统、新闻演播室、演播楼等。

10日 以“微笑北京　奥运先锋”为主题的“2008北京青少年公益电影节”是由奥运会志愿者工作协调小组办公室、团市委、奥组委志愿者部、市委宣传部、首都精神文明办、市教委、市文化局、市广电局等联合主办，北京电视台青少节目中心、北京青年宫联合承办的。北京青少年公益电影节是国家广电总局批准的北京市唯一的一个电影节。这已是自2005年开办以来的第四届。5月10～18日电影节期间，将举办送影下乡、优秀电影展映、电影知识大讲堂、“无障碍电影”专场专映、中国电影博物馆参观活动、奥运影人志愿一日行等活动。

同日 北京电视台引进节目《赏深越幕》开播。节目时长15分钟，以高端人物的艺术品收藏爱好故事为切入点，表现高端人物的生活情趣和欣赏品位，以及这些爱好和乐趣给他们带来的人生感悟。节目由著名的知性形象主持人杨澜主持。

12日 四川汶川发生强烈地震后，中宣部、广电总局连续多次发出通知，安排部署广播电视抗震救灾宣传报道工作。北京市委宣传部、市广电局领导对北京电视台的工作作出了重要指示。根据各级领导指示精神，我台高度重视此次抗震救灾宣传报道工作。决定从5月13日起及时增加抗震救灾的新闻宣传，5月14日起立即调整我台节目，停播所有与抗震救灾气氛不吻合的节目，把抗震救灾宣传工作当做当前工作的重中之重。加大抗震救灾新闻宣传力度，并增加滚动字幕、字版等，加大报道信息量。北京卫视（BTV-1）暂停播出《“和谐之旅”奥运圣火传递百日直播》，从5月13日开始，每天19:35起延时直播《抗震救灾　众志成城——北京电视台抗震救灾特别节目》，每天3个小时左右。将根据抗震救灾的实际情况，适时增减播出时间，营造良好的舆论氛围。从5月14日开始，白天除《北京您早》、《特别关注》、《身边》等新闻时事节目以外，其他时段8:30~12:00、13:00~18:30与中央电视台一套并机直播《抗震救灾　众志成城》。文艺频道（BTV-2）除保留《每日文娱播报》栏目报道演艺界人士捐款情况外，其余文艺栏目全部撤销。6:00~19:00和19:30~23:00与BTV-1或CCTV-1并机播出抗震救灾专题节目。科教频道（BTV-3）和青少频道（BTV-8）科教专题栏目《传奇》和《探索》，增加防震抗震知识内容，选取《突破死亡线》、《模拟地震》等相关知识性题材节目播出。北京卫视24小时播出滚动字幕，预告抗震救灾的信息；除体育频道（BTV-6）以外，所有频道特别制作“抗震救灾　众志成城”的动画角标，在各频道播出期间内挂角播出。为确保与央视并机播出的安全，我台总编室每天与中央电视台总编室联系，询问第二天央视的震灾直播情况，落实我台与中央台并机播出的具体事宜。我台整体节目以抗震救灾为中心，所有频道迅速调整节目内容，停播与抗震救灾气氛不吻合的节目。

同日　刚刚从珠峰火炬传递报道现场下来的北京电视台记者马国颖和同事王晓龙等人正在成都机场候机，准备转程回京。突如其来的地震打破了她心灵的宁静。“立即奔赴灾区!”在北京电视台新闻节目中心的临时指挥室，领导的这个命令下得异常艰难。这是一个极大的风险，不仅关系到记者的安危，还关系到北京电视台的声誉。灾情就是命令，时间就是生命！容不得多想，5月13日，马国颖一行携带着卫星通信设备，辗转到达了地震重灾区——绵阳。一路上，他们目睹了生命之花无奈地凋谢，更为救援人员舍生忘死救助群众的英勇精神所感动。在每天发回来的卫星连线中，BTV观众感受到了这位坚强的女记者柔情的一面。

13日　四川汶川县发生地震后，5月13日市委宣传部要求北京电视台从当晚开始，每晚推出抗震救灾特别直播报道。从14:30接到指示到19:35直播开始，经过仅4个小时的准备，新闻节目中心推出了60分钟大型直播特别节目《抗震救灾　众志成城》。为了更好地发挥舆论引导作用，全面报道全国上下万众一心抢险救灾进展，5月14日，《抗震救灾　众志成城》大型直播特别节目从一个小时延长到一个半小时，5月15日，又进一步延长到3个小时，从5月16日以后，延长到了3个半小时。记者马国颖在此次直播中，被同事誉为一位以大局为重，不畏艰险的“战地女记者”。在从奥运火炬登顶珠峰的现场撤离途中，马国颖得知汶川发生地震，毅然和摄像王晓龙、转传部技术人员杜波以及机动通信局的两位同志一起从成都赶赴了绵阳和北川等灾区深入最前沿进行采访，每天都是在高度紧张忙碌中度过的。为了给直播提供最新、最丰富的消息，他们与抗震救灾的战士和受灾群众一样，不畏艰险，顽强敬业，彰显了BTV记者的职业精神。

同日 北京电视台新闻节目中心陆续派出17组、共计43名记者赶赴四川灾区采访，加上技术人员总人数达到61人，足迹遍及汶川、北川、绵阳、绵竹、江油、什邡、安县、都江堰等地。《抗震救灾　众志成城——北京电视台抗震救灾特别节目》牢牢把握了正确的舆论导向，讲究宣传艺术，采用消息、特写、短评、SNG卫星直播、演播室访谈、读报、短信互动、字幕新闻、图示版、抗震救灾宣传片等多种形式，发挥电视声画优势，提高了新闻直播的感染力、影响力。

14日 北京电视台党委向全台干部职工发出倡议，要求积极行动起来，发扬“一方有难，八方支援”的精神，伸出援助之手，与灾区人民团结一心、众志成城，共同夺取抗震救灾的全面胜利。各部门干部职工迅速响应号召，纷纷慷慨解囊，截至5月17日中午，共收到3566名干部职工的捐款，总计726343.00元。这些捐款将在第一时间汇往地震灾区，帮助灾区重建家园。另外我台响应中央号召、在由中宣部、文化部、国家广电总局等中央六部委举办的赈灾募捐晚会上向地震灾区捐款520万元人民币。

16日 北京电视台抗震救灾特别节目受到了中宣部新闻阅评小组、中央新闻战线“三项学习教育活动”领导小组办公室、国家广播电影电视总局收听收看中心及北京市委宣传部的高度肯定和赞扬，直播平均每天收到观众短信3000多条，表达了大家对灾区人民的关爱和祝福。

19日 19:00北京电视台接到市委宣传部指示，要求我台立即把台标颜色由红色更换为白色。任务非常紧急，总编室宣传科立即与播出部、杀毒中心协调，根据模拟、数字和高清三种不同模式，制作了12套台标模板，分别紧急送往有线和无线机房，才最终完成我台所有频道台标的更换。

同日 14:28，北京电视台党委组织全台干部职工分别在主楼欧式餐厅、咖啡厅、远大、皂君庙等处为四川汶川大地震遇难同胞默哀。

19~21日 四川汶川8.0级大地震后一周，北京电视台集中多个中心、部门力量，配合“全国哀悼日”的报道要求，成功完成了连续3天的《抗震救灾　众志成城》大型直播节目。5月19日早上，我台接到上级紧急通知，要求我台从当天14:00开始连续完成3天、每天4个半小时的直播，报道“全国哀悼日”和抗震救灾的相关工作，并提出具体要求，要求我台在当天14:28，另外出动3路直播团队直播北京理工大学、电报大楼、奥组委等3处默哀情况。接到任务后，刘台长、张总编辑第一时间作出安排部署，朱江副总编辑紧急召开会议。8:40，海外中心、科教中心、体育中心、生活中心、制作部、转传部、播出部、总工办等中心、部室所有主任在接到通知后10分钟内全部赶到会议室，并陆续调集制片人、主编、主持人等相关工作人员。经过一个小时左右的高效会议，各团队迅速按各自分工展开工作。新闻中心派出专门的副主任和主编配合工作团队提供了大量素材。总编室、台办通讯科等相关部门也迅速投入。

21日 北京电视台总编室分别召集各中心主任开会，并逐个与各中心主任就恢复各频道节目生产进行沟通，经过缜密权衡考虑，规划编排科提出了全台恢复节目生产的初步方案。14:30，召开编委扩大会，刘爱勤台长、张晓总编、副总编及各中心主任参加了会议并研究总编室提供的方案，对我台逐步恢复节目生产工作进行全面部署。

20~22日 北京电视台党委副书记王云同志率党办、台办和新闻节目中心的同志，带着台党委和全台干部职工的深情厚谊，赴四川地震灾区慰问奋战在抗震救灾一线的特派记者马国颖、王晓龙、杜波、宋捷、吴时东、颜葵、李昆、崔睿、王路华、朱晓彤、黄海宁、瞿克、郭东风、罗嘉、王伟、苑秋宝、赵磊、郜芳、肖庆峰、王鹏、张颖、田玉伟、白云、戴兴华同志，为他们每人送上了一封台党委的慰问信，转达了台党委和全台干部职工对四川地震灾区全体特派记者的亲切问候和良好祝愿！并送去了技术设备和帐篷、睡袋、雨具等生活必需用品。

21日 北京电视台党委和工会向亲属在四川等地震灾区的职工发出慰问信，全文如下：2008年5月12日14时28分，四川汶川发生8.0级强烈地震。获悉您的亲属在四川生活、工作，台党委和全台干部职工向您致以深切的问候，并请转达对您亲属的慰问！这是一场突如其来的特大自然灾害，造成了重大人员伤亡和财产损失。但是，灾难无法撼动中华民族不屈不挠、英勇顽强的精神品格。地震发生后，胡锦涛总书记、温家宝总理亲赴灾区一线指挥抗震救灾；广大解放军指战员和武警部队官兵紧急行动，义无反顾地参与支援救灾行动；全国各族人民万众一心，众志成城，正在与灾区群众一道，共同谱写抗击自然灾害的宏伟篇章。面对灾难，我们必须倍加顾全大局，倍加团结一致，坚持不懈地推动事业发展。我们深信，在以胡锦涛同志为总书记的党中央坚强领导下，我们一定能够取得抗震救灾的最后胜利！

22日 市政协副主席沈宝昌及30余位港澳委员在市政府有关领导、市广电局洪兵巡视员的陪同下，视察了北京电视台新址。我台刘爱勤台长、邵宣堂副台长及办公室主任、基建办主任参加了座谈并陪同参观。座谈会上刘爱勤台长向委员们简要汇报了我台的情况，委员们观看了介绍北京电视中心的宣传片，并就关心的话题相互进行了探讨。座谈会后，委员们饶有兴趣地参观了新大楼的演播室、办公区、剧场等处。

同日 在河南郑州召开了2008年度中国广播电视协会“荧屏导视类节目创优评析活动”的评选会议。此次评选活动共有近30家省级电视台积极参与，一共送评了83个作品，北京电视台总编室报送参评的两个节目全部获奖，其中《奥运倒计时一周年预告片》获得节目预告类一等奖、《电视先锋榜》栏目被评为节目宣传类二等奖。“荧屏导视类节目创优展评活动”是由中国广播电视协会和全国省级电视台协作体共同主办的一项针对电视节目宣传和形象包装的奖项，包括节目宣传、节目预告、形象宣传三类。

22~23日 北京电视台“平安奥运行

动”领导小组在延庆声屏苑培训中心举办了“平安奥运行动”安全员培训班，共65人参加了培训。电视台“平安奥运行动”领导小组副组长田方总工程师出席并讲话，田方总工程师提出了七点要求：一是要高度重视，进一步提高安全意识；二是要加强宣传，使大家积极行动起来；三是认真排查隐患和漏洞，对重点部位要反复检查；四是要有可操作性、使之有效的具体措施；五是完善预案，全面加强演练；六是加强检查监控；七是要落实责任制，层层负责。

23日 在国家大剧院上演了一场“众志成城 重建家园”第一届中国交响乐之春四川交响乐团特别音乐会。本场音乐会由中华人民共和国文化部艺术司、国家大剧院、中国音乐家协会、中共北京市委宣传部、中共四川省委宣传部、四川省文化厅主办，北京电视台承办。北京电视台在数次捐款之后再次进行特殊的捐款100万元，刘爱勤台长在台上作了讲话，表明这次捐款要建设灾区希望小学。

23日 四川汶川发生的强烈地震牵动着北京电视台广大党员干部职工的心，同志们以实际行动捐助灾区，截至5月23日下午，我台共收到4137人的捐款，总额达775207元。另外，党员们积极响应中共中央组织部的号召，目前已收到25名党员交纳的抗震救灾“特殊党费”23528元。

26日 北京电视台党委编辑完成《我们是震灾一线的BTV人——北京电视台赴四川地震灾区前方报道组记者真情感言》，生动记录了我台十余名前方记者的心灵路程。

27日 北京电视台保卫部陶小群同志在积极响应台里为灾区捐款的同时，还参与社会献血活动，为四川人民群众献血。他献血后没有休息一天，一直坚守在自己的工作岗位上，体现了一名党员干部高度的责任心，政治敏感性和大无畏的牺牲精神。

31日 北京电视台全台干部职工踊跃为四川汶川大地震受灾群众捐赠款物，共收到4150名职工的捐款，总额达830644元，捐赠物资价值12万元。此后，我台共产党员积极响应中组部号召，有1031名党员交纳了抗震救灾“特殊党费”，总计1211938元。

同日 北京奥组委新闻宣传协调小组要求北京电视台制作一部30分钟的高质量北京外宣片，并定于奥运会期间在中央电视台和北京电视台播放。在两个月时间里，摄制组拍摄了将近1200分钟的素材，摄取了T3航站楼、国家大剧院、中轴路、金融街、中关村、CBD、798艺术区等许多城市新景观，及时完成了外宣片《舞动北京》的制作任务。该片以高度凝练而又真实动人的表现手法，向人们展示了一个新北京：一个延续了传统精神血脉又富有无限创造力的大都市。

6月

1日 北京电视台卡酷动画频道及七色光艺术团携手北京七色光少儿电视发展促进会、北京保利紫禁城剧院管理有限公司中山音乐堂，举办了名为“爱心之旅”的“抗震希望教室”六一募捐音乐会，十多家单位，在音乐会上齐献爱心，共为灾区捐建20间“抗震希望教室”。

2日 由中国电视艺委会、中国美协动漫委员会、北京电影学院动画学院、国际动画教育联盟共同主办的“中国原创动漫之路——从《福娃奥运漫游记》谈中国动漫产业”主题学术研讨会在京召开。国家广播电影电视总局副总编辑、宣传管理司司长金德龙，人民日报社文艺部主任郭运德，“福娃”设计者、著名画家吴冠英，著名导演郑洞天，著名编剧邹静之以及著名漫画家聂峻等十余位国内动漫界、影视界知名专家和学者出席会议，共同回顾百集动画片《福娃奥运漫游记》的创作过程和成功经验，研究探讨中国原创动漫产业的发展之路。

4日　16:30～18:30，北京电视台新闻节目中心成功实现对北京援建四川灾区首批过渡安置房入住的电视直播任务。

5日　北京电视台《中华文明大讲堂》及《名师讲坛》与中国人民大学出版社正式签订了光盘出版合同。人大出版社首期从两个栏目播出的节目中，精选九大系列，推出百集光盘。先期出版的这九大系列包括《清宫疑案正解》、《〈史记〉新读》、《中华智慧之光》、《中国绘画鉴赏》、《马骏读〈孙子兵法〉》、《马骏细解二战谜中谜》、《西方美术鉴赏》、《揭秘〈周易〉》、《中国乡土建筑》。

10日　为适应广播电视技术发展和2008年北京奥运会对电视摄像技术的要求，提高我台摄像技术人员特别是派遣制人员的专业技能，北京电视台人事部、总工办、制作部于6月10～27日，会同中仪索尼技术服务中心在北京举办了3期摄像技术人员培训班，全台共有90名摄像人员参加了脱产培训。

17日　2008奥运经济（北京）论坛在北京隆重举行。北京电视台财经频道与中央电视台经济频道共同合作，对这次奥运经济高端论坛的盛况进行了全程直播。

20日　市政协教文卫体委员会主任牛继升、专职副主任张国以及办公室主任李冉等一行领导，到北京电视台走访座谈。座谈会上，张亮副总编辑简要汇报了北京电视台的工作，双方就如何做好政协工作进行了交流。座谈会后，张亮副总编辑陪同市政协领导参观我台播出机房和演播室。

23日　北京电视台党委《关于表彰2008年度先进党支部、优秀共产党员、优秀党务工作者的决定》（京视党字〔2008〕11号）。

24日　北京电视台纪念中国共产党成立87周年大会隆重举行。全台共产党员、入党积极分子和部分群众代表近1000人参加了大会。台党委书记、台长刘爱勤作了题为《在推进事业发展的过程中建功立业》的党课辅导报告并对全台工作提出要求，党委副书记、总编辑张晓主持大会，党委副书记王云带领新、老党员进行入党宣誓和重温入党誓词，副总编辑朱江传达了胡锦涛同志在人民日报社考察工作时的重要讲话精神，台领导邵宣堂、田方、华艺、张强、张亮出席大会。会上对全台14个先进党支部、110名优秀共产党员和24名优秀党务工作者进行表彰。

25日　“北京电视台专家顾问团成立仪式暨产业发展规划研讨会”举行。国家广电总局副总编辑、规划院院长、发展改革研究中心主任黄勇，中国传媒大学副校长丁俊杰，中国人民大学新闻学院教授、舆论研究所所长喻国明，媒体投资顾问尹克正式受聘担任北京电视台核心专家顾问。台领导刘爱勤、张晓、张强、朱江及台研发部、经营管理部、京视传媒、卡酷动画以及网络编辑室等部门的负责人出席成立仪式并参加研讨。成立仪式上，台长刘爱勤、总编辑张晓向各位专家颁发了聘书。

26日　北京电视台卡酷动画频道携联

想集团、北京水晶石影视公司、浙江少儿出版社、新浪网等单位在北京图书大厦联合举办了“《福娃奥运漫游记》知识竞赛暨百万读者爱心牵手活动”的启动仪式。

28日 北京电视台徐滔同志获得全国妇联颁发的“全国三八红旗手荣誉称号”。

7月

1日 2008年第13期《求是》杂志刊登专访，将卡酷频道倾力打造的百集动画片《福娃奥运漫游记》作为北京市“贯彻落实党的十七大精神 推动文化大发展大繁荣”的重点工作进行了报道。

同日 公共频道推出了全新板块《奥运路路通》。采用交警出镜、道路实拍、监控探头画面以及做图等多种表现形式，为观众出行提供了较为详细的服务，为交警疏导交通缓解了一定的压力。

同日 20:40，纪念中国共产党成立87周年特别节目《先锋》在我台卫视频道和人民网“强国论坛”同步播出。

4日 台团委派4名同志赴内蒙古巴林右旗，与该旗团委继续共建规划300亩的北京—巴林青年“奥运纪念林”工程。

7日 生活节目中心举行了“生活频道奥运宣传筹备工作暨微笑北京奥运生活”节目研讨会。张强副总编在会上指出：“在面临中央电视台奥运节目资源相对垄断的形势下，生活频道要善于运用“差异化策略”，积极思考“观众在看什么？观众想看什么”的问题。不但要从全面性上考虑到北京各区县的节目涉及广度，还要力求提高节目的趣味性、互动性。在此基础上，要集中发挥频道自身的优势，全面分析和思考生活频道主力观众的收视心理，切实以受众心理为根本依据来进行节目的创作和内容的编排。

8日 新闻节目中心推出100分钟特别直播节目《北京准备好了》，节目内容由新闻短片、文艺表演、人物访谈组合而成，全面展现了北京奥运已经准备好了的宏大气势，受到中宣部、广电总局、市委宣传部的表扬。

9日 由德阳电视台、北京电视台、江苏电视台、南京电视台共同主办的“爱在天地间”大型赈灾义演晚会在四川德阳举行。我台总编室负责此次晚会的筹备工作，我台主持人曹涤非担任串场主持，真情讲述感人故事。表现出的敬业精神与专业水平受到德阳市委宣传部和德阳电视台的高度赞扬。

10日 《人民日报》文艺评论版用大半个版的篇幅，以《国产动漫的成功之道》为题，刊载十余位国内动漫界、影视界知名专家学者的评述，高度评价百集动画片《福娃奥运漫游记》的成功经验，并深入分析了它对中国原创动漫产业发展的借鉴意义。

15日 制作部开展了电视技术基础理论、数字高清电视理论的考核，共有9个科室143名技术人员参加了理论考核。

18日 9:30，台长刘爱勤、总工程师田方、副总工程师李迅及技术部门的主任、副主任16人参加了北京市广播电视局召开的《北京市广播电视系统保障奥运安全播出战前动员会》，会上刘爱勤台长与孙向东局长签订了北京电视台保障奥运安全播出战时责任书。田方总工程师代表我台发表了出征宣言。

21日 北京电视台党委在800平方米演播室隆重举行奥运会/残奥会报道暨平安奥运转入赛时体制誓师大会。北京市广电局党组书记、局长孙向东和台领导刘爱勤、张晓、王云、邵宣堂、田方、张强、朱江、张亮出席大会，全台副科级（副制片人）以上干部400余人参加了大会。孙向东局长代表局党组，对完成奥运期间各项工作提出三点要求：一是要全力抓好奥运宣传报道，提高舆论引导能力，识大体、顾大局、守纪律、听指挥，用自己的镜头让世界人民分享奥运的精彩；二是要全力确保安全播出万无一失，确保平安奥运圆满实现，以严格、谨慎、细致、扎实的工作态度做好各方面的工作；三是要全力加强党的建设和队伍建设，为完成奥运宣传报道任务提供坚强有力的组织保证和政治保证，在重大关头选拔、培养、使用和考验人才。刘爱勤台长代表台党委，宣布我台全面进入奥运会赛时工作状态。他强调，要将平安奥运作为第一要求，明确责任，分工负责，对各种问题逐一排查，做到心中有数；牢牢把握节目导向，严格实行三级审片制度，确保节目安全；全台各方面全面配合，资源共享，高效运转，一切工作为奥运让路，为办成一届有特色、高水平的奥运盛会作出我们的贡献。张晓总编辑、田方总工程师分别就节目工作和技术工作提出要求。

23日 上午，北京市广播电视局副局长李春良、纪检委书记邓宏凤率局检查组来我台检查近期开展“平安奥运行动”工作情况。

同日 下午，市委常委、宣传部部长、副市长蔡赴朝在市委宣传部副部长肖培，市广电局局长孙向东等领导的陪同下到我台检查安全生产、安全播出、安全传输等项工作。

28日 新闻中心奥运报道外采组的80名记者、摄像参加了奥运报道战前动员工作部署会。张亮副总编对大家提出了严格的工作要求，更对大家提出了明确的工作思路。

30日 北京电视台手机电视开播发布会在北京新世纪日航酒店召开，北京市委宣传部副巡视员张伯华代表市委宣传部到会并致辞；北京市广电局局长孙向东、总工程师何桂芝专程出席；北京电视台台长刘爱勤、总编辑张晓、党委副书记王云、副台长邵宣堂、副总编辑华艺、副总编辑张亮及台各部门负责人到会。

31日 北京电视中心工程演播楼和室外工程已经全部通过竣工验收，至此北京城建集团承担的B标段工程已经全部完成并通过验收，生活楼已经通过消防局消防验收并取得了批文，演播楼的消防验收、电检已经完成。

8月

4日 北京电视台BOB转播团队正式赴奥运场馆报到，投入到了北京奥运会排球公共信号的制作任务中。截至8月14日，圆满完成了12场排球比赛、约23小时的公共信号和共计约120分钟的集锦制作工作，得到BOB外方场地经理和制作经理的充分肯定和赞赏。

6~8日 奥运圣火开始在北京传递活动。新闻节目中心各档栏目全程密集报道全过程，并对北京的奥运筹备之路进行了一次大盘点。在奥运火炬传递报道中，记者采访线路之长、规模之大，实现了北京电视台历史之最。

8日 技术7部门在田方总工程师、李迅副总工程师的直接领导下完成了奥运火炬北京传递转播和火炬新闻发布会的技术保障工作后，当天就全面转入了奥运转播工作。从8月8日16:30起至8月15日00:30，BTV-1、BTV-6连续直播时长已达创历史纪录的261小时（2006年世界杯是33天165小时），并且保证安全无事故。

同日 海外节目中心圆满完成一分钟英语系列节目《一呼百应迎奥运》，一年时间里，教授300余个英文单词、短语和句子，节目邀请240余位社会知名人士、公众人物以及为奥运会作出突出贡献的各界楷模参与节目制作。共制作362期节目。

同日 《大家说法》栏目，推出一档40分钟的法治进行时特别节目——《奥秘》。该节目的主旨是体现北京民警如何服务北京奥运。节目的最大亮点是：独家性和揭秘性。

同日 90分钟的大型新闻节目《梦圆北京》在奥运会开幕式之前播出，内容涉及人文、科技、绿色等奥运主题，为两小时之后的奥运开幕式营造了良好的人文氛围。

同日 《光荣与梦想——北京卫视第29届奥运会特别报道》节目正式亮相荧屏。截止到8月13日00:30，节目累计播出时长128个小时，从每天7:00开始，至次日00:30，实现了全天17.5个小时的不间断直播，初步构建起了动态编排、无缝衔接的节目架构，并在内容和形式等多方面，都进行了大胆和有益的探索与尝试，在激烈的奥运报道主战场上，取得了不俗的成绩。

同日 我台七色光艺术团的小演员们登上了第29届奥运会开幕式的舞台，在文艺表演“和谐画卷”的章节中扮演活泼可爱的孩子，一边朗诵诗歌，一边描画大幅山水画卷。

8~25日 我台行政部开辟欧式餐厅和茶室为“奥运报道专用”餐厅，保证了奥运报道人员每天近3000人次随时用餐。

18日 立陶宛共和国总理盖迪米纳斯·克里克拉斯接受我台《红绿灯》记者采访，对北京近些年来各方面的喜人变化表示赞赏，并且着重表扬了北京的交通状况。

24日 由北京电视台主持人爱心团、北京青少年发展基金会、北京儿艺联合举办的公益演出——大型奇幻童话剧《福娃》在安徒生剧场上演。本次演出旨在宣传福娃形象，传播奥运精神，主持人演出画册及CD义卖所得2289元汇入北京青少年发展基金会的专项基金，用于捐助贫困学生和其他公益活动。主办方还特别邀请东城区和打工子弟学校的学生观看演出。

26日 《北京新闻》播出《奥运瞬间的永恒》专栏节目，该系列节目对中外运动员、IOC及国际体育单项组织官员、志愿者、中文媒体、观众、外国游客等群体进行了广泛而深入的采访，并邀请郑也夫、金元浦、郑曙阳等专家学者从社会、文化学、层面对奥运遗产作出解读。

27日 公共频道节目中心针对2008年四季度和2009年节目发展规划召开了“改革创新研讨会”。张晓总编辑、华艺副总编辑、公共频道主任、各栏目制片人出席了会议。张晓总编辑对公共频道提出四点要求：第一，按照要求精心准备完成2009年节目发展规划。第二，2008年四季度工作重点是抓导向，创收视。第三，加强学习与创新，注重队伍的培养。第四，建议以“交通　旅游　新农村”为频道定位，着力发展日播龙头节目，培养好1+1工程。

30日　在第24届中国电视金鹰奖评比中，由我台、我频道制作的百集动画片《福娃奥运漫游记》与《闯关东》、《家有儿女》等年度热门影视作品一起跻身金鹰奖大奖序列，夺得金鹰奖最佳动画片奖，也是本届金鹰奖唯一一部获得金鹰大奖的动画片。

9月

1日　台党委理论学习中心组举办专题学习报告会，邀请长期从事奥运工作的原中国奥委会秘书长、现中国体育产业集团董事长、北京奥运经济研究会会长魏纪中同志就奥运经济的有关问题进行讲解。台领导刘爱勤、张晓、王云、华艺、朱江、张亮出席，报告会扩大至全台副科级（副制片人）以上干部参加。

2日　我台国际频道（即长城平台BTV频道）因节目丰富深受海外观众的欢迎，在目前的5个平台上均有播出。在去年由中视国际印发的长城（美国）平台评估报告中，BTV频道取得了在专家评估和观众问卷调查中均列第四位，电话调查列第五位的好成绩。截止到目前，根据美国麒麟电视网统计，我台国际频道仍稳居长城平台的前五名。

5~6日　北京电视台直播团队完成了残奥会火炬传递直播工作，完整记录了两天中240名火炬手的火炬接力实况。向中央电视台和BOB提供包括主持人单边注入点在内的直播信号6个多小时。提供残奥会火炬官方信号40分钟。

6日　《北京新闻》开设专栏《残奥1+1》，首次邀请残障人士作为记者，以第一人称方式报道残奥会。整个节目以情感人，真实而真切，尤其是残障人士青风和解岩亲自配音，发回现场报道，极富感染力，被央视《新闻联播》采纳播出。

7日　开始，体育频道每天从8:30开始，到22:30全天进行14小时直播，夜间7小时重播。同时在每天11:05~11:55为北京卫视提供一档50分钟残疾人奥运会赛事集锦；17:35~18:25与北京卫视并机直播综合节目“共享精彩”；每天为高清频道提供4小时赛事录像，残奥会期间节目制作总量达到300小时。

9日　市广电局总工程师何桂芝等领导来北京电视台视察“平安奥运”安全播出保障工作，慰问了工作在一线的技术人员，总工程师田方陪同视察。

14日　《首届北京“卢沟晓月”中秋文化节文艺晚会》。播出受到各位领导及观众的好评。

18日　《北京电视台产业发展研讨会》举行，这是我台专家顾问团成立以来举办的第二次专题研讨会。参加本次会议的有中国传媒大学副校长、博士生导师丁俊杰，国家广播电影电视局发展研究中心新媒体研究所所长董年初，北京大学新闻与传播学院教授、博士生导师陆地、媒体投资顾问尹克，央视市场研究媒介顾问靳知伟等专家，台长刘爱勤、副总编华艺、张强、主角、朱江、张亮以及广告部、经营管理部、京视传媒、研究发展部等相关部门负责人。

24~28日　北京电视台新闻中心要闻部、编辑部与转传部通力合作，进驻北京航天城，采用了新闻SNG实时对播等形式，在北京卫视《北京新闻》、《北京您早》、《特别关注》、《直播北京》里开辟专栏“龙行九天——神舟七号载人航天飞行任务”，不间断地报道了神舟七号载人航天飞行任务全过程，参与并记录了这一举世瞩目的辉煌盛事。

25日　台党委推荐北京市宣传系统服务保障奥运先进集体和先进个人。先进集体（3个）：海外节目中心、信息网络管理部、保卫部；先进个人（12名）：周永萍、杜研、焦少波、孟伟、杨东、帅民、高谌、周治宪、周旭辉、王宝德、赵修明、王兴军。

同日　北京电视台全额投资的长篇电视剧《龙须沟》正式开机。该剧改编自著名作家老舍先生同名话剧，是北京电视台为中华人民共和国成立60周年精心策划、精心拍摄的献礼之作。计划于2009年3月底前完成。

26日　台党委下发《关于表彰奥运工作先进集体和先进个人的决定》（京视党字〔2008〕13号），为了表彰在奥运宣传报道和服务保障工作中涌现出来的先进集体和先进个人，为了树立典型、激励斗志、传承精神，经台党委会研究决定，对全台13个先进集体和312名先进个人进行表彰，并给予奥运领导小组办公室奖励220万元，给予技术部门奖励100万元，给予平安奥运行动领导小组办公室奖励80万元。

27日　在北京电视台800平方米演播室隆重举行奥运工作总结表彰大会。北京市广电局党组副书记、副局长杨淑琴和台领导出席了大会。杨淑琴代表局党组和孙向东同志对北京电视台圆满完成奥运宣传报道任务表示衷心的感谢和崇高的敬意，向获得表彰的先进集体和先进个人表示祝贺。刘爱勤台长代表台党委，作了题为《创新融合拼搏超越奥运任务圆满完成各项工作全面提升》的奥运工作总结报告。会上播放了反映北京电视台党委服务奉献奥运工作的专题纪实片《为奥运奉献为党旗增辉——北京电视台党委服务奥运奉献奥运工作纪实。

同日　北京卫视首播剧推介会在新落成的北京电视中心隆重举行。《马文的战争》、《国家形象》、《落地请开手机》、《漕运码头》、《潜伏》、《乔省长和他的女儿们》等一批国内一线明星主演的顶级国产主流电视剧亮相，这些精品剧目将从10月9日开始，在北京电视台卫星频道陆续推出，呈献给观众。北京电视台领导和影视明星孙红雷、张国立、李幼斌、宋丹丹、林永健、陈小艺、冯远征、刘佩琦、杨立新、陶红、闫妮、李小璐、刘金山等，以及300多名热情观众参加了活动。

28日　“2008卡酷全卡通动漫嘉年华”在北京中华世纪坛盛大开幕。本届嘉年华由北京市海淀区政府和我台共同主办，我频道和中关村海淀园承办，从9月28日～10月5日，共历时8天，吸引了北京和来京旅游的孩子及家长近8万人次观展。在北京市委宣传部的关心指导和海淀区政府的大力支持协调下，此项活动取得圆满成功，成为“十一”黄金周期间首都群众文化生活的一道亮丽风景线。

同日　在北京地安门书店举办了第四册《这里是北京》的首发式，第四册《这里是北京》，涵盖了2007年3～5月的节目内容，涵盖了“重访北京城”、“大明王朝”、“博物馆宝典”三大系列，累计24万字节目文案，数百张图片，数十张手绘地图。但是这些内容，仅为《这里是北京》四年二百余期节目中的一部分，尚有大量文案正在整理中，预计目前节目内容可出版到第六册到第七册。

同日 按照中宣部和北京市委宣传部部署，北京电视台新闻节目中心《北京新闻》推出系列报道《经典中国辉煌30年》和《我的经历》，以不同角度和形式从政治文明、经济发展、社会进步、文化繁荣、城市建设与管理等六大领域对首都30年发展成就进行历史关注与理性梳理。

10月

16日 北京奥运会火炬接力领导小组、第29届奥林匹克运动会组织委员会在北京会议中心召开北京奥运会、残奥会火炬接力总结大会。国务院副秘书长项兆伦同志主持会议，奥组委执行副主席蒋效愚同志作火炬接力总结报告，中共中央政治局委员、北京市委书记、北京奥组委主席、火炬接力领导小组组长刘淇同志作重要指示。在总结会上，北京电视台喜获北京奥运会火炬接力荣誉证书。

20日 首都精神文明建设委员会办公室授予我台2007年度首都“城乡共建”活动先进单位。近年来，我台认真贯彻落实市委宣传部、首都文明办《关于在全市广泛开展“城乡携手迎奥运 共建文明京郊行”》的通知精神，与昌平区兴寿镇和郑各庄村分别签订了共建协议，开展了多种城乡共建活动。我台组织了慰问老党员、参观农村的改革与发展、捐建图书室电脑、送文化下乡等一系列活动，为村民组织丰富多彩的文艺演出、为农村经济和社会发展提供舆论支持，还通过电视节目的拍摄制作提升共建单位的文化品位和影响力。2007年，我台累计开展活动14次，参与活动人数约200人。

21日 由北京电视台和传媒大学联合主办的第三届中国（北京）国际大学生动画节隆重开幕，国家广电总局副总编辑、宣传管理司司长金德龙，北京市委宣传部副部长陈冬，北京市广电局党组书记、局长孙向东，以及教育部、文化部、共青团中央等有关领导和动漫界专家学者应邀出席开幕式。动画节历时4天，共奉献了18场展映、10场大师课程、4场论坛、3个主题展览，活动异彩纷呈。

23日 《中国广播电视年鉴》第24届年会代表在国家广电总局宣管司巡视员兼副司长李宗达的带领下，一行80余人来到我台新大楼进行参观考察。市广电局巡视员洪兵、我台副台长邵宣堂及台办公室主任、基建办主任等在现场热烈欢迎。在38层会议室，邵宣堂副台长向总局领导和代表们介绍了新大楼的建设情况并欢迎代表参观。李副司长对北京电视台对全国年鉴会的支持表示感谢。随后代表饶有兴趣地参观了新大楼。

24日 第三届中国（北京）国际大学生动画节圆满落幕。颁奖盛典上揭晓了包括“白杨奖”、“卡酷动漫创意大奖”和“北京动漫文化创意大奖”在内的动画节各大奖项。深受小朋友喜爱的《福娃奥运漫游记》、《喜羊羊与灰太狼》、《快乐东西》等动画片分享了首次设立的两组评委会大奖。

28日 北京市民政局、中华慈善总会和北京部分爱心企业前往灾区运送棉衣、棉被等过冬物资，新闻中心编辑部派出记者朱虎、张竞超和孙颖3名同志前往进行了采访报道。此次灾区之行的5天里，朱虎、张竞超、孙颖3名同志紧密配合，先后为我台新闻节目发回《北京捐送物资到达什邡》、《记者调查：灾区生活进行时》、《爱心温暖未来》等稿件，及时将北京人民对灾区群众的关爱传递出来。

同日 北京电视台新闻节目中心要闻部马国颖，作为北京代表团最年轻的代表之一，参加了中国妇女第十次全国代表大会。

30日~11月8日 《北京您早》播出了10集系列报道“水调歌头——南水北调中线采访纪实”。这组纪实报道是由新闻中心编辑部精心策划并制作的，共分半个世纪的论证、丹江口水库风雨五十年、库区、千年调水梦和一个“盆沿”的终结、穿越黄河、穿越历史等十集，播出后产生了很好的社会影响，受到国务院南水北调办公室和北京市南水北调办公室的充分肯定。

31日 下午，制作部与人事部共同邀请中国广播电视协会资深媒体品牌策略顾问敖建来我台作题为《品牌与策略——电视媒体市场化运作技巧》的讲座。讲座结合现实案例，从市场态势、媒体品牌与竞争力、品牌化生存与发展谋略、品牌维护与合作四个方面给我台编导、节目包装人员解读了在激烈竞争态势下，媒体如何正确定位、如何制定和实施有效的策略，让越来越挑剔的观众锁定自己的频道这个已成为媒体越来越重视但也越来越难以决策的基本问题。

31日~11月1日 2008年中国国际影视节目展在北京展览馆举行，总编室代表我台参加了此次节目展并设展。北京电视台的展区位于2号馆，展区面积210平方米，为配合节目销售主要展示我台的栏目有：《大城小事》、《快乐健身一箩筐》、《快乐生活一点通》、《食全食美》、《魅力前线》、《法治进行时》、《大家说法》、《影视风云路》、《精彩乐翻天》、《这里是北京》、《天下收藏》等；重点推介的专题系列片为《电视往事》和《岁月如歌》；电视剧有《漕运码头》、《大生活》、《龙须沟》。展会上京视传媒专门设置了国内交易部、国外交易部、手机电视展示等三个展区进行宣传。展会期间，总编室和影视剧中心、卡酷卫视、京视传媒一同合作，负责节目宣传和节目交易。

11月

7日 国家广播电影电视总局雷元亮副局长一行在北京市广播电视局纪检组长邓宏凤、组织人事处秦华同志的陪同下，到北京电视台就广播电视人才队伍建设情况进行了专项调研。座谈会上，雷元亮副局长首先听取了刘爱勤台长、王云副书记关于近年来人才队伍建设情况的汇报，对北京电视台专业技术队伍建设，特别是专业人才队伍的培养、使用、奖励等方面的工作给与了很高评价，同时对我台今后人才队伍的建设与发展提出了要求。

9日 为庆祝第九届中国记者节，受北京市新闻工作者协会的委托，北京电视台负责承办了北京新闻界乒乓球邀请赛。来自全市新闻单位的17支代表队，近200人参加了比赛，最终北京电视台获得了团体冠军。

10日 市委宣传部副部长肖培到北京电视台卡酷动画频道调研考察，肖培副部长充分肯定了卡酷动画卫视公司化运营的成功实践和工作业绩，并就公司今后如何在科学发展观的指导下，进一步深化各项改革，更好地发挥公司化运营的优势，加快打造动漫全产业链，努力实现跨越式发展等问题作了一系列重要指示。市委宣传部新闻处处长苏仁先、副处长金鹏一起参加调研考察。北京电视台副总编辑张强陪同考察。

同日 由生活节目中心《大城小事》栏目负责承制，旨在纪念改革开放30周年的8集系列栏目剧《记忆》，以年代戏的形式呈现在观众面前。

13日 北京市广电局党组书记、局长孙向东率局党组中心组成员来我台调研，就深入学习实践科学发展观活动征求意见和建议。台领导班子成员和相关部门负责人参加调研。

14日 新疆和田地委组织部李胜勇副部长一行十余人在北京市委组织部领导的陪同下，来我台考察回访与台领导座谈交流有关我台援疆的工作情况。

15～16日 财经节目中心《首都经济报道》和《天下财经》栏目对“北京国际金融论坛2008年第五届全球年会”进行了全程报道。北京国际金融论坛是由中国人民银行与银监会、证监会、保监会及北京市人民政府共同主办的大型国际金融业交流对话平台，今年的主题是“全球金融危机对世界与中国的影响——重建国际金融体系新秩序”。北京市市长郭金龙、本届金融论坛主席成思危出席了论坛并致辞。

同日 《特别关注》开播8周年，8年的日子过去，回首走过的路程，《特别关注》不仅成为了广大观众不可缺少的一道午间电视大餐，更与观众成为了亲密无间的知心朋友。

18日 在新加坡举行的2008 Promax & BDAASIA颁奖典礼上，由北京电视台卡酷动画频道策划、制作的卡酷动画频道标识短片（IDENT）“好玩的机器人，好玩的LOGO，好玩的频道”（又名“机器人2KAU”）获得最佳在播频道ID银奖，是本届Promax & BDA评选中唯一入围并取得奖项的中国媒体团队，同时也是中国大陆地区电视媒体自己培养的包装团队首次获得该奖项。

19日 在世界经济金融危机日趋严峻的情况下，《北京新闻》推出了系列报道《树立信心创新发展》，密切关注全球经济形势的变化，把深入学习实践科学发展观活动与扩内需、促发展紧密结合起来，从首都经济发展，人民生活需要出发，担当职责，引导舆论，鼓舞信心，稳定人心。

20日 “2009年北京电视台广告政策说明会”在北京电视台新址四十一层阳光大厅隆重举行。台长刘爱勤、总编辑张晓、党委副书记王云、副台长邵宣堂、总工程师田方、副总编辑华艺、副总编辑张强等台领导以及卫视、新闻、文艺、科教、等节目中心、总编室、研发部等相关职能部门的领导出席了本次会议。会上，刘爱勤台长致辞，对一年来给予北京电视台支持和关心的广告公司和客户表示了衷心感谢，张晓总编辑就2009年北京电视台的节目亮点作了简要的介绍。

21日 国家外国专家局副局长孙照华、出国培训管理司司长崔长征、副司长吕革一行14人来到北京电视台，就2008年管理干部和业务骨干境外培训工作情况进行专题调研。刘爱勤台长汇报了北京电视台在高起点、高层次上培养复合型人才的培训理念，希望国家外专局今后继续支持。王云副书记介绍了今年北京电视台组织开展境外培训的工作思路、主要情况和进一步的工作计划。华艺副总编辑汇报了2008年4月和10月两期管理干部和业务骨干赴加拿大培训的学习教育情况。孙照华副局长对北京电视台境外培训工作和经验给予了充分肯定。

25日 台党委理论学习中心组举行专题学习报告会，邀请全国政协委员、中央财经大学金融与证券研究所所长贺强教授就当前经济金融形势作专题报告。台领导张晓、王云、邵宣堂、华艺、张强、朱江、张亮出席，报告会扩大至全台处级以上干部和相关部门部分科长、制片人参加。

同日 由中国广播电视协会主办，中广协会交通宣传委员会、北京市公安局公安交通管理局和北京电视台共同承办的中国广播电视协会交通宣传委员会交通电视分会成立大会暨中国交通电视年度颁奖典礼隆重举行。中国广播电视协会领导、公安部领导、中国传媒大学领导和专家，刘爱勤台长、华艺副总编以及来自重庆电视台、天津电视台、广东电视台、上海电视台等全国30家省市电视台和移动电视公司的近百名电视台领导和交通电视节目的一线制片人参加了此次会议。此次会议的主题为“辉煌腾飞”。中国广播电视协会会长李丹、中国广播电视协会交通宣传委员会副会长郭宝新和中国广播电视协会交通宣传委员会常务副会长、北京电视台台长刘爱勤共同按下象征中国广播电视协会交通宣传委员会交通电视分会成立的启动球开关。会议期间，大会组委会专门组织了由各电视台台长、传媒专家和交通行业专家参加的全国交通电视高峰论坛。刘爱勤台长发表了“打造以交通和旅游节目为核心的专业化民生电视节目”的演讲。刘台长在演讲中强调，电视交通节目一定是要回到“交通”这一本质上来的，以道路交通为主，以“大交通”概念为核心，挖掘周边资源，打造交通电视产业链。

同日 下午，台党委理论学习中心组举行专题学习报告会，邀请全国政协委员、中央财经大学金融与证券研究所所长贺强教授就当前经济金融形式作专题报告。台领导张晓、王云、邵宣堂、华艺、张强、朱江、张亮和全体处级以上干部、部分相关部门的科长（制片人）约130人参加报告会。台党委副书记王云主持报告会。

26~27日 我台召开了第三届工会会员代表大会暨第三届职工代表大会。市广电局党组成员、局工会主席宋春华，局工会副主席王学理到会。我台刘爱勤、王云、田方、华艺、朱江、张亮等台领导出席会议。与会代表听取了工会主席冯庆波作的第二届工会委员会工作报告，选举产生了第三届工会委员会委员以及第三届工会经费审查委员会委员。会上，局领导宋春华代表局党组及孙向东局长，对我台党委重视工会工作，对上一届工会工作成绩予以了充分肯定，并对大会选举产生的新一届工会委员会及工会经费审查委员会表示祝贺。刘爱勤台长对新一届工会委员会在加强工会组织建设、完善自身职能、提高自身素质等方面，提出了要求和希望。

12月

1日 北京电视台行政部引进的专业餐饮公司在新台址正式运行。

5日 市广电局行风监督工作小组来北京电视台考察工作，并在北京电视台新址召开了行风监督座谈会。北京市广电局副局长邓宏凤、北京电视台党委副书记王云、北京市广电局特邀监督员以及北京电视台一线编辑记者代表参加了本次会议。座谈会上，王云副书记代表台领导欢迎各位监督员的到来，衷心感谢他们一直以来对电视事业发展所给予的关心、帮助和支持，并详细介绍了北京电视台政风行风建设情况，同时也希望各位监督员同志对北京电视台更好地加强行风建设提出宝贵的意见，随后，《生活面对面》制片人高燕、《北京新闻》主编张晓鲁、新闻节目中心要闻部时政科科长陈楠、新闻节目中心社会新闻部记者黄海宁等4位同志代表发言，他们结合自身工作实际，就如何杜绝有偿新闻、栏目经费的使用情况、广电从业人员职业道德建设等畅谈了感受，并回答了各位监督员的提问。会上，各位监督员同志对北京电视台推动行风建设所作出的努力给予了充分的肯定和表扬，认为制度严密、职工教育做得充分，很大程度上确保了行风建设工作的高水平，同时，监督员同志希望北京电视台能进一步提升节目的文化深度，提高节目质量。

同日 由北京电视台体育节目中心制作的申办宣传片《北京申办2014年男篮世锦赛宣传片》作为中国北京陈述报告的重要部分在瑞士日内瓦向国际篮联正式递交。

11日 北京电视台科教节目中心承办的《和谐中国　爱心绽放》——全国妇联、中国妇女发展基金会成立20周年主题晚会，在中国人民大学隆重举行。全国政协副主席张梅颖，全国妇联名誉主席彭佩云，全国妇联副主席、书记处第一书记、中国妇女发展基金会理事长黄晴宜，全国妇联党组书记、副主席、书记处书记陈秀榕等，以及海内外所有关爱、关注妇女事业发展的各界人士参加了本次晚会。晚会后，全国妇联的领导对为晚会成功举办而付出辛苦工作的我台科教频道有关人员表示感谢。

同日 由中国视协主办的“全国城市电视台抗震救灾优秀电视节目评选活动”结果揭晓，我台卡酷动画频道制作播出的动画宣传片《抗震救灾动画版》获得“公益广告制作”二等奖。该片以一个地震灾区幸存的小女孩为主观视角，用动画的形式表现了积极向上的情绪，温情中孕育力量。

12日 纪念改革开放30年大型纪录片《北京记忆》在北京电视台卫视频道播出，该片以中国改革开放30年的伟大历程为背景，以北京城市建设的巨变和市民生活的变迁，反映了北京这座城市在历史关键阶段的30年中走过的物质变化和精神历程，是北京电视台首部采用最新高清标准摄制并播出的纪录片。

16日 有“游戏行业金鸡奖”之称的2008年度中国软件协会“金手指奖”颁奖盛典在京举行，北京电视台卡酷动画频道凭借出色的表现，同巨人网络、金山软件、盛大网络、完美时空等行业知名企业一道跻身“2008年度中国动漫游戏行业优秀企业”序列，并获评“2008年度中国游戏行业·行业自律先进单位”；动画节目中心主任帅民同志荣获“2008年度中国动漫游戏行业优秀企业家”称号，工业和信息化部、文化部、中共中央精神文明办等有关部门领导出席此次颁奖典礼。

同日 十六集大型口述历史特别节目：《转身——一起走过三十年》在财经频道播出。该剧是财经节目中心为了纪念改革开放30周年精心策划制作的。

17日 我台召开第三届北京电视台青年岗位创新成果奖评选会，党委副书记王云、总工程师田方代表台党委出席了这次大会。

20日 《北京新闻》大篇幅推出年终专稿，全面展现北京以科学发展观为指导，成功举办北京奥运会、残奥会，抓住机遇，“逆势”发展，保持了北京经济平稳较快增长。

26日　“七色光20周年庆典暨北京卡酷七色光文化有限责任公司揭牌仪式”在皇苑大酒店举行。文化部、广电总局、中国文联、全国妇联、市委宣传部、市广电局、市文化局、市教委、市妇联等相关部门，以及文化界、艺术界、教育界、产业界等相关单位的代表出席了活动。市广电局党组副书记、副局长杨淑琴、北京电视台台长刘爱勤分别在活动仪式上讲话，并为北京卡酷七色光文化有限责任公司揭牌。

29日　我台文艺节目中心徐春妮当选2008年度“首都十大杰出青年”。

十三、索 引

索　引

汉语拼音索引

A

B

C

D

X

Y

Z

数字索引

英文字母索引